ALEXANDRE II
La Russie entre espoir et terreur

Edvard Radzinsky

ALEXANDRE II

La Russie entre espoir et terreur

*Traduit du russe
par Anne Coldefy-Faucard*

Collection
Documents

le
cherche
midi

Ouvrage édité avec le concours
d'Andrei V. Filatov.

© le cherche midi, 2009
23, rue du Cherche-Midi, 75006 Paris.

Vous pouvez consulter notre catalogue général et l'annonce
de nos prochaines parutions sur notre site Internet : cherche-midi.com

C'est peut-être l'époque la plus importante de toute l'histoire millénaire de la Russie.
Grand-duc Constantin Nikolaïevitch,
Journal, 1er janvier 1861

Nous disparaîtrons, d'autres viendront.
Andreï Jeliabov, terroriste

AVANT-PROPOS

Souvenir du futur

L'histoire d'Alexandre II conclut la tétralogie intitulée *La Tragédie russe*. Le dernier tsar Nicolas II, le premier tsar bolchevique Joseph Staline, le moujik Grigori Raspoutine, enfin, le grand empereur réformateur Alexandre II, qui tenta vainement d'inclure la Russie dans le cercle des États européens, sont les héros, pères et victimes de l'immense drame historique qui se joua en Russie à la fin du XIXe siècle et au début du XXe.

L'achèvement de ce livre consacré à Alexandre II m'a fourni le prétexte d'une soirée à Moscou, à la salle de concert Tchaïkovski, au cours de laquelle, devant un millier et demi de personnes, j'ai évoqué, durant quatre heures, cet énigmatique empereur et les terroristes russes.

L'assistance était composée aux trois quarts de jeunes gens et reflétait parfaitement la nouvelle Russie. La soirée fut diffusée, en trois épisodes, sur la première chaîne russe de télévision (ORT). L'Audimat était impressionnant : trois jours durant, en *prime time*, plus de 20 % des téléspectateurs russes regardèrent cette histoire d'Alexandre II. Une autre de mes émissions sur le même sujet obtint le prix national de la Télévision.

L'immense intérêt suscité par cette figure s'explique aisément. Nous tentons, aujourd'hui encore, de répondre à de lancinantes questions : pourquoi l'empereur désigné par l'histoire russe sous le nom de « tsar libérateur », qui devait abolir l'esclavage dans notre pays et européaniser la vie russe, eut-il à subir la haine de toute l'opinion russe ? Pourquoi les premières libertés accordées à la Russie eurent-elles pour conséquence l'apparition d'une organisation terroriste ultra-puissante, jamais vue en Europe ? Pourquoi les enfants nés des bouleversements initiés par ce grand réformateur n'eurent-ils d'autre rêve que de l'assassiner ?

Les réponses à ces questions sont en effet essentielles pour tenter de percer l'énigme du sphinx russe.

Ces interrogations, toutefois, ne concernent pas la seule Russie. La terreur russe née au temps d'Alexandre II ne fut que le prélude à celle du XXe siècle, et l'on trouve aujourd'hui, dans nos journaux, les formules, les idées qui firent alors vibrer les terroristes russes. Ils furent les premiers, et la notion même de « guerre contre la terreur » remonte au règne d'Alexandre II.

Il en résulte que le banal – mais, hélas, éternel – aphorisme : « La grande leçon de l'histoire est que les hommes n'en tirent aucune leçon » doit être mis en exergue au présent ouvrage (comme il le fut pour la soirée évoquée ci-dessus), de même que cet extrait du Journal du grand-duc Constantin Nikolaïevitch, frère du tsar : « C'est peut-être l'époque la plus importante de toute l'histoire millénaire de la Russie. »

INTRODUCTION

« César, garde-toi des ides de mars »

Ces paroles, qui se révélèrent prophétiques à Rome il y a deux mille ans, sonnent aussi comme un sinistre présage pour nos « Césars russes[1] ».

Le plus grand et le plus effroyable des tsars moscovites, Ivan le Terrible, mourut un mois de mars, peut-être empoisonné.

L'empereur Paul Ier fut assassiné le 1er mars 1801.

C'est en mars également que le dernier tsar russe, Nicolas II, renonça au trône, en mars, donc, que s'acheva une dynastie tricentenaire.

N'oublions pas, enfin, le premier tsar bolchevique, Joseph Staline, décédé au mois de mars, peut-être tué par ses compagnons d'armes.

Et nous voici confrontés à un autre 1er mars, en l'an 1881 cette fois. Il sera marqué par l'un des événements les plus mystérieux de l'histoire russe.

Saint-Pétersbourg, deux heures un quart... L'empereur Alexandre II quitte le palais Michel où il rendait visite à sa cousine. L'empereur a soixante-trois ans et, bien qu'il ait vieilli ces dernières années, il a encore belle allure. Coiffé d'une casquette rouge, en capote militaire à col de castor et doublure rouge, avec

---

1. Rappelons que le mot « tsar » vient de « César ».

ses épaulettes dorées au monogramme de son père, il est grand, droit, il a le maintien d'un officier de la Garde, il est le dernier beau tsar de la dynastie Romanov.

Son carrosse l'attend sur la rampe, devant les colonnes de marbre du palais, entouré d'une garde inouïe pour un souverain russe. Six cosaques à cheval escortent la voiture, un autre a pris place auprès du cocher, puis viennent deux traîneaux transportant des soldats chargés de veiller sur Sa Majesté impériale.

Le cortège – le carrosse et les deux traîneaux – quitte le palais Michel. Les chevaux galopent, fougueux, l'équipage file si vite que les traîneaux ont quelque peine à soutenir l'allure. Le carrosse bifurque en direction du canal Catherine et, avec lui, c'est toute l'histoire russe qui prend un tour inattendu.

La Venise du Nord est encore recouverte par la neige de mars qui tapisse aussi le pavé le long du canal. Les passants sont rares, le vent de Saint-Pétersbourg, qui, à cette saison, transperce jusqu'aux os, a comme balayé les promeneurs. Des policiers arpentent pourtant les trottoirs : ils doivent assurer la sécurité du convoi impérial.

Étrangement, ils ne remarquent pas la présence d'un jeune homme qui se hâte à la rencontre du carrosse. Visiblement nerveux, il tient un paquet suspect, enveloppé d'un mouchoir blanc, à peu près de la taille des boîtes de bonbons de Landrin que l'on vend à l'époque.

Le jeune homme attend que la voiture se rapproche et jette le paquet dans les jambes des chevaux. L'écho d'une violente explosion se répercute le long du canal.

Un des cosaques de l'escorte gît à présent, mort, sur le pavé. Près de lui, un gamin, qui portait un panier de viande, hurle et se tord de douleur. Du sang, des lambeaux de vêtements sur la chaussée enneigée...

Le convoi impérial s'arrête. Le souverain, sain et sauf, descend de voiture. Le jeune homme a lancé sa bombe trop tard : la nervosité, sans doute.

Commence alors l'incompréhensible... Les gardes savent, tout comme le tsar, que le lanceur de bombe n'a vraisemblablement pas agi seul. Le cocher, l'escorte supplient l'empereur de quitter les lieux au plus vite. Toutefois, à leur immense stupéfaction, Alexandre II, qui a déjà été la cible de cinq attentats, ne semble pas pressé de s'éloigner. Il se met au contraire, de la plus étrange façon, à faire les cent pas le long du canal Catherine.

À croire qu'il attend quelqu'un...

Mais, en plein suspense, laissons un instant le souverain et le canal Catherine...

PREMIÈRE PARTIE

Grand-duc

1
GÉNÉALOGIE DU HÉROS

« L'implacable destin »

Notre héros a pour père le grand-duc Nicolas Pavlovitch, frère du souverain régnant, Alexandre Ier. Sa mère est la fille aînée du roi de Prusse, Guillaume III. Prénommée Louise, Charlotte, Wilhelmine, elle deviendra, après sa conversion à l'orthodoxie, la grande-duchesse Alexandra Fiodorovna.

Notre héros naît au Kremlin de Moscou, « en ce jour radieux de printemps du 17 avril 1818... en pleine Pâque, alors que les cloches sonnaient à toute volée pour célébrer la Résurrection du Christ », rapporte sa mère dans ses Mémoires.

Mais le bonheur et la fête pascale n'empêchent pas la grande-duchesse d'ajouter ces étranges paroles : « Je me souviens d'avoir ressenti alors quelque chose de grave et de *fort triste* à l'idée que ce petit être devrait un jour ceindre la couronne impériale. »

On peut comprendre que l'ancienne princesse allemande s'inquiète de ce que son fils ait à régner sur un empire sans limites. On peut comprendre aussi que le futur précepteur de notre héros, le grand poète Vassili Joukovski, célébrant en vers sa naissance, conseille prophétiquement au nouveau-né d'accepter « sans frémir l'implacable destin ».

Le sang et la violence ont en effet accompagné la vie des ancêtres de notre héros, tsars de la dynastie Romanov, et les assassinats de souverains sont devenus une secrète tradition russe au cours du XVIIIe siècle. Ils font partie de sa généalogie.

Quand la Garde marche sur le palais. La cuisinière impératrice

Tout commence par deux événements, *a priori* sans lien entre eux.

À l'extrême fin du XVIIe siècle, l'arrière-grand-père de notre héros, Pierre le Grand, crée la Garde russe. Voilà pour le premier fait. Et le second : au tout début du XVIIIe siècle, le même Pierre le Grand entreprend la conquête des rives de la Baltique. Survient alors une histoire qui laisse loin derrière toutes les *Cendrillon*, le conte le plus féerique, sans doute, du magique XVIIIe siècle.

En Liflandie[1], dans une soupente de la maison du pasteur Gluck, vit la fort jolie cuisinière Martha, fille d'un paysan du cru. Elle est mariée, bien qu'elle ne vive pas avec son époux, un dragon qui, après avoir profité de ses charmes, est reparti guerroyer pour ne jamais revenir, soit qu'il eût péri au combat, soit qu'il eût oublié sa femme. La belle se fût donc usée à tenir la maison et la cuisine du pasteur, sans l'arrivée des Russes qui la firent prisonnière.

Commence alors, pour notre cuisinière, la féerie : c'est d'abord le lit du commandant, comte Cheremetiev ; puis, ses formes généreuses trouvent à se nicher dans une couche plus prestigieuse, celle de l'omnipotent favori du tsar, le prince Menchikov et, de là, directement dans le lit impérial, au demeurant très fréquenté.

Une image populaire représente l'événement : on y voit le tsar au cours d'un festin. Un prince mène au souverain une femme bien en chair, à l'opulente poitrine. Et figure cette légende : « Le fidèle sujet offre au tsar ce qu'il a de plus cher. » C'est ainsi que, à peine un an plus tard, Martha était passée de la cuisine du pasteur au palais impérial.

---

1. Région qui correspond au sud de l'Estonie et au nord de la Lettonie actuelles.

D'ordinaire, ces passions d'un instant s'éteignaient vite dans la couche du bouillant Pierre le Grand. Martha, elle, y resta définitivement. Les charmes de la belle, son caractère accommodant firent des miracles : l'empereur de toutes les Russies épousa la cuisinière déjà dotée d'un époux. Elle fut baptisée dans l'orthodoxie, prit le nom de Catherine Alexeïevna et, par la volonté du tsar, devint impératrice.

En 1725, l'empereur tomba gravement malade. Ses proches se réunirent à son chevet mais il ne put que dire, la voix pâteuse : « Donnez tout à... » À *qui* ? Il n'eut pas le temps de le préciser. La mort, farceuse, emporta le tout-puissant tsar à l'instant même où il allait exprimer sa souveraine volonté.

Tandis qu'on procédait à la toilette funéraire, les dignitaires se réunirent dans la salle voisine afin de délibérer : à qui convenait-il de « tout donner », tout, c'est-à-dire un gigantesque empire couvrant la moitié du monde, de la Baltique au Pacifique ? C'est alors qu'ils virent entrer dans la salle où ils tenaient conseil des officiers de la Garde, les commandants des fameux régiments créés par Pierre le Grand.

À leur question indignée : « Comment osez-vous ? » répondit, au-dehors, un roulement de tambour. Par les fenêtres, ils aperçurent les régiments de la Garde. Toutes les issues du palais étaient bloquées. Et les commandants proclamèrent impératrice de toutes les Russies l'ancienne cuisinière qui devint ainsi Catherine Ire. Si, en cet instant, le dragon, premier époux de la toute nouvelle impératrice, eût fait sa réapparition, la situation eût été pour le moins cocasse.

Catherine Ire mena joyeuse vie. On a conservé les livres de comptes du palais datant de l'époque où elle était sur le trône : les dépenses en festins et bouffons y concurrencent le budget de l'État.

C'est ainsi qu'à l'aube du XVIIIe siècle, la Garde, monstrueux enfant de Pierre le Grand, occupa le devant de la scène pour n'en plus partir avant un siècle.

Bientôt, en effet, la vaillante Garde portait sur le trône une autre impératrice, Élisabeth, fille de Pierre et de l'ancienne cuisinière devenue Catherine Ire.

La Garde marche sur le palais une deuxième fois. La nymphe impératrice

Après la mort de Catherine Ire, sa fille Élisabeth se retrouve quantité négligeable.

En 1740, les vieux compagnons d'armes de Pierre le Grand appellent au pouvoir les descendants de son frère Ivan, le prince et la princesse de Brunswick. Leur enfant, Johann (Ivan) Antonovitch, encore au berceau, est proclamé empereur. Sa mère, la princesse Anna Leopoldovna assume la régence.

Les nouveaux venus ignorent combien dangereuse est la Garde. La fille de Pierre le Grand, elle, le sait. Élisabeth est née avant le mariage de sa mère avec l'empereur. Ensuite, seulement, elle a été reconnue fille légitime du tsar. Enfant de l'amour, elle est belle à croquer... Une crinière rousse, un teint divin de porcelaine, à peine rehaussé d'un rose léger. Ses formes sont des plus séduisantes : elle est grande, dotée d'une orgueilleuse poitrine et de longues et belles jambes. En la voyant, un diplomate allemand tombe en pâmoison.

Ses passions sont sans frein. Le sang de Martha la cuisinière, dont elle a hérité, la précipite en outre dans les bras d'hommes simples. Le beau cosaque Rozoum est le chantre du palais ; c'est d'ailleurs à l'église qu'Élisabeth le voit pour la première fois et est aussitôt subjuguée. De par la volonté de la fille de Pierre, il est fait comte Razoumovski et devient son amant pour de longues années.

On est frappé, sur les portraits de notre nymphe, par son menton volontaire : c'est celui de son impitoyable père. Tout en s'adonnant aux plaisirs de l'amour, la rousse Élisabeth n'oublie pas le pouvoir. La fille légitime de Pierre n'a pas l'intention de rester sur la touche. Son tempérament la pousse à prendre des risques. Et elle se tourne vers la Garde.

Par une froide nuit de novembre 1741, un traîneau glisse sur la perspective Nevski, entouré de trois cents hommes de la Garde. Il transporte notre nymphe. Le traîneau se dirige vers le palais impérial.

Chemin faisant, la Garde appréhende les dignitaires ensommeillés qui résident sur le quai du Palais et, avec force quolibets, on tire de leur lit les principaux soutiens de la régente pour les mener directement en prison.

En approchant du palais, la nymphe, soucieuse d'agir dans la discrétion, quitte le traîneau, et c'est portée par les hommes de la Garde qu'elle arrive à destination.

Ainsi, dans les bras solides des grenadiers, Élisabeth investit-elle le palais endormi. Quand le tambour veut donner l'alarme, on lui crève son instrument à l'épée et on prend le palais sans coup férir.

« Debout, cousine ! » Par ces mots, Élisabeth réveille la régente. La révolution nocturne a vaincu. La régente légitime est expédiée en forteresse avec sa famille. Quant au bébé empereur, la nymphe le prend dans son traîneau.

L'enfant rit aux éclats, tend joyeusement ses menottes vers les hommes de la Garde. Élisabeth le couvre de baisers et soupire : « Pauvre petit ! », avant de l'enfermer définitivement à la forteresse de Schlusselbourg. L'ex-empereur de toutes les Russies grandira ainsi dans une geôle, version russe du « Masque de fer », ignorant qui il est et pourquoi il est reclus. Il sera finalement tué par ses geôliers ; ses malheureux parents, eux, croupiront en prison jusqu'à la fin de leurs jours.

Au matin, Élisabeth se proclame impératrice et colonel de cette Garde qu'elle respecte.

Telle est donc la deuxième marche victorieuse de la Garde sur le palais impérial. Elle ne sera pas la dernière.

Une découverte de l'arrière-grand-mère de notre héros

L'impératrice Élisabeth Ire gouverne le pays à la façon d'une propriétaire terrienne russe : elle est imprévisible et fantasque, cruelle et bonne à la fois.

La nymphe n'a ni époux ni enfants légitimes, et l'idée lui vient de faire de son neveu l'héritier du trône. Fils de sa sœur aînée et du prince de Holstein, Karl Pierre Ulrich devient, après son baptême orthodoxe, le grand-duc Pierre Fiodorovitch.

Élisabeth lui trouve alors une femme, la princesse allemande Sophie Frédérique Augusta, fille d'un des innombrables princes allemands au service de Frédéric II.

On fait donc venir la petite Sophie dans la lointaine Russie, en passant par Riga. Là, dans une forteresse bien gardée, se trouve l'infortunée famille de Brunswick, renversée par l'impératrice. C'est ainsi qu'aux frontières de la Russie, l'intelligente et impressionnable jeune princesse est accueillie par le spectre d'un coup de force de la Garde.

À Saint-Pétersbourg, Sophie la luthérienne devient la grande-duchesse orthodoxe Catherine Alexeïevna. Commence alors l'existence russe de cette enfant de quatorze ans, future impératrice Catherine II, arrière-grand-mère de notre héros. Cette existence, elle la relatera plus tard dans ses fameux Mémoires que tous les Romanov à venir ne manqueront pas de lire, non sans effroi, comme nous le verrons par la suite.

Catherine y décrit, d'une manière bien féminine, avec une pointe d'envie et de jalousie, la beauté de l'impératrice Élisabeth, sans oublier, bien sûr, ce qui fait l'admiration de tous : ses jambes incomparables, longues, au galbe parfait. Elles sont le plus souvent masquées, ces jambes, par d'immondes jupes et crinolines. Mais la nymphe impératrice a trouvé un ingénieux moyen de révéler ses charmes. Elle organise, la nuit, au palais, des bals masqués pour lesquels elle ordonne aux dames de s'habiller en hommes. Alors, toutes les dames d'honneur se changent en pitoyables gamins dodus et courts sur pattes, l'impératrice les dominant toutes, bellâtre aux longues jambes.

La petite Catherine ne tarde guère à comprendre le véritable motif de ces fêtes nocturnes. La folle gaieté qui règne dans le palais jusqu'à l'aube masque en réalité la *terreur de la Garde*, le souvenir du coup de force effectué *nuitamment*. Et l'histoire de la prise du pouvoir par Élisabeth devient un exemple tentant pour la jeune fille. À l'âge de quinze ans, comprenant l'insignifiance de son époux, elle couvre les courtisans de présents et les gagne à sa cause, sans cesser de prendre des leçons auprès de l'impératrice à la volonté de fer.

À l'image de son père, Élisabeth va jusqu'au bout de ses entreprises. Engagée dans une guerre contre Frédéric II, elle laisse sur le champ de bataille des centaines de milliers de soldats, mais, à force de batailles perdues, remporte la plus grande des victoires : l'armée de son adversaire est exsangue. C'est compter sans la mort qui, toujours prête à jouer ses tours, emporte Élisabeth à la veille de son triomphe.

Précisons que l'Impératrice qui décidait du destin de l'Europe ne se distinguait guère du commun des grands propriétaires russes, plutôt ignares. Elle croyait ainsi fermement qu'il était possible de gagner l'Angleterre à pied sec. D'une folle témérité, elle pouvait aussi se montrer ridiculement peureuse. Un jour qu'à son habitude elle tançait un de ses ministres en présence de Catherine, un bouffon se montra, avec un hérisson, pour tenter d'apaiser sa colère qu'on savait redoutable. La tsarine blêmit dès qu'elle aperçut l'animal et, au cri de : « Une souris ! C'est une souris ! », elle saisit ses jupes à deux mains et fila droit devant elle. Celle qui avait défait Frédéric le Grand, et en avait imposé aux grands de la Cour, avait une peur bleue des souris.

Toutefois, même si l'Impératrice se couvre parfois de ridicule, la petite Catherine n'oublie pas l'essentiel : Élisabeth a su s'emparer du trône. Et, en étudiant l'histoire secrète de la Russie, l'intelligente gamine découvre la grande loi de l'empire : le pouvoir absolu de l'autocrate russe n'est pas, finalement, si absolu qu'on croit. Il est restreint par la volonté de la Garde. De la même façon, à Rome, la garde prétorienne plaçait sur le trône les tout-puissants Césars. La Russie n'avait donc pas tellement tort de se qualifier orgueilleusement de « Troisième Rome ».

Cela, le malheureux époux de Catherine ne le comprit jamais.

La Garde marche sur le palais une troisième fois... dans le style galant

L'époux de Catherine, l'empereur Pierre III (arrière-grand-père de notre héros), monte sur le trône à la mort de sa tante.

Pierre et Catherine sont les premiers de la dynastie Romanov à s'installer au palais d'Hiver, tout juste achevé (l'impératrice défunte en avait confié le projet à l'Italien Rastrelli mais n'avait pu y résider elle-même).

Le nouveau palais deviendra le symbole de la maison Romanov. Édifié sur les quais de la tumultueuse Neva, il a sa façade principale et les fenêtres de ses salles d'apparat orientées vers le fleuve et la forteresse Pierre-et-Paul où reposent les tsars et où sont enfermés les ennemis les plus dangereux de la dynastie. Cette vue peu commune du palais impérial sur une prison et un cimetière familial ne manquera pas d'intriguer les voyageurs étrangers. Ils ne seront pas les seuls à s'en étonner : le grand-duc Alexandre Mikhaïlovitch, neveu de notre héros, s'y remémore son premier séjour : « Nous arrivâmes à Saint-Pétersbourg en un de ces temps de brouillard ordinaire que Londres eût pu nous envier. "Votre chambre a ceci de plaisant, nous expliqua notre précepteur, qu'une fois la brume dissipée, vous découvrirez juste en face, de l'autre côté de la Neva, la forteresse Pierre-et-Paul où reposent tous les souverains russes." Je fus saisi de tristesse. Déjà qu'il nous fallait vivre dans cette capitale de brouillard, il ne manquait plus que ce voisinage macabre ! » Pour le mari de Catherine, l'empereur Pierre III, cette vue sur la prison fut de mauvais augure.

Les portraits de l'arrière-grand-père d'Alexandre II le montrent solide, large d'épaules, en armure. En réalité, Pierre III, qui adore l'armée, est chétif, malingre et... d'une grande bonté ! Compatissant, il fait rentrer de relégation toutes les victimes des précédentes révoltes de palais. Un grand bal est donné pour fêter leur retour. Tous les favoris d'hier, fomenteurs d'intrigues, amants des précédentes impératrices auprès desquelles ils rivalisaient, dansent, à présent, dans l'immense salle de marbre blanc. L'un d'eux dit au nouvel empereur : « Votre Majesté est trop bonne. Les Russes ne comprennent pas la bonté, il faut régner sur ce pays par le knout ou la hache, et tous, alors, seront contents. » Un de ses compagnons ajoute : « Majesté, votre bonté vous perdra ! »

Pourtant, ce n'est pas la bonté qui causera la perte de Pierre III. Le naïf empereur aura seulement le tort de tenir la Garde pour quantité négligeable, persuadé qu'il est de la réalité de l'absolutisme russe et certain de pouvoir agir selon son bon vouloir.

Il décide ainsi de servir celui qui est son idole et celle de toute l'Europe éclairée : Frédéric II. Au moment où l'armée russe s'apprête à en finir avec le roi de Prusse, Pierre III ordonne de signer la paix.

La rumeur ne tarde pas à se répandre dans les casernes : l'empereur veut se débarrasser de la Garde, la dissoudre pour en constituer une nouvelle, composée de ressortissants de sa terre natale, le Holstein. Cette rumeur sera fatale au tsar.

Il est aisé de deviner l'auteur de ces bruits. À cette époque, les relations entre Pierre III et son épouse ont tourné à l'hostilité pure. Tous deux complotent l'un contre l'autre : lui a bien l'intention de faire prendre le voile à sa femme, elle, d'expédier son mari *ad patres*. Catherine, cependant, est la plus habile des deux.

C'est au palais d'Hiver qu'elle reçoit en secret son amant, l'officier de la Garde Grigori Orlov. Celui-ci a deux frères, vaillants, téméraires, adulés de la Garde. Sur l'oreiller, Catherine va réussir à entraîner toute la Garde dans le complot.

Le géant Orlov file donc le parfait amour avec la délicate Catherine dont les appétits sont à deux doigts de tout faire capoter, car elle se retrouve enceinte. Pierre en est informé par ses espions. Il décide d'attendre le moment des couches, puis, ayant fait la preuve de l'adultère de sa femme, de l'expédier dans un monastère. Mais Catherine trouve une parade. Sentant venir l'enfant, elle enjoint à son valet de chambre de mettre le feu à sa propre maison. L'infantile Pierre III raffole des feux d'artifice et des incendies. Aussitôt, il se précipite avec sa suite pour contempler le spectacle. Pendant ce temps, on emporte le nouveau-né, enveloppé dans une pelisse de castor, hors du palais. Au retour de Pierre, sa frêle épouse à la constitution de fer l'accueille le plus tranquillement du monde, lui offrant même le café.

Vient enfin le jour de la troisième révolte de palais fomentée par la Garde (par un beau matin, cette fois). Les événements ont lieu pour la fête de l'infortuné souverain.
Catherine réside alors au palais de Peterhof, cependant que l'empereur et la Cour se trouvent dans une autre résidence des environs de la capitale, à Oranienbaum. Dans la journée, l'empereur se rend à Peterhof pour y célébrer sa fête en compagnie de son épouse. Mais Catherine n'est pas là.

De bon matin, l'officier de la Garde Alexis Orlov, frère de l'amant de l'impératrice, est venu de Saint-Pétersbourg la quérir en carrosse.
Alexis Orlov est une force de la nature, capable de tuer un bœuf d'un coup de poing. C'est un fameux duelliste, doublé d'un don Juan. Un contemporain dira de lui : « Je ne lui confierais ni ma femme ni ma fille, mais je pourrais accomplir de grandes choses avec lui. »
Orlov trouve Catherine dans son lit. Il la réveille par ces paroles célèbres : « L'heure est venue pour toi de régner, *matouchka*[1]. » Or, elle hésite. C'est alors (comme le veut la légende) qu'Alexis Orlov « lui mit dans la matrice une immense résolution ».

Déjà, le carrosse, conduit par l'intrépide Orlov, emporte l'arrière-grand-mère de notre héros vers Saint-Pétersbourg. Elle y est attendue – une fois de plus dans l'histoire de la Russie – par la Garde qui prête unanimement serment à celle qui, hier, n'était qu'une petite princesse allemande. Le monstrueux enfant de Pierre le Grand, sa glorieuse Garde, s'apprête joyeusement à renverser le petit-fils de son créateur.

---

[1]. Les Russes avaient coutume de donner au tsar le nom affectueux de *batiouchka*, le « père » ; *matouchka* est l'équivalent en version féminine.

Commence alors une parade inouïe, bien dans le style de ce siècle qualifié de « galant ». À cheval, en uniforme de la Garde, coiffée d'un chapeau orné de feuilles de chêne, Catherine est ravissante. Elle prend la tête de la Garde impériale contre l'empereur de toutes les Russies.

Le malheureux arrière-grand-père d'Alexandre perd aussitôt pied. Toute honte bue, ses courtisans s'enfuient. Seul l'illustre feld-maréchal Munich lui reste fidèle. Âgé de soixante-dix ans, ce grand militaire lui propose d'embarquer séance tenante pour Cronstadt, imprenable bastion naval, et d'y demeurer le temps de réunir des troupes loyales et de réinvestir Saint-Pétersbourg. Pierre est séduit par ce projet. Il s'enthousiasme aussi vite qu'il cède au désespoir. On équipe une galère et un petit yacht. À leur bord, ce qui reste de la Cour affolée, ceux qui n'ont pas eu le temps de s'enfuir. Dames vêtues de robes somptueuses, cavaliers en uniforme de parade, cette société, toute d'or et de pierreries, vogue vers Cronstadt. Mais celle qui n'est pas encore la grande Catherine a tout prévu : Cronstadt est aux mains de ses partisans et, depuis les murs de la forteresse, la soldatesque enjoint au tsar légitime de passer son chemin.

Pierre abdique aussitôt toute volonté et se met à sangloter. « Indigné, rapporte un contemporain, le vieux feld-maréchal Munich lui fait la leçon : "Votre Majesté ne saura-t-elle point mourir en empereur devant ses troupes ? Si vous redoutez un coup de sabre, prenez un crucifix entre vos mains, ils n'oseront pas vous toucher". »

Mais l'empereur ne veut pas mourir et il se rend docilement. Catherine fait enfermer son époux au palais suburbain de Ropcha. Elle conservera ses lettres de détention que son arrière-petit-fils, notre héros, lira des années plus tard.

Dans ces lettres, l'empereur de toutes les Russies implore qu'on le laisse faire ses besoins hors la présence des gardes, il « prie très humblement » qu'on lui « autorise une promenade ». Il signe modestement ses missives à l'intention de son épouse, princesse prussienne qui a usurpé le trône de ses ancêtres : « Votre serviteur Pierre. » Catherine se garde de répondre, elle attend que les geôliers devinent comment il convient de parachever cette révolution galante. Dont acte.

Selon le récit d'un contemporain, « Alexis Orlov, géant de deux mètres de haut, présenta à l'empereur d'hier une coupe emplie de vin et de poison. Le malheureux but et le feu se répandit aussitôt dans ses veines. L'empereur déchu en conçut quelques soupçons et refusa la seconde coupe. On recourut alors à la force, tandis qu'il tentait de résister. Dans cette lutte atroce, il fut jeté à terre et, pour étouffer ses cris, on le saisit à la gorge. Mais il se débattait avec toute l'énergie que donne le désespoir ultime, cependant qu'on s'appliquait à éviter de le blesser [car le corps devrait être exposé pour un dernier hommage, E. R.]. On lui passa autour du cou une courroie de fusil. Puis, Alexis Orlov se mit à genoux sur sa poitrine et lui coupa le souffle. Il rendit l'âme entre leurs mains ».

À Saint-Pétersbourg, on annonça que l'empereur avait « succombé à une crise de coliques hémorroïdales », ce dont l'Europe fit des gorges chaudes. Par la suite, quand Catherine invita d'Alembert dans la capitale du Septentrion, l'encyclopédiste déclina, écrivant à Voltaire : « Je suis sujet aux hémorroïdes et, à ce que je sais, c'est un mal mortel en Russie. »

En châtiment, sans doute, la grande Catherine allait connaître une peu glorieuse fin. Elle fut prise d'un malaise au cabinet d'aisances d'où l'on eut le plus grand mal à l'extraire : elle était devenue massive avec le temps et ses serviteurs avaient vieilli avec elle.

L'impératrice fut étendue sur un matelas à même le sol et les médecins interdirent de la déplacer. C'est donc par terre, dans son palais, sur une pitoyable paillasse, qu'agonisa la souveraine qui avait charmé tous les esprits du temps, depuis les encyclopédistes jusqu'au khan de Crimée et aux nomades kirghizes, en passant par Voltaire, Frédéric II et tous les monarques d'Europe. Les principaux fils du jeu politique européen étaient entre ses mains et, « quand elle les tirait, écrivit un contemporain, l'Europe dansait comme un pantin de carton ». « Aucun canon d'Europe n'osait tirer un coup de feu sans notre consentement », déclara à juste titre un dignitaire. Or voici qu'elle agonisait sur le sol, avec pour seule compagnie sa fidèle servante. L'impératrice râlait. Un râle que l'on entendait dans la pièce voisine où son fils, le grand-père de notre héros, le nouvel empereur Paul Ier, avait eu la fantaisie d'installer son cabinet de travail.

Déjà, les courtisans assiègent le bureau du nouveau souverain, passant pour ce faire devant la chambre de la tsarine réduite à l'impuissance. Mus par la curiosité, certains entrouvrent la porte et scrutent impudemment la moribonde.

Après dix heures, le médecin anglais se rend chez Paul pour l'informer que l'impératrice est sur le point de rendre l'âme.

Quelques chandelles brûlent et, dans la pénombre, l'empereur Paul Ier et ses courtisans attendent l'ultime instant. Il est dix heures un quart quand cette grande figure de l'histoire russe s'éteint pour comparaître devant le Juge suprême.

Une dynastie qui reste un mystère pour elle-même

Tous les papiers de la défunte impératrice sont rassemblés dans son cabinet secret. C'est là que son fils découvre une enveloppe portant cette mention : « À Sa Majesté impériale Paul Petrovitch, mon bien-aimé fils. » À l'intérieur, les Mémoires de Catherine. Il commence à lire et est horrifié.

Avec une franche impudeur, sa mère raconte sa vie dans le style de Rousseau. Le grand héros des Mémoires n'est autre que son époux infortuné dont elle a elle-même causé la perte. Elle en brosse un cruel portrait : Pierre III est pitoyable, infantile, il ne cesse de s'amouracher de l'une ou l'autre des dames d'honneur. Seule notable exception, sa femme légitime, avec laquelle il ne couche pas pour la simple raison qu'il ne sait pas comment s'y prendre. Voilà pourquoi, neuf années durant, elle ne peut donner d'héritier à la couronne. Il en faut pourtant un, les intérêts de l'empire l'exigent. C'est alors que la dame d'honneur attachée au service de Catherine lui fait savoir, au nom de l'impératrice

Élisabeth dont la patience est à bout : « Il est des situations où les intérêts supérieurs nécessitent que l'on outrepasse les règles... » Et de suggérer à Catherine de prendre un amant. Celle-ci obtempère... et ne tarde pas à offrir un héritier au pays : son fils, le futur empereur Paul Ier.

On imagine sans peine l'horreur qui saisit Paul à la lecture de ces Mémoires. Le nouvel empereur les glisse alors dans une grande enveloppe qu'il scelle de sa main. Quand, à son tour, Nicolas Ier, père de notre héros, ceindra la couronne, il n'aura rien de plus pressé que de les parcourir. Puis, gratifiant la grande Catherine du titre de « honte de la famille », il interdira cette scandaleuse lecture aux Romanov eux-mêmes.

Notre héros, pourtant, en prendra connaissance après la mort de son père et sa propre accession au trône. Et il ajoutera sur l'enveloppe : « À garder scellé, sauf nécessité absolue », manifestement saisi d'effroi, lui aussi, à l'idée de n'être pas un Romanov, tout comme son père et son grand-père.

Le « secret » de Catherine contient cependant un fragment de lettre qu'elle a omis de détruire. Un message de son infortuné mari :

« Madame, je vous prie de ne point me tenir rigueur, mais il vous faudra passer la nuit prochaine en ma compagnie. Le temps de vos tromperies est en effet révolu... Notre couche est devenue trop étroite. Après deux semaines de séparation, votre époux infortuné, auquel vous déniez ce nom... »

Le texte s'arrête là mais la date s'est conservée. La lettre remonte à leur première année de mariage. Force est donc d'en conclure que l'empereur couchait avec Catherine et qu'il ne lui montrait aucune indifférence. Elle éprouvait en revanche à son endroit un insurmontable dégoût, se refusant à partager son lit. Il en souffrait, sans oser, par pudeur, s'en ouvrir à l'impératrice, sa tante. Il fallut que celle-ci exigeât un héritier pour que Catherine consentît à vaincre sa répugnance. Paul Ier était bien le fils légitime de Pierre III, ce qui explique leur ressemblance physique, leur proximité de caractère et jusqu'à leurs manies communes. Cela peut aussi expliquer l'antipathie profonde de Catherine pour Paul. Quant à la figure de l'amant qui aurait été le vrai père de l'enfant, sans doute l'impératrice l'a-t-elle inventée pour éviter que son fils ne veuille, lorsqu'elle mourrait, venger Pierre III, qu'il ne s'attaque à ses compagnons d'armes – ceux qui avaient assassiné le tsar et qu'elle avait en affection –, semant ainsi le trouble au sein de cet empire qui, tout bien considéré, fut son unique amour. Finalement, Catherine demeure dans ses Mémoires celle qu'elle fut toujours : la souveraine.

Le doute, cependant, subsiste : et si c'était vrai ? C'est ainsi qu'après les Mémoires de la grande Catherine, les Romanov furent à jamais un mystère pour eux-mêmes.

Fait et cause pour la victime

Une fois sur le trône, Paul prend le contre-pied de sa mère. Il commence par organiser des funérailles solennelles à Pierre III, afin que tous sachent combien le fils vénère le père.

Pierre avait été inhumé à la laure Saint-Alexandre-Nevski, Catherine lui ayant interdit la cathédrale de la forteresse Pierre-et-Paul où reposent traditionnellement les souverains russes. Paul y fait transférer les cendres de son père.

Auparavant, dans des carrosses funéraires, il conduit nuitamment toute sa famille à Saint-Alexandre-Nevski. Le cercueil de Pierre III est exhumé et ouvert. L'arrière-grand-père de notre héros est devenu poussière, son uniforme s'est décomposé, ne restent que ses gants, ses bottes fortes et son chapeau dans lequel est niché son crâne. Paul oblige néanmoins les siens à baiser ces piètres restes. Sa ravissante épouse, ses enfants et lui-même approchent leurs lèvres de ce crâne effroyable. Le père de notre héros, Nicolas, n'est alors âgé que de quelques mois. Lui aussi est de la cérémonie.

Vient le jour des funérailles. Pendant le transfert des cendres, Paul ordonne à l'assassin de son père, le comte Alexis Orlov, de suivre le cercueil en portant la couronne de l'empereur qu'il a tué de ses mains.

En cette journée glaciale, le catafalque progresse lentement. Juste derrière, la couronne posée sur un coussin framboise, marche péniblement sur ses jambes podagres le vieux géant défiguré par une sinistre balafre dont on prétend qu'elle est due à la résistance désespérée opposée par Pierre III : l'empereur à l'agonie se serait emparé d'un sabre-briquet et aurait imprimé cette marque sur la face de son adversaire. Voilà donc ce vieillard de deux mètres, quasi impotent, traversant dans la froidure la moitié de la ville et portant malgré tout la couronne à destination.

La Garde marche sur le palais pour la quatrième fois

Terrifiantes et grandioses à la fois les figures de ce siècle ! Le même comte Alexis Orlov ne dut point sa renommée au seul assassinat de Pierre III. Aux jours de la guerre contre la Turquie, il commandait l'escadre russe. Dans la baie de Tchesmé, en un furieux combat – la bataille navale la plus sanglante de ce temps –, il livra aux flammes toute la flotte turque. Il était de ces hommes d'une trempe particulière que le grand-père de notre héros avait toutes les raisons de redouter.

Au cœur de la capitale, Paul fait ériger le palais Michel, entouré d'imprenables murailles, de fossés emplis d'eau et de soldats de la Garde. Le souverain, toutefois, ne mesure pas complètement combien la Garde est dangereuse. À l'instar de Pierre III, son père, il croit en la puissance absolue de l'autocrate. Et de déclarer orgueilleusement : « L'aristocrate, en Russie, est celui avec lequel je m'entretiens dans l'instant, et il le demeure tant que je devise avec lui. » Mais le maître de millions de sujets, le maître d'un immense empire, a oublié l'Histoire : sa puissance est limitée, non par une Constitution, non par un Parlement, mais par les étrangleurs de la Garde. Il a oublié la grande découverte effectuée par sa mère.

Héritier du trône, Paul s'est créé, dans son palais de Gatchina, une « armée de poche », à l'instar de son père assassiné. Ses hommes sont formés à la rude discipline de l'armée prussienne et il entreprend d'insuffler ces principes à la Garde de Catherine, par trop relâchée. Avec une ardeur confinant à la folie, il châtie sans pitié les hommes de son épouse pour le moindre relâchement, tant dans leur tenue que dans leur façon de défiler. Désormais, en se rendant à la parade ou avant de monter la garde, les officiers ne manquent jamais de se munir d'assignats : Paul a en effet coutume d'expédier sans délai ceux qui n'ont pas l'heur de lui plaire dans les régiments cantonnés sur les marches de la Russie. Régiment de cavalerie le plus prestigieux du pays, la Garde ne compte plus que deux officiers sur les cent trente-deux qui s'y trouvaient au temps de Catherine. Durant les quatre années du règne de Paul, celui-ci semble venger sur les hommes de sa mère la mort de son père.

Mais, déjà, la Garde conspire. Le plus effroyable est que l'oncle de notre héros, prénommé comme lui Alexandre, futur vainqueur de Napoléon, prend part au complot contre son propre père. Les conjurés parviennent à l'effrayer par la menace d'un soulèvement sanglant de la Garde, inévitable, estiment-ils, si Paul demeure sur le trône. Ils lui prédisent en outre sa mort certaine, de la propre main de son père qui n'a plus sa raison. Ils lui font toutefois cette promesse : on ne touchera pas un cheveu de la tête de Paul, on exigera seulement qu'il signe l'acte d'abdication. Comment Alexandre réussit-il à croire en cette promesse, alors qu'il n'ignore rien du sort du malheureux Pierre III ? Sans doute veut-il absolument s'en convaincre. Et tout se déroule de la plus prévisible façon.

Avant d'assassiner l'empereur, les officiers de la Garde se réunissent pour un souper fort gai. On y boit quantité de vin et les discours qui s'y tiennent annoncent ce qu'il adviendra en Russie dans un avenir encore lointain : le colonel de la Garde Bibikov, dont un parent avait permis l'accession de Catherine II au trône, juge ainsi absurde de se débarrasser du seul Paul et préférable de « se défaire une bonne fois de toute la famille impériale ». Mais les autres conjurés ne le soutiennent pas.

À minuit, les officiers, échauffés par la boisson, se présentent en foule à l'entrée secrète du palais Michel. Parmi eux, le dernier amant de la grande Catherine, le prince Platon Zoubov, accompagné de son frère Nikolaï. Ils sont guidés par l'aide de camp préféré de Paul. À la tête du complot, le comte Pahlen, autre favori de l'empereur.

En uniforme de parade, dégainant leurs épées, les conjurés font irruption dans la chambre de Paul Ier et la trouvent... vide. Horrifiés, ils comprennent que le souverain a pris la fuite et se croient perdus. Tandis que la plupart cèdent à l'affolement, l'un des meneurs, le général Bennigsen, un homme grand, flegmatique, examine tranquillement l'immense pièce, appuyé à la cheminée. Dans un angle, des paravents. Là, sous les paravents, le général aperçoit soudain les pieds nus de l'autocrate. À l'approche des conjurés, le malheureux Paul a tout juste eu le temps de s'y dissimuler.

« *Le voilà*[1] *!* » lance ironiquement Bennigsen en désignant les paravents.

Et les officiers de la Garde le tirent triomphalement de sa cachette.

Comme bien souvent les despotes, Paul apparaît aussitôt pitoyable, impuissant. Petit, le nez camus, dans sa chemise de nuit à longues manches, il évoque un gamin effrayé. Alors, la foule enivrée des émeutiers se jette sur lui. Il tente maladroitement de se défendre, demande grâce, supplie qu'on lui laisse le temps de dire une prière avant de mourir.

Mais, dans son état d'ébriété avancée, le comte Nikolaï Zoubov, géant pareil à un boucher, frappe de toutes ses forces le souverain à la tempe avec le coin d'une tabatière en or. Paul s'effondre. Le valet de chambre de Zoubov, un Français, s'assied sur le ventre de l'empereur. L'officier de la Garde Skariatine retire son écharpe qui va servir à étrangler l'autocrate. Puis l'on se gausse méchamment du cadavre, que l'on frappe à coups de bottes.

---

[1]. En français dans le texte.

S'adressant aux soldats qui, dehors, gardent le palais, les assassins déclarent gaiement : « L'empereur souverain est décédé prématurément d'une attaque d'apoplexie. » Et les soldats de crier : « Vive l'empereur Alexandre ! »

On revêt la dépouille de Paul de l'uniforme de la Garde, on lui couvre la face d'un tricorne afin de dissimuler l'hématome laissé par la tabatière. Alors, seulement, on permet à l'impératrice en larmes de faire ses adieux à son époux. Le général Bennigsen l'implore toutefois de ne « point trop prolonger cette scène d'adieu, susceptible de nuire à la précieuse santé de Votre Majesté ».

Comme pour Pierre III, on annonce officiellement que l'empereur a rendu paisiblement l'âme à la force de l'âge. Une chapelle ardente est prévue au palais Michel. Toutefois, ainsi que l'écrit Madame de Staël : « En Russie, tout est secret, mais rien n'est un mystère. » La bonne société de Saint-Pétersbourg se presse pour contempler le défunt. Le corps est habilement exposé. Le célèbre journaliste et écrivain N. Gretch se souvient : « Je me rendis une dizaine de fois au palais Michel et ne parvins à voir que les semelles des bottes fortes et les bords du large chapeau rabattu sur le front. À peine franchissait-on la porte qu'on vous en désignait une autre : "Ayez l'obligeance de circuler !" »

Ainsi l'oncle de notre héros, bientôt vainqueur de Napoléon, devient-il l'empereur Alexandre Ier.

Le nouveau souverain n'ose pas toucher aux officiers régicides. Skariatine, lorsqu'il joue aux cartes, a coutume de suspendre son écharpe au dossier de sa chaise et tous se demandent s'il s'agit de celle qui a servi à étrangler le père du nouvel empereur. Le général Bennigsen deviendra l'un des meilleurs stratèges contre Napoléon. Et lorsque Alexandre qualifiera Bonaparte de « monstre sanguinaire », celui-ci lui rappellera ironiquement les « exploits de ses chefs militaires dans la chambre à coucher de son père ».

Un spectre familial

Le nom du malheureux Paul Ier est auréolé de légendes dans la maison Romanov. Dans le magnifique palais de Gatchina, celui qu'il préférait, une pièce est condamnée : elle recèle le lit du palais Michel, avec ses oreillers et couvertures maculés du sang du souverain assassiné. Et les serviteurs affirment qu'ils ont vu maintes fois, la nuit, le fantôme du tsar défunt errant dans les salons. On prétend que le spectre apparaît toujours à la veille de quelque événement funeste.

Enfant, notre héros rêve, lorsqu'il se rend à Gatchina, d'apercevoir le fantôme de son grand-père. Et la grande-duchesse Olga, sœur de Nicolas II, relate dans ses souvenirs qu'elle se promenait nuitamment à travers le palais en compagnie de Nicky[1], dans l'espoir (et la crainte) d'entrevoir l'ombre maudite.

Le père de notre héros, lui, au temps où il était encore le grand-duc Nicolas Pavlovitch, semble l'avoir vue au jour le plus terrible de sa vie.

Ce trône dont personne ne veut

L'empereur Paul Ier avait eu quatre fils. Les deux aînés, Alexandre et Constantin, ont un an de différence, puis viennent Nicolas et Michel. À la différence de leur père, Alexandre et Nicolas ont une carrure athlétique et un profil de médaille. La lignée Romanov comptera d'autres grands et beaux hommes, l'épouse de Paul, la féconde princesse de Wurtemberg (elle lui a donné huit enfants) lui ayant apporté la beauté et l'allure de sa race.

Presque vingt ans séparent les aînés et les cadets de Paul, et un abîme du point de vue de l'éducation. Les premiers, Alexandre et Constantin, sont arrachés à leur père par la grande Catherine, la « meilleure des grands-mères », qui, dès leur naissance, supervise leur

---

1. Un des surnoms de Nicolas II.

éducation, imaginant à leur intention un amusant abécédaire, leur écrivant des contes ou dessinant des modèles de « vêtements susceptibles de les garder en bonne santé ».

Catherine transforme tout en projet politique, jusqu'à la façon d'élever les enfants. Elle rêve de céder son trône à son petit-fils Alexandre, plutôt qu'à Paul, son fils honni. Elle destine Constantin à devenir empereur de Byzance ressuscitée, avec Constantinople (d'où son prénom !) pour capitale, cité qu'elle veut reprendre aux Turcs. La Russie et les Slaves des Balkans libérés doivent former un même grand Empire slave. Mais cette immense politicienne n'a pas le temps de mener à bien son projet. L'assassinat de Paul permet néanmoins, *post mortem*, la réalisation de son rêve : son petit-fils préféré monte sur le trône. Le destin lui réserve de vaincre Napoléon et de s'assurer par là même une gloire mondiale.

L'âge venant, toutefois, le vainqueur de Napoléon sombre de plus en plus dans la mélancolie. Le meurtre de son père, sa participation au complot le tourmentent. En 1819, il déclare sans détour à son frère Constantin : « Je dois te dire que je suis las et que je n'ai plus la force de supporter le fardeau du pouvoir. » Une façon de lui signifier qu'il doit (puisqu'il est son cadet) ceindre à son tour la couronne.

Constantin aimait feu son père. Au demeurant, il lui ressemble : même nez camus, mêmes yeux bleus. Il est en outre tout aussi débridé et sujet à de violents accès de colère. Jamais il n'a oublié la fameuse nuit de mars : aussitôt après l'assassinat, l'ancien amant de sa grand-mère, Platon Zoubov, était venu le trouver dans la chambre où il dormait. Zoubov lui avait brutalement retiré sa couverture et, sans plus d'explications, lui avait enjoint de s'habiller. Constantin en avait conclu qu'on l'emmenait pour le tuer. En réalité, on le conduisait du palais Michel au palais d'Hiver où les conspirateurs proclamaient empereur son frère Alexandre. Constantin avait alors confié à l'officier de la Garde Sabloukov : « Mon frère peut bien régner si cela lui chante. Pour ma part, si le trône me fût échu, je l'eusse refusé ! »

Le trône maculé du sang paternel l'horrifie. Aussi répond-il immédiatement à l'offre de son frère qu'il est prêt à « lui servir de second valet de chambre, tout sauf monter sur le trône » ! Et de s'empresser de rédiger une renonciation en bonne et due forme : « Je ne m'en sens ni le talent, ni la force, ni l'esprit... »

Vient ensuite, dans l'ordre de succession, le plus jeune frère d'Alexandre, Nicolas, père de notre héros.

Nicolas vénère l'empereur vainqueur de Napoléon et a du respect pour Constantin. N'a-t-il pas baptisé ses deux fils Alexandre et Constantin en l'honneur de ses frères ?

Nicolas, toutefois, n'est pas destiné à ceindre la couronne. Il est rompu au seul métier des armes dans lequel il excelle. Au sein de la grande famille Romanov, il fait figure de « soudard ». C'est en tout cas l'image qu'a de lui la puissante Garde qui compte alors de nombreux membres de l'élite cultivée de la capitale. Il est de bon ton de mépriser Nicolas. L'empereur Alexandre n'ignore donc pas combien le trône est dangereux pour son jeune frère.

Il n'est toutefois pas d'autre issue et Alexandre s'adresse au père de notre héros. Le tsar ne s'embarrasse pas de discours, il fait simplement part de sa volonté : au cas où il viendrait à disparaître, le trône doit revenir à Nicolas. L'empereur ajoute : « Cela peut survenir plus tôt qu'on ne le pense. Je forme de plus en plus souvent le projet de laisser mes obligations pour me retirer du monde. L'Europe a besoin de jeunes monarques, débordant de force et d'énergie, or je n'en fais plus partie. »

La mère de notre héros décrit l'étonnante réaction suscitée par ces propos de l'empereur : « Nous écoutâmes le souverain, pareils à deux statues, les yeux écarquillés, les lèvres scellées... » À l'instar de Constantin, Nicolas est terrifié par la perspective de ceindre la couronne. Lui aussi redoute le trône éclaboussé du sang de son père et de son grand-père. Alexandre se voit contraint de le rassurer : « L'instant *qui vous emplit d'un tel effroi* n'est pas encore venu... dix années peuvent encore s'écouler... », lui déclare-t-il en guise d'adieu.

« Nous étions comme frappés par la foudre... *Étouffés par les larmes, secoués par les sanglots à cette nouvelle aussi terrible qu'inattendue,* nous restions muets... », écrit encore la mère de notre héros. Des larmes... Des sanglots... L'abominable nouvelle qu'il faudra régner ! C'est là une curiosité russe. Dans le monde entier, les frères, d'ordinaire, se battent pour la couronne, allant, s'il le faut, jusqu'au meurtre. En l'occurrence, les frères ne rêvent que de céder à qui le veut le gigantesque empire. Tel est le résultat des différentes incursions de la Garde dans le palais.

La suite est effroyable. Des informations parviennent à l'empereur : la Garde comploterait, elle s'apprêterait à marcher une nouvelle fois sur le palais ! En 1820, le général Benkendorf, chef d'état-major de la Garde, rédige une note ou plutôt une dénonciation à l'intention de l'empereur, concernant ce complot. Un immense danger est apparu : dans l'esprit des officiers cultivés, la victoire sur Napoléon s'est changée en défaite de l'autocratie. Les officiers de la Garde ont rapporté d'Europe les idées de la Révolution française.

« Incapables de mettre en ordre leurs propres affaires... ils veulent diriger l'État », écrit Benkendorf à l'empereur. Et il joint à sa missive la liste des conjurés. La réaction du tsar est inattendue. Alexandre Ier est un mystique et, manifestement, il en conclut que l'heure du châtiment est proche. La Garde qui l'a placé sur le trône a résolu, à présent, de l'en chasser. Il remet alors son destin entre les mains du Très-Haut. Exprimant son regret que les conspirateurs soient « les victimes de cet esprit de liberté » que lui-même a « tant prisé dans sa jeunesse », l'empereur range le rapport dans un tiroir. Il dira plus tard : « J'ai partagé et encouragé ces illusions, il ne m'appartient pas de les réprimer aujourd'hui. »

La Garde est, comme toujours, au cœur de l'action ; cependant, il s'agit à présent d'une conspiration d'un type nouveau. Pour la première fois en un siècle, aucun membre de la famille impériale n'y participe. Comme dans les précédents complots, une partie des conjurés s'apprête à assassiner le tsar, non pour le remplacer par le souverain de son choix, mais pour s'en débarrasser une bonne fois et proclamer la république !

L'un des principaux meneurs est le fils du général-gouverneur de Sibérie, le colonel Pestel. Il s'est battu en brave contre Napoléon.

Or ce Robespierre russe, résolu à instaurer la république, a formé le projet, au nom de la sécurité de cette future république, de tuer le tsar ainsi que toute sa famille, afin d'exclure le risque d'une guerre civile. La plupart des conjurés montrent néanmoins plus de modération : ils décident de garder l'empereur sur le trône, à condition qu'il accorde au pays une Constitution.

C'est ainsi que dans les neiges russes se dessine le chemin qui mènera à la chute de la dynastie, à la prise du pouvoir par les bolcheviques et à la grande fracture du monde.

De nouvelles informations parviennent au tsar, le contraignant à hâter la résolution des questions dynastiques. Le 16 août 1823, il rédige un manifeste secret de succession au trône. Le père de notre héros, le grand-duc Nicolas Pavlovitch, y est désigné comme l'héritier. Le manifeste, toutefois, n'est pas promulgué. Il est déposé sous scellés dans une cachette secrète à la cathédrale de l'Assomption, à Moscou, l'un des principaux sanctuaires de Russie, où les souverains russes sont couronnés. Seul un tout petit cercle de fidèles en connaît l'existence. Sans doute Alexandre garde-t-il encore l'espoir de persuader Constantin de ceindre la couronne. Il n'oublie pas la façon dont la Garde, si dangereuse, considère Nicolas.

Durant toute cette période, Alexandre Ier ne séjourne pratiquement pas à Saint-Pétersbourg. Il prend part aux nombreux congrès de la Sainte-Alliance ou sillonne le pays. « Il gouverne depuis son carrosse », écrira un contemporain. L'empereur semble redouter la capitale où sont stationnés les régiments de la Garde.

En 1825, le « nomade despote » (pour reprendre l'expression de Pouchkine) entame un nouveau périple en direction de Taganrog, petite ville dont le climat méridional doit fortifier les poumons de l'impératrice.

Quittant Saint-Pétersbourg en pleine nuit, l'empereur gagne la laure de Saint-Alexandre-Nevski où, près des portes, l'attend dans l'obscurité une sombre rangée de moines conduits par le métropolite. Ainsi commence le dernier office religieux auquel le tsar assistera dans sa capitale. Pendant la lecture de l'Évangile, Alexandre Ier tombe soudain à genoux et demande au métropolite de placer l'Évangile au-dessus de sa tête... Il prie ensuite longuement, en pleurant.

Encore un secret de la dynastie ?

À Taganrog, l'empereur meurt subitement. On a conservé le certificat de décès : les médecins s'y montrent si vagues que l'on a peine à comprendre quelle maladie a emporté le vainqueur de Napoléon.

Aussitôt se répand dans la capitale une rumeur qui aura la vie dure : Alexandre Ier n'est pas mort, on a placé dans son cercueil le corps d'un inconnu ; quant à l'empereur, il s'en est allé, pèlerin, en Sibérie afin de s'adonner à la prière et à la repentance pour l'effroyable péché commis contre son père. Quand la dépouille du souverain arrive à Saint-Pétersbourg, la rumeur enfle encore, car, à l'instant traditionnel des adieux, le cercueil reste fermé. C'est la première fois dans l'histoire que la Cour rend un dernier hommage à un empereur dont elle ne voit pas le visage. En dépit des marques de violence visibles chez Pierre III et Paul Ier, tous deux avaient été exposés. On explique aux courtisans que la chaleur de Taganrog a hâté la décomposition du corps. Mais ils n'ignorent pas que celui-ci a été soigneusement embaumé. Et de reprendre les étranges paroles du prince Volkonski : « Malgré l'embaumement, le visage de l'empereur avait noirci, ses traits étaient complètement changés. »

Seule la famille voit le cercueil ouvert. La cérémonie d'adieux a lieu dans l'église familiale de Tsarskoïe Selo, après minuit. Les prêtres sont priés de quitter le sanctuaire, des sentinelles sont postées aux portes. Dans la pénombre, à la lueur des cierges, les Romanov n'aperçoivent du défunt que le haut de son crâne. Notre héros, qui porte le même prénom, assiste à cette mystérieuse cérémonie. Il est alors âgé de sept ans.

Onze ans après la mort de l'empereur, un *starets*[1] répondant au nom de Fiodor Kouzmitch fait son apparition en Sibérie. Le saint

---

1. Ermite, moine qui fait souvent office de guide spirituel.

homme, austère, est, semble-t-il, d'origine paysanne. Il est cependant au fait des usages de la Cour et parle les langues étrangères. On comprend à ses récits qu'il a été à Paris dans les wagons de l'armée russe victorieuse.

Le portrait le plus répandu du mystérieux *starets* présente une ressemblance frappante avec Alexandre Ier qu'il ne mentionne jamais. Au fur et à mesure que croissent les rumeurs et la popularité du *starets*, celui-ci reçoit de moins en moins de visiteurs et la porte de sa cellule reste le plus souvent close.

On trouve, dans le Journal de la mère de notre héros, une note assez remarquable. Rêvant de quitter bientôt le trône, Alexandre Ier lui avait dit un jour : « Que je serai heureux de vous voir passer devant moi en carrosse, tandis que, dans la foule, je vous crierai "vivat !" en agitant mon chapeau ! »

C'est donc à cette vie anonyme qu'aspirait l'empereur à la veille de son mystérieux décès.

Et, à la veille de la chute de la dynastie, le grand-duc Nicolas Mikhaïlovitch consignera dans son Journal une de ses conversations avec Nicolas II, portant sur le fameux *starets* Fiodor Kouzmitch. Jusqu'au bout, ce mystère passionnera les Romanov.

2

HÉRITIER DU TRÔNE

La grande révolte des eaux

Notre héros est donc âgé d'environ sept ans, et deux terribles souvenirs marquent déjà à jamais cet enfant impressionnable et nerveux : le déchaînement de la nature et celui des hommes.

La révolte des eaux survient dans la dernière année du règne d'Alexandre Ier.

Notre héros et sa famille vivent alors au palais Anitchkov[1] qui sera, dès lors, la résidence de l'héritier du trône. C'est par une nuit de novembre qu'a lieu la plus gigantesque inondation dans l'histoire de la capitale.

Le 7 novembre, à sept heures du soir, des lanternes s'allument sur la tour de l'Amirauté pour avertir la population. Durant la nuit, une tempête inouïe se déchaîne, les rafales de vent ébranlent les solides fenêtres du palais. Au matin, la Neva en furie fond sur la ville. L'eau du fleuve bouillonne comme dans un chaudron et le vent est si fort qu'il la fait remonter à contre-courant. Une écume blanche tourbillonne au-dessus de cette gigantesque masse liquide. De formidables vagues s'abattent sur la place devant le palais d'Hiver ; celle-ci, inondée, se confond avec la Neva en un immense

---

1. À Saint-Pétersbourg.

lac dont le surplus s'écoule par la perspective Nevski transformée en large fleuve qui longe le palais Anitchkov, montant jusqu'au balcon. Échappés des caves, des rats courent dans les escaliers de marbre, bondissant, piaillant, cherchant refuge dans les étages.

Sur une porte faisant office de radeau, une femme et un enfant voguent devant les fenêtres du palais. Des soldats en barque tentent de les sauver. Les gens se réfugient sur les toits des maisons, en haut des réverbères. D'une fenêtre de la maison d'en face, une bibliothèque entière est emportée par le flot. Les livres bondissent dans les vagues. Des plaques de tôle volent dans les airs, arrachées aux toits par l'ouragan.

Il faut attendre plusieurs jours pour que l'eau reflue. Alors, le jeune Alexandre est emmené par son père à travers la ville. Le quai, devant le palais d'Hiver, est jonché de débris de navires. On permet à l'héritier de monter sur un bateau et de toucher un vrai mât. Il y voit aussi un cercueil emporté d'un cimetière et déposé là par les eaux.

Ce déchaînement inouï est un présage. Un an plus tard, la fureur des hommes se déchaînera de la même façon.

On se repasse la couronne comme un ballon

Quand le courrier apporte de Taganrog la nouvelle de la mort d'Alexandre Ier, le père de notre héros fait aussitôt appeler le gouverneur militaire de Saint-Pétersbourg, le comte Miloradovitch. Nicolas Pavlovitch l'informe du manifeste secret du défunt empereur et de son ultime volonté de lui léguer le trône.

Miloradovitch connaît les sentiments de la Garde à l'égard du « soudard » Nicolas. Il est également au courant du complot fomenté par la même Garde : les conspirateurs, représentants des plus grandes familles aristocratiques, ne comptent-ils pas parmi ses relations ? Brillants officiers, n'ont-ils pas, avec lui, combattu Napoléon ?

En prenant d'infinies précautions, le comte met en garde Nicolas : « Le manifeste est, hélas ! inconnu de tous, à la différence de la loi de succession au trône. Tous savent qu'elle prévoit d'offrir la couronne à Constantin. » Le père de notre héros, visiblement soulagé, s'empresse d'approuver et ordonne que la Garde, le Sénat, le Conseil d'Empire prêtent serment à son frère. Lui-même s'y emploie sans délai, tant il redoute les dangers du trône. En vain. Un courrier arrive en hâte de Varsovie : Constantin refuse catégoriquement de régner. Il écrit : « Mes intentions premières sont immuables. » Il exige que la volonté du tsar défunt, exposée dans le manifeste secret, soit respectée à la lettre : Nicolas doit ceindre la couronne.

Un autre courrier est aussitôt dépêché à Varsovie, porteur d'un message de l'impératrice douairière ; comprenant qu'une nouvelle prestation de serment serait du plus mauvais effet, celle-ci « implore à genoux Constantin de venir à Saint-Pétersbourg annoncer publiquement qu'il renonce au trône ».

Nouveau courrier de Varsovie : Constantin refuse de faire le voyage, de peur qu'à Saint-Pétersbourg on ne parvienne à le convaincre de régner ; il prie sa « bien-aimée mère » de faire part elle-même de sa décision au pays.

Pendant que, poussant leurs chevaux, les courriers galopent entre Saint-Pétersbourg et Varsovie, les conjurés de la Garde se disent que ces problèmes de succession sont l'occasion rêvée d'un coup d'État.

Enfin, le 13 décembre, date anniversaire de l'empereur défunt, Nicolas se résout à accomplir la volonté de son frère et accepte de monter sur le trône.

« Quel jour décisif pour moi, Seigneur tout-puissant ! » lit-on dans son Journal. Or, en ce même jour, on lui remet un pli scellé : « Je l'ouvre et apprends l'abominable complot. Il faut prendre des mesures radicales. »

C'est à nouveau la Garde, meurtrière de ses ancêtres. Nicolas sait ce qui le menace. Le petit Alexandre est désormais officiellement l'héritier du trône et, le lendemain, 14 décembre, il doit prêter serment à son père. Ce jour-là, Nicolas écrit à sa sœur : « Prie pour moi... Plains ton infortuné frère, victime des volontés de Dieu et de ses deux aînés. » Durant la nuit, il va trouver sa femme et prononce ces paroles qu'elle consignera dans son Journal : « Dieu sait ce qui nous attend... Promets-moi d'être courageuse et, si tel est notre lot, de mourir dans l'honneur... »

Le spectre du père de Hamlet

La veille de la prestation de serment, les disputes vont bon train parmi les conjurés. Une partie d'entre eux se prononce contre le soulèvement, ne croyant pas à son succès.

L'un d'eux, le comte Rostovtsev, se lance dans une tentative désespérée. Il déclare à ses amis qu'il doit à Nicolas Pavlovitch une reconnaissance toute particulière et que, voyant la menace qui pèse sur son bienfaiteur, il a résolu d'aller le trouver afin de le supplier de renoncer au trône. Mais toutes les exhortations sont vaines. Le lendemain, après avoir rendu visite au tsar, Rostovtsev fait parvenir à ses amis conjurés un message intitulé : « Le plus beau jour de ma vie ». Il s'agit du récit de son audience chez Nicolas qui l'a reçu de la plus amicale façon. Rostovtsev l'a prévenu des risques qu'il encourait à ceindre la couronne. Il n'a rien dit de plus. Nicolas, de son côté, ne s'est pas enquis des détails, se contentant de le remercier avant de le laisser partir. En révélant ainsi le complot, Rostovtsev voulait contraindre ses camarades à renoncer à leur projet. En vain, là encore.

Nicolas le sait donc avec certitude : il y aura une insurrection. Il n'a toutefois d'autre issue et décide d'aller jusqu'au bout. Dans la soirée, le gouverneur militaire de Saint-Pétersbourg, Miloradovitch, confie au prince de Wurtemberg, parent de Nicolas du côté de sa mère, venu pour le couronnement : « Je suis inquiet, je n'attends rien de bon de la journée de demain. La Garde aime Constantin. » « Quel rapport entre la Garde et le succès de la journée à venir ? s'étonne le prince. Que faites-vous du testament du souverain défunt ? » Le prince de Wurtemberg ignore qu'en Russie la loi de succession au trône, c'est la volonté de la Garde.

Dans leurs casernes, cependant, les conjurés préparent fébrilement le soulèvement de leurs soldats. Ils ne peuvent leur parler de cette république dont ils sont nombreux à rêver et, quand l'un se risque à expliquer que, désormais, la Russie sera une république, les soldats s'enquièrent :

« Qui en sera l'empereur ?

– Il n'y en aura pas.

– Allons donc, *batiouchka*, tu sais bien que ça ne se peut pas... »

Comme l'écrit un de nos historiens : « En Russie, il était plus aisé de se représenter un pays sans peuple que sans tsar. »

La légende veut que, cette fameuse nuit, Nicolas dorme mal. Bien après minuit, tourmenté par l'insomnie, il erre à travers le palais d'Hiver, suivi par un valet de chambre muni d'un candélabre. À la lueur de la lune, il aperçoit soudain dans la Salle blanche une silhouette en chemise de nuit. Nicolas se fige de terreur : c'est son père. Un instant plus tard, le malheureux Paul a disparu, se fondant dans le mur.

En admettant que cette légende soit vraie, c'est alors, sans doute, que Nicolas s'emplit de cette résolution qui ne le quittera pas de toute la terrible journée suivante. Cette rencontre, en effet, si elle a existé, fut celle de Hamlet avec le spectre de son père, une invite à se venger sur les descendants de cette Garde qui a assassiné son père et son grand-père.

La Garde marche sur le palais pour la dernière fois

Et survient l'un des grands tournants de l'histoire russe. Le 14 décembre, la Garde ne marche pas simplement, une fois de plus, sur le palais : elle œuvre en faveur de la Constitution. C'est un grand jour pour les libéraux russes.

La suite des événements est narrée par Nicolas lui-même :

« En ce jour fatidique, je me levai matin. Au palais d'Hiver se trouvaient réunis tous les généraux et commandants des régiments de la Garde. »

Nicolas leur lit le testament de feu l'empereur Alexandre Ier et la renonciation de Constantin Pavlovitch.

« Ayant reçu de chaque commandant l'assurance de sa loyauté, fût-ce au prix de sa vie, j'ordonnai à tous de rejoindre leurs troupes et d'amener la Garde pour la prestation de serment. »

Aux courtisans on enjoint « de se rassembler au palais d'Hiver pour onze heures ». Cependant qu'arrivent les dignitaires, Nicolas gagne les appartements de sa mère. Il est néanmoins aux aguets, il attend.

Tout a déjà commencé. Les conjurés ont ameuté les casernes de la Garde, annonçant aux soldats que l'empereur légitime Constantin – auquel ils ont déjà prêté serment – a été contraint par la force de renoncer au trône.

En simples surtouts malgré le froid de décembre, échauffés par les discours des officiers (et plus encore par la vodka), les soldats de la Garde se précipitent, fusils chargés, sur la place Pierre (aujourd'hui place du Sénat) afin de faire valoir les droits de Constantin...

Les soldats de la Garde se rangent sur la place, à dix minutes à pied du palais d'Hiver. La célèbre statue de Pierre le Grand sur son cheval cabré leur tourne le dos, à croire que l'empereur les fuit au galop.

La Garde tire en l'air, criant : « Vivent Constantin et la Constitution ! » On laisse entendre aux soldats – et ils le croient – que « Constitution » est le prénom de l'épouse de Constantin !

Nicolas quitte à peine sa mère que se présente « le général-major Neidhart, chef d'état-major de la Garde, pour annoncer que le régiment de Moscou s'est mutiné ».

Cependant, les dignitaires sont rassemblés au palais pour la prestation de serment.

« Il fallait celer à tous la situation véritable, surtout à ma mère... » (L'impératrice douairière a déjà vu, en effet, lors de l'assassinat de son époux, de quoi la Garde était capable.) À sa femme, toutefois, Nicolas ne dissimule rien. « Passant chez mon épouse, je lui dis : "Le régiment de Moscou s'est mutiné. Je m'y rends de ce pas." »

Il n'a pas oublié le sort de son père et de son grand-père, et n'a aucune illusion : c'est à présent une question de vie ou de mort. Peut-être pas sa seule mort, mais celle de toute sa famille. Il se sent pris de frénésie : « Les pensées me venaient, fulgurantes... » En réalité, il a sans doute tout mûrement pesé, en ces jours d'anxiété précédant la prestation de serment, dès qu'il a eu vent du complot...

Et il agit. Il renvoie dans leurs casernes les commandants de régiments réunis au palais, afin qu'ils amènent les unités de la Garde restées loyales. Ayant donné ses instructions, une capote de soldat jetée sur ses épaules, il quitte en hâte le palais.

Il trouve, aux portes, une gigantesque foule de badauds : « Déjà, on affluait vers le palais, la place était noyée de monde et d'équipages... »

Cette foule immense est dangereuse, on peut à tout instant l'exciter. La populace risque alors de rejoindre les insurgés sur la place du Sénat, de rallier les émeutiers ou, pire, de se jeter sur le palais sans défense. « Il fallait distraire le peuple par quelque chose qui sortît de l'ordinaire... Il me fallait gagner du temps pour permettre aux troupes de se rassembler. »

Nicolas entreprend de lire à la foule le manifeste de son avènement. Le peuple est enthousiasmé à la vue du tsar s'adressant ainsi à lui. Les gens applaudissent, couvrant de leurs vivats les tirs qui retentissent sur la place en révolte.

Sa lecture achevée, Nicolas connaît « l'instant le plus affreux » de cette journée. Il voit qu'un détachement de la Garde arrive en courant vers le palais d'Hiver : « Une horde de grenadiers, conduite par l'officier Panov, s'avance, bien décidée à s'emparer du palais et, en cas de résistance, à anéantir toute notre famille. »

Au même instant, toutefois, apparaissent dans la cour du palais les troupes demeurées loyales : un bataillon de sapeurs qui prend fait et cause pour le nouvel empereur. En voyant « les autres » – ainsi sont désignés les soldats de la Garde fidèles à Nicolas –, les grenadiers filent rejoindre les insurgés.

Cet instant n'est pas seulement décisif pour la vie de la famille impériale. Nicolas y perçoit un signe de la miséricorde divine. Enfin, arrive un bataillon de fidèles du régiment Preobrajenski !

Nicolas, à cheval, le mène vers la place du Sénat. Mais au bout d'une centaine de mètres, près de l'arc de l'État-major général, il trouve des grenadiers évoluant sans officiers, dans le plus grand désordre, une gigantesque foule portant des étendards.

« Je m'approchai et voulus arrêter les grenadiers, remettre de l'ordre dans leurs rangs. Cependant, lorsque je leur enjoignis de ne plus bouger, ils me crièrent : "Nous sommes pour Constantin !" Je leur indiquai la place du Sénat. »

Impossible de déclencher des combats en face du palais, sous les yeux de la « très chère impératrice douairière », qui ne se doute de rien, et des dignitaires.

« Que de fois, au cours de cette journée, je crus que mon cœur allait cesser de battre !... Mais Dieu m'accorda son soutien. »

Jamais Nicolas ne pardonnera aux rebelles son humiliant effroi.

Il ordonne de conduire les enfants du palais Anitchkov au palais d'Hiver. Ce jour-là, comme toujours, le petit Alexandre étudie avec son précepteur, le capitaine Moerder, lorsqu'un carrosse vient le chercher. On habille en hâte l'enfant, et en route !

Nicolas a également prévu des équipages de long parcours pour sa mère et sa femme. Si la tension ne baisse pas, il les enverra, en compagnie des enfants, à Tsarskoïe Selo. En attendant, notre héros est avec sa mère et son aïeule au palais d'Hiver, dans le cabinet de feu son oncle Alexandre Ier. Il s'autorise un caprice : il a faim. On lui apporte une boulette de viande. Il comprend ce qui se passe, ressent l'inquiétude générale. Et mange sa boulette.

Les généraux, cependant, revenus de la place, rejoignent Nicolas et l'informent d'un fait inquiétant : le nombre des insurgés augmente ; des grenadiers – des géants de deux mètres – ont rallié le régiment de Moscou. Pour couronner le tout, l'équipage de la Garde[1] arrive à son tour sur la place. La police, épouvantée, ne fait rien, attendant manifestement de savoir qui l'emportera. Quant aux ouvriers

---

1. Créé en 1710, l'équipage de la Garde est transformé par Alexandre Ier pour assurer, sur tous les navires, le service du souverain et de sa famille lors de leurs déplacements.

qui travaillent à la construction de la cathédrale Saint-Isaac, ils ont acclamé les émeutiers et lancé des pierres aux généraux envoyés par le tsar.

Le gouverneur de Saint-Pétersbourg, le comte Miloradovitch, se rend alors en personne sur la place du Sénat pour tenter de parlementer. La nouvelle parvient presque aussitôt : Miloradovitch a été tué ! Lui qui avait montré tant de vaillance contre Napoléon, qui avait été de toutes les batailles et semblait épargné par les balles ! Lui qu'on avait surnommé « le Chanceux » ! Or, voici que « le Chanceux » était mort, non de la main de l'ennemi, mais tué par les siens. Après avoir traversé, sans une égratignure, toutes les capitales européennes, il avait fallu qu'il pérît dans sa propre ville !

Par chance, les émeutiers demeurent sur la place et laissent à Nicolas le délai nécessaire pour rassembler les régiments loyaux. Celui-ci ne veut toutefois pas monter sur le trône dans un bain de sang. Il dépêche son jeune frère, le grand-duc Michel, pour tenter de convaincre les émeutiers. Ces derniers ne lui permettent pas même d'ouvrir la bouche, c'est miracle s'ils ne le tuent pas : à deux reprises, un insensé veut tirer sur lui mais, chaque fois, le coup refuse de partir. Alors, entouré des fidèles du régiment Preobrajenski, Nicolas se rend en personne sur la place. Les émeutiers ne le laissent pas approcher.

« Une salve retentit, les balles sifflèrent au-dessus de ma tête. Par bonheur, aucun des nôtres ne fut blessé. Embusqués derrière des palissades, les ouvriers de la cathédrale Saint-Isaac se mirent à nous jeter des bûches. »

Et Nicolas lance sur les émeutiers ses fidèles gardes à cheval, aussitôt repoussés par des tirs de fusil.

Le soir tombe.

« Il nous fallut nous résoudre à mettre fin à tout cela au plus vite, sauf à risquer que la populace s'en mêlât, cernant nos troupes qui se fussent alors trouvées dans la plus délicate situation. »

Cependant, au palais, la mère et la grand-mère de notre héros sont dévorées d'inquiétude. L'infortunée grand-mère est déjà au courant de tout. Vingt-quatre ans plus tôt, elle a vu le corps mutilé de son mari assassiné, elle risque à présent de voir celui de son fils. L'épouse de Nicolas se meurt d'angoisse à ses côtés : depuis son mariage, elle a eu le temps de retenir les noms des souverains russes tués par la Garde. À compter de ce jour, la mère d'Alexandre gardera, jusqu'à sa mort, un tic nerveux.

L'attente est si insoutenable que les deux femmes se résolvent à dépêcher sur la place Nikolaï Karamzine, qui se trouve au palais.

Écrivain de grand talent, chef de file du sentimentalisme russe, Karamzine, au faîte de la gloire littéraire, a fait quelques infidélités à sa Muse. Il lui préfère à présent la divine Clio. C'est, au demeurant, son œuvre d'historien qui lui vaudra l'immortalité. Il réalisera son rêve de « donner une âme à l'histoire russe ». Le premier tirage de son *Histoire de l'État russe* sera épuisé en vingt-cinq jours. Présentée par cette grande plume, l'histoire de Russie est une véritable découverte pour la société russe du temps et elle deviendra une source d'inspiration pour les écrivains ; elle subira aussi la critique impitoyable des historiens professionnels.

Ce jour-là, l'auteur de la célèbre *Histoire* est témoin d'un instant fatidique dans la vie de son pays. De retour au palais, il raconte les régiments soulevés, campant sur la place, à dix minutes à pied de la résidence impériale ; la populace massée autour de la place, acclamant les émeutiers ; les pierres lancées sur lui, tandis qu'il tentait de s'approcher. Dans sa hâte (il se peut que Karamzine ait été obligé de fuir), il a perdu le talon d'une de ses chaussures et le voici qui déambule en chaussettes dans la grande salle du palais. Il est affolé : « Se peut-il que la ville de Pierre se retrouve aux mains de trois mille soldats éméchés, d'officiers insensés et de la populace ? »

Nicolas fait une ultime tentative : il envoie chercher le métropolite au palais. Ce dernier se prépare pour les cérémonies de l'avènement, mais il est contraint de gagner la place, sans même prendre le temps de se changer.

Au palais, on attend son retour avec impatience. Il revient, terrifié : on a menacé de tirer sur lui et on l'a purement et simplement chassé.

Vient l'instant de la décision fatidique :

« L'aide de camp général Vassiltchikov (qui commandait la Garde) me dit alors :
"Il n'y a pas une minute à perdre ; il ne reste qu'à les mitrailler !
– Vous voulez donc que je verse le sang de mes sujets au premier jour de mon règne ?
– Pour sauver votre empire", me répondit Vassiltchikov. »

Ces paroles sont rapportées par Nicolas. On peut toutefois penser que c'est là une version chère au cœur des gouvernants, dès qu'il s'agit de répondre d'un bain de sang : je ne le voulais pas, mes conseillers ont insisté...

En réalité, Nicolas, qui affectionnait l'histoire, connaissait la célèbre phrase de Bonaparte. Celui-ci, tout jeune, observant la populace en train d'investir le palais du roi de France, avait déclaré : « Quel âne bâté que ce roi ! Il eût suffi d'une batterie pour disperser ces canailles ! » N'oublions pas que Napoléon, même vaincu, demeurait l'idole des militaires russes vainqueurs.

Et Nicolas de prendre lui-même le commandement de l'artillerie. Il a soif de venger le sang de son père et de son grand-père, mais plus encore de se venger pour la peur qu'il a éprouvée.

Au palais d'Hiver, les dignitaires venus prêter serment, arborant tous rubans et décorations, attendent muettement, assis le long des murs, de savoir qui l'emportera.

Soudain, les immenses fenêtres s'illuminent, comme sous l'effet de plusieurs éclairs. Un coup sourd retentit : les canons entrent dans la danse. On tire d'abord une salve d'avertissement qui, survolant les émeutiers, vient frapper le bâtiment du Sénat. Un boulet y reste logé, que Nicolas interdira, des années durant, de retirer. Les émeutiers répondent par des tirs désordonnés et des cris : « Vive la Constitution ! Vive Constantin ! »

La salve suivante vise directement les révoltés et les met en fuite.

En entendant le canon, la grand-mère d'Alexandre s'écrie :
« Mon Dieu ! Que dira de nous l'Europe ? Mon fils monte sur le trône dans un bain de sang ! »

Mais le grand-duc Michel l'apaise :

« C'est un sang impur, mauvais. »

Tous se signent avec joie : les dignitaires comprennent que la terre russe a trouvé son maître, un tsar à poigne. La mère d'Alexandre lui enjoint de se signer aussi.

Puis, le père de notre héros fait irruption au palais pour serrer dans ses bras sa mère, sa femme, ses enfants. Tous se rendent aussitôt à la grande église du palais afin de prier à genoux et de rendre grâces au Seigneur de les avoir épargnés. Le jeune Alexandre revêt ensuite son bel uniforme de hussard et le valet de chambre de sa grand-mère le porte dans la cour du palais. Son père et des hommes de la Garde – le fameux bataillon de Sapeurs qui a sauvé le palais – l'y attendent, éclairés par des feux.

Prenant son fils dans ses bras, Nicolas s'écrie : « Voici mon héritier, messieurs. Servez-le fidèlement ! » On lui répond par des : « Vive le grand-duc Alexandre Nikolaïevitch ! » Le souverain ordonne au premier homme du rang de chaque compagnie de venir embrasser l'enfant. Ils s'approchent les uns après les autres, égratignant les joues du petit de leur barbe et soufflant sur lui une odeur de tabac bon marché. Cela ne plaît guère au garçon qui se met à pleurer.

L'histoire retiendra ces insurgés sous le nom de « décembristes » et la sympathie éprouvée à leur endroit deviendra la marque de l'intelligentsia russe.

Les décembristes, toutefois, nous laissent un mystère. Pourquoi sont-ils restés figés sur la place du Sénat, pourquoi ont-ils opté pour cette étrange inaction ? Que n'ont-ils attaqué le palais, alors que les hommes restés fidèles à Nicolas n'y étaient pas encore rassemblés ?

La réponse à ces questions est contenue dans le caractère même de cette conspiration de la Garde. Les officiers s'y entendaient à rêver de liberté en jouant aux cartes et en buvant du punch, aux bals ou dans les salons. En décembre 1825, cette liberté, ils l'ont vue de leurs yeux, sous la forme de soldats éméchés, ignares, persuadés que Constitution était la femme de Constantin ; sous la forme, aussi, d'une populace déchaînée, bestiale, se préparant déjà à détruire et, surtout, à piller la capitale. C'est alors que le spectre sanglant de la Révolution française, pas si lointaine, a plané sur la place insurgée. Le spectre de la Terreur. Et les décembristes ont pris peur. Ne sachant plus que faire, ces intellectuels de la Garde, accompagnés d'une poignée de civils érudits, sont demeurés à piétiner stupidement jusqu'aux premiers coups de canon.

Avant de coucher le petit Alexandre, on le mène dire bonsoir à son père. La pièce où se trouve ce dernier est brillamment éclairée par des chandelles.

Debout face à son père, un officier de la Garde arrêté. Il a les mains liées par son écharpe d'officier (la même que celle qui a servi à étrangler l'empereur Paul). Sur le sofa, devant une petite table, un vieux général note les déclarations du prévenu. C'est l'empereur lui-même qui conduit l'interrogatoire.

Toute la nuit, tandis que le petit Alexandre dort à poings fermés, on présente au tsar les chefs de la révolte décembriste. La scène se déroule dans la pièce qui sera, par la suite, la salle d'étude d'Alexandre.

L'aube d'un nouveau règne

Premier matin au palais d'Hiver, devenu la maison du jeune Alexandre. Son précepteur, Karl Moerder, le mène à travers l'édifice. Des portes recouvertes de bronze marquent la limite des appartements impériaux qui cèdent la place à l'enfilade des salles d'apparat. Derrière les vitres, la Neva prise dans les glaces. Les gigantesques fenêtres laissent passer un vent glacial. Un soleil hivernal, bas, rouge sang, surplombe le fleuve. La glace scintille, comme scintillent les plats d'or et d'argent suspendus près des portes ou les casques de cuivre des chevaliers-gardes postés à côté des colonnes et aussi immobiles qu'elles.

Seuls les proches de la famille impériale ont le droit de franchir les portes derrière les chevaliers-gardes, celles qui ouvrent sur les appartements privés. Elles ont été installées par l'impératrice Élisabeth et cela fait un demi-siècle que les chevaliers-gardes veillent près d'elles.

Pour quelque raison, la grand-mère de notre héros continue de redouter l'opinion de l'Europe. Nicolas a tôt fait d'apaiser ses craintes : il a rédigé de sa main un communiqué sur les événements, à l'intention, précisément, de l'Europe :

« Tandis que les habitants de la capitale apprenaient avec une joie profonde que le souverain Nicolas Pavlovitch avait ceint la couronne de ses ancêtres, en ce même jour tant attendu survenait un triste événement qui ne troubla que quelques heures la paix de notre ville. Alors que le nouveau souverain était partout salué par des marques d'amour et de loyauté sincères, une poignée de coquins aux allures repoussantes, en habit... »

Voilà, c'est tout ! Il n'y a pas eu de révolte, pas d'échanges de tirs, pas de mitraille... Juste un déplaisant incident. Ce n'est pas la Garde qui s'est soulevée, mais quelques coquins, en civil.

Une découverte du nouveau souverain

La situation reste néanmoins alarmante. Dès les premiers interrogatoires, Nicolas apprend que les conjurés appartiennent aux plus nobles familles de Russie, héritières de Rurik et de Guédimine : les princes Volkonski, Troubetskoï, Obolenski et tant d'autres qui ont contribué à la gloire russe. Depuis les cachots humides de la forteresse Pierre-et-Paul, on les mène à l'interrogatoire dans ce palais d'Hiver où, la veille encore, ils paraissaient aux bals ou prenaient leur service, arborant les médailles et décorations que leur avait values leur vaillance dans les batailles contre Napoléon.

Nicolas n'a pas encore trente ans. Il sait qu'il n'est pas populaire dans la capitale. Il a à ses côtés sa malheureuse épouse qui parle à peine le russe. Derrière les vitres du palais, les brèves journées d'hiver, auxquelles succèdent de dangereuses ténèbres, et Saint-Pétersbourg, hostile et pleine de morgue. Sans oublier les puissantes familles de ceux qui sont incarcérés à la forteresse. Nicolas s'attend à un mauvais coup de ces arrogants dignitaires dont les ancêtres ont tué son père et son grand-père. Il s'attend à ce que l'émeute reprenne.

Or, c'est la surprise. Il apparaît que les canons ont momentanément dégrisé la société. « De toutes parts, ce n'étaient que cris d'enthousiasme : "Victoire ! Victoire !" À croire qu'une armée ennemie avait été soumise, et non une poignée de compatriotes. On faisait dire des actions de grâces pour le salut de la Patrie. D'anciens amis, frères, amants étaient à présent qualifiés de "criminels d'État" et les pères menaient volontiers leurs enfants au châtiment. Les bourreaux volontaires se pressaient en foule », écrit un contemporain. Mais ceux qui montrent le plus de zèle sont ces hommes que l'opinion tient pour « libéraux ».

C'est alors que Nicolas comprend cette loi importante de la vie russe : si celui qui gouverne se montre ferme, s'il fait justice sans pitié, ceux qui, la veille, étaient les plus audacieux deviennent les plus peureux. Aussi décide-t-il d'associer à l'instruction de la rébellion... les grands libéraux d'hier.

Comme il apparaît à l'enquête, les conjurés voulaient placer à la tête de la future Russie républicaine le célèbre comte Speranski. Au début de son règne, feu l'empereur Alexandre Ier rêvait de grandes réformes, notamment d'abolir le servage. Le comte était alors son principal collaborateur. Un grand esprit que ce Speranski, au point que Napoléon avait un jour plaisamment proposé à Alexandre de le lui échanger contre un royaume. Puis, quand le tsar avait pris en horreur ses lubies de jeunesse, il avait envoyé le comte en relégation. De retour six ans plus tard seulement, Speranski demeurait, pour l'opinion, le symbole des idées libérales.

Nicolas le place donc à la tête de la Haute Cour de justice, chargée de « fixer le châtiment des décembristes ». La liste des condamnés à la potence établie par le comte est telle que le tsar peut se permettre de montrer de la mansuétude en la réduisant considérablement. Cinq sont, malgré tout, condamnés à mort. Ajoutons que le grand libéral suggère l'écartèlement pour les principaux responsables. Là encore, l'empereur peut être miséricordieux : à ce châtiment moyenâgeux, il préfère la simple pendaison.

La Russie n'a pas connu d'exécutions depuis le règne d'Élisabeth. La nymphe impératrice avait fait le serment d'abolir la peine capitale, si son coup d'État réussissait. L'empereur à la volonté de fer la remet à l'ordre du jour et l'on assiste à cette chose insensée : on ne sait plus pendre en Russie ! On dresse une potence beaucoup trop haute, de sorte que l'on se voit contraint d'apporter des bancs de l'École de la marine marchande, située tout près de la forteresse Pierre-et-Paul. Les cinq décembristes condamnés montent tour à tour à l'échafaud, puis sur les bancs. On passe la corde à chacun d'eux, mais à peine le bourreau est-il redescendu que l'échafaud s'effondre. Deux des condamnés sont exécutés, les trois autres dégringolent, heurtant échelles et bancs.

Contre tous les usages, on décide de recommencer. On répare tant bien que mal l'échafaud et on y fait remonter les trois malheureux. L'un d'eux, le colonel Mouraviev-Apostol, héros de la guerre contre Napoléon, s'écrie : « Maudite terre où l'on ne sait ni fomenter un complot, ni juger, ni pendre ! » Au son des tambours, les cordes se resserrent autour des cous, avec succès cette fois...

Les autres conjurés sont condamnés aux travaux forcés, rétrogradés au rang de simples soldats, privés de leurs titres de noblesse. Ceux qui, hier encore, étaient de brillants officiers de la Garde se retrouvent dans les mines de Sibérie, à vivre dans d'effroyables conditions.

Tout au long du règne de Nicolas, de très humbles suppliques seront adressées au souverain, afin qu'il gracie les décembristes. Il se montrera intraitable. Pire, quand onze femmes, épouses ou fiancées de condamnés, décident de rejoindre leurs époux ou promis en Sibérie, le tsar n'a aucune pitié : en tant que compagnes de relégués envoyés aux travaux forcés, elles perdent non seulement tous les privilèges que leur confère la noblesse, mais jusqu'aux droits civiques les plus ordinaires.

La société, en outre, s'empresse de renier les émeutiers, s'autorisant même des sarcasmes salvateurs : « À Paris, les cordonniers, on le comprend, se soulèvent pour prendre la place des seigneurs. Chez nous, ce sont les nobles qui font la révolution. Sans doute ont-ils envie de tâter de la cordonnerie... », écrit la comtesse Rostoptchina, amie, la veille encore, de ces infortunés.

L'insurrection matée, Nicolas retient le grand principe de gouvernement de la Russie, qu'il s'efforcera de transmettre à son fils : « En Europe, le souverain doit être un renard ou un lion. C'est ce que le général Bonaparte enseignait aux politiciens. En Russie, il ne peut être qu'un lion. »

La défaite des décembristes marque la fin du rôle politique de la Garde qui ne marchera plus sur le palais. Docile désormais, elle se contente de s'adonner à l'exercice. Nicolas réussit le tour de force de la transformer en corps de ballet... et inversement, aussi absurde que cela puisse sembler : lorsque les Ballets impériaux donnent *L'Enlèvement au sérail*, le corps de ballet est censé jouer les janissaires. Le tsar ordonne alors d'enseigner aux danseuses le maniement du sabre. Des sous-officiers sont donc dépêchés pour leur donner des leçons. Les danseuses prennent d'abord la chose à la légère. Or Nicolas ne tolère pas qu'on n'exécute pas ses ordres. On est en plein hiver. L'empereur enjoint d'avertir les danseuses que les moins zélées répéteront dehors, dans le froid, en chaussons de danse. Dès lors, toutes se montrent des plus actives.

Désormais, pas une mouche ne peut voler dans l'empire sans en avoir reçu l'ordre.

Au jardin d'Été, un garde est posté au milieu d'une pelouse, armé d'un fusil. Nicolas vient à s'enquérir des motifs de sa présence en ce lieu : qu'y a-t-il donc à garder ? Nul, dans son entourage, n'est en mesure de lui répondre. On finit par mettre la main sur un vieux général aide de camp de la suite qui a le souvenir d'un récit de son propre père : un jour que la grande Catherine se promenait dans le jardin, elle aperçut un perce-neige, le premier à pousser cette année-là. Elle demanda qu'on gardât la petite fleur, tandis qu'elle poursuivait sa promenade. L'impératrice n'ayant jamais songé à relever le garde, on ne manqua pas d'en placer un en permanence durant un demi-siècle.

L'histoire enchante Nicolas. Il la rapporte même à Bismarck, alors ambassadeur en Russie, ajoutant qu'aux jours de la grande inondation de Saint-Pétersbourg, les gardes qui n'avaient pas été relevés de leur poste s'étaient laissé engloutir, sans broncher, par les eaux.

Un ordre de l'autocrate russe est un ordre immuable. Désormais, les soldats ne sont plus les seuls concernés, le pays tout entier doit intégrer ce principe.

Tel est l'homme appelé à gouverner la Russie pendant trente ans. Et, pendant trente ans, Alexandre, notre héros, est voué à être l'héritier du trône.

3

L'EMPIRE DU PÈRE

Création d'une police secrète

Le nouvel empereur que l'on considérait – un peu légèrement – avec un tel dédain est en passe de devenir l'un des « tsars terribles » de l'histoire russe. Ayant mis un terme au rôle de la Garde, Nicolas fait ce triste constat : tous ses prédécesseurs ignoraient ce qui se tramait dans leur capitale. Les complots visant à assassiner son grand-père Pierre III et son père Paul Ier avaient impliqué des complicités sans nombre, mais les malheureux souverains n'avaient pris conscience de leur infortune qu'à l'instant ultime. La conspiration des décembristes avait été fomentée pendant plusieurs années, et cependant, il avait été impossible de l'empêcher, alors même qu'elle risquait d'être fatale à la dynastie. Ainsi la police secrète de Russie avait-elle, selon les propres paroles du nouveau tsar, « fait la preuve de sa nullité ».

L'empereur décide donc d'en créer une nouvelle, la plus efficace possible. Tous les services spéciaux de Russie seront, à l'avenir, une émanation de celle de Nicolas.

Le tsar forme le projet d'une institution capable, non seulement de découvrir d'éventuels conjurés prêts à passer à l'action, mais encore de signaler la moindre velléité de complot, non seulement de déceler les tendances de l'opinion, mais encore de les contrôler ; une institution susceptible de tuer la sédition dans l'œuf, de châtier pour les actes et les pensées. C'est ainsi qu'au cœur même de la « Chancellerie personnelle de Sa Majesté » apparaît une mystérieuse « Troisième Section ».

Le comte Alexandre Khristoforovitch Benkendorf est le général de la Garde qui avait adressé à Alexandre Ier un rapport sur les décembristes. Cette note, à laquelle nul, à l'époque, n'avait prêté attention, est retrouvée dans les papiers du défunt tsar. Le nouvel empereur ne manque pas de la lire avec soin. Et Benkendorf est convié à participer à la création de la Troisième Section. Le comte ne tarde pas à devenir le nouveau favori du souverain et à prendre la tête de la fameuse Section.

Le chef suprême comte Benkendorf ne rapporte qu'au souverain et ne répond que devant lui. Bien plus, tous les ministères sont placés sous le contrôle du service dont il a la charge.

Saint-Pétersbourg ne perçoit pas d'emblée la toute-puissance de la nouvelle institution. On sait seulement qu'en expliquant les tâches confiées à la mystérieuse Troisième Section, l'empereur a tendu un mouchoir à Benkendorf, en disant : « Sèche, à l'aide de ce mouchoir, les larmes de ceux qui furent injustement offensés. »

L'opinion applaudit. Mais la capitale ne tarde pas à comprendre qu'avant de sécher les larmes des innocents, le comte Benkendorf doit en faire couler d'abondantes chez les coupables, voire de ceux qui *pourraient être* coupables.

Les effectifs de la Troisième Section sont peu nombreux – quelques dizaines d'hommes –, ce qui est trompeur car ils ont à leur disposition une armée entière, à laquelle on donne le nom français de « Corps des gendarmes ». Le chef de la Troisième Section commande également les troupes de la police politique.

Ce n'est là, toutefois, que la pointe de l'iceberg. La principale force de la Troisième Section reste invisible : ce sont les agents secrets. Ils enserrent d'un étroit réseau le pays, la Garde, l'armée, les ministères. Dans les brillants salons pétersbourgeois, les théâtres, les bals masqués et même les maisons closes réservées au grand monde, les discrètes oreilles de la Section sont à l'œuvre. Ses agents sont partout, « jusque dans ma soupe », dira un contemporain.

Les plus hautes sphères de la société fournissent des informateurs. Les uns le deviennent pour leur carrière, d'autres parce qu'ils sont dans une mauvaise passe : des messieurs qui ont perdu une forte somme aux cartes, des dames qui ont cédé à un dangereux adultère...

Les bons yeux bleus du chef de la police secrète surveillent désormais tout et tout le monde. On assiste à des scènes inouïes : le souverain autorise ainsi Benkendorf à tancer le grand-duc Michel Pavlovitch en personne, à cause de ses pernicieux calembours, ce qui met en rage – une rage impuissante – le frère cadet du tsar.

Servir dans la police secrète est jugé parfaitement indigne en Russie. Or, Nicolas finit par y contraindre les plus grandes familles. Et pour donner à l'uniforme bleu des gendarmes un air de respectabilité, il emmène régulièrement le comte Benkendorf dans son carrosse, lorsqu'il se promène à travers la ville. D'année en année, écrira le grand Alexandre Herzen[1], Nicolas, « avec une fermeté et une minutie proprement allemandes, resserre le nœud coulant de la Troisième Section autour du cou de la Russie ».

Toute la littérature est placée sous le vigilant contrôle de la police secrète : Nicolas sait que les troubles, en Europe, ont toujours commencé par des bons mots. Le souverain interdit aux écrivains, non seulement de dénigrer le gouvernement, mais même de le complimenter : « Je leur ai désappris une bonne fois, dira-t-il, à se mêler de mes affaires. »

La censure est impitoyable. Le moindre soupçon de « double sens », tout ce qui peut amoindrir « le dévouement, la soumission volontaire » au pouvoir suprême et aux lois est censuré sans pitié. Il est en outre interdit de substituer aux passages caviardés des points de suspension, afin d'empêcher le lecteur de « céder à la tentation de réfléchir au contenu possible de ce qui a été biffé ».

---

1. Alexandre Herzen (1812-1870), écrivain, philosophe. Il crée, en 1853, à Londres où il s'est réfugié pour raisons politiques, une imprimerie russe libre, ainsi que le journal *Kolokol (La Cloche)* qu'il diffuse clandestinement en Russie. Il laisse notamment des essais autobiographiques rédigés entre 1852 et 1862, et réunis sous le titre *Passé et méditations*.

On insuffle aux hommes de lettres russes le sentiment constant qu'ils auront à répondre de chaque mot imprimé, à en répondre, non devant Dieu ou leur conscience, mais devant l'empereur et l'État. Le droit d'un auteur à avoir une opinion personnelle, différente de l'opinion officielle, est déclaré « inepte » et criminel.

Peu à peu, les écrivains russes en viennent à ne pouvoir se représenter une littérature sans censure. Pouchkine, qui en est pourtant une grande victime, écrit sincèrement :

« Je ne veux point, séduit par une fausse pensée,
Accabler la censure d'un blâme imprudent.
Ce qui se peut à Londres est prématuré pour Moscou. »

Ce dernier vers deviendra presque un dicton russe.

On trouve parmi les censeurs des écrivains renommés, tels que le grand poète Tioutchev ou encore Aksakov, Senkovski...

Benkendorf, qui n'a jamais eu un goût marqué pour les lettres, doit à présent consacrer beaucoup de son temps à la lecture. Le visage triste et las, fripé, de cet Allemand de la Baltique déjà âgé, se penche encore et encore sur les manuscrits honnis. Le tsar lui-même en lit une part, devenant, avec le chef de la Troisième Section, le censeur suprême.

L'ami du souverain

Des légendes assez effrayantes commencent à courir sur la Troisième Section. On prétend que dans le bâtiment où elle a ses quartiers, sur la Fontanka, la « chambre de Chechkovski », au plancher curieusement aménagé, a été soigneusement conservée.

Au temps de la grande Catherine, Chechkovski avait la haute main – bien que nul ne le sût officiellement – sur la police secrète. L'impératrice qui entretenait une correspondance avec Voltaire, avait aboli la torture, mais le knout restait en usage. Et Chechkovski lui avait trouvé l'application la plus efficace : un aristocrate convaincu de nourrir des idées un tant soit peu frondeuses était convoqué pour une entrevue avec lui. L'accueil, au demeurant, était des plus affables. On lui proposait un fauteuil, on le tançait quelque peu. Notre aristocrate se disait déjà qu'il s'en tirait à bon compte, quand soudain Chechkovski se tournait vers les icônes suspendues en grand nombre dans son cabinet, et se mettait à prier à haute voix, avec zèle. Aussitôt, le sol s'abaissait d'un coup sous le coupable et la partie la plus tendre de sa personne se trouvait livrée à des gens munis de verges, postés juste au-dessous. Des mains expertes baissaient ses culottes, et notre frondeur était durement et longuement fouetté, pire qu'un esclave, jusqu'à ce qu'il eût le postérieur en sang. Alors, les mêmes mains rajustaient son vêtement, remettaient de l'ordre dans sa tenue et le fauteuil remontait. Comme si de rien n'était, Chechkovski se tournait à nouveau vers son visiteur et poursuivait aimablement la conversation. L'affaire n'en restait pas là. On ne tardait pas, en effet, toujours par les bons soins de Chechkovski, à informer le régiment dans lequel servait l'infortuné. Déshonoré – un aristocrate ne devait pas subir le fouet –, celui-ci était contraint de prendre une retraite anticipée.

Benkendorf jouait un peu les Chechkovski lorsque, fixant les coupables de ses bons yeux, il leur infligeait le plus impitoyable des interrogatoires.

Comme toujours en Russie, nul n'aurait osé critiquer le tsar ; on se rabattait donc sur son serviteur. Tous étaient ainsi convaincus que la puissance sans pareille de la police secrète était l'œuvre de Benkendorf. Périodiquement, courait au sein de la société une heureuse rumeur selon laquelle le « bourreau de la pensée » était enfin tombé en disgrâce et venait d'être démis de ses fonctions par l'empereur. C'est ainsi qu'après la mort d'Alexandre Pouchkine, l'opinion répandit obstinément le bruit de la grande colère du souverain : puisque Benkendorf avait été incapable d'empêcher le duel qui devait être fatal au génie de la littérature russe, son sort était scellé.

Le plus drôle fut que l'omniscient dirigeant de la Troisième Section apporta quelque crédit à cette rumeur. Et, en bon fonctionnaire russe privé de la faveur de Sa Majesté, il se fit aussitôt porter pâle. L'opinion fut saisie d'une joie mauvaise. L'empereur ne tarda pas, toutefois, à rendre personnellement visite au malade. On se pressa alors en foule chez Benkendorf. Tous ceux qui, la veille encore, lui souhaitaient mille morts, se hâtèrent de lui témoigner leur sympathie. Des centaines de cartes de visite furent déposées dans son antichambre.

Il s'agissait en fait d'une mise à l'épreuve voulue par l'empereur, qui testait ainsi la docilité de l'opinion. Benkendorf était, à l'instar de tous les ministres, une marionnette entre les mains de Nicolas.

Néanmoins, quand Benkendorf mourut, le souverain commanda un buste de lui, qu'il plaça dans son cabinet. Chacun put ainsi garder présent à l'esprit tout le prix que le tsar accordait à sa police.

L'attitude de Nicolas à l'égard de la Russie est celle d'un maître d'école envers des gamins qui ne songent qu'à faire des frasques. Il se montre d'une extrême sévérité et s'ingénie à ce que les « enfants » dont il a la charge... ne grandissent pas trop vite, afin qu'il soit plus aisé de les contrôler. Son ministre de l'Instruction publique, Ouvarov, déclarera ainsi : « Si je parviens à prolonger l'enfance de la Russie de cinquante ans encore, j'estimerai avoir rempli ma mission. »

Peu après, l'empereur exprimera sa satisfaction :

« En Russie tout se tait, car tout vit béatement. »

« Nous aspirâmes d'abord convulsivement à la lumière. Mais quand nous nous aperçûmes qu'on ne plaisantait pas avec nous, qu'on exigeait de nous silence et inaction, que le talent, l'esprit étaient voués à demeurer figés en nous et à moisir au fond de notre âme [...] que toute lumineuse pensée devenait un crime contre l'ordre social, quand, en un mot, on nous annonça que les gens instruits étaient tenus chez nous pour parias, que [...] la discipline militaire était le seul principe en vigueur, alors toute la jeune génération se dessécha soudain moralement », écrira dans son *Journal* A. Nikitenko, brillant critique, contraint de se faire censeur. Maintes fois, il sera convoqué par la police pour avoir tenté, ainsi qu'il le dira, de « rendre de secrets services à la littérature », en d'autres termes pour avoir manqué de vigilance. Son *Journal* est un récit éloquent de la façon dont le règne de Nicolas tue le talent et l'énergie, et laisse entendre aux hommes que « la seule sagesse » est « le silence et la patience ».

Le précurseur des bolcheviques

L'empereur, par son apparence, est l'incarnation de la majesté du pouvoir :

« Nicolas était beau, mais d'une beauté qui vous glaçait. Aucun visage ne révélait autant le caractère d'un homme que le sien. Ses traits [...] reflétaient une volonté inébranlable mais une pensée faible, et plus de cruauté que de sensibilité. Il y avait surtout ses yeux... », écrit Alexandre Herzen, son contemporain.

Ce regard impérieux de Nicolas Ier, aucun de ses courtisans n'est en mesure de l'oublier jusqu'à la mort ; c'est le regard sans pitié de l'autocrate, dont notre héros, son fils, tentera vainement de se doter. Un regard qui, « tel celui d'un serpent à sonnette, vous figeait le sang dans les veines » et dont « l'empereur jouait constamment »...

Si le père d'Alexandre ne se distingue pas par son instruction ni par la profondeur de son esprit, il est en revanche doué d'une monstrueuse volonté et d'une tout aussi exceptionnelle capacité de travail. Il demeure des journées entières, jusque tard le soir, dans son cabinet au rez-de-chaussée du palais d'Hiver. Il y dort, d'ailleurs, de façon très spartiate, sur un lit de camp métallique, recouvert d'une simple capote de soldat, afin de rappeler, au besoin, que la Russie est un État militaire. En s'endormant ainsi, à la dure, sans doute voit-il la face marmoréenne de Benkendorf, son chien fidèle.

Nicolas s'occupe résolument de tout et, en premier lieu, de l'idéologie. Outre la création d'une nouvelle police secrète, il apporte une autre pierre à l'édification d'un État totalitaire. C'est sous son règne que sera inventée la formule qui survivra à l'empire : « Autocratie, Orthodoxie, *Narodnost*[1] », les trois piliers sur lesquels doit reposer

---

1. Ce dernier terme correspond à la fois aux notions de « sentiment d'appartenance à un peuple », de « nationalisme » et de « populisme », sans qu'aucune ne le traduise vraiment. Aussi préférons-nous garder le terme russe.

la Russie. La formule est due au ministre de l'Instruction publique Ouvarov, mais elle fonde toute l'idéologie de Nicolas. Par la suite, on la rappellera maintes fois à son fils.

Narodnost, le « sentiment national » : cela paraît risible dans un empire où la haute société parle français, où les membres les plus influents de la Cour ont tous, sans exception, des noms allemands, où les tsars eux-mêmes ont plus de 90 % de sang allemand dans les veines. Néanmoins, dans les faits, c'est une invention de génie. On offre ainsi à la société soumise, opprimée, réduite en esclavage, un hochet vital : une immense fierté. Le pays des serfs que l'on peut, à son gré, vendre, acheter, perdre aux cartes, passe désormais officiellement pour le flambeau de la civilisation. Nombreux, dès lors, sont les ouvrages traitant de l'inéluctable effondrement d'une Europe en décomposition, vétuste, à laquelle seule la Russie peut et doit apporter un sang neuf. On se livre parfois à des considérations du plus haut comique. Ainsi Nadejdine, rédacteur en chef de la revue libérale *Le Télescope*, célèbre-t-il « la puissance de notre poigne russe » à laquelle on ne saurait comparer le poing chétif européen. Le poing russe est, sans conteste, puissant, et les millions de serfs privés de tout droit peuvent quotidiennement se convaincre de la grandeur du « cassage de gueule » national.

Quant à l'enfant chérie des tsars, l'armée, elle est évidemment célébrée comme la plus grande du monde ; une armée composée de recrues serves, là encore, au sein de laquelle triomphent les châtiments corporels les plus cruels.

Le tsar allemand, la Cour à demi allemande, qui parle français, portent haut l'étendard du nationalisme russe, l'étendard de l'autocratie. Car c'est l'autocratie qui fait l'incomparable grandeur de la Russie. Le peuple russe est gouverné par de grands tsars, le tsar russe est l'héritier des rois de la Bible. « Seule l'Autocratie convient à l'esprit du peuple russe », décrète Nicolas.

Autocratie et *narodnost* sont complétées par le caractère immuable de l'orthodoxie, indissolublement liée à la première. Ce lien est, en réalité, une survivance du paganisme. De même que les Césars, dans la Rome antique, étaient des chefs spirituels, de même le tsar russe, en reprenant leur titre, est-il devenu le chef de l'Église.

À l'instar des Césars, le tsar est un dieu païen. À la revue, les soldats répondent au salut de Nicolas Ier en se signant frénétiquement comme devant une icône. Plus tard, accueillant le train de notre héros, Alexandre II, les gardes-barrières se signeront et se prosterneront jusqu'à terre. À cet égard, les courtisans ne se distinguent en rien du petit peuple : eux aussi tiennent le tsar pour une divinité incarnée.

« Nul mieux que lui [Nicolas Ier, E. R.] n'était fait pour le rôle d'autocrate. Son imposante beauté, son allure majestueuse, la parfaite régularité de son profil grec, tout en lui, jusqu'à son sourire – celui d'un Jupiter plein de mansuétude –, respirait la *divinité terrestre*... Il régnait dans l'atmosphère du palais un je-ne-sais-quoi de *solennel*, de *dévot*. Les gens n'y parlaient qu'à mi-voix, ils s'y déplaçaient, légèrement courbés... afin de se montrer plus serviables encore... Tout était plein de la présence du Maître » (extrait du Journal d'Anna Tioutcheva, dame d'honneur).

La triade « Autocratie, Orthodoxie, *Narodnost* » se révélera immortelle en Russie. En créant l'empire bolchevique, Staline dira : « Le peuple russe a besoin d'un Dieu et d'un tsar. » Puis, se déclarant lui-même Dieu et tsar à la fois, il fera du marxisme-léninisme une nouvelle religion.

L'on verra ainsi se développer cet étonnant paradoxe : l'empire bolchevique fondé par les radicaux russes se mettra à ressembler étrangement à celui de Nicolas Ier, le tsar qui leur semblait si haïssable.

Les paroles prononcées par Alexandre Herzen, au milieu du lointain XIXe siècle, apparaîtront alors terriblement prophétiques : « Le communisme n'est que la caserne de Nicolas transfigurée. »

Cependant, qu'en est-il de notre héros qui, trois décennies durant, sera complètement éclipsé par son impitoyable père ?

4

L'ÉDUCATION DE CÉSAR

Nicolas et Alexandra

Notre héros grandit dans une famille heureuse. Le couple impérial est beau et vit en bonne intelligence. Nicolas est un géant inflexible, son épouse, l'impératrice Alexandra Fiodorovna est une femme fragile et tendre, aux yeux azur. Ces différences fondent l'harmonie de leur couple. Ils sont, dans la dynastie, les premiers Nicolas et Alexandra à régner, et ils s'aiment autant que ceux qui les suivront, les derniers Romanov, Nicolas II et son épouse Alexandra. Il y a, certes, dans leur amour certaine *nuance*... Mais nous y reviendrons.

À proximité du majestueux palais de Peterhof, qui ne le cède en rien à Versailles, Nicolas a fait construire un petit cottage, baptisé « Alexandrie » en l'honneur de l'impératrice. C'est là que le souverain se repose de ses soucis ainsi que des colonnades grandioses, du marbre et des dorures des palais impériaux. C'est là également que vivent les enfants. Plafonds bas, petites pièces aux murs ornés de tableaux, douillet cabinet de travail au premier étage, avec une vue magnifique sur l'infini du golfe. Alentour, des champs et des bois...

L'héritier va sur ses huit ans, il est largement temps de s'occuper sérieusement de son éducation de tsarévitch.

Un précepteur romantique

Le conseil de famille se réunit et décide unanimement de confier l'éducation de l'héritier au poète Vassili Andreïevitch Joukovski, père du romantisme russe.

Des légendes courent sur la bonté et la sentimentalité de Joukovski. Le poète n'a que dix-sept ans à la fin du XVIIIe siècle, mais il restera jusqu'à la fin de ses jours un homme du siècle galant. Sa naissance en elle-même a été des plus romantiques. Pendant la guerre contre les Turcs, une belle ennemie est faite prisonnière et les serfs soldats offrent cette beauté orientale à leur seigneur. Ce dernier la fait baptiser et, naturellement, la prend pour concubine. Ainsi naît Vassili Joukovski, enfant de l'amour. Le fils de l'otage turque et du richissime hobereau russe reçoit une brillante éducation au pensionnat de l'université de Moscou où les enfants de la meilleure société moscovite font leurs études. Nombre de ses condisciples formeront l'élite du règne de Nicolas, ministres, courtisans et autres maîtres des esprits de l'ère qui s'ouvre.

Le jeune Joukovski supporte mal l'ambiguïté de sa condition, mais son cœur, curieusement, ne s'aigrit pas, il se « brise dans la musique » : Joukovski se met à composer des vers, aussitôt appréciés. Pendant la guerre contre Napoléon, toute la Russie récite ses poèmes patriotiques.

Ce n'est pourtant pas sa poésie qui lui ouvre les portes du palais, mais ses traductions de l'allemand. Les impératrices, la veuve de Paul Ier, Marie Fiodorovna, et la mère de notre héros, Alexandra Fiodorovna, toutes deux allemandes, idolâtrent Schiller et les romantiques allemands. Elles sont enchantées par les traductions de Joukovski et, plus encore, par leurs conversations avec lui sur leurs poètes préférés.

Joukovski se voit alors confier la tâche de faire la lecture à l'impératrice douairière. C'est également lui qui enseigne le russe à la jeune impératrice. En un mot, il a ses entrées au palais et dans la famille impériale. Dès lors, quand se pose la question d'un précepteur pour l'héritier, la réponse est évidente. Le conseil de famille confie donc le jeune Alexandre au maître de la poésie nationale. Pour l'opinion qui s'efforce d'oublier l'époque où l'on qualifiait l'empereur de « soudard », cette décision paraît des plus belles et des plus souhaitables : le grand poète pourvoit à l'éducation d'un futur grand souverain.

Joukovski est célibataire. Comme il sied à un romantique, il est tombé éperdument amoureux dans sa jeunesse, mais, sa flamme ayant été repoussée, ce chevalier est demeuré fidèle à l'élue de son cœur. Le petit Alexandre est, en quelque sorte, le fils qu'il n'a pas.

Néanmoins, au déclin de son âge, à plus de cinquante-cinq ans, Joukovski aura le bonheur d'aimer une seconde fois… une belle de seize ans qui partagera les sentiments du poète. Leur union sera heureuse et ils auront des enfants. En digne pupille, Alexandre aura une pensée pour lui, lorsque, vers cinquante ans, il tombera amoureux d'une belle de dix-sept ans.

Mais tout cela est à venir. En attendant, l'héritier va sur ses huit ans et le poète se consacre entièrement à son impérial élève. Il écrit à sa sœur : « Ma véritable fonction me prend tout mon temps. Je dis adieu pour toujours à la poésie et aux rimes. J'ai à présent la charge d'une poésie d'un autre genre. » Le destin de la Russie est entre ses mains.

Joukovski propose un « itinéraire » de dix ans (c'est ainsi qu'il baptise l'éducation de l'héritier). Ce projet doit, comme toujours, être entériné par l'empereur. Nicolas suivra sa mise en pratique à la loupe, ne tolérant pas la moindre défaillance du précepteur.

Début de l'« itinéraire »

Joukovski éduque l'héritier en bon chrétien, afin que le futur monarque soit en mesure d'apporter sa sympathie à ceux qui souffrent.

Un jour, à la fin d'une leçon, Nicolas entre dans la salle d'étude où le petit Alexandre fait de l'histoire avec son précepteur. Ils se trouvent dans la pièce où, naguère, le tsar a procédé à l'interrogatoire des meneurs décembristes.

Cela remue des souvenirs en Nicolas. Il sait que l'excellent Joukovski parle trop souvent à son fils du pardon chrétien. Il demande alors à Alexandre : « Comment aurais-tu agi avec les rebelles décembristes ? » La réponse de l'enfant est puisée dans l'Évangile, ainsi que le lui a enseigné Joukovski : « Je leur aurais pardonné à tous. » Nicolas ne réplique rien, se contentant de quitter les lieux sans un mot. Il dira plus tard à son fils, en brandissant son poing serré : « C'est avec lui qu'il faut gouverner ! Rappelle-toi bien cela : ne cède jamais le pouvoir, quitte à mourir au bas du trône ! »

L'héritier est incroyablement beau, un vrai prince. Du point de vue de son père, toutefois, il a une sensibilité trop féminine, une âme trop tendre. Chaque fois que l'impératrice part en voyage, Alexandre lui envoie, comme il sied à l'élève d'un poète romantique, un bouquet d'héliotropes. Il aime par-dessus tout la solitude et les méditations rêveuses. Nicolas, toutefois, veut un fils viril. Il exige donc que l'héritier soit éduqué parmi des enfants de son âge. On choisit deux gamins, enfants de courtisans, Alexandre Patkoul et Iossif Viliegorski.

Pour la plus grande joie de l'empereur, Joukovski prépare au trio un emploi du temps draconien. Lever à six heures du matin. À sept heures, l'héritier doit être dans la salle de classe avec ses deux camarades. Les leçons se poursuivent jusqu'à cinq heures de l'après-midi. Personne, pas même le tsar, n'a le droit d'entrer dans ce saint des saints, quand les enfants étudient. À midi, on s'interrompt pour deux heures de promenade. Joukovski et ses trois pupilles quittent le palais pour sillonner à pied les rues de Saint-Pétersbourg où les cours se poursuivent. Vêtu de son petit uniforme militaire, l'héritier doit « observer attentivement sur son chemin les édifices publics, les établissements d'enseignement, les lieux de science, d'industrie et autres curiosités », et deviser à ce propos avec son mentor qui ne manque pas de lui répéter : « Apprends dès l'enfance à lire le livre appelé à te revenir par ta naissance. Ce livre, c'est la Russie. »

Pendant la promenade, on récite des vers. Tel Sénèque dans ses lettres, Joukovski offre à son élève ses aphorismes, censés lui servir pour l'avenir : « Le pouvoir du tsar sur les hommes procède de Dieu, mais tu ne dois point en user pour moquer Dieu et les hommes » ; « Respecte la loi. Si le tsar en a le dédain, le peuple ne l'observera pas non plus » ; « Aime et répands l'instruction. Un peuple sans instruction est un peuple sans dignité. Il est aisé à gouverner, mais il est tout aussi aisé de transformer des esclaves aveugles en rebelles furieux » ; « La révolution est une funeste tentative pour sauter directement de lundi à mercredi. Tenter de sauter de lundi à dimanche est tout aussi funeste. » Ces aphorismes ont bien évidemment été autorisés par « le meilleur des pères ». Nicolas les répète lui-même, lors de ses rares promenades avec son fils.

Une heure pour déjeuner, et les cours reprennent de trois à cinq. Vient ensuite une heure de repos, puis les enfants se changent pour les activités sportives. De sept à huit, gymnastique et jeux. Le dîner est à dix heures, après un entretien, dans le style leçon de morale, avec les parents. Enfin, la prière et au lit !

Voici les matières étudiées par l'héritier, à l'âge de treize ans : histoire, russe, mathématiques, physique, philosophie, géologie, jurisprudence, français, anglais, allemand, polonais, dessin, musique, gymnastique, natation, escrime, danse, art militaire, métier de tourneur et bien d'autres.

Les meilleurs esprits de Russie enseignent leur science à l'hériter. Le célèbre comte Speranski lui apprend la jurisprudence. Le souverain, à l'époque, ne craint plus les idées par trop libérales du comte. Speranski évoque avec l'héritier l'intangibilité de l'autocratie : « Il n'est pas de puissance sur la terre, ni à l'intérieur ni à l'extérieur des frontières de l'empire, capable de mettre fin au pouvoir suprême du monarque de Russie. Ce pouvoir est servi par toutes les lois de l'empire. »

Le dimanche, Alexandre prend part à ces joutes enfantines que prise tant son militaire de père, avec d'autres enfants de la Cour : Alexandre Adlerberg, Pavel Baranov, les frères Chouvalov.

Sur la plus haute terrasse du palais de Peterhof, se tient l'impératrice. À ses côtés, une petite table de marbre, avec les prix. De là, elle peut admirer la féerie des eaux, la grande cascade : soixante-quatre fontaines s'élancent vers les cieux. L'eau ruisselle, dévalant les degrés de marbre, et les statues de bronze, qui figurent des dieux antiques, étincellent.

Tout en bas de la cascade, près de la fontaine Samson, l'empereur aligne les enfants. À son commandement, la troupe s'élance vers les hauteurs : les garçons doivent remonter les marches glissantes de la cascade, sous l'eau glaciale. Mille pas à travers un rideau d'eau. La lutte est impitoyable, chacun veut être le premier.

L'impératrice récompense les participants, heureux, trempés, en leur distribuant friandises et livres. Mais la plus grande récompense est le sourire bienveillant de l'empereur. Ce jour-là, toutefois, il revient à l'un des camarades de l'héritier, l'agile Alexandre Adlerberg. Ce fils d'un ministre de la Cour est arrivé en tête. Le tsar fait honte à son rejeton : le fils du souverain doit *toujours* être le premier. Un grandiose fardeau que l'héritier doit assumer...

N'importe quel enfant peut, parfois, se montrer paresseux, capricieux, indocile. Autant de choses permises aux camarades d'Alexandre, mais pas à lui. Son majestueux géant de père ne cesse de le lui expliquer : « Tu dois te rappeler en toutes circonstances que, seule, ta vie entière pourra racheter la naissance qui t'a été accordée par le Seigneur. »

Durant toutes ces années, l'héritier a l'obligation de tenir son Journal, dans lequel il lui faut consigner le moindre manquement : « K. K. [Karp Karpovitch Moerder, E. R.] a été content de moi toute la journée », note soigneusement, un lundi, l'héritier de huit ans. Mais, le mardi 12 janvier, l'enfant connaît de sérieux désagréments qu'il doit également rapporter : « Je n'ai pas très bien étudié... K. K. n'est pas pleinement satisfait : je me suis moqué de ma sœur, Marie Nikolaïevna, et j'ai arrêté d'écrire sans qu'on m'y autorise. »

L'excellent Joukovski tient l'enfant en affection et lui pardonne bien des choses. Mais Alexandre a son autre précepteur qui l'initie aux secrets de l'art militaire. Moerder l'aime aussi beaucoup, cependant, pour le plus grand bonheur du « meilleur des pères », il réprime impitoyablement tout ce qui pourrait l'empêcher de devenir un vrai guerrier. Il redoute en effet le caractère terriblement impulsif de l'enfant et, plus encore, l'étrange mélancolie qui le plonge parfois dans une totale apathie. Il s'inquiète enfin de la tendance d'Alexandre à larmoyer, qui ne sied guère à un vrai militaire.

Ces manquements-là, l'héritier doit également les consigner dans son Journal (que le « meilleur des pères » ne manque pas de lire soigneusement) :

« 30 mars. J'ai mal écrit et pleuré sans raison.

1er avril. J'ai bien étudié. Je me suis fait mal avec une crosse de fusil et j'ai failli pleurer. »

Alexandre, il est vrai, a la larme facile. À la mort du sévère Moerder, il enfouira son visage dans les coussins du sofa et, longtemps, nul ne sera en mesure d'endiguer le flot de ses larmes.

Ces larmes sont un présent de son précepteur préféré, Joukovski. Le poète sentimental pleure souvent : de joie quand il lit Schiller, de tristesse quand son pupille se montre indocile ou quand lui-même évoque son amour malheureux. Les larmes du poète viennent du siècle précédent. Dans la Russie du XVIIIe siècle, il était de bon ton d'étaler sa sensibilité. Quand la grand-mère de notre héros, Catherine II, rapportait les bienfaits accordés par Pierre le Grand à la noblesse de Kazan, la salle entière sanglotait, émue par la magnanimité du tsar. Et quand la tsarine lisait sa grande « Instruction » aux députés de la Commission pour l'élaboration d'un nouveau code de lois, les législateurs sanglotaient en chœur, si grande était la sagesse de l'impératrice. Lorsque mourut un jeune amant de Catherine, son prédécesseur, prince Potemkine, homme dur s'il en fut, mêla ses larmes aux siennes. Ce n'étaient pas là des pleurnicheries, c'était l'immense sensibilité du siècle galant que le jeune Alexandre a héritée du poète. Un demi-siècle plus tard, en signant ses décrets, il pleurera encore d'émotion. Nicolas, lui, déteste ces larmes et l'enfant en pâtit à maintes reprises.

Le père d'Alexandre connaît toutefois un remède aux pleurs et à la sensiblerie : la discipline militaire affectionnée de son père, Paul Ier, et de son grand-père, Pierre III. Pour le plus grand bonheur de Moerder, Nicolas exige plus d'activités dans ce domaine.

Joukovski proteste vaillamment : « Je crains qu'alors Son Altesse impériale ne tienne le peuple pour un régiment et le pays pour une caserne... » Nicolas, magnanime, permet au poète de s'offusquer. Il sait bien que son pleurnichard de fils idolâtre l'armée, comme tous les Romanov.

À six ans, on le met sur un cheval et cela lui plaît. À huit, il galope avec joie aux côtés des hussards de la Garde. Et, lors des fêtes du couronnement de Nicolas, le clou du spectacle est l'héritier de huit ans, à cheval.

« À sept heures du matin, Alexandre Nikolaïevitch, en grand uniforme des hussards de la Garde, arriva au galop au palais de Pierre. Là, il enfourcha un cheval arabe spécialement prêt pour lui et vola vers l'empereur devant lequel défilaient déjà les troupes, soixante-sept mille hommes, en marche solennelle. Tout Moscou était accouru pour contempler ce tableau grandiose, écrit, fou de joie, Karl Moerder, mais l'apparition de l'héritier sur un magnifique destrier qu'il montait avec une stupéfiante maîtrise, éclipsa tout. »

Le triomphe se répète quelques jours plus tard : « Tous en étaient fous, particulièrement les dames », note plaisamment Moerder. Venu assister aux festivités, le maréchal Marmont, celui-là même qui avait trahi Napoléon et ouvert aux alliés la route de Paris, ne cache pas, ce jour-là, son admiration pour le petit cavalier dont l'auguste père exprime enfin, haut et fort, son approbation suprême. Pour ne rien dire de l'orgueil du grand-père maternel, le roi de Prusse, auquel on relate l'événement dans une lettre.

Comme tous les Romanov, Alexandre idolâtre la Garde, l'éclat des cuirasses, des sabres à nu, des casques de cuivre ornés d'aigles. Il ira jusqu'à dessiner un nouvel uniforme pour les grenadiers.

L'héritier du trône russe est, certes, obligé d'être un « militaire dans l'âme ». « La Russie est un État militaire, voué à être la foudre du monde. » Cette phrase du « meilleur des pères » figure dans les manuels du corps des Cadets. Au demeurant, explique le souverain à son fils, les civils « sont perdus à notre époque ».

Alexandre le comprend parfaitement. Il rêve de la vie militaire, s'ennuie à rédiger, sous la direction du poète, la petite revue

La Fourmilière, que le tsar, avec le plus grand sérieux, passe impitoyablement au crible. Le comte Piotr Panine dira : « Je crois que tant que les Romanov n'auront pas un infirme dans la famille, on ne pourra leur faire passer ce goût de l'armée. »

En dépit des protestations de Joukovski, Nicolas envoie Alexandre, alors âgé de dix ans, au corps des Cadets. Il y apprendra le rude métier de soldat, deviendra sous-officier, puis capitaine en second à treize ans, et participera aux défilés chers à son père.

Nicolas, d'ailleurs, est prêt à pardonner au poète son opposition à cette discipline militaire qu'il affectionne. Joukovski, en effet, a surtout le souci d'inculquer quotidiennement à l'héritier le culte de son père et une obéissance sans faille.

« Ne louez jamais le grand-duc », demande l'intelligent courtisan au souverain, pour le plus grand bonheur de ce dernier : « Une simple aimable attitude de Votre Majesté lui est déjà une suprême récompense... Son Altesse doit frémir à la seule idée d'un reproche paternel... La pensée de l'approbation du père de Son Altesse doit lui être une secrète conscience. »

Et si l'enfant a l'audace de se montrer indocile, l'ire impériale, que redoute tant la Russie, s'abat sur lui :

« Hors de ma vue ! Tu n'es pas digne de m'approcher après une telle conduite. Tu as oublié que la soumission est un devoir sacré. Je peux tout pardonner, hormis la désobéissance ! »

Et le père de promettre au jeune Romanov le plus terrible des châtiments :

« Je te prive du droit de porter ton uniforme de parade pour un mois entier ! Avise-toi seulement de te montrer un tant soit peu indocile !... »

Le père. La peur du père. La soumission, l'obéissance. Le père, idéal et modèle à imiter. Une idole en toutes choses.

Le père, nous l'avons dit, dort sur un lit de camp et une maigre paillasse, simplement recouvert d'une vieille capote de soldat. « Le père, dès l'aube, revêt son uniforme, il méprise les vêtements d'intérieur et, quand il est malade, il porte sa capote de soldat en guise de robe de chambre. La même dont il se couvre la nuit », écrit la dame d'honneur Maria Freedericksz.

Tout cela, Alexandre s'efforcera de l'imiter. Il aura, à son tour, un lit de camp dans son cabinet de travail, sur lequel il mourra, comme son père.

Tout... se faisait de façon si discrète, si convenable...

Autant que notre héros s'efforce d'imiter son père, il reste le fils de sa mère. Son père suit son éducation mais s'entretient rarement avec lui. Son père est dur, sa mère tendre. C'est à elle qu'il confie ses malheurs.

La dame d'honneur Anna Tioutcheva brosse le portrait de la mère d'Alexandre :

« Fille du roi de Prusse, elle vint d'Allemagne où tous étaient fous de la poésie sentimentale de Schiller... Sa fragile nature et le manque de profondeur de son esprit substituèrent aux principes la sensibilité. Nicolas nourrissait pour cet être diaphane, raffiné, l'adoration passionnée d'une forte nature pour une faible créature qui avait humblement fait de lui son maître absolu et sa loi. Nicolas l'avait enfermée dans la cage dorée des palais, des bals somptueux, des beaux courtisans. Dans cette prison magique, jamais elle ne songea à la liberté, ne s'autorisant pas à envisager la moindre vie hors des limites de cette cage d'or. Elle ne voyait et n'aimait que la beauté, le bonheur. Remarquant un jour qu'une jeune fille présentée au palais portait une robe usagée, elle se mit à pleurer. »

L'impératrice donne en effet l'impression d'un petit oiseau sans cervelle, qui ne cesse de gazouiller. Et cela plaît au souverain. Comme Napoléon, Nicolas déteste les femmes intelligentes qui se mêlent de politique.

Nicolas et Alexandra forment un couple harmonieux et la Cour célèbre haut et fort la flamme toujours vive de leur amour. Mais en coulisse, on chuchote... Le palais est plein de rumeurs et les petits garçons, à l'âge de l'adolescence, sont effroyablement observateurs. Déjà, Alexandre sait que la dame d'honneur de sa mère,

Varienka Nelidova, qui vit au palais et est la grande beauté de la Cour, est la maîtresse de son père. Comment peut-il concevoir que son père ait réuni sous le même toit sa mère qu'il adore et cette belle femme ? Alors, chaque fois que son père fait appeler la ravissante dame d'honneur, il imagine...

Comme toujours à cet âge malsain, Alexandre surveille tout et porte sur toutes choses un regard ambigu. C'est Adam goûtant au fruit défendu. Il est bientôt au courant des histoires de jeunes dames d'honneur qui, les unes après les autres, disparaissent du palais, mariées à des officiers de la Garde et devenant presque aussitôt mères de famille. Voici qu'on amène une jolie petite roturière porteuse d'une requête, et l'empereur décide brusquement de la recevoir lui-même. Elle quitte son cabinet, souriante, heureuse, pour ne plus jamais reparaître au palais. Adolescent, Alexandre est donc confronté à cette réalité que, par la suite, le marquis de Custine décrira dans ses fameuses lettres de Russie :

« De même que le propriétaire terrien disposait de la vie et des désirs de ses serfs, de même le tsar dispose-t-il ici de tous ses sujets... Il gratifiait de son attention... non seulement les jeunes beautés de la cour, les dames d'honneur, mais aussi des jeunes filles croisées à la promenade. Si l'une venait à lui plaire, à la promenade ou au théâtre, il en informait son aide de camp, qui la plaçait sous surveillance. Dans le cas où rien de grave ne pouvait lui être reproché, on informait son mari (quand elle en avait un) ou ses parents (si elle était demoiselle) de l'honneur qui lui était échu... Jamais le caprice du tsar ne rencontrait de résistance... Dans cet étrange pays, coucher avec l'empereur était un honneur, tant pour les parents que pour les maris. »

Tout cela est bien connu à Saint-Pétersbourg, c'est « dans l'ordre des choses ». Le jeune radical et critique célèbre Dobrolioubov écrira aussitôt après le décès de l'empereur : « L'ordre des choses était celui-ci : telle jeune fille de grande famille devenait dame d'honneur et l'on s'en servait pour complaire à notre très dévot et très autocrate souverain... »

Toutefois, durant son séjour en Russie, Custine ne comprend pas vraiment ce que représente le tsar pour ses sujets. Le « très autocrate souverain » Nicolas Ier n'est pas un « propriétaire terrien disposant de ses serfs », mais le dieu du Tonnerre et des Éclairs descendu de l'Olympe.

« J'ai grandi avec un sentiment, non seulement d'amour, mais encore de dévotion... Je considérais le tsar comme notre dieu terrestre, il n'est donc pas étonnant qu'à ce sentiment se mêlât un inexplicable effroi... », écrit la belle Maria Patkoul, alors âgée de dix-neuf ans (elle épousera Alexandre Patkoul, le condisciple de l'héritier). « La porte du cabinet rouge de l'impératrice s'ouvrit, Leurs Majestés en sortirent... Mon Dieu, mon cœur battit à se rompre ! Je sentis mes jambes vaciller, je m'appuyai au billard et, baissant les yeux et courbant la tête, je fis une profonde révérence. Relevant les yeux, je vis que Leurs Majestés venaient droit vers moi. Quand elles se furent approchées, je saluai une fois encore, et l'impératrice dit à l'intention du souverain : "Mon ami, je te présente l'épouse de Patkoul." Alors, le souverain me tendit son auguste main et me salua en disant : "Je requiers votre amitié et votre bienveillance." Je fus stupéfiée par cet accueil si imprévu et magnanime, au point que je ne pus répondre un seul mot. Je m'empourprai, incapable de démêler, au premier instant, si je n'avais point rêvé ces paroles. Pouvais-je seulement imaginer que le souverain, ce colosse de la Terre russe, adresserait ces mots à une petite jeune fille de dix-neuf ans ? » Cette brève attention du tsar, qui ravit la jeune femme, n'est pas, pour elle, un caprice de hobereau, mais bien un présent de Dieu lui-même.

Cependant, les aventures de Zeus s'entourent d'un impénétrable mystère. « Tout *cela*, écrira par la suite la dame d'honneur Maria Freedericksz, se faisait de façon si discrète, si convenable... Jamais il ne fût venu à l'idée de quiconque d'y prêter attention. » Qu'ils osent seulement s'y frotter, ces esclaves courtisans, ces serfs que Nicolas a pliés à la discipline militaire !

Le jour où une dame d'honneur, trop dévouée à l'impératrice, risque une allusion à Varienka Nelidova, principale maîtresse de l'empereur, la souveraine ne saisit tout bonnement pas de quoi il retourne, et la sotte bavarde ne tarde pas à quitter le palais. L'impératrice, qu'Anna Tioutcheva et d'autres dames d'honneur jugent aveugle et peu intelligente, voit au contraire fort bien les choses et se révèle perspicace. Elle possède surtout à la perfection l'art si délicat de vivre avec un fougueux Romanov. Elle continue son insouciant gazouillis dans sa cage dorée. L'empereur lui en est sincèrement reconnaissant et il l'aime ardemment. S'il lui arrive d'être souffrante, il reste de façon touchante à son chevet jusque tard dans la nuit. L'impératrice le supplie de n'en rien faire, craignant que, par sa faute, il ne manque de sommeil. Afin de ne pas l'inquiéter, Nicolas feint de partir. En réalité, il passe derrière le paravent où il retire discrètement ses bottes : « Il fallait voir ce géant magnifique sortir doucement, sur la pointe des pieds, de derrière le paravent et déambuler sans bruit, en chaussettes, dans la pièce... Il ne voulait pas, ne fût-ce qu'un instant, laisser seule la malade » (Anna Tioutcheva). Sans doute craint-il que l'oiseau ne quitte sa jolie cage.

Dès l'adolescence, Alexandre commence à ressentir la force de cette flamme insensée dont il a hérité – une flamme qui embrase tous les Romanov : Pierre le Grand, Élisabeth, Catherine II, Paul, Alexandre Ier et son père. L'antique collection de phallus, réunie par Nicolas, en témoigne jusqu'à nos jours.

D'emblée, le palais d'Hiver est le réceptacle de cette flamme. L'ombre des empereurs, amants prodigues, les légendes sur la folle luxure des impératrices créent une aura de sensualité perceptible dans ces somptueux appartements.

Pierre III, premier habitant du palais d'Hiver, est à l'origine de cette tradition : il loge au palais sa maîtresse Vorontsova. Catherine II y couche avec Grigori Orlov dont elle a un fils, du vivant même de son époux. Devenue impératrice, elle aura là treize amants officiels. Sans parler de ses engouements d'un instant... À plus de soixante ans, elle s'offre un ultime favori, le numéro 13, Platon Zoubov, qui a à peine plus de vingt ans. Aux reproches muets, la grande arrière-grand-mère de notre héros réplique plaisamment : « La Patrie doit m'être reconnaissante de faire avec autant de zèle l'éducation de brillants jeunes gens. »

Le goût du beau sexe pousse Paul Ier à « désigner » sans cesse « quelque nouvelle Dulcinée » et ses esclaves dociles prennent « la chose en considération, s'efforçant de répondre aussitôt au souhait de leur seigneur et maître », rapporte le chevalier-garde Skariatine.

Telles des ombres, errent dans le palais les fruits des très augustes péchés, tous titrés. Le comte Bobrinski, descendant du fils illégitime de Catherine, est un camarade de jeu du petit Alexandre. Paul Ier a eu, lui aussi, plusieurs enfants hors mariage. Anna Vyroubova, l'amie de la dernière impératrice de Russie, en sera une des descendantes.

Alexandre Ier eut, lui aussi, une fille affectionnée de la comtesse Narychkina. Celle-ci étant morte prématurément, le palais d'Hiver prit tout entier le deuil et tous, y compris l'impératrice, déployèrent d'immenses efforts pour consoler l'empereur.

Et voici qu'à présent, aux côtés de la mère d'Alexandre, vit la belle Varienka Nelidova aux marmoréennes épaules, à l'orgueilleuse gorge et à la taille de guêpe.

Adolescent, Alexandre laisse également libre cours à la sensualité Romanov. Il sent inconsciemment qu'il y a là, enfin, cette marge de liberté sans laquelle il est si difficile de vivre à son âge. C'est un domaine où son père, mouillé jusqu'à l'os, n'osera pas faire pression sur lui.

Et Alexandre tombe amoureux pour de bon. À quatorze ans, il s'éprend d'une dame d'honneur de sa mère, Natalia B. (nous préserverons l'honneur des dames d'antan). Il ne sait pas dissimuler ses passions. Il ne sait pas être « convenable... discret ». « Chaque nouvel engouement se lit aussitôt sur son visage », écrira la dame d'honneur Alexandra Tolstaïa (lointaine parente du grand Léon Tolstoï).

« Il est constamment amoureux, ce qui le rend bienveillant », dira l'ambassadeur Bismarck.

De l'adolescence à la mort, Alexandre sera sensuel et connaîtra de folles passions. Lorsque les bolcheviques prendront le palais d'Hiver, ils trouveront dans son cabinet de travail une collection de dessins pornographiques.

Légendes de Tsarskoïe Selo

Nicolas est fou de guerre et de chevalerie. À l'arsenal de Tsarskoïe Selo, il réunit une splendide collection d'armures. Il organise parfois des spectacles grandioses. L'empereur, bel homme, et l'héritier, tout aussi beau, revêtent alors d'étincelantes armures de chevaliers. Ils caracolent sur de fougueux chevaux arabes, suivis de dames en atours de l'époque de Laurent le Magnifique.

Que Natalia B. est belle, ainsi parée ! Et elle le sait, la friponne ! À la différence de son père, Alexandre a quelque peine à porter la lourde armure de chevalier. On finit par l'autoriser à la retirer. Libéré, il rencontre, en rentrant de l'arsenal, la belle près d'un petit bois. Il est clair qu'elle le guettait. Tous deux sont à cheval. Ils attachent leurs montures dans le bosquet. Elle soulève elle-même ses jupes, mais se débat trop longtemps avec ses pantalons moyenâgeux. Son maudit costume florentin et l'impatience de l'hériter gâchent tout. La fois suivante, en revanche...

Bref, de fort graves circonstances contraignent la mère de notre héros à parler avec son père, et l'on fait d'urgence quitter le palais à Natalia B. pour la marier en toute hâte.

À seize ans, Alexandre, en tant qu'héritier, fait le serment de servir fidèlement le tsar et la patrie. Toute la Cour est rassemblée dans la grande église du palais d'Hiver. L'empereur mène aimablement son fils devant le lutrin et Alexandre commence à dire l'interminable texte du serment. Surtout, ne pas fondre en larmes ! « Il prononça le serment d'une voix ferme et joyeuse, mais, arrivé à la prière, il fut contraint de s'arrêter et se mit à sangloter... »

Ce jour-là, toutefois, il n'est pas le seul à se laisser emporter par l'émotion. « Le souverain et la souveraine pleuraient aussi. Ayant dit la prière, l'héritier s'élança vers son père pour l'embrasser. Puis ce dernier le conduisit vers sa mère. Ils se tinrent tous trois enlacés, en larmes... » Il va de soi que la Cour, submergée par l'émotion, doit également pleurer : « Beaucoup laissaient échapper des sanglots, d'autres frottaient leurs yeux secs, s'efforçant de se tirer quelques larmes », écrit Pouchkine dans son Journal.

À compter de ce jour, l'héritier est considéré autrement. Comme le dit son oncle Michel : « Le tsar n'est pas encore Dieu, mais il n'est que partiellement homme. » L'héritier assume désormais ses obligations de futur tsar.

La ronde des amours n'en continue pas moins. À dix-huit ans, Alexandre s'éprend à nouveau trop sérieusement d'une autre dame d'honneur, Olenka K. Plus tard, ayant ceint la couronne, il dira à son fils : « Souviens-toi que nous ne pouvons prétendre qu'à des intrigues de salon. » Mais à l'époque dont nous parlons, il enfreint cette loi et a même l'audace de parler à sa mère de la pureté de son amour pour Olenka K.

Le « meilleur des pères » est informé de tout ce qui concerne l'héritier. Lisant secrètement le Journal de son fils, Nicolas ne fait que sourire de cette « pureté ». Cependant des mesures s'imposent. On marie Olenka K. à un magnat polonais, le comte Oguinski.

Et l'impératrice prend une décision :

« Il lui faut acquérir une plus grande force de caractère ou il est perdu ! Il s'éprend trop facilement. Il convient de l'éloigner temporairement de Saint-Pétersbourg. »

Rendez-vous avec le passé et l'avenir

Rien de plus aisé que d'éloigner notre fougueux don Juan de la capitale. Son éducation, réellement brillante, selon les critères européens les plus stricts, est achevée. Il a passé ses examens. Ce jour-là, la fine fleur de la science, ses professeurs, étaient rassemblés. À la tête de la commission, naturellement, siégeait le « meilleur des pères ». Tout se déroula remarquablement et le tsar distribua les récompenses aux élèves et aux enseignants.

À présent, conformément au plan de Joukovski, le couronnement de la formation du tsarévitch consistera en deux voyages d'une importance capitale. Alexandre doit d'abord sillonner son pays. L'héritier va ainsi, six mois durant, faire l'expérience des routes de Russie. Il sera le premier héritier à voir de ses propres yeux l'immense contrée dont il aura la charge.

Il est prévu que son précepteur poète l'accompagne. Alexandre a raconté à cet éternel vieil enfant (sans cela, le poète romantique n'eût rien compris) son amour pour Olenka, ses souffrances. Joukovski, vraisemblablement, est au courant de la grossesse de la dame d'honneur ; mais que vaut cette pitoyable réalité en comparaison d'un dessein supérieur ? Tous deux sanglotent dans les bras l'un de l'autre.

En présence de Joukovski, l'empereur fait, de sa voix sonore, une leçon à son fils :

« Ce voyage, mon cher enfant, est un jalon important dans ta vie. En quittant pour la première fois le toit de tes parents, tu comparaîtras, en quelque sorte, devant tes sujets et éprouveras tes capacités intellectuelles. »

Joukovski prononce ensuite ce discours :

« La Russie est un Livre, mais un livre animé. Votre Altesse impériale a vocation à le lire, et du moins celui-ci connaîtra-t-il son lecteur. Cette connaissance mutuelle est le but de votre voyage. »

Nicolas aime par-dessus tout donner des instructions. Dès le matin, Alexandre a droit à une leçon sans ambiguïté : « Ton premier objectif est de prendre connaissance de l'État sur lequel, tôt ou tard, tu seras appelé à régner. Deuxièmement point : tes jugements, durant ce voyage, doivent être d'une extrême prudence. Évite les remarques, car tu ne vas pas juger mais apprendre... Il conviendra de te lever à cinq heures du matin et de te mettre en route à six... »

Alexandre parcourt toute la Russie d'Europe. De chaque ville de gouvernement[1], il adresse, par courrier spécial, un rapport à son cher *papa*[2]. Son voyage est donc décrit en détail dans ses lettres à Nicolas.

Qu'il est heureux de se sentir en liberté, quelle joie, quelle insouciance il éprouve loin de la sévérité de son père ! À Kostroma, il voit le monastère Ipatiev d'où est venue leur dynastie. Là, dans une cellule, a vécu son ancêtre, le premier Romanov appelé à régner. Après les interminables guerres fratricides du Temps des troubles[3],

---

[1]. Ancienne division administrative, correspondant plus ou moins à une province.
[2]. En français dans le texte.
[3]. Période de guerres civiles et étrangères qui s'étend de 1605 (mort de Boris Godounov) à 1613 (avènement du premier Romanov).

après les régicides et les incursions étrangères, le *zemski sobor*[1] avait élu, pour ceindre la couronne, un jeune homme de seize ans, Michel Romanov, apparenté à la première dynastie, alors éteinte, des tsars moscovites.

Depuis les murs du monastère, Alexandre découvre la Volga. En 1613, sur les glaces du fleuve, une longue procession était venue vers cette muraille. Les armures des guerriers, l'or des vêtements des boïars étincelaient au soleil d'hiver ; le clergé, aux précieuses chasubles, brillantes, elles aussi, de même que les revêtements des icônes, marchait en tête du cortège. L'on s'était ainsi rendu au monastère Ipatiev, afin de prier le jeune Michel Romanov d'accepter la couronne. Mais lui n'avait fait que pleurer et crier : « Je ne veux pas être votre tsar ! » À croire que, de son monastère, il avait perçu tout le poids de la chapka du Monomaque[2] pour sa descendance. On avait pourtant fini par le convaincre. Et la terre russe avait fait le serment de laisser les Romanov régner en autocrates n'ayant à répondre que devant Dieu.

Partout, l'hériter est accueilli par des milliers de personnes en adoration. À Kostroma encore, tandis qu'il doit passer en bateau sur la Volga, le peuple attend des heures, dans l'eau jusqu'aux genoux, pour entrevoir le visage de ce Dieu terrestre. Alors qu'il quitte la cathédrale, un millier de personnes, criant d'incessants vivats, tentent de l'approcher, de toucher cette vivante divinité, et la suite, qui tente de le protéger, conservera longtemps les marques des horions témoignant de l'enthousiasme populaire.

Alexandre gardera le souvenir des villes d'Oural et de Sibérie. À Simbirsk, une foule gigantesque, aux cris de « vivat ! », se précipite derrière son carrosse. Ému aux larmes, Joukovski tend les bras vers cette foule en délire et proclame : « Cours derrière lui, Russie, il mérite ton amour ! » C'est dans cette même ville de Simbirsk que

---

1. « Convention de la terre », assemblée consultative ou ratificative, sorte d'états généraux représentant les principaux groupes sociaux des villes et des bourgs (à l'exception des paysans, sauf peut-être en 1613 pour l'élection du premier Romanov).

2. Cette coiffure, supposée avoir appartenu à Vladimir Monomaque (grand-prince de Kiev à la fin du XIe-début du XIIe siècle), symbolise, depuis le *Boris Godounov* de Pouchkine, le fardeau du pouvoir assumé par le tsar.

naîtront les futurs leaders des révolutions de Février et d'Octobre 1917, Alexandre Kerenski et Vladimir Oulianov-Lénine.

Le tsarévitch est le premier héritier Romanov à se rendre dans cette Sibérie où l'on envoie bagnards et relégués. Il est le premier à séjourner à Ekaterinbourg où, dans les caves de la maison du marchand Ipatiev, périra son malheureux petit-fils, Nicolas II, ainsi que son arrière-petit-fils et ses arrière-petites-filles.

Au cours de ce voyage, Alexandre est donc confronté au glorieux passé des Romanov (le monastère Ipatiev) et à leur sanglant avenir (la maison Ipatiev dans laquelle, avec l'assassinat de ses descendants, s'achèvera la dynastie).

Dans l'église d'une petite ville de Sibérie, pendant l'office, Alexandre aperçoit un groupe de gens fort tristes. Ce sont des décembristes. Quand l'officiant appelle à prier pour les prisonniers, le tsarévitch, les larmes aux yeux, bien sûr, se tourne vers eux et s'incline. Joukovski pleure aussi, de même que toute l'assistance. Alexandre ne promet rien à ces infortunés, ainsi que son « excellent père » le lui a enjoint. Il écrit toutefois à Nicolas pour le prier d'adoucir leur sort. Le cœur battant, Joukovski attend la réponse « à ce noble élan de compassion ». L'empereur répond en effet, ordonnant de transférer les relégués, comme simples soldats, de la rude Sibérie vers le Caucase où se livre une impitoyable guerre contre les montagnards. Des froids sibériens aux balles tchétchènes, telle est la miséricorde impériale. Jamais Nicolas ne pardonnera aux décembristes ! Le tsarévitch est néanmoins aux anges : son père a accédé à sa demande. Joukovski, qui a tout compris, n'ose le détromper. Tous deux pleurent de joie. Alexandre rapportera de son voyage seize mille requêtes que nul ne se donnera la peine de lire.

Leurs Majestés sinistrées

Alexandre sillonne la Russie durant sept mois, traversant trente gouvernements. Et, malgré tout, il ne vient pas à bout de ce pays sans fin. Il a toutefois une idée de l'immense État sur lequel il est appelé à régner. Il se réjouit néanmoins que son père soit en pleine santé et, s'il doit ceindre la couronne, il souhaite que cela se fasse le plus tard possible.

Le 10 décembre 1837, Alexandre rentre à Saint-Pétersbourg. La joie des retrouvailles ne dure guère. Une semaine plus tard, un incendie anéantit la maison familiale, le palais d'Hiver. Au début de l'hiver, Nicolas a ordonné d'installer une cheminée dans une des pièces. L'architecte a eu l'audace de lui faire remarquer que ce pouvait être dangereux, mais le tsar s'est contenté de lui jeter son impérial regard. L'autre s'est donc empressé de répondre au désir du souverain.

Le conduit ne tarde pas à s'emplir de fumée. Les serviteurs le bouchent hâtivement de filasse enduite de glaise. Et le palais flambe ! Leurs Majestés sont alors au théâtre où l'on donne le fameux *Enlèvement au sérail*. Nicolas n'aura pas le temps d'apprécier le maniement du sabre de la danseuse étoile. Au beau milieu de la représentation, on l'informe que le palais est en flammes. Or, le traîneau impérial a été renvoyé. Le tsar file sur les lieux avec la troïka de son aide de camp. L'impératrice le suit en carrosse. Les jeunes enfants sont aussitôt transportés au palais Anitchkov.

Un malheur ne venant jamais seul, quand le tsar arrive au palais d'Hiver, on l'informe qu'un incendie s'est également déclaré au Port aux Galères. Il y envoie le tsarévitch. Alexandre, heureux de la confiance que lui témoigne son père, s'y précipite dans le traîneau impérial. Il arrive à destination sur le cheval de son aide de camp : le traîneau allait si vite qu'il a versé. Laissant l'aide de camp se débrouiller avec l'équipage, Alexandre galope jusqu'au port. Là, des gardes du régiment de Finlande tentent de combattre le sinistre. Le tsarévitch prend aussitôt la direction des opérations. L'incendie ne sera maîtrisé qu'au matin.

Pendant ce temps, au palais d'Hiver, ses parents luttent contre le feu attisé par les rafales de vent. « On eût dit, écrira Joukovski, un volcan en éruption au cœur de Saint-Pétersbourg. » L'impératrice reste au palais jusqu'à la dernière minute. Elle aide à rassembler et à transporter les effets. Le feu gagne ses appartements, quand Nicolas lui envoie son aide de camp : « Partez ! Dans un instant, tout sera la proie des flammes. »

L'impératrice et sa dame d'honneur préférée, Cecilia Freedericksz, passent en hâte devant la rotonde dont les portes s'ouvrent brusquement, avec force sifflements et craquements. Dans un fracas épouvantable, un gigantesque lustre est projeté par les forces conjuguées de la flamme et du vent.

La rotonde brûle à son tour. L'impératrice et sa dame d'honneur, poursuivies par les flammes, courent jusqu'au passage Saltykov où les attend un carrosse.

Cependant, des hommes de la Garde tentent de sauver ce qui peut l'être. Ce sont les nouveaux gardes formés par Nicolas ; ils ne songent donc qu'à lui complaire. Les uns emportent les étendards de la Garde de la salle du feld-maréchal, d'autres les emblèmes impériaux et les joyaux de la salle aux Diamants, d'autres encore les objets appartenant à la famille. Un gigantesque miroir, auquel la tsarine est très attachée, est impossible à desceller du mur. Les gardes continuent pourtant de s'acharner à le retirer de la chambre de l'impératrice en flammes. Nicolas se verra contraint de casser lui-même le précieux miroir pour calmer ces braves et ne pas risquer de les perdre.

On transporte ce qu'on a pu arracher au feu sur la place du Palais, on dépose le tout au milieu, près de la colonne Alexandre. Les objets sont bientôt recouverts de neige. Les emblèmes impériaux – la couronne, le globe, le sceptre – traînent ainsi par terre, de même que les joyaux, « les saintes icônes et les chasubles des deux églises du palais, les tableaux, les précieux ornements de la demeure impériale », rapporte Joukovski. Toutes ces richesses sont protégées par la Garde. Derrière le cordon de soldats cernant la place, se tient une « foule innombrable, dans un silence de mort ». Toute la nuit, sur la place enneigée, sonne l'horloge réalisée par des maîtres fameux, qui joue de tendres mélodies. Le palais brûle jusqu'au lever du soleil. Lorsque, à l'aube, Alexandre rentre du port, il ne trouve que cendres. La famille impériale s'installe au palais Anitchkov.

Nicolas ordonne aussitôt de reconstruire l'immense palais. Il fixe des délais impossibles à tenir : un an. Et on exécute son ordre. On fait venir des serfs de toute la Russie. Cette année-là, le froid est terrible, la température tombe à moins trente-cinq, mais le palais est une vraie fournaise : il faut que les murs sèchent au plus vite. Les malheureux employés à la reconstruction meurent par centaines.

Cependant, la famille impériale regagne, en temps voulu, le palais que l'on a fait renaître de ses cendres. Une discipline de fer, une soumission en toutes choses, tels sont les principes que laissera Nicolas à l'héritier et à ses successeurs. Alexandre, lui, songe tristement à sa liberté perdue : les sept mois qu'il a passés en voyage, loin de l'écrasante, de l'impitoyable volonté de son père. Mais le tsarévitch ne séjourne pas longtemps à Saint-Pétersbourg.

Une fiancée l'attend en Allemagne

Conformément au plan de Joukovski, l'héritier, après son voyage à travers la Russie, doit partir pour l'Europe et entamer une tournée des cours royales. Le but de ce nouveau voyage n'est pas seulement de parfaire son éducation, il lui faut aussi se chercher une fiancée. Sa mère ne veut pas que se répètent les histoires de dames d'honneur.

On dresse une liste des candidates potentielles, princesses allemandes, cela va de soi. Comme le notait le Français Masson dès le XVIIIe siècle, il y a beau temps que les duchés allemands représentent pour les tsars russes un harem au sein duquel ils font leur choix. Et celles qui, la veille encore, n'étaient que de petites princesses provinciales, se retrouvent, après la cour parcimonieuse de leurs parents, à celle de Russie dont les fastes barbares éblouissent les Européens.

Vient donc l'heure de reprendre la route. Et d'entendre à nouveau les instructions paternelles, puis, une fois loin de Saint-Pétersbourg, d'éprouver une nouvelle sensation de bonheur, de gaieté, de liberté.

On commence par la Prusse. Frédéric-Guillaume, le grand-père d'Alexandre, est un vieillard chenu qui règne depuis quarante ans! En sa compagnie, notre héros se rend sur la tombe de sa grand-mère, la reine Louise, la plus belle souveraine d'Europe, si belle qu'elle avait presque conquis Napoléon lui-même. Bonaparte avait infligé de cuisantes défaites au grand-père, lui retirant la moitié de la Prusse. Alors, la reine Louise (plus belle que jamais) avait résolu de reprendre une partie des territoires perdus. Venue aux pourparlers de paix, elle s'était isolée avec Bonaparte et avait entrepris de le persuader de rendre une série de terres. Sa démarche avait rencontré un tel succès que, si le grand-père n'était pas arrivé à temps, au dire de Napoléon, « il s'en était fallu d'un cheveu que je ne cédasse Magdebourg ». Le vainqueur de Napoléon, Alexandre Ier, était, lui aussi, amoureux de la belle Louise.

Les cousines de Prusse sont charmantes. Toutes ces magiciennes rêvent sans doute en secret de devenir impératrices de Russie, mais notre héros quitte la Prusse et poursuit son voyage. Aucune ne lui a volé son cœur.

La destination suivante est Vienne, et la maison du prince de Metternich, lequel n'est pas seulement l'ennemi rusé du grand Napoléon, mais encore un don Juan de premier ordre. Sa demeure, en tout cas, regorge de tentations. Bonaparte ne conseillait-il pas: « Épousez des Autrichiennes... Elles sont fraîches comme des roses et fécondes comme des lapines » ? Mais Alexandre est attiré par les principautés allemandes où ses ancêtres ont trouvé leurs incomparables épouses.

En attendant, c'est l'Italie où nul ne l'ennuie avec le protocole. Il fait halte dans de petites villes où il jouit de la plus totale liberté. Pour la première fois, il songe à son oncle, Alexandre Ier, et à son rêve de céder la couronne. Le marbre des palais, les ruines qui ont vu Jules César... Que de fois, avec Joukovski, il pleure d'attendrissement sous le ciel d'Italie!

À Milan, tout est assourdi par le bruit des canons: on organise en son honneur d'interminables parades. Mais une nouvelle dépêche paternelle l'oblige à pousser plus loin.

Les principautés allemandes. Baden... Le Wurtemberg. Les princesses y sont... mais le cœur d'Alexandre reste libre. Le voyage se poursuit. Voici notre héros à Darmstadt, capitale du petit duché de Hesse-Darmstadt dont la princesse ne figure pas dans la liste des fiancées possibles. De plus, il ne s'agit, pour l'héritier de Russie, que d'une halte d'un jour. Le soir, toutefois, il *la* voit au théâtre de la Cour. Notre jeune don Juan jette des regards inquisiteurs à la petite princesse qui se dissimule dans les profondeurs de sa loge. En un éclair, il est conquis par sa « charmante modestie ». Elle est presque une enfant, elle va sur sa quinzième année. Elle a l'extraordinaire élégance des madones de Dürer. En grandissant, elle demeurera une femme-enfant fragile, inspirée, raffinée.

Notre héros reste au souper offert par le très ennuyeux duc Ludwig, rien que pour la voir, elle, la princesse Maximilienne Wilhelmine Augusta Sophie. Elle a une taille de guêpe, des cheveux d'or, des yeux timides couleur d'azur. Tout comme la mère d'Alexandre. Dans la soirée, il écrit à son père : « Elle m'a d'emblée énormément plu. Si vous m'y autorisez, cher papa, après l'Angleterre je repasserai par Darmstadt. » Il enjoint ensuite au courrier d'apporter la lettre à son père pour la fête de l'Annonciation, qui a lieu neuf jours plus tard. Et, poussant ses chevaux, le coursier livre le pli au jour dit.

La jeune fille, toutefois, n'entre pas dans les vues de Nicolas. Bien qu'elle soit une de ces princesses allemandes tant désirées, elle n'a pas été incluse dans la liste en raison de son jeune âge. En outre, au sein des cours européennes, on sait tout sur tout le monde. Des rumeurs piquantes courent, selon lesquelles la princesse ne serait pas la fille de Hesse-Darmstadt, mais l'enfant secrète de son *Stahlmeister*, le beau baron de Grancy.

Cependant, pour l'Annonciation, on remet à l'empereur une dépêche de l'héritier. Nicolas, fort dévot, ne peut s'empêcher d'y voir un signe favorable : la « Bonne Nouvelle » (c'est bien ce qu'avait escompté son roublard de fils !).

Et le père autorise le retour à Darmstadt. Mais, tandis que le souverain interroge en détail un de ses émissaires sur l'apparence, l'éducation, les qualités morales de la princesse, Alexandre arrive en Angleterre.

Or, il ne sera pas si facile de quitter l'Angleterre pour Darmstadt ! La reine Victoria a vingt ans et des yeux merveilleux, couleur d'azur eux aussi. Elle est d'une irréprochable élégance, comme seules peuvent l'être les Anglaises. Bientôt, elle note dans son Journal : « Le grand-duc me plaît follement. Il est naturel et gai. Tout est facile avec lui. »

Pour lui aussi, se dessine un nouvel amour. Victoria n'est pas seulement envoûtante, elle est intelligente et pleine d'esprit. Elle a quelque chose de plus, qui l'attire tout particulièrement : c'est une jeune fille absolument indépendante, qui exprime librement ses jugements. Avec elle, il peut être naturel, léger, il peut être lui-même, ce qui n'est pas du tout le cas à la Cour du « meilleur des pères ».

Au lendemain de l'arrivée d'Alexandre, Victoria et lui se retrouvent au théâtre royal, chacun dans une loge. Mais, à l'entracte, notre héros entre dans la loge de la reine et y demeure seul avec elle, derrière les petits rideaux de peluche, près d'une demi-heure.

Des dépêches volent vers Saint-Pétersbourg : « La société de Son Altesse impériale plaît manifestement à la reine. » Tous disent : « Ils forment un couple idéal. » « Si le grand-duc fait sa demande, elle sera acceptée sans la moindre hésitation. »

Quels jours ce sont ! Et avec quelle impatience notre éternel amoureux attend le verdict de son père !

Victoria rapporte dans son Journal l'histoire de ce bref roman :
« 27 mai 1838. Windsor. Sept heures quinze. Dîner dans la salle, merveilleusement ornée, de Saint-George Hall... Le grand-duc me prend par le bras et je me retrouve à la table entre lui et le prince Henri de Hollande... Je suis éperdument amoureuse du grand-duc, il est délicieux, c'est un charmant jeune homme. J'ai dansé le quadrille avec lui. Puis, j'ai laissé passer la valse, et de nouveau le quadrille, ensuite une valse avec lui... Il est plaisant et joyeux comme cavalier. Il est incroyablement fort, il virevolte avec tant d'audace que j'avais peine à le suivre. Nous filions comme un tourbillon ! Ce petit bal a pris fin vers deux heures du matin. Jamais je n'ai été aussi heureuse... Je n'ai pu m'endormir avant cinq heures. »

Mais tout cela est vain. On apporte à Alexandre une lettre de son père. Papa ordonne : « Retour à Darmstadt ! » La Russie a besoin d'un héritier, non d'un pitoyable époux de la reine d'Angleterre : « Interdiction de jouer les blancs-becs ! »

Nicolas accepte à présent Darmstadt. Mieux vaut cette douteuse princesse allemande, pourvu que l'on parvienne à tirer l'héritier des griffes de la perfide Albion ! Le tsar connaît le dangereux tempérament de son fils. En outre, le fidèle Joukovski n'a-t-il pas écrit : « La princesse est modeste, charmante et même intelligente » ?

À la seule vue du tsarévitch, Victoria comprend tout. Elle note dans son Journal : « Ce 1er mai 1838 fut notre dernière soirée ensemble. Lord Palmerston introduisit le grand-duc, afin qu'il me fît ses adieux. Nous restâmes seul à seule... Le grand-duc me prit la main qu'il serra fort dans la sienne... Il dit en français : "Les mots me manquent pour exprimer tout ce que je ressens." Il ajouta qu'il était profondément reconnaissant pour l'accueil qu'il avait reçu et qu'il espérait revenir un jour en Angleterre... Là, il s'approcha tout contre ma joue, m'embrassa avec tant de bonté, tant de cœur... puis nous nous serrâmes à nouveau la main. Je sentais que je disais adieu à un être proche et cher... dont j'étais même... sans rien de sérieux, bien sûr... un peu amoureuse. Il est tellement sincère, véritablement gentil, charmant, son sourire est si envoûtant, son allure si élégante et virile ! »

En écrivant les mots : « sans rien de sérieux », Victoria se libère, en quelque sorte, d'éventuels regrets et du sentiment d'avoir été rejetée.

En fait, elle comprend le tsar de Russie, car elle est, avant tout, comme elle en fera la démonstration tout au long de sa vie, une grande reine. Sans doute s'attendait-elle malgré tout, à l'époque, à ce que son amoureux tentât de se conduire comme il sied à un galant. Mais que peut-il contre son père ? Qui, d'ailleurs, en Russie, peut quelque chose ?

En cadeau d'adieu Alexandre offre à la reine son chien préféré qui répond au nom de Kazbek. Un chien dont elle ne se séparera plus jusqu'à ce qu'il meure.

De Londres, Alexandre revient dans cette ville de Darmstadt qu'il n'avait guère mis de temps à oublier. Tandis qu'il contait fleurette à Victoria, son père s'est hâté de s'accorder avec le duc. Sa fille, qui avait tant plu à l'héritier, accepte de se convertir à l'orthodoxie.

Le tsarévitch et la tsarévna[1]

La Cour accueille la fiancée avec méfiance. On relève son « français insuffisant ». Son nez, en outre, n'est pas aussi droit qu'on eût pu le souhaiter, sa bouche est trop fine, elle tient « ses lèvres serrées », lesquelles ne reflètent aucune « sensibilité de l'âme ».

Pourtant, elle séduit Nicolas : elle ressemble tant à la femme qu'il chérit ! Aussi fragile, aérienne, dotée des mêmes admirables cheveux d'or. Mais l'essentiel, ce sont ses yeux d'azur, quelque peu exorbités il est vrai, dans lesquels il perçoit douceur et miséricorde, deux qualités qui lui sont familières et qui sont indispensables pour vivre avec un Romanov. Un sourire sarcastique affleure parfois, néanmoins, à ses lèvres minces, prouvant que, si elle pardonne, elle n'est pas dupe pour autant. C'est la femme qu'il faut à son fils ! L'empereur interdit donc à la Cour d'évoquer les méchantes rumeurs qui courent sur la fiancée, et même d'y seulement songer. Les courtisans obtempèrent aussitôt. Nicolas s'y entend à gouverner.

En 1841, dans la grande église du palais d'Hiver ressuscité, on célèbre les noces. Après sa conversion à l'orthodoxie, la princesse de Hesse-Darmstadt devient la grande-duchesse Marie Alexandrovna.

Elle est fort belle en ce jour, dans sa robe brodée d'argent et ornée d'une multitude de diamants. Sur ses épaules, une mantille de velours ponceau, bordée d'hermine blanche ; sur sa tête charmante, un diadème...

---

[1]. Désigne la fille du tsar ou l'épouse du tsarévitch, avant qu'il ne ceigne la couronne.

La tsarévna est arrivée à la cour de Russie en compagnie de son frère préféré. Grand, beau, d'une allure et d'une élégance authentiquement militaires, il sait porter l'uniforme avec panache, ce qui lui vaut d'emblée les bonnes dispositions du souverain. Il est, de plus, une mine d'histoires drôles et de joyeuses plaisanteries, ce qui le distingue sans peine des courtisans effrayés et prudents. La bienveillance de l'empereur et l'énorme rente qui lui est accordée semblent lui ouvrir les perspectives les plus radieuses. Mais une intrigue avec une mignonne dame de compagnie de sa sœur s'achève soudain par une grossesse de la demoiselle. En homme d'honneur, le prince décide de l'épouser. C'est compter sans Nicolas qui ne saurait tolérer une mésalliance au sein de la famille impériale. Le frère de la tsarévna et la jeune femme enceinte sont, séance tenante, expulsés de Russie.

À compter de ce jour, la tsarévna se montre d'une extrême prudence dans le choix de ses dames d'honneur et, très bientôt, elle opte pour Anna Tioutcheva, jeune fille pleine de bon sens, à l'éducation stricte et, surtout, *laide*.

Anna Tioutcheva passera treize ans au palais d'Hiver, dans une chambre bien misérable, comparée au luxe des appartements impériaux ; une voiture attelée est toujours à sa disposition (pour le cas où il faudrait accompagner la tsarévna). Durant ces treize années, Anna Tioutcheva tiendra la chronique de sa vie au palais. Ses Mémoires nous aident à nous représenter la Cour au temps de Nicolas Ier et d'Alexandre II, cette civilisation engloutie dans le cataclysme de 1917.

Le départ du frère chéri de la tsarévna est pour elle un coup très dur. Elle s'en remet péniblement mais en tire les conclusions qui s'imposent. La vie à la cour de Russie, écrit-elle, exige « un héroïsme quotidien. Je vivais en volontaire prêt à bondir à chaque instant, si l'on donnait l'alarme... certes, sans me représenter nettement où il fallait courir et pour quoi faire ». Nous pardonnerons à la jeune femme cette coquetterie. En réalité, après l'histoire de son frère, elle comprend parfaitement où elle doit se précipiter et pour quoi. La Cour n'a qu'une raison de vivre : plaire à l'empereur, saisir le moindre de ses désirs et le satisfaire.

La froideur de la Cour ne rebute plus Macha[1] (c'est ainsi que la nomme Alexandre) qui a eu tôt fait de s'y accoutumer. Le souverain a un emploi du temps fixe auquel il se plie rigoureusement. En toutes choses prévaut l'ordre qu'il a instauré. Et notre jolie « volontaire » sait se conformer à cette organisation, ce qui est le plus important.

La tsarévna se lève tôt. Elle habille les enfants, les nourrit ; à onze heures, elle doit être dans la petite (ou la grande) église du palais, car l'empereur y pénètre exactement à cette heure-là. Dès onze heures moins dix, la tsarévna l'y attend. Elle a autour d'elle, presque au garde-à-vous, toute sa famille : l'héritier est immobile et plein de déférence ; les enfants ne bougent pas plus et sont tout aussi révérencieux.

L'horloge sonne onze coups. Entre le souverain. L'office commence. L'empereur se tient debout près du chœur qu'il accompagne de sa belle voix. Pendant le service, le visage de la tsarévna exprime une absolue concentration. Le plus petit des enfants – il n'a pas encore trois ans – reste, lui aussi, immobile et, surtout, silencieux. Nicolas a l'ouïe fine, et pas seulement pour la musique. Dieu épargne à quelque dame ou courtisan de chuchoter durant la cérémonie ! Quelques heures après, un fonctionnaire du ministère de la Cour viendra le ou la trouver, porteur d'une semonce officielle de Sa Majesté.

Nicolas a de l'affection pour sa belle-fille, ce qui est l'essentiel. Il la juge intelligente et la consulte parfois. Aussitôt, toute la Cour la trouve intelligente. Aussitôt également, les rumeurs vont bon train, des plus offensantes pour l'héritier : son épouse lui dicterait ses décisions et le mènerait par le bout du nez. Notre héros, pourtant, supporte vaillamment ces commentaires : durant les premières années du mariage, il est épris de sa femme. Elle est heureuse avec lui, épouse et mère comblée. Des enfants naissent les uns après les autres, au grand ravissement de leurs père et grand-père.

---

1. Un des diminutifs affectueux de Maria (Marie).

Marie Alexandrovna aura six fils et deux filles. L'aîné est, bien sûr, prénommé Nicolas par Alexandre, en l'honneur de l'empereur. (Le frère de ce dernier, Constantin, et sa sœur, Marie, prénommeront également leurs premiers-nés Nicolas.)

Le futur héritier, Nicks, comme on l'appelle dans la famille, est, à l'instar de son grand-père, incroyablement talentueux et... n'en fait qu'à sa tête, ce que le souverain, cas absolument exceptionnel, lui pardonne, parce qu'il est son préféré. Nicks ne veut pas apprendre le français. En présence de l'empereur, Alexandre le réprimande :

« Comment Votre Altesse escompte-t-elle s'entretenir avec les ambassadeurs ?

– Bah, j'aurai un interprète ! répond joyeusement l'enfant.

– Bravo, l'ami ! Mais l'Europe fera de vous des gorges chaudes.

– Alors je ferai la guerre à l'Europe », réplique le garçon au grand bonheur de son grand-père.

Un mois plus tard, néanmoins, il s'exprime dans un excellent français.

Survient un événement funeste. De trop nombreuses couches et l'effroyable humidité du climat pétersbourgeois font leur œuvre. Comme souvent chez les princesses allemandes, cette combinaison se révèle fatale : la tsarévna est malade des poumons. Le mal la rongera peu à peu.

Mais qu'en est-il de l'héritier ? Il est difficile de le savoir. Il serait plus aisé de répéter, après tant d'autres, que la personnalité de son père l'éclipse complètement. Il est vrai qu'à peine rentré en Russie, ce jeune homme brillant, intelligent, redevient terne.

Ainsi qu'il sied à un futur tsar, Alexandre est membre du Conseil d'Empire et du Conseil des ministres. Il ne prend toutefois pas d'initiatives particulières, se contentant d'assister aux séances. Son inflexible père n'exige de tous que soumission et exécution des ordres.

Le servage fait désormais figure de monstruosité dans une Europe qui en est délivrée depuis longtemps. Nicolas comprend qu'il faut y remédier. Le travail des serfs n'est pas rentable, mais ce n'est pas le seul motif. Dès 1839, dans un rapport de la Troisième Section, Benkendorf évoquait « la poudrière » que les paysans asservis commençaient à représenter pour l'État. Prudent, le chef de la police secrète posait cette question : ne convenait-il point de résoudre ce problème *d'en haut*, afin que les paysans n'aillent pas tenter de se libérer *d'en bas* ?

Nicolas forme alors un comité secret pour les questions agraires. Tout ce qui touche à d'éventuels changements est placé par l'empereur sous le sceau du secret. L'opinion ne doit pas connaître les réflexions auxquelles se livrent les autorités. Au sein de ce Comité, le tsarévitch, futur libérateur des paysans, occupe une position étonnante : il ne faut rien changer, tout est très bien ainsi. Que peut-il, au demeurant ? Il sent bien que le « meilleur des pères » souhaite entendre cela de sa bouche. Il n'oublie jamais que toute opinion clairement contraire à celle de l'empereur est impitoyablement réprimée ; aussitôt retentit le fameux « blanc-bec ! » qu'affectionne Nicolas. Mais le tsarévitch a désormais un rival.

Des libéraux dans la famille Romanov. « Ésope »

Le frère cadet d'Alexandre, Constantin, a neuf ans de moins que lui. Il est de petite taille, il n'est pas beau, à la différence de la plupart des mâles de la famille Romanov. Il est, en revanche, terriblement intelligent, mauvais, sarcastique, et son oncle, le grand-duc Michel Pavlovitch, l'a surnommé Ésope.

Ésope est remarquablement instruit. Nicolas, qui n'a pas oublié combien sa propre éducation avait été négligée, a ordonné de préparer Constantin pour le trône. On ne sait jamais : si l'héritier « s'avisait soudain de lui jouer un tour à sa façon et de mourir » ? Cette éducation, les succès scolaires ont éveillé chez le jeune Constantin une irrépressible vanité. De stupéfiantes considérations parviennent aux oreilles du tsar : « Alexandre est né avant que père ne devînt empereur, moi après ; je suis fils d'empereur, lui de grand-duc. Il est injuste qu'il soit l'héritier. »

Nicolas châtie durement son cadet, ne cessant de lui répéter : « Souviens-toi qu'un empire où règne la désunion finit par s'effondrer ! Le Seigneur nous l'enseigne. Il en est de même pour la famille... » L'enfant retient la leçon.

Il est prévu que Constantin dirige la flotte. Il forme aussitôt un plan. Il se rappelle que la grande Catherine avait prénommé son oncle Constantin, parce qu'elle rêvait d'en faire l'empereur de l'antique Byzance que l'on venait à peine de reprendre aux Turcs. L'enfant expose à son père son projet de prendre Constantinople par la mer. Il aspire à présent à être empereur de Byzance. Une nouvelle fois, le « meilleur des pères » doit modérer la vanité du jeune Ésope. Dieu sait, pourtant, qu'elle lui est sympathique !

La savante de la famille

Tandis que l'intelligent Constantin grandit, la principale puissance intellectuelle de la grande famille Romanov est une femme, l'une des plus remarquables de son temps. La princesse Frederica, Charlotte, Marie de Wurtemberg avait seize ans, lorsque, suivant la tradition qui voulait qu'on prît pour épouses des princesses allemandes, Alexandre Ier en fit la fiancée de son plus jeune frère, le grand-duc Michel Pavlovitch.

Hélène Pavlovna (ainsi qu'on l'appelle quand elle est convertie à l'orthodoxie) est extraordinairement douée. Au cours du voyage qui la conduit en Russie, elle apprend le russe. Bien plus, avide de savoir, elle lit tous les tomes de l'*Histoire de l'État russe* de Karamzine.

À Saint-Pétersbourg, l'ex-princesse de Wurtemberg est bientôt une auditrice zélée des cours de l'université. Devenue la grande-duchesse Hélène Pavlovna, elle fréquentera l'Académie des sciences et la Libre Société d'économie. Elle se consacre à l'étude de l'orthodoxie, engage des disputes avec les théologiens russes. Elle est la seule autorisée à discuter (le plus délicatement possible, bien sûr) avec le souverain, et celui-ci l'écoute, un peu narquois, il est vrai. Il l'a surnommée « la savante de la famille ».

Cependant, à Saint-Pétersbourg, son heureux mariage avec le grand-duc Michel et leur mutuel amour demeurent une énigme.

Le soudard plein d'esprit

Enfants, Michel et l'empereur étaient inséparables. Tous deux se targuaient d'être des « soudards ». Une fois sur le trône, Nicolas nomme son petit frère à la tête de la Garde. Consciencieusement, Michel aide son aîné à transformer ces dangereux régiments en « corps de ballet », les épuisant sans pitié en parades et revues. Quelqu'un dira de lui : « Il a la maladie de tous les Romanov, la fièvre de l'armée et des régiments. »

Michel joue passionnément son rôle de commandant sans merci. Le sourcil constamment froncé, la mine chagrine, il surveille le comportement de ses officiers jusque dans les bals de la Cour (au demeurant, son coup d'œil maussade ne laisse jamais passer le moindre joli minois. Comme son frère, il n'est pas indifférent aux dames).

« À quoi sert de vous montrer si sombre ? Tout le monde sait quel bon cœur vous avez, lui lance coquettement la belle dame d'honneur Maria Patkoul.

– Je suis là pour châtier, et le tsar pour gracier », explique le grand-duc d'un ton sinistre.

Puis, sur le même mode, il égaie la belle de quelque calembour. Car Michel le Soudard, l'éternellement morose, s'y entend à faire de l'esprit. C'est lui qui a doté de plaisants surnoms tous les membres de la famille. Saint-Pétersbourg répète à l'envi le moindre de ses traits. Et ce chef sévère se retrouve désarmé face à plus bel esprit que lui. En dépit des prudentes mises en garde de Benkerdorf, il intervient souvent pour sauver de l'ire de la Troisième Section les plaisantins de la Garde. Il est ainsi le protecteur d'un coquin bien connu, le chevalier-garde Boulgakov, dont tout Saint-Pétersbourg se répète les dangereuses frasques. Boulgakov passe sa vie à perdre aux cartes. Alors, le plus tranquillement du monde, il se présente au palais Michel, où se trouve son implacable commandant.

En présence du valet de chambre habitué à cette procédure, il glisse sous la porte du cabinet de travail du grand-duc une enveloppe recelant le montant de la somme perdue. L'enveloppe lui revient par la même voie, avec la somme demandée.

Le grand-duc Michel Pavlovitch meurt jeune. Dès lors, sa veuve, âgée de quarante ans, consacre toute son énergie à œuvrer pour le bien public. Elle construit des hôpitaux, fonde la Croix-Rouge russe, le mouvement des Sœurs de charité. Elle est la principale protectrice des arts dans le pays. « Aider les jeunes talents à prendre leur essor », ainsi Hélène Pavlovna définit-elle sa mission.

L'un des musiciens les plus brillants du temps, Anton Rubinstein, devient le secrétaire de la grande-duchesse pour les affaires musicales. Il était enfant, lorsque le grand Liszt, l'ayant entendu jouer, en avait fait son héritier. Par la suite, le jeune Rubinstein avait présenté au tsar son célèbre numéro qui ne manquait jamais de susciter l'enthousiasme impérial : le garnement avait imité... Liszt ! Une imitation sans pitié, une parodie de son jeu et de ses tics bien connus.

Fils d'un Juif converti, trapu, doté d'une énorme crinière, très semblable à Beethoven, Rubinstein devient un ami très proche de la grande-duchesse. Grâce à son aide, il réussit à créer le premier conservatoire de Russie, dont Piotr Ilitch Tchaïkovski, alors âgé de vingt-deux ans, sera l'élève.

Hélène Pavlovna installe le jeune Rubinstein dans son célèbre palais de l'île de Pierre. La résidence de la grande-duchesse (qui n'est déjà plus toute jeune mais toujours aussi charmante) est désormais le théâtre de brillantes soirées musicales. Les sons envoûtants de cette vie-là nous sont parvenus dans les pièces de Rubinstein pour piano-forte, dont *L'Île de Pierre*, justement.

En toutes choses, Hélène Pavlovna est à l'avant-garde. Elle sera ainsi la première de la famille (après Nicolas) à lire les Mémoires de la grande Catherine. (Des copies, effectuées sous le règne de l'empereur Paul Ier, circulent dans les palais des plus hauts dignitaires pétersbourgeois. En état de choc après leur lecture, Paul avait passé les écrits de sa mère, pour une nuit, à l'un de ses proches amis du moment, le prince Kourakine. Dans ce bref laps de temps, des serfs du prince avaient recopié le texte.) Hélène Pavlovna ne peut s'empêcher de clamer, au sein de la famille, son enthousiasme pour ces Mémoires. Peu après, Nicolas enjoint à ses courtisans de se défaire de toutes les copies en leur possession. L'empereur organise une véritable traque.

Le jeune Constantin et la moins jeune grande-duchesse représentent l'aile radicale de la famille. Combien falot, à côté, paraît l'indolent héritier ! Qui imaginerait, alors, qu'une vingtaine d'années plus tard, il accomplirait la plus grande œuvre de l'histoire russe ? Et que ces deux-là seraient ses plus proches compagnons d'armes ?

Au fond, le tsarévitch est-il si apathique ? N'a-t-il pas plutôt appris à se faire passer pour tel ?

« Je n'ai pas besoin de petits malins, mais de fidèles sujets »

Ces paroles du souverain sont le grand mot d'ordre qu'il impose à son empire. Tout, dans le pays, s'effectue dans les règles, tout est soumis, une bonne fois, à l'ordre en vigueur. Les militaires en sont la meilleure illustration. Eux ne coupent pas les cheveux en quatre : ils exécutent ou font exécuter les ordres. Sous le règne de Nicolas, ils prennent la première place dans la hiérarchie de l'empire, au détriment des véritables talents, du savoir, de l'expérience. Ils occupent peu à peu tous les postes gouvernementaux. Les fonctionnaires portent désormais des uniformes. Même les étudiants en ont.

Le rêve de Pierre III et de Paul Ier devient réalité : la caserne prussienne gouverne le pays. Revues et parades sont l'essentiel de la vie de l'État. Tout est fait pour la démonstration, pour que l'empereur voie et dise : « C'est bien ! », puis qu'il s'en reparte, après avoir distribué les bons points. « Quant au reste, à savoir la vie elle-même, nul n'y regarde de trop près, ce sont les arrière-cours », écrira un contemporain.

Les mauvais Juifs

Les militaires doivent remettre de l'ordre dans tous les domaines. Or, il se trouve que les Juifs causent du tracas à Nicolas : ne refusent-ils pas de se plier à l'ordre commun, autrement dit de se faire chrétiens ? Ils n'arborent pas les bons habits, ne lisent pas les bons livres. L'empereur leur prescrit de payer un impôt pour le port de la kippa et du kaftan. On crée un Comité spécial, afin de les amender définitivement, de les mener au christianisme. Du point de vue de l'empereur, le meilleur remède est sa chère armée. Si, jusqu'alors, les Juifs payaient l'impôt au lieu de servir, ils doivent à présent fournir des recrues. Le souverain est convaincu qu'en vingt-cinq ans de service obligatoire, ils auront largement le temps de se convertir. Afin que le processus ait de plus grandes chances de réussir, on prépare les enfants juifs au service militaire dès l'âge de douze ans, dans des « écoles d'enrôlement ».

Une de ces recrues juives converties sera l'ancêtre de Vladimir Oulianov-Lénine.

Nous ignorons ce que pense le jeune Alexandre en ces années obscures, dans un pays vertueusement muet. Toutefois, le perspicace Custine, qui rencontre l'héritier dans sa prime jeunesse, écrit : « À travers l'air de bonté que donnent presque toujours la beauté, la jeunesse et surtout le sang allemand, on ne peut s'empêcher de reconnaître ici une puissance de dissimulation qui fait peur dans un très jeune homme[1]. » La vie, sous le règne d'un père tout-puissant despote, le lui a enseigné.

Néanmoins, le sensible et talentueux jeune homme ne peut ignorer que le régime de fer imposé par son père a parfois

---

1. Marquis de Custine, *La Russie en 1839*, Solin, Paris, 1990, tome I, p. 27.

d'étonnants ratés et que l'ordre poussé à l'absurde par Nicolas se change de plus en plus souvent en désordre.

Cela commence dès la première décennie du règne.

En 1836, période la plus sombre, durant laquelle la censure est impitoyable, dans la servile revue *Le Télescope* paraît un essai d'une impudence inouïe, qui laisse d'abord cette société esclave en état de choc, puis déclenche en son sein une véritable tempête.

Malheur à l'esprit !

L'auteur de cet essai est Piotr Tchaadaïev, figure hors du commun dont le nom deviendra l'emblème des libéraux russes. On pourrait reprendre en épigraphe à sa vie les paroles de son ami Alexandre Pouchkine : « Quel bon tour m'a joué le diable qui, avec une âme et du talent, m'a fait naître en Russie ! » Et le poète d'ajouter à propos du même Tchaadaïev : « À Rome il eût été Brutus, à Athènes Périclès, chez nous il n'est qu'un officier hussard. » Tchaadaïev deviendra le héros d'une des pièces les plus célèbres de la littérature russe, la comédie de Griboïedov *Le Malheur d'avoir de l'esprit*, d'abord intitulée : *Malheur à l'esprit !* – autre épigraphe au destin de Tchaadaïev.

Aristocrate, bel homme et brillant officier de la Garde, Piotr Tchaadaïev se bat en brave contre Napoléon et fait une fulgurante carrière sous le règne d'Alexandre Ier. Idole de la jeunesse pétersbourgeoise, fameux dandy, il va toujours à contre-courant. À l'époque, le « grand monde » russe est gallomane : on s'habille, on parle, on pense « français ». Tchaadaïev, lui, incline à l'anglomanie.

Il prend sa retraite d'une façon hautement originale : alors qu'il est presque au sommet de sa carrière et que tous lui prédisent le poste d'aide de camp de l'empereur, il demande à quitter l'armée. Et ce capitaine de la Garde, retiré à vingt-quatre ans, devient... un philosophe mystique !

Au début du règne de Nicolas, Tchaadaïev paraît souvent dans les salons et les bals pétersbourgeois. Sa tête magnifique – profil de médaille, froideur des yeux gris-bleu – domine la foule. « Il se tenait sans mot dire, un sourire amer aux lèvres, les mains éternellement jointes... formant un "V" latin, écrit Alexandre Herzen. Et il y avait dans ce geste un méprisant "veto" contre la vie servile qui se déroulait alentour. »

En 1836, le philosophe mystique prend la parole : il publie un essai qui fait littéralement exploser la chape de silence. Comment expliquer que ce texte voie le jour ? En réalité, tout est si étouffé par la censure que nul n'attend plus rien des hommes de lettres. Les censeurs remplissent donc leur tâche de façon un peu formelle. C'est ainsi que l'écrit de Tchaadaïev, au titre ennuyeux de *Lettre philosophique*, est manifestement lu « par-dessus la jambe ».

« Jamais, depuis que les livres et la littérature existaient en Russie, un ouvrage n'avait fait autant de bruit. » « Pendant près d'un mois, il ne fut point de maison à Moscou où l'on ne parlât de l'article de Tchaadaïev, de "l'affaire Tchaadaïev" », notent des contemporains.

Dans sa *Lettre*, le philosophe attaque tout ce que le père de notre héros tient pour absolument « sacré ». Il porte une grave accusation contre l'orthodoxie, qualifiant de « fatalité » le fait que la Russie ait « reçu le christianisme en partage de la désuète Byzance, méprisée, dès cette époque, par les autres peuples »... « Cela n'a pas seulement scindé la chrétienté, cela nous a empêchés d'aller main dans la main avec les autres peuples civilisés. Isolés dans notre hérésie, nous n'avons rien assimilé de ce qui se passait en Europe. La division des Églises a brisé le cours de l'histoire vers l'union universelle des peuples dans la foi chrétienne, elle a rompu le : "Que Ton royaume advienne !" »

Pour Tchaadaïev, « la vraie religiosité se distingue, hélas, de l'atmosphère étouffante dans laquelle nous avons toujours vécu et continuerons manifestement de vivre... Car nous nous trouvons entre Orient et Occident, et n'avons assimilé vraiment les usages ni de l'un ni de l'autre. Nous sommes dans l'entre-deux. Nous sommes dans l'isolement ».

En observant l'histoire russe, Tchaadaïev pose un terrible diagnostic : « Si nous allons de l'avant, c'est d'une étrange façon, de guingois. Si nous croissons, nous n'atteignons jamais à notre plein épanouissement. Il est quelque chose dans notre sang qui empêche tout véritable progrès. »

Ces propos sont un véritable défi à l'opinion asservie. Et la société, avec une scandaleuse unanimité, exige de l'empereur qu'il fasse impitoyablement justice à l'insolent. Le souverain agit intelligemment. Réprimer Tchaadaïev signifie reconnaître que, dans l'empire, un homme peut avoir ses propres idées, hostiles à l'État. Nicolas invente donc un étonnant châtiment. Il décrète Tchaadaïev, l'un des plus brillants esprits de Russie... fou, et ordonne plaisamment au gouverneur de Moscou d'empêcher que le penseur, dont « la raison est brouillée », soit soumis à « l'influence de l'air froid et humide, susceptible d'aggraver son mal »... En clair, cela signifie que le philosophe doit être assigné à résidence chez lui. Toujours « soucieux » de la santé de ce turbulent sujet, le souverain enjoint de le placer sous constante surveillance médicale. Un homme de l'art est désormais censé lui faire des visites et rapporter mensuellement à Sa Majesté attentionnée « sur la santé de celui dont la raison est dérangée ».

Que pense des écrits de Tchaadaïev notre Alexandre, alors âgé de dix-huit ans ? Vraisemblablement, il ne les a pas lus. Il ne peut toutefois ignorer le scandale qui ébranle les deux capitales, d'autant que l'empereur en fait une affaire personnelle.

Il pourra moins encore ignorer le prochain scandale littéraire dont l'écho résonnera à travers l'Europe entière.

« Ce gredin de marquis »

À l'étranger, déjà, Alexandre a relevé une certaine ironie à l'égard de son père.

Son oncle, Alexandre Ier, sauveur de l'Europe monarchique contre Bonaparte, s'estimait en droit d'intervenir dans les affaires européennes. Nicolas, lui, se sent l'héritier légitime de ce frère victorieux. Le tsar est convaincu que la mission historique de la Russie est d'être le grand contrôleur des affaires européennes, le gardien de l'ordre en Europe. Dès le début de son règne, il donne une leçon aux Occidentaux : quand la Pologne se soulève, l'armée du feld-maréchal Paskevitch prend d'assaut Varsovie. Pendaisons, incendies des demeures des aristocrates rebelles, liquidation de ce qui reste de l'autonomie polonaise, tel est le prix que paieront les Polonais pour l'insurrection.

La principale tâche de Nicolas est formulée par son ministre des Affaires étrangères Nesselrode : « La menace de révolutions en Europe contraint la Russie à soutenir le pouvoir partout où il est, à le renforcer là où il fléchit, à le défendre là où il est attaqué. » Nicolas se décrète donc le « gendarme de l'Europe ».

Le tsar montre en outre une morgue qui frise le ridicule. Jamais il n'oublie que le roi de Prusse, défait par Napoléon, a naguère conservé son trône grâce à la Russie. Et il s'adresse communément à lui comme à son valet.

Durant son voyage, Alexandre a entendu Berlin s'étonner de la grossièreté de son père ; à Londres et à Vienne, on se gausse ouvertement de ses prétentions. À l'étranger, l'héritier a lu la presse, pleine de quolibets et d'affronts à l'adresse du souverain.

Le tsar n'a que mépris pour les journaux européens qu'il fait impitoyablement confisquer à la frontière. Mais cela ne laisse pas de le tourmenter. Par bonheur, Benkendorf imagine un moyen de modifier l'opinion de l'Europe. De Paris, ses agents l'informent que le marquis de Custine, homme de lettres connu, rêve de séjourner en Russie et d'écrire sur son voyage. Le marquis est le neveu d'un général fameux, guillotiné durant la Terreur. Son père a également été décapité. L'homme est influent à Paris, il est reçu dans les salons à la mode et est, en outre (élément essentiel !), un ardent partisan de l'absolutisme. Nul doute qu'un livre de lui ne pourra que corriger l'opinion européenne.

L'idée de Benkendorf séduit Nicolas. On décide d'inviter le marquis et de le choyer. L'empereur accepte de le recevoir personnellement.

Hélas, tout se passe, comme toujours, selon le principe russe : « On a voulu faire pour le mieux… et on a eu le résultat habituel. » Tandis que le souverain s'apprête à charmer le visiteur, à la frontière, celui-ci est fouillé sans ménagement et tous ses livres en français lui sont confisqués. L'accueil de Saint-Pétersbourg ne vaut guère mieux : le marquis descend dans le meilleur hôtel de la capitale (l'actuel hôtel Europe) où, toute la nuit, il est dévoré par des hordes de punaises particulièrement hargneuses.

Enfin, a lieu l'audience chez l'empereur. Savourant à l'avance la sympathie que ne manquera pas de montrer le marquis – après tout, on est entre monarchistes –, Nicolas lui expose ses convictions :

« Le despotisme existe encore en Russie... ; mais il est d'accord avec le génie de la nation... » Il ajoute, à propos de la monarchie représentative : « J'aimerais mieux reculer jusqu'à la Chine, que de l'adopter jamais[1]. »

Custine est séduit par la prestance du tsar, « le plus beau monarque d'Europe ». Les inclinations sexuelles du Français expliquent qu'il soit sensible à la beauté virile. En revanche, son entretien avec le tsar ne l'inspire guère. Le marquis est monarchiste, mais partisan d'une monarchie éclairée. Le despotisme policier qu'il constate à chaque pas, durant son séjour, ne lui est pas sympathique.

Visitant les lieux où furent assassinés le père et le grand-père de l'empereur, le Français confirme – et en est le premier surpris – ce paradoxe russe : le despotisme sans merci qui règne en Russie se révèle limité... par l'assassinat sans pitié des despotes.

Les paradoxes, au demeurant, jalonnent le voyage du marquis. On lui montre ainsi orgueilleusement, au Kremlin de Moscou, l'une des « grandes curiosités » de la ville : « Une cloche dont il manque un morceau, la plus grosse cloche du monde[2]... »

Toujours à Moscou, le marquis entend parler du principal dissident de l'époque, Tchaadaïev. Custine rapportera un des célèbres *mots*[3] du philosophe : « Quelle belle ville que Moscou ! On ne cesse de vous y montrer Dieu sait quelles âneries historiques... un canon qui n'a jamais tiré, une cloche qui s'est décrochée et ne peut sonner... Au demeurant, une cloche privée de battant, donc dans

---

1. Marquis de Custine, *op. cit.*, tome I, p. 263.
2. *Ibid.*, tome II, p. 158-159.
3. En français dans le texte.

l'incapacité de se faire entendre, est un parfait symbole de notre chère patrie. »

En 1843, paraît le livre du marquis : *La Russie en 1839*. Custine y brosse ce tableau du pays : « Il faut avoir vécu dans cette solitude sans repos, dans cette prison sans loisir, qu'on appelle la Russie, pour sentir toute la liberté dont on jouit dans les autres pays d'Europe[1]. » « Tout était morne, régulier comme à la caserne, comme au camp ; c'était la guerre, moins l'enthousiasme, – la vie... La discipline militaire domine la Russie[2]. » « En France chacun peut arriver à tout en partant de la tribune[3]. » « On ne se meut, on ne respire ici que par une permission ou par un ordre impérial ; aussi tout est-il sombre et contraint : le silence préside à la vie et la paralyse[4]. » « Le dernier des hommes, s'il sait plaire au maître, peut devenir demain le premier après l'empereur[5]. » « Il existe ailleurs des esclaves, mais, pour trouver autant d'esclaves courtisans, c'est en Russie qu'il faut venir[6]... » Et cela ne vaut pas seulement pour la Cour de l'intraitable souverain. Effaré, Custine décrit la suite du tsarévitch : « Il régnait dans toute cette suite de l'héritier du trône impérial une habitude de domesticité dont les maîtres n'étaient pas plus exempts que les valets... c'était de la servilité gratuite et involontaire qui n'excluait pas l'arrogance[7]. »

Le marquis, comme tant d'autres étrangers, n'entend rien aux traditions russes. Déjà, l'ambassadeur Herberstein, venu en Russie au temps de Vassili III, était choqué par la servilité des dignitaires. Quand le souverain condamnait l'un d'eux au plus affreux des supplices, le pal, celui-ci continuait de le glorifier jusqu'à son dernier souffle. « Nous servons notre monarque d'une tout autre façon que vous », expliquaient fièrement les boyards à Herberstein.

La Russie est un pays où les plus hauts dignitaires se donnent, dans leurs requêtes, le nom de *kholop*, c'est-à-dire d'« esclaves ». Ivan

---

1. Marquis de Custine, *op. cit.*, tome II, p. 444.
2. *Ibid.*, tome I, p. 163.
3. *Ibid.*, p. 273.
4. *Ibid.*, p. 163.
5. *Ibid.*
6. *Ibid.*, p. 305.
7. *Ibid.*, p. 25.

le Terrible a inventé la formule des relations entre le souverain et ses sujets : « Nous pouvons à notre gré gracier ou châtier nos *kholop*. »

De cet esclavage découle un mensonge généralisé :

« À Pétersbourg, mentir c'est faire acte de bon citoyen ; dire la vérité, même sur les choses les plus indifférentes en apparence, c'est conspirer[1] », écrit Custine.

Mais le plus extraordinaire est la prédiction du marquis. L'observation de ce gigantesque empire cimenté par la peur, l'esclavage, le mensonge, la Troisième Section, l'Église et l'autocratie, n'empêche pas le Français de déclarer : « Avant cinquante ans [...] *la Russie subira une révolution plus terrible que ne le fut la révolution dont l'occident de l'Europe ressent encore les effets*[2]. » Custine ne se trompe que d'une dizaine d'années. En 1905, sous le règne de l'arrière-petit-fils de Nicolas (un autre Nicolas) commencera la révolution.

Ayant lu le livre de Custine, Nicolas le jette violemment sur le sol : « C'est ma faute aussi ! J'avais bien besoin de m'entretenir avec ce gredin ! »

L'ouvrage est interdit, les douanes le confisquent systématiquement aux étrangers et... toute la Russie le lit. « Le tsar a entouré le pays d'une palissade mais cette clôture d'État comporte bien des fentes ; or, le vent qui souffle par le travers est plus violent que le vent libre et follet », écrit plaisamment Alexandre Herzen. Dans cette Russie qu'étrangle la Troisième Section, quantité de livres, venus d'Occident, circulent sous le manteau.

C'est qu'il existe déjà, dans le pays, un pouvoir parallèle à celui exercé par l'empereur : le pouvoir du pot-de-vin. Un contemporain aura ce mot : « Je pourrais faire entrer en Russie, non seulement un livre de France, mais une guillotine de même provenance, il me suffirait de m'entendre sur le prix. »

Les militaires ne sont pas de bons gestionnaires. Et, quand la corruption se met de la partie, certains ne tardent pas à s'y rallier.

---

1. Marquis de Custine, *op. cit.*, tome II, p. 224.
2. *Ibid.*, tome I, p. 195.

Tout se passe, bien sûr, dans les arrière-cours du pouvoir. La vitrine, elle, est toujours aussi éclatante.

Nicolas exige que l'on riposte au «gredin». La Troisième Section tente de susciter des articles contre Custine, en Russie et à l'étranger. Joukovski prie, dans une lettre, l'écrivain Alexandre Tourgueniev de répondre au marquis, tout en l'avertissant que «cette réplique doit être courte ; ce n'est pas l'ouvrage qu'il faut attaquer, car il contient bien des vérités, mais Custine lui-même». «Pourquoi l'attaquer, s'il dit vrai?» s'étonne Tourgueniev.

Notre héros a-t-il lu *La Russie en 1839*? Sans doute. L'interdiction, dans ce pays, est la meilleure des réclames : «Une marchandise prohibée est semblable au fruit défendu : l'interdit en double le prix... Toute la Russie instruite lisait Custine», écrit Alexandre Tourgueniev.
Connaissant certainement l'ouvrage et, par conséquent, haïssant le marquis, l'héritier pourrait presque reprendre à son compte ce propos de Herzen : «Ce livre m'est une torture, il me fait l'effet d'une lourde pierre qui m'écraserait la poitrine.»
Herzen, autre ennemi du père de notre héros ; Herzen, autre voix qui résonne dans le pays frappé de mutisme.

«J'en appelle aux vivants»

Alexandre Herzen est une immense figure de la Russie libérale. Tous les grands radicaux européens, Proudhon, Garibaldi, Owen, Kossuth, Victor Hugo, connaissent et estiment ce Russe hors du commun.
Herzen est le fils illégitime d'un riche propriétaire terrien. Sa mère est une Allemande que son père a ramenée à Moscou d'un voyage en Europe. Son nom de famille est formé sur le mot allemand *Herz*, le cœur. Dès l'université, Herzen contracte une maladie fort rare dans l'empire de Russie : celle de la liberté. Tout se termine pour lui par une arrestation, à vingt-deux ans, suivie de

la relégation et de l'émigration. Herzen a commis l'inconcevable : il a déclaré la guerre à l'empire.

Dans le pays réduit au silence, une parole accusatrice résonne de l'étranger, où Herzen a fondé une imprimerie russe libre. Avec un autre émigré, le poète Ogarev, son ami de jeunesse, il entreprend d'éditer le célèbre périodique *La Cloche*, qui affiche, méchamment, en exergue : « J'en appelle aux vivants. » Les « vivants », ce sont les gens « qui pensent » dans un pays où l'on ne vous met pas derrière les verrous seulement pour vos actes, mais également pour vos idées. Malgré les contrôles les plus stricts, *La Cloche* pénètre clandestinement en Russie et toute la population lettrée la dévore en secret. C'est alors que l'émigré solitaire devient l'ennemi le plus redoutable du puissant empire.

Les plus graves scandales concernant des fonctionnaires influents, les dispositions secrètes du gouvernement, tout paraît aussitôt dans les colonnes de *La Cloche*. Qui informe Herzen ? Les fonctionnaires eux-mêmes, dénonçant aimablement leurs collègues. Ils ne s'adressent pas à l'empereur, qui pourrait n'y point accorder d'importance, mais à une autorité autrement plus puissante : les publicistes de Londres. Là, le tsar réagit, pour la bonne raison qu'il ne manque jamais de lire la publication honnie !

Cela, Alexandre ne l'ignore pas...

Les années passent.

Nicolas a quelques soucis avec son aîné. Tous deux ont des caractères par trop opposés. Les heurts sont fréquents. Nicolas, par exemple, ne supporte pas le manque de ponctualité et, la première fois que l'épouse d'Alexandre arrive en retard à une cérémonie... Non, Nicolas est chevaleresque, jamais il ne se permettrait d'insulter une femme. L'héritier, en revanche, est publiquement qualifié de « grosse vache balourde ». Le tsar est irrité par l'apathique docilité de son fils et il lui arrive, en présence de ses officiers, de le souffleter pour son « oisiveté ». Alexandre sait, pourtant, que ces soufflets sont suivis chez son père d'un prompt repentir, alors que toute initiative malheureuse, de sa part à lui, est source d'ennuis sans fin. Une seule personne contrôle l'ensemble du pays – jamais le tsarévitch ne doit l'oublier, sauf à risquer de se faire traiter de « blanc-bec ! ».

Quelle différence entre l'héritier et son frère ! Constantin déploie une furieuse activité dans les affaires de la flotte. Il crée la Société russe de géographie, qui rassemble des jeunes gens tout aussi énergiques. Il déborde d'idées que l'empereur juge absurdes, sinon dangereuses. Il propose ainsi de construire des bateaux à vapeur. Or, Nicolas ne prise guère ces « nouvelles modes ». Mais Constantin s'entête, il envisage même de payer les bâtiments sur sa cassette. Le tsar continue de préférer les voiliers, ce qui ne l'empêche pas d'être séduit par la diabolique énergie de son fils, tout simplement parce qu'il se reconnaît en lui.

La guerre de Babel

Pour « réveiller » l'héritier, le souverain l'envoie guerroyer au Caucase. Le Caucase, c'est la tour de Babel, où vivent des dizaines de peuples qui parlent quarante langues différentes. Depuis les monts d'Ossétie, de Kabardie, de Tchétchénie, du Daghestan, perdus dans les nuages, de belliqueux montagnards font des incursions sur les terres russes. Le Caucase est une source de tracas constants, sans compter qu'il a toujours été l'allié des grands ennemis de la Russie : la Porte et la Perse.

En 1828, Nicolas entame ses campagnes caucasiennes, afin de réunir le Caucase du Nord à la Transcaucasie : la Géorgie, l'Arménie, l'Azerbaïdjan. Babel doit passer sous le pouvoir du tsar russe.

Mais les fils du belliqueux Islam, qui ne veulent pas connaître le sort des Géorgiens et Arméniens orthodoxes, déclarent la guerre sainte aux Russes. C'est à cette époque que naît, au Daghestan et en Tchétchénie, un mouvement islamique d'inspiration soufie, le « muridisme ». Précurseurs des combattants islamistes du XXe siècle, les murides tentent de faire le salut de leur âme en versant le sang chrétien. Ce sont d'intrépides guerriers. Il est vrai, comme l'écrit un contemporain, qu'« ils ont la tête pleine de descriptions d'un paradis regorgeant de belles houris et d'autres joies proprement terrestres ». Ceux qui meurent au combat se retrouvent, séance tenante, dans ce pittoresque éden – une largesse d'Allah pour les remercier d'avoir combattu les infidèles. Ce sanglant conte de fées traversera les époques et connaîtra, on le sait, un regain d'actualité au XXIe siècle.

Les murides se terrent dans les forêts profondes, d'où ils mènent leurs attaques contre les Russes. Afin que les soldats de Nicolas puissent aller de l'avant, force est d'opter pour une nouvelle tactique : abattre les forêts et construire à leur place des fortins. L'acharnement des murides déclenche de cruelles représailles, et tout recommence sans fin. De paisibles *aouls*[1] sont incendiés, parce qu'ils abritent des murides.

La situation se complique encore lorsqu'un grand guerrier, l'imam Chamil, prend la tête des montagnards du Caucase. Il réussit l'impossible, rassemblant sous son autorité les différentes communautés ethniques et linguistiques. Dans ces libres montagnes, dans ce milieu anarchique de guerriers, il instaure un nouveau mode de relations sous la forme d'un État solide, cimenté par l'islam, un imamat regroupant notamment la Tchétchénie, le Daghestan, l'Avarie, et dirigé par un imam, chef militaire et religieux. Chamil assume ce rôle. Cette union des pouvoirs temporel et spirituel, dans la tradition de l'islam, lui donne un contrôle absolu sur l'âme et la vie de ses sujets. Il est l'incarnation du dictateur oriental sans merci. Il enrôle toute la population mâle, entre quinze et cinquante ans. Les hommes vivent désormais dans des camps militaires où ils s'initient au maniement des armes.

Durant les années quarante du XIXe siècle, Chamil sème la terreur parmi les troupes de Nicolas. L'impuissance de la colossale armée impériale se révèle dans la lutte contre l'imamat. La guerre de partisans, les raids incessants des montagnards font, dans les rangs des Russes, plus de victimes que les batailles ordinaires. Il est en outre impossible de se battre, l'été, en Tchétchénie, les montagnes se couvrant de taillis impénétrables où se cachent les murides. L'hiver, c'est au Daghestan que les troupes du tsar

---

1. Villages caucasiens.

sont bloquées, les cols devenant inaccessibles. Chamil jouit donc d'une totale liberté de manœuvre.

L'imam mène lui-même ses troupes au combat, il est toujours en première ligne, ce qui lui vaudra dix-neuf blessures.

Cette guerre sanglante dure depuis vingt ans déjà et l'on n'en voit pas l'issue. Pourtant, en 1850, l'empereur envoie l'héritier en Tchétchénie «renifler la poudre». Comme chaque fois qu'Alexandre se trouve loin de son père, il est littéralement transfiguré. Il déborde d'énergie, a soif d'en découdre... Le premier véritable combat auquel il prend part a lieu près de la forteresse d'Atchkhoï. Là, dans les forêts, il tombe sur un détachement tchétchène.

Tout commence à l'aube. On imagine la tente d'officier chauffée par un brasero. L'héritier y dort d'un sommeil lourd, inquiet: il va faire ses premières armes. Le jour n'est pas encore levé quand son aide de camp le réveille. Flamme d'une bougie dans ses yeux ensommeillés. Et le respectueux:

«Votre Altesse impériale, nous y allons.»

Le soleil ne tarde pas à inonder la montagne. Fumées des *aouls* en nids d'aigle, torrent qui dévale, étincelant de lumière. Un paysage de rêve...

Les hommes gravissent la pente, lorsque, au sommet, une vingtaine de Tchétchènes surgissent de la forêt.

L'un d'eux, en *bechmet*[1] sombre, est dressé sur ses étriers et joue de sa cravache; puis il la lance, la rattrape de l'autre main, tandis que, de la première, tel un prestidigitateur, il arme son fusil. Il le jette en l'air, le récupère habilement et tire. Pour la première fois de sa vie, Alexandre entend une balle siffler tout près de lui. Son ordonnance – un gamin –, blessé à la poitrine, tombe de cheval. Alors, entraînant soldats et cosaques, l'héritier s'élance. Les Tchétchènes font aussitôt retraite dans la forêt, s'embusquant derrière des amas de troncs d'arbres. Seuls brillent leurs fusils. Abandonnant leurs chevaux, dépassant Alexandre, les cosaques

---

1. Veste de laine ouatinée.

et la suite se précipitent : « Sortez les poignards ! » Le massacre commence. On se bat au corps à corps.

Les Tchétchènes font pleuvoir depuis leurs abris une grêle de balles. Nombre de jeunes soldats resteront sur le champ de bataille, au terme de cette attaque aussi audacieuse qu'inconsidérée. Le détachement tchétchène sera pourtant anéanti. Alexandre recevra, en guise de trophée, le sabre de leur chef. Nicolas lui décernera la croix de Saint-Georges, mais préférera le rappeler en Russie. Ainsi s'achèvera son vaillant séjour au Caucase.

Au début des années cinquante, un jeune homme, le comte Léon Tolstoï, arrive à son tour dans la région. Il a vingt-trois ans, il est d'une vieille lignée aristocratique qui a marqué l'histoire de la Russie. Il compte, parmi ses glorieux ancêtres, de braves voïevodes[1] ; d'autres ont pris part à des événements sanglants... Son arrière-arrière-grand-père, Piotr Tolstoï, compagnon d'armes de Pierre le Grand, était parvenu, alors qu'il dirigeait la Chancellerie secrète (la police politique) à faire revenir en Russie le tsarévitch Alexis qui, ayant eu l'audace de s'élever contre la volonté de son père, avait fui à l'étranger. Piotr Tolstoï avait ensuite participé à son assassinat sur ordre du père.

Le jeune Léon Tolstoï fuit au Caucase la vanité de la vie mondaine ; il se fuit lui-même, en même temps que sa frénésie des cartes, des ripailles. Cette évasion marquera le début de sa grandiose biographie. C'est encore la fuite qui en signera la fin, dans une petite gare ferroviaire. Mais tout cela est encore loin...

Pour l'instant, simple élève officier, Tolstoï prend part à la campagne contre les Tchétchènes (précisons qu'il arrive avec trois serviteurs serfs). Il gagne au combat ses galons d'officier. Et c'est par ses yeux d'officier courageux, par ses yeux d'écrivain talentueux, aussi, que nous découvrirons l'un et l'autre côtés de la guerre du Caucase.

Dans un texte intitulé *Le Coup de main*, Tolstoï décrit une scène ordinaire : un général autorise joyeusement ses soldats à mettre à

---

[1]. Chefs d'armée, dans l'ancienne Russie.

sac un *aoul* ennemi. « "Allons, colonel, dit le général *en souriant*, laissez-les ! Qu'ils brûlent et pillent, je vois bien qu'ils en meurent d'envie !" Dragons, cosaques et fantassins s'éparpillèrent dans l'*aoul* : ici un toit s'effondrait, là on enfonçait une porte, ailleurs une palissade, une maison, une meule de foin s'embrasaient ; voici qu'on amenait un vieillard chenu, presque nu, terrifié – un Tchétchène, qui n'avait pas eu le temps de s'enfuir. »

Une autre description de la guerre du Caucase nous est fournie par le récit *Hadji Mourat*, du même Tolstoï. « De retour à l'*aoul*, Sado trouva sa maison détruite... Son fils, le beau garçon aux yeux brillants..., fut transporté, mort, à la mosquée, le dos traversé par une baïonnette. Le hurlement des femmes résonnait dans toutes les maisons. Les petits hurlaient avec leurs mères. Les bêtes affamées, sans personne pour leur donner à manger, hurlaient aussi. »

Cette guerre-là, Alexandre l'a-t-il vue ? Vraisemblablement. Elle se déroulait parallèlement à la sienne, romantique. Une guerre cruelle, sanglante, qui allait s'étendre sur un quart de siècle et dont il hériterait. Il lui échoirait d'y mettre un terme, de même qu'à une autre, honteusement perdue par son père et devenue une catastrophe pour la Russie.

De cette guerre-là, le grand chroniqueur sera, encore une fois, le comte Léon Tolstoï.

Le gendarme de l'Europe

Imitant Catherine II qu'il n'apprécie guère, l'empereur commence à placer ses espoirs dans son petit-fils préféré : lui pourrait devenir un vrai souverain !

Mais il y faudrait du temps. Or, dans le corps puissant du géant Nicolas, quelque chose s'est détraqué. Il est las de son impitoyable ouvrage. Et, surtout, il est rongé par une inquiétude dont il n'a pas lui-même conscience. Pour reprendre les paroles de Herzen : « Ainsi les bêtes sont-elles saisies d'angoisse avant un tremblement de terre. »

Nicolas entreprend donc de préparer pour de bon Alexandre à lui succéder sur le trône. Il passe des heures à se promener et à deviser avec lui. L'héritier dira par la suite : « Père et moi, nous sommes toujours tutoyés. » Certes, mais leurs tutoiements sont bien différents : celui de l'héritier est une adresse à la divinité, celui de l'empereur une façon de parler à un « blanc-bec ».

En 1848, le séisme se déclare : les révolutions embrasent l'Europe, ce qui permet à Nicolas de déclarer, non sans satisfaction : « Je l'avais prévu ! »

Quand la monarchie tombe en France, Nicolas paraît au bal, dit-on, et, se tournant vers les officiers, leur lance : « Sellez vos chevaux, messieurs, la République est en France ! »

Il lui semble à présent que son heure de gloire a sonné : la Russie remettra de l'ordre dans cette Europe qui a perdu la raison. Il appelle donc l'Autriche, l'Angleterre et la Prusse à reprendre les principes de la Sainte-Alliance, créée contre les révolutions. Mais nul ne fait écho à son invite. Le tsar est néanmoins favorisé par le sort : les Hongrois se soulèvent dans l'Empire austro-hongrois. Il propose aussitôt son aide à l'empereur d'Autriche. François-Joseph accepte volontiers. On peut enfin « seller les chevaux ». De nouveau, le meilleur chef d'armée du tsar, le feld-maréchal Paskevitch, qui a maté la Pologne, écrase la révolte. Les Hongrois rebelles sont pendus. Pour tout remerciement, l'Europe qualifie Nicolas de despote et même de cannibale.

À la suite des révolutions européennes, le souverain impose un contrôle total à la littérature. Tout – littéralement tout – est interdit, dont Nicolas Gogol que l'empereur appréciait tant. Lorsque, à la mort de l'écrivain, Ivan Tourgueniev rédige une nécrologie enthousiaste, il est aussitôt assigné à résidence pour un mois, puis expulsé de la capitale. Une autre célébrité, le dramaturge Alexandre Ostrovski, est placée sous surveillance policière à cause de sa nouvelle pièce : *Entre soi on s'arrange*. Il en va de même pour l'écrivain satirique Saltykov-Chtchedrine.

Peu auparavant, « occidentalistes » (écrivains et publicistes prônant un développement de la Russie à l'européenne et, de ce fait, très attachés au tsar réformateur Pierre le Grand) et « slavophiles » (qui, eux, optent pour une voie particulière, nationale et, en conséquence, n'aiment guère le bâtisseur de Saint-Pétersbourg) s'affrontaient dans des sortes de « joutes » littéraires. À présent, tous sont muets, car les deux tendances sont également frappées d'interdit. Toute forme de pensée est impitoyablement réprimée.

« Il y a de quoi devenir fou, écrit le professeur Granovski, occidentaliste. De jour en jour, la situation devient de plus en plus intolérable... Nombreux sont les honnêtes gens qui sombrent dans le désespoir et observent les événements avec un calme bovin, se demandant quand ce monde s'effondrera enfin. »

Dans ce silence de mort, dans ces absolues ténèbres, un éclair des plus dangereux jaillit soudain.

Au cours des années quarante est employé au ministère des Affaires étrangères, en qualité de traducteur, un certain M. Boutachevitch-Petrachevski. Nous nous bornerons, en guise de présentation, à citer le poète Pouchkine : « C'est pour nous un original, car il pense. » En effet, alors que tous les gens bien intentionnés ont définitivement admis qu'il convenait de ne pas penser, Petrachevski, lui, non seulement ose le faire, mais il exprime ses idées à voix haute. À tous points de vue, c'est un original. Quand les fonctionnaires s'efforcent de passer inaperçus, quand ils portent tous l'uniforme ou les mêmes vêtements civils, ce monsieur s'ingénie à se promener en cape espagnole, coiffé d'un haut-de-forme. La hiérarchie interdit purement et simplement les cheveux longs. Petrachevski parvient à contourner la chose : il se rase complètement la tête, mais porte une perruque luxuriante, y ajoutant une barbe, ce qui n'est pas bien vu non plus. Bref, en ces temps peu propices aux amusettes, Petrachevski s'autorise à faire fi des règlements.

Et voici que cet original, grand rieur devant l'Éternel, s'avise de ne plus penser seul. Chaque vendredi, il convie à penser chez lui d'autres jeunes gens, petits fonctionnaires, officiers, enseignants, hommes de lettres, peintres...

Peu à peu, les vendredis de Petrachevski deviennent le « club » de la jeunesse. On y échange des réflexions sur les courants européens en vogue, le socialisme, Fourier, Proudhon... (leurs livres, bien sûr, sont interdits en Russie) ; on y évoque la nécessité d'émanciper les paysans et d'instaurer une justice publique. Les plus radicaux vont jusqu'à imaginer de monter une imprimerie clandestine.

Cependant, le monstrueux enfant de Benkendorf se montre d'une redoutable efficacité. L'existence de ces jeunes gens pensants est aussitôt connue, et leur groupe infiltré par un agent de la police secrète. L'arrestation des membres du cercle de Petrachevski ne tarde pas. Parmi eux, se trouve un écrivain, jeune mais déjà connu : Fiodor Dostoïevski.

Rencontre sur l'échafaud

De la prime jeunesse à la mort, terreur, révolution, visions apocalyptiques de l'avenir proche hantent Dostoïevski.

Le sang, la souffrance et la religion sont partie intégrante de sa biographie. Il naît dans les locaux de l'hôpital des Pauvres, à Moscou, où son père est médecin. La légende familiale veut que ce père, affreusement neurasthénique, irascible, ait été tué par ses serfs. Sa mère, passionnément dévote, mène chaque année ses enfants au plus grand monastère de Russie, celui de la Trinité Saint-Serge, et leur apprend à lire avec l'ouvrage : *Cent quatre histoires saintes de l'Ancien et du Nouveau Testaments*. « Dans notre famille, on connaissait l'Évangile presque depuis la petite enfance », dira Dostoïevski. On fait aussi la lecture à voix haute, et les textes favoris sont l'*Histoire de l'État russe* de Karamzine et les poèmes de ce « demi-dieu » qu'est Pouchkine.

À compter de janvier 1838, Dostoïevski, alors âgé de dix-sept ans, entre à l'École du génie. Elle est sise au fameux palais Michel, celui où fut tué Paul Ier, rebaptisé château des Ingénieurs. Quant à la chambre où fut versé le sang, elle est à jamais fermée (au milieu du siècle, on y aménagera l'église de Saint-Pierre-et-Saint-Paul).

Tout cela ne peut qu'attiser la vive, la maladive imagination de Dostoïevski. Les études, en revanche, lui pèsent. C'est un jeune homme nerveux, susceptible, pétri d'amour-propre, réfractaire comme pas un à la discipline militaire et au « dressage ». Dès l'école, la littérature donne un sens à sa vie, elle est pour lui une délivrance, un havre de douloureuse solitude, auquel il aspire. Il commence à écrire, rêve de se consacrer au « travail littéraire ». À peine a-t-il achevé ses études qu'il s'empresse de démissionner. Enfin, le voici libre d'écrire. Il n'en doute pas un instant : la gloire l'attend.

Et ses vœux se réalisent comme par magie, avec une déconcertante facilité. « Tout soudain, de la façon la plus inattendue », Dostoïevski commence à écrire *Les Pauvres Gens* et s'adonne à cette tâche entièrement. Un de ses camarades (futur écrivain très connu), Dmitri Grigorovitch, avec lequel il partage un appartement, transmet le manuscrit à Nikolaï Nekrassov, poète déjà célèbre et, surtout, éditeur prospère. Les deux hommes passent la nuit à lire *Les Pauvres Gens*, incapables de s'en détacher. Sidérés, ils se présentent chez Dostoïevski à quatre heures du matin, réveillant ce « grand talent », lui « déversant leur enthousiasme ».

Nekrassov publie le roman, et c'est le succès ! Un début triomphal. Le critique Bielinski prédit à l'écrivain un brillant avenir et l'accueille dans son cercle, composé des hommes de lettres les plus éminents de Russie.

Tous attendent de nouvelles merveilles. Dostoïevski travaille fiévreusement, « s'efforçant de se surpasser ». Il aura le temps, avant son arrestation, d'écrire dix récits. Il va de l'avant, mais à trop grandes foulées. Au cours d'une soirée chez Bielinski, il lit *Le Double*. Et ses admirateurs d'hier ne comprennent pas ; ils rejettent ce texte. Le dédoublement de la conscience humaine, les jeux obscurs du subconscient – autant de choses étrangères à la vision du monde, claire, harmonieuse, de ces hommes. Le jeune Dostoïevski ne leur pardonne pas ce désaveu. Un brusque refroidissement affecte ses relations avec le critique et son entourage.

L'auteur du *Double* connaît ensuite la situation typique d'un homme en avance sur son temps : problèmes financiers constants, écriture à marches forcées pour survivre, désaccord profond avec les milieux littéraires. Tout cela est douloureusement vécu par Dostoïevski. Il souffre de plus en plus d'une « irritation de tout le système nerveux » ; apparaissent les premiers symptômes de l'épilepsie qui le tourmentera sa vie entière.

C'est alors, au printemps 1847, que l'écrivain commence à fréquenter les « vendredis » de Petrachevski – une façon comme une autre d'atténuer sa solitude. Il entre, en outre, dans une société secrète, organisée par le plus radical des membres du cercle, Nikolaï Spechniev. Ce dernier, bel homme, riche propriétaire terrien, froid séducteur et implacable révolutionnaire, rêve d'un coup d'État sanglant. Il est le premier « démon » dans la vie de l'écrivain. Ce Méphistophélès exercera une immense influence sur Dostoïevski. Il sera, par la suite, le prototype de Nikolaï Stavroguine, dans le roman *Les Démons (Les Possédés)*.

Mais voici qu'en cette aube du 23 avril 1849, l'écrivain qui avait « si triomphalement débuté dans la littérature » est arrêté avec d'autres membres du cercle de Petrachevski et incarcéré dans l'effroyable ravelin Alexis, à la forteresse Pierre-et-Paul. Il y passera huit mois d'instruction et d'interrogatoires.

Les membres du cercle sont conduits à la Troisième Section : « Certains marchaient, rasant les murs, craignant de fouler le parquet au centre de la pièce, car ils croyaient à l'existence de la "chambre de Chechkovski". » « L'on redoutait de voir le sol se dérober, et d'être fouetté », se rappelle l'un d'eux, P. A. Kouzmine.

Or, les choses prennent une tournure bien pire. Comme le dira Petrachevski, les prévenus sont jugés et « condamnés sur des intentions ». Et pour que nul, désormais, ne s'avise de jouer les « originaux », en d'autres termes de réfléchir sur des sujets séditieux, vingt et un membres du cercle sont condamnés à être passés par les armes.

Jamais à court d'imagination, le souverain met au point un « spectacle grand-guignolesque ». Les « penseurs » doivent être fusillés sur la place d'armes du régiment Semionovski. On procédera à tout le cérémonial de l'exécution... puis on graciera les condamnés. Le commandant de la Garde est chargé des « opérations ».

Or, le grand-duc Michel Pavlovitch, le « soudard plein d'esprit », meurt, tandis que Dostoïevski et les autres membres du cercle sont incarcérés à la forteresse. L'empereur se voit donc contraint de s'y rendre lui-même pour assister aux funérailles de son frère préféré, en la cathédrale Saint-Pierre-et-Saint-Paul.

C'est une année douloureuse pour la famille impériale, notamment pour l'héritier. Au cours de l'été disparaît sa fille, la grande-duchesse Alexandra, âgée de sept ans. Alexandre évoque ce jour dans son Journal en l'entourant soigneusement d'un cadre noir ; il glisse entre les pages une fleur séchée, sans doute dérobée à une couronne funéraire.

Après le décès de Michel, le tsar nomme à la tête de la dangereuse Garde et du corps des grenadiers Alexandre, notre héros. C'est donc lui qui doit mettre en œuvre le « Grand-Guignol » imaginé par son père.

La veille de « l'exécution », le ministre de la Guerre s'adresse à l'héritier en ces termes : « La disposition de la troupe et l'annonce, par le général aide de camp Soumarokov, de la confirmation suprême de ce que Votre Altesse impériale sait déjà (la grâce) dépendent des instructions de Votre Altesse impériale. »

Ainsi, levé au point du jour, en ce 22 décembre, Alexandre met-il en scène le macabre spectacle de la place d'armes du Semionovski. C'est donc à l'échafaud qu'a lieu la première rencontre entre Alexandre et Dostoïevski.

Que de fois, par la suite, l'auteur des *Démons* évoquera et décrira ces instants !

Par cette aube maussade de décembre, on réveille les prisonniers. Quand la pendule sonne six heures et demie au clocher de la cathédrale, on les fait monter dans des voitures et on les conduit sur la place d'armes où la sentence leur sera lue. Ils portent les vêtements qu'ils avaient en avril, au moment de leur arrestation. Or, nous sommes en décembre, et le froid est des plus rigoureux.

Les malheureux montent sur l'échafaud recouvert d'un drap noir. Chacun est informé de sa condamnation à mort. Un prêtre les rejoint, muni d'une croix, afin qu'ils se repentent avant de mourir.

« Ce furent des instants affreux, des instants d'infinie terreur, dans l'attente de la mort, se souvient Dostoïevski. Et le froid ! Il faisait un froid abominable !! On nous retira non seulement nos capotes, mais nos redingotes. Par une température de moins vingt... »

On les revêt de la longue chemise blanche des condamnés. Un premier groupe de trois, Petrachevski en tête, est appelé pour l'exécution de la peine. On les attache au poteau et on leur couvre le visage. Le peloton est prêt.

« On nous appelait par trois... j'étais de la deuxième fournée, il ne me restait pas plus d'une minute à vivre », écrira Dostoïevski, le soir même, à son frère[1].

Durant ces interminables minutes, l'écrivain est convaincu qu'il va mourir.

L'ordre retentit : « En joue ! » Les soldats obtempèrent.

C'est alors qu'on leur commande : « Reposez armes ! » Et qu'on annonce aux condamnés la grâce de l'empereur.

Dostoïevski rapporte encore : « La nouvelle de la non-exécution fut accueillie placidement... Il n'y eut pas de joie du retour à la vie... Alentour, c'étaient du bruit, des cris... Moi, tout m'était égal, j'avais vécu le plus terrible. Oui, oui, le plus terrible !... Le malheureux Grigoriev [l'un des membres du cercle condamnés, E. R.] en perdit la raison... Comment les autres parvinrent-ils à rester indemnes ? C'est incompréhensible !... Nul n'attrapa même un refroidissement. »

L'ineffable bonheur de la vie accordée par Dieu ne s'empare de Dostoïevski que plus tard, dans sa cellule, lorsque, le premier choc passé, il prend vraiment conscience de ce qui lui arrive :

« J'étais à l'instant ultime, et voilà que je vis à nouveau ! »

En place de l'exécution, on expédie les condamnés au bagne. Même après ce « Grand-Guignol », Petrachevski réussit à plaisanter. Quand on leur fait enfiler la tenue des bagnards et qu'on leur met les fers, il contemple ses camarades et, éclatant de rire :

« Il faut reconnaître, amis, que nous sommes comiques dans cet appareil. »

La peine de Dostoïevski est commuée en quatre années de travaux forcés, avec privation de « tous ses droits », suivies d'une

---

1. Fiodor Dostoïevski, *Correspondance*, Bartillat, Paris, 1998, tome I, p. 320.

affectation dans un bataillon de ligne, comme simple soldat ». L'écrivain se retrouve au bagne parmi des criminels de droit commun.

La faillite de l'empire

Ayant remis de l'ordre chez lui, Nicolas tente de le faire à l'extérieur. En 1853, il prend fait et cause, brutalement comme toujours, pour les chrétiens de Palestine. Il exige que la Turquie leur accorde un statut particulier, revendication qui ressemble fort à un ultimatum. Les Turcs refusent, et c'est aussitôt la guerre. Les armées russes occupent bientôt les principautés du Danube : Moldavie et Valachie. Là, à la stupéfaction de Nicolas, l'Autriche, qu'il vient de sauver, se porte au secours de la Porte. L'empereur veut alors reculer. Trop tard : les flottes anglaise et française sont dans la mer Noire. Et Nicolas comprend les raisons du « courageux » refus de la Turquie : la Porte a le soutien des puissances européennes. La Russie est tombée dans un piège. Plutôt que de se voir dicter sa conduite par le tsar, l'Europe fait cause commune contre lui, afin de lui imposer ses volontés. La France honnie, gouvernée par le neveu de Bonaparte, Napoléon III, ose se dresser contre lui, et l'Angleterre approuve ! Quant à l'empereur d'Autriche, sa conduite est inqualifiable. Lui aussi a rallié ses ennemis !

Ainsi commence la guerre de Crimée.

L'armée russe, que Nicolas considère comme la plus puissante d'Europe, est promptement défaite. Il apparaît qu'elle dispose, pour affronter les soldats de Napoléon III, d'armes remontant au temps de Napoléon Ier. La flotte est désespérément vétuste. L'ennemi envoie soixante mille hommes, Français et Anglais, qui bloquent les Russes dans Sébastopol. « L'empire des façades » se révèle un colosse aux pieds d'argile.

Bientôt, des fenêtres de son cabinet, dans sa chère villa Alexandrie, l'empereur peut observer à la jumelle les navires ennemis tout proches, croisant dans « sa » Baltique... Et, chaque jour que Dieu fait, sa famille est témoin de cette honte...

Alexandre comprend alors, pour la première fois, que son père a besoin de lui. La Garde qu'il commande est engagée dans le conflit ; lui-même a entrepris, sur l'ordre du tsar, de préparer des réservistes. Les forces ennemies peuvent, à tout moment, débarquer et tenter de prendre Saint-Pétersbourg. Alexandre risque d'avoir à défendre, avec ses réservistes, les côtes de la Baltique et la capitale impériale.

Les revers militaires transforment Nicolas. Le géant semble se tasser ; il s'adoucit considérablement, écoutant désormais volontiers les suggestions de ses proches. Ainsi, quand la grande-duchesse Hélène Pavlovna lui propose d'envoyer, dans Sébastopol assiégée, des sœurs de charité, ainsi que l'extraordinaire chirurgien Pirogov, il donne aussitôt son accord. Grâce à cette intervention de la princesse de Wurtemberg, de nombreuses vies seront sauvées : Pirogov opérera des centaines d'hommes, aidé par cent soixante sœurs de charité qui ne ménageront pas leur peine.

Nicolas décide de montrer à l'ingrate Europe qu'il reste chevaleresque malgré la trahison de ses amis d'hier. Il dépêche son fils à Sébastopol. Dans cette ville dont l'artillerie ennemie a fait un champ de ruines, l'héritier a pour mission de vérifier que les prisonniers étrangers sont bien traités !

Alexandre est témoin, dès son arrivée, d'une scène cocasse. La nuit précédente, la tempête a fait rage, envoyant par le fond le navire transportant la solde des troupes britanniques. Entre deux attaques, les petits soldats russes plongent dans la mer pour repêcher l'argent anglais.

Alexandre s'entretient ensuite avec des prisonniers français et anglais. Ils se disent satisfaits de leur sort. Toutefois, au moment où l'héritier s'éloigne, un officier français demande à lui parler, seul à seul. Le tsarévitch ayant consenti, le Français l'implore de le séparer, ainsi que ses compatriotes, des Anglais. On a ainsi une idée de l'affection que se vouent les Européens !

Alexandre a donc l'occasion de se convaincre que les alliances, les « amitiés » européennes, sont de courte durée. Il comprend aussi, durant ce séjour, un point essentiel : Sébastopol, port russe d'une immense importance sur la mer Noire, est perdu.

Révélation

Au retour, il raconte tout, ouvertement, à son père et il est horrifié par le spectacle de sa faiblesse, de ses yeux qui s'emplissent de larmes. « Ce géant, qui n'a jamais supporté de voir un homme pleurer, larmoie souvent, à présent », rapporte Anna Tioutcheva.

Au temps où, fou de rage, le tsar jetait sur le sol le livre de Custine, il reprenait dans son Journal presque littéralement les propos de « ce gredin de marquis » : « En ceignant la couronne, je désirais passionnément connaître la vérité, mais après trente ans de flatterie et de fausseté quotidiennes, j'ai désappris à distinguer la vérité du mensonge. »

Et si quelqu'un osait, maintenant, lui dire cette vérité à laquelle il tenait naguère si fort ?

Les événements ont finalement raison de lui et, lorsqu'il contracte la grippe, il refuse de se soigner. Il ne veut plus vivre, après les défaites subies par son armée. La rumeur se répandra plus tard que, désespéré de mourir d'un mal aussi banal, l'empereur aurait réclamé du poison à son médecin, Mandt, qui l'aurait vainement supplié de renoncer à son projet.

Quoi qu'il en soit, aussitôt après le décès de Nicolas, le docteur Mandt n'aura rien de plus pressé que de quitter la Russie. Tout laisse à penser, cependant, que cette affaire d'empoisonnement est une légende, à l'instar du départ d'Alexandre Ier pour la Sibérie. En réalité, les deux frères ont dû vivre la même situation : Nicolas, tout comme son aîné, perd simplement le goût de vivre et se laisse mourir.

Le 14 février 1855, le tsar ordonne d'informer la Cour de son état de santé. L'immense et glaciale antichambre du palais ne désemplit pas (dames d'honneur, dignitaires en tout genre, ministres, généraux...), mais le silence est tel qu'on la croirait déserte. Dans la lumière blafarde de cette gigantesque pièce, on n'entend que le hurlement du vent et le souffle de cette foule muette. Tous attendent le dénouement. L'impitoyable règne touche à sa fin.

« Tiens tout ! Tiens tout comme cela ! »

Dans son cabinet du rez-de-chaussée, Nicolas gît sur son lit de camp, recouvert de sa capote de soldat. Il ne reçoit plus personne, hormis sa femme et ses enfants. Pour la première fois, tous les documents concernant le fonctionnement de l'État sont remis à l'héritier. Et, à l'immense stupéfaction de la Cour, l'apathique Alexandre est instantanément transfiguré. Il est, à présent, l'énergie incarnée. Enfin, il s'est libéré de la volonté de ce père adoré ! L'immense responsabilité qu'il devra bientôt assumer, la lourde chapka du Monomaque que ceignent les tsars russes, le poussent à agir.

Alexandre pénètre dans le cabinet de son père. L'empereur, à l'agonie, ne s'intéresse plus aux affaires. Il vient de se confesser. L'impératrice, ses enfants et petits-enfants sont à son chevet.
« Y en a-t-il pour longtemps ? » demande impatiemment le mourant à Mandt qui lui promet une prochaine paralysie des poumons.
Nicolas bénit ceux qui l'entourent, les uns après les autres. Malgré sa faiblesse, il s'entretient avec chacun d'eux. Il bénit Marie, l'épouse de l'héritier, qu'il tient en affection. Il lui prend la main et, du regard, lui indique l'impératrice, la confiant ainsi à ses bons soins. Puis il dit : « Rappelez-vous ce dont je vous ai tant de fois priés : restez unis ! »
L'impératrice lui témoigne jusqu'au bout son affection. Elle l'informe que Ioulia Baranova, Ekaterina Thiesenhausen et d'autres dames d'honneur (qu'elle mentionne par pur souci de la bienséance) souhaitent lui dire un dernier adieu. La liste s'achève sur Varienka Nelidova.
La remerciant d'un regard, Nicolas répond : « Non, ma chère, je ne dois plus la voir. Tu lui transmettras que je la prie de me

pardonner, que j'ai prié pour elle... et lui demande de prier pour moi. »

Vient le tour d'Alexandre. Tous s'écartent du lit.

« Je te laisse une puissance qui n'est pas ce qu'elle devrait être... Je te lègue bien des soucis et des tourments », déclare le tsar. Et, après un silence, retrouvant sa voix sonore : « Mais... tiens tout ! Tiens tout comme cela ! » Et de serrer sa poigne de fer pour indiquer comment il convient de « tenir » la Russie.

Puis son esprit revient à sa proche délivrance :

« À présent, je dois demeurer seul, afin de me préparer à l'instant ultime. »

Que ces adieux solennels vont compter pour ceux que Nicolas laisse derrière lui ! Ils seront une des raisons de l'immense peur de l'assassinat qu'Alexandre éprouvera toute sa vie. Il redoutera, en effet, de *disparaître* brutalement, au lieu de *partir* dans la prière, à l'instar de son père.

Anna Tioutcheva décrit la maîtresse du tsar, errant dans les salles du palais, les cheveux défaits, sans pouvoir approcher le mourant. Apercevant la dame d'honneur, Varienka Nelidova lui saisit la main et, prise d'un tremblement convulsif, s'exclame : « *Une belle nuit ! Une bien belle nuit*[1] *!* » Elle ne sait plus ce qu'elle dit, elle déraisonne. Elle était très attachée à l'empereur agonisant.

Le mourant, cependant, râle effroyablement. Il parvient à demander à Mandt, en allemand : « *Wird diese infame Musik noch lange dauern*[2] *?* » Le médecin lui assure que non.

Le prêtre bénit le mourant. Du geste, le tsar lui intime de bénir de la même façon son épouse et Alexandre. Jusqu'à son dernier soupir, il s'efforcera d'exprimer son affection à sa famille.

Après avoir communié, l'empereur dit : « Seigneur, reçois-moi dans la paix ! » Il parvient encore, dans un souffle presque inaudible,

---

1. En français dans le texte.
2. « Cette infâme musique va-t-elle durer longtemps ? »

à déclarer à sa femme : « Tu as été mon ange gardien depuis l'instant où je t'ai vue et jusqu'à cette minute ultime. »

Ce seront ses dernières paroles. La fin est rapide. Un règne de trente ans s'achève. Tous sont à genoux autour de sa couche.

Quand Alexandre relève les yeux pour regarder son père, il est stupéfié : le tsar défunt a étonnamment rajeuni, ses traits paraissent sculptés dans un marbre blanc. Anna Tioutcheva écrira par la suite : « Une expression céleste de paix et d'achèvement, sur son visage, semblait dire : "À présent je sais tout, je vois tout." »

Alexandre est à genoux. Lorsqu'il se redresse, il est devenu l'empereur Alexandre II.

En quittant le cabinet, le nouveau souverain entend alentour : « Dieu bénisse Votre Majesté ! » Il fait alors cette demande : « Ne m'appelez pas ainsi maintenant, cela m'est encore trop douloureux. Je dois m'habituer. »

À la cathédrale de la forteresse Pierre-et-Paul, le soleil brille pendant les obsèques. Le cercueil repose sur un catafalque de brocart rouge, sous un baldaquin de brocart argent et d'hermine. Illuminée par le soleil, l'église étincelle de milliers de cierges. La nouvelle impératrice confiera par la suite à Anna Tioutcheva qu'à l'instant où l'on fermait le cercueil, l'impératrice douairière avait posé sur le cœur de Nicolas une croix de mosaïque en provenance de Sainte-Sophie de Constantinople... Elle le croyait : la libération de Constantinople et des frères slaves subissant le joug ottoman était le rêve auquel son chevalier avait sacrifié sa vie.

Constantin est le premier à prêter serment à Alexandre, afin de dissiper les bruits qui courent sur leur rivalité. Auparavant, les deux frères se jettent dans les bras l'un de l'autre et pleurent amèrement leur père. Constantin déclare : « Je veux que tous sachent que je suis le premier et le plus fidèle de tes sujets ! » Certes, ils ont été rivaux, mais la mort et les dernières paroles de leur père les ont à jamais réconciliés. Ils sont désormais unis et le resteront jusqu'au bout.

Puis les églises carillonnent et une salve d'artillerie est tirée en l'honneur du nouvel empereur. Ces tirs rappellent ceux, effroyables, qui ont accompagné l'avènement de Nicolas. Ils rappellent aussi que le temps où la Garde marchait sur le palais est révolu ; cela, grâce au père du nouveau souverain, qui l'a définitivement empêchée d'intervenir dans les affaires de la dynastie. Pour la première fois depuis près de cent cinquante ans, la succession au trône s'effectue dans une absolue tranquillité.

Accompagné de sa très nombreuse famille, Alexandre II paraît devant le peuple, depuis le balcon du palais d'Hiver, au-dessus du passage Saltykov qui mène dans les appartements privés de leurs Majestés. Le tsarévitch Nicolas, âgé de treize ans, Alexandre qui en a onze, puis Vladimir, neuf ans, Alexis, six ans et Marie, trois ans, ainsi que l'impératrice, entourent le nouveau souverain.

C'est là, à ce même balcon, qu'apparaîtra Alexandre II après chaque nouvel attentat. C'est également par le passage Saltykov que l'on transportera au palais, un quart de siècle plus tard, son corps ensanglanté.

DEUXIÈME PARTIE

Empereur

5

LA GRANDE ÉPOQUE

Le dégel

Près de quatre décennies durant, Alexandre est demeuré dans les coulisses de l'Histoire. Il a trente-six ans révolus lorsqu'il arrive sur le devant de la scène politique, à un moment des plus favorables, au demeurant, pour un nouveau tsar : l'opinion russe sait, en effet, que les choses doivent changer.

Alexandre, aussi pénible qu'il lui soit de le reconnaître, est forcé de constater que la capitale respire depuis le décès de son père, comme si un joug était tombé... Lui-même est soulagé d'un grand poids. C'est toute une époque – et pas seulement un tsar – que l'on a inhumée.

La dame d'honneur Tioutcheva note à propos du défunt : « Il suscite une infinie pitié, Dieu ait son âme ! Mais il récolte ce qu'il a semé. Au lieu de s'occuper de son pays, n'a-t-il point, tous ces derniers temps, œuvré pour instaurer on ne sait quel ordre en Europe ? Et les nations le tenaient pour un despote. »

Nous sommes en février, et Saint-Pétersbourg connaît des jours ensoleillés, rares dans cette ville.

Après les funérailles, Alexandre tire le bilan du précédent règne, en compagnie de son épouse et de Constantin. Son père lui laisse une situation désastreuse. Le Trésor est vide, l'armée réduite à l'impuissance, l'armement antédiluvien (la flotte russe ne compte aucun bâtiment à vapeur). Alors que l'Europe entière a aboli les châtiments corporels, en Russie on donne les verges à tour de bras. Tout va mal ; où que l'on regarde, on ne trouve que pourriture : un servage dont l'Europe a perdu jusqu'au souvenir ; des tribunaux moyenâgeux, où des fonctionnaires rendent, bien souvent, leur verdict en l'absence des parties litigantes et où tout se règle à coups de pots-de-vin...

Le bouillant Constantin n'y va pas par quatre chemins : il suggère d'annoncer, d'emblée, à la société que l'on rompt avec le passé pour engager des réformes radicales. L'impératrice, toutefois, se fait l'interprète d'Alexandre : « C'est l'effondrement général, mais nous sommes momentanément contraints de n'en souffler mot. » Il convient de ménager l'honneur et la mémoire du tsar défunt. Bien plus, Alexandre décide d'ériger d'abord un monument à son père, puis de s'attaquer aux réformes. Ce monument est élevé non loin de la place où Nicolas a défait les émeutiers décembristes.

Et l'on s'emploie à préparer les cérémonies du couronnement.

Bien qu'Alexandre n'ait pas montré de qualités particulières, hormis une incontestable soumission à son père, l'avènement d'un nouveau souverain suscite, comme toujours en Russie, de grands espoirs au sein de l'opinion.

Léon Tolstoï qui, du Caucase, a rallié l'armée de Crimée, écrit dans Sébastopol assiégé : « Des changements grandioses attendent la Russie. Il faut œuvrer, mûrir, pour prendre part à ces instants déterminants dans la vie de la Russie. »

Le grand sceptique qu'est Tchaadaïev, lui, n'y croit pas. L'éternel « docile enthousiasme » de ses compatriotes l'irrite. C'est alors qu'il a ce geste excentrique : il demande à son médecin de lui prescrire de la mort-aux-rats et, chaque fois que l'on évoque devant lui les espoirs fondés sur le nouvel empereur, il tire de sa poche l'ordonnance et l'exhibe sans un mot.

Pourtant, des preuves de mansuétude sont données d'emblée. Alexandre n'a pas oublié sa rencontre avec les décembristes.

Après trente ans de détention et de relégation, ceux d'entre eux qui ont survécu sont autorisés à regagner la Russie centrale. C'est ainsi que l'on voit revenir, vieillards malades, les anciens fringants officiers de la Garde. Suivent quelques tentatives de libéralisation dans le domaine de la censure.

La glace qui emprisonnait la Russie depuis tant d'années se rompt à grand fracas. La débâcle commence. La société qui, jusqu'à présent, était muette et soumise, se met à donner de la voix. Tous condamnent le passé et exigent des réformes. On dénonce ouvertement le pillage du Trésor, qui a pris des proportions inouïes à la fin du précédent règne. Les suggestions affluent au palais, sous la forme de pétitions. « Ici, à Saint-Pétersbourg, l'opinion publique déploie de plus en plus largement ses ailes... On parle, pas toujours intelligemment, les disputes partent dans tous les sens, mais on parle. Et, dans le même temps, on apprend. Encore cinq ou six ans, et l'on verra se former une opinion puissante, éclairée. Alors, la honte de notre récente sottise s'atténuera un peu », écrit le publiciste bien connu K. Kaveline dans une lettre à son confrère M. Pogodine.

L'écrivain N. Melgounov, pour sa part, souligne sa conviction que le nouveau règne sera témoin de la naissance d'une *glasnost*[1] européenne. Quant au père d'Anna Tioutcheva, le poète Fiodor Tioutchev, il salue les premières dispositions d'Alexandre, les qualifiant d'une formule appelée à faire florès : le « dégel ».

Glasnost et « dégel » – deux mots clefs dont hériteront toutes les *perestroïka*[2] russes à venir... avec le râteau sur lequel la Russie ne peut s'empêcher de marcher à chaque époque de réformes.

C'est alors qu'au sein de l'opinion commence à courir obstinément une phrase qu'aurait prononcée Nicolas sur son lit de mort, à l'intention d'Alexandre : « J'avais deux vœux : libérer les Slaves

---

[1]. Ce terme, repris plus tard par Mikhaïl Gorbatchev et d'abord traduit par « transparence », désigne en réalité le « fait de rendre public et d'annoncer ouvertement ce que chacun sait déjà mais évite d'évoquer ».

[2]. Autre terme, repris sous Mikhaïl Gorbatchev et d'abord traduit par « restructuration », alors que son sens littéral est « reconstruction ».

du joug ottoman et les paysans du pouvoir des propriétaires... Le premier est désormais impossible. Mais je te confie la réalisation du second. »

Cette idée n'en finit pas de se répandre. Sans doute est-ce, pour Alexandre et son frère Constantin, une façon de préparer la société à l'immense bouleversement qui affectera la vie russe. On fait ainsi croire aux conservateurs que les changements imminents sont, non une lubie des hommes nouvellement en place, mais le testament de Nicolas lui-même.

La paix honteuse

Il convient néanmoins, avant toute chose, d'en finir avec la guerre.

Le nouvel empereur décide de retourner à Sébastopol, afin de décider de la suite des opérations. Auparavant, l'impératrice lui suggère de se rendre au monastère de la Trinité Saint-Serge pour s'incliner devant la châsse de saint Serge de Radonège[1]. On est frappé de la rapidité et de la bonne volonté avec lesquelles ces princesses allemandes se transforment, une fois en Russie, en tsarines moscovites dans la plus pure tradition. Notre luthérienne d'hier a désormais une foi inébranlable en la puissance des reliques sacrées pour préserver Sébastopol.

Anna Tioutcheva est de la suite. Elle est alors pleine d'une admiration béate pour l'impératrice, à l'instar des cadettes des institutions de jeunes filles, toujours en extase devant leurs aînées. Mais Anna n'est pas sotte et elle décrit ce voyage sur un mode un peu sarcastique.

L'empereur, la souveraine et la suite arrivent donc à la Trinité. Un interminable office est célébré dans la magnifique cathédrale.

---

1. Saint Serge de Radonège (1321-1391) : fondateur de la laure qui porte son nom, aux environs de Moscou. Inspirateur du prince Dmitri Donskoï, lequel rassembla les princes russes autour de sa bannière, ce qui permit une première victoire importante sur les Tatars.

Certes, on n'entend guère ce que dit le métropolite, tant la suite bavarde sans la moindre gêne. Puis le couple impérial baise les antiques icônes et s'incline devant les saintes reliques, en fort grand nombre, ainsi qu'il apparaît, dans le monastère. Le métropolite tient à peine sur ses jambes, mais l'impératrice est infatigable. Elle demande à être conduite aux célèbres grottes. Elle y est accueillie par un fol en Christ, au visage gonflé par l'hydropisie et à l'œil vitreux.

« Dieu soit loué, une vraie souveraine orthodoxe ! » lance le métropolite qui l'accompagne. On l'entend à peine : l'office, les prières lui ont cassé la voix.

L'impératrice, toutefois, n'a pas dit son dernier mot. À minuit, elle entraîne le souverain dans la vieille église, faiblement éclairée par les veilleuses d'icônes. Ensemble, ils prient longuement devant la châsse qui contient les reliques du saint.

Tout cela, hélas, n'empêchera pas Alexandre de perdre Sébastopol.

Une fois sur place, le nouveau tsar se convainc définitivement de l'inutilité de résister. La ville tient, depuis un peu plus d'un an, sous une canonnade infernale. Léon Tolstoï décrit cette guerre, devenue le quotidien d'une ville assiégée :

« De bon matin..., le docteur se hâte de gagner l'hôpital militaire ; ici, un soldat sort d'un gourbi, il lave à l'eau glacée son visage brûlé de soleil, puis, se tournant vers l'Orient empourpré, se signe prestement et dit une prière ; là, une haute et pesante télègue[1] se traîne en grinçant jusqu'au cimetière pour inhumer les morts ensanglantés dont elle est chargée presque à ras bord. [...] Notre bastion et la tranchée française ont hissé le drapeau blanc et, entre les deux, dans l'herbe fleurie, on ramasse des corps mutilés que l'on entasse sur des chariots. Une effroyable et lourde odeur de cadavre emplit l'air. Les hommes devisent paisiblement, avec bienveillance, ils plaisantent, rient. Mais la trêve ne dure que le temps de récupérer les morts. Et la mitraille reprend. »

---

1. Voiture de charge à quatre roues.

Au moment de la reddition, l'Alliance ne trouve plus qu'un champ de ruines, gorgé de sang. Des dizaines de milliers de soldats russes et ennemis sont tombés à Sébastopol. Le roi des Pays-Bas, parent d'Alexandre, « eut alors l'outrecuidance de décerner deux décorations » : l'une à Alexandre II pour son avènement, l'autre à Napoléon III pour la prise de Sébastopol. En signe de protestation, la mère du roi, tante d'Alexandre, quitta les Pays-Bas pour la Russie. Son geste était noble, mais elle-même se montra des plus pénibles à vivre et causa bien du tracas à son neveu.

« Sébastopol n'est pas Moscou..., même si, après la prise de Moscou, nous entrâmes dans Paris. » Ainsi Alexandre annonce-t-il la nouvelle au peuple. Il comprend, toutefois, qu'il est impossible de poursuivre la guerre. Sa flotte est anachronique, son armée de terre n'a pas de fusils à longue portée, son artillerie n'est pas assez rapide. Pire, il y a pénurie de ces armements antédiluviens. Publiciste connu, auteur de célèbres Mémoires, Pavel Annenkov écrit : « Vers la fin du règne [de Nicolas Ier, E. R.], le pillage prit... des proportions littéralement romaines. Pour obtenir des armes à l'intention de leurs unités, les commandants se voyaient dans l'obligation de verser au Trésor des pots-de-vin : 8 % du montant total. Que l'on acceptât 6 % était considéré comme une faveur. »

Cette concussion et ce pillage « littéralement romains » règnent partout en maîtres. Lors des cérémonies du couronnement, la place devant le Kremlin est traditionnellement recouverte de drap rouge. Or, quand commencent les préparatifs pour l'avènement d'Alexandre, il apparaît que presque tous les stocks ont disparu.

Comment mener une guerre dans un système à ce point corrompu ? Il importe, au préalable, de restaurer l'ordre et la puissance. Et pour cela, il faut la paix. Alexandre s'y résout.

En 1856, dans ce Paris que son père haïssait, le tsar conclut la paix. La délégation russe est conduite par le prince Alexis Orlov. Quarante ans plus tôt, le même Orlov, alors commandant du régiment de la Garde à cheval, était entré dans Paris avec Alexandre Ier et avait planté sa tente à Montmartre. Il doit à présent rappeler à Napoléon III les victoires des armes russes sur le grand Napoléon.

Le prince Orlov est l'incarnation du guerrier, du géant de la Garde : il arbore d'énormes moustaches grisonnantes, est couvert de décorations, hommages à ses victoires remportées sur les Français. Et il stupéfie Paris. Il s'acquitte avec zèle de la mission que lui a confiée le tsar : voulant montrer les nouvelles orientations de la politique russe, il donne l'accolade aux généraux français ; il n'a pas de mots trop méprisants pour les traîtres autrichiens et témoigne aux Anglais une terrible froideur.

En réponse, Napoléon III daigne faire preuve d'amabilité, ce qui ne l'empêche pas, soutenu par l'Alliance, de contraindre la Russie à signer une paix douloureuse. La Russie perd quasiment tous les territoires du littoral de la mer Noire, jadis conquis par l'arrière-grand-mère d'Alexandre, Catherine II, notamment l'intégralité de sa rive orientale (la forteresse de Kars et une partie de la Bessarabie). Elle ne peut plus maintenir de flotte ni construire de forteresses dans la région. Or, la mer Noire représente un facteur important de l'économie russe : les quatre cinquièmes des exportations de blé – les plus grosses du pays – passent par ses ports.

La Russie est également perdante au regard de ce que Nicolas considérait comme sa grande mission : être la protectrice légitime des peuples slaves, victimes du joug ottoman. C'est l'échec du vieux rêve des tsars russes de restaurer Byzance, d'instaurer un grand Empire slave. En concluant la paix, Alexandre semble trahir la croix déposée dans le cercueil de son père. Mais il n'a pas le choix.

À la Cour, on critique durement (dans un murmure, cela va de soi) la paix de Paris. Le bruit court que l'armée est indignée. Dans son Journal, Anna Tioutcheva cite un « modeste officier, scandalisé par ce traité : "Nous serions morts avec joie pour le tsar et la Russie. Que le souverain ne reprend-il les paroles d'Alexandre Ier le Béni : "Nous nous replierons jusqu'en Sibérie s'il le faut, mais nous ne capitulerons pas" ? »

Le plus cocasse est qu'au même moment, le futur époux de la dame d'honneur, le publiciste slavophile bien connu Ivan Aksakov, écrit à son père : « Si l'on vous parle avec indignation de la honte de cette paix, n'en croyez pas un mot ! À de très rares exceptions près, tous sont *aux anges...* »

Un dignitaire européen

Aussitôt la paix conclue, et comme pour souligner que la politique russe est entrée dans une nouvelle phase, Alexandre change de ministre des Affaires étrangères. Il nomme Alexandre Gortchakov, un homme âgé d'une soixantaine d'années, à l'instar de tous les ministres qu'il appelle alors à réformer la Russie. Tous ces dignitaires ont fait leur éducation au temps de son père. Nicolas leur a enseigné une soumission sans faille, ce qui, pour l'heure, convient parfaitement au nouveau tsar.

Gortchakov n'en est pas moins un cas à part. De très ancienne lignée, ce prince a fait ses études au célèbre lycée de Tsarskoïe Selo, où il fut le condisciple et l'ami de Pouchkine qui devait dire de lui : « Disciple des modes, ami du grand monde, respectueux des plus brillantes coutumes... »

Gortchakov a entamé une fabuleuse carrière, alors qu'il avait à peine plus de vingt ans. Il a, notamment, assisté le ministre des Affaires étrangères de l'époque, le comte Nesselrode, ce qui lui a permis d'être de tous les congrès de la Sainte-Alliance, composée des monarques qui ont vaincu Napoléon. Dans la lutte qu'engagent, d'emblée, les alliés de la veille pour assurer leur suprématie en Europe, il est donc informé des manœuvres les plus astucieuses.

Gortchakov a toutefois l'audace de prétendre ignorer certaines règles obligatoires de la vie russe de son temps. Ainsi, lorsqu'il est ambassadeur à Vienne, le tout-puissant chef de la Troisième Section, le comte Benkendorf, lui fait une visite. Mais quand le même Benkendorf prie le brillant diplomate de lui commander à déjeuner, la réplique est cinglante :

« Pour commander à déjeuner, il convient, ici, de s'adresser au maître d'hôtel. »

Et Gortchakov de sonner, laissant Benkendorf stupéfié, car, dans la société russe, tous sont esclaves de l'empereur, de même que les grades inférieurs sont esclaves des chefs.

L'incident se répand très vite et vaut à Gortchakov cette sulfureuse réputation : « Il se comporte à l'instar d'un dignitaire européen. » Sa carrière en est néanmoins stoppée : il n'a pas l'échine assez souple, il ne sait pas, quand il le faut, s'incliner complaisamment.

Il met ce répit à profit pour briller par son esprit dans les salons de Saint-Pétersbourg. Il est un maître hors pair de la conversation mondaine, rappelant l'époque du prince de Ligne et des salons français du siècle galant. Certes, son français est par trop recherché, son gilet de velours et sa longue redingote paraissent un peu démodés.

Mais voici que la carrière du vieux diplomate connaît un nouvel essor.

Nommé ministre des Affaires étrangères, le prince Gortchakov jure qu'il verra l'abolition du honteux traité de Paris. Alexandre II promet, de son côté, la même chose à la grande famille Romanov.

En attendant, la nouvelle politique a de quoi faire se retourner Nicolas Ier dans sa tombe.

Le premier grand principe en est la non-ingérence de la Russie dans les affaires européennes. « La défense des intérêts des peuples placés sous la tutelle de Sa Majesté impériale ne saurait justifier que soient enfreints les droits de nations étrangères », écrit Gortchakov, le 21 août 1856, dans une célèbre lettre circulaire à l'intention des ambassades et missions.

La politique du « gendarme de l'Europe » est désormais révolue.

« Cela ne signifie pas, poursuit le ministre, que la Russie, vexée, refuse de se prononcer sur les questions européennes, mais, à l'heure actuelle, elle reprend des forces pour l'avenir... »

« La Russie ne boude pas, elle se recueille » : cette phrase fait le tour de l'Europe.

En outre, le tsar et Gortchakov déclarent ensemble : « Longtemps, le cabinet impérial fut lié par le respect de traditions et de liens de famille qui, hélas, n'étaient sacrés que pour la Russie. La guerre a rendu à la Russie sa liberté d'action. [...] Tous ceux qui lui causent du tort en sont les ennemis, indépendamment de leur nom. »

Désormais, l'alliance traditionnelle avec l'Autriche (qui a pris le parti des ennemis de la Russie) et les liens de famille avec le « cher oncle et ami », ainsi que le tsar nommait, dans ses lettres, le roi de Prusse son parent, passent au second plan. Et le nouvel empereur reçoit l'ambassadeur de France Morny.

Ce dernier est charmé par Alexandre au point qu'une rencontre est prévue avec l'ennemi de la veille, Napoléon III. Le rendez-vous est organisé par le roi de Wurtemberg, qui les invite tous deux à célébrer son soixante-dixième anniversaire.

On voit alors apparaître, sous la plume des publicistes russes, d'étonnantes tendances bonapartistes. On écrit ainsi que l'anéantissement de l'empire bâti par Napoléon Ier fut une erreur d'Alexandre Ier ; que nombreux furent, à l'époque, ceux qui conseillèrent au tsar de bouter Bonaparte hors de Russie et de s'en tenir là. Il eût, ensuite, fallu lui donner la possibilité de défaire les Allemands et les Anglais, puis, une fois qu'il eût été affaibli, s'entendre avec lui sur un partage du monde, comme il le proposait. En conséquence, tout l'Orient, la Turquie, les peuples slaves, Constantinople eussent pu devenir russes.

Mais Alexandre Ier rêvait d'entrer dans Paris sur un cheval blanc et d'être le libérateur de l'Europe. « Qu'en retira la Russie, en fin de compte ? demande un publiciste. Au lendemain de la victoire, l'Europe oublia tout ce que la Russie avait fait pour elle... Non, décidément, jamais l'Europe ne nous sera reconnaissante ! Les Russes sont pour elle d'indécrottables Scythes, des barbares, ainsi que nous l'avons pu constater une nouvelle fois, avec la guerre de Crimée. »

Contre qui serons-nous amis ?

Le nouvel empereur a trente-sept ans révolus. Il est dans le plein épanouissement de ses forces et de cette beauté qui caractérise les Romanov. Théophile Gautier, qui le voit dans la splendeur d'un bal à la Cour, met à le décrire toute la flamme du poète : « Des traits d'une stupéfiante régularité, à croire qu'ils ont été sculptés. Un front haut et noble... Une expression douce et tendre... De grands yeux bleus... Une bouche dont le dessin évoque les statues grecques. »

Et voici un tout autre portrait, dû à ce témoin constant qu'est Anna Tioutcheva : « Ses yeux sont grands, bleus, mais bien peu expressifs... Quant à ses traits, ils deviennent déplaisants, lorsqu'il se sent obligé de prendre un air solennel ou majestueux. »

Comment expliquer pareilles divergences ?

Les courtisans qui ont connu le précédent souverain ont leur propre conception de la beauté des tsars. Elle se traduit d'abord par un « regard impérial », le fameux coup d'œil impitoyable, glacial de Nicolas Ier, qui faisait frémir. Le souverain russe doit avant tout être menaçant, terrible.

« Le tsar n'est pas le mécanicien de la machine d'État, il est un épouvantail qui effraie les oiseaux des jardins », écrit l'historien Vassili Klioutchevski. Au grand dam de la Cour, le nouveau souverain n'a pas ce « regard-là ». Et lorsqu'il tente de s'en doter, de revêtir le masque de son père, il devient risible.

La Cour ne cesse de comparer Alexandre au défunt empereur, et la comparaison est, le plus souvent, en la défaveur du premier. Le souverain « est trop bon, trop pur pour comprendre les hommes et les gouverner », écrit encore Anna Tioutcheva.

Les courtisans regimbent secrètement contre les premières entreprises du tsar. La Cour prend aussitôt la mesure des rumeurs selon lesquelles l'empereur défunt aurait confié à son fils la tâche d'abolir le servage. On s'en émeut : se peut-il que le nouveau tsar se risque vraiment à cette dangereuse folie ?

Or, on ne demande pas son avis à la Cour. Nicolas a enseigné à son fils que tout devait se décider dans les appartements privés du tsar. Il en a également instruit les courtisans qui n'osent ni critiquer ni même discuter les actions souveraines. Le temps où la Garde marchait sur le palais est décidément révolu et les hardis aventuriers du XVIIIe siècle ont disparu. Ne restent que des esclaves dociles.

La Cour trouve donc une autre figure sur laquelle déverser son indignation : Ésope, le grand-duc Constantin, « le démon tentateur de notre bon souverain » (Maria Freedericksz). On le charge désormais de tous les péchés de l'univers, on l'accuse d'exercer une influence désastreuse sur l'empereur et l'impératrice, ces « êtres bons et purs ». On lui impute, bien sûr, la responsabilité de la « paix honteuse ».

La réponse à la question : « Contre qui serons-nous amis ? » est donc bientôt trouvée. La haine vouée au grand-duc soude la Cour qui a identifié son ennemi.

« Constantin en voulait à ceux qui n'étaient pas contents de la paix, écrit Anna Tioutcheva [...]. Le tsar et la tsarine, quant à eux, lui témoignaient une confiance sans bornes. Et lorsqu'ils déclaraient : "Le grand-duc Constantin dit ceci...", ils estimaient leur décision scellée. »

Aussitôt après la mort de Nicolas, apparaît ainsi une invisible et redoutable « opposition rétrograde », comme la nommera le grand-duc Constantin Nikolaïevitch lui-même.

Affaires islamiques : la fin d'un grand Caucasien

Cependant, le « bon et pur » souverain s'attaque, d'emblée, aux affaires militaires. La guerre de Crimée terminée, Alexandre rallume le conflit sanglant du Caucase. Il aspire à prendre sa revanche.

Les troupes russes engagent des opérations d'envergure, et la situation de Chamil devient rapidement catastrophique. Parmi les causes de sa chute, il en est une, paradoxale. Si l'islam fut, naguère, son principal soutien, la religion affaiblit à présent brutalement son armée, la lutte contre les infidèles cédant peu à peu le pas à un nouveau courant religieux, variante du soufisme.

Cet enseignement est dû au grand théologien Kunta-Hadji Kichiev, qui appelle bientôt les combattants murides à mener la guerre sainte entre eux, à combattre, non les Russes, mais leurs propres vices. Il les convie, en un mot, à une soumission dont il fixe lui-même les limites : « Si l'on viole vos femmes ou si l'on vous contraint à oublier votre langue et vos traditions, soulevez-vous et battez-vous jusqu'à la mort. » Mais le plus important demeure le perfectionnement de soi.

Exténués par des décennies de guerre sanglante, par des pertes sans fin, par le sentiment lancinant de l'absurdité de cette lutte contre un immense empire capable de renouveler constamment son armée, les montagnards prêtent de plus en plus l'oreille à ces étranges sirènes. Le nouvel enseignement ne tarde pas à saper la discipline imposée par Chamil qui châtie impitoyablement ceux qui le professent.

Force lui est, toutefois, de reconnaître que les montagnards ne sont plus de son côté – un changement qui touche toutes les couches de la population. Durant les années de lutte, l'imamat a vu naître une classe aisée de fonctionnaires qui refusent de sacrifier leur richesse toute neuve à une cause manifestement perdue. Or, Chamil, après avoir enrichi son élite, l'empêche à présent de conserver son bien.

Les Russes passent à l'offensive. À l'approche de l'été 1859, Chamil a définitivement perdu la Tchétchénie et presque tout le Daghestan. Les forces murides fondent à vue d'œil. À la fin de juillet, Chamil est en position de défense circulaire au cœur des plus hautes montagnes, dans l'*aoul* de Gounib ; il ne dispose plus que de quelque quatre cents combattants, tout ce qui lui reste de son immense armée. À la mi-août, les Russes investissent la montagne. L'*aoul* de Gounib est encerclé. Le commandant en chef, le prince A. Bariatinski, comprend, néanmoins, quel est le prix de l'assaut, combien de soldats il laissera dans les montagnes. Il propose donc à Chamil de déposer les armes, lui garantissant en échange sa propre sécurité, ainsi que celle de sa famille et de tous les murides qui se trouvent avec lui. Il s'engage même à le laisser partir librement à La Mecque, si tel est son désir.

Mais l'imam ne croit guère au pardon. Lui-même n'a jamais pardonné à ses ennemis. Il décide de se battre jusqu'au bout. Il ne tarde pas à comprendre que les combattants font défaut. Ni ses fils, ni les murides, ni les habitants de l'*aoul* ne souhaitent périr. Les pleurs des femmes qui le supplient de ne pas causer leur perte lui permettent de sauver la face. Et il se rend, pour elles. S'étant entretenu avec Allah, il va trouver le prince Bariatinski et dit simplement : « Je reconnais le pouvoir du Tsar blanc et suis prêt à le servir fidèlement. »

L'imam est transféré à Saint-Pétersbourg, avec son harem. Durant le voyage, il est frappé par les dimensions de l'empire. Il mesure, maintenant, contre qui il s'est battu.

On le mène au palais. Coiffé d'un turban immaculé, il se tient au milieu d'une des salles d'apparat, corps sec de guerrier, visage étroit, nez en bec de rapace. Malgré ses dix-neuf blessures, il ne fait pas son âge : des cheveux d'un blond roux, à peine semés de gris, un visage à la peau blanche et douce, qu'encadre une longue barbe teinte en roux sombre. L'homme a versé le sang durant un quart de siècle, les troupes russes ont perdu plus de cent mille hommes. En dépit des promesses de Bariatinski, Chamil s'attend à être envoyé en Sibérie ou en forteresse. Peut-être même aura-t-il droit à une exécution publique.

Mais Alexandre est chevaleresque. Il donne l'accolade à ce grand guerrier et ordonne de lui remettre des espèces sonnantes et trébuchantes, ainsi qu'une pelisse d'ours brun. Les femmes de l'imam, ses enfants reçoivent tous des présents. Stupéfié par la magnanimité du tsar, Chamil est conquis.

L'empereur ordonne de l'envoyer dans la petite ville de Kalouga. Il emmène avec lui sa famille, ses fils, son harem. Parmi ses femmes, on trouve une Juive des montagnes, d'une éblouissante beauté. On rapporte à Alexandre que Chamil l'a enlevée. Sur une requête du père et du frère de la jeune femme, le souverain demande si elle souhaite regagner la maison paternelle. Elle répond qu'elle eût pu quitter le maître du Caucase, mais pas un époux vaincu.

Le prisonnier Chamil est traité avec les plus grands égards. Il effectue des promenades en ville dans une calèche découverte, attelée de quatre chevaux. Coiffé de son turban blanc, vêtu de sa pelisse d'ours et chaussé de bottes de maroquin jaunes, il est l'attraction de la provinciale Kalouga.

Quelques années plus tard, l'imam demande à se rendre à La Mecque. Il écrit au tsar : « Ma santé devenant précaire, je redoute de quitter la vie terrestre sans avoir tenu ma promesse sacrée... »

On le laisse partir, mais pas tout de suite. Et la mort surprend le vieux guerrier sur le chemin de La Mecque.

Au cours des cinq années qui suivent la reddition de Chamil, tout le Nord-Caucase est définitivement rattaché à la Russie.

Le temps de demain

La reddition de l'imam adoucit la défaite de Crimée. Auparavant encore, Alexandre a remporté une victoire : il a réussi à reprendre à la Chine la précieuse région de l'Oussouri. À présent, toute la région du Pacifique, le long des frontières sibériennes, la taïga séculaire, les immenses cèdres, les forêts regorgeant de gibier, appartiennent à la Russie. Sans compter le Caucase, confortable sous-ventrière du grand empire.

On apporte dans le cabinet du tsar la nouvelle carte de la Russie. Le soleil ne se couche jamais sur l'immense empire. Mais il faut pousser plus loin. Puisque, pour l'instant, le tsar a les mains liées en Europe, il doit viser l'Asie centrale, en conquérir les khanats, le pays des *Mille et Une Nuits,* puis progresser vers l'Inde, l'Afghanistan et la Perse, afin de rappeler aux Anglais qu'ils ont eu l'impardonnable outrecuidance de vaincre son père.

Une fois l'Asie centrale conquise, il importera de s'armer de courage pour récupérer la mer Noire. Ensuite, une campagne contre la Turquie et la libération des Slaves. Alors, le mirage d'une grande puissance slave, rêve de Nicolas, deviendra réalité.

... Des projets grandioses ! Naguère, Napoléon menaçait l'Europe du danger russe, lui décrivant grossièrement les horreurs qui l'attendaient si la Russie donnait le jour à un tsar, un vrai ! Ce temps victorieux serait-il advenu ?

Mais ce glorieux futur implique que l'on engage, d'abord, de grandes réformes. Et Alexandre s'y attelle.

Janus aux deux visages

On trouve chez Dostoïevski la description d'un courrier transportant la poste impériale.

Sur son siège, le cocher chante à tue-tête, tandis que, par-derrière, le coursier le bourre de coups pour que la troïka aille plus vite. Le poing du coursier ne cesse de s'abattre, bing! bing!, à rendre fou le malheureux cocher qui ne souffle mot mais se venge en fouettant, avec la même fureur, ses malheureux chevaux. Et, tandis que les coups pleuvent, l'attelage s'envole littéralement, il se change en fulgurant oiseau.

« Troïka, troïka-tire d'aile », disait le génial Gogol à propos de la Russie. De la même façon, les grands réformateurs, Ivan le Terrible et Pierre le Grand, ont poussé la Russie de l'avant.

Alexandre, lui, n'a pas la brutalité nécessaire, le caractère sauvage, asiate, de ces réformateurs qui ont tué ou envoyé en relégation, par milliers, les adversaires de leurs innovations. Ce n'est d'ailleurs pas indispensable pour l'instant, puisque son père a réussi à faire une norme de la peur, de l'obéissance, de la servilité envers le souverain. Et cette peur, cette soumission suffisent – temporairement du moins – pour effectuer les plus audacieux changements.

Alexandre II est un réformateur d'un type nouveau en Russie, une sorte de Janus dont un visage s'efforce de regarder vers l'avant, tandis que l'autre ne cesse de jeter en arrière des coups d'œil nostalgiques.

Plus tard, Mikhaïl Gorbatchev aura la même attitude.

Le tsar libérateur

La première réforme d'Alexandre paraît absolument invraisemblable : il a conçu le dessein d'abolir le servage.

Déjà, son arrière-grand-mère, Catherine II, savait pertinemment que cette mesure était souhaitable. Elle savait aussi, et le proclamait, qu'en Russie « le mieux est l'ennemi du bien ». Elle s'était donc gardée de rien changer. L'oncle de notre héros, Alexandre Iᵉʳ, ne l'ignorait pas non plus, l'abolition était même son vœu le plus cher. Il était reconnaissant à Pouchkine de ce vers : « Et l'esclavage tombé sur un signe du tsar... » Il s'était toutefois contenté de cette marque de gratitude et n'avait pas bougé, ajoutant foi aux propos, non de l'ardent poète, mais de l'habile diplomate Joseph de Maistre. Ce dernier, ambassadeur du Piémont, avait passé de nombreuses années en Russie et affirmait : « Donner la liberté au paysan russe, c'est donner du vin à un homme qui n'a jamais bu d'alcool... Cela lui tournera la tête. » Quant à Nicolas Iᵉʳ, il comprenait que l'abolition était un devoir. Il s'était néanmoins satisfait d'interdire, lors des ventes de serfs, de séparer les familles. Bref, si tous avaient semblé saisir les avantages économiques de cette mesure capitale, tous en redoutaient les inconvénients politiques.

Un empire autocratique doit, avant tout, être harmonieux. Nicolas II, le dernier souverain, formulera très justement le type d'activité exercée par les tsars : « Maître de la terre russe... » Il y a le maître et les esclaves. Au bas de l'échelle, les esclaves paysans, en haut, les esclaves courtisans et fonctionnaires. Comme le disait le philosophe et publiciste Nikolaï Tchernychevski, contemporain d'Alexandre II : « Tous, du haut en bas, sont esclaves. »

Or voici qu'Alexandre II décide de saper l'harmonie millénaire. Il forme le projet d'anéantir l'esclavage paysan, colonne vertébrale de la vie russe. Le servage, ce sont les domaines idylliques des grands propriétaires, où règne le mode vie patriarcal bien-aimé, riche de son immense hospitalité. Le servage, il est vrai, ce sont aussi des esclaves qui triment sans jouir d'aucun droit. Quant aux propriétaires russes éclairés, qui révèrent Voltaire et Rousseau, qui ont, dans leurs domaines, des bibliothèques sans prix, ils achètent, vendent, perdent aux cartes leurs serfs, quand ils ne les échangent pas contre des chiens de chasse ou ne les fouettent impitoyablement dans leurs écuries.

« Que nos Mirabeau voient leurs vieux serviteurs, le plastron quelque peu froissé/Aussitôt sur les trognes, aussitôt sur les nez, pleuvent les coups de fouet », écrit le hussard poète Denis Davydov.

Les lois de l'Église, le sacrement du mariage sont quotidiennement bafoués : pratique du droit de cuissage, harems de jeunes serves sont monnaie courante, et les enfants nés de ces relations ne sont qu'exceptionnellement reconnus, la règle étant qu'ils deviennent les serviteurs – esclaves, eux aussi – de leurs frères légitimes.

L'avantage de ce système est que le souverain n'a besoin ni de tribunaux ni d'une nombreuse police pour ses paysans ; les propriétaires en tiennent lieu : chacun répond de ses serfs. Sans parler de l'armée à laquelle les serfs fournissent des millions de soldats, que l'on fait avancer à coups de verges. Une armée qui, naguère, a vaincu Napoléon mais qui, ces derniers temps, a montré toute son impuissance.

Or voici qu'Alexandre s'apprête à faire exploser cette vie russe consacrée par les siècles et l'Église orthodoxe. Mais, tout en effectuant ce travail de sape, il comprend qu'il faudra *tout* recréer de neuf : le mode de gouvernement des paysans, les tribunaux, l'armée. L'avenir est une redoutable inconnue.

Cependant, vingt-trois millions de serfs attendent, pleins d'espoir, la décision souveraine. Pleins d'espoir, car la rumeur court déjà, bien que les projets du pouvoir soient, comme toujours en Russie, entourés du plus grand secret. C'est alors que le tsar reçoit de l'étranger une missive de l'émigré Alexandre Herzen, que son père haïssait et dont il a lui-même pu mesurer tout l'impact.

À son avènement, Alexandre a ordonné qu'on lui remette les Mémoires de son arrière-grand-mère. Son père les lui avait scellés, et l'empereur, ainsi que l'impératrice brûlaient de lire ces propos scandaleux qui avaient tant ravi la « savante de la famille », la grande-duchesse Hélène Pavlovna.

Les Mémoires de Catherine II étaient gardés en un lieu secret, à Moscou. On les livra aussitôt à Saint-Pétersbourg. Alexandre les lut et comprit la fureur de son père. Il les ferma de son sceau et les renvoya à leur absolu secret.

Or, peu après, Herzen les publiait ! Il apparut plus tard que, tandis qu'on les transportait de Moscou à Saint-Pétersbourg et retour, un jeune archiviste, Bartenev, était parvenu à en faire une copie que, désireux de porter ce manuscrit à la connaissance des historiens, il avait expédiée à Londres.

Et voici que Herzen, cet ennemi de l'empire, écrit au souverain, l'invitant à laver la « tache ignominieuse qui marque la Russie », à guérir « les plaies ouvertes par les verges sur le dos de ses frères », à « épargner aux paysans ce sang *qu'ils devront immanquablement verser...* ».

Il ne s'agit pas d'une menace en l'air. Rien n'est encore engagé, mais les paysans, excités par la rumeur, s'agitent, exigent la liberté. La Troisième Section note, en outre, que les nobles s'émeuvent aussi.

Alors, Alexandre prend sa décision et parle. À l'Assemblée de la noblesse de Moscou, devant une salle archicomble, le tsar déclare :

« J'y suis résolu, messieurs. Si l'on n'accorde pas, d'en haut, la liberté aux paysans, ils la prendront d'en bas. »

L'empereur répète donc, à l'intention de la Russie tout entière, les paroles du plus honni des émigrés et celles que le chef de la Troisième Section avait naguère attribuées à son père, Nicolas.

Alexandre, il est vrai, ajoute aussitôt que « ce n'est, certes, pas pour demain ». Bref, il atermoie.

C'est là une des grandes caractéristiques du nouveau souverain. Lorsqu'il a pris une décision, il aime à en différer la mise en pratique. Cela lui est indispensable pour que son entourage le supplie d'effectuer ce à quoi il est, d'ores et déjà, résolu lui-même. Une façon comme une autre de décliner la responsabilité des conséquences de ses actes, en la faisant endosser à ceux qui l'ont persuadé d'agir et qu'il peut accuser ensuite d'un éventuel échec.

Ils sont trois à tenter de l'influencer : son frère Constantin-Ésope, la « savante de la famille », la grande-duchesse Hélène Pavlovna, et, bien sûr, l'impératrice qui, en quinze ans de vie commune, a eu le temps d'étudier son caractère.

L'impératrice est charmante. Gravement malade des poumons, comme en atteste le docteur Botkine, médecin de la Garde, elle passe son temps en rires et prières. Un mélange de larmes et de gaieté, tel est son grand trait, à l'époque ; elle mêle à l'envi extravagance et sagesse, mesquinerie allemande et largesse, promptitude à se gausser de son prochain, prières, jeûnes et... séances de spiritisme. À quoi il convient d'ajouter une implacable volonté germanique.

L'impératrice joue avec passion le rôle que son époux attend d'elle : elle lui coupe toute possibilité de revenir en arrière. Et elle insiste : il doit en finir avec le servage.

Constantin ne laisse pas non plus son frère en repos. Il le voit tous les jours. Pas de répit, enfin, du côté de l'Allemagne, où Alexandre va régulièrement prendre les eaux dans la paisible Ems. Là, il fréquente assidûment la grande-duchesse Hélène Pavlovna, troisième fanatique de la réforme. Elle est d'accord pour donner l'exemple : elle est prête, avant que la loi ne soit entérinée, à libérer quinze mille de ses serfs.

Vient le jour où Alexandre se déclare définitivement convaincu. Désormais, l'empereur indécis peut se montrer aussi dur que le silex. Désormais, il est aussi inébranlable que son père.

Nos bureaucrates libéraux

Constantin doit diriger tout le travail de réforme. Mais qui le secondera ? Les dignitaires de son père sont tous rétrogrades. On les a surnommés la « génération perdue » et l'on ne peut rien en attendre, du moins tant que le tsar ne leur donnera pas d'ordre.

Or, le tsar ordonne à présent ! Aussitôt, se forme un cercle de « bureaucrates libéraux », prêts à effectuer les réformes. Il apparaît ainsi que nombre de dignitaires de l'époque de Nicolas rêvaient tout bonnement de devenir libéraux. Mais le précédent tsar ne le permettait pas. Le nouveau les y autorise, et ils le deviennent sans plus attendre. On assistera au même scénario sous Gorbatchev.

Le vieux Lanskoï, nommé ministre de l'Intérieur, le comte Rostovtsev qui haïssait jusqu'alors la seule idée de l'abolition du servage, le général-gouverneur de Saint-Pétersbourg, le prince Souvorov, et jusqu'au chef de la Troisième Section, le prince Vassili

Dolgoroukov, tous sont maintenant des bureaucrates libéraux. Le libéralisme est à la mode, car telle est la volonté du tsar.

Mais en même temps que ces libéraux par soumission, apparaissent des libéraux par vocation. Tels sont les frères Milioutine, qui fréquentent assidûment le salon de la grande-duchesse Hélène Pavlovna. Leur ancêtre était poêlier à la Cour. Toujours venimeux, les courtisans prétendaient qu'il avait pour obligation de chauffer les cheminées pour la nuit, puis de gratter la plante des pieds de l'impératrice Anna Ioannovna (qui aimait cela avant de dormir) et de son amant Ernst Biron (que l'on voyait souvent dans le lit de la tsarine). Et voici qu'au milieu du XIXe siècle, les héritiers du poêlier, devenus d'importants dignitaires, comptent parmi les principaux acteurs des réformes à venir.

L'hérédité, toutefois, se fait sentir et le brillant fonctionnaire du ministère de l'Intérieur Nikolaï Milioutine ne peut s'empêcher de tenir, dans le salon de la grande-duchesse, de fougueux monologues contre la noblesse rapace qui se refuse à comprendre les besoins du pays.

Apparition de l'empereur défunt

Les salons commencent à être à la mode à Saint-Pétersbourg : celui de la grande-duchesse Hélène Pavlovna, où l'on fait de la musique et où l'on ne cesse de parler politique ; celui de l'impératrice Marie Alexandrovna, où l'on fait également beaucoup de musique et où l'on parle encore plus de politique. Il est, toutefois, dans tous les salons pétersbourgeois, un autre sujet de constantes disputes, qui ne laisse personne indifférent : les *esprits*.

Dans les années 1860, le spiritisme est à l'honneur chez les Romanov. L'invocation des esprits est, au demeurant, parfaitement naturelle dans leurs palais hantés par les ombres maudites des empereurs assassinés.

La plus passionnée par ce commerce est l'épouse de Constantin, la grande-duchesse Alexandra Iossifovna, une beauté, sosie de Marie Stuart. Elle reçoit de fréquentes visites de l'au-delà (juste avant la mort de Nicolas Ier, lui était apparu, par deux fois, un mystérieux fantôme blanc). Étrangement, son mari, le sceptique Ésope, paie également son tribut à cet incompréhensible engouement. Quant au nouvel empereur, pour lui ce n'est pas une simple mode. Une fois qu'il a résolu d'entreprendre ses grandes réformes, il ne lui semble pas inutile de converser avec son père disparu. Aussi mande-t-on spécialement de Paris un éminent spécialiste des « tables tournantes », répondant au nom de Hume. Dès la première séance, le défunt souverain répond à l'appel.

La séance a lieu au grand palais de Peterhof. Y prennent part l'empereur, l'impératrice mère, Constantin, son épouse, sans compter le frère de la grande-duchesse Hélène Pavlovna, prince de Wurtemberg (la grande-duchesse elle-même, comme il sied à une savante dame, ne prend pas le spiritisme au sérieux), et l'ami d'enfance de l'empereur, Alexandre Adlerberg (fils du comte Vladimir Adlerberg, ministre de la Cour). Il convient de mentionner encore les dames de Cour Alexandra Dolgoroukova et Anna Tioutcheva.

De retour dans ses appartements, Anna Tioutcheva, bien sûr, consigne tout :

« On nous fit tous asseoir autour d'une table sur laquelle nous posâmes les mains. Hume prit place entre l'impératrice et le grand-duc Constantin. Quand la séance commença, l'attitude de Hume nous stupéfia. Son visage, d'ordinaire quelconque, si ce n'est un peu sot, semblait irradier d'un feu intérieur. Ses traits étaient saisis d'une pâleur mortelle, ses yeux écarquillés fixaient un point... ses cheveux, au fur et à mesure que se révélaient les esprits, se dressaient lentement sur sa tête, formant comme une auréole d'effroi... Bientôt, des coups retentirent en différents points de la pièce, manifestations de l'au-delà. Nous commençâmes à poser des questions auxquels les esprits répondirent par d'autres coups, correspondant à des lettres de l'alphabet. La table s'éleva d'une demi-archine [environ trente-cinq centimètres, E. R.] au-dessus du sol. L'impératrice mère sentit qu'on effleurait les volants de sa robe, puis qu'on s'emparait de sa main et qu'on en retirait l'alliance. Tous les participants furent ensuite bousculés, secoués, pincés... La main invisible prit la clochette que tenait le souverain... Tout cela suscita des cris de peur, de terreur, de stupeur... »

L'esprit du père de l'empereur apparaît dans la pièce, en compagnie de la fille d'Alexandre, Alexandra, décédée à l'âge de sept ans. Tous deux se montreront à nouveau, au palais d'Hiver cette fois, dans les appartements du tsar. Ce jour-là, l'impératrice refusera de participer (l'Église orthodoxe ne rejette-t-elle pas ce genre de pratiques ?). Elle sera remplacée, pour la circonstance, par le ministre des Affaires étrangères Gortchakov.

« La table se souleva, se mit à tourner, et retentit l'hymne *Dieu, protège le tsar !* [comme pour saluer par avance l'apparition de l'empereur, E. R.]. Toutes les personnes présentes, même le sceptique Gortchakov, se sentirent effleurées par des mains mystérieuses, qu'elles voyaient courir rapidement sous la nappe. Le souverain déclara qu'il avait eu la vision de doigts transparents et lumineux... Et surtout, l'identité de ces esprits lui fut révélée... *Comme lors de la première séance à Peterhof, il s'agissait des esprits de l'empereur Nicolas et de la jeune grande-duchesse.* Tous deux répondirent aux questions du souverain, en frappant des coups correspondant à des lettres de l'alphabet, que le tsar notait au crayon sur un papier posé devant lui. Mais ces réponses étaient vides et ne rimaient à rien » (Anna Tioutcheva).

Le dialogue entre Hamlet et l'ombre de son père n'a pas lieu. Et la dame d'honneur, déçue, pose dans son Journal la question qui hantait, sans doute, tous les participants : « Pourquoi ces esprits s'occupent-ils de choses aussi insignifiantes ? On reste médusé devant leurs niches et leurs réponses ineptes. »

Et de reprendre, vraisemblablement, les propos de l'impératrice, absente cette seconde fois :

« Ce ne sont là que manigances du Malin. Ceux qui s'entretiennent avec nous ne sont nullement les âmes de ceux que nous convoquons... ils sont ce que saint Augustin nommait les "esprits de mensonge". Ce sont les esprits vides, dangereux et mensongers... dont parle l'apôtre Paul. C'est pécher que de commercer avec eux. »

Toutefois, ces dangereuses séances ont une incidence. Il y a, au palais d'Hiver, une pendule ornée de trois singes. Il suffit de la remonter pour que les singes se mettent à jouer de divers instruments de musique. Or, il y a beau temps qu'elle est arrêtée. Pourtant, au milieu de la nuit, les singes se mettent soudain à jouer, réveillant en sursaut une Anna Tioutcheva terrifiée.

D'inquiétants présages

Le couronnement a lieu l'année suivante, à Moscou. Des représentants de toute la noblesse de Russie se réunissent dans la capitale historique. À l'instant d'être couronné, le souverain a déjà compris bien des choses.

La Cour et le tsar arrivent dans la capitale, non pas en carrosse, comme le père et les ancêtres d'Alexandre, mais par un moyen de transport moderne : le chemin de fer.

Néanmoins, selon la tradition, l'empereur est accueilli par le son mélodieux des innombrables cloches (Moscou n'est-elle pas la ville aux « quarante fois quarante églises » ?) et le fracas assourdissant des canons. C'est au son des cloches et de l'artillerie que la Cour et la famille impériale parcourent la rue de Tver, depuis la gare : Alexandre est à cheval et l'impératrice dans un carrosse doré. Des milliers de corneilles et de pigeons effrayés masquent le ciel.

Le couronnement, rite de l'alliance entre l'empereur et la Russie, est fixé au 26 août. Tout commence on ne peut mieux. Au Kremlin, sur l'antique place des Cathédrales qui a vu se dérouler toute l'histoire des tsars moscovites, des estrades ont été installées, où se bouscule une foule en habits de fête. Les uniformes de parade de la Garde étincellent, les cloches sonnent à toute volée dans les églises de la ville et les cathédrales du Kremlin.

L'empereur apparaît sur le « perron d'honneur », l'impératrice à son bras. Il porte son uniforme de général, la chaîne d'or de l'ordre de Saint-André-le-Premier-Appelé. La souveraine arbore le ruban bleu de Catherine. Ses cheveux, sur lesquels on posera bientôt la couronne, sont découverts, coiffés en arrière, deux longues boucles lui descendant jusqu'aux épaules. Elle a l'air triste et concentré.

Selon une tradition qui remonte aux temps du tsarat moscovite, Alexandre s'incline très bas devant le peuple, depuis le perron, comme le firent, avant lui, Pierre le Grand et Ivan le Terrible. La foule, de son côté, lance ses « vivats », les musiques militaires jouent, le canon tonne.

Puis, le tsar descend les marches, il se place sous un baldaquin porté par les plus hauts dignitaires. La procession s'ébranle en direction de la cathédrale. Le souverain, pourtant, semble soucieux à l'extrême. Il est vrai que les dignitaires qui l'entourent sont d'un âge respectable, or, selon la croyance populaire, il dépend de lui que rien de fâcheux n'arrive à ces vieillards. Par bonheur, tout se passe au mieux.

Une fois dans la cathédrale de l'Assomption, surchauffée, suffocante, l'empereur et son épouse, là encore conformément à la tradition, s'inclinent devant les icônes et les saintes reliques. Sur les marches du trône, ils sont attendus par l'impératrice douairière, qui porte la couronne. Tous deux prennent place sur les trônes. La mère du nouvel empereur est, elle aussi, pâle d'émotion. Étrangement, tous s'attendent à quelque malheur, qui, immanquablement, finit par arriver.

Le général aide de camp Mikhaïl Gortchakov a pris part à toutes les campagnes du père d'Alexandre, il a dirigé la défense de Sébastopol. Ce combattant émérite s'est vu confier l'honneur de porter le coussin framboise sur lequel repose l'un des principaux emblèmes impériaux : le globe d'or. Or, dans l'effroyable touffeur de la cathédrale, le vieil homme perd connaissance. Il tombe et laisse échapper le coussin. Le globe rebondit en résonnant sur les dalles. Tous se précipitent pour relever le précieux objet, ainsi que le vieillard. Le malheureux reprend bientôt connaissance, mais il est à moitié mort de honte. Alexandre, toutefois, trouve les mots qu'il faut. Il déclare d'une voix forte : « Qu'importe qu'il tombe ici ! L'essentiel est qu'il tienne bon sur le champ de bataille. » Par la suite, cependant, les choses ne font qu'empirer.

Le métropolite revêt le souverain de la pourpre – le manteau impérial. Le tsar s'agenouille pour la bénédiction. Puis il se relève, reçoit la couronne des mains du métropolite et la pose sur sa tête. Il doit à présent couronner l'impératrice.

La tsarine est d'une effrayante pâleur. Elle se lève et s'agenouille devant lui. Il pose sur ses cheveux la petite couronne qu'une dame de la Cour fixe à l'aide d'épingles de diamants. C'est alors que survient l'autre incident fatal. Tandis que l'impératrice se relève, la couronne tombe de ses cheveux. Manifestement, la dame a été un peu négligente. L'horreur se peint sur le visage de la souveraine que l'on sent près de défaillir.

Alexandre, toutefois, avec le plus grand calme, repose, comme si de rien n'était, la couronne sur la tête de son épouse. Quatre dames de la Cour l'y fixent solidement. Le couple impérial reprend place sur les trônes, tandis que tonnent les canons et que sonnent les cloches. Alexandre tient le sceptre et le globe. Sur les marches qui mènent au trône, des chevaliers-gardes aux casques étincelants, sabres au clair, forment une haie d'honneur. À la droite de l'empereur se tiennent l'impératrice douairière et toute l'immense famille Romanov. Il y a là une foule de grands-ducs, d'innombrables Nicolas, ainsi nommés en l'honneur du père d'Alexandre, des Constantin – hommage au frère du souverain – et quelques rares Alexis et Georges. La malheureuse impératrice semble à bout de forces.

Dans son Journal, Anna Tioutcheva relate, indignée, le comportement inouï de l'assistance durant la cérémonie : personne ne prie, les gens rient, bavardent, certains ont apporté de la nourriture et mangent le plus tranquillement du monde.

Alexandre quitte la cathédrale, vêtu de la pourpre, ployant sous des kilos de décorations et d'insignes. L'impératrice marche à ses côtés, blême. Lui aussi est pâle après ces incidents.

De nouveau, tandis que résonnent les vivats, les cloches et les canons, ils traversent la foule pour gagner une estrade recouverte d'un dais rouge. Il ne manquerait plus qu'elle s'effondre, ce qui, par bonheur, n'a pas lieu.

Le père d'Anna Tioutcheva, le poète Tioutchev, note, non sans ironie : « Quand je vis notre cher et infortuné souverain rejoignant en cortège le baldaquin, portant sur la tête l'énorme couronne, le visage pâle, fatigué, saluant avec difficulté la foule qui l'acclamait, les larmes me montèrent tout bonnement aux yeux. »

Le soir, avant le souper, le couple impérial se promène dans le palais des Terems. Là, sous les voûtes ornées de fresques, Ivan le Terrible siégeait jadis sur son trône.

L'empereur et l'impératrice sortent sur la terrasse, juste sous les toits. À leurs pieds s'étend l'antique capitale, tout illuminée : les créneaux des tours, le clocher d'Ivan le Grand, les cathédrales... Et cette ardente majesté se reflète dans le fleuve. Pourtant, la tsarine est triste : la couronne tombée de sa tête ne la laisse pas en repos.

Mais les déplaisants incidents survenus à l'église n'ont été perçus que des premiers rangs. Les autres courtisans n'ont rien vu et n'ont, sans doute, entendu que fort peu de choses dans le brouhaha général. Néanmoins, la Troisième Section fait état de rumeurs évoquant d'inquiétants présages... Il est clair qu'à l'origine de ces bruits se trouvent ceux qui ont « vu » : les principaux dignitaires, adversaires farouches des réformes à venir, héritiers des assassins de tant d'empereurs.

Alexandre doit comprendre qu'ils passent à l'action, effrayés par les « entreprises de tous les insensés et jacobins du palais ». Ajoutons que la couronne mal fixée sur la tête de l'impératrice, les bavardages pendant la cérémonie du couronnement, ces histoires de mauvais présages, tout cela eût été impensable sous le précédent règne. On assiste ici à un phénomène extrêmement dangereux pour un système autocratique : la peur disparaît manifestement, à la suite de l'empereur défunt.

« Je l'ordonne parce que je le veux ! »

La peur, toutefois, commence seulement à se dissiper et, usant de la force que lui donne l'ancienne crainte, usant de la force de feu son père, Alexandre effectue sa grandiose réforme : l'abolition du servage en Russie.

Il choisit pour cela une voie familière dans ce pays d'esclaves : « Je l'ordonne ! Je le veux ! » Telle est la formule du pouvoir autocratique, son glaive. La noblesse, dans son immense majorité, est opposée à l'abolition. Mais « le tsar l'ordonne ! C'est sa volonté souveraine ! ».

Il serait, néanmoins, imprudent de susciter, au-delà de certaines limites, la colère des nobles. Or, Alexandre s'y entend à jouer avec eux, comme le chat avec la souris.

Il commence par former un comité secret pour la réforme paysanne. Ses adversaires (que Constantin ne qualifiera jamais autrement que de « rétrogrades ») se réjouissent : on est là en terrain connu ! Déjà, sous le règne de son père, on avait eu un comité de ce genre, et cela n'avait rien donné. Alexandre laisse les conservateurs se réjouir tout leur saoul, puis vient la douche froide : il nomme à la tête du comité son frère Constantin, célèbre pour sa diabolique énergie et la morgue grossière dont il fait montre envers ceux qui ne partagent pas son point de vue.

Pour les anciens dignitaires de Nicolas, Constantin est un « jacobin ». En même temps, son autoritaire brutalité leur rappelle, d'emblée, l'époque bénie de l'empereur défunt. Les réflexes jouent : les mécontents s'inclinent. Des commissions de rédaction sont créées, chargées d'élaborer le point essentiel : les conditions de la libération des paysans.

Alexandre place à la tête de ces commissions le comte Rostovtsev, celui-là même qui, naguère, avait averti Nicolas de la révolte des décembristes en préparation. Le comte a ensuite été à la direction des établissements d'enseignement militaires. En d'autres termes, il ne s'est jamais occupé des questions agraires. Ajoutons qu'il compte parmi les adversaires de l'abolition. Les rétrogrades sont donc satisfaits. Mais... le souverain veut cette libération, et les yeux de Rostovtsev se dessillent instantanément. Il dira lui-même : « Je songeai à l'Histoire, je formai le rêve d'une page glorieuse pour moi dans ses annales. » Le fidèle serviteur est prompt à entendre la voix de l'Histoire, qui, bien sûr, fait chorus avec celle de l'empereur. Voici notre Rostovtsev changé en bureaucrate libéral ! Ce que c'est que la méthode Nicolas !

Les séances des commissions, les débats durent jusqu'à l'aube. La plupart des nobles veulent que les paysans soient émancipés sans disposer d'aucune terre labourable. Alexandre comprend, toutefois, qu'on ne peut mettre en liberté des miséreux, sauf à risquer des révoltes. Et Rostovtsev de défendre l'idée d'émanciper les paysans en les dotant de terres. Cette fois, ses idées libérales effraient jusqu'au souverain !

Sous la houlette du comte œuvre tout un groupe de bureaucrates libéraux, pupilles du ministère de la Marine, éduqués par Constantin. Les débats sont très vifs au sein des commissions. Libéraux et rétrogrades, qui se vouent une haine mutuelle, discutent à la russe : il s'agit, en d'autres termes, d'un vrai dialogue de sourds.

Déjà, Nikolaï Milioutine (un favori de Constantin, que le souverain qualifie, non sans crainte, de « rouge ») hurle aux représentants de la noblesse : « Vous autres, nobles, êtes difficiles à remuer. Vous vous grattez un peu, puis vous vous retournez sur le côté et replongez dans votre léthargie... Non, ce qu'il faut, c'est vous piquer un bon coup, pour que vous sautiez au plafond ! »

Les « piquer un bon coup », c'est libérer les paysans en leur octroyant de la terre, et beaucoup ! On ne clôt les séances qu'à l'aube venant, au moment où chantent les premiers oiseaux.

Le vieux Rostovtsev s'épuise à ces joutes. Son nom est honni par ses amis d'hier, les dignitaires de Nicolas. Il finit par ne plus supporter la tension des débats ni le flot de haine à son encontre. À l'agonie, il dit à Alexandre : « Majesté, n'ayez pas peur *d'eux* ! »

« Le pauvre Sacha[1] est très affligé, il a beaucoup pleuré », note l'impératrice. Le tsar est toujours aussi sensible. Mais il comprend

---

1. Un des diminutifs affectueux du prénom Alexandre.

parfaitement le message de son fidèle serviteur : il ne doit pas se laisser impressionner. Plus les travaux des commissions approchent de leur terme, plus dangereuse est l'union des rétrogrades, plus bruyantes leurs protestations. Ils écrivent des suppliques, sèment l'effroi : si on libère les paysans, une armée sera nécessaire pour protéger les nobles. Des révoltes éclateront dès le premier jour. Les esclaves d'hier ne manqueront pas de se venger de siècles d'humiliations et de coups de fouet. Constantin suggère de ne pas s'en soucier.

Alexandre, toutefois, en digne héritier des rusés tsars asiates, joue un coup étonnant, qui stupéfie la capitale. Pour succéder à Rostovtsev à la tête des commissions, il nomme le comte Nikita Panine, ancien ministre de la Justice de son père.

Le comte est partisan du servage. C'est un serviteur obstiné qui n'a qu'un principe : « Tenir bon, ne pas lâcher ! » Il est l'incarnation du fonctionnaire. Tous l'ont oublié depuis longtemps, or voici que ce monument du temps de Nicolas renaît de ses cendres.

Les rangs de la bureaucratie libérale sont en état de choc, cependant que les rétrogrades exultent. Enfin, le pouvoir recule !

Constantin se précipite au palais. Alexandre se contente de sourire et laisse mystérieusement entendre que rien n'a changé. Survient la grande-duchesse Hélène Pavlovna, qui supplie le tsar de revenir sur sa décision. Elle évoque par le menu les convictions de Panine. À quoi le souverain répond brièvement : « Ses convictions, ce sont mes ordres ! » Peu après, le comte vient en personne tenir au grand-duc cet immortel discours de l'esclave russe : « J'ai des convictions, Votre Altesse, de solides convictions. Ceux qui pensent le contraire se trompent... Mais j'estime de mon devoir de connaître avant tout le point de vue de l'empereur souverain. Si j'ai la certitude que celui-ci est différent du mien, je tiens pour une obligation de renoncer à mes convictions, voire d'aller complètement à leur encontre !... »

C'est cela, l'école de Nicolas !

Alexandre fait ainsi avancer sa réforme honnie de la plupart des nobles. Toutefois, en dernière instance, au Conseil d'Empire où siègent les caciques de la noblesse russe, chefs du parti rétrograde, les choses s'enlisent à nouveau. La réforme est habilement noyée sous les discussions. Le tsar comprend que les nobles continuent de se braquer.

Alors, le 28 janvier 1861, il intervient à la séance du Conseil : « Je considère la libération des paysans comme vitale pour la Russie. Le développement de sa force et de sa puissance en dépend. J'exige du Conseil d'Empire que la question paysanne soit réglée dans la première quinzaine de février. »

Le tsar termine par une menace : « Tout atermoiement supplémentaire serait fatal pour l'État. J'escompte que Dieu ne nous abandonnera pas, qu'Il nous accordera sa bénédiction, afin que nous achevions notre œuvre pour le plus grand bien de la Patrie qui nous est chère. »

Reconnaissant les intonations familières de Nicolas Ier, les serviteurs s'empressent. Ils parviennent, il est vrai, à réduire le lopin de terre accordé aux paysans au moment de leur libération, au profit des propriétaires.

Et le Conseil d'Empire entérine l'abolition du servage.

Les serfs se voient donc libérés et dotés de labours. Leur déception est, néanmoins, patente : les lopins dont ils disposent sont vraiment petits, ils doivent en outre les racheter à un prix exorbitant, somme dont il leur faut s'acquitter dans un délai de deux ans.

L'essentiel, cependant, est accompli : « La chaîne des temps est rompue », l'esclavage séculaire est supprimé en Russie.

Le texte de la loi est envoyé par courrier au palais d'Hiver, afin que l'empereur y appose sa signature.

« En ce jour... une ère nouvelle commence... »

Le 19 février 1861, Alexandre doit signer le manifeste de l'abolition du servage. C'est le grand jour de sa vie. Un grand jour, aussi, dans l'histoire de la Russie. Alexandre II devient le tsar libérateur des paysans russes.

Il se réveille, comme toujours, à huit heures du matin. Son valet lui passe sa robe de chambre préférée, celle à petits glands, rouge cerise. L'empereur est posté devant la fenêtre. Au-dehors, règne encore le crépuscule d'aube de février. Mais à la lumière du candélabre qui brûle sur la table, nous distinguons le visage du monarque.

Il aura quarante-trois ans dans deux mois. Il est grand, il a toujours l'irréprochable maintien des officiers de la Garde. Ses épais favoris poivre et sel, ses moustaches qui pointent, menaçantes, rappellent ceux de son oncle Willy, le roi de Prusse, ainsi que de nombreux autres monarques d'Europe. Ses ministres arborent les mêmes.

Le regard du tsar, toutefois, trahit sa douceur et sa bonté. Il a des yeux un peu exorbités, ce qui lui a valu, enfant, de la part de feu son oncle le grand-duc Michel Pavlovitch, le surnom de « Petit Mouton ». Ses yeux lui sortent comiquement de la tête, chaque fois qu'il s'efforce de prendre un air « terrible », à l'imitation de son père. Combien divinement ils brillent, en revanche, lorsqu'il veut séduire. Il est le charmeur type du siècle galant français. Comme tant d'autres à la Cour, instruits avec trop de zèle dans la langue française, il a un défaut de prononciation en russe : il ne roule pas les « r ».

Pour s'entretenir avec ses amantes, il préfère, naturellement, le français, que son épouse allemande, hélas, ne maîtrise pas très bien. Avec elle, il parle le russe. Son frère Constantin, lui, s'adresse en russe à tout le monde, usant coquettement d'expressions populaires, appelant, par exemple, son épouse : « ma p'tite femme ».

Le serviteur apporte le café. Alexandre est toujours à la fenêtre. Ses appartements, au premier étage du palais d'Hiver, donnent sur l'Amirauté et la place du Palais. Ces pièces, son père les lui a attribuées lorsqu'il s'est marié. Enfant, il étudiait dans l'une d'elles, sous la houlette de Joukovski. Devenu empereur, il a décidé d'y rester. Les appartements s'ouvrent par une vaste antichambre, l'ancienne salle d'étude où son terrible père aimait tant à venir s'enquérir de ses progrès. Que de fois il a tremblé sous le regard impitoyable du tsar défunt ! Ensuite, viennent la bibliothèque et la pièce dévolue à ses ordonnances. Enfin, la pièce principale, le cabinet de travail, qui lui sert aussi de chambre. C'est de là qu'il gouverne la Russie.

Une grande table supporte des photographies de la famille. Les chers visages le contemplent lorsqu'il travaille. Aux murs, les mêmes personnages, méconnaissables : ce sont les portraits officiels. Près de la fenêtre, un secrétaire toujours encombré de papiers. Car Alexandre II décide de tout : n'est-il pas autocrate ?

Ce jour-là, il y a une montagne de documents relatifs à la réforme agraire. Au-dessus de la pile, le plus important de tous : le manifeste de l'abolition du servage. La plume historique à l'aide de laquelle il le signera est déjà prête.

Des colonnes de marbre et un rideau cerise séparent le cabinet de l'alcôve, avec le lit de camp où il dort. Le même, ou presque, que celui où s'est éteint son père. C'est là qu'il mourra à son tour, ensanglanté.

D'ordinaire, le tsar ne manque pas d'effectuer, à l'instar de son père, une promenade avant le petit déjeuner et le début de sa journée de travail. Il déjeune ensuite avec l'impératrice dans le salon couleur salade, puis retour à son bureau. Chaque matin, l'empereur reçoit le ministre de la Guerre (le comte Dmitri Milioutine, frère de Nikolaï) et le chef de la Troisième Section (le prince Dolgoroukov). Tous les deux jours, il s'entretient aussi avec Constantin et avec son ministre des Affaires étrangères (le prince Gortchakov).

Après le déjeuner, a lieu sa deuxième – grande – promenade (comme son père, il se promène deux fois par jour, obligatoirement à pied). Il parcourt le jardin d'Été, en compagnie de son setter préféré. Grilles dorées du parc, statues de marbre dans les allées, corps dénudés des antiques déesses, pudiquement masqués par d'épaisses frondaisons... Du jardin d'Été, Alexandre rentre en calèche découverte.

Ainsi, année après année, répète-t-il, avec une rigueur toute germanique, l'emploi du temps de son père. Plus tard, il sera pourtant confronté à une situation inimaginable pour lui, l'autocrate de toutes les Russies : on lui supprimera ses promenades à pied dans sa propre capitale.

Ce matin-là, son emploi du temps est bouleversé par l'Histoire. En place de sa promenade habituelle, il se rend à la petite église du palais, celle qu'aimait tant son père, ce géant qui, de façon touchante, affectionnait toutes les choses petites, intimes.

Alexandre demande à rester seul – même le prêtre doit sortir – et prie longuement.

Cependant, Constantin se présente au palais, en compagnie de son épouse et de son fils, le magnifique Nicolas (« le Nicolas », comme l'appelle son père pour faire « peuple ». L'héritier, prénommé aussi Nicolas, est surnommé « Nicks » dans la famille).

Leur sœur Marie est là également. Leur mère est morte à la fin de l'année précédente, elle aura manqué de peu ce grand jour. Les frères et la sœur, orphelins désormais, se sont rapprochés.

Puis, c'est l'entrée solennelle dans la grande église. En tête du cortège marchent, munis de cannes, les maîtres des cérémonies, aux pourpoints brodés d'or. Les maréchaux de la Cour défilent, portant des sceptres dorés.

C'est alors seulement que viennent Alexandre, l'impératrice, leurs enfants et les membres de la famille, suivis d'un immense cortège humain : membres du Conseil d'Empire, sénateurs, ministres, suite du tsar, dames d'honneur de la tsarine. Toute cette procession, étincelant d'or, de décorations et de pierreries, vogue solennellement dans l'enfilade des salles d'apparat. Ceux qui la composent ne comprennent pas encore qu'à l'instar du servage, ils représentent un mode de vie moyenâgeux que l'empereur doit aujourd'hui chambouler.

Le cortège s'arrête dans la pièce qui donne sur l'entrée de l'église.

Les portes du sanctuaire s'ouvrent toutes grandes. Mais, seuls peuvent pénétrer les membres de la famille impériale et les premiers dignitaires de l'empire. Le reste de cette masse humaine endimanchée devra attendre, en silence, la fin de l'interminable office célébré de l'autre côté des portes.

Le tsar sait qu'ils ne se tairont pas longtemps. Déjà, nombreux sont les cavaliers qui se glissent discrètement par l'escalier de service où ils s'installent pour fumer tranquillement. Jamais ils ne s'y fussent risqués du temps de son père ! Il y a en outre gros à parier qu'ils y ont été rejoints par le fils de Constantin, jeune sacripant dont les frasques divertissent tant la famille Romanov.

De nouveau, Alexandre prie longuement, avec zèle, imité par l'héritier, Nicks, et par son autre fils, Alexandre, tous deux à ses côtés. Nicks est magnifique, il est intelligent, sportif. Alexandre, lui, est moins réussi : il est grand, massif, ce qui le rend timide et maladroit.

Suit une collation solennelle au salon couleur salade.

Vient enfin le moment historique ! Alexandre, Constantin et leur sœur Marie gagnent le cabinet du souverain. L'héritier est convié à se joindre à eux. D'un trait de plume, l'empereur a le pouvoir de libérer vingt-trois millions d'esclaves.

Extrait du Journal du grand-duc Constantin Nikolaïevitch :

« 19 février 1861. Nous allâmes à la messe au palais d'Hiver, puis il y eut une cérémonie d'action de grâces avec de merveilleuses prières... Après la collation, je restai pour assister au moment où Sacha signerait le manifeste... Il commença par le lire à voix haute, puis, ayant fait le signe de la croix, le parapha et je le séchai au sable... [C'est ainsi que Constantin participe, lui aussi, à ce moment historique. E. R.] La plume qui avait servi à signer le manifeste fut offerte à Nicks, en souvenir. À compter de ce jour... commençait une nouvelle histoire, une ère nouvelle s'ouvrait... On nous avait annoncé, pour la circonstance, une révolution et toutes sortes de billevesées, mais le peuple se montra aussi calme et tranquille qu'à l'accoutumée. Il y eut un repas de famille chez Sacha... »

Certes, tous sursautent, au cours de ce repas, lorsqu'un terrible fracas retentit dans la cour. Il apparaît toutefois que le dégel a simplement fait brutalement tomber la neige qui recouvrait le toit du palais.

Alexandre ne se résout cependant pas à informer son peuple du grand événement. Au contraire, dans la meilleure tradition paternelle, il décide de tenir, un temps, la chose secrète. Le manifeste ne sera rendu public que le 5 mars, « dimanche du pardon ». Ce jour-là, les orthodoxes doivent se pardonner mutuellement toutes les offenses. Le lendemain marque le début du grand carême, temps d'humilité propice, non aux désordres, mais au repentir.

En attendant, notre Janus entend se préparer à proclamer le manifeste, respectant, là encore, la tradition paternelle.

Dans toute la Russie, les troupes sont en état d'alerte. On diffuse un texte, affirmant que les rumeurs de nouvelles dispositions relatives à la question paysanne sont mensongères, que rien de tel n'est prévu dans un avenir proche. Mais le manifeste est déjà à l'imprimerie, déjà les courriers l'emportent en province sur leurs rapides troïkas, suivis de près par des aides de camp censés en faire l'exégèse aux provinciaux.

Vient l'inquiétant dimanche 5 mars. Le parti rétrograde continue de prophétiser des émeutes en tout genre. « Je ne sais pourquoi, P. Ignatiev [le général-gouverneur de Saint-Pétersbourg, E. R.] et de nombreux autres personnages haut placés redoutaient des désordres à la proclamation du manifeste... Seul Sacha [Alexandre Patkoul, l'ancien condisciple de l'empereur, à présent chef de la police dans la capitale, E. R.] était convaincu que le peuple irait prier à l'église, plutôt que de semer le désordre dans les rues », se souvient l'épouse de ce dernier, l'ancienne dame d'honneur Maria Patkoul.

Les événements donnent raison au flegmatique Patkoul. Dans les églises des deux capitales, on lit le texte du manifeste. Et rien ne vient troubler le calme.

Comme tous les dimanches, le tsar assiste à la relève de la garde au manège Michel. Puis, il s'adresse aux officiers. « Sacha réunit les officiers au milieu du Manège et leur dit qu'il avait, ce jour, proclamé la liberté, note Constantin dans son Journal. La réponse fut un "hourra !" si fracassant que nous en eûmes un coup au cœur et les larmes aux yeux. Ce "hourra !" accompagna Sacha jusque dans la rue, où il fut repris par le peuple. C'était un miracle ! »

Les vivats le suivront longtemps encore. Du manège, le tsar regagne le palais d'Hiver. « Au pré de Tsaritsyno[1], il fut également

---

1. Ancien nom du Champ-de-Mars, à Saint-Pétersbourg.

accueilli par un "hourra!" si vibrant que la terre tremblait», écrit un contemporain.

Vingt ans plus tard exactement, en ce même mois de mars, rentrant aussi du manège Michel après la relève de la garde, Alexandre sera assassiné.

Ainsi est aboli un esclavage de nombreux siècles. Il disparaît un peu plus tôt qu'en Amérique, et sans guerre civile. Mais les deux libérateurs seront également tués.

Commence alors une véritable «lune de miel» entre le tsar et la société. Elle sera de courte durée... Au passage Saltykov, que le souverain emprunte pour sa traditionnelle promenade, une foule enthousiaste est toujours là, à l'attendre. Dès lors, il emprunte une autre sortie. «À cette époque, je priais devant les portraits du tsar», écrit A. Nikitenko dans son Journal.

À l'étranger, Herzen, le grand ennemi, glorifie littéralement Alexandre : «Cela, ni le peuple russe ni l'histoire mondiale ne l'oublieront jamais. Du fond de notre exil, nous lui décernons un titre rarement associé à l'autocrate, sinon pour susciter un sourire amer ; nous lui décernons le titre de "Libérateur".»

Un autre radical célèbre, le prince Kropotkine, n'est alors qu'un tout jeune homme, élève du très prestigieux corps des pages. Ce futur pilier de l'anarchie russe se souvient : «Les sentiments que j'éprouvais étaient tels que si, en ma présence, on avait attenté à la vie du tsar, je l'eusse protégé de mon corps.»

Fin de la lune de miel

Aussitôt après la réforme, Alexandre a un geste qui met le pays en état de choc.

Le manifeste était un cadeau aux libéraux, et notre Janus s'empresse de jeter un coup d'œil en arrière, du côté des rétrogrades. Il décide de réconcilier l'opinion et agit, pour ce faire, selon le précepte de son arrière-grand-mère, Catherine II : «Les choses doivent être initiées par des hommes de génie et mises en pratique par des exécutants.»

Rendant grâces aux principaux acteurs de la réforme, qui l'ont si bien emporté sur leurs adversaires rétrogrades, le tsar décore les heureux vainqueurs et... les met promptement à la retraite. Le premier d'entre eux, Nikolaï Milioutine, que l'on gratifiait du nom de « jacobin » et de « rouge », le ministre de l'Intérieur, Lanskoï, que les rétrogrades accusaient, le plus sérieusement du monde, de mener la Russie à la guerre civile, d'autres « bureaucrates libéraux honnis des conservateurs » perdent leurs postes. Seul en réchappe le ministre de la Guerre, Dmitri Milioutine, car la réforme de l'armée reste à faire.

Ces départs stupéfient la société. On lit dans le Journal de Dmitri Milioutine :

« Dès que le but fut atteint et que la Loi entra en vigueur, le souverain, par un étrange trait de son caractère, jugea bon d'atténuer le mécontentement que la Grande Réforme avait suscité parmi les propriétaires terriens... À cette fin, on retira la tâche d'appliquer la nouvelle loi à ceux qui s'étaient attiré la haine des propriétaires, pour la confier à des hommes que l'on ne pouvait, certes, soupçonner d'être hostiles à la noblesse. »

Ayant écarté les bureaucrates libéraux, Alexandre place à la tête du gouvernement un « homme conciliant » qui arrange tout le monde. Le premier des ministères, celui de l'Intérieur, est ainsi confié à un homme de cinquante ans, Piotr Valouïev, bureaucrate typique de l'ère nouvelle.

Une fois encore : du « malheur d'avoir trop d'esprit »

Le titre de cette célèbre comédie de Griboïedov est, pour Valouïev, depuis sa prime jeunesse, une véritable maxime. Son esprit, le nouveau ministre s'entend à le cacher, il ne s'autorise à montrer de l'intelligence qu'en tête à tête avec son Journal, dans lequel il se révèle sans pitié envers les membres du gouvernement et leur action. Pour le reste, Valouïev est l'incarnation de « l'intelligence russe » : il comprend où souffle le vent.

Cet homme girouette commence très tôt sa carrière. Lors d'un voyage de Nicolas Ier à Moscou, il réussit si bien à plaire par ses points de vue rétrogrades que le tsar le qualifie de «jeune homme modèle». Aussitôt après la mort de Nicolas, il devient libéral et rédige une note à l'intention du grand-duc Constantin Nikolaïevitch, dans laquelle il dénonce hardiment les travers du pays : «Chez nous, tout brille en surface, mais au-dessous tout est pourri... Partout règnent le dédain et le rejet de la pensée, tous sont placés sous tutelle, tels de petits enfants.» Peu après, il a pour chef le célèbre rétrograde Mouraviev, mais il s'arrange pour lui plaire également, sans pour autant perdre la sympathie des libéraux.

Valouïev a un physique impressionnant : il est grand, a un visage agréable. Il sait, en outre, briller par l'éloquence. Et, bien dans l'esprit du temps, il passe pour avoir des manières authentiquement européennes, ce qui séduit tout particulièrement le souverain. Alexandre est persuadé que son ministre saura réconcilier libéraux vainqueurs et rétrogrades vaincus.

C'est alors, pourtant, que notre réformateur, étourdiment habitué à être adulé de la société, commence à comprendre, à sa grande surprise, qu'il n'y a ni vainqueurs ni vaincus. Nul, en effet, n'est satisfait de sa réforme.

Les propriétaires terriens sont mécontents. Les uns pleurent la vie patriarcale séculaire, anéantie par la libération des paysans. Les autres s'attendent à un soulèvement des campagnes, estimant qu'un «million de soldats ne saurait contenir la fureur paysanne».

Mécontents, aussi, les paysans eux-mêmes, en raison du pitoyable lopin de terre qui leur a été accordé. Aussitôt, une rumeur – très russe, au demeurant – parcourt les campagnes : le tsar a *vraiment donné la liberté* aux paysans, mais les nobles l'ont dérobée au peuple.

Dans les villages où règne l'ignorance, de «petits malins» font leur apparition, interprétant à leur façon le manifeste. Au bourg de Bezdna (gouvernement de Kazan), un paysan qui – fait rare – sait lire et écrire, Anton Petrov, croit comprendre dans le manifeste que toute la terre, sauf aux endroits les plus impraticables, doit appartenir aux paysans. Aussitôt, on afflue de toutes parts en quête de la «vraie liberté». Des milliers de paysans se rassemblent dans le petit bourg. On envoie des troupes pour appréhender Petrov. Mais les paysans refusent de livrer leur «lettré». Une solide muraille de défenseurs entoure son isba. Les soldats opèrent alors ainsi qu'ils l'ont appris au temps de Nicolas : ils ne font pas de quartier. Au commandement de leur officier, le comte A. Apraxine (fils d'un général aide de camp de la Cour), ils mitraillent les paysans, capturent et tuent le malheureux Petrov. En repartant, ils laissent derrière eux quatre cents cadavres. Les propriétaires locaux, qui s'étaient préparés à un soulèvement à la Pougatchev[1], à une sanglante révolte paysanne, chantent les louanges du comte qui a su, si hardiment, massacrer des moujiks désarmés.

Les troubles n'en continuent pas moins dans les campagnes, partout écrasés par l'armée. Seule l'arrivée du printemps, et des semailles, éteint l'incendie.

Survient alors une chose inouïe

Il apparaît bientôt que la jeunesse est, elle aussi, mécontente. Alexandre en est effaré : sous le règne de son père, les jeunes n'osaient piper mot. Lui, a adouci la censure, permis à ses sujets de s'exprimer, élargi les droits des universités, autorisé les jeunes gens à voyager à l'étranger ! Or, on lui apprend brusquement que, suite à la répression qui s'est abattue sur les paysans de Bezdna, les étudiants tiennent des assemblées, au cours desquelles ils ont l'audace de s'en prendre à son manifeste, citant ces vers du poète Nekrassov : «Assez de réjouissances ! me souffle la Muse. Il est temps d'aller de l'avant. Le peuple est libéré, mais est-il heureux ?»

Les rapports de la Troisième Section soulignent l'état d'esprit alarmant de la jeunesse. Dès le 13 avril 1861, le grand-duc Constantin Nikolaïevitch note dans son Journal : «Je crains toujours d'aborder ces questions [le comportement des jeunes, E. R.], car s'ouvre alors un *vaste champ d'action pour le parti rétrograde.*»

---

[1]. Chef d'une révolte paysanne qui, un temps, menaça le trône de Catherine II.

L'intelligent Constantin est le premier à comprendre que la jeunesse sera le plus grand atout dans le jeu des conservateurs. Et c'est ce qui se passe.

L'empereur, offensé, décide de donner une bonne leçon aux étudiants, de leur rappeler l'époque de son père. Et, comme l'écrivait sous le règne de Nicolas le grand Griboïedov dans sa pièce *Le Malheur d'avoir trop d'esprit* : « Je donnerai au prince Grégoire et à vous tous, un adjudant pour tout Voltaire. Il vous alignera sur trois rangs et, si vous osez broncher, il aura tôt fait de vous calmer. »

Ainsi agit notre Janus : il nomme un amiral (le comte Poutiatine) ministre de l'Instruction publique, un général (G. Filipson) comme curateur de l'université de Saint-Pétersbourg et un colonel à la retraite (A. Fitsum von Ecksted) recteur. À ces guerriers sexagénaires, le souverain fixe pour tâche de faire passer définitivement aux étudiants, par des mesures sévères, le goût de « fourrer leur nez là où il ne faut pas ».

Les militaires mutés sur le terrain de l'instruction décrètent que tous les problèmes viennent de l'absence de discipline et de l'afflux des roturiers dans les universités. Ces dernières sont un repaire de la sédition. On décide donc de supprimer les avantages accordés aux étudiants les plus démunis (65 % bénéficient d'aides) et de rendre les études payantes pour tous. Les étudiants qui resteront seront soumis à un contrôle proprement militaire. Il conviendra pour cela d'instaurer des livrets spéciaux (des « matricules »), à la fois laissez-passer et carnets contenant tous les renseignements sur leurs détenteurs (résultats, comportement, etc.). Afin d'éviter que ces mesures n'engendrent la contestation, Poutiatine interdit tout rassemblement estudiantin.

Les étudiants partent pour les vacances d'été, électrisés par les rumeurs sur les nouveaux règlements. À la rentrée de septembre, les étudiants désargentés (la majorité) comprennent qu'ils sont hors-jeu.

Toutefois, la jeunesse a changé : six ans se sont écoulés depuis l'avènement du souverain, soit le quart de la vie de ces jeunes gens. Ils ont grandi sans connaître l'oppression du règne de Nicolas. Ils ignorent la peur qui étouffait la génération précédente. Ce sont les « enfants de la *perestroïka* ». Et ils n'ont pas l'intention de se soumettre.

Le tsar, comme toujours à cette époque de l'année, est en Crimée, à Livadia, lieu enchanteur. Tel le Créateur, il se repose dans son palais tout blanc, après les jours de la Création.

Cependant, dans la capitale, une foule gigantesque se rassemble dans la cour de l'université. « Allons parler au curateur ! s'égosillent les jeunes orateurs. Obligeons-le à nous rendre nos aides ! » Des gendarmes font mouvement vers l'établissement. Effarés, le général-gouverneur Ignatiev et le chef de la police de Saint-Pétersbourg, Alexandre Patkoul, arrivent à cheval.

« Mettez-vous bien dans la tête qu'ils n'oseront pas nous tirer dessus ! » crient les orateurs. C'est alors que se produit cette chose inouïe pour les habitants de la capitale. La gigantesque colonne des étudiants marche sur la perspective Nevski en direction de la résidence du curateur Filipson. Ils veulent se plaindre à lui (un général), du ministre (qui est amiral). La colonne est encadrée par la police, montée ou à pied, qui progresse lentement, au même rythme qu'elle. Le général-gouverneur et le chef de la police ferment le cortège.

Effrayé, Filipson refuse de recevoir les étudiants chez lui, il ne les entendra qu'à l'université. La procession repart dans l'autre sens, retraverse tout le centre-ville, avec, à sa tête, un Filipson complètement désemparé.

Les manifestants passent devant quelques luxueux salons de coiffure. Les coiffeurs, des Français, comprennent immédiatement de quoi il retourne. Ils se précipitent hors de leurs boutiques et crient en brandissant le poing : *« Révolution ! Révolution*[1] *! »*

L'amiral ministre de l'Instruction publique, Poutiatine, envoie des télégrammes affolés à Livadia : « Que faire ? » Le souverain, qui profite du soleil et de la mer, a cette bienveillante réponse : « Traitez paternellement avec eux. » Le vieil amiral sait pertinemment qu'au bon vieux temps de Nicolas Ier, un « traitement paternel » n'avait qu'une signification : le fouet. Par bonheur, le

---

1. En français dans le texte.

grand-duc Constantin Nikolaïevitch intervient à temps pour éviter la catastrophe.

Les cours sont suspendus jusqu'à l'attribution des matricules. L'université est fermée. On annonce que, seuls, pourront assister aux cours, ceux qui accepteront les funestes livrets. Et les troubles se poursuivent...

Le mois d'octobre s'ouvre sur des heurts avec la police aux abords de l'université. Des foules de badauds viennent contempler ce spectacle inouï en Russie.

En l'absence du souverain, le Sénat se réunit... Le 12 octobre, une énorme foule d'étudiants se rassemble dans la cour de l'université. Une fois de plus, des discours enflammés résonnent. Transportés d'enthousiasme par les orateurs, les étudiants qui ont accepté les matricules les déchirent démonstrativement et les jettent sur le pavé, sous les applaudissements de leurs camarades. Un tapis de papiers se forme ainsi devant l'entrée principale.

L'heure des rétrogrades a sonné. Le Sénat et le Saint-Synode prennent des mesures. Une garde – un demi-peloton du régiment Preobrajenski et un peloton du régiment de Finlande – est envoyée à l'université. Les étudiants qui se trouvent dans la cour y sont bloqués et appréhendés. Puis, les soldats forment une sorte de couloir par lequel on commence à emmener les étudiants. Alors, leurs camarades, dans la rue, se jettent, armés de bâtons, sur les gardes. Et retentit le commandement que les soldats attendaient avec impatience : « En joue ! »

Comme l'écrira le ministre de la Guerre Milioutine : « Les soldats, à cran, se mirent à réprimer pour de bon. »

Bientôt, deux cent soixante-dix étudiants tabassés sont conduits à la forteresse Pierre-et-Paul. Chemin faisant, ils lancent des insultes au pouvoir.

« La forteresse était surpeuplée » (D. Milioutine). Six étudiants, gravement blessés, sont envoyés à l'hôpital militaire. Les troubles estudiantins se propagent à Moscou et en province. Partout, on envoie les gendarmes et la police pour remettre de l'ordre. C'est ainsi que, sans en avoir conscience, le souverain fait le premier pas qui le conduira au canal Catherine.

Durant les troubles, on arrête à Moscou un certain Piotr Zaïtchnevski, étudiant à l'université de cette ville, appelé à jouer un rôle funeste dans notre récit.

Quand le tsar rentre à Saint-Pétersbourg, son frère Constantin réussit à le persuader d'arranger les choses. Janus consent : Poutiatine est démis, un libéral proche du grand-duc, Alexandre Golovnine, âgé d'une quarantaine d'années, lui succède. Il rouvre les facultés de Saint-Pétersbourg, permet aux étudiants exclus de passer les examens et offre aux universités l'autonomie qu'elles appelaient de leurs vœux.

Mais il est trop tard. Les étudiants connaissent à présent l'ivresse des joyeuses émeutes de la jeunesse.

Naissance des démons

Les choses n'en restent donc pas là. Dès le printemps 1862, on saisit une proclamation « extraordinairement sanguinaire », intitulée « Jeune Russie ». C'est une adresse de la jeunesse à l'opinion.

Et notre réformateur lit avec stupéfaction : « Nous n'avons que faire de l'oint du Seigneur, nous n'avons que faire du manteau d'hermine qui ne sert qu'à dissimuler une incapacité héréditaire [tout cela, après la libération des paysans! E. R.]. Il nous faut un chef élu qui touche un traitement pour son service. Si Alexandre II ne le comprend pas et refuse de faire, de son plein gré, cette concession au peuple, tant pis pour lui ! »

L'appel « au sang » va plus loin. « Il n'est qu'une issue à cette oppression : la révolution, une révolution sanglante, impitoyable, une révolution qui changera radicalement tous les fondements de la société et fera périr les tenants de l'ordre en vigueur. Elle ne nous effraie pas, même si nous savons que des fleuves de sang couleront et que mourront, peut-être, des victimes innocentes. Nous ne lançons qu'un cri : "Prenez vos haches !" et frappez sans merci le parti impérial, tout comme il se montre, aujourd'hui, sans merci à notre endroit ! Frappez sur les places, si ces immondes salauds osent y paraître, frappez dans les maisons, frappez dans les ruelles, frappez dans les larges avenues des capitales, frappez dans les bourgs et les villages ! Rappelez-vous que ceux qui ne seront pas avec nous, seront contre nous, que ceux qui seront contre nous seront nos ennemis, et que les ennemis devront être exterminés par tous les moyens ! » Le texte est signé : « Comité central révolutionnaire ».

Peu après, on pose sur le bureau de l'empereur une autre proclamation sanglante :

« Aux paysans dépendant des propriétaires, les salutations de ceux qui leur veulent du bien ! » On s'adresse, cette fois, au peuple des campagnes, on appelle la Russie paysanne à prendre la hache, on l'appelle, là encore, à verser le sang.

Alexandre comprend à présent les avertissements des rétrogrades, il voit de ses propres yeux les effets du « dégel » sur la jeunesse.

Le grand-duc Constantin a quelques raisons de se faire du souci. Notre Janus est hors de lui. Son entourage sent aussitôt souffler le vent des changements. Le comte Piotr Chouvalov, proche du tsar, quitte les cercles de la bureaucratie libérale. Il signale au souverain l'incapacité d'un autre de ses proches, le prince Dolgoroukov, à diriger efficacement la Troisième Section.

Au sein même de cette Troisième Section, on évoque la « nécessité de serrer la vis ». Des rapports sont présentés au tsar, indiquant que l'Internationale des émeutiers, formée par un certain professeur allemand répondant au nom de Marx, s'est d'ores et déjà infiltrée en Russie, où s'est constituée une secrète alliance internationale de révolutionnaires. On l'informe que les proclamations sont l'œuvre de cette organisation. Il faudra, toutefois, attendre un peu pour savoir qui est effectivement derrière ces proclamations insensées.

À Moscou, cependant, Piotr Zaïtchnevski et quelques autres étudiants, appréhendés lors des troubles, attendent d'être jugés. La police, qui en a la garde, leur aménage d'incroyables conditions de liberté et de confort. Mieux vaudrait, sans doute, parler d'un confort *suspect*, compte tenu des mœurs des argousins russes, rompus, sous le règne de Nicolas, aux méthodes du passage à tabac.

Chaque dimanche, nos détenus sont conduits aux bains municipaux. En chemin, ils croisent leurs amis – une petite foule – et, tandis que ces messieurs bavardent, les soldats rongent patiemment et délicatement leur frein à l'écart. La rencontre s'achève sur une invitation à se réunir... dans la cellule des étudiants arrêtés !

« La petite cellule d'isolement, au plafond bas, était pleine à craquer, les gens étaient assis sur la couchette, sur le rebord de la fenêtre, par terre et sur la table... La plupart étaient jeunes, on trouvait parmi eux quelques condisciples de Zaïtchnevski. *Les débats étaient vifs* », écrit un membre de cette fantastique assemblée.

On a peine à le croire : la police autorise des rassemblements politiques organisés par des étudiants, précisément appréhendés pour ce motif !

Et Piotr Zaïtchnevski, avec quelques-uns de ses codétenus, imagine, dans sa confortable cellule, de rédiger une proclamation. Il va de soi que le ton en est virulent : elle appelle à l'anéantissement complet de la famille impériale et des propriétaires terriens. Les références aux Jacobins de 1793 y sont légion. Quant au titre : « Jeune Russie », il est choisi en hommage à la « Jeune Italie » des *carbonari*.

Les bizarreries continuent. En échange d'une modeste rétribution, un des soldats chargés de garder les détenus accepte de remettre l'enveloppe contenant le texte de la proclamation aux amis des prisonniers. La proclamation est ensuite prise en charge par une imprimerie clandestine et diffusée à de nombreux exemplaires. Elle tombe immédiatement aux mains de la Troisième Section. C'est ainsi que l'œuvre d'une poignée d'étudiants arrive sur le bureau du tsar, bientôt considérée comme le fruit de l'activité d'une organisation révolutionnaire internationale.

Très rapidement, comme s'il s'agissait d'un effet des proclamations, de mystérieux incendies éclatent à Saint-Pétersbourg. À partir du 16 mai 1862, la capitale est, tous les jours, la proie des flammes. Une effroyable odeur de brûlé plane sur la ville. Les nuits blanches sont à présent illuminées de rouge. Et, le 28 mai, c'est la catastrophe.

Un monstrueux incendie se déclare tout d'abord cour Apraxine. Le feu se propage dans les baraques de bois pourries, emplies de bric-à-brac. La flamme gagne du terrain et atteint, de l'autre côté de la Fontanka, les réserves de bois dans les arrière-cours des somptueux palais. Les cloches des voitures de pompiers tintent pitoyablement, tous les efforts des soldats du feu demeurent vains. On en appelle à la troupe, et le ministre de la Guerre, Milioutine, arrive au galop.

Il note dans ses Mémoires :

« Quand je fus sur le lieu de l'incendie, vers sept heures du soir, je découvris le spectacle d'un océan de flammes, depuis les galeries marchandes (qui, par bonheur, ne furent pas touchées) jusqu'à la perspective Zagorodny, depuis le corps des pages... jusqu'à la cour Apraxine. Le ministère de l'Intérieur était cerné par le feu, on jetait par les fenêtres des ballots de dossiers. »

Alexandre arrive aussitôt de Tsarskoïe Selo. Il conduit les opérations. On livre une véritable bataille. Vers deux heures du matin, l'incendie est circonscrit. Les galeries marchandes, le corps des pages sont intacts. Mais le centre de la ville n'est plus qu'un amas de ruines noires, fumantes. On dépose les corps des victimes sur la place d'armes du régiment Semionovski où, naguère, Dostoïevski et les membres du cercle de Petrachevski avaient attendu l'exécution de leur peine.

Milioutine se souvient :

« Les incendies sont pour nous, en Russie, un cataclysme habituel durant la saison d'été... et le peuple supporte humblement son malheur. Mais, en 1862, le feu prit de telles proportions et un tel caractère qu'il ne laissa aucun doute sur le fait qu'il avait été *déclenché volontairement.* »

C'est d'ailleurs ce que la police secrète rapporte à Alexandre. On désigne, en outre, très clairement les coupables : les jeunes, les étudiants. Ils ont commencé par des menaces dans leurs proclamations, et voilà qu'ils sont passés à l'action. Tout le temps que dure l'incendie, les rumeurs de ce genre vont bon train. Milioutine note : « Je fus impressionné par la foule réunie alentour, stupéfié par... sa fureur. Il était dangereux, pour les étudiants, de se montrer dans la rue, revêtus de leur uniforme... »

« L'étudiant s'émeute » est l'expression la plus fréquemment employée, alors, par les bonnes gens.

De son côté, le ministre de l'Intérieur, Valouïev, a, dans son Journal, cette étrange remarque : les incendies, les proclamations... ont eu « l'effet voulu ».

« Voulu » par qui ?

Dès le 21 mai, une commission d'enquête est créée, composée du chef de la police de Saint-Pétersbourg (Alexandre Patkoul), de délégués des ministères de l'Intérieur, de la Justice, de la Guerre et, bien sûr, de la Troisième Section. Elle tentera d'élucider l'affaire des incendies.

Or, la puissante commission ne découvre, en fin de compte, aucun incendiaire. Seul un malheureux Juif d'Odessa, accusé d'avoir mis le feu, est pendu. Reste la question : a-t-on mal cherché ? Ou n'y avait-il rien ni personne à trouver, car ce n'était qu'une provocation policière visant à effrayer le tsar ?

Quoi qu'il en soit, tout se passe comme l'avait prévu le grand-duc Constantin Nikolaïevitch : la carte « jeunes » devient un « vaste champ d'action pour le parti rétrograde ».

Le parti rétrograde

Qui se cache donc derrière ce que le grand-duc nomme dans son Journal : « les rétrogrades », le « parti rétrograde » ?

Il s'agit des piliers du règne de Nicolas, militaires et bureaucrates, auxquels il convient d'ajouter, naturellement, la « camarilla » de la Cour, des intrigants de tout poil. Tous ont perçu, avec une certaine acuité, que la société se réveillait dangereusement après le long sommeil qui avait marqué le précédent règne. Ils ont ressenti les premières funestes secousses et en sont effrayés : un séisme ne menace-t-il pas ? L'autocratie ne risque-t-elle pas de vaciller sur ses bases ?

L'étendard des rétrogrades est le chauvinisme grand-russe, la fameuse triade : « Autocratie, Orthodoxie, *Narodnost* ». Ils sont également mus par la haine des récentes réformes, susceptibles d'entraîner la Russie sur la voie honnie de l'Occident, ce qui signerait la fin de l'autocratie.

Au début du règne, tant que le tsar se passionne pour les changements, ils préfèrent rester discrets. Avec le temps, toutefois, leurs noms résonneront de plus en plus fort et un redoutable leader prendra la direction des opérations. En attendant, cet été 1862, marqué au sceau des incendies, constitue leur première victoire. Le souverain accepte de très nombreuses arrestations de « suspects » jusqu'aux conclusions de la commission d'enquête. Janus regarde à présent en arrière, du côté de son père.

Le 8 juin, il ordonne au génie d'« aménager au plus vite, dans les casemates de la forteresse Pierre-et-Paul, de quoi loger vingt-six détenus politiques ». Il entérine la décision de surveiller les imprimeries... Autre manifestation de sa volonté suprême : la revue *Le Contemporain* est suspendue pour huit mois. Or, cette revue est le symbole de la *« glasnost »*. Le rédacteur en est le poète Nikolaï Nekrassov, devenu, durant les quelques années du nouveau règne, l'idole des libéraux.

Les hommes de lettres les plus connus publient, alors, dans *Le Contemporain.* Les traditionnels dîners de la revue réunissent la fine fleur de la littérature. Quelqu'un déclare plaisamment à ce sujet : « Si, au cours d'un de ces dîners, le plafond devait s'effondrer, il n'y aurait plus, d'un coup, de grande littérature russe. » Les principaux publicistes y sont le tout jeune Nikolaï Dobrolioubov et Nikolaï Tchernychevski.

Les essais satiriques et autres articles de Dobrolioubov, les écrits de Tchernychevski sont cités par toute la jeunesse de l'époque : « Si Tchernychevski est un serpent, Dobrolioubov, lui, est un serpent à sonnette », écrit un homme de lettres qu'ils ont offensé.

Dobrolioubov, toutefois, meurt très jeune. Ne reste plus, en qualité de publiciste dans cette revue extrêmement populaire, que

Tchernychevski, qui devient le maître à penser de la jeunesse. Il est donc « réprimé » en même temps que la revue, mais autrement plus durement.

L'ange déchu

Tchernychevski est un homme complet : philosophe, économiste, publiciste, critique littéraire, écrivain. Avec lui, nous nous heurtons à un paradoxe : alors que le niveau de ses travaux philosophiques et économiques est pitoyable et que, comme écrivain, il ne vaut pas tripette, c'est précisément lui qui va exercer sur l'ensemble de la vie russe une influence considérable. En ce siècle des titans que sont Tolstoï et Dostoïevski, il sera l'auteur du roman le plus populaire au sein de la jeunesse russe d'avant-garde.

Tchernychevski est le fils d'un prêtre orthodoxe[1]. Son père est un pasteur au sens le plus authentique et évangélique du terme... Sous le règne de Nicolas, alors qu'on était censé « se montrer dur avec les hommes pour leur bien », ses ouailles n'entendaient de lui que paroles d'amour et de réconfort. Son fils a hérité de sa bonté, de sa pureté d'âme, de son refus de toute mesquinerie et petitesse. Nikolaï Gavrilovitch Tchernychevski est en effet un « pur », ce que reconnaissent même ses pires ennemis. Ils le surnomment : « l'ange déchu ». En disciple de l'excellent Mill, il appelle à un égoïsme raisonné : « En agissant noblement, nous œuvrons exclusivement dans notre intérêt. » Mais en dépit de son extrême bonté, cet homme est voué à devenir le maître à penser des futurs terroristes et du jeune Lénine.

Lorsque Alexandre entreprend sa réforme agraire, Tchernychevski est un admirateur inconditionnel de l'empereur. Toutefois, le résultat de ces transformations le fait réagir avec une virulence extrême. Toute action politique ouverte est, bien sûr, exclue. Alors,

---

1. Rappelons que l'orthodoxie russe autorise les prêtres à se marier et à fonder une famille.

en compagnie d'autres radicaux déçus, ce discret intellectuel crée une organisation secrète, appelée « Terre et Liberté ». Ses membres réclament pour les paysans une véritable *liberté* et de justes lopins de *terre*. Ils considèrent que ceux accordés, misérables, sont gros de bouleversements, d'émeutes paysannes sanglantes, impitoyables et insensées.

Dans ses *Lettres sans destinataire*, Tchernychevski évoque cette menace imminente et expose les points de vue des radicaux qui l'entourent :

« Notre peuple est inculte, pétri de préjugés grossiers, plein d'une haine aveugle envers tous ceux qui rejettent ses mœurs sauvages. C'est pourquoi nous nous élevons également contre une probable tentative du peuple pour se libérer de toute tutelle et prendre en charge ses affaires par lui-même. Afin d'éviter un dénouement qui nous horrifie par avance, nous sommes prêts à tout oublier : notre amour de la liberté, comme notre amour du peuple. »

Cependant, après les incendies, Tchernychevski est arrêté et accusé d'avoir voulu déclencher ce soulèvement paysan qui l'effraie tant. On lui impute la proclamation : « Aux paysans dépendant des propriétaires, les salutations de ceux qui leur veulent du bien ! » Le 12 juin 1862, il est conduit dans une des nouvelles cellules de la forteresse Pierre-et-Paul. Il y demeurera deux ans, sans passer aux aveux. Mais l'instruction, la prison, l'injustice du pouvoir le transforment en adversaire acharné du régime. À l'isolement dans son cachot humide, où il fait périodiquement la grève de la faim et proteste véhémentement contre les conditions imposées aux prisonniers, il entreprend d'écrire un roman que sa haine du régime embrase d'une sorte de flamme secrète. Ce roman s'intitule : *Que faire ?*

De sa cellule, Tchernychevski dictera ainsi à toute une génération ce qu'elle doit faire ! Et le héros de son roman aura une influence fantastique, inouïe, sur la jeunesse russe.

Brusque revirement

À quoi songe, alors, notre réformateur ? Il pense ce que pensent tous les réformateurs : « Pourquoi, diable, me suis-je lancé dans cette entreprise ? » Et il cherche fébrilement une issue.

Cependant, une fois remplies les cellules de la forteresse Pierre-et-Paul (victoire des rétrogrades), notre Janus s'en tient là, à la grande surprise des conservateurs, et se met à regarder – fort loin – dans la direction opposée.

En cet été brûlant, dans la fumée des incendies qui ravagent la capitale, au milieu des émeutes paysannes et des déclarations à l'emporte-pièce de la jeunesse, Alexandre convoque le chef du cabinet des ministres, Valouïev. Il lui ordonne de préparer, dans le plus grand secret, la refonte du Conseil d'Empire, nommé par le tsar et appelé à devenir un organe législatif bicaméral qui se composera de députés... élus !

Valouïev est pétrifié : ce sera la première institution gouvernementale élue de l'histoire russe ! Le souverain semble ainsi s'engager sur la voie du parlementarisme et de la monarchie constitutionnelle. Toutefois, le ministre, en bon exécutant, ne se permet pas de juger les ordres du tsar ; il réserve à son journal intime les questions qu'il peut se poser. Notre homme girouette se met aussitôt à l'ouvrage, avec, qui plus est, un immense enthousiasme.

Tandis que le zélé ministre concocte ce projet pour la Russie, Alexandre ne perd pas son temps : il a résolu de tester l'idée de la Constitution sur les marches de l'empire. Une fois encore, le grand-duc Constantin et la grande-duchesse Hélène Pavlovna sont à ses côtés.

Un « preux russe »

Alexandre choisit comme « polygone d'essai » le royaume de Pologne et le grand-duché de Finlande. Avant de se retrouver dans l'empire de Russie, ces deux États avaient une structure autrement plus évoluée que celle de leur conquérant. Tous deux avaient, notamment, une Constitution.

Le tsar commence par la Pologne. Il décide d'en élargir considérablement l'autonomie, contre laquelle, précisément, s'était insurgé son père qui vouait aux gémonies ces Polonais éternellement rebelles.

À la fin du mois de juin 1862, le grand libéral de la famille, le grand-duc Constantin Nikolaïevitch, est nommé vice-roi de Pologne, chargé d'appliquer la réforme.

Les Polonais, toutefois, ne veulent pas d'une « misérable aumône ». Ayant senti le vent du changement, ils veulent tout, tout de suite. Ils réclament l'indépendance, refusent la domination russe.

Et l'on tire sur Constantin, un jour qu'il est au théâtre ! Par bonheur, il ne s'en sort pas trop mal : la balle n'a fait que lui effleurer l'épaule, endommageant l'épaulette au monogramme de son père. Le grand-duc se remémore aussitôt les principes paternels : l'homme qui a attenté à ses jours est pendu, pour faire passer à d'autres éventuelles têtes brûlées l'envie de tenter l'aventure. Ce coup de feu, cependant, n'est qu'un prélude à des événements bien plus graves.

Alexandre est au bal lorsqu'il apprend qu'un soulèvement embrase la Pologne. Les rebelles ont formé un gouvernement national et proclamé l'indépendance. Constantin ne convient guère pour le rôle de gendarme chargé de la répression. Le grand-duc s'efforce néanmoins, assez timidement et sans succès, d'écraser la révolte.

Alexandre est furieux. Il décide de rappeler à « ces rebelles ingrats » le bon temps de son père et envoie en Pologne le général Mikhaïl Mouraviev.

Mouraviev est un colosse, au souffle pesant, à la tête de bouledogue et aux yeux de tigre. Il est le chef du fameux « parti rétrograde ». Un temps gouverneur des provinces occidentales, il a mené une politique impitoyable de russification. Il est, en outre, un des rares à avoir ouvertement exprimé sa désapprobation des réformes entreprises par le nouvel empereur et, après l'abolition du servage, il a démonstrativement pris sa retraite.

Un lointain parent de Mouraviev avait été pendu, suite à l'affaire des décembristes. Mais, comme aime à répéter le général : « Je ne suis pas de ces Mouraviev que l'on pend, je suis de ceux qui pendent. » Lorsqu'il part pour la Pologne, il a ce mot abominable :

« Pour moi, un bon Polonais est un Polonais qui se balance au bout d'une corde. » Il ne tardera pas à être surnommé « Mouraviev la Potence ».

Le général pose ses conditions : le grand-duc doit être rappelé de Varsovie, et lui-même doit disposer de pouvoirs dictatoriaux en Pologne. Alexandre accepte tout. Et « la Potence » s'en va faire son office.

L'armée russe de cent mille hommes qu'il conduit écrase littéralement les insurgés polonais, quasi désarmés. Mouraviev entreprend ensuite une « purge » sauvage. On pend, on confisque aux nobles leurs domaines, on déporte en Sibérie des familles entières, on ferme les couvents ; les moines et nonnes qui ont prêté main-forte aux insurgés sont joyeusement chassés de leurs cellules par les soldats. Vingt-deux mille Polonais sont ainsi exécutés ou envoyés au bagne. Quelques milliers d'insurgés parviennent à trouver refuge en Europe. L'autonomie polonaise a vécu. La Pologne est, désormais, gouvernée directement de Saint-Pétersbourg, le russe devient la langue obligatoire pour tous les fonctionnaires.

« Syphilis patriotique »

Après toutes ces atrocités, on assiste à cette chose stupéfiante : Alexandre retrouve l'approbation de l'opinion !

« Sacré Mouraviev ! Ah, sacré gaillard ! Il fusille et pend. Il pend et fusille. Dieu l'ait en Sa sainte garde ! » écrit, guilleret, le publiciste slavophile Kochelev.

C'est la vieille hostilité de la Russie orthodoxe envers les Polonais catholiques. Pendant le Temps des troubles, les Polonais avaient bien failli conquérir la Russie, en plaçant des usurpateurs sur le trône. Récemment encore, la Pologne se battait aux côtés de Napoléon. Cela, la Russie ne l'oubliera jamais.

« Ce sont des querelles familiales entre Slaves. » Ainsi Pouchkine qualifiait-il les relations de la Russie avec la Pologne soumise. L'Europe, toutefois, refuse de considérer ces horreurs comme une simple « affaire de famille ».

Les sanglants exploits de Mouraviev indignent l'opinion européenne. Les réfugiés polonais racontent les atrocités perpétrées dans leur pays. Mais, quand la France, l'Angleterre et l'Autriche, qui, peu auparavant, ont mis la Russie à genoux dans la guerre de Crimée, entreprennent de protester contre les exactions commises en Pologne, la répression atteint des sommets de popularité en Russie : dans la presse, Mouraviev devient le « preux russe », l'« adversaire de cette Europe qui prétend se servir des Polonais pour humilier à nouveau la Terre russe ».

Herzen, lui, ne voit dans cette réaction de l'opinion russe qu'une « syphilis patriotique ».

Les pressions de l'Angleterre, de la France et de l'Autriche s'accroissent. Les puissances en viennent à employer le langage de l'ultimatum. Des « sanglants barbares » (c'est ainsi que les journaux français qualifient les Russes), on exige l'amnistie pour les insurgés, l'autonomie de la Pologne et bien d'autres choses encore. Gortchakov s'en tire par d'habiles messages. Il multiplie les révérences devant les puissances, ainsi que les protestations d'amitié, assorties d'ardentes promesses pour l'avenir lointain. Il fait ainsi à l'Angleterre, non sans dérision, le serment qu'un régime constitutionnel sera instauré en Pologne, sur le modèle anglais. Pas dans l'immédiat, bien sûr...

En lisant les notes adressées par ses ennemis d'hier, Alexandre se contente de soupirer. Il n'est pas en mesure d'affronter ses adversaires sur le terrain militaire. Force lui est donc de se jeter à nouveau dans les bras de la Prusse, si compréhensive. (Au passage, d'ailleurs, le « cher oncle et ami », le roi Guillaume, récupère dans son escarcelle quelques terres polonaises conquises.)

L'Europe ne tarde pas à changer de ton. Elle ne veut pas se battre contre l'alliance russo-prussienne pour la Pologne. Alexandre comprend, soulagé, que l'Europe a trahi les Polonais.

Et le tsar d'expliquer sèchement à l'ambassadeur de France : « Je voulais accorder l'autonomie à la Pologne. Qu'en est-il résulté ? Une nouvelle fois, les Polonais ont voulu créer leur propre État. Mais cela eût signifié l'effondrement de la Russie. » Le souverain exprime en outre son mécontentement de cette France qui a donné asile à des milliers de Polonais.

Cependant, bien qu'approuvant Mouraviev en paroles, « l'Européen » Alexandre apprend avec répugnance les opérations de répression menées par ce dernier, et il s'efforce constamment de le brider. Comme le dit l'intéressé lui-même : « Non seulement je n'obtins pas l'approbation de Saint-Pétersbourg, mais tous les moyens furent mis en œuvre pour me contrer. » Les proches du tsar, Constantin au palais de Marbre, Hélène Pavlovna au palais Michel, et tous ses intimes, parmi lesquels on trouve le chef de la Troisième Section (le prince Dolgoroukov), le général-gouverneur de la capitale (le prince Souvorov), vouent à « la Potence » une haine méprisante. Lorsqu'on suggère au prince Souvorov d'adresser une missive à Mouraviev, à l'occasion d'un anniversaire, celui-ci répond : « Je ne fête pas les cannibales. »

Et quand « le Maure a fait son œuvre », quand la Pologne est pacifiée, le souverain se défait de Mouraviev : il lui donne un titre de comte et l'expédie à la retraite. « La Potence » se retire alors sur ses terres. Sur son balcon, vêtu de sa tunique blanche de général, il fume la pipe, s'empâte et rédige ses Mémoires. Le gras bouledogue aux yeux de tigre semble avoir définitivement sombré dans l'oubli. Mais la vie peut être longue en Russie...

Pour punir cette Pologne qui n'en finit pas de se rebeller, on accorde des institutions représentatives à la paisible Finlande. Le souverain réunit la Diète finlandaise, afin d'élaborer une Constitution. L'assemblée n'a pas fonctionné depuis 1809 (le pays est gouverné par le Sénat, chapeauté par un gouverneur général).

Alexandre déclare : « Si les travaux de la Diète sont couronnés de succès, cela jouera en faveur d'un élargissement de l'expérience. » À compter de 1869, la Diète siégera régulièrement. Mais Alexandre n'éprouvera pas le besoin d'élargir l'expérience à la Russie.

Ayant écrasé (du moins le tsar le croit-il) la sédition et se sentant soutenu, depuis la défaite des rebelles polonais, par son opinion publique, le souverain n'estime plus nécessaire de chercher des solutions pour le pays. Et quand Valouïev lui remet son projet soigneusement élaboré, celui-ci rejoint les archives. Le ministre en est fort aise : il n'a aucune envie de passer pour un « rouge » aux yeux de la puissante camarilla.

Le tsar se verra, toutefois, contraint de se remémorer l'existence de ce projet.

Le millénaire de la Russie

L'année qui suit l'abolition du servage est marquée par la célébration d'une date capitale : le millénaire de la Russie.

Pour l'occasion, le tsar se rend à Novgorod, avec sa famille. Mille ans plus tôt, sur la terre de Novgorod, les Slaves, épuisés par leurs querelles intestines, envoyaient aux princes varègues guerriers des émissaires porteurs de ce message peu commun : « Notre terre est abondante et riche, mais le désordre y règne. Venez nous gouverner et nous diriger. »

Les démarches de ce genre sont rares dans l'histoire. Les princes varègues, pourtant, ne devinrent pas les maîtres de la terre de Novgorod. « Monsieur le Grand Novgorod » demeura, en effet, près de quatre cents ans, une république libre. L'assemblée des citadins (le *Viétché*) louait les services des princes et les chassait à sa guise ; c'est elle, également, qui faisait les lois.

Les tsars moscovites despotiques finirent par écraser impitoyablement la grande république de Novgorod, ne laissant plus à la Russie qu'une voie : celle de l'autocratie.

Aussi, en cette année de bouleversements – troubles estudiantins, incendies, proclamations... – Alexandre choisit-il de célébrer discrètement le millénaire de la Russie sur une terre qui « garde la mémoire de la république russe anéantie, mais jadis puissante ».

Janus doit regarder vers l'avenir

Alexandre est, cependant, prisonnier de ses actes. Il est enchaîné au char des réformes. Il faut bien que quelqu'un gouverne les paysans libérés. Les propriétaires terriens, qui en avaient naguère la charge, ont sombré.

Vaille que vaille, force est de poursuivre les réformes qui ont suscité un tel chambardement. Le pouvoir se voit contraint d'instaurer de nouveaux pouvoirs locaux : l'institution des zemstvos.

Le terme même de *zemstvo* est le gage d'une certaine liberté. Au temps jadis, en Moscovie, des assemblées des différents ordres se réunissaient pour toutes les questions importantes. Elles portaient le nom de *zemski sobor* – assemblées de toute *la terre* russe. Le mot *zemlia*, « la terre », est donc à l'origine du terme *zemstvo*, désignant des organes d'autogestion. Pour la première fois, en effet, toute la « terre », toute la population est appelée à s'occuper des affaires locales. Dans les institutions des zemstvos siègent ensemble représentants de la noblesse, de la paysannerie et des citadins, avec cette nuance, toutefois, que les présidents en sont obligatoirement les maréchaux de la noblesse. En outre, les zemstvos ne peuvent s'occuper que des affaires locales : pas question de se mêler de politique générale !

Pour la première fois également, le tsar ordonne de rendre public le budget de l'État. On révèle ainsi à la population le grand secret des empereurs : à quoi sont employés les deniers de l'empire. Désormais, les publicistes discutent du budget dans les journaux. La camarilla, elle, ne se lasse pas de répéter son antienne : « Si l'ancien souverain voyait cela !... »

Force est également de créer de nouveaux tribunaux. Au temps du servage, les propriétaires étaient, seuls, habilités à juger vingt millions de serfs. La justice, au demeurant, n'était guère meilleure pour les citoyens libres : la concussion y régnait en maître. Une expression, presque un proverbe, courait sur les tribunaux : « Puisqu'on touche notre part, des choses on fera la part. » Le tribunal pouvait juger en l'absence des parties en litige.

En 1864, Alexandre signe le nouveau « Code judiciaire » qui proclame ce principe, là encore *inouï*: tous les citoyens sont égaux devant la loi. Dans ce pays où, hier encore, régnait l'esclavage, on instaure des jurys, la justice se doit, désormais, d'être « rapide, juste et miséricordieuse », et la même pour tous les sujets. L'indépendance de la justice, son caractère public, les procès avec plaidoiries, tout cela est complètement nouveau et stupéfie les contemporains. Apparaissent des avocats et, parmi eux, de remarquables orateurs, dont les plaidoiries sont publiées dans les journaux et que le pays cite à l'envi. C'est dans les salles des tribunaux que la Russie commence à s'initier à la démocratie. Ces mêmes brillants orateurs feront, toutefois, tomber la dynastie. Cinquante-trois ans plus tard, l'avocat Kerenski prendra la tête de la révolution victorieuse.

La réforme la plus importante est, sans doute, celle de l'armée. Fini le temps des recrues prises parmi les serfs, qui formaient l'essentiel de l'armée des ancêtres d'Alexandre ! Le 1er janvier 1874, le service militaire obligatoire est instauré. Fini, également, l'époque où tout le poids de la conscription reposait sur les couches taillables et corvéables de la population, paysans et petits bourgeois des villes. L'égalité est instaurée : toutes les catégories doivent désormais servir sous les drapeaux.

Les lois antijuives de Nicolas sont en outre fortement adoucies. Le tsar abolit l'instruction secrète de son père, interdisant aux Juifs d'occuper des fonctions dans l'administration d'État. Il n'ose pas, néanmoins, supprimer la Zone de résidence[1]. Mais les marchands et artisans juifs de la première guilde, les Juifs dotés de grades universitaires, ainsi que les soldats ayant servi vingt-cinq ans dans l'armée de Nicolas, sont autorisés à en quitter les limites.

L'abolition des châtiments corporels compte parmi les changements importants dans l'armée. Le recours au fouet, aux verges remonte, en Russie, au fond des âges. Cette pratique est un héritage ancestral, une réminiscence du « bon vieux temps », un châtiment paternel. On fouette les serfs, les collégiens, les femmes. Le célèbre *Domostroï*, ouvrage du XVIe siècle enseignant aux hommes à diriger leur maison, comprend une série de règles sur la façon de fouetter son épouse, afin de lui « mettre du plomb dans la cervelle », sans pourtant mutiler cette « possession vivante de l'époux ».

---

1. Provinces de l'Empire russe où les Juifs avaient le droit de résider de façon permanente, situées, pour l'essentiel, à l'ouest et au sud-ouest de la Russie.

On fouette, bien sûr, les criminels. Mais le traitement réservé aux soldats qui se rendent coupables de quelque faute est particulièrement atroce. Le moindre manquement dans le maintien ou l'uniforme peut vous valoir jusqu'à cinq cents coups de fouet. Une tentative de désertion est punie de mille cinq cents coups et le tarif est double en cas de récidive...

Au temps où Nicolas s'efforçait d'aguerrir son « pleurnichard » de fils, il l'avait contraint à assister à un châtiment de ce genre. Il s'agissait d'un soldat qui avait voulu déserter. Dans sa grande bonté, le tsar avait ordonné de remplacer les mille cinq cents coups de fouet réglementaires par seulement cinq cents. Le malheureux, petit bonhomme aux pommettes saillantes, les épaules secouées de sanglots, psalmodiait : « Ayez pitié de moi, frères ! » Il savait, pourtant, que les autres ne l'épargneraient pas, sauf à risquer d'être fouettés à leur tour. Les hommes furent disposés en une double haie, la « rue verte », comme on l'appelait. On dénuda le soldat jusqu'à la taille. Un roulement de tambour. Et deux soldats menèrent le malheureux dans ce « couloir », les bras liés à deux fusils. Les soldats marchaient lentement, afin que chacun pût abattre de toutes ses forces les verges sur le coupable. Couvrant le son du tambour, celui-ci hurlait, suppliait... En vain. Les coups pleuvaient impitoyablement. Bientôt, la peau de son dos fut en lambeaux. Puis, l'homme chancela, tomba. On le releva : son dos n'était plus qu'un amas de chairs sanglantes. L'homme tomba à nouveau pour ne plus se relever. Ses supplications se turent. C'était la fin. On déposa alors son corps ensanglanté sur un traîneau que les soldats menèrent le long du rang, afin que l'on continuât de frapper le cadavre jusqu'aux cinq cents coups prévus.

Alexandre, lui, retint les mots de Bonaparte : un soldat auquel on donne le fouet est privé de ce qui compte le plus pour lui – l'honneur ! En abolissant les châtiments corporels, le tsar efface également la marque d'infamie.

Au terme de tous ces bouleversements, il apparaît que la part la moins civilisée, la plus sauvage de la Russie libérée de l'esclavage est... son système autocratique !

« Dès que la Parole divine... »

Le poète Nekrassov mériterait pour épitaphe ces vers du grand Pouchkine dont il ne prisait guère, au demeurant, la poésie : « Mais dès que la Parole divine effleure l'ouïe subtile du poète, l'âme de celui-ci tressaille... »

Nekrassov est littéralement transfiguré lorsqu'il prend la plume. Une haine brûlante de l'injustice, un immense amour de la Russie, un constant repentir imprègnent ses poèmes. Aucun autre poète russe ne s'est repenti avec autant de force et de lyrisme. « Pas de péché, pas de repentir, dira Raspoutine qui formulera la même idée de la façon suivante : c'est dans la salissure qu'est la sainteté. » Sa vie durant, Nekrassov semble s'appliquer à cette gymnastique de l'âme : pécher pour plonger, ensuite, dans un effarant repentir qui s'épanche en vers bouleversants, immortels. Ils sont sa Confession, sa prière pour être pardonné. De même que Dostoïevski cultive cette épilepsie qui lui permet, parfois, de grandioses prophéties, de même Nekrassov cultive le péché. Au demeurant, la lecture de Dostoïevski éclaire bien des aspects de la personnalité de Nekrassov.

La magnifique définition que le poète donne de la Russie : « Indigente et abondante, puissante et sans force », vaut tout autant pour son auteur, homme immense, infortuné et tellement russe !

C'est dans ce torrent de la grande littérature, qui appelle passionnément à suivre les voies les plus diverses, que grandissent et vivent les nouveaux jeunes gens.

L'oblomovisme au palais

Dans cette société toute neuve, où la littérature régit les esprits, l'empereur s'ingénie à vivre comme si de rien n'était. Son père, qui avait pourtant muselé la littérature russe, n'en invitait pas moins Pouchkine au palais, s'efforçant de séduire celui qui était alors le plus connu des écrivains. Nicolas était allé au théâtre voir *Le Revizor*, comédie subversive dans laquelle Gogol dénonçait la corruption des fonctionnaires du tsar. Il s'était même offert le luxe de déclarer : « Tout le monde a droit à une volée de bois vert, et moi plus que les autres ! » Cette très auguste autocritique avait aussitôt changé la méchante pièce en alliée du pouvoir, en appel bien intentionné à en finir avec le pillage du Trésor. Le tout-puissant despote s'efforçait donc d'entretenir des liens avec les représentants les plus influents de la littérature.

Mais Alexandre le réformateur, élève du poète Joukovski, ne s'intéresse pas aux écrivains. Il ne veut pas voir l'impact du verbe sur l'opinion qu'il a lui-même réveillée. Il ne mesure pas que la littérature et la presse brossent le tableau de son règne et forment les esprits. Notre Janus a beau transformer la Russie, l'existence qu'il mène est la même qu'au temps de son père, qui ne se souciait guère de développer les jeunes esprits et dont la marque fut la création de la Troisième Section.

La Russie, toutefois, de par la volonté du souverain, est en effervescence. Les représailles contre Tchernychevski et les membres de « Terre et Liberté » n'ont en rien stoppé le grand « dégel » amorcé après le rigoureux hiver du règne de Nicolas. Tout se passe désormais ouvertement : les réunions politiques, les querelles opposant, depuis les années 1840, slavophiles et occidentalistes sur la question des voies de la Russie. Tous, cependant, quelles que soient leurs orientations, exigent du gouvernement qu'il aille plus loin dans les changements et, surtout, plus vite ! « Nous voulons que le nouveau-né [la société libérée du servage, E. R.] ait des dents dès le premier jour, qu'il marche le lendemain [dans un pays où plus de 80 % de la population sont illettrés ! E. R.]. Nous n'avons que faire des nounous de l'administration, des langes et des emmaillotages ! » Tel est le manifeste du jour.

Disputes passionnées des membres des zemstvos, discours fracassants des avocats célèbres dans les salles pleines à craquer des tribunaux, fêtes de charité où des orateurs prennent la parole, lectures publiques où les grands auteurs présentent leurs nouvelles œuvres – les réunions se multiplient. On réussit même à engager le débat près d'une tombe fraîchement creusée...

Aux funérailles de Nekrassov, en effet, Dostoïevski prononce un discours. En dépit de quelques réserves, il place le poète au même rang que Lermontov et Pouchkine. Aussitôt, de jeunes voix l'interrompent en criant : « Nekrassov est plus haut ! Plus grand ! », ce qui leur vaut des applaudissements.

La discussion sur Nekrassov devant la tombe du poète fait la une des journaux où elle se poursuit furieusement.

6

LES ANNÉES TERRIBLES

La fin de « l'espoir de la Russie »

Au plus fort des années 1860, Alexandre a d'autres soucis que la littérature. 1865 marque, dans la vie de l'empereur, une tragédie qui sera partagée par le pays tout entier.

Le tsar et la tsarine idolâtrent l'héritier. L'enfant est beau, extraordinairement doué. Européen de conviction, il est appelé à poursuivre l'œuvre de son père. Il incarne « l'espoir de la Russie » ; c'est un « jeune homme brillant », « à l'esprit souple et fin, passionnément sensible à toutes les innovations ». Telles sont, en tout cas, les appréciations de ses maîtres. « Le sommet de la perfection », déclare, à son sujet, le grand-duc Constantin Nikolaïevitch. Tout le monde le tient en affection, et son gigantesque frère, Alexandre le pataud, lui est spécialement attaché.

Sacha est le cadet. N'ignorant pas la rivalité entre Alexandre et Constantin, l'impératrice (qui ne peut, décidément, dissimuler son manque d'affection pour l'énorme et maladroite créature qu'est Alexandre) ne lui donne pas la même éducation qu'à Nicolas. Il est clair que Sacha n'a pas vocation à être la doublure de l'héritier.

Le brave Alexandre, au demeurant, n'en est aucunement chagriné. La science ne l'intéresse guère. À l'instar de son grand-père et de tous les Romanov, il déploie son zèle dans la chose militaire, se qualifiant orgueilleusement de « parfait commandant de régiment ». Toutefois, à la différence de ces authentiques officiers de la Garde que furent ou sont encore son grand-père, son père et son frère Nicolas, Alexandre n'est pas bon au combat.

Au bal, l'infortuné Sacha ne danse pas ; il a honte de son corps maladroit et se tient dans un coin, avec les vieillards, se contentant d'admirer les gracieuses évolutions de son frère. Il a pour lui, en revanche, une force surhumaine. Enfant, il prend un fer à cheval et, en jouant, réussit à le plier, quémandant du regard l'approbation de son frère adoré.

Sa mine débonnaire, sa grosse bouille et sa fidélité de chien lui valent de la part du grand-duc Michel Nikolaïevitch (oncle Micha) le surnom de « Doguin ». La Cour, elle, le qualifie de « Bouledogue ».

Le hasard va tout bouleverser. Ce jour-là, le palais reçoit l'aîné de Macha, la sœur d'Alexandre, le jeune duc Nicolas de Lichtenberg.

Nicolas est un passionné de gymnastique et de lutte. Son cousin également. L'héritier le défie. Les deux Nicolas s'empoignent, sous l'œil de Sacha, qui soutient son frère. Mais ce dernier prend un coup terrible à la colonne vertébrale, en heurtant le coin d'une table en marbre, « si fort », se souvient Maria Patkoul, « que, ne l'eût-on soutenu, il se fût effondré. Mon mari, qui était alors de service au palais d'Hiver, auprès du souverain, entra à ce moment dans la salle où leurs Altesses s'adonnaient à leurs joutes, afin de les saluer. Voyant l'héritier blême, incapable de se relever, il courut chercher de l'eau. Nul n'y avait pensé. Il s'informa de ce qui s'était passé et apprit tous les détails de la bouche du grand-duc Alexandre Alexandrovitch [Sacha, E. R.]. Il conseilla aussitôt au comte Stroganov [Sergueï Stroganov, précepteur de Nicolas, E. R.] d'appeler un docteur : il convenait de ne pas prendre à la légère un coup aussi sérieux à la colonne vertébrale... Personne, cependant, ne prit de mesures énergiques. »

La princesse danoise Dagmar, fiancée de Nicolas, survient sur ses entrefaites. Délicieuse jeune fille, véritable miniature, elle est passionnément amoureuse de son promis.

Dagmar est une cavalière émérite, et l'on organise une chasse au renard à Peterhof. Mais lorsque, comme à son habitude, Nicolas enfourche d'un bond son cheval, son visage se tord de douleur. Son père s'en inquiète. Pour toute réponse, l'héritier éperonne sa monture et, ne pouvant retenir un cri de souffrance, manque faire une chute. Là encore, nul n'y prête véritablement garde. Le tsarévitch ne tarde pas, toutefois, à dépérir à vue d'œil : il maigrit beaucoup, marche voûté. Son père, qui ne comprend pas ce qui lui arrive, se fâche, le sermonne : il « va comme un vieillard ». Nicolas s'efforce de surmonter sa douleur ; cela lui sera fatal.

Les médecins l'examinent enfin. Le docteur Botkine va, alors, trouver le souverain. Après leur entretien, l'empereur sort de son cabinet, pâle comme la mort. Nicolas souffre, depuis le coup reçu à la colonne vertébrale, d'une terrible maladie : une tuberculose osseuse.

On envoie l'héritier se soigner à Nice. Sa santé se détériore et Sacha demande à aller le voir. En avril 1865, le tsar reçoit un effroyable télégramme : le cerveau de l'héritier est atteint, ses jours sont comptés. Le temps presse. On informe Copenhague, et Dagmar part pour Nice, en compagnie de sa mère. Le tsar et toute sa famille vont rendre une dernière visite à Nicolas. Un office est célébré, juste avant leur départ, à la cathédrale de Kazan. La famille prie, baise les icônes. « Ils n'avaient qu'une idée durant le voyage, écrira le précepteur de l'héritier : le Seigneur leur accorderait-il de le revoir vivant ?... Le train filait à une vitesse effarante. »

Ils sont accueillis à Berlin par l'oncle de l'héritier, Willy (Guillaume). Les deux monarques s'étreignent sans un mot.

Dans la capitale prussienne, le wagon de Dagmar et de sa mère rejoint le train impérial. Les deux femmes pleurent. À Paris, le convoi est accueilli par Napoléon III auquel le tsar est « reconnaissant de la compassion qu'exprime son visage ».

Avec une rapidité inouïe pour l'époque, le train atteint Nice en trois jours et trois nuits. Jamais, nul n'est venu aussi vite de Saint-Pétersbourg. Les voyageurs sont accueillis sur le quai par nombre de Russes en pleurs : tous aiment Nicolas.

L'héritier se meurt à la villa Bermond qu'Alexandre achètera par la suite. La famille entre. Le tsarévitch est couché, la mine joyeuse. Ou plutôt, son visage amaigri, cireux, arbore un sourire joyeux. Dagmar et sa mère se placent à son chevet. Les deux Danoises, de petite taille, sont dominées par la gigantesque stature de Sacha. L'impératrice se précipite vers Nicolas.

L'héritier embrasse tout le monde. Il est encore parfaitement lucide. Mais, au cours de la nuit, il est saisi d'un étrange délire : il adresse des discours à diverses députations, commande des régiments, vante les mérites de son père, cite des phrases latines, évoque la situation des Slaves opprimés par les Turcs.

« Tous se maudirent par la suite de n'avoir pas pris de dispositions pour consigner tout cela », se souvient le général lieutenant N. Litvinov, précepteur de l'héritier.

En se confessant, Nicolas déclare que son plus grand péché est son impatience et son souhait de mourir au plus vite. Sa famille et Dagmar lui font une nouvelle visite. Il lance alors plaisamment : « Pas vrai, papa, qu'elle est mignonne ? » Il tient visiblement à égayer les siens.

Vient le 12 avril, dernier jour de l'héritier.

Le tsar et sa famille sont installés de l'autre côté de la rue, à la villa Verdie, spécialement acquise pour leur venue. À six heures du matin, ils sont réveillés par le précepteur du tsarévitch : celui-ci est à l'agonie !

Nicolas est pris de vomissements. À genoux près de lui, Dagmar lui essuie le menton. Il lui tient la main, puis dit : « Papa, prenez soin de Sacha, il est si honnête, si bon... »

« Après deux heures de l'après-midi, écrit N. Litvinov, il saisit la tête de son frère de sa main droite et parut, de la gauche, chercher celle de la princesse Dagmar. Il avait alors de grandes difficultés d'élocution et s'empressa de prononcer ses ultimes paroles... Prenant la main de l'impératrice, il indiqua sa mère à Hartman [un médecin, E. R.] et dit en français : "Occupez-vous... bien... d'elle." »

La légende familiale rapportera la scène un peu différemment : sur son lit de mort, Nicolas aurait, d'une main, étreint la tête de son frère et, de l'autre, pris la main de celle qui aurait dû être son épouse, pour la placer dans la main de Sacha... Une façon comme une autre d'expliquer la suite des événements.

Dagmar écrit à son père, resté à Copenhague : « Je remercie Dieu de m'avoir accordé de revoir vivant mon cher trésor et qu'il m'ait reconnue jusqu'à l'instant ultime... Jamais, jamais je n'oublierai la façon dont il me regarda, tandis que je m'approchais de lui !...

Infortunés empereur et impératrice ! Ils m'ont témoigné tant d'attention dans mon chagrin, qui est aussi le leur ! Ses malheureux frères, surtout l'aîné, Sacha, qui lui vouait un amour si grand, qui ne l'aimait pas seulement comme un frère, mais comme son meilleur et unique ami. Le pauvre, il lui est bien pénible de devoir occuper la place de son frère chéri !... »

Sacha devient donc l'héritier. Ses précepteurs sont affligés : ils connaissent les capacités de leur pupille. La « savante de la famille », la grande-duchesse Hélène Pavlovna, supplie le tsar de préférer à Alexandre son frère cadet, Vladimir ; certes, ce dernier n'a rien d'un aigle, mais il est moins obtus, moins obstiné et, pour tout dire en restant dans des limites convenables, il a « une pensée moins statique ».

Alexandre II est écrasé par la perte de son fils. Il ne veut rien changer. On met quantité de maîtres au service de l'héritier. De remarquables historiens, juristes, économistes, ceux-là mêmes qui étaient chargés de l'éducation de Nicolas, entreprennent à présent de compléter la formation de Sacha. L'historien du droit Boris Tchitcherine déclare alors : « Nous nous attelâmes donc à cette tâche sans espoir. »

Course à la fiancée

Sacha est terriblement séduit par tout ce qui appartenait à son aîné. Il se trouve également que Dagmar plaît au nouvel héritier. Celui-ci est l'homme d'un seul amour. Dans sa prime jeunesse, il s'était entiché de la princesse Mechtcherskaïa dont il gardait précieusement, dans son secrétaire, un escarpin qu'une des servantes de la belle avait dérobé pour lui. Force avait été de marier la princesse, et le tsar avait tancé son fils en ces termes : « Nous n'avons droit qu'à... des intrigues de salon. » Dès lors, on n'avait plus connu à Sacha le moindre engouement.

Désormais, l'héritier rêve de la séduisante Danoise. Il écrit dans son Journal : « Je pense de plus en plus à Dagmar et prie Dieu, chaque jour, de m'accorder ce qui serait le bonheur de ma vie entière. »

Sacha parle à son père. Il lui confie qu'il aime Dagmar et souhaite l'épouser. À Nice, en outre, il a eu l'impression que la jeune fille n'avait rien contre. Quelque peu effaré, le tsar écrit à Copenhague pour inviter la princesse à Saint-Pétersbourg. Il apprend bientôt que Sacha a vu juste. On trouve dans le Journal de ce dernier : « Sa mère écrit qu'elle préférerait ne pas nous envoyer Dagmar maintenant, que celle-ci a besoin de repos et qu'il lui faut des bains de mer. »

En d'autres termes, la partie danoise est d'accord, mais il convient d'attendre un peu : l'Europe, en effet, pourrait penser que l'on s'est empressé de marier la princesse au nouvel héritier. « Pour ma part, je ne songe qu'à cela et prie Dieu qu'il permette et bénisse notre union », note ingénument Sacha dans son Journal.

Les convenances seront donc respectées. Plusieurs mois passent. Vient l'automne. Dagmar s'apprête à se rendre en Russie. Le rêve de l'héritier se réalise ! On prépare les noces.

La princesse arrive en septembre. Le temps est clair, ensoleillé pour la saison. Les fêtes se succèdent : bals, illuminations, feux d'artifice... Une torture pour Sacha qui déclare catégoriquement qu'il ne dansera pas. Il tient parole, à la grande confusion de sa famille et de la Cour.

Du même âge qu'Alexandre, le comte Sergueï Cheremetiev (enfants, ils ont joué ensemble), qui ne tarde pas à devenir son aide de camp, note dans ses Mémoires : « Tout bien considéré, le tsarévitch faisait un fiancé impossible. Il se montrait en public par obligation, avait en horreur les illuminations et autres feux d'artifice. Tous plaignaient la fiancée qui avait perdu un promis élégant et talentueux, et se voyait contrainte d'épouser sans amour un homme mal dégrossi, rustre, maniant mal le français. Telle était l'opinion dominante dans les cercles de la Cour. »

La fiancée, elle, subjugue tout le monde par son regard rayonnant ; sa simplicité, son charme sont gage de paix et de bonheur pour le foyer à venir. Cheremetiev, néanmoins, a raison : nombreux sont, à la Cour, ceux qui n'approuvent pas cette hâte à passer d'un frère à l'autre.

Beaucoup ne comprennent pas la petite et élégante princesse. En réalité, elle n'appartient pas plus à Sacha qu'elle n'appartenait à Nicolas : elle est tout bonnement faite pour l'héritier du trône. C'est en tout cas la conviction de sa mère qui s'y entend comme personne à marier ses fils et filles. Les sœurs et les frères de Dagmar sont apparentés à toutes les maisons royales, de l'Angleterre à la Grèce. Quant à sa mère, on la surnomme « la belle-mère de l'Europe ». Par sa nombreuse descendance, la reine de Danemark fait, à sa façon, « l'union européenne ».

Dès l'instant des fiançailles, la minuscule Dagmar règne sans partage sur son géant de promis. Après leur mariage, il ne la quitte plus d'une semelle. Lorsqu'elle se rend au Danemark, il demeure, perdu, dans les appartements de sa femme, bon gros chien privé de son maître.

Sacha a besoin de s'attacher à quelqu'un. Récemment encore, il était subjugué par Nicolas ; à présent, il est amoureux de Dagmar. Telle est la nature du nouvel héritier.

Quant à la princesse danoise, devenue la princesse Marie Fiodorovna dans l'orthodoxie (et surnommée Minnie dans la famille Romanov), elle est parfaitement heureuse dans son nouveau pays.

Le martyrologe

Si l'infortunée Dagmar avait pu imaginer ce qui l'attendait en Russie ! Si elle avait pu prévoir qu'elle survivrait à son mari, Alexandre III, qu'elle verrait la mort de ses quatre fils : son aîné, Alexandre, mort en bas âge ; Georges, emporté par la tuberculose ; après la révolution et l'abdication de ses deux fils Nicolas et Michel, la mort du second, fusillé à Perm, et celle du dernier tsar, Nicolas II, assassiné à Ekaterinbourg ! Comment eût-elle envisagé de perdre en même temps ses quatre petites-filles et son petit-fils, le tsarévitch ? Sans parler de la mort de son frère préféré, le roi Georges de Grèce, tué d'un coup de feu à Thessalonique. Pouvait-elle supposer qu'elle connaîtrait la chute du grand empire et de la dynastie Romanov tricentenaire, avant de finir ses jours à l'étranger ?

En attendant, aux jours de ses fiançailles, elle montre beaucoup de gaieté et sa vue réjouit tout le monde : « L'heureuse semaine de Dagmar », devait dire le poète Tioutchev à propos de ces journées.

L'impératrice Marie Alexandrovna se montre, toutefois, réservée envers la princesse, ce qui n'échappe à personne : « Ses aimables démonstrations s'étaient refroidies, comme si elle eût voulu souligner la trahison faite à son fils préféré », écrit le comte Cheremetiev.

La tsarine souffre de voir la fiancée qui lui rappelle par trop le temps de sa jeunesse, le temps de l'amour. Ses relations avec son époux ont bien changé, depuis. Cinq ans plus tôt, elle lui a donné un dernier fils. De plus, la tuberculose, conséquence du maudit climat pétersbourgeois, et ses multiples couches, lui ont ruiné la santé. Mais elle garde le sens de l'humour.

Le tsar continue, chaque matin, de venir prendre le café avec elle, il l'embrasse, prend des nouvelles des enfants et ne manque jamais d'insister sur sa « mine superbe ». Un jour, elle n'y tient plus et répond au sempiternel compliment : « Je n'ai d'attraits, aujourd'hui, que pour un amphithéâtre anatomique, en qualité de squelette de démonstration, recouverte d'une épaisse couche de fard et de poudre. » Et elle accompagne sa réplique d'un rire mauvais. Mais sa hargne ne dure pas. Bien vite, elle se remet à fixer sur l'empereur son regard habituel, doux, plein de mansuétude.

Cependant, l'entourage de l'impératrice s'éclaircit de plus en plus. Son salon, auquel tous voulaient être admis, est maintenant désert. La mort de Nicolas semble mettre un point final à sa vie.

Peu après, le docteur Botkine explique au souverain que la maladie des poumons qui ronge l'impératrice ne lui permet plus de remplir ses obligations conjugales. Les époux en soupirent de soulagement. Il y a beau temps qu'ils ne sacrifiaient plus à ce devoir. Du coup, la gêne hypocrite qui empoisonnait leurs relations s'évanouit. Puisque cet aspect de la vie leur est interdit, on ne peut plus considérer que l'empereur trompe la tsarine avec d'autres femmes.

L'impératrice, désormais, se consacre frénétiquement à la religion et aux œuvres charitables. Son cabinet est recouvert d'icônes et elle ne cesse d'informer son époux des nouvelles reliques de saints, découvertes intactes. La Cour, de plus en plus, parle d'elle comme d'une sainte. Cette Cour qui ne l'aimait guère, rejette à présent les jeunes beautés qui se succèdent à un rythme soutenu dans la couche de l'empereur.

Cependant, les amusements de l'empereur s'apparentent de plus en plus à ceux que la morale réprouve. Il invite une troupe de théâtre française qui joue, devant un cercle choisi, des dialogues tirés des œuvres interdites du marquis de Sade. Il semble en outre, à en croire les rumeurs de palais, qu'on ne se contente pas de jouer les dialogues...

Il a, à présent, une maîtresse en titre...

« Déjeuné avec ma petite femme à Tsarskoïe Selo... Avons rencontré Sacha à cheval, puis Alexandra Sergueïevna Dolgoroukova, absolument seule, à cheval elle aussi. La conclusion n'est pas difficile à tirer. Cela fait mal... », écrit le grand-duc Constantin Nikolaïevitch, dans son Journal le 22 novembre 1861.

La « douleur » de Constantin ne tient pas à un sens moral particulièrement développé. Simplement, la Dolgoroukova est une rapace de la pire espèce... Elle passe pour une véritable beauté. Et cependant, note Anna Tioutcheva, « quand elle ne se sait pas regardée, l'on s'aperçoit avec stupeur... qu'elle n'est pas si bien que cela ! C'est une grande perche à la poitrine plate, aux épaules osseuses, au visage d'une blancheur de plomb ».

Mais dès que la princesse remarque, posé sur elle, « un œil masculin qui l'intéresse, sa taille souple se redresse, ses joues prennent... une teinte vermeille, le moindre de ses mouvements acquiert une grâce dangereuse. Et elle se fait caressante comme une chatte... »

La comparaison avec une tigresse serait plus appropriée. Son corps, son sourire, son regard rusé, insinuant... tout concourt à envoûter les malheureux hommes, entièrement sous le charme de cette beauté, à la fois sans pareille et parfaitement typique de la Cour.

Les centres d'intérêt de la belle se résument, précisément, à la Cour, ses intrigues et ses mauvaises langues. Elle donne le « la » des médisances et s'y entend si bien à flatter que le diable lui-même s'y laisserait prendre.

Comme il sied à une maîtresse de l'intrigue, elle est une merveilleuse comédienne. À peine la « chose » a-t-elle eu lieu avec l'empereur qu'elle décide d'informer la Cour de sa nouvelle et enviable position. Elle joue sa partie avec un exceptionnel brio.

L'impératrice est alors occupée, entourée de ses dames d'honneur, à feuilleter le *Dictionnaire d'histoire et de géographie*. Entre le souverain. Aussitôt, Alexandra Dolgoroukova perd connaissance. L'empereur se précipite. Le visage de la jeune femme est exsangue, son pouls est faible... Effrayé, le tsar la tient *un peu trop longtemps* dans ses bras. L'impératrice est admirable : d'un calme olympien, elle continue de feuilleter le *Dictionnaire.*

La tsarine supporte stoïquement cette liaison. Elle a mille fois raison. Ainsi que cela s'est déjà maintes fois produit, la passion d'Alexandre ne tarde pas à s'éteindre. La dame d'honneur est alors écartée. L'empereur la marie à son aide de camp, non sans lui adresser la lettre galante qu'elle attend :

« La blessure de mon âme ne cicatrisera pas de sitôt, mon cœur infortuné, dans lequel vous lisiez comme dans un livre d'enfant, souffrira longtemps encore. Je vous dis adieu pour toujours. »

Notre redoutable don Juan respecte cette règle banale : si tu veux, sans conséquences fâcheuses, quitter une femme dangereuse, laisse-la se figurer que c'est elle qui te quitte.

En 1865, toutefois, l'impératrice s'alarme pour de bon. Elle sent qu'il arrive à son époux quelque chose d'inhabituel. Cette fois encore, comme à l'accoutumée, on lit sur son visage qu'il est amoureux. Cependant, nul ne peut dire qui est l'élue. Des bruits courent à propos d'une élève de l'institut Smolny[1], avec laquelle le

---

1. Institut pour jeunes filles nobles, à Saint-Pétersbourg.

souverain se serait promené au jardin d'Été. Cela semble risible : l'amour platonique n'est pas pour les Romanov... Sans compter que, par la fenêtre du Salon doré de l'impératrice, on a vu un équipage conduire une inconnue au palais. La lumière s'est alors allumée dans l'ancien cabinet de Nicolas, où le tsar avait rendu l'âme. Manifestement, c'est là que *cela* s'est fait, véritable offense du fils à l'âme de son père.

«Beaucoup d'ambition, mais peu de munitions»

Vient l'année 1866. Alexandre règne depuis onze ans. Une nouvelle génération est née, qui n'a pas connu l'époque de son père, le temps de la peur. Aux Tchernychevski, Serno-Solovievitch et autres hommes mûrs, arrêtés, relégués ou partis à l'étranger, succèdent, à la tête de la jeunesse, des gamins qui n'ont pas froid aux yeux, simples collégiens ou étudiants. Ils sont fous, ivres de liberté, ont soif d'action politique.

«Ce que le dernier livre leur aura raconté, ils le garderont au plus haut de leur âme», dira d'eux leur idole, le poète Nikolaï Nekrassov.

Quantité de livres interdits, quantité d'idées insensées circulent alors parmi les jeunes gens. Leurs représentants les plus déterminés n'ont que mépris pour la génération des libéraux, y compris pour celui qui, hier encore, était l'idole de la Russie radicale, Alexandre Herzen. Pleins de la haine des jeunes pour les «vieux», ils traitent leurs aînés d'«opportunistes», de «messieurs qui se donnent des airs, mais qui, malgré toute leur érudition et leurs discours révolutionnaires, sont impuissants à rompre avec l'ordre ancien», puisqu'ils croient aux réformes. Eux, ne veulent croire qu'en la révolution, qui ne manquera pas, très bientôt, d'éclater en Russie. Il n'y faut qu'une très forte impulsion, telle que... l'assassinat du tsar.

Cette conviction alimentera tout le mouvement révolutionnaire de la seconde moitié du XIXe siècle. L'histoire de la Russie sera le reflet du piètre intellect de ses jacobins. Comme le notera tristement Dostoïevski : « La Révolution française a été portée [...] après Corneille et Voltaire, par Mirabeau, Bonaparte, Danton, les Encyclopédistes... Nous n'avons, nous, que des expropriateurs, des assassins, des poseurs de bombes, littérateurs ineptes, étudiants n'ayant pas achevé leur cursus, avocats sans procès, artistes sans talent, savants sans science. Des gens ayant de grands projets, mais de petits talents. Beaucoup d'ambition, mais peu de munitions. »

L'enfer

Vers cette époque arrive à Moscou un collégien en rupture de ban, N. Ichoutine. Il s'inscrit comme auditeur libre à l'université de l'ancienne capitale.

Fils d'un pauvre marchand (il porte la même éternelle chemise bleu foncé et un pantalon usé, dont le bas disparaît dans des bottes d'égoutier), il est dévoré d'une ambition maladive, rêve de diriger les gens de son âge. Qu'importe son misérable costume ! Il apporte avec lui, de la paisible ville provinciale de Penza, quantité d'idées neuves. Et, avant tout, celle de la *révolution imminente.* Ichoutine a lu bien des choses sur la question, dans des livres interdits. Cette révolution, lui, l'indigent, la conduira !

« Il se donnait des airs sombres, hargneux, haineux, comme il sied à un révolutionnaire implacable, écrit une contemporaine. En réalité, c'était un envieux, assez peu doué, mais rêvant passionnément de popularité. »

En 1863, après la série d'incendies survenus à Saint-Pétersbourg, un groupe important d'étudiants révoltés de Moscou, Zaïtchnevski en tête, a été envoyé au bagne. Ichoutine reprend le flambeau.

Dans la petite rue Sytine, à Moscou, se dresse une grande maison de rapport. Elle se compose de minuscules appartements que le propriétaire loue à des étudiants. L'immeuble se change peu à peu en gigantesque cité pour étudiants pauvres. Ichoutine y repère aisément ceux qui aspirent à devenir des Robespierre. Ainsi se forme son cercle.

Ses membres songent d'abord à mettre en pratique les idées socialistes de Fourier : ils fonderont une commune avec des ouvriers, créeront un atelier de reliure, sans « buveurs de sang » (autrement dit, sans intermédiaires) et partageront les gains à égalité. Hélas, pour faire fonctionner un atelier, il faut travailler. Or, comme l'a souligné fort justement Dostoïevski : « Qui a envie de travailler, en Russie ? » On ne tarde donc pas à abandonner le labeur à la Fourier pour passer à des choses autrement plus passionnantes.

Au sein de son cercle, Ichoutine en crée un autre plus restreint, qu'il appelle « l'Organisation » ; celui-ci se compose essentiellement de provinciaux. Le but de ce groupuscule clandestin est, ni plus ni moins, la construction du socialisme en Russie.

Ichoutine déclare aux membres du cercle que leur petite « Organisation » est rattachée à un « Comité révolutionnaire européen » qui prépare la révolution mondiale. Ainsi qu'il le prévoyait, cette annonce, dénuée de tout fondement, suscite l'enthousiasme ; bien plus : tous sont terrorisés et lui obéissent docilement. Il est le premier à faire du mensonge une composante importante de l'action révolutionnaire.

Peu après, à l'intérieur de « l'Organisation », Ichoutine crée un noyau secret, baptisé « l'Enfer ». Il ne compte que des étudiants de toute confiance et vise à assassiner le grand responsable de l'absence du socialisme en Russie : le tsar. Ce crime doit être le signal du grand chambardement social. Aussitôt, les paysans se révolteront, puis ce sera le soulèvement général qui réduira en cendres l'ordre en vigueur. Voilà de quoi discutent, à présent, les étudiants de la rue Sytine, buvant du thé pendant des heures, se nourrissant de petits pains et de saucisson bon marché. Tout membre de « l'Enfer » doit désormais se vouer entièrement à la révolution et se couper définitivement de la société ordinaire. « L'Enfer » s'appelle ainsi parce que ceux qui le composent ne doivent reculer devant aucune méthode, même les plus atroces et les plus viles, si cela permet de servir la cause.

Pour l'édification des nouveaux venus, Ichoutine leur raconte qu'un des membres du cercle n'a pas hésité à empoisonner son propre père, offrant ensuite son héritage à la révolution.

Ces méthodes seront bientôt reprises par le plus radical des révolutionnaires russes, précurseur des bolcheviques, Sergueï Netchaïev.

On retrouve ici un cas de figure bien connu et, néanmoins, incompréhensible. Dans ses souvenirs intitulés *En un demi-siècle*, la journaliste E. Kozlinina rapporte que « beaucoup connaissaient l'existence de "l'Enfer", mais ne voyaient là que bavardages de jeunes gens ». Toutefois, si « beaucoup » étaient au courant, comment expliquer que l'omnisciente Troisième Section l'ignorât, alors qu'à la suite des troubles estudiantins, particulièrement violents à Saint-Pétersbourg et Moscou, elle avait à l'œil toute la jeunesse universitaire ? Nul doute que la dangereuse fourmilière de l'Université grouillait d'agents de la police secrète. Et comment ne pas considérer avec le plus grand sérieux et la plus grande vigilance des « bavardages » sur l'assassinat du tsar ? On n'y prêta pas attention, pourtant, et il arriva ce qui devait arriver.

Un jeune homme des plus mystérieux, cousin d'Ichoutine, est bientôt admis au sein de « l'Enfer » : Dmitri Karakozov. Fils d'un noble ruiné, taciturne, il représente un type d'homme extrêmement dangereux... et parfaitement russe. Le genre d'individu qui ne souffle mot, tandis que les autres discutent, mais... qui écoute attentivement. Ainsi, tandis que ses camarades s'agitent et se gargarisent de toutes sortes d'idées folles, ce jeune garçon très religieux forme le projet de se sacrifier. Si le tsar est un obstacle au socialisme appelé à faire le bonheur du pays, il faut, en effet, tuer le tsar. Karakozov comprend que ses camarades se paient de mots. Il doit donc agir seul. Sa décision est prise. Sans rien dire à ses amis, il part pour Saint-Pétersbourg.

Karakozov : le premier sang

4 avril 1866. Le souverain se promène, dans l'après-midi, au jardin d'Été. Il est en compagnie des enfants de sa sœur, Nicolas (Kolia) et Marie (Macha) de Lichtenberg. Sa sœur Marie, fille préférée de feu le tsar Nicolas, se trouve dans une situation assez

cocasse. Elle a perdu très tôt son mari, le duc de Lichtenberg, grand joueur et noceur, fils du beau-fils de Napoléon et petit-fils de Joséphine. Elle a alors un tumultueux roman avec le comte Grigori Stroganov, qu'elle épouse secrètement. Comme l'écrit fort justement Anna Tioutcheva : « L'ancien tsar eût envoyé Marie au couvent et relégué le comte au Caucase. » Mais le doux Alexandre, à présent chef de la dynastie et contraint de veiller à ce que l'ordre règne dans la famille, préfère feindre de ne rien savoir de ce mariage, d'autant que Marie est sa sœur préférée. Le comte Stroganov a, en outre, protesté qu'à son âge (il a quarante-deux ans), il aurait bonne mine à se glisser furtivement, la nuit, dans le lit de sa femme. Par la suite, toutefois, quand le couple aura des enfants, il devra vivre en Italie. Marie suppliera le souverain de reconnaître son nouveau mariage et de l'autoriser à vivre en Russie, dans le somptueux palais que lui a fait construire son père (on y trouve un jardin d'hiver unique en Europe, où, parmi les palmiers, les orchidées, les fontaines et les cascades, se promènent des paons et volent des perroquets. Un véritable mirage du Sud, au cœur de l'hiver pétersbourgeois). Mais le tsar n'osera aller jusque-là. Il proposera à sa sœur de continuer à vivre à l'étranger ; de son côté, il continuera à feindre de n'être au courant de rien.

Alexandre a beaucoup de peine pour sa sœur, surtout depuis qu'il lui est arrivé, à lui, une chose bien extraordinaire. Approchant de la cinquantaine, notre don Juan semble, en effet, pour la première fois de sa vie, amoureux fou.

Et comme l'empereur ne peut autoriser la mésalliance de sa sœur, il s'occupe avec un soin particulier des enfants qu'elle a eus de son premier mariage et qui vivent sans leur mère à Saint-Pétersbourg. La présence de Kolia de Lichtenberg lui est pourtant pénible ; elle lui rappelle constamment son fils défunt, Nicks.

Le tsar quitte le jardin d'Été à un peu plus de trois heures de l'après-midi (les jeunes Lichtenberg poursuivent leur promenade). Sur le quai de la Neva, près des somptueuses grilles du parc, se trouve la foule habituelle des badauds qui attendent de voir le souverain. Un policier marche de long en large. Apercevant l'empereur, il se met au garde-à-vous. Un sous-officier du corps des gendarmes paraît s'ennuyer à côté du carrosse. Il ne remarque pas tout de suite qu'Alexandre est sorti du jardin. À son tour, il le salue. Alexandre relève les longs pans de sa capote et s'apprête à monter dans son carrosse...

C'est alors que retentit, assourdissant, un coup de feu.

Aussitôt bondit de la foule un jeune homme de haute taille, qui prend ses jambes à son cou et file en direction du pont. Déjà, le policier et le gendarme sont à ses trousses... Le policier le rattrape, le jette à terre, lui arrache son pistolet ; le gendarme le frappe au visage. Le jeune homme se protège la face, ne cessant de crier, hystérique : « Amis, c'est pour vous que j'ai tiré ! » On le mène devant l'empereur...

La suite des événements est rapportée, à chaud, par le ministre P. A. Valouïev, dans son Journal : « Le souverain lui demanda s'il était russe [il espérait être confronté à un Polonais, E. R.] et pourquoi il avait tiré sur lui. Le criminel répondit qu'il était russe, en effet... et que l'empereur nous avait, soi-disant, trop longtemps dupés. Selon d'autres témoignages, il aurait affirmé que le tsar avait rogné sur la part de terre accordée aux paysans. D'autres encore prétendaient que, se tournant vers la foule, l'homme avait déclaré : "Amis, c'est pour vous que j'ai tiré !" Il y eut plusieurs confirmations de cette dernière version. »

Après l'attentat, le tsar se rend à la cathédrale de Kazan pour une cérémonie d'action de grâces. De retour au palais d'Hiver, il apprend de la bouche du chef de la Troisième Section, le prince Dolgoroukov, les fantastiques circonstances de ces événements que tous les journaux évoqueront, le lendemain. Il apparaît qu'un homme « qui se trouvait à côté du gredin... fit dévier le bras de celui-ci, à l'instant du coup de feu. Bref, le Seigneur avait écarté la main du criminel. Or, ce Russe, homme de simple condition, répondant au nom de Komissarov, se révéla *natif de Kostroma*... de même qu'à la fin du Temps des troubles, un natif de Kostroma, le paysan Ivan Soussanine, avait sauvé des griffes polonaises le très auguste ancêtre du tsar, Michel Romanov, fondateur de la dynastie, et l'avait payé de sa vie ».

L'empereur demande aussitôt à voir Komissarov.

Dans la gigantesque Salle blanche du palais, la Garde se dispose. Le souverain est salué par un fracassant « hourra ! ». On amène le modeste sauveur : il est petit, blondasse, malingre – rien d'un preux ou d'un héros. Le tsar le serre dans ses bras, lui donne l'accolade et l'anoblit. Voici notre homme devenu « Komissarov-Kostromski[1] ». De nouveau le « hourra ! » de la Garde éclate, tel un coup de tonnerre.

Dans son livre d'heures, Alexandre note, brièvement comme toujours : « Promenade à pied, avec Maroussia[2] et Kolia, au jardin d'Été. On a tiré un coup de pistolet. Manqué. Le criminel a été pris. Manifestations unanimes de sympathie. Suis rentré en passant par la cathédrale de Kazan. Des "hourra !". Toute la Garde était dans la Salle blanche. Son nom : Ossip Komissarov. »

L'héritier, Sacha, tient un Journal autrement circonstancié : « On peut dire sans risque de se tromper que tout Saint-Pétersbourg s'est déversé dans la rue. Un mouvement, une agitation inimaginables. On courait dans tous les sens, principalement vers le palais d'Hiver ; des cris retentissaient, parmi lesquels on distinguait le plus souvent les noms de "Karakozov !" et de "Komissarov !", avec des menaces à l'adresse du premier et des exclamations enthousiastes pour le second. Des attroupements, on chantait *Dieu, protège le tsar !* Une liesse générale et des "hourra !" fracassants. Puis on fit venir le bonhomme sauveur. Papa l'embrassa et l'anoblit. Et, de nouveau, un "hourra !" à donner le frisson. »

La Troisième Section se montre, à retardement, d'une incroyable efficacité. Toutes les personnes impliquées dans l'attentat sont promptement identifiées et arrêtées. On fait alors rapport à l'empereur, dans les moindres détails : le coupable est un noble, Dmitri Karakozov, âgé de vingt-six ans. Il a étudié à l'université de Moscou, mais en a été renvoyé pour défaut de paiement. Il vient de province.

---

1. Littéralement : « de Kostroma ».
2. Un des diminutifs du prénom Marie (Maria).

À Moscou, il s'est acoquiné avec un sien parent répondant au nom d'Ichoutine, auditeur libre à la même université. Ce dernier a imaginé, à des fins criminelles, de créer un cercle clandestin.

« La capitale parut alors perdre la raison de bonheur, écrit un contemporain. Tous se rappelèrent soudain leur amour pour le souverain, tous se remémorèrent ce qu'il avait fait pour la Russie. Partout, on chantait *Dieu, protège le tsar!* »

Au théâtre, on donne, bien sûr, l'opéra de Glinka, *La Vie pour le tsar*, consacré à l'exploit d'Ivan Soussanine. Les deux basses tenant d'ordinaire le rôle-titre se battent pour chanter ce jour-là. Le vainqueur joue son rôle sous des applaudissements ininterrompus. Le « Sauveur » (c'est ainsi que tous les journaux nomment désormais Komissarov) est là, à côté de la loge impériale. Toute la Russie envoie au palais d'Hiver dépêches et télégrammes. Villes, peuples, ordres rivalisent dans l'expression de leurs sentiments patriotiques. En province, les ouvriers organisent des manifestations en l'honneur du souverain.

À Moscou, les condisciples de Karakozov, comme pour racheter leur récent passé subversif, vont, chantant *Dieu, protège le tsar!*, en procession à l'oratoire de la Vierge d'Ibérie[1]. Puis, sur la place Rouge, près de la cathédrale de Saint-Basile-le-Bienheureux, ils prient et chantent : *Sauve Tes hommes, Seigneur!*

Mais, derrière cette liesse, se profile la violence. Dans les rues apparaissent des patriotes parfaitement ivres. Ils arrachent les chapeaux des passants qui ne leur semblent pas assez joyeux et traînent au poste de police tous « les longs cheveux à bésicles » (caractéristiques des étudiants).

Tandis que la population se réjouit que le tsar ait été épargné, dans la capitale se répand discrètement une tout autre version de l'attentat. Elle affirme que Komissarov était là, dans la foule, près du jardin, à zyeuter l'empereur. Après le coup de feu, il aurait été embarqué avec d'autres, d'abord chez le général-gouverneur, puis chez les gendarmes, à la Troisième Section. Alors qu'il voyait déjà

---

1. Petite chapelle à Moscou, logée entre les deux arches de la « porte d'Ibérie » qui forment passage entre la rue de Tver et la place Rouge.

sa fin venue, les « dirigeants », apprenant qu'il était de Kostroma, avaient décidé d'en faire un nouveau Soussanine.

Ainsi aurait commencé la fulgurante ascension du « Sauveur », et la Russie s'était empressée de déverser sur lui sa reconnaissance enthousiaste. Dans les églises, les prêtres le surnomment : « l'Ange gardien », les poètes en font « l'instrument docile du Dessein de Dieu ». On lui offre une maison de plusieurs étages, sa femme sillonne les galeries marchandes, achetant quantité de soieries et de diamants, se présentant laconiquement comme « l'épouse du Sauveur », à la grande gêne des commerçants.

Komissarov-Kostromski finira ses jours dans l'oubli de la province, terrassé par une crise de *delirium tremens*.

Dans le mille !

Le jour de l'attentat, Dostoïevski fait littéralement irruption chez le poète Maïkov :

« On a tiré sur le tsar !

– Il a été tué ?

– Non... Il est sain et sauf... tout est bien qui finit bien... Mais on a tiré... tiré sur lui ! » ne cesse de répéter l'écrivain.

Il sait bien qu'en réalité, les assassins potentiels ont *mis dans le mille* : jusqu'alors, des souverains avaient été tués au palais, mais en secret. Officiellement, pour le peuple, ils étaient morts de leur belle mort, qui de coliques hémorroïdales, qui d'une crise cardiaque... Cette fois, c'est différent : on a tiré publiquement sur le tsar. Et on a *mis dans le mille*, parce qu'on a porté atteinte à l'aura d'intangibilité de la personne sacrée du souverain.

Cela, l'empereur aussi le comprend.

La répression

Tandis que le pays est en liesse, le tsar ne décolère pas. De Pavlovsk arrive précipitamment Constantin, qui se rappelle, depuis l'enfance, combien irrépressible et dangereuse peut être la fureur de son frère. Il le supplie de ne pas prendre de décisions hâtives, de se remémorer leur grand mot d'ordre : « Ni faiblesse ni mesures réactionnaires. » En vain. Alexandre a soif de vengeance. Il a donné la liberté à des ingrats et qu'a-t-il reçu en échange ? Des proclamations sanguinaires, des incendies volontaires et, à présent, un coup de feu qui le visait directement. Le tsar se voit donc contraint de se remémorer le poing serré de son père mourant – son testament.

Au grand dam de Constantin, l'empereur signe le décret instituant une commission d'enquête dirigée par le général Mouraviev, le même qui a pacifié la Pologne par la potence. Les « nihilistes » doivent comprendre que le pouvoir ne prendra pas de gants avec eux.

Telle est la conclusion de toute une série d'étranges événements : étudiants en révolte, vivant de Dieu sait quoi ; proclamations insensées ; incendies effroyables dont on ne retrouve pas les auteurs ; organisation clandestine connue de nombreuses personnes, sauf de la police ; et, pour finir, un coup de feu... Au bout du compte, le souverain se révèle prêt à réaliser le rêve du parti rétrograde : se lancer dans une sérieuse répression.

Le tsar convoque au palais d'Hiver un Mikhaïl Mouraviev sidéré, mais heureux. Là, ce lourd mélange de bouledogue et d'hippopotame aux yeux de tigre exige la tête de ses anciens ennemis, les bureaucrates libéraux.

« Tous sont des cosmopolites, adeptes des idées européennes. » C'est sa plus grande insulte. « À présent, il faut appeler au gouvernement de vrais Russes. » C'est son plus beau compliment.

En quelques jours, Mouraviev démantèle le parti libéral. Son ennemi juré, le prince Souvorov, perd son poste de général-gouverneur de Saint-Pétersbourg. Le prince Dolgoroukov, ancien chef de la Troisième Section et ami du tsar, tombe également. Le protégé de Constantin, Golovnine, ministre de l'Instruction publique, est remercié, sous prétexte qu'il « laisse la bride trop longue à la jeunesse ». Mouraviev les contraint tous à partir. Il remplace Golovnine à la tête du ministère par le comte Dmitri Tolstoï, rétrograde bien connu, qui ne tardera pas à être surnommé la « malédiction de l'école russe ».

Parmi ceux qui sont renvoyés se trouve le gouverneur de Saint-Pétersbourg, Lev Perovski. Sa fille, Sofia, est alors âgée de douze ans. Quinze ans plus tard, la terroriste Sofia Perovskaïa, membre de la « Volonté du Peuple[1] », sera aux abords du canal Catherine, précisément à l'endroit où, au début de cet ouvrage, nous avons laissé le souverain. Et les lanceurs de bombes agiront conformément au plan qu'elle aura préparé.

La chute d'un grand citoyen

À l'annonce de la nomination de Mouraviev, la capitale est saisie d'effroi. Tous se rappellent qu'il a incendié des villages en Pologne, pendu des prêtres catholiques, envoyé en Sibérie des familles entières. Tous comprennent qu'avec lui, il n'y aura pas de quartier. « Saint-Pétersbourg agonisait... Quels terribles fantômes avaient surgi de leurs tombes !... On réglait de vieux comptes, l'heure avait sonné de toutes les vengeances, écrit Saltykov-Chtchedrine. De toutes parts surgissaient des troupeaux d'individus "bien intentionnés", résolus à prendre leur revanche, afin de libérer leurs cœurs des offenses accumulées. »

On traîne pour interrogatoire devant la commission de Mouraviev absolument tous les hommes de lettres, fonctionnaires, officiers, enseignants, élèves, étudiants, paysans, princes et citadins. Les enquêteurs sont autorisés à infliger toutes sortes d'humiliations aux jeunes filles « nihilistes ». Ils demandent donc à des étudiantes combien d'hommes elles ont déjà « eus », les menaçant de leur donner un « ticket jaune » (marque des prostituées), si elles refusent de répondre.

La terreur, l'affolement règnent dans la capitale. On se remémore de plus en plus souvent la répression imposée par Nicolas Ier, après l'écrasement de la révolte des décembristes. Les moins

---

[1]. Organisation terroriste née en 1879. Le couronnement de son action sera, deux ans plus tard, l'assassinat d'Alexandre II.

solides sont (comme sous le règne précédent) certains libéraux de la veille.

Nekrassov prend peur, lui aussi. Le grand poète tremble pour lui-même et pour sa revue *Le Contemporain*. Il se précipite chez son partenaire de cartes, le comte A. Adlerberg, afin de demander son aide. Mais celui-ci est impuissant. Tout repose entre les mains du furieux, de l'impitoyable Mouraviev. Alors, Nekrassov prend une décision.

Le club anglais a complaisamment élu Mouraviev au nombre de ses membres d'honneur. Une réception solennelle est organisée. Nekrassov s'y rend...

Après le festin, Mouraviev, masse pesante, digère dans un fauteuil. C'est alors que le maître à penser de la jeunesse d'avant-garde, le poète-citoyen Nekrassov, demande la permission de dire des vers en l'honneur de celui que, hier encore, tous les hommes dignes de ce nom appelaient « la Potence ». Mouraviev ne se donne pas même la peine de répondre. Il continue, sans un mot, à fumer sa pipe. C'est à croire qu'il n'a pas remarqué Nekrassov. Et le « poète-citoyen », sans attendre une bienveillante autorisation, se met à réciter son panégyrique de « la Potence ». Et, comme si cela ne suffisait pas, il s'enquiert ensuite, obséquieux : « Votre Grâce, laisserez-vous publier ce poème ? » Mouraviev répond sèchement : « Il vous appartient, vous pouvez en disposer à votre guise. » Puis il lui tourne le dos. Un membre du club lance d'une voix forte : « Il se figure qu'il va acheter la Justice en récitant une poésie de trois sous ! Mais, prends garde, tu ne t'en tireras pas comme ça ! » Et le poète quitte les lieux, conspué...

Cette humiliation volontaire ne lui est d'aucun secours : *Le Contemporain* est interdit. Pire, la jeunesse et l'opinion ne pardonneront pas avant longtemps au malheureux Nekrassov. Les étudiants retirent son portrait des murs de leur chambre, le jettent ou le lui adressent par la poste, biffé d'un « Gredin ! ». Le poète vit douloureusement cette situation.

Neuf ans plus tard, Nekrassov tombe gravement malade et son existence se transforme en une lente agonie. « Tu demandais à Dieu une vie facile, c'est une mort aisée qu'il faudrait demander », écrit-il alors. Sur son lit de douleur, il continue d'expliquer en vers son humiliation devant Mouraviev et de se repentir : « Ma patrie bien-aimée, bénis ton fils à terre, au lieu de le frapper ! »

La nouvelle de la maladie mortelle du poète se répand bientôt à travers la Russie et le réconcilie avec la société. De tous les points de l'empire, lettres, télégrammes, adresses, salutations affluent. Nekrassov retrouve l'amour de la jeunesse. À la veille de mourir, il en est de nouveau l'idole.

Le poète rend l'âme, le 27 décembre 1877.

Ce jour-là, il fait un froid terrible. Néanmoins, pour la première fois dans l'histoire de la littérature russe, des milliers de personnes assistent aux funérailles, accompagnant Nekrassov jusqu'à sa dernière demeure, au monastère Novodievitchi, à Moscou.

La première potence du nouveau tsar

On songe d'abord à déclarer Karakozov « fou », comme, naguère, son père spirituel Tchaadaïev. Il faut que tout le monde le sache : un homme sain d'esprit ne peut attenter aux jours de l'empereur ! Le tsar refuse, toutefois ; il veut une leçon pour tous les scélérats : « Sinon, d'autres se mettront à tirer, puisqu'ils seront sûrs de leur impunité, et ce sera la fin de l'État ! » Karakozov et Ichoutine sont condamnés à la mort par pendaison.

Le premier passe tout le temps de l'instruction en prières. Il écrit ensuite une lettre à Alexandre, dans laquelle il implore son pardon, « de chrétien à chrétien, d'homme à homme ».

Mais le tsar écarte les bras en un geste de regret. Et l'on annonce à Karakozov : « Sa Majesté vous pardonne en tant que chrétien, mais le souverain ne peut vous absoudre. Vous devez vous préparer à mourir. »

Alexandre ne gracie qu'Ichoutine, commuant la peine capitale en bagne à perpétuité. Il ordonne, néanmoins, de ne le lui annoncer qu'à l'instant ultime, lorsqu'il aura revêtu la chemise des condamnés. Il le châtie par l'attente de la mort. Le tsar n'a pas oublié l'attitude de son père envers les membres du cercle de Petrachevski.

L'exécution – la première du règne – a lieu sur la place d'armes du régiment Semionovski. On commence par pendre Karakozov. Plus exactement, le malheureux s'évanouit et on le traîne, sans connaissance, à la potence. Puis on habille Ichoutine. Alors, seulement, on lui fait part de la grâce de l'empereur.

Si Alexandre a besoin de Mouraviev pour effrayer la société, il ne supporte pas longtemps celui qu'il tient pour un monstre. « La Potence » est bientôt écartée ; l'homme en meurt de tristesse, en cette même année 1866. Les libéraux ne reviennent pas pour autant aux commandes et l'empereur ne veut plus entendre parler de réformes. La société devra se contenter de ce qu'elle a.

C'est donc au moment où le pays va de l'avant qu'Alexandre décide de tout arrêter, car il sent un danger dans ce mouvement. À la fin des années soixante, le tsar décrète une pause. Seule la réforme de l'armée se poursuivra dans les années soixante-dix : le souverain veut être en mesure de prendre sa revanche sur la guerre de Crimée.

L'empereur ignore, hélas, une règle fondamentale : s'il est risqué d'entamer des réformes, il l'est plus encore d'y mettre un terme. La société, séduite par son entreprise, continue donc, vainement, d'aller de l'avant...

Pierre IV

Alexandre comprend qu'il doit trouver quelqu'un pour combattre la sédition, un nouveau chef de la Troisième Section, capable de calmer la fougue de la société. Il nomme alors Piotr Chouvalov, fils du maréchal de la Cour de sa mère.

L'ascension des Chouvalov remonte au règne d'Élisabeth. L'un d'eux fut son amant et, bien entendu, un grand pilleur du Trésor, ainsi qu'un roublard de première catégorie. Lorsque l'impératrice se prit de passion pour le jeune cadet Beketov, au détriment d'un neveu de Chouvalov, ce dernier entreprit activement de regagner à son parent la faveur de la souveraine. Il sut se lier d'amitié avec le jeune et naïf élu. Puis, en tant qu'ami intime, il offrit à Beketov une pommade garantissant « la blancheur du teint ». À la première utilisation, le visage du malheureux cadet se couvrit de pustules. On chuchota à l'impératrice qu'il s'agissait d'une maladie vénérienne, contractée Dieu savait où. Hors d'elle, Élisabeth chassa son amant infortuné et reprit le neveu de Chouvalov. Le fils de cette entreprenante canaille se distingua, lui, par la finesse de son esprit, sa noblesse d'âme et son éducation. Il maîtrisait si bien la langue française qu'il publia des poèmes à Paris. Catherine la Grande, qui, elle-même, écrivait parfaitement le français, lui envoyait d'abord, pour vérification, ses lettres à Grimm et à Voltaire. Il ne manquait jamais de la corriger sans pitié, ce qui lui valut, de la part de l'impératrice, le surnom de : « mon intelligente blanchisseuse ».

Voilà donc de quelle famille est issu notre Chouvalov. Le comte est, de dix ans, le cadet de l'empereur. Il a participé à certaines de ses joyeuses aventures. Mettant à profit l'amitié du tsar, il a tenté de convoler avec Marie de Lichtenberg, la fille de Macha, sœur du souverain. L'empereur a donc été contraint de mettre clairement les points sur les « i ». Le comte Piotr y a aussitôt gagné en sagesse, au point de devenir un homme « dévoué, mais intelligent » (*dixit* l'empereur) ou un « chien à la chaîne » (*dixit* Constantin). Le comte a hérité de nombreuses qualités de ses ancêtres. Il est gai, plein d'esprit, absolument « comme il faut ». Il se montre aussi un chef dur, impitoyable. Rétrograde dans l'âme, il sait, si nécessaire, paraître libéral. Les rétrogrades se réjouissent ouvertement de sa nomination. Ils se répètent ses propos, selon lesquels il aura tôt fait de « tordre le cou » aux libéraux et de « mettre au pas l'empereur lui-même ».

Chouvalov gouvernera la Russie pendant huit ans – huit années de contre-réformes, durant lesquelles le pouvoir rognera tout ce qu'il a accompli.

Alexandre est content : les réformes sont arrêtées, le pays finira donc par se calmer. Le réformateur a bien l'intention de s'accorder un répit. Il est vrai qu'il est amoureux pour de bon.

Un dirigeant, toutefois, n'a pas droit au repos, sauf à risquer un cruel retour de bâton. Tandis que le tsar se tient à l'écart des affaires de l'État, des choses se passent, extrêmement dangereuses. Le nouveau chef de la Troisième Section récupère les anciens pleins pouvoirs de la police secrète et, ainsi armé, part à l'assaut du Conseil des ministres. C'est ainsi qu'à son immense stupéfaction, le ministre de la Guerre, D. Milioutine, se sent bientôt « complètement écarté des affaires militaires » : « Tout s'effectue sous l'influence exclusive de Chouvalov qui a effrayé le souverain par ses rapports quotidiens sur d'effroyables dangers, note-t-il dans son Journal. Sous prétexte d'assurer la sécurité de l'empereur, le comte se mêle de tout. Le tsar est cerné par des hommes à lui... Au Conseil des ministres, la majorité œuvre de conserve avec lui, tel un orchestre sur un simple signe du maître de chapelle. »

Pour huit ans, le comte Chouvalov, chef de la police secrète, devient, de fait, le Premier ministre. Il se produit donc la chose la plus dangereuse qui soit pour Alexandre : la collusion du parti rétrograde et de la police politique.

La Cour surnommera bientôt Chouvalov « Pierre IV ». Mais, pour décrocher véritablement ce titre, il lui faut « renverser » le libéral numéro 1 : le grand-duc Constantin Nikolaïevitch. Et la camarilla attend, pleine d'espoir.

7

L'AMOUR

« Le drapeau russe refusa de s'abaisser »

L'année 1867, qui suit celle de l'attentat près du jardin d'Été, s'ouvre sur un événement que la Russie n'a toujours pas pardonné à l'empereur Alexandre II.

Les pourparlers pour la vente de l'Alaska ont commencé sous le règne précédent et ont duré quinze ans. Nicolas, le champion de la monarchie, était prêt à se lier d'amitié, contre la reine d'Angleterre, avec les États nord-américains républicains eux-mêmes.

On avait coutume de conduire les visiteurs du Nouveau Monde à Peterhof où, sur l'île de la Tsarine, poussait un jeune chêne. Une plaque de bronze avait été apposée à proximité, avec cette inscription : « Le gland ici planté vient du chêne qui ombrage la tombe de l'inoubliable Washington. Il fut mis en terre, en gage d'insigne respect pour l'empereur de toutes les Russies. »

Le gland a été planté par Nicolas Ier en personne. La vente de l'Alaska est, en quelque sorte, une façon pour le tsar de retourner la politesse au jeune État américain. Or, à travers l'immense Russie, la population a le sentiment aigu que ce territoire lui appartient. Le père d'Alexandre eût de beaucoup préféré que les pourparlers fussent menés secrètement et ne prissent jamais fin.

Sous le règne suivant, les relations entre les deux pays demeurent chaleureuses. Les discussions sur la vente de l'Alaska se poursuivent également. Le tsar comprend, toutefois, qu'il faut précipiter les choses, sauf à risquer que les possessions russes dans la région ne deviennent une pomme de discorde.

La Compagnie russo-américaine de négoce, qui gère l'Alaska et jouit d'un monopole sur toutes les fourrures et ressources naturelles, est depuis longtemps déficitaire. Elle n'emploie que quelques centaines de personnes. Par conséquent, si les Américains décidaient brusquement de s'emparer du territoire, la Russie ne serait pas en mesure de défendre cette compagnie. Or, à Saint-Pétersbourg, on ne doute pas un seul instant que cela n'arrive tôt ou tard, surtout depuis que la rumeur fait état de la découverte de gisements d'or. Il serait irréaliste d'envisager un conflit en terre aussi lointaine : le tsar ne peut se permettre un nouveau Sébastopol. Il décide de conclure.

Le 18 mars 1867, le traité par lequel la Russie cède ses colonies nord-américaines est entériné à Washington. Le 23, les journaux de Saint-Pétersbourg en sont informés par le télégraphe atlantique.

L'empereur apprend bientôt que de désolants propos courent au sein de l'opinion. Des articles paraissent, jugeant déraisonnable la cession, soulignant que trente et un mille deux cent cinq kilomètres carrés d'îles et cinq cent quarante-huit mille neuf cent deux sur le continent même ont été vendus pour seulement sept millions deux cent mille dollars, avec toutes les constructions qui s'y trouvent : fortifications, casernes et autres. On fait aussi remarquer que, depuis la mise en service du télégraphe atlantique qui relie les continents, l'Alaska prend une nouvelle valeur.

Les *Nouvelles de Saint-Pétersbourg* décrivent la cérémonie officielle, emplissant d'amertume le cœur des lecteurs russes : « Les troupes russes et américaines formèrent un carré près des drapeaux. Deux sous-officiers russes entreprirent alors de faire descendre le pavillon impérial. Le public et les officiers se découvrirent, les soldats présentèrent les armes. Le roulement du tambour retentit. Mais le drapeau russe, emmêlé tout en haut du mât, refusa de s'abaisser. Sur un ordre du commandant, plusieurs matelots russes grimpèrent aussitôt pour remédier à cette situation : le drapeau pendait, en lambeaux. Un des matelots l'atteignit enfin, le décrocha et le lança vers le bas. Le drapeau atterrit droit sur les baïonnettes russes. »

Alexandre s'obstine à n'avoir aucun contact avec l'opinion. Il n'explique pas pourquoi il a vendu l'Alaska, pourquoi il était impossible d'exiger plus de l'Amérique. Au demeurant, la société américaine n'est pas ravie de sa nouvelle acquisition. Les manchettes des journaux ne sont pas tendres pour le secrétaire d'État, jugé responsable : « La bêtise de Seward » ; « Un zoo d'ours polaires » ; « La malle au trésor de Seward ne contient que de la glace »... Le très influent *New York Herald* ironise sur les « plans napoléoniens » du même Seward, qui a gratifié l'Amérique de « cinquante mille Esquimaux, dont chacun vous liquide un demi-seau de graisse de poisson au petit déjeuner ».

Le drapeau en lambeaux... Le drapeau transpercé par les baïonnettes... L'Alaska vendu pour rien, alors qu'il regorge d'or... Ainsi l'opinion porte-t-elle au compte de l'empereur une nouvelle erreur, qui s'ajoute à celle du traité de Paris. La Russie perd encore des territoires. Pour la énième fois, on répète que le tsar est décidément malchanceux. Or, les rumeurs de ce genre sont dangereuses en Russie.

Et voici que mai 1867 apporte un nouveau malheur.

La grande Allemagne du grand Bismarck

La situation en Europe, note le grand-duc Constantin Nikolaïevitch dans son Journal, « menace le monde d'un remue-ménage sanglant »...

Le roi de Prusse, Guillaume, « est résolu à s'offrir la France en festin ». Oncle Willy est un proche parent de la famille impériale. Or, depuis qu'Alexandre Ier a persuadé Napoléon de préserver la couronne du roi de Prusse, les tsars russes traitent leurs cousins prussiens comme des domestiques. Nicolas Ier, notamment, en a fait de brillantes démonstrations. Mais tout a changé, ces dernières années, par les efforts d'un homme : Bismarck.

La situation de la Prusse, parente pauvre de l'Europe, ne plaît guère, en effet, à sa jeune bourgeoisie, ainsi qu'à ses riches et belliqueux hobereaux. Les barons et le capital rêvent d'unifier les terres allemandes autour de leur pays.

L'ancien ambassadeur en Russie, Bismarck, désormais à la tête du parti conservateur, réclame au parlement de gigantesques moyens, afin de créer une armée puissante. La majorité libérale s'indigne. Le climat, à Berlin, est quasi insurrectionnel. Les députés envoient une délégation au roi Guillaume pour le menacer. On cherche à l'effrayer en lui rappelant le destin de Louis XVI. La reine supplie son auguste époux de céder : l'Europe n'a-t-elle pas, à une époque récente, vécu d'abominables révolutions ? Le souverain vieillissant est à deux doigts d'accepter, quand se présente Bismarck qui se lance dans un monologue enflammé.

Ce dernier évoquera, par la suite, ses propos : « Votre Majesté ne doit point songer à Louis XVI qui était faible... Qu'elle pense plutôt à Charles Ier : ne demeure-t-il pas, à jamais, l'un des plus nobles monarques, parce qu'il tira, sans peur, le glaive pour défendre les droits du souverain ? Certes, il perdit la bataille, mais scella orgueilleusement de son sang ses royales convictions !... La tâche incombe à Votre Majesté de créer une grande armée, afin de rassembler tous les Allemands sous l'aile de votre dynastie. Votre Majesté ne peut céder au parlement, dût-elle risquer sa vie. Votre Majesté est placée devant la nécessité de se battre pour le droit sacré du monarque de Prusse, et de tout décider par elle-même ! »

Plus Bismarck parle, plus Guillaume s'anime. Bismarck le connaît bien. Il dit de lui : « Guillaume est le type parfait de l'officier prussien, qui, dans l'exercice de son devoir, ira vers une mort certaine sur ces simples mots : "C'est un ordre !" Mais quand un tel officier doit agir de sa propre initiative, il craint plus que la mort le jugement de ses chefs, et cette peur l'empêche de prendre des décisions. »

Après son entretien avec Bismarck, à la grande terreur de la Cour, le roi Guillaume comprend le rôle qui est le sien, celui d'un « officier prussien que l'on a saisi par le baudrier pour lui ordonner de tenir, fût-ce au prix de sa vie, une position ». Et il se met à jouer ce rôle avec succès, malgré sa frayeur.

Une fois doté d'une formidable armée, le roi, allié à l'Autriche, reprend impitoyablement le Schleswig et le Holstein au Danemark. Puis, les Prussiens défont, en deux temps, trois mouvements, leur alliée d'hier : l'Autriche. L'ancienne Confédération des États germaniques, conduite par l'Autriche, a vécu. Lui succède une Confédération de l'Allemagne du Nord, sous la houlette de la Prusse. Elle est créée par Bismarck, qui en devient le chancelier.

Durant toute cette période, le vieil ami d'Alexandre II qu'est Bismarck et l'oncle Willy bercent le tsar de discours lénifiants, tandis qu'ils engloutissent toutes les terres allemandes indépendantes autour de la Prusse.

Alexandre découvre soudain ce que sa placidité l'a empêché de voir : la naissance d'une nouvelle Prusse, comprenant onze millions de sujets et, aux frontières de la Russie, le dangereux spectre d'un nouvel empire agressif.

Bismarck, toutefois, n'a pas l'intention de s'en tenir là. Sa prochaine victime est toute trouvée : la France. L'Allemagne a une supériorité incontestable en ce qui concerne l'artillerie. Les fameux forts français sont dans l'incapacité de soutenir une guerre moderne. Les militaires russes en sont convaincus : la France va être écrasée, les Prussiens lui prendront l'Alsace et la Lorraine, la Prusse sera la première puissance d'Europe. Or, Alexandre refuse que soit ainsi rompu l'équilibre européen.

Les Affaires étrangères

Le tsar décide de se rendre à Paris, à l'inauguration de l'Exposition universelle, où seront réunis tous les monarques européens. Il entend y faire à l'oncle Willy la démonstration du soutien apporté par la Russie à la France. Avant de prendre la décision d'effectuer le voyage, Alexandre s'entretient longuement avec D. Milioutine, le ministre de la Guerre. Leurs avis concordent : il convient de soutenir la France.

Cependant, au thé du soir, l'impératrice ne se contient plus : elle supplie le tsar de ne pas aller dans ce Paris où les émigrés polonais sont légion, enfants de ceux qu'a matés son père et qui, eux-mêmes, se sont récemment révoltés. Il est clair qu'ils ont soif de vengeance. Marie Alexandrovna implore son époux d'envoyer à Paris le prince Gortchakov. Mais il décide de s'y rendre personnellement, coûte que coûte.

L'impératrice connaît bien son mari. Elle soupçonne les véritables motifs de son désir passionné, inflexible, d'aller en France.

Le 20 mai, Paris, gare du Nord. L'empereur Alexandre II est accueilli par l'empereur Napoléon III, qui arbore les petites piques belliqueuses de ses moustaches. Le souverain français se montre plein d'égards envers le tsar : il a besoin de l'alliance avec la Russie. Alexandre résidera au palais de l'Élysée, à l'instar de son oncle Alexandre Ier, lorsqu'il avait vaincu le grand Napoléon.

Mais, sur le trajet de la gare au palais, de la foule massée sur les trottoirs pour voir passer le cortège, fusent, ici ou là, ces exclamations qui irritent tant le maître de la Russie : « Vive la Pologne ! »

L'empereur part dans la nuit

Le soir, Alexandre se rend à l'Opéra-Comique pour assister à un nouveau spectacle loué par les gazettes : l'histoire, assez peu convenable, de son arrière-grand-mère, Catherine II. Il est contraint de quitter la salle dès le deuxième acte.

La scène qui suit sera rapportée plus tard, dans les moindres détails, par le chef de la police secrète, Piotr Chouvalov, à une dame d'honneur, la comtesse Alexandra Tolstaïa (le responsable de la Troisième Section n'oubliera pas l'incident jusqu'à la fin de ses jours).

Rentrée à l'Élysée après le spectacle, la suite se couche avec joie. Mais, vers minuit, l'empereur frappe à la porte du ministre de la Cour V. Adlerberg, qui dort comme un bienheureux. À la stupéfaction (et la terreur) d'Adlerberg, l'empereur annonce qu'il a décidé de faire une promenade à pied à travers le Paris nocturne.

« Tu n'as pas besoin de m'accompagner, précise-t-il. Je m'arrangerai tout seul. Je te prie simplement, mon cher, de me donner un peu d'argent.

– Combien Votre Majesté désire-t-elle ?

– Je ne sais trop. Peut-être une centaine de milliers de francs ? »

Le ministre blêmit à l'annonce de ce chiffre... Mais on ne pose pas de questions à l'autocrate. Et le ministre apporte un portefeuille avec l'argent demandé. Le tsar part seul dans Paris, en pleine nuit, muni d'une énorme somme d'argent.

Aussitôt, Adlerberg se précipite pour réveiller Piotr Chouvalov. Ce dernier ne s'émeut guère : tous ses agents (sans parler de la police française) ont ordre de suivre discrètement le souverain, où qu'il aille.

Tous s'attendent à ce que l'empereur rentre vite. Or, les heures passent, et le tsar n'est toujours pas là. Le palais de l'Élysée est aux abois, on attend de savoir, avec effroi, comment se terminera cette mystérieuse promenade. On émet les hypothèses les plus invraisemblables sur le but de cette escapade de l'empereur, une fortune en poche.

Le tsar s'en revient au petit matin. Il trouve l'Élysée illuminé : tous sont debout. Le comte Chouvalov l'accueille presque en larmes. Les courtisans, manifestement, avaient déjà enterré le souverain. Eux-mêmes étaient morts de peur, or... il les avait visiblement oubliés.

Le lendemain, Chouvalov apprend la vérité par ses agents. À peine sorti du palais, l'empereur a pris un fiacre et s'est rendu rue Basse-du-Rempart, à deux pas de l'Élysée. Il a quitté le véhicule et longuement examiné, à la lumière d'un réverbère, un papier, vérifiant sans doute une adresse ; il a fini par entrer dans la cour de l'hôtel particulier le plus proche.

Il n'a toutefois pas tardé à comprendre qu'il s'était trompé. Mais impossible de quitter cette cour : les portes s'étaient refermées, et pas moyen de les rouvrir ! Posant par terre le portefeuille, l'empereur, stupidement pris au piège, s'est vainement battu avec la porte, jusqu'à ce qu'un des agents censés le protéger en restant invisibles se décide à s'approcher de la grille et montre à Sa Majesté le cordon à tirer.

Libéré, le souverain a ensuite disparu dans l'hôtel particulier voisin.

C'est là qu'ELLE vit !
Ainsi commence la semaine de bonheur d'Alexandre à Paris...

Étrangement, l'omnisciente Troisième Section, qui doit suivre l'empereur et tout connaître de lui (la carrière de nombreux fonctionnaires en dépend), ne sait pratiquement rien d'ELLE. Chouvalov, comme l'ensemble de la Cour, a sous-estimé le tsar, le croyant franc et naïf, ce qu'il a été, d'ailleurs, tant que cela l'a arrangé. La fameuse « puissance de dissimulation », remarquée par le perspicace marquis de Custine, lui a permis de longuement préserver le secret de ce « roman »...

ELLE (l'amour platonique d'un don Juan)

La mystérieuse belle survivra longtemps à Alexandre. Le sort voudra qu'elle le voie mourir et connaisse la fin de la famille impériale. Elle-même ne disparaîtra qu'en 1922, dans une villa de Nice, héroïne d'un des « romans » les plus dramatiques de l'histoire des Romanov, qui en recèle pourtant beaucoup. Un « roman » qui favorisera la chute de l'empire...

Après la révolution de 1917, les bolcheviques découvriront, dans le cabinet de travail d'Alexandre, les croquis osés d'un corps de femme dénudé : ce corps qui, jusqu'à la fin, rendit fou le souverain.

Alexandre II a quarante et un ans lorsqu'il la voit pour la première fois. Il est alors aux environs de Poltava, où il doit assister à des manœuvres pour le cent-cinquantième anniversaire de cette bataille au cours de laquelle son arrière-grand-père, Pierre le Grand, défit la glorieuse armée de Charles XII de Suède.

Alexandre est logé dans la propriété d'un capitaine de la Garde à la retraite, le prince Mikhaïl Dolgoroukov, qui a fait un beau mariage avec une propriétaire terrienne de Petite-Russie[1].

Au terme d'un grandiose festin, l'empereur va faire quelques pas dans l'immense parc. À sa rencontre marche une adorable poupée, coiffée d'une capeline rose, d'où s'échappe une lourde tresse châtain.

« Qui êtes-vous, mon enfant ? » s'enquiert le tsar.

Et la petite de répondre avec importance :

« Je suis Ekaterina Mikhaïlovna. »

Elle a douze ans.

« Que faites-vous ici ?

– Je cherche l'empereur », réplique-t-elle avec la même gravité.

Elle n'oubliera jamais cette première rencontre. Lui, sans doute, n'y songe plus...

Quatre ans s'écoulent. Un beau jour, le vieil Adlerberg remet au tsar une lettre de la mère de l'enfant : le prince Mikhaïl est mort. Il a réussi à perdre une des plus grosses fortunes russes et laisse sa famille sans le sou. Il a, néanmoins, doté ses enfants d'un héritage non négligeable : la beauté. Il a quatre fils et deux filles magnifiques, qui, cependant, n'ont rien pour vivre.

Alexandre vient en aide à cette grande famille : il devient le tuteur des enfants. Le domaine mille fois gagé, où il a rencontré Ekaterina Mikhaïlovna, passe sous tutelle impériale. Le tsar assume les frais de l'éducation des rejetons Dolgoroukov. Les garçons sont inscrits dans le très prestigieux corps des pages ; Ekaterina et sa sœur vont à l'institut Smolny, réservé aux jeunes filles nobles. Leur mère, Vera, s'installe à Saint-Pétersbourg, où elle loue un modeste logement, avec les quelques moyens dont elle dispose encore.

L'institut Smolny, « cette magnifique serre », selon Karamzine, est un couvent d'un genre particulier, où, « sous couvert de pédagogie », l'on procède à l'éducation des futures épouses des aristocrates russes. Une « trop vaste instruction » (en d'autres termes, l'étude

---

1. Désigne l'Ukraine au sein de l'empire.

des sciences naturelles et de la littérature) y est tenue, non seulement pour inutile, mais encore pour dangereuse. Musique, travaux d'aiguille, arts ménagers, danses, bonnes manières, chant choral, art de la table, telles sont les matières enseignées avec le plus grand sérieux. On apprend, des heures durant, aux jeunes filles rangées comme à la parade, le cérémonial de la Cour, notamment la façon de baiser la main de Leurs Augustes Majestés. On se réfère, en l'occurrence, aux instructions laissées par Paul Ier : il convient de faire une profonde révérence et, ployant un genou, de s'incliner sur la main de l'empereur... Puis l'on recommence pour l'impératrice. Enfin, l'on s'éloigne à reculons. L'enseignement porte aussi sur la façon d'accueillir Leurs Augustes Majestés : il est prescrit de se casser littéralement en deux dans une révérence, et de prononcer aimablement, en français, une phrase de bienvenue.

Tout cela est inculqué dans les salles de classe de l'institut Smolny. Et ce savoir sera du plus grand profit pour Ekaterina, un jour d'automne 1864.

Le Smolny reçoit en effet Leurs Augustes Majestés. C'est alors que l'empereur l'aperçoit.

« Ekaterina... Katia... Katienka. » Ainsi l'appellera-t-il.

La petite jeune fille (elle est de taille moyenne, mais elle paraîtra toujours petite au géant Alexandre) à l'opulente chevelure châtain le regarde de ses yeux immenses. Une très profonde révérence, puis, d'une voix tremblante, la phrase de bienvenue en français.

C'est l'instant fatal ! Alexandre s'éprend. Nous l'avons dit, chaque nouvel engouement se lit sur son visage. Cette fois encore, tous le remarquent, y compris l'impératrice. Mais nul n'y prête vraiment attention. Notre don Juan multiplie les amourettes. Ses amantes se succèdent si rapidement que la Troisième Section elle-même a cessé d'en suivre le tourbillon. Elle a compris l'essentiel : les jeunes beautés n'ont aucune influence sur la conduite de l'État. Elles n'apparaissent que pour un bref séjour dans le lit du tsar, avant de disparaître... Le plus cocasse, en l'occurrence, est que la dernière maîtresse dangereuse du tsar, Alexandra Dolgoroukova, était de la même lignée que Katia – une lointaine parente.

La directrice de l'institut Smolny connaît son affaire : on laisse très vite entendre à Katienka qu'elle a beaucoup de chance. Mais celle-ci, étrangement, semble ne pas le mesurer ; elle ne se hâte pas de tomber dans les bras du souverain, ainsi qu'il sied à une sujette loyale, et surtout indigente, du tsar.

Notre amoureux s'active. Une parente de la directrice, Vera Chebeko, « dame des plus agréables et des plus affables », entre dans la danse. Mme Chebeko se présente dans le logement miteux de la princesse Dolgoroukova et lui parle de ce cadeau du destin : Katia peut assurer une vie plus que décente à toute la famille. Il y a, en effet, de quoi réfléchir : quel avenir attend cette jeune beauté sans le sou ? Les riches hommes de Saint-Pétersbourg n'épousent pas les jeunes filles pour leur beauté. Ils épousent des fortunes. Cela explique qu'une fois leur éducation terminée au Smolny, les jeunes filles pauvres y restent, en règle générale, au titre d'éducatrices et finissent, bien souvent, vieilles filles.

Mme Chebeko prévient donc la princesse Vera : Katia est très jolie, mais combien de jeunes beautés rêvent de conquérir le cœur du souverain ! Il n'y a pas de temps à perdre.

La « très affable Mme Chebeko » devient l'amie de la famille et se voit, peu après, manifestement dotée par la princesse des pleins pouvoirs vis-à-vis de Katia. Fort délicatement (ainsi qu'il convient, à l'époque, dans une famille de ce genre), elle pousse Katienka vers la couche du tsar. Étrangement, la jeune fille n'a pas l'air de comprendre. Pourtant, l'empereur lui plaît, cela crève les yeux ! Elle se montre particulièrement heureuse, quand il lui rend visite à l'infirmerie du Smolny, alors qu'elle est souffrante. Le souverain y vient incognito, bien sûr, ce qui n'empêche pas l'institut, ce jour-là, d'être sens dessus dessous.

Les choses, toutefois, en restent là.

Néanmoins, à la stupéfaction de Mme Chebeko et de la princesse Vera, le tsar, loin de se lasser de cette petite si peu compréhensive, semble s'y attacher de plus en plus. Commencent alors les promenades d'Alexandre et de Katienka au jardin d'Été. Les élèves du Smolny n'ont d'autorisations de sortie que pour les fins de semaine. Or, l'empereur ne peut vivre sans ces promenades. Force est donc à Vera Chebeko et à la princesse de persuader la jeune fille de quitter l'institut. Elle y consent d'autant plus volontiers qu'elle-même ne peut se passer de ces promenades. Mais il n'est pas question d'autre chose. Ainsi se déroule ce roman platonique, si invraisemblable pour notre don Juan !

Le cérémonial est toujours le même : l'empereur, la jeune fille à ses côtés ; devant, court le chien préféré d'Alexandre ; derrière, à quelque distance, marche un aide de camp. Les habitués du jardin d'Été murmurent déjà : « Le souverain promène sa *Mam'zelle*[1] ! » On décide alors d'un autre lieu de promenade : ce seront les parcs des îles. Le roman platonique de notre don Juan continue. Rien que des promenades... Quelques baisers échangés dans les allées, c'est tout ! Le carrosse de l'empereur reconduit la jeune fille chez elle. Visages heureux d'un couple d'amoureux, respectivement âgés de dix-sept et quarante-huit ans. À l'approche de la cinquantaine, le tsar se comporte comme un collégien énamouré.

Katia devient dame d'honneur de l'impératrice, place réservée, chacun le sait, aux maîtresses de l'empereur. Au grand étonnement de Vera Chebeko, la jeune fille ne devient pas l'amante du tsar qui, bien que brûlant de désir, ne se montre pas insistant. Mme Chebeko, une fois encore, tente délicatement de faire entendre « raison » à Katia. Peine perdue ! Katienka ne paraît pas même à la Cour, et ce n'est pas parce que le tsar souhaite épargner son épouse. L'impératrice est, depuis longtemps, habituée aux dames d'honneur amantes ; elle accueille chaque nouvelle beauté d'un regard empli de patience et de résignation, regard qui se charge de compassion et de tristesse, quand la jeune personne est reconduite à la porte du palais !

En l'occurrence, c'est Katia qui refuse d'être vue à la Cour. Pour la princesse, sa mère, comme pour Vera Chebeko, c'est la grande énigme de cette histoire d'amour. Mais Katienka n'est pas comme les autres.

---

1. En français dans le texte.

Pas comme les autres

L'institut Smolny, comme l'ensemble du pays, a littéralement été réveillé par les réformes d'Alexandre II. Le vent du changement y souffle également. Le pédagogue Ouchinski y est nommé, qui bouleverse de fond en comble cette institution des plus conservatrices. On commence à y enseigner la littérature et les mathématiques, on s'attache à donner aux jeunes filles une instruction digne de ce nom. Certes, Ouchinski ne tarde pas à être remercié, mais « l'esprit Ouchinski » demeure. Restent également les nombreux enseignants qu'il a recrutés. Les œuvres des grands écrivains, les héros des plus célèbres romans, tout ce qui était, jusqu'alors, interdit entre les murs de l'institut est à présent étudié et discuté. Et c'est elle, la petite et jeune beauté, qui fait découvrir au tsar, durant leurs promenades, ce monde qu'il a lui-même engendré et dont il ne connaît rien : le monde de la Russie nouvelle. Katienka en est une créature, et cela explique qu'elle ne veuille pas fréquenter la Cour. Une position dans le monde, la fortune, les intrigues, telles sont les grandes valeurs des maîtresses du tsar ; or, elles semblent vides à notre jeune fille qui pose sur le monde de la Cour le même impitoyable regard qu'une autre jeune fille intelligente et perspicace, Anna Tioutcheva : « C'est un monde vide... qui ne s'anime qu'à la lumière vespérale des candélabres... Seul le soir lui confère un charme mystérieux. Un mot règne sur ce monde : la toilette. Et dans ce vain océan de dentelles et de pierres précieuses, on ne peut devenir *qu'une poupée apprêtée de plus...* Il faut ici s'apprêter constamment, pour l'empereur lorsqu'il y a bal, pour Dieu lorsque l'on se rend à l'église du palais... Même avec Dieu l'on se comporte comme avec un hôte ennuyeux qui donnerait un bal. On va chez lui... pour, aussitôt, l'oublier... »

À l'instar de toute sa génération, Katia rêve de se consacrer à quelque chose d'important. Et le tsar, sans rien comprendre à ce qui lui arrive, en tombe définitivement amoureux. Comme toutes les jeunes filles du monde à Saint-Pétersbourg, elle a entendu maints récits sur ses maîtresses et redoute de devenir l'une d'elles...

C'est la compassion, si forte chez les natures de ce type, qui l'y poussera. La compassion pour le souverain.

L'empereur connaît, en effet, deux années terribles. Au début de 1865, meurt son fils bien-aimé. Puis, en avril de l'année suivante, a lieu un événement effroyable pour Katia : on tire sur *lui* au jardin d'Été. Elle comprend alors ce que sa perte signifierait pour elle. En mai, Vera Dolgoroukova meurt. La jeune fille est désormais seule au monde. De la même façon, le tsar se sent seul depuis la mort de son fils.

Tout est consommé en juillet 1866, au jour anniversaire du mariage des défunts parents du tsar. Sur la route de Peterhof, sur une petite colline du nom de Babigon (appelée aussi Babi Gon), on voit, aujourd'hui encore, un pavillon de chasse, avec un portique classique, à colonnes. Par les fenêtres on aperçoit le bulbe d'une église, au loin, un étang et de vertes frondaisons.

Selon la légende, en ce lieu romantique, l'oncle du souverain, Alexandre Ier, donnait rendez-vous aux beautés de Saint-Pétersbourg. Comme dans les palais de Louis XV, il y avait là une « surprise » : il suffisait d'appuyer sur une discrète pédale dans la salle à manger pour qu'au son d'un menuet, apparût une petite table servie pour deux.

Le tsar a installé Katia dans ce petit palais, en compagnie de Vera Chebeko qui, jusqu'au bout, sera la protectrice désintéressée de leurs amours.

Les célébrations officielles ont lieu au grand palais de Peterhof. Après une de ces parades qu'affectionnait Nicolas Ier, un grand dîner est servi, suivi d'un feu d'artifice. Puis, en pleine nuit, l'empereur part au galop rejoindre Katienka à Babigon.

Tout ce qui se passe, ce soir-là, est jalousement celé par le voile de l'histoire. Seuls, restent les mots que le tsar prononce dans le secret de la couche où repose le corps nu de la jeune femme : « Désormais, tu es mon épouse secrète. Et je te fais le serment, si un jour je suis libre, de t'épouser. » Elle sait qu'il dit la vérité : c'est pour cela qu'il a choisi ce jour, celui du mariage de son père.

Dès lors, Katienka porte un lourd fardeau. Le lendemain, toute la Cour est informée. Manifestement, Vera Chebeko s'est empressée de faire savoir qu'elle occupait à présent une place très importante : celle d'amie de la favorite du tsar.

Le souverain découvre avec stupeur que Katia souffre des commérages. Il se produit, en effet, ce qu'elle redoutait le plus. Pour la Cour, elle n'est pas « l'épouse secrète », mais bien l'amante officielle.

Afin de la protéger, Alexandre décide de l'éloigner de Saint-Pétersbourg. Il le fait avec tact. Son frère, le grand-duc Michel, a épousé une jolie et joyeuse marquise italienne que Katia apprécie beaucoup. Et la marquise lui propose de l'accompagner à Naples, où elle a de la famille. Katienka accepte.

La Cour et la Troisième Section en tirent leurs conclusions : c'est l'histoire habituelle. Faute d'expérience, la gamine a aussitôt lassé le souverain et tout s'est bientôt terminé. *E finita la commedia !* C'est aussi l'avis de Vera Chebeko qui, à peine sa protégée partie, s'empresse de confier à l'empereur que la cadette de Katia, Maria, est dans une situation difficile. À la grande joie de la dame, Alexandre accepte aussitôt de recevoir la jeune Dolgoroukova.

La petite est aussi belle que sa sœur. Vera Chebeko en attend donc les fruits habituels. Mais, à son grand étonnement, le tsar se contente d'aider financièrement la jeune fille. La dame n'est pas au bout de ses surprises. Il apparaît, en effet, que le tsar écrit quotidiennement à Naples. Bien plus, il la convoque un jour pour lui demander de se rendre à Paris et d'y louer en secret un hôtel particulier à proximité du palais de l'Élysée. Les deux amants ont formé le projet de se rencontrer dans la capitale française.

La prédiction de la Tsigane

L'affaire Dolgoroukova est un coup terrible pour Chouvalov. Il comprend qu'il n'a pas vu une chose essentielle. Dès lors, l'empereur et sa maîtresse sont constamment surveillés.

Le tout-puissant chef de la police secrète ne tardera pas à mesurer l'influence de la jeune femme sur le tsar et le danger qu'elle représente pour lui-même et pour le trône.

Cependant, le séjour d'Alexandre à Paris suit son cours. Une réception et un dîner sont donnés en son honneur à Versailles.

Bismarck a décrit ces soirées de Versailles et la pitoyable cour de Napoléon III. Les personnages les plus importants, la « catégorie supérieure », dînent les premiers. Ils quittent alors la salle à manger, tandis que ceux de « deuxième catégorie », affamés, se précipitent, au mépris des bonnes manières. Les messieurs en uniformes brodés d'or, les dames vêtues de somptueuses toilettes à la mode de Paris, jouent des coudes, se bousculent, n'hésitant pas à distribuer injures et horions. Alexandre peut donc reprendre à son compte le propos de Bismarck : « Le temps n'est plus où la Cour de France était une école de courtoisie et de bonnes manières pour toute l'Europe. »

Et, chaque nuit, un fiacre *la* conduit au palais de l'Élysée.

À Paris, Alexandre rajeunit incroyablement. La passion, baume magique de Méphisto ! Mais au cours d'une de leurs heureuses promenades dans le jardin des Tuileries, une Tsigane lit à l'empereur les lignes de la main (telle est, du moins, la légende qui restera ancrée dans la mémoire des contemporains) : à six reprises, dit-elle, la vie d'Alexandre ne tiendra qu'à un fil, qui ne se rompra pas. Toutefois, le septième attentat à ses jours lui sera fatal.

La vengeance des Polonais

L'annonce d'un si grand nombre d'attentats (en admettant qu'il ne s'agisse pas d'une légende) paraît sans doute pur délire à Alexandre. Pourtant, c'est à Paris que la prédiction commence à se réaliser.

Ce jour-là, le tsar assiste à une revue militaire, en compagnie de Napoléon et de Guillaume, à l'hippodrome de Longchamp. Sur le chemin du retour, voulant faire la preuve de son amitié, Alexandre a pris place, dans le carrosse, aux côtés de l'empereur des Français. Oncle Willy, au demeurant, a compris depuis longtemps de quel côté penche la « neutralité » russe. Bismarck s'autorise même un semblant de menace : « La Prusse, dit-il, est une très puissante amie de ses amis, et une tout aussi puissante ennemie de ses ennemis. » Lorsque le mot est rapporté à Alexandre, il se contente d'en sourire.

Les voici donc dans le carrosse découvert. Aux côtés d'Alexandre, se tient Napoléon ; derrière, se trouvent les fils du tsar, l'héritier et Vladimir. L'équipage se fraie péniblement un chemin dans le bois de Boulogne, à travers la foule massée pour acclamer ces hauts personnages. Mais alors qu'ils abordent la Grande Cascade, un homme surgit du côté où se trouve Napoléon.

L'homme pointe un pistolet... Alexandre entend siffler une balle. Second coup de feu. Le cocher fouette ses chevaux, le carrosse bondit, la foule reflue.

Il ne reste qu'à remercier le ciel et à s'étonner que le tireur, à cette distance, ait manqué sa cible. On explique au tsar que l'écuyer de Napoléon, ayant vu le danger, a, au dernier instant, fait dévier le bras de l'assassin.

Le soir, Alexandre reçoit la visite de l'impératrice Eugénie. Elle le supplie, en larmes, de ne pas raccourcir sa visite. L'empereur des Français lui succède, qui donne les détails de ce qui s'est passé. Le coupable est, bien sûr, un émigré polonais, répondant au nom d'Anton Berezowski et âgé de vingt ans. Il guettait depuis plusieurs jours l'instant propice. Par bonheur, le Polonais est un piètre tireur, son pistolet à deux coups a explosé, ce qui a déporté la trajectoire de la balle. En d'autres termes, l'écuyer n'y est pour rien.

Le lendemain, on apporte les aveux complets de l'assassin. Le Polonais reconnaît que, depuis toujours, il rêve de tuer le tsar. Mais, ajoute-t-il, il n'en a parlé à personne, il a agi seul. Les journaux français se montrent pleins de sympathie pour le coupable. Alexandre est furieux : à quoi bon être venu soutenir ces gens stupides, s'ils manquent à ce point d'amitié pour la Russie ? Comment s'étonner que son père ait nourri tant de haine pour ces Français éternellement rebelles ? L'empereur russe n'aime plus la France. Il applaudit aux paroles de l'héritier : « Je compte que nous quitterons bientôt ce coupe-gorge ! »

Alexandre décide, toutefois, de poursuivre son voyage, afin que nul n'ose penser que le tsar de toutes les Russies a été effrayé par un coup de feu polonais. De très touchante façon, l'impératrice

Eugénie veut prendre place auprès de lui, dans le carrosse, du côté donnant vers la rue. Il la prie instamment de n'en rien faire.

De retour à Saint-Pétersbourg, Alexandre apprend le verdict rendu au procès du Polonais. Le tsar était convaincu que celui-ci serait condamné à mort et qu'il lui faudrait avoir un geste de mansuétude, afin que la peine fût commuée. Les Français le dispensent de cette hypocrisie. Sous les applaudissements du public, l'avocat de Berezowski voue aux gémonies la Russie. Le Polonais est condamné à la détention à perpétuité. Et les journaux annoncent joyeusement que l'homme ne tardera pas, sans doute, à être libéré.

Alexandre est rentré à Saint-Pétersbourg, fermement convaincu que la Russie devait s'orienter vers une alliance avec l'Allemagne. Les Français et Sébastopol ont été une des causes de la mort de son père. Il n'aurait jamais dû l'oublier. C'est pourtant ce qu'il a tenté de faire, et le châtiment est aussitôt venu, en la personne d'un Polonais. Déjà, il voit, dans ce qui ne manquera pas de se passer en France, la main de Dieu punissant l'empereur des Français pour l'injustice qu'il a commise. Alexandre en est convaincu : les jours de Napoléon III sont comptés ; des lettres de feu brûlent dès à présent sur son palais de Balthazar.

Il en sera effectivement ainsi. La Prusse attaquera la France qui sera vaincue. Mais les conséquences en seront désastreuses pour la dynastie Romanov. Aux frontières de la Russie se dressera un très puissant Empire germanique, mû par une vieille idée : le *Drang nach Osten*.

C'est avec le coup de feu tiré par le Polonais à Paris qu'est jeté en terre le grain de la future guerre contre l'Allemagne, catastrophe au cours de laquelle s'effondrera la dynastie Romanov. Le sang versé par les Polonais sera vengé.

L'impératrice accueille son auguste époux, des larmes plein les yeux. Elle lui rappelle qu'elle l'avait supplié de ne pas aller à Paris. On parle ensuite de choses et d'autres. Et c'est seulement quand Alexandre s'apprête à quitter la pièce qu'elle lui dit : « Je te prie de respecter en moi la femme, si tu ne peux respecter l'impératrice. »

Désormais, la Cour est unanime à haïr en secret... *l'autre*. L'arrière-grand-mère d'Alexandre, la grande Catherine, avait vu juste : *une haine cordiale de tous envers tous* est le trait principal de la cour de Russie. Tous, à présent, plaignent « notre sainte » : l'impératrice.

Chouvalov s'alarme particulièrement. En tant que chef de la police secrète, il doit penser à l'avenir. Or, cet avenir l'inquiète. Il s'est produit une chose incompréhensible. Au rapide et interminable défilé des dames d'honneur, a soudain succédé une étrange jeune femme dont l'empereur est manifestement fou. Il apparaît que le tsar la voit tous les jours. Et lorsque ce n'est pas possible, il lui écrit. Qu'arriverait-il si elle lui donnait un enfant ? L'impératrice décline à vue d'œil. Le souverain, entiché comme il l'est, pourrait très bien se remarier... Alors, en place de l'héritier un peu obtus, qui écoutait avec enthousiasme les raisonnements de Mouraviev la Potence aujourd'hui défunt, se dessinerait l'éventualité d'un autre tsarévitch. Chouvalov s'active : il se lance dans la lutte. S'efforçant de monter la grande famille Romanov contre la nouvelle favorite, il a l'audace de dire : « Ainsi, c'est à cause de cette... que nous avons fait le voyage de Paris ! À cause d'elle que nous avons risqué la précieuse vie du souverain !... »

Ces propos sont rapportés à l'empereur. Le chef de la Troisième Section, toutefois, s'acquitte à merveille de ses obligations. Et le tsar ne réagit pas. Pour l'instant...

TROISIÈME PARTIE

La Russie souterraine

8

NAISSANCE DE LA TERREUR

> « Efface-toi, frontière entre le Bien et le Mal ! »
> William SHAKESPEARE, *Macbeth*

> « Il lui semblait voir le monde entier désolé
> par un fléau terrible et sans précédent...
> Des trichines microscopiques,
> d'une espèce inconnue jusque-là,
> s'introduisaient dans l'organisme humain...
> Les individus qui en étaient infectés
> devenaient à l'instant même déséquilibrés et fous.
> Toutefois, chose étrange,
> jamais les hommes ne s'étaient crus aussi sages,
> aussi sûrs de posséder la vérité...
> Ils s'entre-tuaient dans une sorte de fureur absurde[1]. »
> Fiodor DOSTOÏEVSKI, *Crime et Châtiment*

Voyage chez les maîtres à penser

Après l'attentat de 1866, de nombreux jeunes gens impliqués dans les troubles estudiantins sont exclus des universités. Ceux qui prennent part aux révoltes et révolutions ne comptent pas, en règle générale, parmi les plus démunis. Aussi les étudiants exclus quittent-ils la Russie pour aller faire leurs universités à l'étranger.

Les voici sur le quai, accompagnés de leurs parents et serviteurs inconsolables. Tandis que se forme le train, on évoque le bon vieux

---

[1]. Fiodor Dostoïevski, *Crime et Châtiment*, traduit du russe par D. Ergaz, Gallimard, La Pléiade, Paris, 1950, p. 609.

temps où l'on se rendait à Paris en équipage et où l'on ignorait ces effroyables déraillements qu'évoquent si souvent les journaux...

La locomotive est enfin là. Toute d'acier noir, étincelante, avec ses roues aux dimensions effrayantes, sa haute cheminée crachant, dans un sifflement, des volutes de fumée, cette locomotive, modèle 1866, vient se placer en tête du convoi. Vêtu d'un long manteau d'uniforme, un gendarme apparaît sur le quai. La deuxième sonnerie retentit[1]. La cloche de la gare se fait à nouveau entendre, le chef de train lance un coup de sifflet strident et le convoi s'ébranle doucement. Essuyant leurs larmes, les parents demeurent un instant sur le quai, tandis que les serviteurs, avec force révérences, courent le long des wagons.

Qu'il est aisé, en cette seconde moitié du XIXe siècle, de voyager à travers l'Europe ! Qu'elles sont commodes, ces voies ferrées (comme toutes les avancées techniques) pour tous ceux qui sont en délicatesse avec la police ! Elles sont d'un si grand profit pour tous ceux qui, à travers le monde, s'adonnent à la subversion !

Avant de s'installer dans l'université de leur choix, nos jeunes Russes, ivres de liberté, sillonnent le continent. Ils ne s'envolent pas, à l'instar de leurs pères et grands-pères, vers ce Paris de perdition, refuge traditionnel des conspirateurs, poètes, pamphlétaires, cocottes, lieu privilégié des salons et des sociétés secrètes, bref « centre nerveux de l'histoire européenne, qui envoie régulièrement de dangereuses impulsions par tout le continent », même si Napoléon III a l'impression d'y avoir mis bon ordre.

Ce Paris-là, sa vie secrète est inaccessible à nos jeunes nihilistes russes. D'ailleurs, il ne les intéresse pas. D'autres capitales offrent, pour eux, bien d'autres séductions, car elles abritent les maîtres à penser de la jeunesse d'avant-garde.

L'une de ces capitales est Londres, bien sûr. C'est là qu'est installé Herzen, symbole, figure « culte ». Un simple échange de correspondance avec lui peut vous conduire au bagne.

Au XVIIIe siècle, le voyageur qui parcourait l'Europe ne manquait pas d'aller saluer Voltaire. Désormais, tout Russe revendiquant une

---

1. Trois sonneries annonçaient alors le départ des trains russes.

liberté de pensée vise à rencontrer secrètement le célèbre proscrit... Le jeune Léon Tolstoï se rend ainsi à l'étranger et, naturellement, se présente chez Herzen. Il racontera son arrivée devant la maison à étage, dans les profondeurs d'une petite cour. Derrière le bâtiment se dressent des arbres, encore presque nus en ce début de printemps. Des pas rapides résonnent sur les dalles de pierre entre lesquelles pousse une herbe drue... Herzen se révèle un homme de petite taille, gros, débordant d'énergie, aux mouvements pleins d'allant.

Tolstoï le voit tous les jours, à Londres. Il en citera, par la suite, les amères paroles qu'il pourrait reprendre à son compte : « Si les hommes voulaient, un jour, au lieu de sauver le monde, faire leur propre salut et, plutôt que de libérer l'humanité, se libérer eux-mêmes, ils œuvreraient grandement pour le salut du monde et la libération de l'humanité. »

Cependant, à la différence de Tolstoï, les jeunes gens qui arrivent de Russie ont précisément l'intention de sauver le monde et de libérer l'humanité. Et ils découvrent avec ravissement leurs frères de Londres, la jeune émigration partie après les incendies de 1862 et le démantèlement de « Terre et Liberté ». Les nouveaux venus apprennent avec stupéfaction que cette émigration-là ne prise aucunement Herzen. Elle le juge trop mou. En outre, il n'est pas dans l'air du temps de fréquenter un vieillard. L'Europe radicale a d'autres idoles. Ainsi, à Londres, il est de bon ton de rendre visite à l'un des pères du communisme européen, désormais très en vogue. Il s'agit de l'ancien tailleur suisse Weitling, fils naturel d'une blanchisseuse. Il a abandonné son métier et sillonne l'Europe en train, portant à la gent ouvrière la bonne parole du paradis sur terre, le communisme. Relevant le bas d'un pantalon parfaitement coupé, notre ancien tailleur exhibe aux masses laborieuses les marques laissées par les fers de la prison, prix à payer pour appliquer la recette toute prête de l'avenir radieux.

Pour Weitling, l'édification du communisme commencera de façon sanglante. Une armée de criminels doit, en effet, ouvrir la voie du paradis en renversant l'ordre établi. « Les criminels ne sont que le produit de l'actuel ordre social. Sous le communisme, ils cesseront d'être criminels. » Après le soulèvement général, on s'attaquera à la construction du paradis sur terre qui ignorera la propriété privée. La société – la commune – sera l'unique capitaliste. « Délivrés des fers de la propriété, les hommes seront aussi libres que les oiseaux du ciel. » Toutes les relations s'en trouveront changées. Dans la mesure où le mariage est également une forme de propriété privée, « les femmes devront s'en libérer pour devenir propriété collective ». Une ère nouvelle de paix et de joie adviendra sur la terre.

Mais il est, à Londres, une figure autrement plus solide, qui prône également le communisme. Cette nouvelle « star » des radicaux européens est un génie allemand, chassé de Prusse et de nombreux autres pays européens. Il a nom Karl Marx. Il a déjà prononcé ses célèbres et menaçantes paroles : « Un spectre hante l'Europe, le spectre du communisme. » Marx s'amuse, naturellement, de ce communiste « vulgaire » qu'est le tailleur Weitling. Mais il a aussi de la tendresse pour lui, voyant dans ses discours une « manifestation », certes infantile, « de l'attirance du prolétariat pour le communisme ». Weitling est toujours le bienvenu chez lui. Naturellement, on ne s'entretient pas sérieusement avec lui, on se contente de jouer aux cartes. Marx adore passer ainsi ses nuits, et l'infortuné « communiste vulgaire », tombant de sommeil, doit tenir jusqu'à l'aube, face à l'infatigable philosophe...

En visite chez Karl Marx

On sait déjà, en Russie, que Marx a fondé une mystérieuse Internationale communiste, laquelle a vocation à porter au pouvoir un nouveau messie, le prolétariat. « Prolétaires de tous les pays, unissez-vous ! » proclame-t-il. Alors, le prolétariat mondial créera, ici-bas, une nouvelle et heureuse société sans classes : le communisme. Mais, une fois encore, tout cela n'adviendra qu'au prix du sang versé, c'est-à-dire par le biais d'une impitoyable dictature du prolétariat. « La violence est la sage-femme de l'Histoire », enseigne durement Marx.

Les jeunes Russes arrivant en Europe sont séduits par les terribles idées du philosophe, extrêmement populaire parmi les émigrés. On songe même très sérieusement à créer une « section russe » au sein de son Internationale.

On imagine après quelles interminables vérifications et consultations de toutes sortes, Marx (qui est soupçonneux) accepte de recevoir les étudiants en provenance de Russie.

Les jeunes gens se rendent chez lui, 9 Grafton Terrace, Maitland Park. Marx loue au prix fort un hôtel particulier en plein centre de Londres.

Et le voici en personne, petit, râblé, doté d'une abondante pilosité, les cheveux d'un noir presque bleu, semés de jolis fils argentés. Une orgueilleuse tête de lion, une somptueuse barbe de prophète (imagine-t-on un prophète sans barbe ?). Ses doigts courts, eux-mêmes, sont couverts de poils. Vêtu d'une élégante redingote, certes boutonnée de travers, il est impressionnant.

Les visiteurs sont conviés dans le légendaire cabinet de travail, où se prépare la chute du capitalisme inique, où se forge l'avenir radieux de l'humanité. C'est une pièce des plus confortables. Bien que la scène se passe dans l'après-midi, la lampe est allumée sous son abat-jour vert, car Londres est recouverte de ce brouillard qui transforme le jour en nuit.

Enfin s'engage la conversation tant attendue. Difficile, au demeurant, de parler de conversation : Marx monologue. Il zézaie légèrement, mais on oublie très vite ce petit défaut : on est subjugué par son ton impérieux, sa conviction sans faille d'être appelé à gouverner les esprits. Sur la cheminée, un Zeus en marbre, que, dans son discours, le philosophe appelle Prométhée. Les mots de Prométhée : « En vérité je hais tous les dieux », sont le credo de Marx, le fondement de sa philosophie dirigée contre tous les dieux, ceux de la Terre comme de l'Olympe. Aussi le monologue du maître de maison est-il suivi de cette abrupte question : « Croyez-vous en Dieu ? »

Les jeunes gens comprennent vite : ils renient leur foi, ce qui leur vaut des compliments du grand penseur, lequel fait remarquer que « le communisme rend caduques toutes les religions et s'y substitue ».

Aux côtés de Prométhée, sur la cheminée, pour la plus grande joie des jeunes gens, se trouve un portrait de Tchernychevski. Marx explique qu'il lui a été offert par un « propriétaire terrien russe de la steppe ». Le propriétaire en question a promis de l'argent pour l'Internationale, mais le philosophe ne voit rien venir. Il interroge ses visiteurs du regard. Ceux-ci restent muets : leurs parents ne leur ont pas donné d'argent superflu. Et Marx, qui les croyait fortunés, se désintéresse aussitôt d'eux.

Les jeunes gens s'empressent de lui poser des questions sur l'Internationale communiste. Il leur en explique volontiers les grands principes : tous les philosophes ont, jusqu'à présent, tenté d'expliquer le monde ; lui, veut le transformer. Voilà pourquoi il a fondé l'Internationale, dont la finalité est le renversement de la bourgeoisie, la victoire du prolétariat et l'instauration d'une société sans classes ni propriété privée. « En Russie, toutefois, la chose est prématurée, avertit sévèrement le penseur, car le pays n'a pas encore de prolétariat. »

Soupir chagrin des jeunes gens. Après quoi, on les oublie complètement, au profit d'un entretien entre grands hommes. Deux « figures majeures » sont, en effet, arrivées au milieu de l'entretien. L'un des visiteurs s'installe confortablement sur le divan. Il a nom Friedrich Engels. L'autre se poste près de la fenêtre : c'est Mikhaïl Bakounine, père de l'anarchisme russe, vieux géant aux cheveux en bataille et aux yeux d'enfant. C'est lui qui a permis aux jeunes gens de rencontrer Marx.

Issu d'une riche famille aristocratique, Bakounine a fait ses études à la célèbre École du génie, au palais Michel. Mais la seule idée de servir dans la Garde « le plongeait dans la mélancolie ». Il a donc renoncé à la carrière militaire et, sans en parler à son père, est parti pour l'Europe. Là, tel un « sauvage assoiffé de culture », il s'est « jeté à corps perdu dans l'étude de la philosophie ».

Bientôt, pourtant, le jeune Bakounine lâche la plume pour le pistolet. L'admirateur des grands philosophes se change en révolutionnaire que rien n'effraie. Contrairement à Marx qui accomplit ses exploits à sa table de travail, il se bat sur toutes les barricades des révolutions européennes et séjourne ensuite dans les plus terribles prisons du continent.

En Prusse, le tribunal condamne le rebelle russe à la peine capitale, puis les Prussiens le remettent aux Autrichiens qui, à leur tour, le condamnent à mort. Il tente une évasion, est repris et enchaîné au mur de sa cellule. Notre aristocrate, rejeton d'une grande lignée, passe ainsi quelques mois, avant d'être livré à Nicolas Ier. Le tsar l'interroge personnellement. Il le félicite pour sa bravoure sur les barricades révolutionnaires et l'expédie au ravelin Alexis de la forteresse Pierre-et-Paul. Des parents influents du prisonnier supplient l'empereur de commuer cette peine en relégation en Sibérie. Ils obtiennent gain de cause. Notre géant ne tarde pas à s'évader de son lieu de relégation. On le retrouve bientôt au cœur du soulèvement polonais contre Nicolas.

Après la répression, Bakounine se réfugie à Genève. De là, cet amateur de Chopin et des philosophes, l'homme le plus doux qui soit au quotidien, commence à appeler la Russie à une révolution sanglante. Il est, bien sûr, de toutes les sociétés secrètes et entre dans l'Internationale. Toutefois, chacune de ses rencontres avec Marx se transforme en joute verbale.

Sur une petite table, des chopes emplies de porter et de longues pipes de terre. Vidant chope sur chope, le vieux géant fume et parle sans discontinuer.

« L'État prolétaire ? » Billevesées ! Car l'État lui-même est un mal qui doit être anéanti. L'État communiste ne sera pas meilleur que le capitaliste, le pouvoir y sera, de toute façon, détenu par quelques-uns. Même si le pays est dirigé par des ouvriers, ils deviendront bientôt aussi vénaux et despotiques que les tyrans qu'ils auront renversés. Seule l'anarchie peut sauver le monde : le pouvoir sera alors si morcelé que nul ne pourra en abuser. Tout cela sera réalisé en Russie. Tout sera résolu par la révolution paysanne et le soulèvement des bandits russes.

Bakounine fonde ses espoirs de révolution sur le caractère national russe, la haine des paysans pour leurs tourmenteurs : les représentants de la noblesse. « Le peuple russe a un goût du feu mi-enfantin mi-démoniaque. Ce n'est pas pour rien que nous avons brûlé Moscou au temps de l'invasion napoléonienne. Il est aisé de convaincre les paysans que livrer aux flammes les domaines et les maîtres, avec toutes leurs richesses, est une cause juste et agréable à Dieu. » Propriétaire terrien et descendant de propriétaires, Bakounine évoque joyeusement les soulèvements de Stepan Razine[1] et de Pougatchev, au cours desquels on pendait les propriétaires et incendiait leurs domaines. « Les temps sont proches de soulèvements à la Razine et à la Pougatchev. Préparons-nous à la Fête ! » proclame-t-il.

Pour lui, la « réserve » de la Révolution russe, ce sont les brigands : « En Russie, on respecte les bandits ! » Et de dévoiler avec enthousiasme les heureux horizons de l'apocalypse à venir : « Ayant envahi la Russie, l'incendie se propagera à travers le monde... Là, tout sera anéanti... tout ce qui a été consacré depuis les hauteurs de la civilisation européenne contemporaine. Car tout cela engendre l'inégalité, tout cela ne cause que malheurs à l'humanité. Mettre en action une force destructrice, tel est l'unique but digne de l'homme de raison ! »

Le monologue de Bakounine est entrecoupé de répliques de Marx, d'abord sarcastiques, puis presque hystériques. Le philosophe allemand reprend ensuite son soliloque en arpentant frénétiquement son petit cabinet de travail. Cette célèbre « course » du penseur, tandis qu'il polémique, a été décrite par son ami, le grand poète Heine :

« Il saute, il bondit, il va sautillant,
À croire qu'il veut saisir et tirer sur la Terre
L'immense voile des hauteurs célestes.
Il agite les poings, crie effroyablement,
À croire que mille démons par les cheveux l'agrippent. »

Devant les jeunes gens effrayés debout près de la cheminée, volette la chevelure de cet homme de petite taille, à la redingote boutonnée de travers. Et ils entendent les paroles, ou plutôt les hurlements du philosophe :

---

1. Cosaque du Don qui, dans la seconde moitié du XVIIe siècle, soulève une révolte contre Moscou. Il sera exécuté, mais fera, au long des siècles, l'objet de nombreuses légendes.

« Une révolution paysanne en Russie serait la pire des aventures ! Un enfant le comprendrait ! La révolution bourgeoise doit d'abord l'emporter ! Seule la bourgeoisie est à même d'engendrer son fossoyeur, la classe ouvrière ! Et, seule, la classe ouvrière est en mesure de résoudre tous les problèmes de l'humanité. C'est le "b.a.-ba" ! Pendant que vous et vos semblables, vous occupez de la révolution mondiale..., pendant que, jour après jour, nuit après nuit, vous vous grisez de "Demain sera le grand soir !", nous passons notre temps au British Museum, nous efforçant d'acquérir les connaissances, de forger les armes et les munitions pour la grande bataille du prolétariat à venir ! »

Puis les étudiants russes apprennent que leur pays est le grand mal de l'Europe : « J'ai commencé un de mes articles par cette petite parabole : deux sages persans se demandent si l'ourse met bas ses petits ou si elle couve des œufs. L'un d'eux, manifestement plus instruit, répond : "Cet animal est capable de tout !" Il en va de même pour l'ours russe. Il est capable de tout, *sauf de faire la révolution*... L'Orient, sous sa forme russe, n'a pas simplement quitté la scène historique, il y est, en quelque sorte, demeuré suspendu et empêche le reste du monde d'aller de l'avant ! » crie Marx.

Il n'est plus seul, à présent, à galoper à travers la pièce. Son *alter ego*, Engels, bondit du divan pour le soutenir.

Ils forment un couple assez cocasse. Si le premier est un petit Juif noiraud, doté d'une énorme tête, le second est un aryen de haute taille, blond, doté d'une petite tête. Mais tous deux, Marx et Engels, ont un point commun... leur admiration béate de Marx ! Le riche capitaliste Engels aide financièrement le champion de la lutte contre le capitalisme. Le brillant entrepreneur et sémillant Engels, membre de clubs choisis, qui remplit soigneusement ses caves de luxueux champagnes et va, chaque année, à la chasse dans le Cheshire, fournit à Marx des informations économiques pour ses ouvrages, lesquels ont vocation à anéantir le capitalisme. Il lui envoie régulièrement de l'argent pris, en douce, sur le compte de sa compagnie. Il le fait si habilement que ni son père ni son associé ne s'en apercevront jamais. L'hôtel particulier dans lequel réside Marx est également payé sur sa cassette.

Ils crient à présent tous les trois, Marx, Engels, Bakounine, disparaissant progressivement dans le nuage de fumée bleue. Impossible, pourtant, d'ouvrir la fenêtre : le bruit furieux de la discussion attirerait aussitôt les foules.

Les visages s'effacent peu à peu, ne laissant que les mots qui volent à travers la fumée. Les paroles, à leur tour, deviennent aussi floues que les visages : le trio use à présent d'une langue particulière, celle de la conspiration, mélange de latin, d'allemand, de français, d'espagnol, d'italien et d'anglais dont seuls ces polyglottes émérites peuvent user.

Nos jeunes gens affamés voient mélancoliquement Bakounine engloutir machinalement l'ultime petit pâté. Tout sombre définitivement dans la fumée de tabac. Mais la dispute est interrompue par le « dictateur de la famille », la servante Helen Demut, femme de petite taille, soignée. Elle vit chez les Marx depuis ses jeunes années. Elle a un fils, Freddy, âgé de quinze ans, qui ressemble terriblement au maître à penser du prolétariat mondial. (Il faudra attendre 1962 pour que soient publiés des documents d'Engels, expliquant la raison de cette ressemblance : le « père de la révolution » est aussi celui de Freddy.)

Bakounine se rappelle soudain la présence des jeunes gens qu'il a lui-même amenés chez Marx. On décide d'aller poursuivre la discussion dans une taverne, où l'on s'arrangera pour nourrir les étudiants. Dans un pub en vogue de Piccadilly, la compagnie devient plus nombreuse : des compagnons de lutte, membres de l'Internationale, rejoignent le groupe. Mais le grand Karl ne tarde pas à interrompre la dispute : les camarades doivent être convaincus que nul n'ose jamais le contredire, hormis ceux qu'il y autorise. On aborde donc des sujets plus frivoles. Là, le Casanova du communisme scientifique, Friedrich Engels, est à son affaire.

On quitte les lieux à plus de deux heures du matin. Lorsque Marx a un peu bu, ses sorties de pub sont tumultueuses. Dans ses Souvenirs, Karl Liebknecht décrit une scène de ce genre : « On quitta le pub d'un bon pas, jusqu'à ce que l'un des compagnons de bouteille de Marx bute sur un tas de pavés... Il en saisit un et, bing !, un réverbère à gaz vola en éclats... Marx ne fut pas en reste. Il démolit quatre ou cinq réverbères. Il devait être dans les deux heures du matin, les rues étaient désertes. Le bruit finit, pourtant, par attirer l'attention d'un policier... Nous prîmes nos jambes à notre cou, poursuivis par trois ou quatre membres de la police. Marx fit montre d'une exubérance que je n'aurais pas attendue de lui... »

Les voici partis, au pas de course, dans les rues de Londres endormie, laissant derrière eux les ruines des réverbères bourgeois. La fuite devant la police est dirigée par nul autre que le père du communisme scientifique.

Mais tout est bien qui finit bien. « Après quelques minutes de course folle, nous réussîmes à nous échapper par une rue de traverse. »

L'année 1867 dans l'arche de Noé

Après Londres, de nombreux jeunes nihilistes prennent, bien sûr, la direction de Genève.

Genève, 1867... Des balcons fleuris, des mouettes qui volent en criant juste au-dessus du quai. Une pluie chaude est tombée au cours de la nuit, mais la brume matinale commence à se dissiper. Les rayons du soleil apparaissent, et voici que s'ouvre l'immense lac de Genève, avec, au loin, les cimes fantomatiques de la Savoie. Tous les grands révolutionnaires d'Europe ont contemplé ce paysage. Genève, en effet, n'extrade pas les politiques, Genève est l'arche de Noé où sont réunis tous ceux qui ont pris part aux révolutions européennes, aujourd'hui écrasées.

Nos jeunes Russes sont médusés : pas d'armée permanente, ici, les uniformes, principale splendeur des rues pétersbourgeoises, sont rarissimes. Dans un café, on peut voir le président du canton. Il est vrai qu'il est difficile à repérer, car il est là comme un simple mortel, attendant patiemment les serveurs genevois qui se caractérisent par leur lenteur. Pas de garde cosaque, non plus ! Pas de censure, on ne combat pas les idées, quelles qu'elles soient. Et, malgré tout, Genève ignore ces révolutions qui, en 1848, ont secoué les pays européens dotés de grandes armées et d'une importante bureaucratie.

Que ne voient, à Genève, cette année-là, nos nihilistes ! La ville accueille le congrès de la Ligue pour la paix et la liberté. Tous les libéraux d'Europe y sont, afin d'envisager des moyens d'éviter une guerre. Certes, après leurs ardents discours et leurs sages résolutions, le conflit ne tardera pas à éclater entre la France et la Prusse. Mais en attendant, les trottoirs sont envahis par les curieux qui guettent l'arrivée du président du congrès. Le voici, en calèche découverte, lui, l'idole de l'Europe libérale, Giuseppe Garibaldi ! Il est extraordinairement pittoresque, avec sa chemise rouge et son poncho mexicain. Tout debout, il agite son chapeau, saluant la foule qui l'acclame. Il est, notamment, très applaudi par une jeune femme : Anna Grigorievna, l'épouse de Dostoïevski.

Le couple est en voyage de noces. Ce voyage est également, pour l'écrivain, la seule fuite possible loin de ses créanciers. Dostoïevski a réussi à financer ce déplacement grâce à une avance d'un éditeur sur un roman qu'il compte écrire sous le titre *L'Idiot*.

Durant ce séjour de quatre ans à l'étranger, la jeune femme connaît l'enivrante « volupté karamazovienne », les crises épileptiques du génie et sa fatale passion du jeu. Il arrive que son époux perde, non seulement tout l'argent du ménage, mais encore son propre costume et la robe d'Anna Grigorievna. Ils restent alors sans le sou, dans l'attente d'une aide venue d'un éditeur de Russie... Tout cela, elle le supporte vaillamment.

Bien souvent, avant de repartir jouer et perdre, il lui demande son accord. Elle sait qu'il ne sert à rien de s'y opposer, sa passion est trop forte. « J'ai dit que j'acceptais tout, écrit-elle dans son Journal. Il doit apprécier mon acceptation, car je ne discute jamais rien, je m'efforce, au contraire, de m'accorder au plus vite avec lui, afin qu'il n'y ait point de dispute entre nous. » Au cours de ces quatre années, les principaux interlocuteurs de l'écrivain sont ses *Carnets* – les plus importants pour lui, dans lesquels il s'entretient *avec lui-même* – et l'excellente Anna Grigorievna.

« Ce soir, nous avons parlé de l'Évangile et du Christ, nous avons parlé longuement, note-t-elle. Plus tard, quand il est venu me souhaiter la bonne nuit, il m'a couverte de tendres baisers, puis a dit : "Je ne peux vivre sans toi. Nous sommes soudés, Ania[1], au point qu'un couteau ne saurait nous détacher l'un de l'autre." » Puis, dans le lit, il ajoute : « C'est pour des gens tels que toi que le Christ est venu sur la Terre. »

Tout le voyage s'accompagne de ces crises d'épilepsie que Dostoïevski n'omet jamais de décrire minutieusement dans ses *Carnets* : « Une demi-heure avant la crise, ai pris quarante gouttes d'*opii benzoedi*, diluées dans de l'eau. Une fois sur pied, mais encore inconscient, je me suis occupé à préparer des papirosses[2], j'en ai fabriquées quatre, très grossièrement ; j'étais en proie à de violents maux de tête, il m'a fallu du temps pour comprendre ce qui m'arrivait. »

Il est impossible de s'habituer à cette maladie, tant les crises sont effroyables. L'écrivain peut mourir en quelques instants dans les convulsions et, ce qui est le plus terrible pour lui, en pleine inconscience. Malgré cette épée de Damoclès au-dessus de sa tête, il ne cesse de travailler, sans perdre son sens de l'humour. Il déclare ainsi plaisamment à Ania : « Quand nous partirons, elles [les propriétaires de la pension. E. R.] ne manqueront pas de raconter : "Ah, nous avons eu des Russes ! Une jeune personne tellement intéressante, toujours si gaie... et un vieil imbécile. Il était si teigneux qu'il tombait du lit, la nuit, exprès pour embêter le monde !" »

Ils sont donc arrivés à Genève, à l'automne 1867. À présent, Dostoïevski, absolument inconnu en Europe, travaille à *L'Idiot* dans la petite chambre qu'ils louent dans une modeste pension, tandis qu'Ania, pour ne pas le déranger, se promène à travers la ville.

Après *L'Idiot*, l'écrivain s'attaquera à un nouveau roman, dont le sujet lui sera dicté par un autre Russe séjournant, lui aussi, à Genève. Un an et demi plus tard, en effet, dans la même ville, sur le même quai, apparaîtra le précurseur de la Révolution russe sanglante, héros du prochain célèbre roman de Dostoïevski : Sergueï Netchaïev.

---

1. Un des diminutifs du prénom Anna.
2. Cigarettes russes, munies d'un long filtre de carton, dans lesquelles le tabac est très fortement tassé.

Les aventures et la véridique histoire du diable russe

Dostoïevski représentera Netchaïev, dans le roman *Les Démons*, sous le nom de Verkhovenski. En réalité, le vrai Netchaïev ressemble autant à ce personnage littéraire que le diable lui-même à un démon ordinaire.

Jeune homme de petite taille, au visage rond et banal de paysan, Sergueï Netchaïev est doté d'un étonnant regard. Une contemporaine, parente de Herzen, raconte que, jusqu'à sa mort, elle ne pourra oublier ce regard hypnotique qui vous subjugue, vous prend en tenailles. Les descriptions qui en sont faites rappellent celles que suscitera le regard de Grigori Raspoutine. Lorsque Netchaïev sera jeté en prison, le chef de la Troisième Section, A. Potapov, lui rendra visite en personne dans sa cellule de la forteresse Pierre-et-Paul, afin de l'humilier, d'exiger qu'il mouchard. Le prisonnier lui répondra par un soufflet. Alors, sous la force du regard de Netchaïev, le chef des gendarmes, le visage tuméfié, tombera à genoux ! Puis il s'en ira, reprendra ses esprits et se vengera. Il n'empêche : il y a tant de force chez cet homme que le chef des gendarmes s'agenouille devant lui !

Netchaïev s'entoure soigneusement de légendes. En réalité, il est le fils d'un petit bourgeois, serveur dans des auberges. Cette profession lui joue un mauvais tour. Les « nouveaux messieurs » (entrepreneurs enrichis de la capitale russe du textile, Ivanovo, où il travaille alors) l'appellent souvent pour les mariages ou les fêtes de famille, et le paient largement. L'argent facile, l'abus de boisson dans les noces en font un ivrogne invétéré.

Le jeune Sergueï monte à Moscou pour entrer à l'université. Mais il change brusquement d'avis, gagne Saint-Pétersbourg et passe l'examen d'instituteur. Cet athée, qui hait la religion, commence à enseigner la « Loi divine » dans une école paroissiale.

Il s'inscrit comme auditeur libre à l'université. Il y est à peine entré qu'il se lance dans des déclarations sur le caractère inéluctable de la révolution. Il apparaît alors que ce jeune professeur d'instruction religieuse ne rêve que de servir la cause révolutionnaire.

Maigrelet, nerveux, se rongeant les ongles, il est de toutes les assemblées d'étudiants. Comme tous les jeunes radicaux, il est fou du héros du roman de Tchernychevski, Rakhmetov. Il ne possède rien, dort chez des amis et relations, bien souvent à même le sol. « Chacun d'entre nous possédait quelque chose, raconte une de ses disciples. Lui, n'avait rien, hormis une idée, une passion : la Révolution. » Et cette passion s'accompagne d'une haine maladive de la vie ordinaire.

À ce moment-là, Netchaïev proclame le droit du révolutionnaire à agir par n'importe quel moyen : chantage, assassinat, mensonge, provocation permanente. Il reprend à son compte les propos que tenait, peu auparavant, Ichoutine, lequel n'a pas tardé à perdre la raison en prison. Netchaïev, en un mot, reprend à Ichoutine le flambeau du jacobinisme russe.

« Dans sa lutte contre les révolutionnaires, le gouvernement ne dédaigne aucune méthode, notamment celles, jésuitiques, des provocations. Pourquoi nous gênerions-nous ? C'est justement ce jésuitisme qui nous a manqué jusqu'alors ! » déclare-t-il.

La provocation et le mensonge sont, dorénavant, l'essentiel de sa vie. Avec, bien sûr, l'idée du régicide. Il n'y va pas par quatre chemins. Quand on lui demande qui il convient de tuer dans la famille impériale, il répond : « Toute la grande litanie[1]. » Cette réplique enthousiasmera le jeune Oulianov-Lénine, qui réalisera le rêve de Netchaïev.

Netchaïev a une énergie diabolique et un charisme assez effrayant. Du début à la fin, il sera entouré de compagnons de lutte prêts à le servir avec la plus totale abnégation, alors même que certains d'entre eux ont un tempérament de leaders.

En 1868, Netchaïev rencontre un radical bien connu, le jeune littérateur Tkatchev. Fils d'un riche propriétaire terrien, ce dernier a reçu une excellente instruction. Disciple de Blanqui et de Machiavel, il a déjà l'expérience des geôles tsaristes et rêve passionnément d'une révolution qui anéantira la catégorie sociale

---

1. La « grande litanie » énumérait, pendant l'office, tous les membres de la nombreuse famille impériale.

à laquelle il se rattache par la naissance. Ce jeune homme menu, de petite taille, timide, qui se trouble de façon charmante et dont le fin visage arbore un éternel sourire, a tout d'une jolie jeune fille (ses amis le surnomment d'ailleurs « la petite mignonne » ou « l'aimable demoiselle »).

Mais la « demoiselle » prône la création d'un parti dictatorial centralisé, susceptible de prendre le pouvoir et d'écraser toute résistance en instaurant une terreur impitoyable.

> « Non, ni l'humilité ni l'amour
> Ne nous délivreront des fers,
> Ce qu'il nous faut, c'est une hache,
> Ce qu'il nous faut, c'est un poignard ! »

écrit la « petite mignonne ».

Libéré au terme d'une énième peine de prison, la « demoiselle », son habituel timide sourire aux lèvres, fait part à sa sœur, stupéfiée, de sa nouvelle découverte : « Seuls les individus âgés de moins de vingt-cinq ans sont capables de se sacrifier. Il ne serait donc pas inutile, pour le bien de la société, d'anéantir tous ceux qui ont franchi cette limite. » Plus tard, à la question : « Combien de personnes faudra-t-il liquider au moment de la révolution ? », le charmant jeune homme répond, toujours avec le même humble sourire : « Mieux vaut s'interroger sur le nombre qu'il conviendra de garder. »

Mais au moment de sa rencontre avec Netchaïev, médiocre instituteur plutôt inculte, le brillant intellectuel Tkatchev est littéralement subjugué.

En 1868-1869, une nouvelle vague de troubles estudiantins secoue la capitale. Tout commence à l'Académie de médecine et de chirurgie, qui dépend du ministère de la Guerre. Le ministre en est Dmitri Milioutine, l'un des rares libéraux demeurés au gouvernement. Ignorant les interdictions du ministre de l'Instruction Dmitri Tolstoï, il a autorisé les étudiants à avoir leur caisse d'entraide et, surtout, décision fatale, à tenir des assemblées. Dès les premières réunions, les étudiants déclarent qu'ils refusent leur rattachement au ministère de la Guerre et, « par voie de conséquence, la discipline trop stricte de l'Académie». Des meetings ont aussitôt lieu. L'Académie est fermée, mais, déjà, les troubles gagnent l'université, puis l'Institut de Technologie de Saint-Pétersbourg. Les étudiants de ces deux derniers établissements se plaignent de ne pas avoir de caisse d'entraide et de ne pas pouvoir tenir d'assemblées. Ils réclament «la suppression de toute tutelle, contraignante et humiliante, de la part des autorités universitaires»...

Dès cet instant, notre «démon», Netchaïev, le jeune homme nerveux aux yeux terrifiants, est derrière les troubles. Qu'il est heureux, en ces jours! Il vole de maison en maison, de cercle en cercle, d'assemblée en assemblée. Il effraie les leaders étudiants par ses discours jacobins, appelle à l'émeute.

Étrangement, la police ne le touche pas. Certains commencent donc à se demander s'il n'est pas un provocateur. Mais non! Plus vraisemblablement, la police en a besoin pour inquiéter le pouvoir. Netchaïev, lui, aurait besoin d'être arrêté. Seul le passage par la prison permet de jouir d'une véritable autorité sur la jeunesse. «Faire front pour la vérité? écrit alors un poète. Ce n'est rien. Ce qu'il faut, pour la vérité, c'est faire de la prison!»

Enfin, le rêve de Netchaïev semble se réaliser! Notre «démon» est convoqué pour interrogatoire chez le gouverneur de ville. De toute évidence, on va l'arrêter... Il se rend, tout joyeux, à la convocation. Peu après, la jeune révolutionnaire Vera Zassoulitch reçoit une lettre étonnante. Son correspondant anonyme écrit: «Me promenant, aujourd'hui, dans l'île Vassilievski[1], j'ai vu un équipage transportant des détenus. Une main est apparue à la fenêtre et a jeté un billet. Quelques instants plus tard, j'ai entendu ces mots: "Si vous êtes étudiant, portez cela à l'adresse indiquée." Je suis étudiant et juge de mon devoir d'accéder à cette requête. Détruisez ma lettre.» Le billet joint est de la main de Netchaïev. Il prie Zassoulitch d'informer ses amis qu'il a été arrêté et est à présent détenu à la forteresse Pierre-et-Paul.

Le bruit se répand, peu après, que notre «démon» a réussi l'impossible: il s'est évadé de la forteresse. Après cet exploit sans

---

1. À Saint-Pétersbourg.

précédent, il prend le chemin de l'Occident. C'est ainsi qu'il devient célèbre.

En réalité, Netchaïev n'a pas été appréhendé. Après son interrogatoire chez le gouverneur de ville, il a été relâché. C'est alors qu'il a imaginé de mettre en scène son arrestation et sa fuite. Tandis que la légende de son exploit héroïque court parmi les étudiants de Saint-Pétersbourg, il se cache dans l'appartement de sa sœur.

Cette histoire inventée de toutes pièces n'est que la première étape d'un plan audacieux conçu par Netchaïev. Il vise à soulever la Russie, à embraser le pays. Mais il y faut une puissante organisation et de l'argent. C'est ce que notre « démon » va chercher en Europe.

Trouver de l'argent

Le 4 mars 1869, Netchaïev franchit clandestinement la frontière russe et arrive sans encombre à Genève. En Russie, déjà, il s'est demandé qui pourrait lui servir de protecteur fidèle en Occident. Son choix s'est fixé, bien sûr, sur le rêveur sanguinaire, homme de confiance des plus affables : Mikhaïl Bakounine. Il va donc le trouver.

Un délicieux mirage apparaît, ce soir-là, dans l'appartement genevois de Bakounine. Netchaïev raconte au vieux révolutionnaire son séjour à la forteresse Pierre-et-Paul, où son interlocuteur a passé quelque temps. Lui n'a pas été capable de s'évader. Puis le jeune homme lui révèle le plus important : il existe, désormais, en Russie, une puissante association clandestine. Un réseau de cercles clandestins enserre tout l'empire. Au centre de cette toile d'araignée révolutionnaire, un Comité national dirige l'ensemble des forces. Il se compose de lui, Netchaïev, et de jeunes gens résolus. Ils n'ont pas, malheureusement, de véritable expérience de la lutte politique et manquent de moyens. C'est pourquoi ses camarades l'ont envoyé à Genève, afin d'entrer en contact avec Bakounine et Herzen.

Notre sanglant don quichotte est heureux : sa prédiction d'une prochaine révolution en Russie, dont Marx se gausse tant, se révèle donc juste. Il n'aura pas vécu pour rien ! Les idées un peu terrifiantes de Netchaïev sur le droit aux faux et à la fraude, aux assassinats, aux provocations pour la cause de la révolution, enivrent l'excellent Bakounine. C'est ainsi que doit se comporter un authentique jacobin. Bakounine s'entiche littéralement de ce Marat cruel. Plus tard, de la même façon, l'intellectuel Vladimir Ilitch Lénine sera séduit par le révolutionnaire un peu fruste Djougachvili, entré dans l'histoire sous le nom de Staline.

Bakounine recommande chaleureusement le « Tigreau » (ainsi qu'il nomme affectueusement Netchaïev) à la grande figure de l'émigration russe, Herzen, puis à Marx lui-même. Or, le très noble Herzen éprouve une répulsion instinctive pour Netchaïev. « Il affabule, lance-t-il dédaigneusement. Je ne crois pas au sérieux de ces gens qui préfèrent la casse et la force brutale au développement et aux compromis... Nous avons besoin d'apôtres, plus que de hardis officiers d'avant-garde, de sapeurs de la destruction... d'apôtres prêchant, non seulement auprès des leurs, mais auprès de leurs adversaires. Prêcher pour l'ennemi est une grande marque d'amour. »

Marx ne croit pas non plus au « Tigreau »...

Netchaïev, pourtant, n'affabule que partiellement. S'il n'existe, en effet, aucune organisation, le « démon » entend bien rentrer en Russie avec l'argent et les recommandations nécessaires à sa création. Et pour ce qui est de son unique rêve et but dans la vie, la révolution, il n'a pas menti. Cela, Bakounine l'a senti et il écrit fort justement : « Il est un de ces jeunes fanatiques qui ignorent le doute et n'ont peur de rien. Ce sont des croyants sans Dieu, des héros sans rhétorique. »

L'heureux Bakounine a perçu en Netchaïev la voix de la nouvelle génération qui renversera énergiquement, inexorablement l'ordre ancien. Netchaïev incarne à ses yeux la nouvelle Russie révolutionnaire.

Provocation et révolution

Bakounine recommence donc à œuvrer pour la Russie, un travail qui lui manquait terriblement. Avec Netchaïev, il rédige des proclamations furieuses, adressées à cette jeune Russie révolutionnaire. Ces textes, ainsi que des lettres de Bakounine et de la propagande révolutionnaire, sont expédiés en Russie, à des adresses indiquées par le « Tigreau ». Toute la partie européenne du pays reçoit ces envois interdits. La police, bien sûr, veille au grain. Rien qu'à Saint-Pétersbourg, elle intercepte trois cent quatre-vingts messages adressés à des jeunes gens.

L'infortuné Bakounine n'a pas idée de l'effroyable vérité. Netchaïev sait parfaitement que ces courriers seront saisis, c'est d'ailleurs pour cela qu'il les expédie : pour que nombre de jeunes gens se retrouvent en prison. Avant de partir pour l'Europe, le « Tigreau » l'a expliqué de façon on ne peut plus claire dans un discours : « Les étudiants des deux premières années se révoltent avec joie, enthousiastes. Puis ils se plongent dans leurs études et, lorsqu'ils arrivent en quatrième ou cinquième année, que voit-on ? Les rebelles d'hier deviennent doux comme des agneaux et, quand ils quittent l'Université ou l'Académie, les combattants de la veille se transforment en médecins, enseignants, en fonctionnaires bien-pensants et en pères de famille... À les contempler, on a peine à croire que, trois ou quatre années plus tôt, ils parlaient avec tant de flamme des souffrances du peuple, brûlaient d'accomplir un exploit et étaient prêts, semblait-il, à mourir pour ce même peuple ! En place des champions de la révolution, nous n'avons plus que des chiffes molles. Encore un peu de temps, et beaucoup se changent en procureurs, en juges, en magistrats instructeurs et, de conserve avec le gouvernement, se mettent à étrangler ce peuple pour lequel, récemment encore, ils envisageaient de donner leur vie... Que faire ? Je n'ai ici qu'un espoir, mais solide : le gouvernement. Savez-vous ce que j'attends de lui ? Qu'il multiplie les arrestations, que les étudiants soient définitivement exclus de l'Université, envoyés en relégation, arrachés à la vie ordinaire, abasourdis par les persécutions, la cruauté, l'injustice et la bêtise dont ils sont victimes ! Alors, seulement, leur caractère se forgera dans la haine de ce gouvernement abject et de la société qui contemple, indifférente, toutes les atrocités commises par le pouvoir. »

Netchaïev a imaginé d'éduquer les futurs révolutionnaires par l'entremise de la Troisième Section, de préparer ainsi les cadres du parti combattant qu'il rêve de créer en Russie. À l'intention de ce parti, un programme est rédigé à Genève, que les révolutionnaires russes renieront tout haut... pour l'appliquer en secret ! C'est, néanmoins, l'un des rares écrits révolutionnaires sincères. Les historiens n'ont toujours pas établi avec certitude qui en était l'auteur, de Netchaïev ou Bakounine. On y retrouve, en effet, le style et les pensées des deux hommes. Sans doute l'ont-ils écrit ensemble, au temps de leur chaleureuse amitié.

Un manuel de destruction de la société

Le *Catéchisme du révolutionnaire*, tel est le nom de cette « Bonne Parole », pleine de poésie démoniaque.

« Le révolutionnaire a fait vœu définitif. Il n'a ni intérêts personnels, ni affaires, ni sentiments, ni attaches, ni propriété, ni même un nom. Tout en lui est absorbé par un intérêt unique et exclusif, une seule pensée, une seule passion : la révolution... Il a rompu tout lien avec le monde civilisé tout entier... et la moralité de ce monde... Pour lui, est moral tout ce qui concourt au triomphe de la révolution. Et immoral et criminel tout ce qui l'entrave.

Tous les sentiments tendres, émollients de parenté, d'amour, de gratitude et même d'honneur doivent être étouffés en lui par l'unique et froide passion de la Cause révolutionnaire. Pour lui n'existe qu'une jouissance, une consolation, une récompense et satisfaction : le succès de la révolution. Nuit et jour, il ne doit avoir qu'une pensée, qu'un but : l'impitoyable destruction. Poursuivant avec sang-froid et inlassablement ce but, il doit être toujours prêt à périr lui-même et à faire périr de ses propres mains tout ce qui l'empêche de l'atteindre...

Que l'organisation révolutionnaire établisse une liste [des] condamnés à mort sans rémission... dans l'ordre de nuisance relative pour le succès de la Cause révolutionnaire.

[Le révolutionnaire] doit exploiter [les] individus... qui jouissent de par leur position de richesses, de relations, d'influence, de pouvoir... de toutes les manières et [par tous les] moyens possibles : les circonvenir, les dérouter... et en faire nos esclaves... [Pour ce qui est des libéraux] on doit feindre de les suivre aveuglément et, entre-temps, les prendre en main, s'emparer de leurs secrets, les compromettre à fond, de telle sorte que tout retour en arrière leur soit impossible...[1] »

Le leitmotiv préféré de Netchaïev : « Notre but est la destruction, terrible, totale, générale et impitoyable », court à travers tout le texte, de même que la grande idée de Bakounine : « Nous devons nous associer au monde hardi des brigands, seuls authentiques révolutionnaires en Russie. »

Netchaïev a porté la logique révolutionnaire au niveau du bien absolu, devant lequel toutes considérations morales doivent s'effacer. Dans l'intérêt de la révolution, qu'il s'estimait seul apte à définir, n'importe quel acte était justifié, n'importe quel crime était légal, aussi répugnant fût-il, dit de lui, en substance, Albert Camus dans *L'Homme révolté*.

Comment conquérir l'empire

Le *Catéchisme* expose les principes de la création d'une petite organisation susceptible de s'emparer du pays. C'est elle que Netchaïev veut mettre en place, à son retour en Russie.

Le fondement en est un principe profondément russe : la soumission, encore la soumission, toujours la soumission, cette soumission sans faille qui coule dans les veines du peuple privé de tout droit et qui lui a été inculquée durant un millénaire. Elle doit garantir à l'organisation une discipline absolue.

---

1. *Le Catéchisme du révolutionnaire*, traduit du russe par Jacques Catteau, in *Dostoïevski*, L'Herne, Paris, 1973, p. 126-128.

L'organisation comprendra deux catégories de révolutionnaires. Ceux de la première catégorie disposeront des autres comme d'un « capital », dont ils useront pour les besoins de la révolution. Et si un révolutionnaire du premier groupe estime qu'il faut sacrifier la liberté, voire la vie d'un camarade de la seconde catégorie, il aura toute liberté de le faire.

La « Vindicte du Peuple »

Et l'heure sonne. Pour le plus grand bonheur de Bakounine, le « Tigreau » déclare qu'il est temps, pour lui, de rentrer en Russie. Sous la pression du vieux révolutionnaire, Herzen donne à Netchaïev de l'argent pris sur un fonds révolutionnaire (cet argent a été mis, autrefois, à sa disposition par un propriétaire terrien russe un peu fou, Bakhmetiev, parti créer une « commune » aux Açores !).

Avant de retourner au pays, Netchaïev demande à Bakounine de lui donner les pleins pouvoirs sur cette alliance révolutionnaire européenne qui n'existe pas encore. Il explique : le rattachement à une mystérieuse organisation européenne éperonnera les révolutionnaires russes. Et Bakounine, qui ne tardera pas à fustiger Netchaïev pour ce mensonge éhonté, accepte. Le « Tigreau » devient donc officiellement le « représentant de la section russe de l'alliance révolutionnaire universelle ». Son mandat, signé par Bakounine, porte un sceau des plus éloquents : deux haches entrecroisées, menaçantes.

En août 1869, le mandataire rentre en Russie, à Moscou. Il y crée son organisation, à l'Académie agricole Petrovskaïa où étudient, en majorité, des provinciaux confiants. Réunissant les candidats qu'il a sélectionnés, il explique aux étudiants hésitants qu'ils ne peuvent plus reculer : ils participent de la puissante alliance révolutionnaire européenne. Leur propre organisation, nombreuse, se divise en groupes de combat de cinq personnes (ainsi que le veut l'alliance), qui ne doivent rien savoir des autres. Il est le seul à être informé, lui, leur chef, membre du puissant Comité central.

Désormais, ces « groupes de combat » hantent les élus, ce qui leur donne de l'audace. Ainsi est créée par Netchaïev une société au nom très éloquent de « Vindicte du Peuple ». De ses membres Netchaïev exige une obéissance aveugle. Il les oblige à s'espionner mutuellement. Et tous se préparent au soulèvement qui doit balayer le pouvoir en place. Celui-ci est prévu pour le 19 février 1870, neuvième anniversaire de l'abolition du servage.

Bientôt, pourtant, les discours et méthodes de Netchaïev répugnent à l'un des membres les plus capables de l'organisation, un étudiant de l'Académie répondant au nom cocasse d'Ivan Ivanovitch Ivanov. Ce dernier commence à s'opposer ouvertement à Netchaïev, mettant en doute l'existence du Comité central à l'étranger.

Netchaïev comprend que son heure est venue : il doit montrer aux membres du groupe de combat ce qu'il en coûte de désobéir. Plus encore, c'est le moment de les lier tous par le sang. Il les réunit donc et déclare qu'Ivanov sème volontairement le doute, parce qu'il s'apprête à les dénoncer. « L'heure a sonné de prouver au Comité central et à nous-mêmes que nous sommes capables d'être des révolutionnaires impitoyables. Nous devons réaliser concrètement ce qui est écrit dans le *Catéchisme*: "Le sang des révolutionnaires impurs soude l'organisation." »

Au nom du Comité, Netchaïev ordonne de « liquider Ivanov ». Sentant le désarroi des membres du groupe, il les prie sans ambiguïté de ne pas oublier « ce qui attend tous ceux qui refuseront d'exécuter une décision du Comité européen ». Alors, littéralement épinglés par son regard brûlant, hypnotique, les étudiants acceptent.

L'Académie est située dans l'ancien hôtel particulier du comte Razoumovski, neveu de l'amant de l'impératrice Élisabeth. Dans l'immense parc, fort bien conservé, on trouve des étangs et une grotte. C'est là que, dans la nuit du 20 au 21 novembre, on tend un piège à Ivanov. Et les membres du groupe de combat commencent leur œuvre : l'étudiant Kouznetsov se saisit d'Ivanov, le jette à terre. Alors, le frêle Netchaïev et deux autres étudiants se précipitent sur le malheureux. Le « Tigreau » s'assied sur le torse de la

Fiodor Dostoïevski, en 1861.

L'appartement de Dostoïevski.

Alexandre Herzen.

Nikolaï Nekrassov.

Alexandre II pendant la guerre de Crimée.

Alexandre II et l'État-major général en 1878, pendant la guerre des Balkans.

Portrait de famille : Alexandre II en compagnie de ses enfants, de sa belle-fille et de son petit-fils, le futur empereur Nicolas II.

Alexandre II dans son cabinet de travail au palais d'Hiver, Saint-Pétersbourg, en 1880.

1. Le futur Alexandre II (à droite) en compagnie de son père, Nicolas Ier (au centre).

2. L'empereur Alexandre II et l'impératrice Marie Alexandrovna, photographiés à l'occasion du vingt-cinquième anniversaire de leur mariage.

3. Couronnement de l'empereur Alexandre II, le 26 août 1856, dans la cathédrale de l'Assomption, à Moscou.

Cinq attentats contre le tsar

1. Anton Berezowski (25 mai 1867).
2. Alexandre Soloviev (2 avril 1879).
3. Les terroristes font sauter le wagon à bagages du convoi impérial (décembre 1879).

4. Explosion au palais d'Hiver, préparée par Stepan Khaltourine, Saint-Pétersbourg, le 5 février 1880.

5. 1er mars 1881.

Portraits de nihilistes et terroristes.

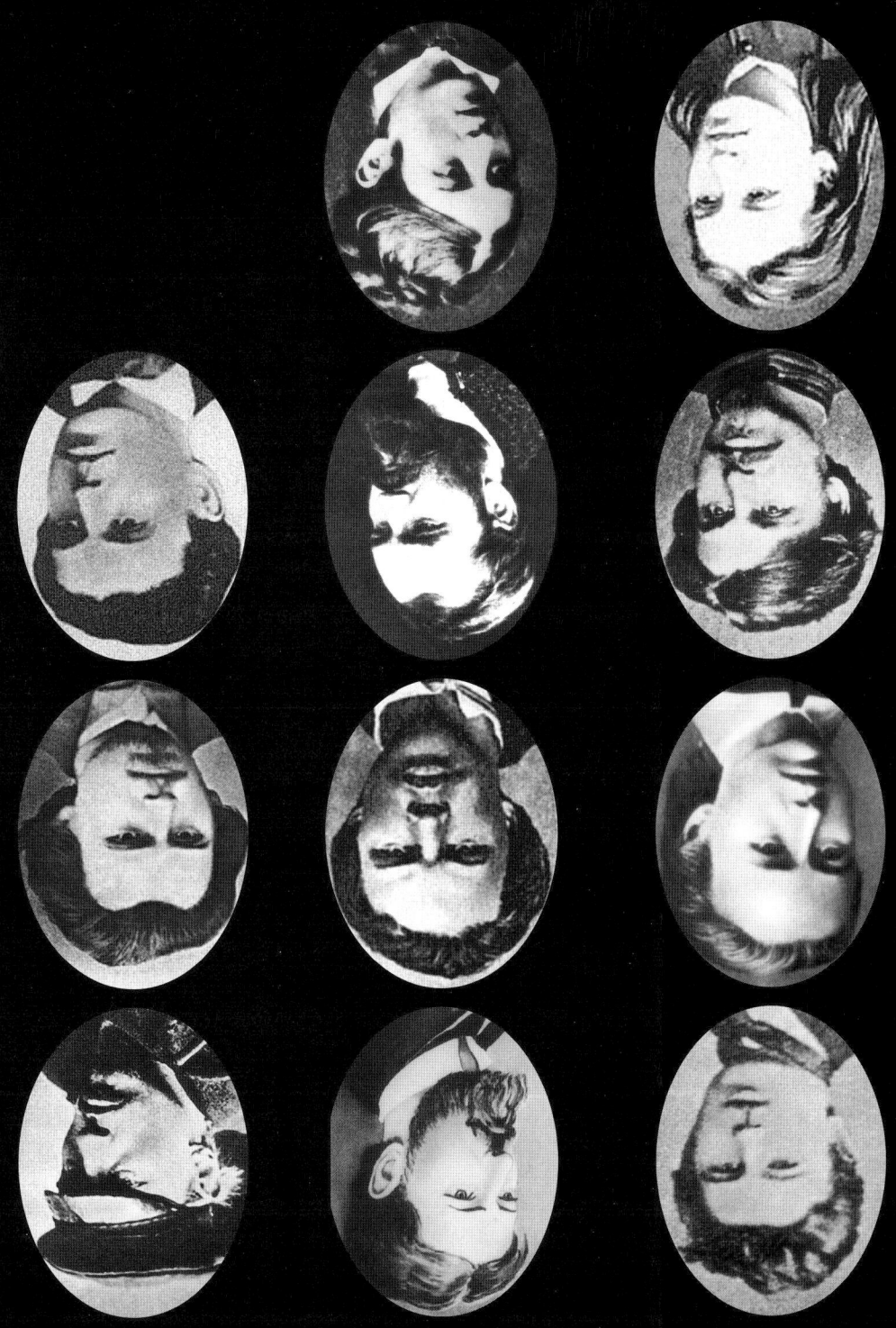

De gauche à droite et de haut en bas :
Netchaïev, Kibaltchitch, Karakozov, Perovskaïa, Ryssakov, Jeliabov, Khaltourine, Mikhaïlov, Grinevitski, Zassoulitch et Figner.

L'attentat qui coûtera la vie à Alexandre II, le 1er mars 1881.

victime et entreprend de l'étouffer. Bientôt, Ivanov ne crie plus, mais il bouge encore. Netchaïev sort un revolver et lui tire une balle dans la tête. On jette ensuite le corps dans l'un des étangs.

Trop nerveux, sans doute, les assassins s'y prennent mal. Le corps ne tarde pas à remonter à la surface. On ouvre une enquête. Quatre-vingt-quatre « netchaïéviens » comparaissent devant le tribunal. Le « Tigreau » a bien travaillé. Il a, de fait, créé son organisation. Cependant, toute l'action de la « Vindicte du Peuple » se résume à une justice sommaire, exercée contre un étudiant désarmé.

Dostoïevski apprend l'histoire par le journal *Les Nouvelles de Moscou*. À l'étranger, il lit avidement la presse russe. En outre, peu avant l'événement, est arrivé à Dresde, où vivent alors les Dostoïevski, le frère d'Anna, lui-même étudiant de l'Académie Petrovskaïa et ami d'Ivanov.

L'écrivain est en état de choc. Le passé ressurgit. L'ancien membre du cercle de Petrachevski se remémore la société secrète, les propos sanglants du beau Nikolaï Spechniev, l'impact qu'avait sur lui ce « Méphistophélès ». Et Dostoïevski d'écrire, effrayé : « Non, je n'aurais jamais pu, sans doute, devenir un Netchaïev, mais un netchaïévien... au temps de ma jeunesse... je n'en jurerais pas ! » Cette vision de lui-même parmi les assassins qui ont cru au démon le hante. C'est alors qu'il conçoit le projet d'un nouveau roman qui s'intitulera : *Les Démons*[1].

Netchaïev, lui, est déjà loin. Tandis qu'on juge les membres de son organisation, braves provinciaux d'hier transformés en zombies sanguinaires, il quitte précipitamment Moscou pour Saint-Pétersbourg. Il y déniche un moyen de transport et, en décembre 1869, franchit sans encombre la frontière, abandonnant à leur sort ses camarades arrêtés. Selon son *Catéchisme*, ils ne sont que des révolutionnaires de la seconde catégorie, un « capital » à sa disposition pour les besoins de la révolution.

À en croire Netchaïev, Bakounine, apprenant sa venue, bondit tellement de joie que « sa vieille tête faillit transpercer le plafond ». Sa joie est de courte durée, car il est bientôt informé de la vérité

---

1. Paru également en français sous le titre *Les Possédés*.

par Piotr Lavrov, personnage qui aura, lui aussi, une immense influence sur les destinées de la Russie.

Ce colonel de l'armée tsariste, professeur de mathématiques, rédacteur du *Dictionnaire encyclopédique*, comparaît en cour martiale pour appartenance au « courant nuisible de Tchernychevski ». Il est banni de Saint-Pétersbourg, mais réussit à s'enfuir de son lieu de relégation et à gagner l'étranger.

Lavrov est à Paris au moment de la Commune et se lie d'amitié avec des communards. Après l'écrasement, il quitte en hâte Paris pour Londres où, bien sûr, il fait la connaissance de Marx et entre dans l'Internationale... Il raconte alors à Bakounine et aux émigrés toute la vérité sur Netchaïev. Le vieux révolutionnaire apprend ainsi qu'il n'existe aucune organisation clandestine couvrant l'ensemble de la Russie. Il sait désormais qu'une organisation a bien été créée, mais son seul titre de gloire est l'assassinat d'un étudiant. Il sait aussi que la cicatrice sur le bras de Netchaïev est une marque d'infamie, la trace des dents d'Ivanov s'efforçant de se défendre, avant d'être froidement abattu par le « Tigreau ».

Bakounine est effaré. Il écrit à Netchaïev : « En vous témoignant ma confiance inconditionnelle, alors que vous me dupiez systématiquement, je me suis trouvé un parfait imbécile. La chose est amère et honteuse pour un homme de mon expérience et de mon âge. Pire, ma réputation est salie au regard de la Cause russe et internationale. »

Cependant, bien qu'informé, Bakounine garde son affection au « Tigreau ». Certes, celui-ci lui a menti, mais c'était au nom de la révolution. (Comme le répétera Lénine : « On ne fait pas la révolution en gants blancs. ») Certes, Netchaïev s'est comporté en vulgaire assassin, mais il n'est pas d'homme plus dévoué à la cause. Et Bakounine d'ajouter : « Vous êtes un homme passionnément dévoué, comme il en est peu ; en cela réside votre force, votre vaillance, *votre droit...* Si vous changez vos méthodes, je serai heureux, non seulement de rester en liaison avec vous, mais également d'entretenir des liens plus solides et plus étroits... »

Apprenant que le gouvernement russe exige l'extradition de Netchaïev pour crime de droit commun, Bakounine se précipite chez les émigrés, afin de trouver un moyen de lui venir en aide : « Notre tâche principale, en cet instant, est de préserver notre ami qui s'est embrouillé et fourvoyé. Monté contre le monde entier, il n'en reste pas moins un homme de valeur, un homme comme il en existe peu... »

Mais, se trouvant sans le sou, « l'homme de valeur » informe Bakounine, horrifié, qu'il a décidé de se lancer dans « l'expropriation », autrement dit de dévaliser les bourgeois, bref, de se faire bandit de grand chemin.

Entre-temps, des agents russes sont arrivés à Genève. Ils repèrent Netchaïev, l'appréhendent dans un estaminet et le transportent, pieds et poings liés, en Russie. Bakounine écrit : « Je le plains profondément. Jamais personne ne m'a, volontairement, causé autant de tort. Et, malgré tout, je le plains... Vu de l'extérieur, son comportement fut assez répugnant, mais son "Moi" intérieur n'a rien de vil... Une voix me souffle que Netchaïev, qui est désormais perdu et qui le sait sans doute... demandera justice depuis cette toile d'araignée dans laquelle il est pris, et, brisé, sali, mais ni vil ni ordinaire, avec toute l'énergie et la témérité qui lui sont propres, mourra en héros, sans trahir rien ni personne. Telle est ma conviction. L'avenir dira si j'ai raison. »

Bakounine a vu juste.

Le procès est public et la société apprend avec répulsion les détails de l'affaire. Netchaïev est condamné à vingt ans de travaux forcés, mais Alexandre biffe la sentence, la remplaçant par : « perpétuité en forteresse ». Il souligne même le mot « perpétuité ».

Tout ce dont rêvait Netchaïev quelques années auparavant est devenu réalité. Il est enfermé à la forteresse Pierre-et-Paul, dans le terrible ravelin Alexis, où Bakounine fut détenu. Il est voué à pourrir dans une casemate.

On le soumet d'abord à l'opprobre public. Il hurle furieusement, dans la charrette qui le transporte sur la place où il sera exposé à la foule : « Bientôt, se dressera ici la guillotine... Ici tomberont les têtes de tous les messieurs qui m'ont conduit en ce lieu. » Et d'éclater d'un rire triomphant. « On a le cœur qui bat de frayeur,

275

hein ? Attendez encore deux ou trois petites années, et vous vous retrouverez ici ! Tous ! Tous ! »

On l'attache au poteau d'infamie, et il continue à crier : « Vive la liberté ! Vive le peuple russe libre ! »

Enfin, on l'emmène dans la casemate.

L'affaire Netchaïev semble à jamais close. Mais c'est une illusion.

L'erreur de Dostoïevski

Le roman *Les Démons* paraît en 1873, après le retour de Dostoïevski en Russie. L'écrivain explique que le livre ne traite pas directement du cas Netchaïev, qu'il va beaucoup plus loin : « Mon idée est que les phénomènes de cette sorte ne sont pas des *hasards*, des *exceptions*, aussi n'y a-t-il pas dans mon roman d'événements ou de personnages entièrement copiés sur la réalité... *Les Démons* sont un avertissement. En effet, les troubles engendrés à l'échelle d'une seule ville par un pitoyable groupe de cinq conjurés, peuvent, demain, prendre une tout autre ampleur et toucher la Russie entière. » Les « cœurs purs », séduits par les démons que sont les Netchaïev, constituent une terrible menace. Les idées d'égalité absolue (l'éternel rêve russe), appliquées par les démons, se solderont forcément par un esclavage absolu et peuvent devenir effroyables pour la Russie... Dostoïevski a une vision apocalyptique de la situation.

Le point de vue de l'écrivain déclenche, toutefois, des protestations furieuses dans l'opinion russe. Le public lettré est majoritairement libéral et l'affaire Netchaïev est perçue comme une exception, un tragique épisode. *Les Démons* sont mis plus bas que terre.

« L'affaire Netchaïev est si monstrueuse qu'elle ne saurait être le sujet d'un roman », écrit alors l'un des principaux critiques, Nikolaï Mikhaïlovski. On estime généralement (critiques et lecteurs confondus) que le talent de l'auteur est sur le déclin, que son livre est une affreuse et calomnieuse caricature de la jeunesse révolutionnaire.

Au demeurant, en terminant son roman, Dostoïevski lui-même tente de se convaincre que le cas Netchaïev est atroce, mais qu'il est un épisode désormais clos de la vie de la jeune Russie. Après la condamnation et l'enfermement de Netchaïev à la forteresse Pierre-et-Paul, l'écrivain se persuade avec joie que tout s'arrête là : le démon est pris, emprisonné, fini. *Happy end!* Aussi Dostoïevski choisit-il en exergue à son roman la parabole des démons qui, sur l'ordre du Christ, sortent de l'homme pour entrer dans des pourceaux. Dans une lettre au poète Maïkov, il écrit : « Les démons sont sortis de l'homme russe pour entrer dans les pourceaux, autrement dit les Netchaïev, Serno-Solovievitch et autres... Ceux-là ont sombré ou sombreront sûrement, et l'homme délivré du mal est à présent assis aux pieds de Jésus. Il devait en être ainsi. »

Or, il n'en est pas ainsi. Le grand prophète s'est trompé ! Par la suite, tout se passera à l'inverse de sa prédiction. Plus exactement, tout se passera comme il l'annonce dans le roman, et non dans l'exergue. Toute l'histoire future du mouvement révolutionnaire russe engendrera les Netchaïev à profusion, car le « Tigreau » laisse un héritage majeur : ses idées. Nous verrons bientôt comment elles gagneront la jeunesse, les « cœurs purs ».

Quelques années passeront et les lecteurs indignés des *Démons* découvriront la terreur russe déclenchée par les mêmes « cœurs purs ». En Russie, le XXe siècle appartiendra au démon Netchaïev, et la victoire du bolchevisme deviendra sa victoire. Dans la Russie postrévolutionnaire, les gens liront avec effroi le roman de l'écrivain, en particulier le monologue du héros, Piotr Verkhovenski (Netchaïev), sur la société qu'il envisage de créer après le grand chambardement : « Tous les membres de la société s'épient mutuellement et sont tenus de rapporter tout ce qu'ils apprennent... Tous les hommes sont esclaves et égaux dans l'esclavage... Avant tout, on abaisse le niveau de l'instruction, des sciences et des talents. Le niveau élevé n'est accessible qu'aux talents ; donc, pas de talents. Les hommes de talent s'emparent toujours du pouvoir et deviennent des despotes... Il faudra les bannir ou les mettre à mort. Cicéron aura la langue arrachée, Copernic aura les yeux crevés, Shakespeare sera lapidé[1]. »

---

1. Fiodor Dostoïevski, *Les Démons*, traduit du russe par Boris de Schloezer, Gallimard, La Pléiade, Paris, 1955, p. 440-441.

L'appel lancé par le principal théoricien bolchevique, Boukharine, sur « l'abaissement de la culture », l'envoi en exil des grands philosophes, l'égalité dans l'esclavage et la délation généralisée seront une application zélée des idées formulées par les héros de Dostoïevski. Une blague courra dans la Russie soviétique des années 1920 : « Les bolcheviques ont érigé un monument à l'écrivain, avec cette inscription : "À Fiodor Dostoïevski, les démons reconnaissants." »

L'entrée dans la terreur : « aller au peuple »

À l'époque qui nous occupe, toutefois, la jeunesse russe, tant dans le pays qu'en émigration, se détourne dédaigneusement de Netchaïev. Les jeunes sont alors animés par des idées bien différentes et surprenantes.

Depuis 1861, les paysans sont libres. Mais le capitalisme haï par Herzen, Tchernychevski, Lavrov, Bakounine, et tant d'autres radicaux russes, n'est pas, pour autant, advenu dans l'agriculture. L'une des raisons en est que le paysan libéré n'a pas le droit de vendre sa terre. Toute la terre appartient à la « commune paysanne », forme très ancienne de possession du sol qui n'existe plus, depuis belle lurette, en Europe occidentale. En Russie, la terre est la propriété collective de tous les paysans. Toutes les décisions sont prises collectivement. Or, dans ce collectivisme primitif de la « commune », les radicaux russes voient soudain les germes du socialisme, cet instinct socialiste qui permettra à la Russie d'éviter le capitalisme impitoyable et de passer directement au socialisme. Il suffira pour cela de « révolutionner » le moujik inculte, d'éveiller sa conscience, puis, avec son aide, de mener la Russie au socialisme. Pour y parvenir, des agitateurs, nouveaux apôtres, sont nécessaires.

Les pages de la revue de Herzen, *La Cloche*, lancent alors cet appel : « Allons dans le peuple ! Allons au peuple ! » Ce cri trouve un large écho. Il est notamment repris par un autre émigré, Piotr Lavrov, qui écrit : « Chaque commodité de la vie dont je bénéficie... est achetée au prix du sang, des souffrances et du labeur de millions d'hommes... Tout "homme évolué", tout "individu doté d'une pensée critique" doit payer sa dette en travaillant à éclairer le peuple, à le réveiller, afin qu'il soit en mesure de prendre conscience de son esclavage, qu'il refuse de vivre dans cet esclavage et se prépare à un *soulèvement conscient contre un tel mode de vie.* »

Le principe chrétien voulant qu'on se mette au service des plus pauvres et des plus démunis, le paiement de la dette contractée auprès du peuple séduisent, désormais, autrement plus les jeunes que les idées de Bakounine et de Marx.

C'est le moment où le gouvernement russe, inquiet des informations concernant l'influence exercée sur la jeunesse par les idées radicales, prescrit à tous ceux qui étudient en Occident de rentrer au pays – idée on ne peut plus funeste. Le dangereux boomerang, lancé naguère vers l'Ouest par les autorités, revient à présent en force. La jeunesse russe, passée par les idées occidentales les plus radicales, rentre en Russie, animée d'une nouvelle idée fantastique : « aller au peuple », afin de se fondre avec lui et de le réveiller.

9

LA FALAISE SOLITAIRE DU PALAIS

Palais d'Hiver – Affaires étrangères

Au tout début des années 1870, arrive ce qui devait arriver : la Prusse attaque la France. Le 1ᵉʳ septembre 1870, l'immense armée de Napoléon III est défaite à Sedan et l'empereur se constitue prisonnier. Un nouveau Napoléon est détrôné.

Alexandre II pourrait tranquillement se dire que l'heure du châtiment a sonné et que son père est vengé. Le vainqueur de Crimée est tombé sans gloire. Bien connu du tsar, le Chancelier de fer (Bismarck) a mis la France à genoux. Dans la galerie des Glaces, à Versailles, l'Empire allemand est proclamé. Oncle Guillaume est, dorénavant, empereur d'Allemagne.

Gortchakov et le tsar se sont préparés à cette situation. Puisque le vainqueur de Crimée n'existe plus, on peut invalider le traité de Paris. Le ministre d'Alexandre adresse aussitôt une circulaire en ce sens aux ambassadeurs russes.

L'Angleterre y voit une violation des accords internationaux. Mais la nouvelle superpuissance, l'Empire allemand, est l'alliée de la Russie... Tout se termine par la conclusion du traité de Londres qui annule les humiliantes limites de la souveraineté russe sur la mer Noire. La principale mer russe appartient de nouveau à la Russie. Alexandre l'a reconquise sans verser le sang. Gortchakov obtient alors le titre d'« Altesse sérénissime ».

La presse, cependant, ne glorifie que le ministre. La mode n'est plus à chanter les louanges du tsar, manifestement devenu impopulaire.

Pierre IV : la fin d'une petite illusion

Les années filent... C'est ainsi, du moins, que passe le temps lorsqu'on dépasse la cinquantaine. Tandis que la jeunesse prépare un mouvement sans précédent dans l'histoire et que la société connaît son effervescence habituelle, le souverain vit paisiblement dans l'isolement de son palais.

L'existence y est quasi moyenâgeuse : messagers coiffés de chapeaux à plumes, grandes et petites sorties solennelles de l'empereur, célébrations sans fin des anniversaires et fêtes des membres de la nombreuse famille Romanov, anniversaires des régiments de la Garde, dates importantes de la vie du tsar et de ses parents, fêtes religieuses innombrables. On célèbre tout, y compris le premier bombardement ennemi de Sébastopol, « bien que, écrira N. Milioutine, il n'y eût vraiment rien là à fêter ».

Les soucis de l'État sont entièrement assumés par le fidèle Chouvalov. Les réformes sont définitivement abandonnées ; bien plus, on est entré dans une période de contre-réformes. Notre Janus ne regarde plus qu'en arrière. Le 7 juin 1872, il entérine ainsi un projet du nouveau ministre de l'Intérieur, le comte Pahlen, instaurant une « instance spéciale du Sénat dirigeant », chargée d'examiner les affaires politiques les plus graves. Les dossiers politiques sont donc retirés à la justice.

Le censeur Nikitenko qui, naguère, glorifiait le tsar, note dans son Journal : « *Étrangement, tout ce qui se fait de bien en Russie est voué à commencer, sans jamais être mené à bien.* D'une main nous effectuons des améliorations, de l'autre nous les sapons ; d'une main nous donnons, de l'autre nous reprenons... Nous voudrions du neuf dans les détails, mais que l'essentiel reste comme avant. »

Le souverain est de plus en plus pris par sa vie privée. Inconsciemment, il fuit dans l'amour les problèmes qui ne font que croître, le raz-de-marée social en préparation. Les vagues sont au pied du palais, ou plutôt de la falaise du palais qui se dresse, solitaire, au milieu des éléments déchaînés. À l'écart des affaires, le souverain se contente d'observer les efforts de Chouvalov, nommé par ses soins, pour contenir la tempête qu'il a lui-même déclenchée.

Chaque matin voit se dérouler le même rituel. Après sa promenade, le tsar se dirige vers les appartements de l'impératrice : baiser, échange de propos sur la santé de la tsarine et les enfants. On boit le café. La souveraine souffre, à présent, continuellement du froid. Elle s'enveloppe d'un châle noir. Elle évoque un frêle roseau, la maladie la ronge. Elle fait affreusement pitié, avec son corps incroyablement desséché. L'empereur l'implore d'aller à Nice, où le climat est bon pour les poumons ; c'est aussi ce que conseille le docteur Botkine. Mais elle sait que son auguste époux aimerait surtout qu'elle le laisse seul à Saint-Pétersbourg. Il continue de rencontrer *l'autre* dans le cabinet où Nicolas Ier, mourant, a béni l'impératrice. *L'autre* n'est, d'ailleurs, plus seule à y venir.

Le 30 avril 1872, Alexandre note la naissance de son fils. Tout s'est passé dans le cabinet de son défunt père. Katia a beaucoup souffert. Les médecins craignaient même une fièvre puerpérale. Le tsar a ordonné, si nécessaire, de sacrifier l'enfant. Mais qu'*elle* vive ! Et, à l'aube, dans d'atroces douleurs, elle a accouché... d'un fils ! Le souverain ne peut qu'écrire : « Seigneur, que de largesses ! J'ai glorifié Dieu, l'ai remercié, en larmes. » L'enfant est baptisé Georges.

Il arrive donc ce que redoutait Chouvalov. Des enfants illégitimes, le tsar en a d'autres, mais tout s'est toujours fait « en secret et dans le plus grand respect de la bienséance ».

Alexandre, visiblement, ne se soucie plus du secret. Il passe de plus en plus de temps dans le magnifique hôtel particulier loué pour la princesse. Et lorsque celle-ci se rend au palais d'Hiver, elle est toujours accompagnée de l'enfant.

Dans la grande famille Romanov, on prend l'affaire très au sérieux. Le nouveau-né est une menace pour l'héritier. Cependant, nul n'ose aborder le sujet avec l'empereur. On demande aux membres les plus haut placés de la famille d'intervenir. Désireux d'en finir avec les messages alarmés de ses parents, Alexandre écrit une lettre à sa sœur Olga (reine du Wurtemberg) : « Elle [la princesse Dolgoroukova, E. R.] a préféré renoncer aux distractions et aux plaisirs mondains, si prisés des jeunes filles de son âge... pour consacrer sa vie à l'amour et au souci de ma personne... »

Vient ensuite ce qui est censé apaiser la famille : « Sans se mêler de rien, malgré les multiples tentatives de ceux qui souhaitaient, sans vergogne, se servir honteusement de son nom, elle ne vit que pour moi et s'occupe de l'éducation de nos enfants. » Rien d'autre. Nul ne prétend à rien. Le reste concerne la vie privée du tsar.

C'est une maigre consolation pour Chouvalov qui connaît bien le souverain. Ce dernier est fou de la princesse, ce qui est une très mauvaise chose. Déjà, le grand-duc Constantin Nikolaïevitch, qui hait Chouvalov, a été présenté à la favorite. Une dangereuse alliance peut en résulter. Le chef de la Troisième Section décide d'engager ouvertement la lutte contre « l'Odalisque ».

Chouvalov, à ce moment-là, adopte un ton particulier avec l'empereur : un ton parfois rude, celui d'un honnête serviteur qui ne craint pas la disgrâce et estime de son devoir de dire la vérité sans fard au souverain. À la grande joie de la famille et de la camarilla, le chef de la Troisième Section ose parler à voix haute du danger que représente « certaine situation » pour le prestige de l'empereur, « qu'il convient de préserver à l'époque actuelle si complexe ». Il fait en sorte que tout cela parvienne au tsar. Le comte a décidé de régenter, non seulement les ministres et la police secrète, mais encore la vie de l'empereur. Il tente, en un mot, d'être un véritable Pierre IV.

Le scandale éclate à Ems. Katia a donné naissance à une fille, et le tsar l'accompagne aux eaux. Ils forment un couple élégant : lui, un monsieur d'un certain âge, qui a de l'allure, avec une très jeune dame et deux adorables bambins. Alexandre voyage incognito, bien sûr, mais à Ems, tout le monde sait qui il est.

L'Europe se passionne, alors, pour les daguerréotypes. Au début, tous étaient contre. À Paris, des poètes avaient déclaré que la photographie était la « honte de l'art ». Puis on s'était habitué. Même le roi des poètes, Baudelaire, s'était rendu : il avait accepté qu'on lui tirât le portrait. Victor Hugo s'était fait photographier à son tour, ainsi que le pape Léon XIII qui, en outre, avait chanté ses impressions en vers.

En Russie, l'Église voit la photographie d'un mauvais œil. Bajenov, directeur de conscience de l'empereur défunt, décrète : « Dieu a créé l'homme à son image et à sa ressemblance, et aucun appareil humain ne doit avoir l'audace de fixer l'image de Dieu. » Pourtant, là encore, on s'habitue peu à peu.

À Ems, l'empereur souhaite une photographie où ils seront tous les quatre, afin de pouvoir toujours contempler le visage de sa bien-aimée. Ils se rendent donc, anonymement, bien sûr, dans un atelier ordinaire. Pour que la photographie ne soit pas trop compromettante (qu'elle n'ait pas l'air trop intime), on invite une amie de Katia, la comtesse Hendrikova, et, naturellement, Vera Chebeko. Le résultat est magnifique, et le tsar demande bientôt d'autres tirages. Impossible : le souverain apprend que le comte Chouvalov est venu trouver le photographe, qu'il a acheté tous les tirages et le cliché, puis les a détruits. Alexandre est furieux. Il fait dire au chef de la Troisième Section qu'il a outrepassé ses fonctions. Comme l'indique, dans ses Souvenirs, le ministre Valouïev, Chouvalov répond : « Pour ma part, je prie de transmettre au souverain qu'il n'avait pas le droit de faire un tel portrait ! »

Dès lors, les deux hommes n'ont plus de relations directes et l'empereur entreprend de chercher à Chouvalov un remplaçant. Le grand-duc Constantin s'en réjouit et pousse son frère à agir au plus vite dans ce sens. Il espère depuis longtemps que le chef de la Troisième Section va partir et que cette affreuse période prendra fin. De son côté, Chouvalov est conscient des souhaits du grand-duc et, manifestement, il prépare sa riposte.

De nouveau les Affaires étrangères

C'est le seul domaine dont s'occupe aujourd'hui l'empereur. Guillaume lui rend visite, accompagné du commandant suprême, le feld-maréchal Moltke, à présent très âgé, vainqueur de l'Autriche, du Danemark et de la France. Arborant d'énormes favoris grisonnants, tous deux sont venus conclure une alliance avec Alexandre.

Il est décidé qu'en cas d'agression, chacune des deux puissances devra dépêcher deux cent mille soldats au secours de l'autre. On pense ainsi exclure toute éventualité de guerre en Europe. Ou, plus exactement : toute éventualité de guerre défavorable aux deux empires. L'Autriche les ralliera.

Gortchakov, qui participe à la création de cette alliance des trois empereurs, ne comprendra qu'ensuite quel jeu de longue haleine a imaginé le rusé Bismarck. Ce dernier sait que, sitôt la réforme militaire achevée en Russie, le pays disposera d'une armée solide et qu'Alexandre poursuivra l'œuvre de son père. Une guerre russo-turque se profile à l'horizon politique. L'Allemagne n'a pas d'intérêts en Orient et Bismarck est, en l'occurrence, impuissant à tempérer les appétits de son allié russe. L'Autriche n'est pas dans le même cas. En d'autres termes, dans la future guerre de la Russie contre la Turquie, l'Autriche contrebalancera d'éventuels succès trop éclatants des Russes.

Les empereurs ont une autre question à débattre. Près d'un quart de siècle plus tôt, la révolution de 1848 a eu lieu et l'empereur Guillaume a pu voir de près le peuple enragé de Berlin. Des soldats ont été tués. Son frère, le roi de Prusse, a été contraint de mettre chapeau bas devant les corps des émeutiers réprimés et de leur demander pardon. Le roi n'a pas supporté cette humiliation et a perdu la raison. Il est la première victime des troubles révolutionnaires chez les Hohenzollern.

Or, les deux souverains le pressentent : de grands bouleversements attendent l'Europe, face auxquels les précédentes révoltes feront pâle figure. Il est donc convenu que les chefs de la police des deux États s'informeront, sans délai, mutuellement d'éventuelles menaces. Ils se doivent d'être solidaires, car l'Europe, de plus en plus, représente un seul et même grand navire. Les révolutions peuvent embraser tout le continent et faire sombrer leur univers familier.

Une invitée d'honneur au bal de la Cour

Les modestes rois de Prusse ont toujours été impressionnés par le luxe byzantin de la cour de Russie. Et, bien qu'oncle Willy soit devenu un empereur puissant, rien n'a changé. Durant son séjour (il a plus de soixante-dix ans mais a encore fière allure dans son uniforme brodé d'or qu'agrémente une véritable iconostase de décorations), on multiplie les parades militaires, les concerts, les spectacles. Tout s'achève par un bal grandiose au palais d'Hiver.

Comme toujours en pareille circonstance, les salles d'apparat du palais sont décorées de palmiers et d'orchidées. Huit cents personnes ont travaillé pendant deux semaines à l'ornementation. Les cuisiniers et les pâtissiers de la Cour ont rivalisé d'ardeur dans la préparation des mets et des boissons.

Vient le grand jour. Dans l'immense hall de marbre blanc, des laquais en livrées aux armoiries de l'empire, chaussés de bas blancs et de souliers vernis, prennent les pelisses des invités qui montent ensuite les degrés de l'escalier d'honneur : murs de marbre sculptés d'or, miroirs où se reflètent des milliers de bougies, gigantesques plafonds ornés de dieux grecs. Entre des haies de cosaques, vêtus de *bechmet*[1] noirs, et de « négrillons » arborant des turbans rouges, coule la foule des hôtes : uniformes rouge vif ou d'une aveuglante blancheur, casques surmontés d'aigles d'or et d'argent... Dames vêtues de robes moulantes à longue traîne, véritables statues découvrant leurs épaules d'albâtre. Cascades de pierres précieuses, doubles diadèmes et rivières de diamants, bagues et bracelets étincelants. Des pierres plus petites bordent les décolletés et, en chaînes éclatantes, tombent le long des dos ou se rassemblent près d'une fleur piquée à la ceinture. Les dames d'honneur portent à leur corsage le monogramme de l'impératrice, semé de brillants, ou son portrait dans un cadre, là encore, en brillants...

La dernière marche de l'escalier franchie, les invités découvrent la magnificence des salles d'apparat : celle des feld-maréchaux aux

---

1. Sorte de veste.

portraits des chefs militaires dans leurs cadres dorés, celle de Pierre abritant le trône... Les mille mètres carrés de la Salle blanche en marbre où, pour l'Épiphanie, ont lieu les parades de la Garde (la salle contient un régiment entier). Parmi les convives qui emplissent la salle d'or et de pierres précieuses, glissent sans bruit les maîtres des cérémonies, munis de leurs bâtons d'ivoire ornés des aigles impériales. On attend...

À neuf heures et demie, aux accents d'une polonaise et après les trois coups frappés par les maîtres des cérémonies, des négrillons, coiffés d'énormes turbans, ouvrent toutes grandes les portes de la Salle de malachite. Le souverain, la souveraine et oncle Willy font leur apparition, suivis de la grande famille Romanov. La salle se fige en une profonde révérence. Le bal commence, ouvert par l'empereur et l'impératrice, incroyablement fragile. La polonaise de la Cour n'est pas une danse à proprement parler. C'est une sorte de cortège solennel des Romanov et de leurs hôtes très augustes. Quelques chambellans, les maîtres des cérémonies et un maréchal de la Cour vont en tête. Ils annoncent le passage de la famille à travers les salles. Dans la longue file des « danseurs », on trouve l'héritier et la grande-duchesse Marie Fiodorovna. Puis viennent les grands-ducs et les grandes-duchesses par ordre d'âge ; les secondes arborent les joyaux de la famille, dont la couleur doit être assortie à celle de leurs robes : rubis et brillants avec une toilette rose, saphirs et brillants avec du bleu, perles et brillants avec du rose ou du bleu...

Les grandes-duchesses, toutefois, ne sont pas assez nombreuses pour tous les cavaliers. La famille Romanov compte nettement plus d'hommes que de femmes. Certains grands-ducs, parmi les plus jeunes, vont donc avec des « dames de la Cour haut placées ». Ces dames-là ne sont plus de première jeunesse et, parfois, entre deux danses, sommeillent doucement sur des chaises.

Commence le bal proprement dit. Quadrille, valse et mazurka sont les seules danses tolérées par l'étiquette. Aussitôt après la « polonaise de la Cour », l'impératrice se retire. Tous la plaignent depuis longtemps, sachant qu'elle quitte le bal parce qu'elle est souffrante.

En passant dans une des salles, les courtisans lèvent discrètement les yeux vers la galerie de marbre : *elle* est là, jeune beauté aux opulents cheveux d'or et au profil de camée. Chaque fois que le souverain apparaît dans cette salle, il ne manque pas de s'arrêter et, sans se cacher, regarde en souriant tendrement la princesse Ekaterina Dolgoroukova. Au palais, on l'a définitivement surnommée « l'Odalisque », et tous savent qui elle est.

De nouveau, les années filent, marquées par le mariage des aînés et le décès des vieux parents. La fille d'Alexandre II épouse le benjamin de la reine Victoria, le duc d'Édimbourg. En janvier 1873, meurt la « savante de la famille », la grande-duchesse Hélène Pavlovna. Désormais, Constantin est seul à tourmenter le tsar en lui rappelant le temps glorieux des réformes. Chaque rencontre entre les deux frères tourne à la dispute, mais le grand-duc, avec l'obstination qui le caractérise, s'efforce de réveiller le réformateur d'hier. Sous les fenêtres du palais d'Hiver se déroule la vie nouvelle instaurée par ses réformes. Cependant, lui, leur père, fait tout, à présent, pour pétrifier, geler cette vie. Une entreprise à laquelle participent activement de nouveaux fonctionnaires zélés, le comte Piotr Chouvalov et bien d'autres.

Des glorieux temps anciens ne restent que Constantin et le ministre D. Milioutine. S'ils sont encore là, c'est que la réforme de l'armée n'est pas achevée. Alexandre ne peut donc se séparer de ce ministre si efficace, qui perçoit, néanmoins, sa désapprobation muette. À cette époque, Milioutine note amèrement dans son Journal : « Quel effarant et désolant contraste avec l'atmosphère qui régnait lorsque j'entrai au gouvernement, il y a treize ans ! Alors, tout allait de l'avant ; à présent, tout est ramené en arrière. Alors, le souverain nourrissait de la sympathie pour le progrès, il faisait tout avancer ; à présent, il n'a plus confiance en ce qu'il a créé, en ce qui l'entoure, *pas même en sa propre personne.* »

À partir de 1874, pourtant, le grand-duc Constantin Nikolaïevitch a d'autres soucis que les réformes. Une chose effrayante, invraisemblable, inouïe se produit : il apparaît que son fils Nicolas, grand play-boy de la famille Romanov, est un voleur !

10

UNE HISTOIRE HOLLYWOODIENNE

Scandales au sein d'une noble famille

En montant sur le trône, Alexandre est devenu le chef de la grande famille Romanov. Il n'a pas su, cependant, à la différence de son père, faire régner en son sein une discipline de fer.

Sa sœur Macha, nous l'avons dit, a épousé secrètement le comte Stroganov, auquel elle a donné des enfants.

Plus généralement, l'empereur a de plus en plus de mal à être le gardien des fondements de la très auguste famille. Lui-même vit ouvertement avec Ekaterina Dolgoroukova. Ensemble, ils ont aussi des enfants, ce que tout le monde sait. Les autres Romanov suivent cet exemple. Constantin qui, récemment encore, jugeait mal, dans son Journal, les intrigues amoureuses de son frère, vit à présent – c'est de notoriété publique – avec la danseuse étoile Kouznetsova. Leur cadet, le grand-duc Nicolas Nikolaïevitch, est également lié à une danseuse. Au demeurant, le Ballet impérial évoque de plus en plus une « maison » rattachée à la Cour. Les carrosses des jeunes grands-ducs attendent souvent rue Rossi, où se trouve l'école de danse, « guettant le gibier ». Les aventures avec des danseuses sont leur lot quotidien, de sorte qu'aux ballets le public a les yeux rivés sur la loge impériale. Et si l'un des innombrables Romanov vient souvent voir danser telle ou telle jeune étoile, les spectateurs en tirent aussitôt des conclusions... Nombre de grands-ducs (sans compter le dernier empereur, Nicolas II, quand il ne sera encore que l'héritier) commenceront leur vie sexuelle par une liaison avec une danseuse.

Ainsi, le soir, au théâtre, la foule voit-elle le corps dénudé qu'étreint, la nuit, le frère du souverain.

L'un des signes de la dépravation qui a gagné la famille Romanov est l'histoire du fils de Constantin, le neveu préféré du tsar, qui stupéfie la Cour et la société.

Alexandre et Constantin ont tous deux, nous l'avons dit, prénommé leur fils Nicolas, en l'honneur de leur père. Ces deux Nicolas auront un destin tragique.

Après la mort prématurée de l'héritier (Nicks), le plus bel homme, parmi les jeunes de la famille, est l'autre Nicolas.

Le théâtre Marie a coutume d'organiser des bals masqués, célèbres dans tout Saint-Pétersbourg. Ces joyeuses soirées ont lieu dans le luxe du théâtre impérial, avec ses dorures, ses miroirs, le velours de ses loges. Comme toujours dans un bal masqué, le masque est roi et, sous son couvert, se mêlent reines du monde et du demi-monde.

Bel homme de deux mètres, «ornement du flanc droit» de la Garde, idole de la jeunesse dorée de la capitale, le grand-duc Nicolas fréquente souvent l'endroit. Un jour, une jolie petite chatte, la frimousse couverte d'un masque vénitien, s'approche de lui, se glissant entre les danseurs.

Ainsi a lieu la rencontre que l'on peut, à bon droit, qualifier de «fatidique».

La «danseuse américaine»

Véritable française par son tempérament de feu, Fanny Lear a vu le jour dans le Nouveau Monde. Elle est née trop tard, semble-t-il : le siècle des aventuriers, des Casanova et autres Cagliostro, le XVIIIe, est loin. Sans compter que le lieu de naissance de la jeune femme, l'Amérique provinciale et puritaine, n'est pas ce qui se fait de mieux. C'est ainsi que le goût de l'aventure la pousse à gagner le Vieux Continent.

Elle ne tarde pas à devenir l'une de ces créatures charmantes qui papillonnent dans les capitales européennes, lieux de perdition, brisant les cœurs et anéantissant les fortunes. Elle se dit « danseuse », pour ne pas se qualifier de « cocotte ». Elle n'en est pas moins une cocotte de haut vol. Et, comme il se doit, elle séjourne dans la Babylone du temps : Paris.

À l'automne, les belles dames du demi-monde ont coutume de quitter la capitale française pour la Côte d'Azur prometteuse, où l'on trouve des ressortissants de Russie fort riches. Là, écrit un poète, « vient frayer le bélouga russe ». Les « tout nouveaux Russes » (comme on les appelle, à l'époque) – marchands et entrepreneurs enrichis – y affluent pour s'amuser, faire la fête. Là est mort l'héritier. Là encore, l'impératrice s'est rendue, avec sa suite, pour se soigner. Là enfin, les riches aristocrates russes brûlent leur vie.

Fanny ne tarde pas à nouer des relations très proches avec des Russes pas véritablement jeunes, mais vraiment riches. Ces messieurs, « représentants de l'âge d'argent » (ainsi qu'elle les surnomme), ressemblent si peu aux Français parcimonieux ! Ils perdent en festins et au jeu des fortunes entières. Fanny les y aide volontiers. Dès lors, elle se met à rêver de la lointaine et si riche capitale du Septentrion. Comme il sied à une authentique aventurière, elle ne tient pas en place et parcourt le monde. La voici à Saint-Pétersbourg.

Elle y passe quelque temps dans des « bras argentés ». Mais l'envoûtante reine des cocottes de la capitale (collaboratrice de la Troisième Section, cela va de soi), l'Anglaise Mabel, lui parle du grand-duc Nicolas, toujours en quête d'aventures amoureuses.

Fanny comprend vite : « l'âge d'argent » est terminé pour elle, il lui faut connaître « l'âge d'or ». Tout se déroule selon le plan. La jeune femme est vite remarquée. On lui envoie l'aide de camp du grand-duc ; ce dernier ne tarde pas, tout heureux, à raconter sa victoire à des garnements dans son genre.

Le père de Nicolas passe la plupart de ses nuits chez sa danseuse, sa mère mène une triste existence dans le magnifique palais de Pavlovsk. Dès la première nuit, le jeune grand-duc emmène sa conquête au palais de Marbre. Fanny peut ainsi admirer, sans témoin, la splendeur des lieux.

Le couple monte à l'étage par l'escalier de marbre qu'ornent des statues de dieux antiques. Un laquais les précède, portant un candélabre. Ils traversent l'enfilade des salles d'apparat plongées dans l'obscurité, et débouchent dans une salle de marbre blanc, qui fait bien ses mille mètres carrés, illuminée par de gigantesques lustres en cristal. On imagine le ravissement de la belle. Et avec quel bonheur elle danse, seule dans cette immensité !

Désormais, elle ne quitte plus le grand-duc. Les choses prennent un tour inattendu pour Nicolas : en l'occurrence, le chasseur est attrapé par le « gibier ». Quand la grande-duchesse mère est à Saint-Pétersbourg, Nicolas emmène la jeune femme au palais de Pavlovsk. Les salles dont les murs s'ornent des portraits officiels des empereurs – les ancêtres de Nicolas : Pierre III, Paul Ier, tous deux assassinés – recèlent des meubles et des bronzes splendides, dans le style d'un autre souverain assassiné, Louis XVI. Et lorsque les jeunes Romanov sont à l'exercice en présence du tsar, à Krasnoïé Selo, ils savent que Fanny est dans les parages, cachée dans le délicieux *cottage* du grand-duc. Si le couple se promène tendrement et aperçoit à quelque distance l'empereur ou quelqu'un de la famille, la jeune femme s'éloigne aussitôt, pour « épargner la réputation » de son amant. Elle sait, en réalité, combien brillent les yeux des jeunes Romanov, quand ils suivent du regard son corps magnifique. Elle s'y entend à se montrer docile avec Nicolas, blanc-bec qui joue les dépravés. Il lui demande de signer un papier d'une incroyable naïveté : « Je jure sur tout ce que j'ai de plus sacré au monde, de ne jamais parler à qui que ce soit, de ne jamais voir personne, sans l'autorisation de mon très auguste Seigneur. Je m'engage, en Américaine loyale, à observer ce serment et me déclare, d'âme et de corps, esclave du grand-duc russe. Fanny Lear. »

Elle consent en riant. Elle peut rire, en effet, sachant pertinemment lequel des deux est l'esclave. Lui, montre triomphalement le « document » à ses amis. Mais, en échange de « son âme » et de « son corps », la belle demande une petite lettre de change de cent mille roubles et un testament en sa faveur. Il faut bien qu'elle ait quelque chose, la pauvre enfant ! Or, le grand-duc ne possède rien en propre, il vit avec ses parents. La jeune femme sait, toutefois, qu'il touche une rente annuelle d'un million de francs. Il a donc les moyens de payer.

De gros nuages ne tardent pas, néanmoins, à s'amonceler dans l'azur de leur amour. Le père de Nicolas apprend la liaison de son fils avec une « douteuse cocotte ». Un peu tard, il est vrai : la Troisième Section n'a pas jugé bon de l'en informer, alors que beaucoup, dans son entourage, étaient au courant.

Le grand-duc Constantin consulte l'empereur. Mais aucun des deux frères n'est en mesure de faire la morale à Nicolas. Il est décidé d'envoyer l'« insensé » à la guerre...

Un peu de politique

À cette époque, Alexandre entreprend de conquérir l'Asie centrale. Autrefois, le prince Potemkine, amant et grand compagnon d'armes de Catherine II, avait convaincu l'impératrice de s'intéresser au Sud. La Crimée et la mer Noire étaient alors tombées dans l'escarcelle russe. La Russie les avait, toutefois, perdues au terme de la guerre de Crimée. Aujourd'hui, elle les retrouve, après l'annulation des clauses humiliantes du traité de Paris.

Pour Alexandre, ce n'est qu'un début. La croix de Sainte-Sophie gît dans le cercueil de son père et il rêve de poursuivre la guerre contre la Turquie. C'est à cela que doit servir la réforme de l'armée.

En attendant, l'empereur décide de reprendre l'expansion au Sud. Après la conquête du Caucase, vient le tour de l'Asie centrale.

Les khanats de Boukhara, Khiva et Kokand sont faibles et vont finir par être récupérés par quelque puissance. Les Anglais considèrent qu'ils sont là chez eux, puisque ces régions protègent leurs possessions des Indes. Le tsar n'a pas de temps à perdre. Le prétexte officiel est le suivant : les incursions sauvages de nos belliqueux voisins méridionaux, les habitants des trois khanats susmentionnés, sont un souci constant, aux marches de la Russie.

Le pillage est leur principal moyen de subsistance. Comme il est impossible de leur faire entendre raison, force est de les soumettre.

Pour commencer, Alexandre ordonne au général Tcherniaïev d'occuper quelques forteresses appartenant à l'émir de Boukhara. Mikhaïl Tcherniaïev est un homme solide et bien bâti, aux yeux bridés de Mongol et à la voix de stentor. Les soldats l'adorent. Il a fait les guerres de Crimée et du Caucase. C'est un général inventif. Assiégeant la forteresse de Tchimkent, ses hommes pénètrent nuitamment dans la ville par une canalisation d'eau hors d'usage, qui forme une ouverture ovale dans la muraille. Ils surgissent de terre, à la lumière de la lune, pareils à des fantômes, et viennent aisément à bout de la piètre résistance des habitants. Tcherniaïev se dirige ensuite, avec deux mille baïonnettes, vers l'antique Tachkent. Il affronte d'abord une tempête de sable. Il y a du sable partout : dans les cheveux et les vêtements des hommes, dans la nourriture... Le général n'est parti qu'avec douze canons et la tempête n'arrête pas sa fulgurante avancée. La ville l'attend, avec sa population de cent mille personnes et son armée de trente mille hommes.

L'émir est furieux. Les Anglais menacent de complications internationales. Tcherniaïev a ordre d'agir au plus vite. Le premier assaut de Tachkent est un échec. Dans la soirée, la ville retentit de cris belliqueux : la foule hurle, les trompettes sonnent, les tambours roulent, les guerriers dansent. L'émir promet d'exposer sur la place les têtes des officiers russes. Mais, dès le lendemain, après un assaut forcené, le petit détachement du général s'empare de la légendaire Tachkent et, par la même occasion, de soixante-trois canons, auxquels s'ajoutent quantité d'armes et de poudre.

Le général aux yeux de Mongol connaît bien la psychologie asiate. Le jour suivant, il sillonne triomphalement la ville, accompagné seulement de deux cosaques. Le soir, il se rend tranquillement aux bains où il bavarde pacifiquement, respectueusement avec les habitants nus comme lui, à croire qu'il se trouve parmi les siens. Après cela, les autochtones comprennent que les Russes sont là pour longtemps. L'émir ne tarde pas à devenir un fidèle vassal du tsar.

Tombe ensuite Samarkand, l'antique capitale de Tamerlan, ce conquérant sans pitié, ce grand parmi les grands. Sous la coupole azur du mausolée, sous la dalle de deux cents *poud*[1] du sarcophage de marbre, il repose dans son cercueil noir, recouvert d'un suaire d'or, à présent tombé en poussière.

Dans le but de calmer les puissants Anglais, l'offensive méridionale avait été interrompue au début des années 1860. Le brave général Tcherniaïev, devenu gouverneur militaire des régions qu'il avait conquises, avait même été rappelé.

Mais les passions sont un peu apaisées et, au début des années 1870, Alexandre reprend brusquement son avancée en Asie centrale. Ainsi commence la conquête du khanat de Khiva. Toutes ces antiques terres doivent devenir partie intégrante de l'empire.

C'est à cette campagne de Khiva que le souverain et Constantin décident d'envoyer le grand-duc Nicolas.

Le voleur

La campagne a beau être très dure, Nicolas est heureux. Comme tous les Romanov, il aime guerroyer. Les troupes russes doivent supporter le manque d'eau et autres charmes du désert. Soldats et officiers dorment souvent à même le sable, leur selle sous la tête ; ils sont réveillés, au milieu de la nuit, par le froid glacial. Les autorités de Khiva ont détérioré les puits, emplis de terre et de saletés de toutes sortes. Les Russes meurent de soif. Ils dénichent péniblement le seul puits utilisable, dont les soldats retirent un chien crevé, à demi décomposé. Mais la soif est telle que... le grand-duc boit de cette eau. Il supporte bien, d'ailleurs, toutes les difficultés qu'il décrit volontiers dans ses lettres à sa chère Fanny.

Les Russes prennent enfin la capitale du khanat. La ville semble surgie des contes des *Mille et Une Nuits* : lune éclairant les antiques mosquées, silhouettes des minarets... De longs pourparlers s'engagent. Selon la coutume orientale, le khan fait d'interminables digressions ; l'on croirait un musicien accordant son instrument avant le concert.

---

1. Ancienne unité de masse équivalant à 16,38 kg.

Cependant, Nicolas et son aide de camp, Vernovski, menacent de pénétrer, à l'aide d'une échelle de corde, dans le harem du sultan. Mais leur enthousiasme est aussitôt refroidi par le commandant qui explique au bouillant grand-duc que le harem est inviolable, le khan ayant accepté la protection de la Russie et étant devenu, par là même, notre garant loyal face à ses sujets.

Le grand-duc rentre à Saint-Pétersbourg avec le grade de colonel et de nombreuses décorations. L'empereur lui offre un canon de Khiva, dont il s'est emparé au moment de l'assaut. L'arme est installée dans la cour du palais de Marbre.

On décide de marier Nicolas. Pour ce faire, on lui achète un petit palais dans lequel il s'empresse d'installer Fanny. Le roman se poursuit. Les dépenses du grand-duc sont de plus en plus insensées et, bientôt, l'inconcevable se produit.

Rentrant de Pavlovsk au palais de Marbre, la mère de Nicolas découvre le vol. Un vol invraisemblable, sacrilège. Les pierres précieuses, des diamants en rayons, ornant son icône nuptiale ont disparu. Elles ont été sauvagement arrachées.

Les soupçons se portent aussitôt sur les domestiques. Le gouverneur de ville, Trepov, se charge personnellement de l'enquête. Le comte Piotr Chouvalov, chef de la Troisième Section, lui prête main-forte. Il hait ouvertement, nous l'avons dit, le grand-duc Constantin Nikolaïevitch. Il se montre, en l'occurrence, d'une redoutable efficacité.

Le 12 avril, Trepov se présente au palais de Marbre et, avec une immense tristesse, raconte à Constantin ce que celui-ci n'aurait pu se représenter dans ses pires cauchemars.

La suite du drame est consignée dans le Journal du grand-duc :

« Le 12 avril 1874, le général Trepov, gouverneur de Saint-Pétersbourg, m'informa que les diamants de l'icône avaient été retrouvés au mont-de-piété !!! et qu'ils y avaient été apportés par l'aide de camp de mon fils. »

Appréhendé, l'aide de camp révèle que les diamants lui ont été remis par Nicolas, avec mission de les gager.

Ainsi l'aîné de Constantin a-t-il volé les pierres ornant l'icône nuptiale de ses parents !

« 15 avril, note encore le frère d'Alexandre : effroyable scène d'interrogatoire mené par P. A. Chouvalov et moi-même. Aucun repentir de la part de Nicolas. Il se montre d'une grande dureté et ne verse pas une larme. »

« 16 avril : Dureté, fanfaronnades, absence totale de remords. »

Une confrontation est organisée avec l'aide de camp. « Le récit sincère de Vernovski permit de reconstituer le tableau du méfait. » Le vol est lié aux dépenses du grand-duc pour Fanny Lear. On découvre alors l'histoire de la lettre de change signée par Nicolas.

Sur réquisition de Trepov, Fanny, terrifiée, est convoquée au gouvernorat de ville. Elle parlera dans ses Mémoires d'un « bâtiment sinistre où les gens disparaissaient, parfois, sans laisser de traces ». On lui enjoint de quitter sur-le-champ la Russie, après avoir rendu la lettre de change de cent mille roubles.

La perspective de perdre cet argent donne de l'audace à Fanny. Furieuse, elle menace de demander l'appui de l'ambassadeur américain Jewel. On lui explique que si l'ambassadeur est seulement informé d'une infime part de ses aventures, il risque de ne pas se montrer très coopératif... La belle se résigne à rendre le papier bien-aimé.

La Cour, cependant, est informée des événements. Force est donc, pour le souverain, de tout révéler à D. Milioutine (ministre de la Guerre), quand celui-ci vient lui faire son rapport quotidien. Le ministre note dans son Journal : « Le tsar m'a tout exposé, sans rien celer de ces scandaleux détails. Il apparaît qu'après plusieurs années de manipulations diverses, Nicolas en est arrivé à piller la châsse de l'icône suspendue près du lit de sa mère. »

La Cour attend à présent la chute du grand-duc Constantin. L'empereur est dans l'obligation de châtier impitoyablement son fils qui a blasphémé en portant atteinte à une icône sainte, doublement sacrée puisqu'il s'agit de l'icône nuptiale de ses parents. Comment un père ayant élevé un fils criminel pourrait-il continuer de prendre part à la vie politique ?

Le tsar et Constantin trouvent la seule issue possible à cette inextricable situation. Le grand-duc note dans son Journal : « 18 avril. Que faire de Nicolas ? Après bien des hésitations, nous

nous sommes résolus à nous en remettre au diagnostic des médecins *et, quel qu'il soit, à déclarer au public que mon fils souffre de maladie mentale, puis à l'enfermer.* Le public devra s'en contenter. Mais pour Nicolas lui-même, ce sera la réclusion sous la forme d'un strict isolement, à visée punitive et rééducative. Hier, sont arrivées les conclusions des médecins... À la fin de la conférence, je me suis dit : "Aussi douloureux et pénible que ce soit, je pourrai être le père d'un fils malade et insane ; mais être le père d'un criminel, publiquement marqué au sceau de l'infamie, me fermerait tout avenir..." »

Conformément à la tradition, on préfère déclarer Nicolas irresponsable. Le malheureux père du fils insensé peut donc rester conseiller du tsar, ce qui serait impensable pour le père d'un criminel.

Le tsar et le grand-duc comprennent, bien sûr, qui se tient dans les coulisses, qui a rendu public le scandale, au lieu de l'étouffer. C'est ainsi que le tout-puissant Chouvalov va être écarté de ses fonctions...

Le guet-apens

Comment tout cela a-t-il été combiné ? Nous ne pouvons qu'émettre des suppositions. Toutes les cocottes étrangères en vue sont sous surveillance et, le plus souvent, au service de la Troisième Section. Selon toute vraisemblance, on a suggéré à Fanny de raconter à Nicolas une histoire des plus banales : elle a perdu au jeu, elle a un urgent besoin d'argent, de beaucoup d'argent, sinon elle n'aura d'autre solution que de coucher avec un vieux.

Le grand-duc demande de l'aide à ses parents ; comme l'a prévu Chouvalov, ceux-ci comprennent de quoi il retourne et refusent. Fou de rage et désireux de se venger, leur fils se procure la somme nécessaire en pillant l'icône. Ainsi Nicolas tombe-t-il dans le guet-apens tendu contre son père.

Règlement de comptes

Le tsar décide donc de se débarrasser de celui qui est à l'origine de toute l'intrigue. Les huit années de gouvernement Chouvalov se terminent. L'omnipotent Pierre IV est démis de ses fonctions de chef de la Troisième Section et nommé ambassadeur à Londres. Mais il n'est que la partie visible de l'iceberg. Pierre IV laisse au tsar un héritage des plus dangereux : l'alliance du parti rétrograde avec la police politique. Son œuvre.

Par l'affaire Nicolas, Chouvalov offrait au souverain la possibilité d'écarter Constantin, considéré comme le véritable père du « fatal courant libéral ».

Le tsar a préféré se débarrasser de Chouvalov. Tant pis pour le tsar !

Épilogue de l'histoire d'un vol

Le souverain a prévu un châtiment pour Nicolas. On envoie le grand-duc « se soigner » à des milliers de kilomètres de la capitale, décidément néfaste pour lui, dans l'Oural, à Orenbourg, après lui avoir retiré toutes ses décorations et son grade de colonel. Furieux, Nicolas continue ses scandales à Orenbourg. Il épouse la fille du chef de la police locale, Nadejda von Dreyer – une façon, pour lui, de se venger de sa famille qui l'a trahi. Ce mariage lui vaut d'être privé de son titre de grand-duc et expédié plus loin encore, à Tachkent, dans cette Asie centrale où il a, naguère, combattu.

Là, il vit comme un roi. Il reçoit de Saint-Pétersbourg l'énorme rente à laquelle il a droit et qu'il dépense largement. Il organise nombre d'expéditions scientifiques, fouille d'antiques tertres, dans lesquels il découvre des armes anciennes et des ornements en or. Il fait creuser un canal qui permet de fertiliser cette « steppe de la faim » et près duquel, sur une falaise, est gravé un gigantesque « N », surmonté d'une couronne. Le grand-duc fait bâtir à Tachkent un magnifique palais, digne des *Mille et Une Nuits*. Y sont exposés des tableaux de maîtres russes et européens, qu'on achète pour lui à l'étranger. Ces toiles sont à l'origine des collections de l'actuel musée d'État de Tachkent.

Nicolas n'a pas le droit de porter l'uniforme. Il lui substitue un costume noir ou un frac, cousu par un tailleur parisien. Jusqu'à la fin de ses jours, il restera un amoureux fou. Il enlève une jeune beauté de quinze ans, une collégienne, et décide de l'épouser. La cérémonie est interrompue *in extremis* par l'arrivée des parents. Jaloux d'une énième passion, il ordonne d'enfermer la belle dans un sac et de la jeter dans le canal qu'il a fait creuser. On réussit péniblement à la sauver. Pour finir, bien que déjà marié, il épouse une jeune Cosaque.

Le grand-duc survivra à la révolution. Il mourra dans son lit (à la différence de la plupart des Romanov), le 14 janvier 1918, dans la maison de sa nouvelle femme. À l'instar de son oncle Alexandre Ier et de son grand-père Nicolas Ier, le grand-duc s'éteindra parce qu'il *aura perdu le goût de vivre...* après la révolution. Il sera enterré à Tachkent, près de la collégiale de la Transfiguration du Sauveur.

Encore un épilogue : « Un visage d'une surhumaine beauté »

Elle s'appelait Natalia Androssova. Elle était la plus belle femme de la Moscou d'après-guerre. Elle vivait alors dans l'Arbat[1] et l'on disait qu'elle en était la reine. Chaque soir, au parc Gorki, elle escaladait à moto un mur à la verticale, grimpant peu à peu jusqu'en haut. C'était sa profession. Chaque soir, elle répétait l'opération quinze ou vingt fois.

C'était à la fois beau et terrible à voir : vrombissement de la moto, visage de la femme qui pâlissait soudain, yeux écarquillés, longues boucles tirant sur le roux qui, rejetées en arrière par le vent de la course, lui faisaient une traîne d'or. « Elle était une déesse, une amazone ! » s'exclamera l'écrivain Iouri Naguibine. Tous, dans l'Arbat, connaissaient son « Indian Scout » rouge nickelé ; chacun

---

1. Vieille rue et vieux quartier centraux de Moscou.

avait dans le cœur, en étincelante image, ses yeux ardents, son visage d'une surhumaine beauté et sa silhouette menue volant littéralement, dans sa grosse chemise d'homme ou sa jaquette légère, ses knickers, ses bottes, ses cuisses enserrant l'« Indian Scout » qui rugissait telle une bête sauvage.

Tous les poètes contemporains, Alexandre Galitch, Andreï Voznessenski, Evgueni Evtouchenko, l'ont chantée.

La belle Natalia Androssova était la petite-fille du grand-duc fou Nicolas Konstantinovitch, seule Romanov à avoir vécu en Russie soviétique. Elle était née dans le palais de Tachkent. Son père avait fui la Russie et sa mère s'était remariée, se dissimulant, et dissimulant sa fille, sous le nom de son nouveau mari, Androssov.

À la fin des années 1980, lorsque je fis la connaissance de Natalia Androssova, elle était déjà une vieille femme. Les murs de son très modeste appartement d'une pièce étaient couverts de ses photos de jeunesse : celles d'une femme d'une éblouissante beauté, qui avait apporté en notre temps pitoyable toute la magnificence et l'allure des Romanov. Elle me raconta longuement son histoire. Sur le point de partir, je lui demandai :

« Vous vous le rappelez ?

– Très vaguement. Ses mains, je ne sais pourquoi, et ses baisers... Je revois mieux le palais. Des images me reviennent en rêve... Lui aussi, parfois, bel homme au crâne rasé... »

Elle mourut en 1999, à croire qu'elle refusait de quitter ce siècle qui avait enseveli leur dynastie. Je me remémore souvent ses yeux, les yeux bleus d'une arrière-petite-fille de Nicolas Ier, qui m'ont relié à ce temps.

11

LA RUSSIE SOUTERRAINE

Du jamais vu dans l'histoire

Au cours de la seconde moitié du XIXᵉ siècle, le capitalisme commence à se développer dans la Russie autocratique. À la mort de Nicolas, l'immense pays est bon dernier parmi les puissances européennes pour le développement de son réseau ferroviaire. On tente alors frénétiquement de combler ce retard. Les paysans émancipés abandonnent leurs misérables lopins de terre, ils vont gagner leur vie à la ville, se font ouvriers. Le capitalisme russe bénéficie de la main-d'œuvre la moins chère, la plus ignare, la plus facile à exploiter qui soit.

On avait, un jour, demandé à Karamzine de donner une brève définition de l'empire de Russie, et l'illustre historien écrivain avait répondu, laconique : « Tout le monde vole ! » Il en va de même pour le capitalisme russe naissant. Sur son berceau se penchent nos éternels compagnons asiates : la bureaucratie et ses enfants légitimes – le pillage et une concussion sans vergogne.

Des fortunes inouïes se créent, résultats de sombres combines. Apparaissent de richissimes capitalistes russes, les « nouveaux messieurs » comme on les appelle. Le poète Nekrassov écrit alors :

« Un sou, pour ces nouveaux messieurs,
Que la honte et la loi vaut mieux.
Qui n'a pas volé son million

Aujourd'hui se fait du mouron.
Du dollar, dieu de l'Amérique,
La Russie a fait son idole
Et de ses frères d'outre-Atlantique
Elle se voit jouer le rôle.
Certes ! Mais le dollar américain
N'est pas le produit d'un larcin.
D'un travail, d'un labeur intense
Il est la juste récompense. »

Les débuts du capitalisme renforcent, chez les radicaux russes, la conviction qu'il faut à tout prix éviter cette voie de développement pour le pays. Le mépris, la haine de ce système sont le trait distinctif de l'intelligentsia : « Nous méprisions la fange de la concupiscence, des banques, des concessions ; nous suffoquions dans la puanteur nauséabonde des actions, des dividendes, de la filouterie légalisée », note un jeune contemporain.

Le rêve russe consiste à partager en bonne justice, autrement dit égalitairement. La mentalité russe est anticapitaliste. « En Russie, les intérêts de la *répartition* et de *l'égalisation* ont toujours prévalu sur ceux de la *production* et de la *création* », écrira le grand philosophe Berdiaev. Et l'idée d'une voie russe particulière pour atteindre au bien-être, une voie permettant d'arriver au socialisme par le biais de la commune paysanne, s'empare définitivement des esprits.

« Aller au peuple » pour l'éclairer, le pousser à se soulever. Par la commune paysanne, mener le pays vers « ces nouveaux rivages, havres de vérité-justice ». De ville en ville, par le bouche à oreille, se transmet cet étonnant message de la jeunesse : il faut « ALLER AU PEUPLE ». Les jeunes gens rentrés de l'étranger sont à la tête de ce puissant mouvement. Un exode jamais vu dans l'histoire se prépare : celui de la jeunesse qui quitte les villes pour les villages russes les plus isolés.

« Il n'y eut jamais rien de semblable, ni avant ni après... Il semblait que cela fonctionnât plutôt comme une sorte de révélation, à croire qu'un puissant appel, d'on ne sait où venu, s'était brusquement répandu à travers le pays... Tous ceux qui avaient une âme vive y faisaient écho, tous répondaient à cet appel, emplis de tristesse et d'indignation au souvenir de leur vie passée. On quittait le toit familial, la richesse, les honneurs, les parents, on se vouait au mouvement avec un extraordinaire enthousiasme, avec cette foi ardente qui ignore les obstacles, ne compte pas les victimes et pour laquelle les souffrances et la mort sont le plus ardent stimulant, celui qui pousse irrésistiblement à l'action », écrit le jeune noble Sergueï Kravtchinski. Ayant achevé ses études à la célèbre École du palais Michel (à l'instar de Bakounine), il sert un an comme officier en province, prend sa retraite et est l'un des premiers à « aller au peuple ».

« Écoutez donc ! De tous les points de notre immense pays, du Don et de l'Oural, de la Volga et du Dniepr, le cri enfle : "Au peuple ! Vers le peuple !" », écrit Herzen, enthousiaste.

La Troisième Section est instantanément prévenue qu'un étrange mouvement se prépare. À la tête de la police secrète se trouve alors le général aide de camp Alexandre Potapov, ancien chef d'état-major du corps des gendarmes. Il était entièrement dévoué à Chouvalov, aujourd'hui en disgrâce. C'est là sa seule qualité ; pour le reste, il est un pitoyable dirigeant (il est vrai que l'ambitieux Pierre IV n'avait besoin de personne).

À la lecture des rapports rédigés par ses agents, le nouveau patron de la police politique se montre complètement désemparé. Bien qu'il semble n'y avoir aucune véritable organisation... l'on sent couver quelque chose d'organisé et de massif. Il faudrait, sans doute, procéder à des arrestations, mais arrêter qui et pour quoi ? Il n'y a pas d'instigateurs manifestes, les visées – que les agents de la Troisième Section ont bien du mal à percer – sont floues. Au demeurant, les « populistes » (ainsi nommera-t-on ceux qui prendront part à cette extraordinaire croisade au sein du peuple) ont eux-mêmes des objectifs très différents : certains vont ouvrir les yeux des masses paysannes sur le tsar, sur l'oppression dans laquelle elles vivent, avec l'espoir de les amener à se révolter ; d'autres souhaitent seulement apprendre au peuple à lire et à écrire, l'aider à sortir des ténèbres et de la misère ; d'autres encore partent s'instruire auprès des masses populaires, tenter de comprendre quel est leur idéal de vie meilleure...

Des jeunes filles d'excellentes familles se font institutrices, aides-médecins, sages-femmes et partent dans les campagnes les plus défavorisées.

« Nos "plans" et nos "rêves", écrit le populiste M. Tikhomirov, étaient des plus indéterminés. Nous allions "voir", "observer", "tâter le terrain"... et ensuite ? Peut-être déclencher un soulèvement, peut-être faire de la propagande... Mais il y avait par-dessus tout, dans cet "aller au peuple", quelque chose de si neuf, attrayant, intéressant, cela impliquait tant de petites obligations qui ne fatiguaient pas l'esprit (étudier, par exemple, le costume des moujiks ou apprendre à falsifier des passeports...), tant de privations physiques (qui étaient autant de satisfactions morales, conduisant chacun à penser qu'il consentait un grand sacrifice) que notre être en était empli. »

Toutefois, comme souvent dans l'histoire russe, l'héroïsme le cède bientôt à la farce et finit dans le sang.

Naissance d'un terroriste

Pour se mêler plus étroitement aux masses, une partie des populistes décide d'adopter l'habit paysan, de se donner un air « peuple ». Ces militants se dotent de faux papiers, achètent des vêtements de bure râpés, des bottes usées...

« Quittons nos pitoyables redingotes et revêtons la bure sacrée du peuple ! » écrit ironiquement l'historien Vassili Klioutchevski, contemporain des événements.

Les préparatifs commencent. L'ancien officier Sergueï Kravtchinski et l'un de ses camarades revêtent en effet des habits paysans malpropres, achetés chez un chiffonnier, et partent s'initier aux coutumes du peuple dans l'une des gargotes les plus pauvres des faubourgs de la capitale. Nos deux jeunes gens, naturellement, s'y rendent... en fiacre !

La gargote est essentiellement fréquentée par des cochers portant des manteaux de bure proprets, et nos « nihilistes » détonnent dans leurs habits négligés, au point que l'hôtesse leur intime, avant de les servir : « Montrez d'abord votre argent ! » « On nous apporta une soupe aux choux brûlante dans une écuelle de bois pour deux, et deux grandes cuillers. D'infimes morceaux de joue de bœuf salée flottaient dans le bouillon. »

Non sans répulsion, les jeunes gens commencent à manger, tout en essayant d'inciter les cochers à évoquer la rude vie du peuple. Mais ces derniers se hâtent de finir leur repas pour reprendre leur travail. Ils se contentent donc de répondre par des phrases courtes, hachées. Et les futurs populistes s'empressent de rentrer chez eux, de se débarrasser de leurs vêtements puants et de filer dans une auberge digne de ce nom, pour y « faire passer » la joue de bœuf !

Leur décision, néanmoins, est inébranlable, et les préparatifs de l'« aller au peuple » se poursuivent. Nos jeunes gens envisagent d'apprendre un métier itinérant : il leur faut un prétexte pour sillonner les campagnes et éclairer les masses populaires. À une assemblée, ils arrêtent leur choix : ils seront cordonniers ambulants. Les gens du peuple ne demandent pas de bottes élégamment cousues ; ce qui compte, c'est qu'elles soient solides. On peut donc apprendre très vite à en fabriquer.

Un cordonnier taciturne entreprend de leur enseigner le métier, un Finnois persuadé que si une révolution se produit en Russie, son pays d'origine sera enfin libéré.

Et vient le grand jour : les premiers populistes se mettent en route. Ils ont des copies des cartes de la région dans laquelle ils se rendent. Une dernière nuit chez eux, et c'est l'adieu à la capitale ! Vêtus, à la paysanne, de pelisses courtes, la besace à l'épaule, ils s'en vont par deux, observant les alentours : qui sait si la toute-puissante Troisième Section ne les a pas à l'œil ?

Voici enfin la gare Nicolas ! Les amis qui accompagnent cette avant-garde du mouvement crient : « Bonne route ! » Ils ne tarderont pas à emprunter le même chemin, suivis, encore et encore, par de nouveaux détachements de jeunes gens...

Ainsi commence l'« aller au peuple ». Nous sommes en mars 1874.

Mais le chemin qui mène au peuple se révèle semé d'embûches. Pour commencer, les cartes dont disposent les militants sont fausses.

Ils comprennent un peu tard cette vérité première : en Russie, on ne s'oriente pas d'après les cartes, on s'adresse et on se fie aux gens qui savent. Force est ici de rappeler l'immortel dicton : « Ta langue te conduira jusqu'à Kiev ! » Toutefois, dans le premier village qu'atteignent nos jeunes gens, les paysans refusent de les héberger pour la nuit. C'est que les cordonniers ne manquent pas dans les campagnes. Les militants doivent donc trouver une autre occupation. Il leur est plus difficile encore de se faire passer pour des gens du peuple et de mentir à chaque instant. La plupart des militants font un peu tous les métiers durant l'été et, en général, sont chassés en raison de leur incompétence : ils se proposent comme laboureurs, alors qu'ils ne savent pas atteler un cheval ; ils se font pêcheurs, bien qu'ils soient incapables de poser des filets.

« Malgré tout, ce fut pour moi un temps béni... On respirait si bien, se souvient un des participants. Nous nous retrouvions pourtant, immanquablement, gros jean comme devant. Je me rappelle avoir découvert dans ma chemise des sortes de puces blanches. J'en touchai un mot à ceux qui travaillaient avec nous ; ils s'écroulèrent de rire : "Quelles puces ?! T'es idiot, ou quoi ? C'est des poux !" » Ainsi les rejetons de la noblesse font-ils connaissance avec l'insecte le plus populaire de Russie. Cela ne les empêche pas de s'efforcer de remplir leur grande mission : l'agitation auprès des paysans.

En des lieux fixés à l'avance, les attend de la littérature interdite. Ces textes que des camarades apportent, dissimulés sous le foin dans des charrettes, sont produits en Occident par les émigrés et gagnent la Russie au prix d'immenses efforts. Il apparaît toutefois qu'il n'y a personne à qui les distribuer. Aucun paysan ne sait lire.

Nos jeunes gens décident alors de faire la lecture à haute voix. Les moujiks, cependant, ne veulent rien entendre. Dans le meilleur des cas, ils s'endorment ; dans le pire, ils dénoncent à qui de droit ces curieux paysans qui savent lire mais ne savent pas labourer. Une unique fois, le populiste N. Morozov décèle, au cours d'une lecture de poèmes antigouvernementaux, un intérêt apparemment sincère sur le visage d'un moujik, une sorte d'interrogation. Il s'interrompt aussitôt pour s'enquérir, plein d'espoir :

«Je crois que tu as une question...

– T'as de bien belles bottes, répond le paysan en désignant les pieds de son interlocuteur. Où t'en as acheté des comme ça ? Tu les as payées combien ? »

De plus en plus souvent, les discussions des jeunes gens entre eux tournent de la façon suivante :

«Qu'est-ce qu'on fait ici ? On perd notre temps ! Tu vois bien comment est le peuple... On a transformé ces gens en bêtes, et même pire. Un animal rêve au moins de liberté. Là, ce sont des algues molles. Ils se réveilleront peut-être dans cent ans...

– Ah, non ! Je ne suis pas d'accord pour attendre la révolution plus de trois ou quatre ans ! »

Beaucoup de ceux qui sont «allés au peuple» décident bientôt de regagner les villes et de s'y consacrer à la réalisation de leur rêve chéri : la révolution. Certains, pourtant, instituteurs ou médecins de campagne, tiennent le coup plus longtemps.

Belle aristocrate aux yeux gris, Vera Figner est rentrée de Suisse (elle a étudié la médecine à Lausanne). En Russie, elle fait une formation d'aide-médecin et «va au peuple» en compagnie de sa sœur. Elle impressionne les autorités du district par sa beauté et ses manières.

«Je me retrouvai bientôt aux Stoudentsy, un gros bourg... Jusqu'alors... je ne connaissais la pauvreté, la misère des paysans que par les livres, les articles des revues, les données statistiques. Il me fallait à présent, dix-huit jours sur trente, sillonner bourgs et villages... Je m'arrêtais d'ordinaire dans une isba, dite "d'accueil", où affluaient aussitôt des malades... En un clin d'œil, trente ou quarante patients emplissaient l'isba, il y en avait des jeunes, des vieux, un grand nombre de femmes et encore plus d'enfants de tous âges. L'air résonnait de leurs cris et piaillements. Ils étaient sales, épuisés, souffraient de maladies chroniques. Chez les adultes, ce n'étaient que rhumatismes, et presque tous avaient des maladies de peau... Catarrhes inguérissables de l'estomac et des intestins, bronchites que l'on repérait à des dizaines de mètres, syphilis n'épargnant aucune génération, escarres, ulcères à n'en plus finir, le tout dans une saleté inimaginable des vêtements et des logements, avec une nourriture si malsaine et si chiche que l'on se demandait, effaré : "Est-ce là la vie d'une bête ou d'un homme ?" Souvent, je versais des torrents de larmes dans les potions et les gouttes que je préparais pour ces malheureux... Quand je terminais mon travail, je m'effondrais sur la paillasse qui, jetée à même le sol, me servait de lit, et cédais au désespoir : quand donc cette misère effroyable prendrait-elle fin, à quoi rimait l'hypocrisie qui nous faisait distribuer des remèdes dans des conditions aussi épouvantables ? N'était-ce point se moquer du peuple écrasé par ses maux physiques, que de lui parler de résistance et de lutte ? Ce peuple ne se trouvait-il pas, d'ores et déjà, dans une phase de complète dégénérescence ? »

Figner finit par n'y plus tenir et renonce. Elle comprend qu'il faudra des décennies pour tirer le peuple abruti de sa profonde léthargie. Or, seuls des individus isolés sont prêts, en Russie, à s'atteler à ce travail de titan.

En attendant, les populistes quittent, les uns après les autres, les campagnes. Ils n'ont pas supporté la fréquentation de ce peuple qu'ils aiment tant en paroles. Ils ont envie, soudain, de se retrouver dans leur monde... Ils ont envie de retrouver la ville : « Je ne peux plus vivre à la campagne, tu sais, écrit l'un d'eux. Je deviens complètement idiot ! Je suis parfois saisi d'un cafard à hurler ! Je voudrais parler avec quelqu'un qui me soit proche, lire un livre : je me suis définitivement ensauvagé ! Une fois – le croiras-tu ? – j'ai eu un tel désir de parler à quelqu'un dans "notre" langue que je me suis tourné vers le poêle et ai commencé à me confier à lui, comme je l'eusse fait à un ami ! »

Mais les révolutionnaires impatients veulent surtout, le plus vite possible, une confrontation du peuple éclairé par leurs soins avec le pouvoir. Les jeunes gens veulent la lutte. Comme l'écrit le célèbre radical G. Plekhanov : « Le populisme n'est pas tombé sous les coups de la police, mais à cause... de l'état d'esprit des révolutionnaires du temps, qui voulaient se venger à tout prix des persécutions du gouvernement et engager un conflit direct avec ce dernier. »

Et le pouvoir les y aide. Le nouveau chef des gendarmes, Potapov, imagine de donner une bonne leçon à cette jeunesse qui a l'audace de faire de l'agitation au sein du peuple. La police commence à arrêter ces jeunes idéalistes, réalisant ainsi le rêve de Netchaïev.

Quelque quatre mille populistes sont appréhendés dans trente-sept régions. Pendant les trois années que dure l'instruction, les jeunes gens sont maintenus à l'isolement. Trente-huit deviennent fous, quarante-quatre meurent en prison ; on compte douze suicides.

Enfin, en octobre 1877, a lieu l'effarant « procès des 193 ». Cent quatre-vingt-treize ex-populistes sont jugés pour avoir créé une organisation visant à renverser le régime en place. C'est la plus grosse affaire politique de l'histoire de la justice russe. Jamais procès n'a réuni, jusqu'alors, la fine fleur de la défense. Il y a là V. Spassovitch, P. Alexandrov, N. Karabtchevski et bien d'autres. Trente-cinq des meilleurs avocats, connus de toute la Russie cultivée, défendent les populistes. C'est la réponse de la société. Le pouvoir devient de plus en plus impopulaire.

Accusés et avocats semblent rivaliser dans la dénonciation des autorités. Le très illustre P. Alexandrov évoque, dans sa plaidoirie, les instigateurs du procès : « Ils demeureront dans l'histoire de la pensée russe et de la liberté ; leurs noms, cloués au poteau d'infamie, seront immortels, comme autant de repoussoirs pour les générations futures ! »

Plus de la moitié des accusés boycottent le procès. Le populiste Hyppolite Mychkine prend la parole en leur nom – un discours qui le rendra célèbre. Il y glorifie les populistes, s'y gausse du gouvernement (en l'occurrence, du souverain), au point que le président du tribunal est contraint de l'interrompre. Mais Mychkine n'en tient pas compte. Le président enjoint alors aux gendarmes de rétablir l'ordre. Ceux-ci veulent emmener le prévenu, ce qui pousse ses camarades à réagir. Et de secouer les grilles de leur box, de hurler des malédictions. Dans la salle, c'est le chaos, des femmes s'évanouissent... Le président lève la séance et quitte les lieux, suivi par toute la cour. Sabres au clair, les gendarmes emmènent les accusés et font sortir le public. Les avocats tentent de ranimer les dames. Le procureur V. Jeliakhovski lance, éperdu : « C'est la révolution ! »

Cent trois populistes sont condamnés à diverses peines, dont vingt-huit aux travaux forcés. Quatre-vingt-dix, en revanche, sont relaxés. Le souverain a, toutefois, l'intention de leur donner une leçon ! Sur son ordre, quatre-vingts d'entre eux sont envoyés en relégation par une procédure administrative.

Au terme de cette période de représailles, l'idée pacifique de l'« aller au peuple » est définitivement morte. Les populistes d'hier subissent la dangereuse métamorphose dont rêve, depuis sa forteresse, le « démon » Sergueï Netchaïev.

« Le propagandiste des années 1872-1875 était bien trop idéaliste. Un nouveau type de révolutionnaire se forma donc, prêt à lui succéder. Une ténébreuse silhouette se dessina à l'horizon, éclairée par les seules flammes de l'enfer ; le front haut, le regard fier, respirant le défi, la vengeance, elle entreprit de tracer sa voie parmi la foule apeurée, pour entrer d'un pas ferme dans l'arène de l'histoire. Le terroriste était né ! » écrit l'ancien populiste et futur terroriste Sergueï Kravtchinski.

« Terre et Liberté »

Et il en fut ainsi. En 1876, les populistes, de retour après leur fusion manquée avec le peuple, se réunissent dans la capitale pour faire le bilan de l'« aller au peuple ». Les populistes d'hier forment alors un parti des plus dangereux, qui prendra le nom de « Terre et Liberté ». C'était l'appellation, naguère, du parti de Tchernychevski et de ses amis. Les descendants de Rakhmetov n'ont pas oublié leur idole.

Les statuts de « Terre et Liberté » reprennent les idées chères aux radicaux russes : toute la terre doit être donnée aux paysans, le tsarisme doit être liquidé. La Russie doit atteindre au socialisme par une voie à part, en évitant le capitalisme et en utilisant la commune paysanne... Mais il y a aussi une grande nouveauté : *le droit à l'assassinat politique !* Il n'est, certes, accepté pour l'instant qu'à titre exceptionnel, comme acte de vengeance suite à une injustice, comme acte d'autodéfense.

Tous les populistes que nous avons mentionnés, les Kravtchinski, Figner, Morozov, Tikhomirov, deviennent membres de l'organisation. Ils sont tous de futurs grands terroristes !

Et, le 6 décembre 1876, près de la cathédrale de Kazan où, dix ans plus tôt, le tsar était venu prier après l'attentat manqué contre lui, a lieu une manifestation. Devant la cathédrale préférée de l'empereur, le drapeau rouge flotte pour la première fois au-dessus des têtes des manifestants.

La police disperse le cortège, arrête une vingtaine de membres de « Terre et Liberté ». Mais aucun des leaders du mouvement ne se trouve parmi eux, tous sont parvenus à échapper au coup de filet. Au procès qui s'ensuit, la figure centrale, sur le banc des accusés, est un membre de base de l'organisation, un certain A. Emelianov, qui comparaît devant la cour sous son nom de code révolutionnaire : Bogolioubov. Ce même Bogolioubov ne tardera pas à entrer dans l'histoire russe. Ainsi le souverain fait-il un pas de plus en direction des événements du canal Catherine.

Le tsar ne peut ignorer que des temps nouveaux, inquiétants, sont advenus. Il commence alors à s'agiter en tous sens, remplace Potapov à la tête de la Troisième Section par le général aide de camp Mezentsev, qui se révèle aussi indolent et incompétent que son prédécesseur. Le « Tigre somnolent », ainsi surnomme-t-on le nouveau chef de la police politique.

Et, comme maintes fois dans l'histoire russe, Alexandre voit dans une guerre populaire la solution du conflit qui l'oppose à la société.

L'épopée des Balkans

Les grandes réformes ont transformé l'armée, la flotte s'est dotée de bateaux à vapeur. De son côté, la Turquie a fourni plus d'un prétexte pour déclencher une guerre.

En 1875, un soulèvement éclate en Bosnie et en Herzégovine, où les populations sont excédées par les outrages que leur font subir les Turcs. Ces derniers répliquent par un véritable carnage. Les Slaves sont sauvagement tués, les femmes violées, les enfants empalés. Des villages sont incendiés, des têtes coupées... L'opinion russe est indignée par la sauvagerie turque.

Un an plus tard, en réponse, là encore, aux offenses des Ottomans, le prince serbe Milan Obrénovitch déclenche un soulèvement. La Serbie déclare la guerre à la Turquie. C'est une nouveauté : jamais une principauté vassale de la Porte n'a déclaré la guerre à son suzerain. Les Monténégrins soutiennent le prince Milan. Les Slaves se révoltent également en Bulgarie.

Dans les deux capitales russes, Moscou et Saint-Pétersbourg, ce ne sont que manifestations sans fin, appels à venir en aide aux frères slaves. L'opinion réclame la guerre. Les nihilistes eux-mêmes l'exigent dans leurs proclamations clandestines, accusant le gouvernement de trahir les Slaves.

Alexandre comprend le message : il a une chance de se réconcilier avec la société. Une guerre victorieuse peut ressouder la Russie. Le grand idéalisme qui poussait les jeunes gens vers le peuple trouvera un exutoire dans cette guerre.

« Le grand aigle oriental plane sur le monde. Il ne veut ni conquérir de terres ni élargir ses frontières, il veut libérer et restaurer dans leurs droits les opprimés, les humiliés, leur donner une vie digne de ce nom pour le bien de l'humanité... Or, à cela l'Europe refuse de croire », écrit alors Dostoïevski.

Mais les ministres d'Alexandre sont opposés à la guerre. Celui des Finances explique au souverain que l'économie du pays, ébranlée par les réformes, supportera difficilement un conflit armé. Le ministre de la Guerre n'est pas plus enthousiaste, car la réforme de l'armée n'est pas encore vraiment achevée. Quant à son homologue des Affaires étrangères, le très prudent Gortchakov, il évoque un conflit inévitable avec l'Occident, au cas où la Russie l'emporterait, et une possible intervention de l'Angleterre.

Le tsar laisse à Gortchakov une chance de trouver un compromis. Les ambassadeurs des puissances européennes tiennent des conférences à Londres et à Istanbul. Ils exigent du sultan qu'il mette fin, sans délai, aux actes de sauvagerie, qu'il entreprenne, d'urgence, des réformes dans les provinces slaves. Toutefois, comme Alexandre l'avait prévu, l'Angleterre mène un double jeu : son Premier ministre, Disraeli, soutient secrètement la Porte et conseille aux Turcs de se montrer intraitables. Ces derniers rejettent donc les exigences des ambassadeurs. Ainsi Disraeli accélère-t-il le déclenchement de cette guerre voulue par le tsar.

Cependant, tout en se préparant au conflit, le souverain doit apaiser la puissante Angleterre. Par l'intermédiaire de sa fille, la duchesse d'Édimbourg, Alexandre fait savoir à la reine Victoria : « Nous ne pouvons ni ne voulons nous fâcher avec l'Angleterre. Il serait fou de notre part de songer à Constantinople et à l'Inde... » Défendre les frères slaves, en un mot, est tout ce à quoi il prétend.

L'empereur ne songe certes pas à l'Inde. Quant à Constantinople... C'est le rêve séculaire des souverains russes, qui souhaitent, non seulement libérer du joug ottoman les peuples slaves, mais encore créer un grand Empire slave. L'arrière-grand-mère d'Alexandre, Catherine II, avait prénommé un de ses petits-fils Constantin, espérant qu'il serait le premier empereur d'une Byzance à la grandeur retrouvée. Constantinople rejetterait alors le nom étranger d'Istanbul. Depuis, les innombrables Constantin de la dynastie Romanov sont un rappel de ce rêve. Et la croix de Sainte-Sophie, nous l'avons dit, repose dans le cercueil du père d'Alexandre...

Le tsar décide donc de faire la guerre. Pour l'instant, toutefois, à la suite de ses ministres, il se pose en adversaire d'un conflit. Comme à chaque fois qu'il lui faut prendre une décision capitale, il souhaite que son entourage l'en convainque. Or, le ministre de la Guerre, Milioutine, se contente de consigner les propos pacifistes du tsar : « Je ne compatis pas moins que les autres au sort des malheureux chrétiens de Turquie, mais je place plus haut que tout les intérêts de notre pays. Nous ne pouvons nous laisser entraîner dans une guerre européenne. » Le souverain conclut néanmoins d'une phrase que le ministre note dans son Journal et qui lui fait deviner le fin mot de l'histoire : « Pourtant, si l'on nous oblige à combattre, nous combattrons. »

Dès l'automne de la même année 1876, le tsar convoque tous ses ministres à Livadia, où ils entendent, médusés, l'héritier les appeler à déclencher la guerre. Sous les précédents règnes, les héritiers gardaient généralement le silence. Ainsi le voulait la tradition. Ni Élisabeth, ni Catherine II, ni Paul Ier, ni Alexandre Ier, et encore moins le père d'Alexandre II, ne s'étaient jamais enquis de l'avis de leurs successeurs potentiels. En outre, le brave boule-dogue un peu obtus qu'est Sacha a, jusqu'à présent, toujours été muet aux séances du Conseil des ministres et du Conseil d'Empire. Et, brusquement, un discours aussi catégorique ! Alexandre, toutefois, se borne à faire à l'héritier une aimable remarque, afin qu'il modère ses propos. Sans omettre de rappeler que l'impératrice partage le point de vue du tsarévitch, à l'instar de l'opinion tout entière. De sorte que, peut-être, contre sa volonté... il sera dans l'obligation de céder !...

Les ministres comprennent enfin le véritable souhait du monarque : la guerre !

Le tsar agit à l'orientale. Peu après, le général Tcherniaïev, vieux guerrier s'il en fût, se retrouve en Serbie et prend la tête de la résistance serbe (« de la façon la plus inattendue, naturellement, pour Saint-Pétersbourg, et de sa propre initiative » – telle est, mot pour mot, la déclaration de l'empereur). Mais le tsar ordonne aussitôt d'informer les puissances que la pression de son opinion est telle qu'il ne peut endiguer le flot des volontaires pour les Balkans. Force lui est donc d'autoriser ses officiers à démissionner pour partir en Serbie... Cette fois, le ministre de la Guerre n'a plus aucun doute : « Le souverain joue un double jeu. »

Des comités de volontaires surgissent à travers le pays ; on récolte des dons pour les frères slaves révoltés. Dans les restaurants de Saint-Pétersbourg, à la vodka et au son des chansons tsiganes, les volontaires font de joyeux adieux à leurs proches et amis. À la gare, la musique militaire et de jolies jeunes filles accompagnent les héros sur le départ. Patriotes idéalistes, aventuriers, ratés empêtrés dans les dettes, amoureux repoussés ou, comme l'écrit Tolstoï, « têtes brûlées prêtes à rallier le premier Pougatchev venu ou à se rendre à Khiva comme en Serbie », tous volent au secours des Serbes. Dans le roman *Anna Karénine*, du même Tolstoï, le héros, Vronski, écrasé par le suicide d'Anna, démissionne de l'armée et part se battre en Serbie. Nombre d'anciens populistes vont également verser leur sang pour les frères slaves. Trois mille cinq cents volontaires russes franchissent ainsi la frontière : sept cents officiers et deux mille soldats se retrouvent dans les troupes de Tcherniaïev.

C'est alors que Dostoïevski, qui loue la guerre pour la libération des Slaves, reçoit une lettre : «Et voilà, c'en est fini, écrit sa correspondante, des pseudo-dissensions entre le peuple et l'intelligentsia... Au milieu des préparatifs de la guerre pour la libération des frères slaves, on a célébré le rite sacré de la réconciliation.» La jeune femme qui écrit cela est la populiste Alexandra Korba qui participera, par la suite, aux attentats contre le tsar. Elle envoie cette lettre, alors qu'elle s'apprête elle-même à aller, en qualité d'infirmière, aider les Slaves révoltés.

Les Turcs, toutefois, sont plus forts : l'armée du général Tcherniaïev subit une défaite écrasante. Seul un ultimatum d'Alexandre empêche le carnage et l'anéantissement des principautés slaves. C'est, pour le tsar, le moment ou jamais de soutenir les frères slaves défaits. Et le ministre de la Guerre, qui a tout compris, évoque dans son Journal «l'impatience du souverain à prendre les armes».

Vient le 12 avril 1877 : Alexandre déclare la guerre à l'Empire ottoman. Il faut voir l'enthousiasme de l'opinion ! À Moscou, tandis que le tsar se rend à la cathédrale de l'Assomption, au Kremlin, toutes les rues principales sont emplies d'une foule en liesse. On crie «hourra !», on fait au souverain des ovations. Sur la place des Cathédrales, le spectacle est indescriptible : les gens applaudissent frénétiquement, se sautent au cou, sanglotent... La Russie connaît un instant d'unité absolue, c'est la seconde lune de miel de l'empereur et de son peuple. Alexandre se remémore avec bonheur les jours de l'abolition du servage. Il ferait mieux de penser à ce qui a *suivi* et au fait que l'amour du peuple est fugace. Mais à ce moment-là, il n'y songe pas...

Le tsar déchaîne l'enthousiasme en partant lui-même à la guerre. Il a, toutefois, le même comportement que son oncle, l'empereur Alexandre Ier, au temps où il se battait contre Bonaparte. Le souverain doit être l'arbitre, il doit régler les différends, mais

319

en aucun cas assumer le commandement suprême. Un autre que lui portera la responsabilité des opérations militaires et du sang versé. Le tsar, lui, doit être irréprochable.

Au front, il visitera donc les hôpitaux, prendra part à l'élaboration des opérations, tranchera éventuellement. Précisons, néanmoins, qu'il nomme à la tête des deux cent mille hommes formant l'armée du Danube le grand-duc Nicolas Nikolaïevitch.

« Les représentants mâles de la dynastie étaient grands, ils mesuraient au moins six pieds[1], note le neveu de celui-ci, le grand-duc Alexandre Mikhaïlovitch. Lui, atteignait, sans ses bottes, six pieds et cinq pouces, de sorte qu'à côté, tous les Romanov, jusqu'au souverain, paraissaient nettement plus petits. » Ce géant est l'incarnation du guerrier. « Même à table, il se tenait si droit qu'on l'eût cru prêt, à chaque instant, à entendre l'hymne national », poursuit le neveu.

La flotte, bien sûr, est placée sous le commandement de Constantin. L'autre frère, le grand-duc Michel Nikolaïevitch, commande l'armée du Caucase, région dont il est le vice-roi. L'héritier et son jeune frère Vladimir commandent des unités. Nicolas et Eugène de Lichtenberg sont à la tête de brigades de cavalerie. Bref, les responsables des opérations de combat sont tous des Romanov. C'est une trouvaille du tsar : bien qu'il ne conduise pas officiellement l'armée, il réussit aisément à faire passer les décisions qu'il juge indispensables.

Les correspondants de presse étrangers qui accompagnent l'armée impériale décrivent avec ironie l'arrivée de la suite et de l'état-major. D'innombrables wagons on décharge de magnifiques chevaux, des carrosses conduits par de majestueux cochers, beaux comme des généraux. Les plumes de paon des coiffures se balancent sous la brise.

Les simples officiers de l'armée contemplent d'un œil impitoyable cette splendeur. Ils savent bien que certains de ces messieurs endimanchés ne reverront pas la Russie. Ils ne doutent pas un instant que

---

1. Ancienne mesure de longueur équivalant à 30,5 cm.

la guerre sera sanglante : les Turcs disposent d'excellentes troupes, formées par de remarquables instructeurs européens.

Les plans du commandement russe prévoient de terminer la guerre en quelques mois, afin que l'Europe n'ait pas le temps d'intervenir dans le cours des événements.

La campagne s'ouvre sur une victoire : les troupes de l'empereur franchissent aisément le Danube, les Turcs reculent. Le tsar envoie une adresse au peuple bulgare : « Mes troupes ont franchi le Danube où elles se sont maintes fois battues pour soulager le sort infortuné des chrétiens de la Péninsule des Balkans. La mission de la Russie est de créer, non de détruire. Notre pays est appelé par la Volonté du Très-Haut à réunir et pacifier les nations et confessions de toute la Bulgarie, où cohabitent des hommes d'origines et de croyances diverses. »

On envoie en avant-garde le détachement du général Gourko, qui doit prendre le col ouvrant la route vers le Sud, la Bulgarie et, plus loin, Istanbul. Une bataille sanglante s'engage après le village de Chipka, au pied des Balkans. Le général a droit à une leçon de guerre asiate. Les Turcs envoient un homme, muni d'un drapeau blanc, à la rencontre des deux bataillons de tirailleurs de Gourko, passés à l'offensive. Croyant à une reddition des Ottomans, les Russes arrivent tout près des positions turques... et sont accueillis par une salve effroyable, qui fauche aussitôt cent quarante hommes. Les bataillons font retraite, laissant sur le champ de bataille tués et blessés.

Bientôt, toutefois, le souverain reçoit un télégramme annonçant la chute de Chipka : « Attaquée au nord et au sud, Chipka a été désertée par les Turcs, qui ont abandonné canons, étendards et jusqu'à leur camp. »

Les Russes découvrent alors les charmes de l'Orient barbare : les tués ont les mains, le nez, les oreilles, et, pour certains la tête, tranchés.

Le détachement de Gourko commence à grimper dans la montagne : le col de Chipka est pris, la voie de la Bulgarie, puis d'Istanbul, est ouverte.

Accompagnés de détachements de volontaires bulgares, les régiments russes descendent ensuite vers la vallée des Roses. Ils sont accueillis par des populations enthousiastes. Toutefois, l'avancée des troupes de Gourko s'arrête là. L'armée de vingt mille hommes de Souleïman Pacha attend le général et le renvoie vers le col de Chipka.

Pendant ce temps, le gros des troupes russes (l'armée du Danube) ne peut progresser. Sur son flanc se trouve la forteresse de Plewna où Osman Pacha dispose d'une garnison de quinze mille hommes. Alexandre ne peut se permettre d'avoir en permanence cette menace sur ses arrières.

On décide de marcher sur Plewna et de prendre la forteresse. La première offensive est un échec. Trois mille soldats russes restent sur le champ de bataille.

La deuxième tentative est nettement mieux préparée. Mais Osman Pacha ne s'est pas reposé sur ses lauriers. Plewna a reçu des renforts : vingt-quatre mille Turcs défendent à présent la forteresse devenue imprenable en très peu de temps, ceinturée qu'elle est de fortifications et de redoutes. Les Russes repartent donc à l'assaut. Ils sont à nouveau repoussés et laissent, cette fois, sept mille hommes au pied des murailles. De Saint-Pétersbourg, on fait venir la Garde dans les Balkans.

La guerre traîne en longueur. Sur le front du Caucase, le grand-duc Michel est impuissant.

Vient le troisième – effroyable – assaut de Plewna. La forteresse bénéficie alors d'une garnison de trente-quatre mille hommes. Turcs et Russes le comprennent : c'est là, sans doute, que se joue l'issue de la guerre.

Le grand-duc Nicolas Nikolaïevitch fixe au 30 août, jour de la fête du souverain, le troisième assaut décisif. Le nombre des hommes est porté à cinquante mille, auxquels il convient d'ajouter le ralliement de trente-deux mille Roumains.

Ayant pu se faire une idée des qualités de commandement de Nicolas, le souverain suggère à ce dernier de confier la direction des opérations au roi Karol Iᵉʳ de Roumanie.

D'une hauteur, Alexandre regarde à la longue-vue les petites silhouettes des soldats... Tout semble se dérouler pour le mieux. Les Roumains, qui marchent sur Plewna par l'est, prennent les redoutes de Grivitsa. Le détachement russe du général Skobelev joue un rôle capital.

Sur son célèbre cheval blanc, vêtu de son uniforme blanc (on le surnomme, d'ailleurs, « le général blanc »), Skobelev mène ses soldats à l'attaque. Essuyant un feu meurtrier, il réussit néanmoins à s'emparer de deux redoutes protégeant la ville. La voie de la forteresse est ouverte. Osman Pacha jette dans la bataille ses dernières réserves. Le combat est acharné, c'est une véritable boucherie aux portes de Plewna...

Et voici que le grand-duc Nicolas Nikolaïevitch anéantit tous les efforts. À l'instant décisif, il se montre parcimonieux dans l'envoi de ses réserves (bien qu'à peine la moitié des bataillons russes soient impliqués jusqu'à présent).

Ensanglanté, le détachement de Skobelev est obligé d'abandonner ce qu'il a conquis de haute lutte. Les Turcs reprennent les redoutes. Douze mille soldats russes et quatre mille Roumains restent sur le champ de bataille. Les Turcs ne perdent que trois mille hommes. C'est la bataille la plus sanglante de toute l'histoire de nos guerres contre la Turquie.

Alexandre a maintenant le sentiment que la Providence le « gratifie d'un second Sébastopol ». La catastrophe subie par son père – un piège turc ! – menace de se reproduire.

Cependant, il *lui* écrit presque quotidiennement.

Les troupes de Souleïman Pacha reçoivent l'ordre de tenter une percée pour secourir Plewna. Il faut pour cela reprendre le col de Chipka, protégé par un régiment russe (celui d'Orel) et par cinq mille hommes de la résistance bulgare. Souleïman Pacha rassemble contre eux vingt-cinq mille hommes.

Les défenseurs de Chipka souffrent cruellement de la soif et du manque de vivres. Ils n'en continuent pas moins de tenir le col.

Le 9 août, les Turcs lancent un assaut décisif. Commence une célèbre bataille de six jours. L'ennemi attaque de front la partie la plus solide des positions russes, près de la falaise du « Nid d'aigle ». Leurs cartouches épuisées, les défenseurs continuent de combattre à coups de pierres et de crosses contre les assaillants. Tous se battent ; un général (Radetski) mène lui-même les troupes à l'attaque.

Au bout de trois jours de pression furieuse, Souleïman Pacha se prépare, au soir du 11 août, à anéantir l'ultime poignée de ces résistants héroïques.

C'est alors qu'arrivent des renforts... Les neuf mille soldats du général Dragomirov ont parcouru soixante-dix kilomètres à marches forcées, par une chaleur épouvantable, et approchent à présent du col. Ils attaquent aussitôt l'armée de Souleïman, repoussent les Turcs. Au terme de six jours d'un combat sans relâche, le col reste aux mains des Russes. Quatre mille soldats russes et bulgares trouvent la mort dans ces montagnes.

Commence alors, pour les défenseurs du col, l'héroïque « siège de Chipka ». La neige commence à tomber, bloquant les cols, le froid est terrible. C'est au cours de cette période que les Russes vont subir leurs plus lourdes pertes, non sous les balles, mais à cause du froid. Une fois de plus, la grande caractéristique de l'empire, le vol, leur fait un tort considérable : ils manquent de vêtements chauds. Des centaines d'hommes ont péri au combat, des milliers vont mourir de maladie ou gelés.

L'hiver arrive aussi dans la plaine. L'armée d'Alexandre n'a plus qu'une solution : reculer de l'autre côté du Danube pour y passer l'hiver (c'est ce que propose le commandant suprême, Nicolas Nikolaïevitch, mais cela signifie lever le siège de Plewna, quitter le col de Chipka, bref, renoncer à tout ce qui a été obtenu par le sang des soldats). L'autre solution est de poursuivre le siège en essayant de faire craquer l'ennemi, ce qui, après tous les revers, est extrêmement risqué.

La nuit, Alexandre *lui* adresse une lettre désespérée : « Que le Seigneur nous vienne en aide et que cette guerre s'achève pour la gloire de la Russie et le bien des chrétiens ! C'est le cri de mon cœur qui t'appartient... Mon trésor, mon idole, ma vie ! »

Au matin, il s'est rendu dans un hôpital militaire. Il y a vu son aide de camp blessé. Près de lui se mourait un colonel des hussards, qui avait eu une jambe déchiquetée par un boulet de canon. On avait dû l'amputer. La jambe était posée près du lit, dans une cuvette pleine de sang.

L'aide de camp blessé fixe le souverain presque avec effroi, tant Alexandre a changé. La dame d'honneur A. Tolstaïa en témoignera, stupéfiée : « Un homme plein d'allant était parti à la guerre ; un vieillard éreinté en revenait... Ses mains avaient tellement maigri que les bagues glissaient de ses doigts. »

Le souverain a de l'asthme, il souffre constamment d'une sorte de dysenterie. Tout cela est nerveux, le tsar s'est fait un sang d'encre durant ce conflit.

Néanmoins, comme maintes et maintes fois, cet homme si peu fiable, si indécis, devient soudain « de fer ». Et il prend la décision la plus difficile qui soit : celle de poursuivre le siège de Plewna et de conquérir la ville. Cela implique, là encore, des milliers de pertes... Il n'a pas envie d'aller lui-même à l'encontre du commandant suprême. Comme toujours, il feint d'hésiter grandement. Il enjoint vraisemblablement à son ministre de la Guerre d'entrer dans le jeu. À un conseil d'état-major, Milioutine ose s'en prendre violemment à la décision du grand-duc. Il déclare que le renoncement à Plewna porterait un coup fatal au prestige de l'armée, il parle du sang versé par les soldats... Furieux, le commandant suprême propose au ministre de conduire lui-même les troupes. Le souverain peut à présent jouer les arbitres.

Alexandre s'efforce de ne vexer personne. Il soutient la proposition du ministre, tout en priant Nicolas Nikolaïevitch de demeurer à la tête des troupes. Il sera simplement secondé (sur le conseil de Milioutine) par un général du génie, le remarquable Totleben, qui s'est couvert de gloire aux jours de la défense de Sébastopol. En réalité, Totleben doit diriger le siège de Plewna.

Sur place, le général refuse de lancer de nouveaux assauts. Il veut d'abord organiser le blocus complet de la forteresse. Il faut pour cela couper la route par laquelle la garnison assiégée reçoit des renforts. Les abords de la forteresse sont gardés par des redoutes turques. Qu'à cela ne tienne ! Un détachement russe de vingt mille hommes, conduit par l'intrépide général Gourko, s'empare de ces redoutes au terme d'un effroyable combat. Plewna est désormais bloquée.

Dès la mi-novembre, cent mille hommes assiègent la forteresse qui n'a plus de vivres. Osman Pacha tente une percée. Les Russes le repoussent dans la ville. Il laisse, ce jour-là, six mille hommes sur le champ de bataille.

Vient le jour du triomphe : avec ce qui reste de son armée de quarante mille hommes, Osman Pacha se constitue prisonnier. Le voici devant le tsar auquel il tend son épée. Alexandre revoit les têtes tranchées, les corps mutilés, les prisonniers massacrés. Trente-deux mille Russes sont tombés à Plewna. Mais l'empereur n'oublie pas non plus qu'il a en face de lui un Oriental, avec sa vision particulière de la guerre, un homme qui est lui-même un vaillant guerrier. Il donne alors une leçon chevaleresque au barbare. Comme il l'avait fait pour Chamil.

Il saisit l'épée du Turc, la retient un instant et... la rend à Osman Pacha qui attendait le châtiment. Il la lui rend, dit-il, « en signe de respect pour la vaillance du guerrier ».

Une cérémonie d'action de grâces a lieu dans la forteresse conquise. Pour réconforter le grand-duc Nicolas Nikolaïevitch (qui n'est pas le meilleur des chefs de guerre), Alexandre le décore de la croix de Saint-Georges.

La voie d'Istanbul est ouverte. Et un bonheur – comme un malheur – ne vient jamais seul. Sur le front du Caucase, le frère du souverain, Michel, est secondé par le général Loris-Melikov. « L'Arménien magnifique » (ainsi qu'on le surnomme) a pris d'assaut les forteresses turques inexpugnables d'Ardagan et de Kars, et assiège à présent Erzeroum. Le temps est venu des grandes victoires.

Cependant, dans les montagnes, les tempêtes de neige font rage. Cela n'empêche pas les soldats russes, dans la neige jusqu'à la ceinture, de défaire les détachements turcs dans les défilés, et de descendre les Balkans. Le 23 décembre, ils occupent sans combattre la capitale bulgare, Sofia.

Pourtant, ainsi que le note dans son Journal le ministre P. Valouïev, « l'horizon politique se couvre, malgré nos victoires ».

La diplomatie anglaise se durcit de plus en plus, ce qui redonne un peu de vigueur aux Turcs. Afin de freiner l'avancée des troupes russes et de gagner du temps (pour le cas où les Anglais se décideraient à soutenir ouvertement la Turquie), les Ottomans proposent d'engager des pourparlers de paix. En guise de réponse, les armées russes marchent sur Istanbul. Le grand rêve de Constantinople commence à se préciser.

Les Russes traversent des contrées désertes. Les populations, terrifiées par des rumeurs selon lesquelles les Slaves veulent se venger et faire un massacre, se sont enfuies. La route est encombrée de chariots, d'équipages. Les plus pauvres vont à pied, poussant devant eux des carrioles contenant leurs maigres biens. La bousculade est telle qu'il y a des victimes, des gens sont écrasés par les voitures des riches. Sur le bas-côté, des corps humains gisent, avec des cadavres de chevaux et des charrettes renversées...

Pendant ce temps, le détachement du « général blanc » Skobelev fonce vers Andrinople, seconde capitale de Turquie, enlevant au passage des positions turques, des ponts, des gares. Skobelev défait un détachement du prince égyptien Hassan, venu défendre Andrinople. Il s'empare d'un important convoi et d'une centaine de chameaux qu'il distribue à ses régiments. Les intelligentes bêtes s'habituent vite à être chevauchées par des Russes, de même qu'elles s'accoutument à leurs jurons préférés.

Le 8 janvier, Skobelev prend Andrinople sans combattre. Neuf jours plus tard, il n'est plus qu'à quatre-vingts kilomètres d'Istanbul. Les autorités turques redemandent un armistice. Celui-ci est signé le 19, à Andrinople, où se trouve désormais l'état-major de l'armée du Danube. Si les opérations militaires ont cessé, la marche des troupes russes sur Istanbul n'est pas stoppée pour autant. Skobelev est celui qui s'en approchera le plus ; il s'empare de la petite ville de San Stefano et atteint les rivages de la mer Égée. Le « général blanc » n'est plus qu'à douze kilomètres de la capitale turque, la grandiose capitale de l'antique Byzance.

C'est un moment clef de la guerre. Les Russes sont aux portes d'Istanbul-Constantinople-Tsargrad (comme on appelait la ville, avec dévotion, dans l'ancienne Russie). Le rêve de tous les tsars russes est en passe de se réaliser. Depuis le XVIᵉ siècle, subsiste cette orgueilleuse formule : « Le tsarat de Moscou est la troisième Rome. La première, celle des Césars, est tombée. Byzance lui a succédé, pour tomber à son tour. Le tsarat russe est la troisième et dernière, car il ne saurait en être de quatrième. » C'est de Byzance que l'orthodoxie est venue à la Russie qui vient, à son tour, délivrer le berceau de sa foi.

« Tôt ou tard, Constantinople doit être nôtre ! » répète, telle une incantation, Dostoïevski dans son *Journal d'un écrivain* de 1877.

Beaucoup croient alors en Russie qu'il est possible de prendre la ville, qu'il entre dans le dessein de Dieu que celle-ci soit russe.

Alexandre en rêve, lui aussi, comme de la poursuite de l'œuvre libératrice qu'il a accomplie. Après la libération des paysans, celle de l'antique capitale de l'orthodoxie, subjuguée par les musulmans... Il serait alors un authentique libérateur.

C'est le moment que choisissent les Anglais pour menacer d'entrer en guerre contre la Russie, si les troupes russes prennent Istanbul. Et, pour que les choses soient claires, le gouvernement britannique envoie une flotte dans les Dardanelles. Le sultan, de son côté, permet aux navires anglais d'accéder à la mer de Marmara. Simultanément, le gros de la flotte de Sa Majesté se concentre près de Malte, tandis que la reine Victoria déclare qu'elle « préférerait renoncer au trône, plutôt que de laisser les Russes entrer dans Istanbul ».

Mais toute l'armée russe exige la libération de la ville sainte. Le grand-duc Nicolas Nikolaïevitch et les généraux implorent que l'on prenne la ville. On tente de convaincre le tsar que les menaces anglaises sont de pure forme ; que l'Angleterre préfère combattre par tiers interposé ; que nul ne veut, aujourd'hui, entrer en guerre contre la Russie. Le vieux Gortchakov, toutefois, n'est pas de cet avis. L'Angleterre, estime-t-il, déclenchera un conflit armé, parce que nous sommes épuisés. D'autres pays le comprendront (comme pendant la guerre de Crimée) et se joindront à elle. Et le ministre supplie le tsar de ne pas s'emparer de cette dangereuse capitale.

Alexandre comprend que Gortchakov a raison. Il sait qu'aux heures décisives, l'Angleterre agit de son propre chef. Napoléon a fait l'expérience de la vaillance des soldats britanniques à Waterloo, de même que le père du tsar en Crimée.

Gortchakov s'attire les foudres de l'héritier. Pour la première fois, Sacha s'exprime vraiment en toute indépendance. Pour la première fois, il ose insister, sachant que son père a pris une autre décision. Et, ainsi qu'il arrive souvent aux parents trop occupés, Alexandre découvre soudain que son fils a passé la trentaine, qu'il a presque l'âge qui était le sien au moment où il ceignait la couronne...

L'héritier tient son habituel discours slavophile, dans lequel il est question de Constantinople, des frères slaves et d'un grand Empire slave. Mais après tout le sang versé, après la mort de dizaines de milliers de soldats, ces propos sont odieux au tsar.

Le précepteur de l'héritier

Le tsar n'ignore pas que, depuis bien longtemps, les rétrogrades se regroupent autour de son fils. Mouraviev, l'homme qui a maté la Pologne (et auquel le tsar fait appel pour les basses besognes), exerce, en outre, une grande influence sur Sacha ; celui-ci écoute avec délectation les discours vengeurs de cet homme qui hait l'Occident. Par bonheur, « la Potence » ne tarde pas à mourir. L'empereur sait aussi que l'héritier se permet de regretter ouvertement le bon temps du servage ; il sait que l'obstiné Sacha est influençable et que, depuis quelque temps, son grand conseiller est son précepteur, Konstantin Pobedonostsev. Les deux hommes sont inséparables.

Konstantin Pobedonostsev occupe une place importante dans l'histoire russe. Fils d'un professeur d'université, lui-même ancien professeur de droit, il a pris une part enthousiaste à la réforme judiciaire, a été l'un des auteurs du Code de 1864. Mais les événements qui ont suivi – incendies, proclamations, troubles estudiantins, attentat contre la personne du tsar – l'ont changé : « La peur a disparu, et c'est la perte de la Russie », note dans son Journal Nikitenko, idée largement partagée par Pobedonostsev qui est, dorénavant, un farouche adversaire des réformes. Dès lors, son immense énergie, sa brillante érudition, sont employées à écraser toute innovation.

Alexandre ne le garde pas moins comme précepteur de Sacha, lui permettant ainsi d'être le maître à penser de l'héritier. Comment l'interpréter ? S'agit-il de l'éternel problème des parents trop occupés ? Alexandre a un emploi du temps chargé, il est en outre très pris, d'abord par ses histoires d'amour, ensuite par sa seconde famille. Ou faut-il penser qu'inconsciemment, le tsar est séduit par les idées de son fils ? Une part de notre Janus s'accorde, en effet, avec les points de vue de Pobedonostsev.

« L'on t'arrache sans vergogne les lauriers de la victoire »

Alexandre, néanmoins, n'en peut plus de la guerre. Le spectre d'un nouveau carnage, à l'échelle européenne cette fois, le terrifie. Il ne se sent pas la force de s'engager dans un nouveau conflit dont le pays n'a, d'ailleurs, pas les moyens. Il déclare donc à l'héritier que la paix sera signée, parce que lui, le souverain, en a ainsi résolu. Le glaive arthurien des autocrates russes est brandi : « Je l'ordonne, je le veux ! » L'héritier fait aussitôt machine arrière.

Toutefois, pour des questions de prestige, l'empereur ordonne, menaçant : au cas où les Anglais débarqueraient, on prend immédiatement la ville ! En revanche, si les Turcs proposent une paix avantageuse, on signe sur-le-champ ! Il sait que les Anglais ne débarqueront pas et que les Turcs proposeront la paix. Et c'est ce qui se passe. Le tsar peut, à présent, regagner Saint-Pétersbourg.

Il ne supporte plus d'être séparé d'*elle*. Ce n'est pas par hasard que les vieux Orientaux mettaient dans leur lit de jeunes beautés. *Elle* est sa vie, sa jeunesse lui redonne des forces. Et d'expliquer à son frère, le commandant suprême : « Constantinople, cela veut dire une nouvelle guerre. » La paix sera donc signée et, pour le plus grand bonheur des courtisans qui ont suivi l'empereur, celui-ci retourne dans la capitale.

C'est dans la petite ville de San Stefano (si proche d'Istanbul!) que tout se discutera. La tranquillité de la cité est bientôt troublée par l'arrivée d'une multitude de personnages importants, civils et militaires. Des acteurs, de petites chanteuses au répertoire international, ne tardent pas à leur emboîter le pas. De magnifiques équipages sillonnent les rues. En un clin d'œil, la ville se transforme en petit Paris.

Le 3 mars 1878, le traité de San Stefano est signé.

L'indépendance de la Serbie, du Monténégro et de la Roumanie est reconnue. La dynastie du prince Milan (dynastie des Obrénovitch) gouverne désormais la Serbie, l'autonomie est accordée à la Bosnie et à l'Herzégovine.

Après une domination turque de cinq siècles, la Bulgarie devient, de fait, un État indépendant, avec cette seule restriction : elle doit payer un tribut à la Turquie.

L'Empire russe obtient trente-neuf millions de roubles de contributions, ainsi que la partie méridionale de la Bessarabie, perdue au cours de la guerre de Crimée. Dans le Caucase, les forteresses d'Ardagan, de Kars, de Batoum et de Bajazet sont rattachées à la Russie.

Le traité de San Stefano suscite la colère de l'Angleterre et de l'Autriche. C'est alors que le rusé Bismarck propose de réconcilier tout le monde. Un congrès des grandes puissances européennes est prévu à Berlin. Bismarck, en son temps, après sa victoire sur la France, était parvenu à en éviter un semblable (qui eût, sans nul doute, rogné l'accord conclu avec Paris vaincu). Le vieux Gortchakov, lui, s'en révèle incapable.

Le chancelier Gortchakov se rend donc à Berlin. Le vieux chien fidèle a décidé de prouver à son maître qu'il a encore de bonnes dents. Mais l'affaire tourne à la catastrophe.

Âgé de quatre-vingts ans, le ministre russe a des problèmes de santé et, le jour de l'ouverture du congrès, on le transporte sur une chaise dans la salle des débats. Le sort lui joue ensuite un mauvais tour. L'infortuné prince a avec lui une carte secrète où figurent les concessions maximales que la Russie est prête à accepter, si ses ennemis réussissent à s'entendre à son détriment. Distrait, souffrant, le ministre montre par mégarde cette carte au Premier ministre anglais Disraeli qui comprend tout en un clin d'œil. Dès lors, l'Angleterre et l'Autriche-Hongrie sont intraitables. Et Bismarck, ravi, exige que ses amis russes acceptent ces nouvelles frontières qui les défavorisent.

Ainsi le traité de Berlin est-il signé.

Finalement, seul le nord de la Bulgarie est indépendant. La superficie de la principauté bulgare est divisée presque par trois. Des acquis de San Stefano, la Russie est contrainte de rendre la ville de Bajazet, en Transcaucasie. L'Autriche, qui n'a pas combattu, administrera la Bosnie et l'Herzégovine, jusqu'à ce que l'ordre y soit rétabli (au début du XXᵉ siècle, elle l'y rétablira définitivement en les annexant purement et simplement). Enfin, les acquis territoriaux de la Serbie se voient réduits.

Après le congrès de Berlin, Gortchakov écrit à Alexandre : « C'est la page la plus noire de ma biographie. » « Et de la mienne », répond le tsar à son vieux ministre. Cela n'a rien d'exagéré.

Certes, la guerre a apporté l'indépendance des États slaves et de la Grèce. Le souverain a réalisé (ne fût-ce que partiellement) le rêve de son père, il a récupéré les terres perdues au terme du traité de Paris, à l'exception de l'embouchure du Danube. Mais nul ne semble vouloir le comprendre. Tous paraissent avoir oublié ce qui a été fait, ne se remémorant que les occasions manquées. Moscou qui, peu auparavant, était en liesse, est particulièrement amère en découvrant le bilan de la guerre. Les « slavophiles » voyaient déjà la Russie à la tête des peuples slaves libérés, ils voyaient la croix orthodoxe et le drapeau russe sur Constantinople. Il eût mieux valu, se disent-ils, se passer de la marche victorieuse sur Istanbul, des acquis de San Stefano, des grandes espérances de l'opinion, aujourd'hui déçues...

Les réactions, les protestations ne se font pas attendre. Le célèbre slavophile Ivan Aksakov, fils et frère d'illustres slavophiles, maître à penser de la Moscou slavophile (il a épousé la dame d'honneur Anna Tioutcheva que nous connaissons bien), prend la parole à une séance du Comité slave : « Est-ce toi, Russie victorieuse qui t'es volontairement abaissée à la défaite ? Retenant à

332

peine un rire joyeux [...] les puissances occidentales t'arrachent sans vergogne les lauriers de la victoire, t'offrant à la place le bonnet à grelots du bouffon ; et, docilement, presque avec des airs de reconnaissance émue, tu courbes pour le coiffer ta tête martyre. Si, à la simple lecture des journaux, nous sentons notre sang bouillonner dans nos veines, que doit éprouver le tsar de Russie, lui qui porte la responsabilité de tout cela devant l'Histoire ? N'avait-il pas, lui-même, déclaré "sainte" notre guerre ?... La Russie ne veut pas la guerre, mais elle veut encore moins d'une paix honteuse. Demandez à n'importe quel homme du peuple s'il ne préfère pas se battre jusqu'à sa dernière goutte de sang, jusqu'à l'épuisement de ses forces ! Notre devoir de loyaux sujets nous dicte à tous d'espérer et de croire, mais il nous dicte aussi de ne pas garder le silence en ces jours d'injustice et d'arbitraire qui dressent *un mur entre le tsar et la terre*, entre la pensée du tsar et la terre, entre la pensée du tsar et celle du peuple. »

Irrité par tant d'ingratitude, le souverain ordonne la fermeture du Comité et la relégation de notre Cicéron à la campagne. Toutefois, le général-gouverneur de Moscou fait bientôt savoir que « *l'enfant terrible*[1] se tient tranquille », et Alexandre autorise Aksakov à regagner Moscou.

Cette voix pleine de reproches envers l'empereur n'est pas, hélas, celle des seuls slavophiles, elle est la voix de la société ! La guerre, qui devait faire l'unité, apporte en réalité une nouvelle déception. Tout cela se déroule, en outre, sur fond de crise économique, ce qui n'a rien d'extraordinaire en temps de guerre. Sur le marché international, le rouble a perdu 40 % de sa valeur.

La guerre provoque donc un sursaut des rétrogrades, mécontents de son issue et des réformes, ainsi que des libéraux, mécontents de son issue et de l'absence de réformes.

« N'eût été cette triste fin de la guerre, écrit le prince Mechtcherski, l'une des principales figures du parti rétrograde, le mouvement anarchique fût demeuré chez nous un mal chronique

---

1. En français dans le texte.

et n'eût point trouvé, dans la vie intellectuelle de la Russie, de terrain favorable à une aggravation ou à une croisade sans vergogne contre l'ordre étatique. »

Le traité de Berlin se révèle un baril de poudre pour la Russie, et les événements tragiques ne tardent pas.

Début de la terreur

Tout commence par des circonstances très ordinaires pour l'époque. Notre Janus, qui regarde obstinément en arrière, préfère alors avoir à son service des exécutants, sur le modèle de ceux qui servaient son père. Le général aide de camp Fiodor Trepov, gouverneur de Saint-Pétersbourg, en est l'incarnation. Le souverain sait que l'opinion n'aime pas ce haut fonctionnaire. Mais il suffit, désormais, que le tsar nomme quelqu'un, pour que l'opinion entière le prenne en grippe. Alexandre a l'impression – et il s'en irrite – que la moindre de ses actions est considérée comme une regrettable erreur. Trepov a l'âge du souverain : soixante ans. Il est ce qu'on appelle « un vieux de la vieille », la « ganache » type du règne de Nicolas. « Il porte, inscrit sur la figure, un programme tel que, s'il en remplit ne fût-ce que le quart, il faut le pendre dix fois ! écrit méchamment un contemporain. Et, en même temps, quelle placidité ! »

Ce 13 juillet 1877, Trepov arrive, à dix heures du matin, pour quelque affaire à la Maison de détention préventive, rue Chpalernaïa. Il voit, dans la cour, trois détenus en train de se promener. L'un d'eux, Bogolioubov, est membre de « Terre et Liberté ». Arrêté lors de la manifestation de la cathédrale de Kazan, il a été condamné à quinze ans de bagne. Il attend, à présent, l'exécution de la peine : son départ pour les travaux forcés.

Ensuite, tout paraît incroyable. Le gouverneur de ville est de mauvaise humeur. Bogolioubov ne lui plaît pas : il ne lui répond pas dans les formes, il ne se découvre pas devant lui. Trepov laisse exploser sa fureur :

« Au cachot ! Mais, d'abord, retirez ce bonnet ! »

Et de tendre le bras pour faire voler la chapka de la tête du détenu. Croyant que le général veut le frapper, Bogolioubov s'écarte brutalement. Le bonnet vole, le détenu perd l'équilibre, chancelle, est à deux doigts de tomber. De nombreux prisonniers, presque tous politiques, observent la scène par les fenêtres de la Maison de détention préventive. Il leur semble que le gouverneur de ville a molesté leur camarade. Ce sont tous des jeunes gens, et – hélas pour Trepov ! – ils n'ont pas connu la peur qui régnait au temps de Nicolas. Bien plus, ils ont soif de montrer ce qu'ils pensent du pouvoir. Le général entend des malédictions, on jette sur lui tout ce qui peut passer à travers les barreaux : quarts, livres, brosses à dents. Hors de lui, il ordonne d'en revenir aux bonnes vieilles méthodes du défunt empereur, autrement dit de punir ces gamins « comme le ferait un père ». Bogolioubov, en un mot, sera fouetté. Estimant l'incident clos, Trepov quitte les lieux.

Or, tout ne fait que commencer. Les gardiens haïssent les politiques. Sous les yeux des détenus toujours postés aux fenêtres, ils portent sans hâte les verges au cachot où Bogolioubov a été emmené. Ils ont tort de se gausser : les politiques sont gens nerveux, certains révolutionnaires font une crise d'hystérie. Les détenus maudissent le pouvoir, qu'ils menacent d'une mutinerie générale. La tension est à son comble. Force est d'informer le comte Pahlen, ministre de la Justice. Ce dernier est aussi un exécutant, à l'instar de Trepov. Il déclare que le gouverneur a pris la bonne décision. « Si des désordres éclatent, ajoute-t-il, nous enverrons rue Chpalernaïa la lance d'incendie pour arroser les trublions d'eau glacée ; et s'ils persistent, nous mitraillerons toute cette vermine ! »

Mais il n'y a pas de désordres. En apparence, l'affaire est terminée...

Là encore, cependant, un point important n'est pas pris en considération par les autorités : l'ère de la *glasnost* s'accorde mal avec les actions des exécutants du pouvoir. Les journaux de Saint-Pétersbourg rapportent aussitôt l'histoire dans les moindres détails. Les journalistes, cela va de soi, n'ont guère de sympathie pour le gouverneur, et leurs articles le montrent bien.

Les événements se précipitent.

Le 24 janvier 1878, Trepov, qui a oublié l'incident, reçoit des solliciteurs à la chancellerie du gouvernorat de ville. Parmi eux se trouve une jeune fille de taille moyenne, à la mine pâle et longue, à l'air un peu malsain, aux cheveux bien lissés. Elle porte un burnous gris, dont le bas s'orne d'un absurde feston. D'une main, elle tient sa requête, mais son autre main est dissimulée par le burnous. Elle tend son papier au général, écarte le pan de son vêtement et tire à bout portant sur son interlocuteur, à l'aide d'un revolver « Buldog ». Manifestement, elle est émue. Elle avouera par la suite avoir trouvé « très difficile d'attenter à la vie d'un homme ». Son coup de feu est à demi raté. Le procès-verbal signalera que « la femme interpellée a blessé le général aide de camp Trepov d'une balle de gros calibre dans la région du bassin ». Pour être clair, elle lui a « plombé le bas-ventre ».

La jeune fille ne tente pas de s'enfuir, elle se laisse, au contraire, arrêter sans résistance. Un témoin raconte : elle « était assise sur une chaise à contempler le plafond de ses yeux gris et myopes, répondant, indifférente, aux questions du magistrat instructeur ». Elle affirme n'avoir jamais rencontré sa victime auparavant. Elle a tiré sur le gouverneur parce qu'elle avait lu dans les journaux qu'il s'était montré cruel envers des détenus impuissants. « Il m'était très difficile de lever la main sur un homme, mais ma conscience me l'ordonnait. »

Pendant ce temps, dans la pièce voisine, on tente sans succès de retirer la balle du corps de Trepov – une scène à laquelle assiste le souverain, venu rendre visite à son serviteur blessé.

Récemment rentré du front, Alexandre ne s'est pas encore complètement remis de la guerre. En montant l'escalier, rapporte le célèbre juriste Koni, président du tribunal d'arrondissement de Saint-Pétersbourg, « il s'arrêtait presque à chaque marche et poussait un profond soupir ». Koni est un libéral. On trouve, à ce moment-là, en effet, à côté des pires rétrogrades, une poignée de libéraux, vivants souvenirs des réformes passées.

Vera Zassoulitch, tel est le nom de la jeune femme de vingt-huit ans qui a tiré sur Trepov. Son histoire est typique. Elle est issue de la noblesse (comme la plupart des révolutionnaires du temps). Elle fait ses études dans une pension franco-allemande, à Moscou, où elle s'initie aux idées populistes. À dix-sept ans, elle décide de consacrer sa vie à la révolution et s'installe à Saint-Pétersbourg. Elle se fait embaucher dans un atelier de reliure, afin de partager le sort des ouvriers. Elle enseigne dans une école créée pour ces mêmes ouvriers. Durant les troubles estudiantins de 1869, elle fait la connaissance de Netchaïev qui tente vainement de l'entraîner dans son organisation.

La rencontre avec le « démon » se termine mal pour la jeune fille, incarcérée à la forteresse Pierre-et-Paul à cause de cette fréquentation. Puis, ce sont la relégation et la clandestinité. Enfin, ayant lu l'article sur le traitement infligé au populiste Bogolioubov, elle prépare l'attentat contre Trepov.

Elles furent les premières !

Le coup de feu de Zassoulitch aura, ainsi qu'il apparaîtra beaucoup plus tard, des prolongements. Le même jour, il est décidé de châtier un autre persécuteur des populistes, V. Jeliakhovski, haut-procureur adjoint du Sénat. Il a été, nous l'avons vu, l'accusateur au « procès des 193 ». Et, tandis que Zassoulitch s'apprête à faire feu sur Trepov, son amie Maria Kolenkina, armée, elle aussi, d'un revolver « Buldog », se prépare à tirer sur Jeliakhovski. C'est une véritable action terroriste, parfaitement préméditée. Les deux femmes seront ainsi à l'origine de la grande terreur.

Alors que l'une attend dans l'antichambre du gouverneur de ville, l'autre sonne à la porte de l'appartement de Jeliakhovski. Un laquais lui ouvre. Elle demande à parler au maître de maison. À cet instant, apparaissent dans le vestibule l'épouse et les enfants du procureur. Kolenkina comprend qu'il lui faudra tirer en leur présence... Sans un mot, elle tourne les talons et s'en va.

La terreur n'en est qu'à ses premiers balbutiements. Les terroristes n'ont pas encore appris à tirer devant des enfants.

Trepov a, lui aussi, beaucoup de chance. Il est agressé par une femme qui se sert d'un revolver pour la première fois de sa vie et répugne à le pointer sur un être humain. Sa main tremble.

Cependant, quantité de jeunes gens, excellents tireurs, avaient formé le projet de faire justice au gouverneur de ville : « L'attitude féroce de Trepov envers Bogolioubov fut la goutte qui fit déborder la coupe d'amertume, tant dans mon âme que dans celle de mes camarades », écrit le populiste Nikolaï Morozov qui deviendra un terroriste intrépide. Lui aussi avait l'intention de tuer Trepov. Un autre populiste, Alexandre Barannikov, ancien élève de l'école militaire, était résolu à venger Bogolioubov. Un attentat contre le gouverneur était également préparé par tout un groupe de populistes, sous la direction de Mikhaïl Frolenko.

Eux n'auraient certainement pas manqué leur coup. Ils ne tarderont d'ailleurs pas à devenir les héros de la terreur russe. Il en ressort que l'attentat de Zassoulitch a, en quelque sorte, sauvé la vie du gouverneur.

La Russie se fait elle-même justice

Tout est clair pour l'empereur, d'autant que Zassoulitch ne nie rien : elle a tiré sur le gouverneur dans l'exercice de ses fonctions. On peut aisément deviner quel sera le verdict du tribunal. Il n'y a donc pas de raison de transmettre l'affaire à « l'instance spéciale du Sénat ». Alexandre tient, au contraire, à ce que cette nihiliste, doublée d'une meurtrière manquée, soit jugée publiquement.

Le procès est prévu pour le 31 mars, au tribunal d'arrondissement de Saint-Pétersbourg. La cour sera présidée par A. Koni. Ce dernier est convoqué, peu auparavant, par le ministre Pahlen qui lui lance cet avertissement :

« Dans cette affaire, le gouvernement est en droit d'attendre de vous, Anatoli Fiodorovitch, ainsi que de la cour, un service particulier. »

Le libéral Koni répond dignement :

« Permettez-moi, comte, de citer les paroles d'un juriste français au roi qui lui demandait un semblable service : "Le tribunal, Sire, ne rend pas de service, le tribunal rend sa sentence." »

La demande de Pahlen ne doit rien au hasard. Cette affaire, qui semblait si simple, devient une source croissante de tracas. Les uns après les autres, les plus éminents procureurs refusent de se charger de l'accusation. Le seul à accepter, finalement, est le procureur adjoint K. Kessel, figure assez médiocre. En revanche, du côté de la défense, les ténors du barreau se bousculent. Il est vrai qu'à l'instar du « procès des 193 », l'affaire Zassoulitch est prometteuse, pour les avocats, de gloire nationale, tant les manifestations d'opposition aux autorités sont en vogue. Il y a, en effet, de quoi inquiéter le pouvoir.

Excellent orateur, qui a déjà exercé ses talents au « procès des 193 », Piotr Alexandrov assume la défense de Zassoulitch.

Le compte à rebours de la révolution a commencé

Et le procès s'ouvre, au matin du 31 mars 1878. A. Koni rapportera par la suite qu'il n'a « pas dormi, la nuit précédente ». Près du tribunal, rue Chpalernaïa et perspective Liteïny, une foule immense est rassemblée : tous ceux qui n'ont pu entrer dans la salle des débats, dont un grand nombre d'étudiants. À l'entrée du tribunal et aux portes de la Maison de détention provisoire, sont postés d'importants détachements de policiers et de gendarmes.

La salle est archicomble, et il y a du beau monde ! Aux places des *VIP*, derrière les fauteuils des juges, on trouve le chancelier prince Gortchakov en personne, le contrôleur d'État comte D. Solski, adjoint du grand maître de l'artillerie, le général comte A. Barantsov, le président du Département d'économie du Conseil d'Empire A. Abaza, l'ancien général-gouverneur de Saint-Pétersbourg, le prince A. Souvorov, et bien d'autres. Au premier rang, on voit le ministre de la Guerre, comte D. Milioutine, des généraux, des officiers. Sur les bancs réservés à la presse, on remarque Fiodor Dostoïevski et la fine fleur des journalistes.

L'avocat Alexandrov a habilement joué de son droit à récuser les jurés. Au bout du compte, le jury se compose, pour l'essentiel, de petits et moyens fonctionnaires, appartenant à la partie libérale de la bureaucratie. L'avocat, au cours de sa plaidoirie, tient des propos parfaitement étonnants dans une salle d'audience :

« La physionomie des crimes d'État est des plus changeantes. Ce qui, la veille, était tenu pour tel, devient, le lendemain, un exploit des plus admirables, une marque de bravoure et de civisme. *Le crime d'État est, bien souvent, l'annonce prophétique de ce qui n'est pas encore tout à fait mûr, de ce dont le temps n'est pas encore venu.* Le lourd châtiment que la loi fait subir au criminel d'État n'autorise nullement à voir en lui un membre de la société méprisable et rejeté, ni à étouffer la sympathie pour tout ce que cet homme recèle de noble, d'honnête, de précieux, d'intelligent, en dehors de ses actes répréhensibles. »

L'avocat sait aussi faire jouer la corde sensible :

« Il fallait aux tourmenteurs de Bogolioubov la plainte, non de la douleur physique, mais de l'âme humaine outragée, de l'homme opprimé, humilié, écrasé... Ce fut l'apothéose des verges russes ! »

Et Alexandrov conclut :

« Ces lieux ont vu des femmes qui, par la mort, avaient voulu se venger de vils séducteurs. Des femmes aux mains rougies du sang de l'être aimé ou de leurs rivales plus chanceuses. Pour la première fois, nous y voyons une femme dont le crime n'a pas pour objet une vengeance ou des intérêts personnels, une femme dont le crime se rattache au combat d'idées, au nom d'un homme représentant, dans sa jeune vie, un frère d'infortune... »

Le président du tribunal a le plus grand mal à calmer la salle qui fait une ovation à l'avocat.

Alexandrov se tourne alors vers les jurés et achève sa plaidoirie, bien dans l'esprit des romans de Dostoïevski :

« Sans un mot de reproche, sans la moindre plainte amère, sans offense, elle acceptera votre décision et se consolera en songeant que, peut-être, ses souffrances, son sacrifice permettront d'éviter que ne se répètent les circonstances à l'origine de son geste. Aussi noir que paraisse ce geste, on ne peut rester aveugle à sa noblesse, à l'honnêteté de ses motivations. Cette femme sortira d'ici sans doute condamnée, mais en aucun cas déshonorée...»

Nouvelle ovation de la salle.

Suivant les conseils de son avocat, Zassoulitch refuse sagement de prendre la parole qui lui est proposée avant les délibérations. Mieux vaut ne pas réduire à néant l'effet produit par cette brillante plaidoirie qui va faire le tour de la Russie.

Vient le moment de la lecture du verdict. Koni le décrira en détail dans ses Mémoires. Pâles, les jurés se regroupent au coin de la table du président. Un silence de mort règne dans la salle, tous retiennent leur souffle. Le président du jury, fonctionnaire au ministère des Finances, débite précipitamment la question :

«Zassoulitch est-elle reconnue coupable d'avoir blessé...»

Puis, d'une voix forte, résonnant à travers la salle, il répond :

«Non coupable!»

«Ceux qui n'en ont pas été témoins, écrit Koni, ne peuvent imaginer l'explosion de cris, le charivari qui couvrit la voix du juré, le mouvement qui, tel un courant électrique, parcourut l'auditoire. Des hurlements d'irrépressible joie, des sanglots hystériques, des applaudissements frénétiques, des trépignements, des exclamations : "Bravo! Hourra! Magnifique! Vera! Verotchka[1]! Verotchka!" – tout se mêlait en un même fracas, une plainte, un gémissement. Dans la salle, beaucoup se signaient. Au balcon, plus démocratique, les gens s'embrassaient et, jusque dans les rangs derrière les juges, on applaudissait avec la dernière énergie. Un homme, en particulier, s'en donnait à cœur joie, juste au-dessus de mes oreilles. Je me retournai. Le comte A. Barantsov, gros homme rougeaud aux cheveux blancs, battait des mains à tout rompre. Il s'arrêta quand nos regards se croisèrent, eut un sourire confus, mais, dès que je me détournai, il se remit à applaudir.»

Vera Zassoulitch «s'attendait, la première, à être pendue, après une parodie de jugement». Et voici que :

---

1. Un des diminutifs affectueux de Vera.

« Vous êtes acquittée ! lui déclare Koni. Rendez-vous de ce pas à la Maison de détention préventive et prenez-y vos affaires. L'ordre de libération vous sera adressé sans délai ! »

Ému, Dostoïevski dit à son voisin, le journaliste G. Gradovski : « Châtier cette jeune fille eût été *déplacé, inutile* ; il eût fallu, toutefois, lui déclarer : "Va, tu es libre, mais ne recommence pas !" Nous ne disposons pas, semble-t-il, de formule juridique de ce genre et, au train où vont les choses, on ne tardera pas à en faire une héroïne. » Tel est le surprenant commentaire de l'auteur des *Démons*.

Dans la rue, cependant, une foule immense fait d'ores et déjà de Zassoulitch « une héroïne ». Elle est accueillie par d'« assourdissants et interminables "hourra !" ». « Que quelqu'un la prenne sur ses épaules ! » Nouveaux « hourra ! ». Des cris : « Vive Zassoulitch ! Gloire à Zassoulitch ! »

A. Koni se prépare à quitter la salle d'audience, lorsqu'il est retenu par A. Despot-Zenovitch, membre du conseil du ministère de l'Intérieur, vieil homme arborant l'ordre d'Alexandre Nevski, qui ne cesse de répéter en lui serrant énergiquement la main : « C'est le plus beau jour de ma vie ! Le plus beau ! »

Mais les conséquences de ce « beau jour » ne se font pas attendre. Quand la voiture transportant Zassoulitch s'avance sur la perspective Voskressenski, des gendarmes piquent droit sur elle. Aussitôt, des coups de feu retentissent, tirés par un populiste révolutionnaire, l'étudiant Grigori Sidoratski. Il a eu peur que les gendarmes n'appréhendent à nouveau la jeune femme.

Le président du tribunal déjeune déjà chez des amis, lorsqu'un convive retardataire fait irruption, annonçant : « Savez-vous ce qui se passe dans la rue ? On y tire des coups de feu, il y a déjà un mort, perspective Voskressenski »

Cette victime, ces coups de feu ne sont qu'un prélude sanglant aux événements qui vont suivre.

Ainsi la Russie fait-elle l'éclatante démonstration de son infantilisme juridique. Le sens de la justice, seule chose que comprend le pays, remporte une écrasante victoire sur le respect de la loi. Le droit à se « faire justice soi-même » est, de fait, entériné *légalement,* le *droit de tirer des coups de feu pour des convictions* est légalisé. Dès cet instant où la loi est bafouée, commence le compte à rebours de la révolution.

Toutefois, le souverain va à son tour, à l'instar du tribunal, agir au mépris de la loi. Apprenant ce qui s'est passé, Alexandre entre en fureur. Peu après, le colonel M. Fiodorov, directeur de la Maison de détention préventive, est convoqué chez le général-major Kozlov (remplissant les fonctions de gouverneur de ville en l'absence de Trepov), qui lui déclare : « Sur ordre de l'empereur, vous avez sept jours d'arrêt à la salle de police, pour la libération intempestive de Zassoulitch. » Kozlov est mal à l'aise. Après tout, Fiodorov s'en est tenu strictement à la loi : il a mis à exécution une décision du tribunal, sur un ordre écrit de son président.

Mais le souverain veut aussi « se faire justice lui-même ».

Au lendemain du procès, survient un ordre du général-major Kozlov : « Je suggère à messieurs les commissaires de police de prendre les mesures les plus énergiques pour retrouver et appréhender [...] Vera Zassoulitch, qui a attenté aux jours du général aide de camp Trepov. » Or, la jeune femme semble s'être volatilisée.

La presse occidentale évoque l'affaire Zassoulitch, louant l'héroïque décision du tribunal qui s'est dressé contre l'autocratie. La gloire de Vera semble contagieuse : aussitôt, deux attentats sont commis contre l'empereur d'Allemagne, un contre le roi d'Italie, puis, un peu plus tard, un autre contre le roi d'Espagne.

Le coup de feu de la Russe Zassoulitch donne manifestement des idées à l'Europe.

Le compte à rebours de la révolution (suite)

L'auteur de ce premier coup de feu ayant été acquitté par le tribunal, chacun, en Russie, « se fait soudain justice lui-même » ; les radicaux de « Terre et Liberté » multiplient les actions punitives.

On tire ainsi sur le procureur adjoint du tribunal civil de Kiev, Kotliarevski. Il est sauvé par son épaisse pelisse, qui fait office de gilet pare-balles. On tue l'agent de la Sûreté Nikonov. On abat, en pleine rue, un officier du corps des gendarmes, le baron Heyking. Aucun de ces hommes n'est très sympathique, et les jeunes gens de « Terre et Liberté » ont décidé qu'ils ne méritaient pas de vivre. À Kharkov, on assassine le général-gouverneur de la ville, le prince Kropotkine. Cette fois, les terroristes lui refusent le droit de vivre parce qu'il est réactionnaire.

Le gouvernement réplique par des arrestations. Alors qu'on appréhende, à Odessa, un membre de « Terre et Liberté », I. Kovalski, celui-ci se défend et blesse un policier. Il est finalement pris et fusillé. Ses compagnons de lutte estiment cette condamnation injuste. Et, arguant du droit à se défendre, ils décident de passer à l'action.

La terreur touche à présent Saint-Pétersbourg.

Le 8 août, le chef de la Troisième Section, N. Mezentsev, rentre chez lui, après les matines à l'église. Sa maison se trouve en plein centre de Saint-Pétersbourg, place Michel, à deux pas du palais Michel.

Stepniak-Kravtchinski

Un jeune homme taillé en athlète, à la peau mate, aux cheveux bouclés, le menton orné d'une barbe à la Napoléon III, comme le veut la mode, attend le retour du chef des gendarmes. Il s'appelle Sergueï Kravtchinski. Il s'agit de l'officier noble qui – nous l'avons évoqué – avait quitté l'armée et, l'un des premiers, était « allé au peuple ». Depuis, il en a vu, des choses ! Il a eu le temps de fuir la Russie, de participer au soulèvement des Slaves contre les Turcs, de lutter aux côtés des gueux révoltés en Italie, de rentrer en Russie et d'y devenir l'un des dirigeants de « Terre et Liberté ».

Il publie beaucoup dans les éditions clandestines du mouvement. Par la suite, il deviendra même un homme de lettres assez connu, sous le pseudonyme de Stepniak. Son livre, *La Russie souterraine*, sera lu dans toute l'Europe. Il entrera également dans l'histoire russe sous le nom de Stepniak-Kravtchinski.

Le voici donc qui fait les cent pas près de la maison de Mezentsev. Il porte un mystérieux paquet. Un peu plus loin sur la place Michel, se trouve un complice de «l'opération», un jeune homme de grande taille, vêtu d'un élégant manteau bleu sombre : encore un officier qui a sacrifié sa carrière, encore un bel homme athlétique !

« L'Ange de la Vengeance »

Cet homme, l'un des principaux héros de la terreur, mérite qu'on s'y arrête un instant. Il s'appelle Alexandre Barannikov. Provincial «monté» à Saint-Pétersbourg, il a été l'élève de la très prestigieuse école militaire Paul Ier. Sa famille rêvait d'en faire un militaire, à l'instar de son défunt père ; lui-même, en partant pour l'école, avait promis de devenir général.

Grand, fort bien tourné, il a une allure martiale et se distingue par une extraordinaire force physique, ainsi que par une santé florissante. Il est incroyablement beau : «S'il fallait trouver une incarnation de la terreur, on ne pourrait imaginer mieux que Barannikov, écrit, non sans orgueil, Vera Figner. Avec son teint absolument mat, ses cheveux aile de corbeau, ses yeux noirs, on l'eût pris plus volontiers pour un Oriental que pour un Russe, et plus encore pour un Caucasien. » (Sa mère est persane.)

Toutefois, ce beau ténébreux plein de santé a quelque chose d'inquiétant. «Quand il fallait faire peur à quelqu'un, ajoute V. Figner, nous envoyions Barannikov. »

Le jeune homme est un peu lent et il met du temps avant de s'intéresser aux idées révolutionnaires. Mais, lorsque c'est chose faite, il devient un véritable fanatique. Son but suprême, la libération du peuple, le place bien au-dessus du commun de ses condisciples. Qu'est-il de plus important pour un jeune homme ? En outre, quel avenir attend ce provincial sans relations ? Un régiment éloigné, la morne discipline de l'armée, les cartes, l'ivrognerie, une tranquille débauche. La vie d'un révolutionnaire a tout de même plus d'attraits : clandestinité, dangers de toutes sortes, foi en la victoire future, qui permettra d'atteindre au sommet de la gloire. Et puis, cela correspond plus à son tempérament : il adore le danger, ne se sent jamais aussi bien qu'aux instants périlleux.

Pour quitter l'école militaire sans risquer d'être recherché par sa mère qu'il adore, Barannikov met en scène son suicide : il laisse son uniforme, ainsi qu'une lettre, au bord du fleuve. Ainsi passe-t-il à la clandestinité. Et, naturellement, il « va au peuple », en compagnie d'une des plus belles femmes du mouvement populiste, Maria Ochanina.

D'une famille de riches propriétaires terriens, la jeune fille a reçu une excellente éducation ; c'est une personnalité hors du commun et une jacobine impitoyable. « C'était une véritable beauté, se souvient le populiste V. Tchernov : des traits d'une extrême élégance, des yeux... immenses et sombres, pleins de langueur. »

Ochanina devient la concubine de Barannikov. Pas pour longtemps, bien sûr, car la vie clandestine oblige bien souvent, vis-à-vis de la police, à jouer au couple marié en changeant de partenaire selon les circonstances.

Les nombreuses vertus dont est doté Barannikov le rendent intolérant aux faiblesses des autres. Les hommes de cette trempe ne craignent ni pour leur vie ni pour celle des autres. Désormais, comme tous ses semblables, il ne peut être arrêté que par l'échafaud.

Barannikov prendra part à tous les attentats contre le tsar, ce qui lui vaudra d'être baptisé par ses camarades terroristes : « l'Ange de la Vengeance ».

Le poignard de Stepniak

Mais revenons aux abords de la maison du chef des gendarmes, Mezentsev ! La calèche du général arrive. Celui-ci est en compagnie d'un ami, un vieux colonel à la retraite.

Mezentsev descend de voiture. À cet instant, Stepniak-Kravtchinski se jette sur lui ; devant les passants médusés, il tire brusquement un poignard du paquet qu'il porte et le plante jusqu'à la garde dans le ventre du chef des gendarmes. Avec un incroyable sang-froid, il prend le temps, pour plus de sûreté, de tourner le poignard dans la panse de sa victime. L'ami de Mezentsev se précipite sur l'agresseur, le frappe de la seule arme dont il dispose : son parapluie. Des coups de feu lui répondent : c'est Alexandre Barannikov qui couvre la fuite de Kravtchinski. Puis les deux terroristes sautent dans une calèche dont l'arrivée a été soigneusement calculée.

Et un fameux cheval pie, répondant au nom de « Barbare », emporte hardiment les deux jeunes athlètes loin du lieu de leur crime. Pour Barbare, c'est la quatrième aventure de ce genre. Par trois fois déjà, ce cheval légendaire a sauvé des terroristes risque-tout, qui s'évadaient de prison.

Quant au « Tigre somnolent », Mezentsev, il ne s'est jamais montré particulièrement cruel et sanguinaire. C'est en tant que symbole qu'il est assassiné, en tant que chef de la Troisième Section.

Le futur romancier Stepniak-Kravtchinski est l'auteur d'une proclamation qu'il intitule « Mort pour mort ». Elle porte cette dédicace : « À la glorieuse mémoire du Martyr Ivan Martynovitch Kovalski, fusillé par les argousins, le 2 août 1878, dans la ville d'Odessa, pour avoir défendu sa liberté. »

« Le chef des gendarmes, chef d'une bande qui tient sous son talon toute la Russie, a été tué, écrit Stepniak-Kravtchinski. Chacun, ou presque, aura deviné par quelles mains le coup fut frappé. Toutefois, afin d'éviter tout malentendu, nous portons à la connaissance publique que le chef des gendarmes, le général aide de camp Mezentsev, a bien été assassiné par nous, révolutionnaires socialistes... Nous avons créé notre propre tribunal, afin de juger les coupables de la férocité qui se déchaîne contre nous, de même que ceux qui l'ordonnent. Ce tribunal est juste, à l'instar des idées que nous défendons. Il a décrété que le général aide de camp Mezentsev méritait la mort pour tous ses méfaits contre nous. La sentence a été exécutée sur la place Michel, au matin du 4 août 1878. »

Une nouvelle règle de la terreur russe est instaurée : *la reconnaissance publique de la responsabilité d'un assassinat.*

Au demeurant, Kravtchinski réservait d'abord à l'infortuné Mezentsev une mort autrement plus atroce : il voulait le *décapiter* publiquement au sabre. Il y avait finalement renoncé parce qu'il était plus difficile de dissimuler l'arme du crime en guettant le chef des gendarmes.

Ainsi, au cœur de la capitale, on assassine le tout-puissant chef de la Troisième Section, à deux pas du palais Michel où le tsar aime tant, le dimanche, en rentrant de la revue de la Garde au manège Michel, à prendre le thé avec sa cousine ! Saint-Pétersbourg est en état de choc.

« Terre et Liberté » a atteint son but : pour la première fois, on parle de la puissance des terroristes. Le nom de Kravtchinski est sur toutes les lèvres. Mais le plus étonnant est que, s'attaquant par surprise à un homme d'un certain âge, désarmé qui plus est, Stepniak-Kravtchinski fait, aux yeux d'une partie non négligeable de l'opinion, figure de Robin des bois.

Après la paix honteuse, c'est une nouvelle humiliante défaite pour le souverain.

« Sous l'influence des femmes et des littérateurs »

L'empereur nomme chef des gendarmes un vaillant général de soixante ans, Drenteln, qui s'est distingué dans les Balkans. Ce dernier, toutefois, ne tarde pas à découvrir que les terroristes sont partout, invisibles, jusque dans son propre cabinet de travail.

À cette époque, l'un des salons politiques les plus influents de Saint-Pétersbourg est celui de la générale Alexandra Bogdanovitch. Son époux est membre du conseil du ministère des Affaires étrangères, *staroste* respecté de la cathédrale Saint-Isaac, la plus importante de la capitale. La générale, très accueillante, reçoit dans son salon le gratin de la bureaucratie pétersbourgeoise. Elle consigne soigneusement dans son Journal les propos de ses illustres convives.

Elle rapporte ainsi que, peu après la nomination de Drenteln (à la mi-mars), le nouveau chef des gendarmes prie à déjeuner deux de ses amis : « Ils passèrent ensuite dans le cabinet de travail où ils virent, sur le bureau, le journal socialiste *Terre et Liberté*. L'impression n'en était pas très soignée... Drenteln en fit la remarque, mais trouva l'ensemble convenablement écrit. [Même le chef des gendarmes veut se montrer large d'esprit, c'est à la mode ! E. R.] Le lendemain, il reçut une lettre dans laquelle les socialistes le remerciaient de ses appréciations et l'assuraient que les défauts relevés seraient bientôt corrigés ! Quels gens ! »

Cette dernière exclamation de la générale traduit l'effroi de l'impuissance. Le chef des gendarmes, lui, ne fait qu'en rire. Il ne mesure pas, à la différence de l'intelligente générale Bogdanovitch, qu'il est pieds et poings liés, lui qui dirige cette Troisième Section naguère omnipotente. Quelques jours plus tard, il a droit à une leçon qu'il n'oubliera pas de sitôt.

Le 13 mars, vers une heure de l'après-midi, la voiture de Drenteln longe le jardin d'Été, en direction de la place du Palais et du palais d'Hiver. Un jeune dandy le dépasse, que le général a déjà croisé sur sa route. Difficile, au demeurant, de ne pas le voir : « Un bel homme aux exquises manières, sur un magnifique cheval anglais, écrira Nikolaï Morozov, membre de "Terre et Liberté". Toutes les dames du monde qui passaient devant lui en calèche découverte, ne manquaient pas de braquer sur lui leur face-à-main pour l'admirer. »

Cette fois, le jeune homme et sa monture sont lancés dans un galop effréné. Arrivé devant la voiture du chef des gendarmes, le cavalier se saisit brusquement d'un revolver, tire sur Drenteln, le manque. Il fait feu une seconde fois et rate à nouveau sa cible. Puis il disparaît sans encombre. On le retrouve aisément (par le cheval qu'il a loué). Le jeune homme est appréhendé. C'est un certain Léon Mirski, un noble, bien sûr, également membre de « Terre et Liberté ».

Mirski a fait des études à la tumultueuse Académie de médecine et de chirurgie. Il a également effectué un séjour en forteresse pour diffusion de littérature interdite. Les motifs de son geste sont des plus étonnants. Il apparaît que le jeune homme a une fiancée, laquelle est en admiration devant Stepniak-Kravtchinski pour l'insolence avec laquelle il a tué Mezentsev. Jaloux, Mirski décide de reconquérir le cœur de la belle de la plus sûre façon : en assassinant le nouveau chef des gendarmes.

Il se lie avec le membre de « Terre et Liberté » Nikolaï Morozov. Le mouvement approuve son projet. Le jeune homme ne laisse rien au hasard : il commence par étudier le parcours immuable du général, repère un endroit où sa voiture ralentit... Mais c'est un piètre tireur, et il manque sa cible.

En prison, Mirski est d'abord égal à lui-même. Il demande l'autorisation de se faire faire un nouvel habit chez un tailleur de renom, en vue de la séance du tribunal à laquelle ne manquera pas d'assister sa fiancée. C'est dans cet habit qu'il sera condamné au bagne à perpétuité.

Rentrant de Crimée, le souverain écrit fielleusement sur le dossier de Mirski : « A agi sous l'influence des femmes et des littérateurs. » Le tsar est furieux. Il déclare à son ministre de la Justice qu'il ne s'attendait pas « à pareil verdict » ; il ne doutait pas que « Mirski fût pendu ».

Les autorités compétentes savent bien, pourtant, pourquoi elles ont accordé la vie au condamné. L'élégant jeune homme, en effet, ne supportera pas longtemps sa détention et sera « retourné ». Il travaillera pour le compte de cette police secrète dont, peu auparavant, il avait voulu tuer le chef.

« Bientôt, les honnêtes gens ne pourront plus sortir dans la rue ! »

La camarilla exige du tsar des mesures spéciales immédiates. « Tous ceux qui, jusqu'à présent, ont réagi à l'agitation antigouvernementale n'ont pas été récompensés de leurs efforts. Le mal croît d'heure en heure, écrit le gouverneur N. Seliverstov à Alexandre II. Il faut des mesures extraordinaires. »

Le célèbre publiciste M. Katkov propose des procès à huis clos pour les terroristes. Les procès publics deviennent, en effet, un manuel de la terreur. « Grâce à la publicité [...] toute une série de nihilistes apprendront que, pour atteindre la tête à bout portant, il faut, avec un revolver à fort recul, viser les jambes, et qu'il ne convient pas d'acheter une de ces armes sans essai préalable. »

Mais le souverain sait que des mesures punitives très dures sont déjà prises, il sait que la publicité des tribunaux est déjà limitée. Or, curieusement, rien de tout cela ne donne de résultats. Et notre Janus n'est pas encore prêt à écraser ces libertés qu'il a lui-même accordées. Finalement, le tsar n'imagine rien de mieux que de demander leur concours aux propriétaires d'immeubles ! Dans une lettre à la douma de Saint-Pétersbourg, il écrit : « J'en appelle à vous, messieurs... Il est nécessaire que les propriétaires surveillent leurs concierges et locataires... Il est de votre devoir d'aider la police et de ne pas héberger d'individus suspects... Regardez ce qui se passe dans le pays ! Bientôt, les honnêtes gens ne pourront plus sortir dans la rue. Voyez le nombre d'assassinats ! Dieu, par bonheur, m'a épargné. Mais ces gens ont envoyé le pauvre Mezentsev dans l'autre monde. Ils ont aussi tiré sur Drenteln... Je compte sur vous. Votre concours m'est nécessaire. Et cela entre dans vos obligations. »

12

LA GUERRE CONTRE LA TERREUR

Conférence de régicides

Des dissensions se font jour au sein du mouvement « Terre et Liberté ». Les uns restent convaincus qu'il faut « éclairer » les paysans, les préparer au soulèvement, travailler dans les campagnes. On continue de les appeler « populistes » ou, de façon méprisante, « culs-terreux ». Les autres, ceux qui les nomment ainsi, sont désormais désignés comme « les politiques ». Ces derniers jugent que l'action au sein des campagnes n'a pas de sens : « Il faudra des siècles pour amener des paysans illettrés, abrutis, incapables de lire les proclamations et livrant bien souvent à la police ceux qui veulent les éclairer, à combattre le régime. » Une poignée de héros en aura plus vite fini avec le tsarisme, en utilisant l'arme nouvelle du XIXe siècle : la terreur. La terreur en réponse à la violence du pouvoir jouit du respect de la société, comme l'ont montré l'attentat contre Trepov et l'assassinat de Mezentsev. Ils ont ému toute la Russie. « Seule la terreur saura faire trembler les dirigeants tout-puissants devant ceux qui pensent différemment et les amener à composition... L'héroïsme des terroristes conduira les gens à respecter nos idées, à nous craindre, et contraindra le bourgeois à faire pression sur ce pitoyable gouvernement. » Le mot d'ordre est donc : « Tous pour le revolver et la bombe ! » La terreur politique doit devenir le fondement de « Terre et Liberté ».

« La terreur est une chose effroyable, clame Stepniak-Kravtchinski, qui est parvenu à filer à l'étranger. Il n'en est qu'une plus effroyable encore : supporter sans regimber la violence. »

Tel est, désormais, le slogan des « politiques », qui entreprennent de concrétiser leurs idées.

À ce moment-là, toute la hiérarchie a déjà été touchée par les attentats et les assassinats, du général-gouverneur au chef des gendarmes. Ne reste que l'Olympe : le palais, l'autocrate.

Douze ans se sont écoulés depuis le coup de feu de Karakozov. Il est temps de recommencer ! Les « culs-terreux », toutefois, répliquent furieusement que cela n'aboutira qu'à de nouvelles et impitoyables répressions.

Pendant qu'on dispute à Saint-Pétersbourg, la province a tout décidé. Au printemps 1879, arrive dans la capitale un certain Alexandre Soloviev. Il est le fils d'un pauvre aide-médecin, employé sur les terres de la « savante de la famille », la grande-duchesse Hélène Pavlovna. Celle-ci a généreusement aidé les Soloviev, finançant notamment l'instruction de tous leurs enfants. Grâce à elle, Alexandre a étudié au collège, puis à la faculté de droit. Il a toutefois abandonné ses études, est « allé au peuple », est devenu membre de « Terre et Liberté ». Il a, à présent, trente-trois ans. Et c'est à cet âge, celui du Christ, qu'il « comprend sa vocation ». Il gagne Saint-Pétersbourg.

Là, il se met en quête d'un des principaux leaders du mouvement, Alexandre Mikhaïlov, que l'on a coutume, au sein de « Terre et Liberté », de comparer à Robespierre.

Mikhaïlov est noble, naturellement, et provincial. Il est originaire de Pskov, comme Alexandre Barannikov. Ils se sont, d'ailleurs, liés d'amitié dès leurs années de collège.

Alexandre Mikhaïlov est l'un de ces innombrables jeunes Russes terriblement critiques, apparus à l'époque des libertés ; l'un de ceux qui font dire à Dostoïevski : « Si l'on donne à un écolier russe une carte du ciel, il entreprendra aussitôt de la corriger. » Dès le collège, Mikhaïlov est obsédé par l'idée de réorganiser notre monde imparfait. Il se sent alors, ainsi qu'il l'écrit lui-même, « bien supérieur aux garçons de son âge ». Ces derniers, au demeurant, ne le contestent pas.

Gros, pataud, myope comme une taupe, Mikhaïlov mène la danse avec le beau et fort Barannikov. Rapidement déçu par l'« aller au peuple », il s'est changé en partisan inconditionnel de la terreur. Lui qui évoque Pierre Bezoukhov[1], lui qui a une bonne bouille affable, devient l'un des chefs « politiques » terroristes. Et c'est lui qu'Alexandre Soloviev vient trouver dans son logement clandestin. « Sachant que j'étais proche du parti "Terre et Liberté", il m'ouvrit son âme », écrit à son sujet Alexandre Mikhaïlov.

Il apparaît que cette âme *aspire à tuer le tsar*. Soloviev explique à Mikhaïlov : « La mort de l'empereur marquera un tournant dans la vie sociale... Le mécontentement qui s'exprime actuellement par un sourd murmure du peuple, éclatera là où il est le plus sensible. Puis il se répandra largement en tous lieux. Il ne faut que cette impulsion pour que tout s'embrase. »

Il expose ainsi, douze ans plus tard, les idées qui avaient conduit Karakozov aux grilles du jardin d'Été. Tuons le tsar, et tout adviendra aussitôt ! Soloviev demande donc le concours de « Terre et Liberté ».

La détermination de Soloviev plaît à Robespierre-Mikhaïlov. Tous deux s'occupent d'abord de faire l'acquisition d'un revolver. « Nous prîmes un modèle américain, avec un gros barillet – de ceux que l'on utilise pour la chasse à l'ours. » Cela tombe bien : dans la terminologie révolutionnaire, le tsar est appelé « l'Ours ».

Mikhaïlov, toutefois, n'a pas le temps d'armer le régicide qu'un second amateur vient le trouver ! Un autre provincial, de Kharkov cette fois, Grigori Goldenberg, arrive dans la capitale. Lui aussi est membre de « Terre et Liberté », et célèbre parce qu'il a assassiné le général-gouverneur de sa ville : Kropotkine.

Encouragé par ce succès, Goldenberg veut, à présent, s'attaquer à la personne du tsar. Il demande également le concours de la section pétersbourgeoise de « Terre et Liberté ». Difficile de rejeter

---

1. L'un des principaux héros de *Guerre et paix*, de Léon Tolstoï.

la requête d'un homme qui a fait ses preuves ! D'un autre côté, comment renvoyer Soloviev, venu le premier ?

Mikhaïlov expose la situation à l'un de ses coleaders « politiques », Alexandre Kviatkovski. Ils décident d'organiser une rencontre entre les deux régicides potentiels.

Naissance des candidats au suicide

La rencontre a lieu dans un estaminet. Là, devant un verre de vodka, des choses extraordinaires se dévoilent : Mikhaïlov et Kviatkovski sont en présence de terroristes d'un type nouveau. Il apparaît en effet que les deux volontaires pour assassiner le tsar, sachant pertinemment qu'ils n'auront guère de chances d'échapper à la nombreuse garde du souverain, n'ont pas la moindre intention de tenter de s'enfuir. Sitôt leur exploit accompli, ils prendront du poison. Ils quitteront ce monde, emportant le secret de leur identité.

Ainsi naît le terroriste candidat au suicide.

Kviatkovski et Mikhaïlov ne savent comment réagir. « À l'époque, se souvient le second, nous ne nous sentions pas encore prêts au sacrifice. La conscience de notre position entre ces deux hommes qui se vouaient à la mort, nous privait de toute possibilité morale de prendre part au choix de l'un ou de l'autre. »

Force est, pourtant, de s'engager. À mots choisis, Mikhaïlov explique au Juif Goldenberg : « Il faut absolument éviter de fournir aux autorités un prétexte pour que la répression s'abatte sur une quelconque catégorie sociale ou nationalité... et que de nouveaux tourments touchent des millions de personnes. »

Bref, il explique que si un Juif tue le tsar, cela déclenchera une série d'effroyables pogromes à travers la Russie. Soloviev saisit la balle au bond : « Moi seul satisfais à toutes les conditions. Il faut donc que ce soit moi. J'en fais mon affaire, Alexandre II est à moi et je ne le céderai à personne. » Goldenberg accepte sans discuter.

Bagarre au sein de « Terre et Liberté »

L'arrivée de Soloviev est le détonateur qui va faire exploser « Terre et Liberté ».

Dans un appartement clandestin a lieu une réunion des membres pétersbourgeois du mouvement, au cours de laquelle Alexandre Mikhaïlov informe l'assistance de la mission de Soloviev.

« Ayant annoncé l'attentat en préparation, se souvient Nikolaï Morozov, Alexandre Mikhaïlov demanda de mettre à la disposition de Soloviev un cheval pour s'enfuir après l'opération et l'un des membres de la société qui pût servir de cocher... »

En d'autres termes, Mikhaïlov a décidé d'aider, malgré tout, le candidat au suicide à rester en vie.

Tout se déchaîne alors. Les « culs-terreux » exigent bruyamment que, « non seulement il ne soit apporté aucun concours à cet individu venu tuer le tsar, mais que Soloviev soit capturé, ligoté et évacué de Saint-Pétersbourg, comme un fou qu'il est ! ».

On leur réplique vertement. Ils crient que, dans ce cas, ils empêcheront Soloviev de commettre son forfait. L'un d'eux, un certain Popov, hurle dans le vacarme et l'agitation générale : « Je tuerai de mes mains l'assassin de la cause populiste, s'il ne reste que cela à faire ! » Ils comprennent qu'une terrible vague de répression s'abattra après la mort du tsar et qu'il leur faudra renoncer en grande partie à leur action dans les campagnes.

Le leader des « culs-terreux », Gueorgui Plekhanov, alors théoricien populiste, prononce un discours : « À cause de vos lubies, notre organisation se verra contrainte de quitter, les unes après les autres, les régions dans lesquelles elle déploie depuis longtemps ses activités, de même que Rome dut quitter, les unes après les autres, ses provinces sous la pression des Barbares... Le seul changement, après l'assassinat, sera la troisième barre verticale qui, au lieu des deux d'aujourd'hui, suivra le nom d'Alexandre... Alexandre II sera remplacé par Alexandre III ! C'est tout ! »

La majorité, toutefois, n'est pas de cet avis. Elle déclare que, bien qu'elle se refuse à prêter main-forte à Soloviev en raison des divergences qui sont apparues, elle n'interdira nullement aux membres de l'organisation de l'aider dans la mesure de leurs possibilités, à titre personnel.

Les cris de fureur reprennent. Un « cul-terreux » braille que s'il y a un nouveau Karakozov, il est prêt à devenir un nouveau Komissarov. En réponse, le « politique » Kviatkovski glapit littéralement : « Vous ne voulez pas le dénoncer, tant que vous y êtes ? Dans ce cas, nous agirons avec vous comme avec des délateurs ! » Popov lui rétorque : « Vous ne voulez pas nous tuer, tant que vous y êtes ? Dans ce cas, n'oubliez pas que nous tirons aussi bien que vous ! »

À cet instant, alors que tous sont prêts à sortir les pistolets, un coup de sonnette retentit à la porte d'entrée.

« Messieurs, la police ! s'exclame Mikhaïlov. Nous allons nous défendre, bien sûr ?

– Cela va sans dire », répondent les autres à voix basse.

Tous les participants arment leurs pistolets.

D'un pas tranquille, Mikhaïlov passe dans l'entrée pour ouvrir aux visiteurs qu'une salve accueillera dans un instant. Mais ce n'est que le concierge.

« Néanmoins, se souvient Plekhanov, cette fausse alerte [...] mit fin à nos débats houleux... L'assemblée ne tarda pas à se disperser calmement. Tous, pourtant, avaient la conviction que l'ancienne, la bonne unité de la société "Terre et Liberté" était brisée et que, désormais, les courants se sépareraient. »

Le schisme de « Terre et Liberté » est, en effet, inéluctable.

« Traqué comme un lapin »

Le 2 avril 1879, entre huit et neuf heures du matin, Alexandre sort, comme toujours, faire sa promenade. La journée de l'empereur suit un cours immuable ; il a le sentiment qu'il mourra sans que rien n'ait jamais changé.

Pourtant, ce jour-là, une importante modification va être apportée à son emploi du temps : désormais, sa traditionnelle promenade lui sera interdite.

« Le 2 avril, lit-on dans le journal *L'Invalide russe* du 5 avril 1879, entre huit et neuf heures du matin, alors que l'empereur souverain daignait, à son habitude, se promener aux alentours du palais d'Hiver, sur le trottoir longeant l'état-major de la Région militaire de Saint-Pétersbourg, un homme fort convenablement vêtu, coiffé de la casquette d'uniforme de l'administration, à cocarde, déboucha à l'angle opposé du bâtiment, à la rencontre de Sa Majesté impériale. Se rapprochant de l'empereur souverain, l'individu tira un revolver de la poche de son manteau et fit feu sur Sa Majesté à plusieurs reprises. Des passants, de même que des sergents de ville, se jetèrent aussitôt sur le malfaiteur dont ils s'emparèrent. Il plut à la Divine Providence que fussent préservés les jours précieux de notre Souverain Très Auguste. Le scélérat est sous les verrous. Une enquête est en cours. »

La réalité a nettement moins de panache.

L'empereur rentre de promenade. Il a déjà franchi le pont Pevtchevski et débouche sur la place devant le palais. À quelque distance, afin de ne pas gêner ses pensées, marche le chef de sa garde personnelle, le capitaine Koch. Un peu plus loin, près de l'arc de l'État-major général, une foule de curieux est rassemblée, comme toujours. C'est alors que le souverain voit un jeune homme de grande taille, vêtu d'un manteau noir et coiffé d'une casquette d'uniforme, agrémentée d'une cocarde (comme en portent les fonctionnaires).

« Makov, écrit la générale Bogdanovitch dans son Journal, qui vit le souverain une demi-heure après l'attentat, rapporta, d'après les propres paroles de Sa Majesté, qu'arrivé à la hauteur de l'empereur, le jeune homme s'arrêta pour le saluer. Son visage retint l'attention du tsar. Et lorsque le souverain se retourna... il découvrit un pistolet braqué sur lui. »

Ce mouvement sauve la vie d'Alexandre : la balle manque sa cible.

« La balle alla se loger dans le mur du palais. Le criminel visa une deuxième fois : le tsar se déporta sur la gauche. L'assassin visa une troisième fois : le tsar réussit encore à éviter le coup. »

C'est ainsi, pudiquement, que Makov évoque la fuite éperdue, à travers la place, du tsar de toutes les Russies. En effet, après le premier coup de feu (tiré presque à bout portant), Alexandre prend ses jambes à son cou, comme un gamin. Devant la foule, le souverain file, à deux pas de son palais. Pour la première fois depuis la mort de son père, force lui est de se plier à une volonté étrangère. Soloviev, cependant, le poursuit et fait feu. Nouveau tir : brusque virage à droite de l'empereur qui court en zigzags, ainsi qu'on le lui a enseigné dans la Garde. À soixante ans, il a toujours de bons réflexes. Encore un coup de feu : le tsar se déporte sur la gauche. Déjà, il entend le souffle de *l'autre*. Deux coups de feu suivent. Le souverain parvient, là aussi, à prendre la tangente, une des balles égratigne son manteau. Ultime tir, enfin, qui, assez bas, lui passe entre les jambes : Soloviev, rattrapé par Koch, est presque à terre, fauché par un coup de sabre...

Au premier instant, Koch et les policiers, sur la place, sont restés médusés. Puis ils se sont lancés à la poursuite du scélérat...

L'imposant pistolet du criminel gît à présent à ses côtés. L'homme est cerné, frappé, son manteau noir est piétiné. Soloviev, cependant, a l'air de croquer quelque chose. Koch est le premier à comprendre. Aussitôt, labourant de ses ongles le visage du malfaiteur, il tente de lui ouvrir la bouche.

Soloviev, ainsi qu'il l'a promis à Mikhaïlov, a emporté une capsule de cyanure. Le poison, toutefois, ne devait pas être de première fraîcheur, il s'est éventé. Le criminel reste en vie.

Entre-temps, Piotr Chouvalov est accouru du palais. L'ancien chef de la Troisième Section continue d'y avoir ses quartiers. Il supplie Alexandre de monter dans sa calèche (après tout, des complices peuvent se trouver sur la place !). Et c'est dans la voiture de Chouvalov que le tsar parcourt les quelques mètres qui le séparent du palais.

Le criminel est conduit à la chancellerie du gouverneur de ville.

Alexandre rentre, triomphant, au palais. Il déclare : « Le Seigneur m'a, une nouvelle fois, sauvé ! » L'impératrice est déjà au courant de tout, bien qu'il ait ordonné de ne rien lui dire. Elle confie en pleurant à une dame d'honneur : « Il n'y a plus de raison de vivre... et je sens combien cela me tue. Aujourd'hui, on l'a traqué comme un lapin. C'est miracle s'il en a réchappé... »

Une foule a envahi la Salle blanche : courtisans, officiers des régiments de la Garde. Les membres de la famille Romanov arrivent les uns après les autres. Apprenant l'attentat, le frère du tsar, Michel, se précipite au palais, sans casquette. Et, comme treize ans plus tôt, des gens du peuple viennent en nombre aux abords du palais. Quand le souverain apparaît, les « hourra ! » fusent. Quelqu'un calcule aimablement que les cris durent « dix bonnes minutes ». Un office d'action de grâces est célébré.

Alexandre le sent néanmoins : quelque chose a changé. Treize ans plus tôt, ses sujets pleuraient de bonheur. Aujourd'hui, ils s'efforcent d'avoir l'air heureux. C'est là le plus effroyable de l'histoire : ils se sont habitués aux attentats !

Le tsar note dans son Journal, concis, à son habitude : « Promenade. Près de l'État-major général, un inconnu a fait feu sur moi à cinq reprises. Dieu m'a épargné. Toute la famille s'est réunie, tous sont arrivés les uns après les autres. Conversation avec Drenteln : l'assassin est sous les verrous. Action de grâces. Nombreuses dames, nombreux chevaliers. Tous les officiers crient "hourra !". »

Les cloches sonnent et l'empereur apparaît au balcon qui surplombe le passage Saltykov. La foule, massée au pied, acclame le souverain.

Publiciste connu, historien (auteur d'une célèbre *Histoire de Catherine II*), Vassili Bilbassov se trouve dans cette foule. Il raconte, effaré, à la générale Bogdanovitch que quelqu'un lance d'une voix forte : « "Si tu es patriote, crie 'hourra !'. Si tu es socialiste, tais-toi !" Ces mots furent prononcés par un homme aux allures d'artisan. Et les gens qui se tenaient près de lui écoutèrent tranquillement, sans prendre à partie leur auteur. »

Déjà, on a coutume de raconter cette blague : un concierge entend une sonnerie de cloches. « Encore manqué ? » s'exclame-t-il.

La foule est nombreuse, ce jour-là, sur la place de l'État-major de la Garde (comme on appelle, alors, la partie de la place du

Palais située près du pont Pevtcheski), pour contempler les impacts de balles sur la façade.

Cependant, à la Chancellerie, l'homme dont parle toute la Russie est étendu sur une banquette. Il a trente-trois ans, il n'a rien fait dans la vie, il est, pour reprendre une expression tchékhovienne, une « chiffe molle ». À quelques pas seulement, il n'a pas été capable d'atteindre l'empereur, ni même assez malin pour s'empoisonner au cyanure. Il n'empêche que son nom est connu du pays entier. Lui que nul n'a remarqué en trente-trois ans, le voici à présent l'objet de toutes les attentions ! Il sort brusquement du néant, de l'anonymat, pour compter parmi les figures importantes.

L'un des motifs de la terreur est la gloire. Ce fut le cas pour Stepniak-Kravtchinski. C'est à présent celui de Soloviev.

Un témoin raconte : « Près de la banquette, une cuvette était posée sur le sol, contenant une assez grande quantité de vomi (on a fait au criminel un lavage d'estomac). Sa première question, lorsqu'il reprit ses esprits, fut celle-ci : "Se peut-il que je n'aie pas tué le tsar ?" »

L'homme s'en désole ouvertement, puis se calme. Il reste tranquillement couché, l'air important. Détendu, il demande une cigarette. Aussitôt, avec une prévenance inhabituelle pour lui, on lui en tend une, on craque délicatement une allumette. Au chevet du criminel, gracieusement appuyé à l'accoudoir de la banquette, se tient un monsieur en uniforme aux insignes de la justice. D'une voix pateline, il pose des questions : « Vous savez que, dans votre situation, une pleine sincérité aura pour résultat bénéfique que des innocents ne seront pas inquiétés, alors que dans le cas contraire... »

Mais Soloviev garde un majestueux silence.

Les enquêteurs, néanmoins, ne tardent pas à tout connaître de lui.

Voilà à quoi on en est arrivé !

Et Soloviev se fait brusquement loquace. Il raconte volontiers qu'il a passé la nuit précédant l'attentat « chez une prostituée ». (Il aime choquer ses interlocuteurs.) Ayant ainsi profité, une ultime fois, des plaisirs de la vie, il est allé assassiner l'empereur, après avoir revêtu «une chemise propre prévue tout exprès», et «jeté l'autre, sale, dans la rue». Il marchait tout de même à la mort ! Pourquoi a-t-il tiré ? Pour venger ses camarades.

«Telles des ombres, ceux qui se sont sacrifiés pour le peuple, qui figurent sur les listes des grands procès politiques et ont péri prématurément, hantent mon imagination.»

Il explique aussi, avec un plaisir manifeste, le but poursuivi : «J'appartiens au parti social-révolutionnaire russe, qui tient pour une criante injustice le fait que la majorité du peuple travaille, tandis qu'une minorité profite de son labeur. Nous autres, socialistes, déclarons la guerre au gouvernement... Envers le tsar, ennemi du peuple, je ne puis nourrir que des sentiments hostiles...» Il a sincèrement cru que son coup de feu «rapprocherait l'avenir radieux», même s'il a, de cet avenir, une image assez floue : «Je ne peux me figurer clairement le nouvel ordre des choses, mais je pense que l'humanité doit atteindre à cette perfection où chacun sera en mesure de satisfaire tous ses besoins sans faire aucun tort aux autres...»

Et, avec leurs épaulettes et leurs décorations, les plus hauts dignitaires de l'empire, qui, auparavant, n'auraient pas permis à Soloviev de franchir le seuil de leur cabinet, boivent à présent la moindre de ses paroles et notent soigneusement le moindre de ses raisonnements. Bien plus, lui que nul ne connaissait a contraint le tsar de toutes les Russies, ainsi que toute la famille impériale, à changer de mode de vie. Fini les promenades matinales à travers la ville ! Le souverain ne sort plus, désormais, qu'entouré d'une garde serrée. Il en va de même pour les grands-ducs.

L'héritier note alors dans son Journal : «Aujourd'hui, j'ai dû, pour la première fois, me promener en calèche, avec une escorte. Grâce à Dieu, *papa*[1] a décidé, lui aussi, de se faire accompagner et ne sort plus, comme moi, qu'avec un *ouriadnik*[2] sur le siège du cocher et deux cosaques à cheval.»

---

1. En français dans le texte.
2. Sous-officier cosaque.

La population s'étonne de voir le tsar circuler, ainsi gardé, dans sa propre capitale. Ni l'empereur Alexandre Ier ni le père du souverain, Nicolas Ier, n'ont agi de cette façon.

Et la générale Bogdanovitch de consigner dans son Journal ce que l'on dit autour d'elle : « Il est pénible de voir cela ! »

L'instance spéciale du Sénat condamne Soloviev à la peine capitale. Il écoute la sentence avec un calme parfait. On lui propose d'écrire au tsar pour demander sa grâce. Il laisse la feuille entièrement vierge.

Le 28 mai 1879, devant une foule de quatre mille personnes, on le conduit sur la place d'armes du Semionovski. L'échafaud, haute estrade de bois, est entouré d'une grille de fer. Une potence est installée, avec deux nœuds coulants. Près de l'estrade, un objet est recouvert d'une natte qui n'en dissimule pas vraiment la forme : c'est un cercueil. Il y a quelque chose d'effrayant dans cette chose prévue pour un être qui vit encore. La charrette arrive. Soloviev est sur le banc, dos tourné aux chevaux. Ses mains sont liées par une corde dans son dos. Il porte une redingote sombre, une grande pancarte noire est accrochée à son cou, avec ces mots : « criminel d'État ». La troupe se dispose en rangs serrés le long de l'échafaud. À l'intérieur du carré ainsi formé se trouvent le ministre de la Justice et le procureur.

Cependant, le bourreau Frolov monte sur l'estrade. C'est un ancien criminel qui, en échange de sa grâce, a accepté d'être ainsi l'exécuteur des basses œuvres. Frolov est très pittoresque : grand, vêtu d'une chemise rouge et d'un gilet noir, avec une longue chaîne de montre en or. Il aura encore beaucoup d'exécutions à son actif.

Soloviev se tient, railleur, au poteau d'infamie, tandis qu'on lit la sentence. Le prêtre s'approche ensuite du condamné, qui secoue la tête : comme il l'a indiqué durant l'enquête, il ne croit pas en Dieu. Vient le moment où il est livré au bourreau. Frolov l'aide à revêtir le capuchon blanc, qui a vocation à dissimuler son visage, ou plutôt ses souffrances, à l'instant ultime. Prenant le condamné par les épaules, le bourreau le pousse sur le support, il

364

lui passe au cou la corde qu'il arrange avec soin et fait un signe. Son aide renverse le socle d'un coup de pied, le capuchon blanc semble pris de convulsions, puis s'immobilise, suspendu, à peine balancé par le vent.

Le lendemain, une proclamation est lancée dans la ville : « Nous relevons le gant, nous ne craignons ni la lutte ni la mort ! Au bout du compte, nous ferons voler ce gouvernement en éclats, quel que soit le nombre de victimes que comptera notre camp. »

Pour la première fois, un vent de panique souffle sur la capitale. Général en retraite, publiciste, relation de Fiodor Dostoïevski, A. Kireïev note dans son Journal : « Les rumeurs les plus fantastiques courent à travers la ville. On prétend que les nihilistes préparent une révolution, c'est tout juste si l'on n'affirme pas qu'ils nous égorgeront tous. Des unités de l'armée sont sur le pied de guerre !! L'Héritier ne peut demeurer à Tsarskoïe Selo, il s'installe à Peterhof... parce qu'à Tsarskoïe, il est trop difficile de se protéger des assassins. Ce ne sera plus une vie, mais le bagne ! Voilà à quoi on en est arrivé ! »

La voix de la Cour

La dame d'honneur de l'impératrice, Maria Freedericksz (sa mère, Cecilia, a été la dame d'honneur et une amie très proche de la mère d'Alexandre II), écrit dans ses Mémoires : « Le souverain Nicolas Ier savait qu'avec le caractère débridé et l'instabilité [des Russes, E. R.], l'on aurait beau déployer tous ses efforts, seules la force et la fermeté seraient de quelque influence... Il savait que, compte tenu du tempérament russe, la sévérité était plus utile que le relâchement qui ne mène à rien de bon. Que l'empereur Nicolas Ier eût raison, [...] la chose est claire au vu de ce qui s'est passé ensuite. Lorsque, après la mort de notre sage tsar, le vent de la faiblesse et du relâchement a soufflé, tous ont poussé un soupir de soulagement et se sont réjouis... On nous a accordé la liberté de pensée, la liberté d'action, la liberté de la presse, [...] espérant ainsi accélérer le développement de la Russie. Le flot déchaîné auquel on a brusquement ouvert les vannes [...] n'a pas tardé à déborder cruellement de toutes parts. Dans sa fureur, il s'est mis à tout briser, à tout anéantir sur son chemin. Et qu'en est-il sorti ? Une poignée de dégénérés, de monstres moraux, qui se sont donné pour but, sous couvert de dévouement à la Patrie, de chambouler l'ordre établi... »

Tel est le manifeste de la Cour. Tel est le credo d'une opposition rétrograde dont les rangs grossissent chaque jour. C'est ce que lit, à présent, le tsar dans les yeux de l'héritier. Le plus affligeant pour le souverain est que le parti rétrograde est de plus en plus soudé autour de son fils, autour de l'héritier du trône.

Dans un gros cahier relié de cuir, doté d'une serrure métallique, on trouve le Journal de Sacha, ses notes désespérées de ces années-là : « C'est tout bonnement une horreur ! Quelle époque charmante, ma foi !... Seigneur, accorde-nous des moyens d'agir et éclaire-nous sur la façon de le faire ! Que devons-nous entreprendre ?... Ce sont les années les plus effroyables et les plus répugnantes qu'ait jamais connues la Russie ! »

La guerre contre la terreur

Comme, à l'époque des décembristes, le père d'Alexandre avait été humilié par sa propre peur, le tsar a été, cette fois, humilié sur la place du Palais. Se carapater comme un lapin (pour reprendre l'image de l'impératrice que l'on a aimablement répétée à son époux), à soixante et un ans, sous les fenêtres de son palais, qui plus est la veille de son anniversaire ! « Joli cadeau qu'on m'a fait là », dit-il alors. Mais il s'efforce de garder son calme.

Cependant, les mystérieux ennemis poursuivent leur œuvre. Ils rendent public leur nom, également plein de mystère ; ils sont : le « Comité exécutif ».

Drenteln, le chef des gendarmes, le gouverneur de Saint-Pétersbourg et quelques autres personnages haut placés reçoivent par la poste des courriers au contenu identique. Chacun d'eux porte le tampon d'on ne sait quel « comité exécutif du parti social-révolutionnaire ». Au centre du tampon figurent un pistolet, une hache et un poignard.

« Ayant tout lieu de penser que Soloviev, arrêté pour un attentat contre Alexandre II, a été torturé, le Comité exécutif déclare que tous ceux qui oseront recourir à pareils moyens d'arracher des aveux, seront punis de mort par ses soins. »

C'en est trop. Le tsar décide de se montrer impitoyable, d'en revenir au temps de son père. La Cour ne rêve que de cela. Le souverain est résolu à vaincre par la force. À peine sorti de la guerre des Balkans, il en déclare une autre, dans son propre pays, contre la terreur. Une guerre sans merci, jusqu'à la victoire finale.

On divise temporairement presque toute la Russie d'Europe en six gouvernorats (ceux de Kiev, Moscou, Kharkov, Saint-Pétersbourg, Varsovie et Odessa). Et pour que tous soient conscients qu'une véritable *guerre* est menée sur ces territoires, la loi martiale y est instaurée. Des généraux qui ont pris part au précédent conflit sont nommés à la tête de ces gouvernorats. Il y a là le vainqueur du front du Caucase, le comte Loris-Melikov, le héros de Chipka, le général Gourko, le vainqueur de Plewna, le général Totleben.

Le ministre de la Guerre, D. Milioutine, note tristement dans son Journal : « Toutes les préoccupations du gouvernement suprême sont dirigées vers un renforcement de la sévérité, toute la Russie, peut-on dire, est en *état de siège.* »

Les généraux agissent d'abord à la militaire : ils envoient en relégation, confisquent, jettent en prison. Une nouvelle notion, « la terreur blanche », se fait jour dans la société. Ainsi le tsar commence-t-il à combattre résolument ces jeunes gens résolus.

En réponse, les attentats continuent contre les dignitaires.

La vie prend un tour inouï : « Autour du palais, à chaque pas, des barrages de police, des escortes de cosaques... On sent que le sol vacille, que l'édifice est menacé ; toutes les couches de la population sont en proie à un mécontentement diffus, une insatisfaction qui concerne tout un chacun, écrit dans son Journal le ministre Valouïev ! Et les maîtres le ressentent », ajoute-t-il.

Alexandre le premier ! En dépit des mesures, la tension ne diminue pas dans le pays. Pire : il y a de l'inquiétude dans l'air ; on s'attend à une catastrophe !

Cette nervosité constante transforme profondément le tsar. La lente destruction de cet homme magnifique se poursuit. Valouïev note : « J'ai vu leurs Majestés impériales... Le souverain a l'air las, il a lui-même évoqué cette irritation qu'il s'efforce de dissimuler. »

Une ruine couronnée... En un temps où Alexandre doit se montrer fort, il est clair que l'on ne peut y compter. En un temps où il doit prendre une nouvelle décision difficile, il en éprouve de « l'irritation ».

La peur

Il a peur pour *elle*. Il la voit régulièrement, avec les enfants, dans l'hôtel particulier qu'elle occupe ou dans le cabinet de son père où, comme toujours, on l'amène secrètement... Alors, il descend par l'escalier intérieur qu'empruntait son père pour se rendre chez sa mère. Chaque fois qu'elle vient lui rendre visite, il est fou d'angoisse. Il ne peut lui donner une garde de cosaques comme aux grands-ducs. Ce serait par trop afficher leurs relations. Les *autres* peuvent donc s'approcher de sa voiture (ainsi qu'ils l'ont fait pour Drenteln) et tirer, ou encore s'emparer d'elle et des enfants !

Et d'abord, qui sont ces gens ? Combien sont-ils ? Comme tant d'autres, à Saint-Pétersbourg, le tsar se pose forcément cette question sans réponse. On le voit, de plus en plus souvent, apathique des heures durant, dans son cabinet. Puis il se saisit, tout soudain, d'un candélabre et le jette furieusement contre un mur. En place de sa promenade matinale, il déambule, morose, dans l'interminable enfilade des salles du palais, prisonnier dans sa propre capitale.

Une histoire court dans la ville, selon laquelle, voyant, au cours d'une de ces « promenades », un chevalier-garde en faction à l'entrée de ses appartements cacher brusquement quelque chose derrière son dos, le tsar tire aussitôt son arme... Ce n'était qu'une cigarette.

La Cour répand, elle aussi, ce genre d'histoires. On n'aime guère Alexandre, ou plutôt on n'a plus peur de ne pas l'aimer. Quant à *elle*, on la hait.

Il faut pourtant que le tsar prenne une décision. Et il la prend : il installe Katia et les enfants au deuxième étage du palais, où se trouvent les pièces réservées aux gentilshommes de la chambre et aux dames d'honneur (loin des appartements de l'impératrice, qui sont au premier étage).

Il n'y a là rien de particulièrement nouveau. Le grand-père de l'empereur, Paul Ier, son oncle, Alexandre Ier, son père avaient tous leurs amantes à la Cour. Cela ne semblait pas inconvenant, car personne n'eût osé les juger. Le tsar, toutefois, a instauré la *glasnost*, et tous glosent sur sa vie. Les calomnies vont bon train : on prétend que Katia vit juste au-dessus de l'impératrice et que celle-ci, vieille et malade, entend, à longueur de journée, les cavalcades des enfants illégitimes de son époux.

Mais, en dépit de tous les ragots, le séjour de la princesse au palais est censé demeurer secret !

Le ministre de la Cour Alexandre Adlerberg (qui a succédé à son père à ce poste) a toujours connu le souverain, avec lequel il a grandi. Il est le seul courtisan à pouvoir se présenter à l'empereur sans se faire annoncer et à l'appeler par son prénom – un droit dont ne jouissent pas les grands-ducs eux-mêmes. Néanmoins, le ministre de la Cour qui, de par ses fonctions, doit être au courant de tout ce qui se passe au palais, est obligé, « par discrétion », de prétendre ignorer la présence de la princesse Dolgoroukova et de ses deux enfants !

Adlerberg racontera ensuite au ministre de la Guerre Milioutine : « Quand le souverain résolut d'installer la princesse Dolgoroukova au palais d'Hiver, il convoqua le général-major commandant des lieux, Delsalle, et lui donna directement ses instructions, lui demandant de ne m'en point parler. Il va de soi que cet ordre ne pouvait être pleinement exécuté (ce que l'empereur savait pertinemment)... Mais j'en fus reconnaissant au souverain... Par quelque sens des convenances, par quelque tact extrême, compte tenu de nos relations que je puis qualifier d'amicales depuis l'enfance, le tsar ne me dit rien de ce délicat sujet, et je tins à montrer, pour ma part, que j'en ignorais tout... »

L'impératrice

L'impératrice a douloureusement changé : elle n'a plus que la peau sur les os. Après l'attentat du 2 avril 1879, son mal progresse rapidement. Et plus rapidement encore, après l'installation au palais de *l'autre*...

Alexandre l'en a lui-même informée. Elle n'a rien répondu. Malade, elle vit désormais recluse, dans la compagnie de ses dames d'honneur qui ont vieilli avec elle. Elle passe des journées entières dans son lit et, si l'on tente de la distraire, elle réplique, avec un petit rire amer : « Qui aurait l'idée de pique-niquer près d'une couche funèbre ? »

Elle craint qu'on ne lui parle de *l'autre*. Et pour que cela n'arrive point, elle a raconté à ses dames d'honneur qu'une de leurs homologues auprès de la défunte impératrice avait fait allusion devant celle-ci à la liaison de Nicolas Ier et de Nelidova. Et d'ajouter, ses lèvres minces plissées en une moue ironique : « Si je devais entendre pareille révélation, je ne pourrais plus voir cette dame d'honneur. »

Ces paroles font office de leçon pour tous.

Les visites de l'empereur sont de plus en plus rares. Les appartements de l'impératrice se composent d'une somptueuse alcôve, tendue de damas pourpre (les juvéniles et marmoréens visages de cariatides surplombent la couchette où, dans la journée, repose son corps si desséché qu'il semble désincarné), de la salle à manger couleur salade où le tsar ne vient plus guère prendre le café, du Salon doré où la souveraine fait quelques pas, appuyée au bras d'une dame d'honneur... Flamme des bougies, flamme des murs dorés, cage dorée dans laquelle le tsar l'a enfermée... Elle lui pardonne. Ayant vocation à absoudre, elle n'a jamais émis la moindre plainte, la moindre accusation. Le secret de ses souffrances et de ses humiliations, elle l'emportera dans la tombe, ainsi qu'il sied aux épouses des bouillants Romanov.

Le temps est venu, pour elle, du bilan. Elle n'a manqué à aucun de ces devoirs pour lesquels on menait des princesses allemandes dans le lit des tsars russes. Elle lui a donné trois fils, mais son préféré n'est plus. Depuis le Moyen Âge, une malédiction pèse sur la lignée de Hesse. Et, comme par un fait exprès, l'héritier est à présent celui de ses enfants qu'elle aime le moins, ce géant de Sacha, au corps pesant, informe, au nez camus si vulgaire. Ainsi, par un malin caprice du sort, il a fallu que des générations de tsars russes épousent des princesses allemandes pour donner naissance à un prince absolument russe ! Tout en lui sent le paysan : lenteur d'esprit, force inhumaine, bestiale, répulsion envers l'Europe.

Ce n'est pas la maladie qui tue l'impératrice à petit feu, c'est l'inutilité de son existence. Elle n'a rien ni personne qui lui soit une raison de vivre. Là-haut, dans les appartements de l'amante, courent les bâtards du tsar ; là-haut, il y a du bruit, de la vie. La souveraine n'en doute pas un seul instant : là-haut, on attend avec impatience que la mort vienne la chercher.

L'adieu

Alexandre finit par persuader Macha d'écouter les médecins et d'aller passer l'hiver sur la Côte d'Azur. On l'emmène donc « se soigner » (dit l'empereur) ou « mourir » (dit-elle) « à San Remo ». Elle le sait : il veut avoir le droit de ne pas penser à elle, il veut partir avec *l'autre* en Crimée.

Et le voyage commence.

L'héritier, qui est alors à l'exercice, vient tout spécialement à la gare de Gatchina faire ses adieux à sa mère.

Le train impérial arrive de Saint-Pétersbourg, alors que le crépuscule est bien avancé.

« La nuit tombait, écrit le comte Cheremetiev, aide de camp du tsarévitch. Tous les visages étaient sombres, on se fût cru dans un cortège funèbre. »

Le souverain apparaît à la vitre du wagon, grand, élancé, coiffé de son habituelle casquette blanche à large visière. Il est maussade, pâle et songeur. (Étrangement, il a rajeuni d'un coup, à la veille du départ de son épouse.)

Le visage menu – un visage d'icône – de l'impératrice regarde à travers la vitre. L'héritier entre dans le wagon, mais en ressort très vite : les adieux sont brefs.

Le train repart. L'héritier, comme tous ceux qui l'accompagnent, est convaincu qu'il ne reverra pas sa mère.

Idylle à Livadia

Alexandre voit, à présent, quotidiennement la princesse Dolgoroukova. Le couple ne tarde pas à partir en Crimée, dans ce Livadia que le tsar aime tant. Dans le wagon du souverain voyagent également l'héritier, son épouse et leurs enfants. Et, dans un autre wagon : *elle*, Katia.

L'empereur passe ses journées au palais, avec la famille impériale et les ministres qui viennent lui faire leur rapport. Chaque nuit, cependant, il quitte le palais. Il enfourche son cheval et, dans le doux crépuscule automnal du Sud, galope vers son autre famille...

Les nuits de Crimée... Chant des cigales, parfum d'absinthe, murmure de la mer... Cela fait treize ans que le tsar vit avec Katia, pourtant les circonstances ne leur ont pas permis de devenir des époux lassés l'un de l'autre. Ils demeurent de fougueux amants.

Il faut, néanmoins, songer à retrouver l'automne humide de Saint-Pétersbourg. Au demeurant, les derniers jours en Crimée sont gâchés par les pluies. L'héritier et son épouse sont déjà partis. Katia et les enfants s'installent au palais.

Il devient de plus en plus difficile au ministre de la Cour Alexandre Adlerberg de feindre de ne rien remarquer. Il s'y efforce pourtant, il joue le jeu.

Le ministre de la Guerre, Milioutine, vient informer le tsar des résultats de l'état d'exception. Ils ne sont guère encourageants : les attentats n'ont pas cessé.

Le soir, avant de se coucher, Alexandre note dans ses Carnets :

« 12 novembre : Levé à neuf heures un quart. Promenade : temps humide, doux, mais petite Pluie tte la journée. Café avec K[atienka]. Travail. Onze heures : Milioutine et Adler[berg]. Promenade... Dîner à sept heures, coucher à deux heures un quart. »

Le départ pour Saint-Pétersbourg est fixé au 17.

Deux itinéraires sont possibles : par la mer jusqu'à Odessa, puis en train, *via* Moscou, où l'empereur a coutume de faire halte à chaque retour de Livadia ; ou en voiture jusqu'à Simferopol, puis en train, *via* Moscou, là encore.

Il choisit le second.

Les voyageurs arrivent à Simferopol dans la soirée. Le train impérial est prêt.

Lorsque le convoi quitte la ville, des télégrammes urgents sont expédiés à Moscou et à Odessa : de mystérieux individus passent à l'action.

L'empereur ne sait pas que ce voyage doit être, pour lui, le dernier.

13

LE GRAND ET MYSTÉRIEUX « CE »

« Ils » arrivent de partout

Des événements dont le tsar ignore tout et qui laissent présager sa mort se sont produits avant même son départ pour Livadia, au cours de l'été de cette même année 1879. Tout, en réalité, est lié à ces faits tenus dans le plus absolu secret, au point qu'aujourd'hui encore, les historiens les interprètent différemment. Nous nous efforcerons donc de citer autant que possible ceux qui en furent les acteurs : les pères de la terreur russe. Ils les ont évoqués au cours de l'instruction qui suivit leur arrestation ou, pour ceux, peu nombreux, qui vécurent jusqu'à la Révolution russe, dans leurs Mémoires.

En juin 1879, des jeunes gens se réunissent, venant d'un peu partout, dans la paisible petite ville de Lipetsk, connue pour ses bains de boue. Un établissement de cure y a été créé au temps de l'empereur Alexandre Ier, et la ville est habituée à accueillir des visiteurs. Les nouveaux venus, toutefois, sont des jeunes gens à la constitution athlétique, ils ne ressemblent guère à des malades. À l'hôtel où ils descendent, ils déclarent pourtant être là pour se soigner.

Revenons à la préhistoire

Après l'affaire Soloviev, responsable de la fracture de « Terre et Liberté », il apparaît clairement que partisans et adversaires de la terreur ne peuvent plus coopérer. Aucun des deux groupes n'a oublié la scène hystérique, ponctuée des cris de Popov refusant la terreur, la réplique de Kviatkovski, les coups frappés à la porte, empêchant, au dernier moment, la querelle de dégénérer en bataille rangée. Le noyau dur du mouvement décide alors de créer une organisation secrète au sein de « Terre et Liberté ». Elle prend un nom des plus éloquents : « La Liberté ou la Mort ».

Les partisans de la terreur ne s'en tiennent pas là. Ils réclament un congrès, afin de placer le terrorisme au centre de l'activité du parti. Ils envisagent, s'ils ne sont pas soutenus sur ce point, de quitter définitivement le mouvement. On décide de se réunir dans la ville de Voronej.

Auparavant, toutefois, les partisans de la terreur projettent de tenir secrètement conseil à Lipetsk, pour préparer une attaque en règle contre les indécis.

C'est ainsi qu'arrivent à Lipetsk dix jeunes hommes et une très belle jeune femme.

La parade des curistes terroristes

Les *onze* qui ont résolu de changer brutalement le cours de l'histoire russe arrivent de divers points du pays. Plusieurs viennent du Sud. À la différence de la section pétersbourgeoise de « Terre et Liberté », exclusivement composée de nobles, la section méridionale compte quelques membres issus de familles pauvres. Mais, quelle que soit leur origine, tous deviendront des terroristes célèbres.

Le fils de paysan *Andreï Jeliabov*, géant à la barbe sombre, est originaire de la Marseille russe : Odessa. Son père est un ancien serf, affranchi alors qu'Andreï avait dix ans. Après le collège, le jeune homme entre à la faculté de droit de l'université d'Odessa. Deux ans plus tard, il en est exclu pour participation à des troubles estudiantins et obligé de quitter la ville. Dès lors, le juriste manqué fait la tournée des cercles clandestins et des rassemblements étudiants, il multiplie les séjours en prison et les procès politiques. Il en vient finalement à la conclusion que le seul moyen de réaliser ses idéaux est la terreur.

L'idéologue de la terreur, le noble *Nikolaï Kolodkievitch*, arrive de Kiev.

Éternel excité, nerveux, *Grigori Goldenberg*, fils d'un marchand juif, est de Kharkov, dont, *aficionado* de la terreur, il a tué le général-gouverneur.

Méridional également, *Mikhaïl Frolenko*. Fils d'un minable adjudant-chef à la retraite, il n'en commence pas moins des études à l'Institut technologique de la capitale. Mais il s'ennuie vite et part pour Moscou où il entre à la fameuse Académie agricole Petrovskaïa. La vie dans l'ancienne capitale lui paraît beaucoup plus drôle. Il y rejoint la bohème révolutionnaire, publie des proclamations, prend part à tous les rassemblements étudiants. Il finit par quitter l'Académie et entre dans la clandestinité. Au moment de l'« aller au peuple », il se rend dans l'Oural, en quête de « représentants » de l'esprit révolutionnaire russe. Il s'attend à trouver des condamnés évadés des prisons sibériennes et des sectes persécutées par l'Église officielle. Il est convaincu que l'Oural pullule de rebelles. Déguisé en paysan, il sillonne la région, à pied pour l'essentiel. Il perd ainsi trois mois et regagne ses pénates sans avoir vu le moindre sectateur ni bagnard en fuite. À son retour, il s'engage dans « Terre et Liberté » et attaque audacieusement plusieurs prisons, libérant des révolutionnaires.

Frolenko est un militant précieux : il se distingue de ses camarades, nobles à l'air policé ou trop instruits, ou encore dont le type juif est par trop marqué. Lui, a l'allure un peu piètre du brave ouvrier russe ; il est dans la rue comme chez lui.

Arrive aussi à Lipetsk le noble *Stepan Chiriaïev*, spécialiste de la dynamite, dandy toujours vêtu à la dernière mode européenne. Il a travaillé à Paris, au laboratoire d'un des inventeurs de la lampe à arc, Iablotchkov, et y est devenu un électricien hors pair. Chiriaïev a monté tout un laboratoire secret, dans lequel œuvre un authentique génie : *Nikolaï Kibaltchitch*. Bien que n'ayant pas achevé

377

ses études, celui-ci sera le père des moteurs de fusée. En entrant dans l'organisation, il a fait ce serment : « Je jure d'employer tout mon temps et toutes mes forces à servir la révolution par le biais de la terreur. Je me vouerai à une science susceptible de nous aider, mes camarades et moi, à nous consacrer le plus efficacement possible à la révolution. »

Chiriaïev et lui seront à l'origine de la technique la plus moderne en Russie pour la fabrication des pains de dynamite. Leur production sera parfaite. Les charges mises au point par leurs soins pour un énième attentat reposeront longtemps au fond de la Neva, gardant tout leur potentiel explosif !

Un couple magnifique vient également à Lipetsk : *Alexandre Barannikov* et *Maria Ochanina* : « l'Ange de la Vengeance », le bel homme au teint mat, aux cheveux d'un noir presque bleu, digne continuateur des nobles jacobins qui tuaient leurs monarques, et la fille d'un très riche propriétaire terrien, superbe avec la masse de ses cheveux cendrés, ses yeux sombres pleins de langueur et sa « soif du sang des oppresseurs ».

Après l'assassinat réussi du chef des gendarmes Mezentsev, Barannikov est reparti à la campagne, afin d'inciter les paysans à la révolution. Il passe ensuite quelque temps à Saint-Pétersbourg, menant une existence pleine de risques et de dangers. Dès lors, éclairer les paysans l'ennuie insupportablement. Comme le note plaisamment Mikhaïl Frolenko, évoquant la vie campagnarde du couple : « Un épouvantable ennui s'empara d'eux, aussi prirent-ils, en quelque sorte, l'invitation à Lipetsk comme une libération du joug tatar. »

Jeune homme mince, de haute taille, à lunettes, type même du roturier intellectuel, *Nikolaï Morozov* est aussi de la partie. Fils d'un propriétaire terrien et d'une paysanne serve, il est orphelin très tôt. Le valet de chambre de son père, auquel ce dernier avait pris la belle serve, les a fait sauter tous les deux avec un baril de poudre. Tout jeune, donc, Nikolaï Morozov est familier des explosions. Il va, désormais, y consacrer sa vie.

Autre figure des plus intéressantes, le grand intellectuel du groupe, le cerveau de « Terre et Liberté » : *Lev Tikhomirov*. Il a vingt-sept ans, mais son intelligence, son érudition, son physique (qui forme un étonnant contraste avec celui de la plupart de ses camarades, beaux jeunes gens pleins de force) lui valent le surnom d'« Ancêtre ». Son pseudonyme de parti ne tarde pas à être : « Le Vieux ». « L. Tikhomirov, dit Nikolaï Morozov, est celui qui exprime le mieux nos idées et nos buts. » Avec le temps, il deviendra l'ennemi le plus acharné et le plus implacable de ces mêmes idées et buts. Mais, en attendant, la terroriste *Vera Figner* fait justement remarquer : « Lev Tikhomirov était notre représentant idéologique incontesté, notre théoricien et notre meilleur écrivain. »

Cependant, avant tous les autres, sont arrivés les organisateurs de la rencontre. Ce sont les fondateurs du cercle secret « La Liberté ou la Mort », les grands désorganisateurs de l'ancienne « Terre et Liberté ». Il y a là « Robespierre », *alias Alexandre Mikhaïlov*, et *Alexandre Kviatkovski.*

Ils forment un duo assez comique : le premier est gros, grand, il a un visage rond des plus débonnaires ; le second est lustré, bien fait, il a un visage racé, aristocratique, encadré d'une petite barbe soignée.

Fils d'un propriétaire de mines d'or en Sibérie, Alexandre Kviatkovski a étudié (à l'instar de Frolenko) à l'Institut technologique. Il a, bien sûr, pris part aux troubles estudiantins et n'a pas tardé à abandonner ses études pour « aller au peuple ». Il a fait tous les métiers : garçon de ferme, forgeron, ouvrier, colporteur. Il regagne la ville, partisan convaincu de la terreur. Comme nombre de ses camarades, il est doté d'une remarquable force physique et n'a littéralement peur de rien. Il participe à des attaques de convois de prisonniers et, à deux reprises, réussit à libérer des détenus.

Conversations à l'étang de l'Antéchrist

Nos jeunes gens séjournent paisiblement à l'hôtel. Ils prennent leurs bains de boue puis font de longues promenades en barque sur un étang au nom inquiétant : l'« étang de l'Antéchrist ». « À Lipetsk, se souvient Frolenko, derrière le parc réservé aux curistes, se trouvait un grand étang, presque un lac, à l'eau incroyablement transparente. Curieusement, on n'y voyait pas de poissons. Maintes fois, nous prîmes une barque et canotâmes... Nous interrogeâmes en détail les paysans... et apprîmes que l'absence de poissons avait pour cause une digue aménagée par l'Antéchrist, autrement dit par... Pierre le Grand ! » (Au temps des réformes de ce dernier, le bruit avait couru que le tsar, qui avait anéanti le patriarcat de Russie et nombre de traditions, était l'Antéchrist dont les livres saints annonçaient la venue. Des ouvrages avaient été publiés, qui le démontraient à l'aide de savants calculs. Le grand réformateur ne s'embarrassa guère de leurs auteurs : il les envoya au bûcher ou croupir dans des geôles.)

Ces promenades en barque n'ont rien d'un amusement. Sur l'étang de l'Antéchrist, loin des oreilles indiscrètes, on soulève et discute de nombreuses questions ayant trait à l'organisation de la terreur en Russie.

À la mi-juin, les onze sont enfin réunis. Le 15, ils tiennent leur première assemblée historique. Ils ont choisi pour cela un lieu des plus romantiques. Mikhaïl Frolenko raconte : « Nous nous renseignâmes auprès des garçons d'hôtel et apprîmes qu'il y avait, aux environs de la ville, une forêt où les gens allaient pique-niquer. Nous louâmes des fiacres, achetâmes quantité de provisions, un peu de vin, de la vodka et nous mîmes en route. »

C'est l'été, le temps est magnifique. Nos conspirateurs (qui, à de rares exceptions, finiront pendus ou dans une cellule, à l'isolement) partent gaiement pour une partie de campagne.

« En dehors de la ville, la route traversait des mouillères sans fin... Loin devant, nous apercevions la forêt vers laquelle nous nous dirigions. Andreï Jeliabov nous fit, à cette occasion, une démonstration de sa force... Il paria qu'il était capable de soulever une calèche par l'essieu arrière, en même temps que son conducteur. »

Ils ne tardent pas à croiser un équipage.

« Jeliabov saute aussitôt du fiacre, se précipite vers l'autre voiture, la saisit par l'essieu arrière et, la soulevant avec son conducteur, arrête le cheval en plein trot. »

Tels sont les gens qui arrivent à présent dans la forêt. Ils renvoient leurs voitures. « Nous nous mîmes en quête d'une place d'où l'on pourrait difficilement nous apercevoir de loin et d'où il nous serait aisé, en revanche, de repérer quiconque s'approcherait. » Ils n'ont pas à chercher longtemps. Ils découvrent un bosquet d'arbres et de buissons presque au centre d'une clairière. Installés dans cet îlot de verdure, ils voient parfaitement tout ce qui se passe alentour, sans eux-mêmes être vus ou entendus. « Nous disposâmes sur l'herbe bouteilles, provisions, verres, afin de donner l'impression que nous étions venus festoyer et entamâmes aussitôt la discussion... »

La terreur est la force des faibles

À cette première assemblée, Kviatkovski et Mikhaïlov procèdent à la lecture du programme et des statuts du nouveau parti, qu'ils ont déjà discutés entre eux. Ceux-ci sont adoptés à l'unanimité. Pour la première fois, la terreur politique figure au programme d'un parti.

Au cours de cette même joyeuse partie de campagne, deux autres délibérations ont lieu, dont la dernière fixe la grande visée de la terreur à venir : « À cette troisième séance, raconte Vera Figner, Alexandre Mikhaïlov prononça un long réquisitoire contre l'empereur Alexandre II... "L'empereur a anéanti, dit-il, dans la seconde partie de son règne, presque tout le bien qu'il avait permis aux hommes politiques d'avant-garde d'accomplir dans les années soixante." Il conclut son remarquable discours par un éclatant tableau des persécutions politiques des dernières années, dessinant dans l'imagination de l'assistance de longues files de jeunes gens envoyés dans les toundras sibériennes pour leur amour de la Patrie, les visages émaciés des détenus dans les prisons et les tombes anonymes des combattants de la liberté. »

Après cet incontournable pathos révolutionnaire, on en vient aux problèmes concrets. Doit-on pardonner à Alexandre II, au nom de son action positive du début, « tout le mal qu'il a commis par la suite et celui qu'il fera à l'avenir » ? Réponse unanime de l'assistance : « Non ! »

C'est ainsi que, dans cette verte et pimpante clairière, onze personnes condamnent l'empereur à mort. Elles évoquent longuement la manière dont elles mettront sens dessus dessous l'immense empire, avec son gigantesque appareil répressif. Certes, cela ressemble à une réunion de fous, mais...

Mais de nouvelles techniques existent déjà, qui rendent tout à fait possible l'assassinat des dirigeants les mieux gardés. Bien plus, elles permettent de supprimer sa garde en même temps que ceux qu'elle est censée protéger et, pour les assassins, de s'en sortir sains et saufs. Le pistolet et le poignard, principales armes des conjurés du XIXe siècle, sont obsolètes. La dynamite, en effet, a fait son apparition, technique d'avant-garde, nouvel et puissant explosif inventé par le Suédois Nobel en 1867, un an après le premier attentat contre le tsar russe.

Tikhomirov l'Ancêtre, le plus intelligent de tous, a cette formule : « Le terrorisme est une idée très pernicieuse, absolument effrayante, capable de transformer la faiblesse en force. » La dynamite est la terrible force des faibles.

Comme l'indiquera G. Goldenberg, c'est bien au congrès de Lipetsk qu'il « fut question, pour la première fois, de recourir à la dynamite pour servir la cause de la révolution ». L'idée de la dynamite comme d'une puissante arme de lutte hante, toutefois, les étudiants d'orientation révolutionnaire depuis 1874.

Déjà, à l'époque, l'Europe s'était émue d'étranges naufrages emportant quantité de vies humaines. Les bateaux étaient tous de vieux rafiots qui explosaient mystérieusement en pleine mer. Les enquêtes devaient montrer que des armateurs assuraient des bâtiments hors d'usage. Puis, à l'aide d'un mécanisme d'horlogerie, ils les faisaient sauter avec cette dynamite que l'on venait d'inventer.

Les terroristes :
un parti d'un type nouveau

À la dynamite les conspirateurs de la forêt de Lipetsk ajoutent une autre invention des plus importantes : ils créent un parti d'un type nouveau. « Robespierre », *alias* Alexandre Mikhaïlov, en est l'initiateur.

À sa tête se trouve un Comité exécutif, dont tous les membres mettent à disposition leurs biens et leur vie. On peut y entrer, mais il est impossible d'en sortir. Les décisions du Comité ne sauraient être discutées, elles doivent être inconditionnellement appliquées par le reste du parti. Le tout-puissant CE (ainsi désigne-t-on souvent le Comité exécutif) a des agents de toutes sortes. Ils sont, pour ainsi dire, les fameux « révolutionnaires de seconde catégorie », dont parlait Netchaïev dans son *Catéchisme du révolutionnaire.*

« Les agents du Comité exécutif, se souvient M. Ochanina, étaient nommés par le Comité lui-même et *ne jouissaient d'aucun droit*, ils n'avaient que des obligations. » Ils sont un « capital révolutionnaire » à la disposition du CE. (Là encore, on retrouve la patte du « démon » Netchaïev !)

Les onze de la clairière se nomment d'emblée membres du CE. Y entrent donc : A. Barannikov, A. Jeliabov, A. Kviatkovski, N. Kolodkievitch, A. Mikhaïlov, N. Morozov, M. Ochanina, L. Tikhomirov, M. Frolenko, S. Chiriaïev et G. Goldenberg. Ils sont chapeautés par une Commission de coordination.

L'assemblée des membres du CE discute et adopte les résolutions, tandis que la Commission veille à leur exécution. Entre les réunions, elle jouit de pouvoirs dictatoriaux, exigeant l'application à la lettre de ses décisions. La Commission siège quasi quotidiennement. Elle se compose de trois personnes, membres du CE et élues par lui. Les premiers à en faire partie sont Alexandre Mikhaïlov, Lev Tikhomirov et Alexandre Kviatkovski.

Une discipline impitoyable régit, de haut en bas, le nouveau parti. C'est sur ce modèle que Vladimir Oulianov-Lénine construira le sien. La terreur est inscrite dans les statuts de l'organisation, au titre d'orientation principale, d'objectif premier.

Soumis au CE, le parti se divise en plusieurs sections. La plus importante, la section de combat, est dirigée par Andreï Jeliabov. C'est lui qui formule le grand principe de la terreur à venir : elle doit être *incessante*. « Toute la valeur de la terreur et toutes ses chances de succès résident dans le suivi et la permanence des actions... L'autocratie craquera sous les coups de la terreur systématique. Le gouvernement n'est pas en mesure de supporter pareille tension, il en viendra forcément à des concessions réelles, et non illusoires. Tout ralentissement nous serait fatal, nous devons aller à marches forcées, en bandant toutes nos forces... »

Une terreur continue, impitoyable, qui fera exploser l'ordre en vigueur : une fois de plus, on retrouve le rêve de Netchaïev.

Les onze de la clairière avaient donc avec eux, invisible, un douzième compagnon qui, tandis qu'ils tenaient congrès, était prisonnier à la forteresse Pierre-et-Paul.

Nikolaï Morozov et, bien sûr, le grand idéologue Lev Tikhomirov sont choisis pour être les rédacteurs d'un futur organe de presse clandestin.

La « Volonté du Peuple »

On envisage ensuite la première action du tout nouveau parti, ou plutôt de l'organisation terroriste.

On décide de frapper fort, de faire sauter le train impérial. Et d'y procéder dès l'automne, lorsque le tsar reviendra de son traditionnel voyage à Livadia.

Le congrès de Lipetsk est clos. Le lendemain, ses participants partent pour Voronej, par groupes de deux ou trois, de la même façon qu'ils étaient arrivés.

Voronej accueille le congrès de « Terre et Liberté », qui s'achève par une scission officielle. L'ancienne « Terre et Liberté » a vécu. Deux mois plus tard, les terroristes de Lipetsk annoncent la création de leur organisation. Elle a nom : la « Volonté du Peuple ».

Suite au congrès de Voronej, de nouveaux membres sont admis au sein du CE, notamment Vera Figner et Sofia Perovskaïa. Le

Comité compte à présent vingt-cinq personnes. Perovskaïa est appelée à devenir la plus illustre. Elle est appelée, en effet, à changer le cours de l'histoire russe.

La petite Sonia[1]

Elle est toujours vêtue de « l'uniforme » des « étudiantes progressistes » – modeste robe marron à petit col amidonné d'une blancheur éblouissante... Sur son minois rond, des yeux bleus étincelants. De légers cheveux d'un blond tirant sur le roux... Elle a presque l'air d'une petite fille. Seul son grand front fuyant gâche un peu la beauté de cette délicate enfant. Chaque année, ce front devient de plus en plus important, il se remarque de plus en plus, comme s'il lui mangeait le visage. Lénine aura le même.

En s'engageant sur la voie de la terreur, les membres de la « Volonté du Peuple » prennent pour credo cette phrase de Netchaïev : « Le révolutionnaire a fait vœu définitif. » Et ils jurent de n'avoir aucune vie personnelle jusqu'au triomphe de la révolution. Un serment maintes fois trahi, la jeunesse reprenant ses droits...

C'est ainsi que l'inébranlable révolutionnaire Sonia devient la maîtresse d'Andreï Jeliabov. Ils forment un couple amusant : le géant et la fillette au grand front. Le fils de serf et l'arrière-arrière-petite-fille de l'hetman[2] d'Ukraine, arrière-petite-fille de ministre, petite-fille d'un gouverneur de Crimée, fille du gouverneur de Saint-Pétersbourg. Le descendant de paysans et l'héritière de l'aristocratie la plus brillante. Une aristocratie au demeurant très populaire...

---

1. Un des diminutifs affectueux du prénom Sofia.
2. À l'origine élu à vie à la tête de l'armée, l'hetman détient également, chez les cosaques, les pouvoirs civil et judiciaire. Après le passage des cosaques ukrainiens sous tutelle russe, le titre d'hetman perd de son importance, jusqu'à sa suppression en 1764.

La grande lignée d'une grande révolutionnaire

Sonia Perovskaïa se rattache à la lignée des comtes Razoumovski, dont le lointain ancêtre était un simple cosaque, doublé d'un ivrogne invétéré, qui, avec sa horde, allait régulièrement piller les Turcs. Son fils, Alexis Rozoum, avait séduit par sa voix, nous l'avons dit, la future impératrice Élisabeth, qui, une fois sur le trône, en avait fait le comte Alexis Razoumovski ; la Cour l'avait surnommé, non sans humour, « l'empereur de la nuit ». Sobre, c'était un homme débonnaire, le premier à s'amuser de son titre. Ivre, en revanche, il redevenait le digne héritier de son père, se mettait à faire du vilain, rossant impitoyablement les dignitaires de la Cour. Les épouses de ces derniers faisaient dire des prières à l'église, quand leurs maris allaient déjeuner chez l'hospitalier comte Razoumovski. Elles demandaient à Dieu d'accorder à leurs époux de rentrer sans avoir la physionomie fracassée. La tsarine, que le bouillant Alexis appelait « mon trésor », avait également droit, ici ou là, à une raclée. Reprenant ses esprits, le comte se traînait ensuite à genoux devant la chambre close de la souveraine qui, toutefois, ne pouvait se passer très longtemps de ses services nocturnes. Razoumovski ne se mêlait point des intrigues de la Cour, il ne se prenait pas pour un homme très intelligent, et le seul livre qu'il lût et relût était la Bible. Il prenait, en revanche, grand soin de sa famille : il fit venir, de leur campagne, sa mère et son frère.

On revêtit la mère d'une robe digne de la Cour et on la mena au palais, devant l'impératrice. Au village, il n'y avait pas de miroir ; quand la cosaque se vit dans une glace, elle se laissa tomber à genoux, saluant jusqu'à terre celle qu'elle croyait être la souveraine.

Le frère de Razoumovski, Kirill, gardait les vaches, lorsqu'on était venu le chercher. Apercevant les émissaires de la tsarine, il se cacha aussitôt dans un arbre, persuadé qu'on voulait l'enrôler dans l'armée. À quinze ans, il était illettré, mais il ne tarda pas à faire de brillantes études... à l'université de Göttingen ! Par la suite, il dirigea l'Académie des sciences. Contrairement à son frère, il prit part à toutes les intrigues et tous les complots de la Cour. Sous le règne de Catherine II, il fut le dernier hetman d'Ukraine.

Tel est donc l'arrière-arrière-grand-père de la petite Sonia. Son fils, Alexis Razoumovski, ministre de l'Instruction publique au temps d'Alexandre Ier, épousa un des plus beaux partis de Russie, mais vécut, pour l'essentiel, avec sa maîtresse dont il eut dix enfants ! Ces derniers prirent le nom de Perovski, le comte possédant le domaine de « Perovo ». Tous furent anoblis, certains firent de brillantes carrières sous le règne d'Alexandre II. L'un devint ministre, un autre général, un autre encore joua un rôle prépondérant dans l'éducation de l'héritier. Ils aidèrent le père de Sonia, Lev Perovski, à obtenir le poste de gouverneur de Saint-Pétersbourg.

Selon la bonne tradition familiale, le père de Sonia vit ouvertement avec sa maîtresse, alors que les siens sont dans le besoin et que les autres Perovski mènent une existence luxueuse. Cela n'échappe pas à la petite, lorsqu'elle rend visite à ses illustres et influents parents. Après le premier attentat contre Alexandre II, Lev Perovski est mis d'office à la retraite, et la famille connaît des jours difficiles. Qui peut dire si ce n'est pas à ce moment-là que se développent chez l'enfant, incroyablement fière, la haine de l'inégalité et la soif de justice sociale ?

Dès le collège, Sonia Perovskaïa se lie d'amitié avec de futures révolutionnaires. À seize ans, elle quitte la maison familiale, participe à des cercles ouvriers, est arrêtée et envoyée en forteresse. Son père s'adresse alors au chef des gendarmes, Piotr Chouvalov, et parvient à la faire libérer. Elle est envoyée en Crimée, où son grand-père est gouverneur.

Elle y devient aide-médecin et prend part au mouvement de l'« aller au peuple ». Elle compte parmi les cent quatre-vingt-treize populistes arrêtés et jugés, est reléguée dans la province d'Olonets[1]. Pendant son transfert, elle verse un somnifère dans le thé des gendarmes et leur fausse tranquillement compagnie. Elle se retrouve dans la clandestinité, tente, avec d'autres, les armes à la main, de délivrer le populiste H. Mychkine, alors qu'on le mène au bagne. Avec ses camarades, elle tend une embuscade, fait feu.

---

1. En Carélie.

Un gendarme est blessé. Mychkine, toutefois, entravé par ses fers, ne peut sauter de la charrette.

La petite Sonia a une volonté de fer : quand elle décide quelque chose, elle est inébranlable. Ses camarades en ont presque un peu peur, car elle ne pardonne pas la moindre faiblesse. L'assassin de Mezentsev, Stepniak-Kravtchinski, dira d'elle : « Cette femme est capable, pour une erreur infime, de pousser un camarade de parti au suicide. »

Le train impérial n'avait aucune chance

Le congrès de Voronej à peine achevé, le CE passe à l'action. Un émissaire est envoyé en Suisse pour acheter de la dynamite. Celle-ci arrive en contrebande. Chiriaïev et Kibaltchitch s'attellent à la préparation des explosifs.

À la fin du mois d'août, dans un appartement clandestin situé à Lesnoïé, aux environs de Saint-Pétersbourg, le CE de la « Volonté du Peuple » se réunit dans le plus grand secret. À l'ordre du jour, cette question : convient-il d'effectuer, à grande échelle, des actions terroristes contre les plus hauts dignitaires du régime ou vaut-il mieux se concentrer sur l'assassinat du tsar ?

Le Comité opte à l'unanimité pour la seconde solution. On élabore la rassurante théorie du « meurtre ultime », qui marquera la fin de la terreur.

Les terroristes sont convaincus que le peuple en sera galvanisé : le pays se soulèvera et l'autocratie honnie tombera aussitôt. Alexandre Mikhaïlov qui est, de fait, le chef de la « Volonté du Peuple » et qui en tiendra la chronique, note : « Le 26 août 1879, l'empereur de toutes les Russies, Alexandre II, fut condamné à mort par le Comité exécutif. »

Les effectifs du mouvement s'élèvent alors à quelques dizaines d'hommes, ce qui suffit amplement, lorsqu'on dispose de techniques de pointe. La « force des faibles » est efficace.

À l'automne, lorsque Alexandre II part pour Livadia, le CE a déjà assez de dynamite pour anéantir le train impérial. Le plan est le suivant : trois lieux, Odessa, Alexandrovsk et Moscou, couvrent tous les itinéraires possibles. Quel que soit le choix du souverain, il traversera forcément l'une de ces trois villes.

La dynamite sera répartie sous la voie de chemin de fer, entre ces trois points. Quoi qu'il advienne, le tsar mourra.

Et les membres de la « Volonté du Peuple » s'en vont préparer leurs mortels présents à l'empereur de Russie.

Odessa

En septembre 1879, Vera Figner arrive à Odessa, avec une première cargaison de dynamite. Nikolaï Kibaltchitch ne tarde pas à la suivre, apportant également un chargement d'explosif. Se faisant passer pour mari et femme, le très policé Kibaltchitch et la belle Figner aux yeux gris louent un appartement dans la prestigieuse rue Catherine. Ils y sont bientôt rejoints par Frolenko.

Le trio s'attelle à des tâches extrêmement dangereuses : il prépare les amorces, sèche la pyroxiline, vérifie les détonateurs. La dynamite est, on le sait, très sensible, elle peut exploser brusquement, emportant dans l'autre monde les dynamiteurs.

Les « dynamiteurs », c'est ainsi qu'ils se nomment – un mot nouveau pour un temps nouveau. Les charges sont prêtes. Reste le plus difficile : les placer sur le trajet du train impérial.

Vera Figner se rend chez le baron Ungern-Sternberg, gendre du comte Totleben, général-gouverneur d'Odessa. Les manières irréprochables de cette femme du monde charment aussitôt le baron. Figner lui demande de trouver une place de gardien dans les chemins de fer à son domestique, auquel « les médecins ont prescrit de vivre au grand air parce qu'il souffre des poumons ». Le baron est ravi de venir en aide à cette noble et belle jeune femme. Il écrit donc une lettre de recommandation au responsable des chemins de fer d'Odessa.

Peu après, un nouveau gardien arrive dans la petite bourgade de Gniliakovo, aux environs d'Odessa. Il n'est autre que Mikhaïl Frolenko qui, avec son air « peuple », fait parfaitement l'affaire.

Cependant, tout le travail effectué à Odessa est vain. À Simferopol se trouve un agent de la « Volonté du Peuple », A. Presniakov. Âgé de vingt-trois ans, il a déjà été arrêté, a faussé compagnie à son escorte et vécu en émigration. Mais la terreur en Russie lui a paru plus séduisante que le gai Paris ou le riche Londres. Presniakov informe Odessa, par un télégramme chiffré, que le souverain ne passera pas par Odessa. Il partira de Simferopol.

Le train impérial traversera donc Alexandrovsk et Moscou. Là aussi, il est attendu...

Alexandrovsk

À Alexandrovsk, l'attentat est préparé par un groupe de terroristes que conduit Andreï Jeliabov. Celui-ci se fait passer pour un marchand, venu installer dans la ville une tannerie. Pour cela, il se porte acquéreur d'un terrain, situé, bien entendu, à proximité de la voie ferrée et, plus précisément, là où elle longe un haut remblai. Tout est prévu pour une action incroyablement sanglante.

Plus tard, au cours de l'enquête, Jeliabov témoignera : « L'endroit où la charge fut déposée était un énorme ravin... On y plaça de quoi faire sauter le train tout entier. Nous savions exactement combien de wagons il comporterait. »

La monstrueuse charge doit anéantir le convoi. Le remblai est choisi tout exprès pour garantir le plus grand nombre de victimes. Après l'explosion, les wagons tomberont de ce remblai dans le ravin. Les victimes seront, non seulement le tsar et sa famille, mais encore les serviteurs et les innombrables gardes chargés de sa protection. Au demeurant, l'ancien paysan Jeliabov ne songe pas à eux. Une notion nouvelle a fait son apparition : le « pragmatisme révolutionnaire ». Bref, la fin justifie les moyens.

Toutes les nuits, Jeliabov et ses hommes, se fondant dans l'obscurité avec leurs burnous noirs, œuvrent près de l'imposant remblai. Le sol est gelé : le froid est arrivé tôt cette année-là. La pluie glacée d'automne tombe. Mais notre géant, ignorant la fatigue, creuse un tunnel sous le remblai. Il procède ensuite à l'opération la plus dangereuse : transporter dans ce tunnel les charges, déjà équipées des détonateurs. Il doit porter lui-même cet explosif des plus sensibles sur deux cents mètres, car le cheval ne peut se rapprocher plus. Et il le fait, s'attendant, à chaque instant, à sauter.

Enfin, tout est prêt. Jeliabov s'est réservé l'honneur de rattacher personnellement les fils pour l'explosion. Ses mains de paysan doivent projeter dans les airs le train impérial.

Vient le 18 novembre, jour où le convoi du tsar doit traverser Alexandrovsk. Un télégramme chiffré informe Jeliabov qu'un premier train passera, avec la suite. Un second transportera l'empereur, lequel se trouvera dans le quatrième wagon.

À neuf heures du matin, Jeliabov et ses camarades se dirigent vers le remblai et descendent dans le ravin. Ils déterrent les fils et attendent.

Le train de la suite passe au-dessus d'eux. Bientôt apparaît le train impérial. Trois wagons défilent sur la mine. Voici le quatrième, celui du tsar ! L'un des membres de la « Volonté du Peuple » crie alors joyeusement à Jeliabov : « Feu ! »

Triomphant, Jeliabov relie les fils et... rien ! Le train est déjà loin. Nos terroristes sont sous le choc, pleins d'une rage impuissante. Tant d'efforts, tant de travail, en vain !

Par la suite, le CE créera une commission spéciale, chargée de déterminer la cause de cet échec. Il apparaîtra que le fils de paysan Jeliabov aura été incapable de s'en sortir avec les nouvelles techniques. Il n'a pas su relier convenablement les fils, l'étincelle ne s'est pas produite.

Heureusement, il reste Moscou, ville vers laquelle le train impérial file comme le vent.

Moscou

À Moscou, on applique le même schéma. Dans les faubourgs de l'ancienne capitale, au-delà de la barrière de Rogoja, s'installe un aimable couple : les bourgeois Soukhoroukov. S. Stepniak-Kravtchinski raconte : « Dans un faubourg de l'ancienne capitale russe, à l'endroit où cette ville semi-asiate, qui, par la grandeur, ne le cède en rien aux antiques Babylone et Ninive [...] se fond avec les potagers, les jardins et les friches cernant Moscou de toutes parts, dans cette partie presque campagnarde de la ville se trouvait une maison de plain-pied, vétuste, noircie par les ans et à moitié en ruine. »

C'est là, à cent cinquante mètres à peine de la ligne de chemin de fer Moscou-Koursk, qu'emménagent les Soukhoroukov. Sous ce nom se cachent les membres de la « Volonté du Peuple » Sofia Perovskaïa et Lev Hartman. Depuis leur maison, ils entreprennent de creuser une galerie, à l'extrémité de laquelle sera placée une forte charge explosive. Commence alors le quotidien des terroristes. Nos locataires annoncent à leur propriétaire qu'ils font faire de gros travaux. Ils clouent des planches aux fenêtres et, chaque soir, apparaissent des « terrassiers » qui ne nous sont pas inconnus : A. Mikhaïlov, A. Barannikov, N. Morozov, S. Chiriaïev et d'autres. Ils travaillent toute la nuit et s'en repartent à l'aube.

Ils n'ont pas la moindre idée de la façon dont on creuse une galerie : « Les indications du service des mines et des sapeurs ne nous furent pas d'une grande utilité, se souvient Mikhaïlov, de sorte que nous apprîmes sur le tas. » Ils ne peuvent creuser très profond, gênés par l'eau qui se trouve au-dessous et affleure très vite à la surface. Et toutes les précautions sont insuffisantes, car le sol de la galerie est très humide... À quatre pattes, dans la boue froide jusqu'au cou, travaillant du soir au matin, ils n'avancent guère, quotidiennement, de plus de deux mètres, consolidant la galerie à l'aide de planches. Pour le cas où, malgré leurs efforts, la galerie s'effondrerait, ils ont sur eux du poison, afin de ne pas souffrir trop longtemps.

Un autre danger les menace : la venue de la police. « Tous ceux qui travaillaient avec nous savaient pertinemment ce qui les attendait s'ils étaient arrêtés, écrit Stepniak-Kravtchinski. À toutes fins utiles, nous avions en permanence dans la maison une bouteille de nitroglycérine, à faire sauter si la police s'avisait d'enfoncer la porte. »

Un jour, un incendie se déclare près de chez eux. Les voisins accourent pour les aider à sortir leurs affaires. Ils ne peuvent évidemment les laisser entrer. L'ingénieuse Sofia Perovskaïa sauve la situation. Elle saisit une icône et se précipite dans la cour en criant : « Ne touchez à rien, telle est la volonté de Dieu ! Seule la prière nous épargnera le châtiment divin !... » Impressionnés, les voisins s'en retournent. Longtemps, jusqu'à ce que le feu soit éteint, l'on voit, tenant une icône, une petite silhouette féminine plantée devant la porte.

« Pourtant, en dépit de tous les dangers, une franche gaieté régnait dans la petite maison, se rappellent les membres de la "Volonté du Peuple". Au dîner, quand tous étaient réunis, on bavardait et plaisantait comme si de rien n'était. Le plus souvent résonnait le rire argentin de Sofia Perovskaïa, bien qu'elle eût en permanence, dans sa poche, le revolver à l'aide duquel, en cas de nécessité, elle devait tout faire sauter, et nous avec. »

Ainsi travaillent-ils à la sueur de leur front et s'amusent-ils « franchement », prêtant l'oreille au rire de la petite Sonia, avant d'envoyer *ad patres* une foule de gens !

La galerie, cependant, passe déjà sous le remblai du chemin de fer. À présent, lorsque les conjurés sont au-dessous, ils entendent le vacarme des trains à l'approche. Le bruit augmente, puis, dans un fracas assourdissant, le convoi leur passe sur la tête, tandis que les planches de renforcement tremblent pitoyablement. « Les roues sautent de rail en rail [...] tout frémit alentour, de la terre, par les fissures, nous tombe sur le crâne, dans les yeux et les oreilles ; la flamme de la bougie vacille, pourtant il est plaisant d'entendre cette chose puissante et terrible qui vole à une vitesse fulgurante », se souvient Nikolaï Morozov.

Vient enfin le moment de placer la charge explosive. Certains se demandent, alors, en dépit des assurances de Kibaltchitch, s'ils ont assez de dynamite.

Ils ne tardent pas à recevoir un télégramme de Simferopol, adressé par l'infatigable agent Presniakov : « Le blé est à *deux* roubles, notre prix est de *quatre*. » Ils savent donc que le tsar sera, comme à son habitude, dans le *second* convoi, après celui de la suite, et dans le *quatrième* wagon. Il y a donc bien assez de dynamite pour un wagon.

393

La dynamite meurtrière

Néanmoins, frénétique et assoiffé d'action, Goldenberg part pour Odessa, afin d'y prendre à Figner la dynamite inutilisée. Il la range dans une grande valise et s'apprête à reprendre le train pour Moscou.

Dès la gare d'Odessa, il commet un impair. Vêtu tel un dandy, il traîne lui-même son énorme valise, manifestement trop lourde, au lieu de héler un porteur, ainsi qu'il siérait à n'importe quel voyageur aisé. Ce détail éveille les soupçons de l'un des porteurs qui attendent, désœuvrés, et ceux-ci s'empressent d'informer la police.

Goldenberg, toutefois, est déjà parti. On télégraphie aussitôt à l'arrêt suivant : Elisavetgrad. La police y attend notre conspirateur. Il tente de s'enfuir, mais il est cerné. Il sort alors un revolver...

« Il était impossible de s'approcher et de s'emparer de lui, lit-on dans un rapport adressé à la Troisième Section. Il avait armé son revolver et entrepris de viser tous ceux qui prétendaient faire un pas dans sa direction [...] ce qui excita extraordinairement la foule contre lui. »

On réussit enfin à le désarmer, et la foule, déchaînée, se jette sur lui. Il faut l'intervention des gendarmes pour éviter qu'elle ne le massacre.

« Six hommes durent toutefois unir leurs efforts, afin de lui lier les mains, tant il était costaud... et mauvais avec cela, au point qu'il mordait. »

Le sort de Grigori Goldenberg sera tragique.

C'est, nous l'avons dit, un homme nerveux, sanguin, fougueux. À la forteresse Pierre-et-Paul, on charge de son dossier un juge d'instruction expérimenté, qui décèle aussitôt son principal trait de caractère : un amour-propre hypertrophié (réaction, sans doute, aux humiliations sans fin subies par ce Juif dans son enfance). Le juge d'instruction écoute sans broncher son discours sur les grandes et nobles visées de la « Volonté du Peuple », puis il lui propose de sauver la Russie. On ne lui demande pas grand-chose : juste de révéler les objectifs suprêmes du mouvement et de décrire les nobles activistes de ce parti révolutionnaire, auxquels, bien sûr, le gouvernement n'ira pas chercher noise ! « Tout vient de ce que nous nous sommes tous fourvoyés ! Mais vous devez, à présent, tirer des ténèbres de la terreur la jeunesse russe égarée, et le gouvernement qui ne l'est pas moins, pour les amener à la lumière de la réconciliation. »

Goldenberg y croit. Il rédige cent cinquante pages d'aveux, avec les noms, adresses, caractéristiques et agissements de cent quarante-trois « nobles membres de la "Volonté du Peuple" ».

Se ressaisissant ensuite, il lance, au cours d'un nouvel interrogatoire, cet avertissement :

« Sachez que si un seul cheveu tombe de la tête de mes camarades, je ne me le pardonnerai pas !

– Pour les cheveux, je ne saurais dire, ricane le juge d'instruction. Mais pour les têtes, il est certain que beaucoup tomberont... »

Et Goldenberg se pend dans sa cellule.

Un wagon en marmelade

À Moscou, les membres de la « Volonté du Peuple », informés de l'arrestation de Goldenberg, ne s'inquiètent pas : ils sont sûrs qu'il ne les trahira pas. Un nouveau coup les attend, toutefois, le 18 novembre. Ils apprennent que le train impérial a traversé sans encombre Alexandrovsk. Ils se disent que Jeliabov et ses camarades ont dû être appréhendés, ce qui peut signifier que la police les a repérés, eux aussi ! Dès lors, ils s'attendent à la voir débarquer à chaque instant. Sonia tient son pistolet prêt. Leurs nerfs sont tendus à l'extrême.

Or vient le 19 novembre, date à laquelle le train impérial doit passer par Moscou, et tout semble calme. Les deux convois, celui de la suite et celui du tsar, sont prévus entre dix et onze heures du soir

Tous les terrassiers quittent la maison. Au moment de partir, Nikolaï Morozov prend une pierre en souvenir de la galerie de la mort.

« Nous discutâmes, écrit S. Chiriaïev, pour savoir qui devrait rester sur place, afin d'attendre le train impérial et de déclencher l'explosion. Il fut décidé que Hartman et Perovskaïa demeureraient jusqu'au bout. Leur tâche consistait uniquement à relier les plots du commutateur... »

Sonia fera le guet et, lorsque le quatrième wagon approchera, elle adressera un signe à Hartman qui se trouvera dans la maison. Il reliera alors les fils, la charge explosera, projetant dans les airs le train impérial.

L'instant historique est proche.

Voici qu'apparaît, fonçant à toute vapeur, le premier convoi. Sonia le laisse passer : le télégramme ne précise-t-il pas que c'est le train de la suite ? Environ une demi-heure plus tard, arrive le second convoi. Un wagon, deux wagons... Et voici le quatrième.

Sonia fait signe à Hartman.

Celui-ci relie les fils et une puissante explosion ébranle la barrière de Rogoja endormie. Le wagon est littéralement propulsé dans les airs, puis retombe sur le toit. Les autres wagons déraillent...

Perovskaïa et Hartman quittent rapidement la maison. Le tsar n'est plus.

Ils ignoraient l'essentiel

Le ministre de la Guerre, D. Milioutine, qui voyage dans le train du tsar, écrit : « Le train impérial suit, d'ordinaire, une demiheure plus tard, le premier convoi, dit le "train de la suite". Ce jour-là, ils furent intervertis : la locomotive du premier convoi fonctionnait mal. Le souverain n'avait pas souhaité attendre que l'on changeât de machine et le train impérial partit le premier. »

En d'autres termes, l'empereur se trouvait dans le convoi que Perovskaïa avait tranquillement laissé filer.

« Le wagon qui sauta était un wagon à bagages, contenant des fruits de Crimée. Il n'y eut pas de victimes », ajoute Milioutine.

Tandis que les fruits étaient projetés dans les airs, le tsar, lui, se trouvait déjà à Moscou.

Ils connaissaient son wagon !

Dans le train, Alexandre a reçu un télégramme de Nice, de l'impératrice. Son état, écrit-elle, est « stationnaire ». Elle envoie, depuis quelque temps, des messages désespérés ; il sent qu'elle voudrait revenir.

Il fait complètement nuit lorsqu'ils entrent dans Moscou. Des troupes attendent le train à la gare. La musique militaire retentit. Tandis que le souverain quitte les lieux, Moscou entend l'écho lointain d'une explosion.

Alexandre séjourne au palais Nicolas du Kremlin. C'est là qu'il a vu le jour, soixante et un ans plus tôt. « Vers dix heures du soir, écrit D. Milioutine, nous pénétrâmes dans le palais du Kremlin. Nous n'eûmes pas le temps de défaire nos malles que nous apprîmes avec stupeur qu'une mystérieuse charge explosive avait fait dérailler le second train, au moment où il entrait, une demi-heure après nous, dans les faubourgs de Moscou, transportant une partie de la suite, les domestiques et les bagages. De toute évidence, un attentat était prévu contre le train impérial. Des circonstances tout à fait extraordinaires (les trains intervertis) avaient induit les scélérats en erreur... La locomotive avait pu passer, mais les deux wagons à bagages qui suivaient s'étaient retrouvés sur le flanc, et les autres avaient déraillé. Par bonheur, ils n'avaient pas explosé, il n'y avait aucune victime. »

Le tsar s'installe dans ses appartements, lorsque se présente le ministre de la Cour Alexandre Adlerberg pour l'informer de ce qui est arrivé au second convoi : « Le quatrième wagon... est en marmelade, dit-il. Mais il ne contenait que des fruits de Crimée. »

L'empereur blêmit, sans doute : le quatrième wagon ! Les criminels, c'est clair, étaient au courant de tout : ils connaissaient la composition du train et jusqu'au numéro – pourtant secret – de son wagon. Il faut croire qu'une personne bien informée les avait prévenus.

L'histoire a conservé cette remarque impuissante du tsar : « Que veulent de moi ces gredins ? Pourquoi me traquent-ils comme une bête sauvage ? »

De Moscou, Alexandre envoie un télégramme à l'impératrice : « Bien arrivé à Moscou où la température est de quatorze degrés au-dessous de zéro... Désolé d'apprendre que ton état reste inchangé. Je me sens bien, je ne suis pas fatigué. Je t'embrasse tendrement. »

Le lendemain, le bruit se répand à Moscou que l'explosion est l'œuvre d'étudiants. Une foule se rue à l'université, mais la police y est déjà...

Cependant, à la cathédrale de l'Assomption, un office d'action de grâces est célébré. « Dieu m'a sauvé encore une fois », dit le tsar. Il ne saura jamais que le Très-Haut l'a épargné à deux reprises, au cours de ce voyage...

« L'événement du 19 novembre assombrit notre séjour à Moscou, note D. Milioutine. Notre retour à Saint-Pétersbourg s'effectua sous la pénible impression laissée par cet attentat. Toutes les mesures de protection possibles furent prises pour le train impérial. La capitale ne fut pas même informée de l'heure d'arrivée du souverain. Les troupes de la garnison, les officiers, les hauts fonctionnaires et jusqu'à la famille du tsar, attendirent plusieurs heures dans les rues et à la gare, par un froid exceptionnel pour la ville. Toutes communications télégraphiques furent interrompues. Par malheur, la tempête de neige se déchaîna au cours de la nuit. L'empereur n'arriva à Saint-Pétersbourg que vers trois heures de l'après-midi. Il était triste et grave. »

L'héritier l'attend au palais, la mine sombre. Dans ses yeux, toujours le même appel muet : il faut briser la sédition !

Sacha note dans son Journal :

« 22 novembre. *Papa*[1] est rentré de Livadia. Il a passé deux jours à Moscou où l'on a, une nouvelle fois, attenté à ses jours... Décidément, quelle charmante époque ! »

Désormais, on ne se contente plus d'assurer la protection du carrosse, lorsque l'empereur se déplace dans la capitale ; il faut

---

1. En français dans le texte.

aussi protéger la voie de chemin de fer pour le train impérial. Tout cela est nouveau pour les gens.

Le grand-duc Alexandre Mikhaïlovitch, en visite à Saint-Pétersbourg avec son père, le vice-roi du Caucase, raconte, stupéfié : « La ligne Moscou-Saint-Pétersbourg, soit six cent cinq verstes[1], était entièrement bordée d'un cordon de troupes. Tout au long du voyage, nous ne vîmes que baïonnettes étincelantes et capotes de soldats. La nuit, des milliers de feux éclairaient notre route. Nous pensâmes d'abord que c'était le cérémonial réservé au vice-roi du Caucase mais apprîmes bientôt que l'empereur souverain devait prochainement se rendre à Moscou ; aussi le gouvernement avait-il pris des mesures extraordinaires pour protéger son train contre d'éventuels actes criminels. Nous en fûmes indiciblement chagrinés. Manifestement, la tension politique était à son comble, si, pour le train de l'empereur de toutes les Russies, il fallait à présent garder le moindre pouce de voie ferrée entre les deux capitales. C'était si différent du temps où l'empereur Nicolas Ier voyageait presque sans protection dans les régions les plus reculées de son immense empire. Notre père en fut attristé et ne put masquer son émotion. »

Des informations parviennent cependant : à Moscou, une galerie a été découverte sous la voie ferrée. C'est là qu'avait été placée la charge explosive. Le conduit menait à la maison du bourgeois Soukhoroukov, située à quelque cent cinquante mètres à peine... La maison était vide au moment où la police s'y rendit ; toutefois, le poêle était encore chaud, de même que le samovar, et une chandelle était allumée...

Celui qui se fait appeler Soukhoroukov se révèle non seulement un terroriste, mais encore un aigrefin : juste avant l'explosion, il est parvenu à emprunter une somme importante à une veuve de marchand, en gageant la maison dont il n'était que locataire.

On apporte bientôt à l'empereur une proclamation des scélérats :

« Le 19 novembre de l'année en cours, aux environs de Moscou, sur la ligne Moscou-Koursk, un attentat a été commis, sur décision

_____
1. Ancienne mesure de distance, équivalant à 1,06 km.

du Comité exécutif, contre Alexandre II dont le train a explosé. Cette tentative a échoué. Nous ne jugeons pas opportun de rendre présentement publics les motifs de cet échec.

Nous sommes convaincus que nos agents et l'ensemble de notre parti ne seront pas découragés par cette tentative malheureuse et y puiseront, au contraire, de nouvelles forces, ainsi que la certitude d'une possible victoire. Nous nous adressons à tous les honnêtes citoyens de Russie, à tous ceux qui chérissent la liberté et pour lesquels la volonté et les intérêts du peuple sont sacrés, afin d'exposer une nouvelle fois au grand jour qu'Alexandre II [...] est le grand symbole du pouvoir usurpé au peuple, le principal pilier de la réaction, le premier responsable des assassinats perpétrés par les tribunaux... Pour briser le despotisme et rendre au peuple ses droits et son pouvoir, nous avons besoin du soutien de tous. Nous l'exigeons et l'attendons de la Russie. »

Question à la police impériale

Le plus étonnant de l'affaire reste malgré tout le comportement de la police du tsar.

Le 14 novembre, après l'arrestation de Goldenberg, un télégramme arrive à la Troisième Section : « Les gendarmes ont appréhendé, ce jour, en gare d'Elizavetgrad, un inconnu arrivé par le train d'Odessa. L'individu a opposé de la résistance. Son bagage contenait plus d'un *poud* d'explosifs. À l'interrogatoire, l'homme s'est déclaré socialiste. Voir copie jointe. »

« Ne visait-il pas le passage du train impérial ? » interroge, sagace, le chef de la Troisième Section, Drenteln.

La question est étrange. L'homme appréhendé ne transportait sans doute pas de la dynamite par plaisir. Il est donc clairement établi que les terroristes préparent une explosion sur le trajet du train impérial. Il faut, d'urgence, envoyer un télégramme au tsar, stopper, si possible, le convoi, contrôler toute la voie ferrée... Bref, il faut faire quelque chose !

Or, rien n'est entrepris. Seul le hasard sauve le tsar.

Reste la question : comment l'expliquer ?

Il y a plus stupéfiant. « Le grandiose attentat à la dynamite, organisé par le Comité exécutif en 1879, pour le retour de Crimée du souverain, écrit S. Stepniak-Kravtchinski, fut peut-être le plus fantastique de tous ceux jamais conçus et mis à exécution. Nous manquions d'hommes pour le réaliser, aussi dûmes-nous très largement recourir aux services de gens extérieurs, choisis parmi les nombreux sympathisants qui entourent immanquablement un parti aussi populaire que celui alors dirigé par le CE. Il n'est donc pas étonnant, compte tenu de la masse d'hommes mobilisés, que la rumeur des attentats en préparation se répandît très vite par toute la Russie. Certes, le public ignorait où aurait lieu, exactement, l'explosion. Mais tous les étudiants, les avocats, les hommes de lettres, hormis ceux vendus à la police, savaient que le train impérial sauterait lorsque le souverain rentrerait de Crimée. On en parlait absolument partout. À Odessa, un littérateur assez connu (I. Svedentsov) lança quasi ouvertement une souscription pour l'explosion et remit l'intégralité des mille cinq cents roubles ainsi obtenus au Comité. Or, la police, elle, ne savait rien. »

Ainsi, elle ne savait rien ?... Avec tous ses agents et le gigantesque réseau de ses informateurs ?

On en revient donc à la même question : comment l'expliquer ?

« Est-il possible, dans ces conditions, de combattre les nouveaux barbares ? »

Vient la nouvelle année 1880, l'avant-dernière dans la vie de notre héros. Il est bien obligé de reconnaître que ni les exécutions ni l'état d'exception n'ont calmé le pays. Et voici qu'après l'attentat de la voie ferrée, alors que tous s'attendent à des répressions sanglantes, l'empereur fait appeler son frère Constantin.

Le grand-duc racontera, tout heureux : « Le souverain m'annonça qu'il souhaitait, pour les vingt-cinq ans de son règne [le 19 février 1881, E. R.], témoigner sa confiance à la Russie, effectuer un autre pas important dans l'achèvement des transformations en cours.

Il voulait donner à la société plus qu'elle n'avait aujourd'hui, lui permettre de prendre part aux discussions sur les dossiers essentiels.»

La rumeur d'une Constitution se répand aussitôt.

Alexandre réunit un conseil. Mais à peine a-t-il évoqué son projet de poursuivre les réformes qu'il voit l'horreur dans les yeux du tsarévitch. Il ne décèle pas autre chose dans le regard des courtisans et des membres de la grande famille Romanov. On attend de lui des mesures autoritaires, non des concessions...

Il note, le soir, dans ses Carnets : «29 janvier. Le conseil tenu avec Constantin et d'autres, *a résolu de ne rien faire.*»

De nouveau, il passe des heures, prostré, dans son cabinet de travail.

Une nouvelle humiliation l'attend. Un rapport est envoyé de Paris, rédigé par le chef des agents russes à l'étranger. Un dénommé Lev Hartman, récemment arrivé en train dans la capitale française, se révèle être l'aigrefin terroriste Soukhoroukov, à l'origine de l'explosion du train de la suite.

Le ministre des Affaires étrangères Gortchakov envoie, séance tenante, une requête au président de la République : «Il ne s'agit point, ici, d'un nihiliste russe, mais de la question de l'impunité... Il convient alors de s'interroger : est-il possible, dans ces conditions, de combattre les nouveaux barbares ?»

Gortchakov ajoute qu'on n'a pas le droit de *les* laisser ourdir leurs «complots en toute liberté et impunité»... Car il «leur suffit aujourd'hui de dresser un plan, de creuser une galerie, de régler une machine infernale à une heure précise ou de produire une étincelle électrique à distance», pour «disparaître ensuite dans un autre pays, en attendant les résultats de leur œuvre destructrice [...] protégés par le droit d'asile qui leur garantit sécurité et liberté.»

En conséquence, le gouvernement russe exige l'extradition du «nouveau barbare».

Mais la chancellerie du président français est aussitôt inondée de lettres de l'opinion indignée par l'«acharnement du monarque russe». La campagne de protestation est menée par Victor Hugo en personne, qui s'adresse directement au président Grévy : la société exige que l'on protège Hartman contre «la terreur tsariste». Les journaux français publient des articles de radicaux russes connus, des émigrés, tels que Gueorgui Plekhanov, Piotr Lavrov, Stepniak-Kravtchinski. L'ambassadeur de Russie, le prince Orlov, reçoit par la poste un courrier l'informant qu'il a été condamné à mort par le « Comité socialiste russe de Paris ».

Et le président français refuse de livrer Hartman. Le tsar n'a plus qu'une solution : rappeler son ambassadeur.

«Une femme de chambre malade est mieux traitée»

Alexandre décide de faire renter en Russie l'impératrice malade : le climat de Nice ne lui a été d'aucun profit. L'empereur croit comprendre qu'elle redoute de mourir seule à l'étranger et cela le tourmente. C'est l'hiver. On confie au comte Alexandre Adlerberg le soin d'aller chercher la souveraine.

L'impératrice a été informée par les journaux de l'attentat perpétré contre le train à Moscou. C'est pour elle un nouveau coup. Il apparaît alors qu'elle ne souhaite pas rentrer dans un pays qui humilie son monarque, et dont le monarque humilie la souveraine.

«On ne m'a point consultée. C'est une décision cruelle. Il me semble qu'une femme de chambre malade est mieux traitée», se plaint-elle à une dame d'honneur.

En se préparant au départ, elle pleure et répète que, dans son état, elle ne supportera sans doute pas un aussi long voyage, en hiver qui plus est. Elle a un mauvais pressentiment. Et, en effet, elle va si mal qu'en chemin ses dames d'honneur auront maintes fois l'impression qu'elle n'arrivera pas vivante.

Le docteur Botkine a pourtant prévenu le tsar qu'il convenait de lui éviter toute émotion. Aussi, hormis quelques membres de la famille, nul n'est autorisé à l'accueillir à la gare.

On la transporte au palais d'Hiver... Elle s'alite aussitôt et ne se relèvera pas.

Le tsar doit mourir de la main d'un ouvrier

Les menaces des terroristes dans leur proclamation ne sont pas des paroles en l'air. Déjà, un homme s'est introduit dans le palais d'Hiver. Même les membres du « Grand CE » (ainsi les révolutionnaires appelleront-ils par la suite le Comité exécutif) ignorent comment il y est parvenu. Le secret le plus absolu a été gardé. Seuls les membres de la Commission de coordination, Alexandre Mikhaïlov, Lev Tikhomirov et Alexandre Kviatkovski, connaissent l'agent de la « Volonté du Peuple » infiltré chez le tsar.

Tout vient de ce que la conviction des membres du mouvement, selon laquelle si le souverain meurt, le tsarisme tombera aussi, s'enracine de plus en plus chez les ouvriers. Et l'un d'eux, Stepan Khaltourine, a une idée : le tsar doit mourir de la main d'un homme comme lui. « Que tous les tsars sachent, déclare-t-il, que nous autres, ouvriers, ne sommes pas si bêtes, et que nous pouvons apprécier à leur juste valeur les "services" qu'ils rendent au peuple ! » La certitude que l'empereur a trahi le peuple et qu'il doit, de ce fait, mourir de la main d'un homme du peuple devient l'*idée fixe*[1] de Khaltourine.

Résolu au régicide, notre homme se fraie un chemin vers le palais d'Hiver. Menuisier hors pair, il ne manque pas de relations dans le monde laborieux de Saint-Pétersbourg. Il est bientôt engagé, afin d'effectuer des réparations sur le yacht de l'empereur – un excellent tremplin pour le palais. Sur le bateau, il se fait reconnaître comme le meilleur des menuisiers et retient l'attention des responsables de l'intendance. C'est ainsi qu'il finit par atteindre son but.

Il entre ensuite en contact avec la « Volonté du Peuple », propose à Kviatkovski de faire sauter le palais d'Hiver, avec toute la famille impériale, et demande le concours du Comité exécutif. Celui-ci doit l'aider à obtenir toutes sortes de renseignements et, surtout, lui procurer de la dynamite.

---

1. En français dans le texte.

La proposition de Khaltourine est examinée par la Commission de coordination et acceptée, mais seulement « en réserve ». On prépare, en effet, à ce moment-là, l'attentat contre le train impérial, et les terroristes n'ont ni temps ni dynamite à mettre à la disposition de notre ouvrier. Ils lui prescrivent de se faire embaucher au palais et d'attendre son heure.

En octobre 1879, un dangereux individu commence donc à travailler comme menuisier au palais d'Hiver, sous le nom de Batychkov. Et il prend son mal en patience.

Khaltourine est grand, il a le teint rose, et le simple fait de contempler son jeune visage toujours heureux est réjouissant. D'emblée, il dispose en sa faveur les serviteurs, surtout le nombreux personnel féminin.

Au rez-de-chaussée et dans les vastes caves de l'immense palais se trouvent les cuisines, les magasins, les ateliers. Khaltourine loge dans les caves, avec d'autres menuisiers. C'est là également que se trouve son atelier.

La famille impériale, nous l'avons dit, est au premier étage. Dans ses appartements, dans les somptueuses salles d'apparat, dans ce qu'on nomme les « quartiers réservés », luxueux, eux aussi, où logent les très augustes parents des Romanov, chez la princesse Dolgoroukova, dans les pièces attribuées aux gentilshommes de la chambre et aux dames d'honneur, il ne manque pas de menus travaux à effectuer – réparations, rénovations et autres. Chaque fois, l'on s'efforce de faire monter de la cave le plus habile des menuisiers, « Batychkov ».

Khaltourine œuvre même dans la resserre aux Diamants, où sont gardés les insignes impériaux et les joyaux accumulés au cours des siècles par la dynastie Romanov. Il y a là de célèbres diamants. Seuls les monarques de Russie, d'Allemagne et d'Autriche-Hongrie achètent alors de fabuleuses pierres. (Par la suite, les bolcheviques feront main basse sur les bijoux impériaux et, comme l'écrira le grand-duc Alexandre Mikhaïlovitch, se retrouveront « dans la situation de pillards disposant d'une marchandise, mais ayant anéanti leurs acheteurs potentiels ».)

405

Khaltourine connaît donc parfaitement la disposition des pièces au palais d'Hiver.

Le tsar, cependant, doit rentrer de Livadia, et c'est le branle-bas de combat au palais. Khaltourine trime du matin au soir, principalement dans les appartements impériaux, où il rénove les vieux et précieux meubles.

Dans son rôle de « paysan Batychkov », il se révèle un acteur doué. Il s'est doté d'un masque de brave moujik un peu sot. Tous les laquais se gaussent de ses manières balourdes, de l'habitude qu'il a, lorsqu'il réfléchit, de se gratter derrière l'oreille. Chacun essaie de jeter de la poudre aux yeux de ce mal dégrossi. Et, par les récits pleins de vantardise des laquais, Khaltourine est informé du plus important : les horaires qui rythment la vie de la famille impériale.

Il se familiarise aussi avec le quotidien du palais. Il y a beau temps que la peur qui y régnait au temps de Nicolas Ier a disparu, de même qu'elle a disparu dans le pays. Seuls les plus âgés des serviteurs se rappellent que l'atmosphère y était, à l'époque, « aussi recueillie que dans une église ».

La sécurité est placée sous la responsabilité du commandant du palais, Delsalle, vieux guerrier blessé à Sébastopol. Il a conservé les mœurs patriarcales qui prévalaient avant la terreur. Le manque de discipline, les habitudes de l'innombrable domesticité ne laissent pas d'étonner Khaltourine, dont les collègues s'organisent de petits festins auxquels se présentent, sans contrôle ni surveillance, quantité de leurs relations.

« Alors que les personnages les plus haut placés ne pouvaient accéder au palais par la grande porte, les entrées de service étaient ouvertes, jour et nuit, à tout compagnon de taverne du moindre serviteur, constate-t-il. Il arrivait souvent à ces visiteurs de rester dormir sur place. »

Notre homme est également surpris par la débauche et l'effroyable désordre de l'administration du palais. La liberté de mœurs qui caractérise les domestiques s'accompagne d'un pillage généralisé.

406

La situation est telle que Khaltourine se voit contraint de dérober des vivres, afin de ne pas éveiller les soupçons. Le fait n'a rien d'une invention de révolutionnaire. Le même comportement caractérise les bals les plus magnifiques à la Cour. C'est là une situation si typique que Léon Tolstoï la décrit dans *Anna Karénine*. Au cours d'un bal, une grande-duchesse demande à un chevalier-garde de montrer son nouveau casque à l'ambassadeur d'Italie qui s'intéresse aux équipements de l'armée russe. L'homme a l'air mal à l'aise et semble peu décidé à obtempérer. Mais la grande-duchesse insiste et le chevalier-garde est obligé de s'exécuter. La grande-duchesse « retourna le casque et – bing ! – il en tomba une poire, suivie de deux livres de bonbons », le tout volé sur les tables réservées aux chevaliers-gardes.

On attend donc avec impatience, au palais, l'arrivée du train impérial. Cependant, avec plus d'impatience encore, les membres de la « Volonté du Peuple » l'attendent aussi, à Alexandrovsk et Moscou.

Mais le tsar, nous le savons désormais, rentre sain et sauf à Saint-Pétersbourg.

Le trousseau infernal

Dès lors, tous les espoirs de tuer le tsar reposent sur Khaltourine. Kviatkovski est chargé de faire le lien entre le CE et lui. Ils se rencontrent, à présent, quotidiennement et le menuisier est approvisionné en dynamite qu'il introduit, chaque fois, par petites quantités, au palais.

L'appartement de Kviatkovski ne tarde pas à se transformer en laboratoire, recelant détonateurs, etc. Mais ce logement, qui a tout du baril de poudre, doit avoir l'air d'un petit nid douillet. On adjoint donc une « épouse » au locataire. Ce rôle est tenu par la sœur cadette de Vera Figner, autre jolie militante de la « Volonté du Peuple ». L'élégant Kviatkovski et sa femme, incarnation de l'aristocrate aux manières irréprochables, donnent parfaitement le change.

Khaltourine, cependant, voit se présenter l'occasion de réaliser son projet. Il est convoqué dans le cabinet du tsar pour en polir le mobilier. L'empereur est là, justement, debout devant son secrétaire, tournant le dos au menuisier. Un coup de marteau sur la nuque, et le tour serait joué : notre homme, néanmoins, n'est pas encore prêt à frapper par derrière un vieil homme désarmé. Kviatkovski, auquel il confie ses scrupules, le traite de tous les noms.

Ce n'est que partie remise. Si Khaltourine envisage difficilement de tuer un homme qu'il voit, il n'en va pas de même s'il n'a pas ses victimes sous les yeux. Depuis qu'il est au palais, il s'est aperçu que la cave où logent les menuisiers se trouve juste au-dessous de la salle à manger impériale. Il décide d'expédier dans l'autre monde le tsar et sa famille, lorsqu'ils y seront réunis.

Entre la salle à manger et la cave, il y a, toutefois, le corps de garde, avec, en permanence, une cinquantaine d'hommes, de ces « paysans habillés en soldats » qu'affectionnent les membres de la « Volonté du Peuple ». Au moment de l'explosion dans la cave, tous seront condamnés. Khaltourine déclare très tranquillement à Kviatkovski : « On massacrera forcément une cinquantaine d'hommes... Alors, autant mettre le paquet pour la dynamite, de sorte que ces gens ne meurent pas pour rien et qu'on soit sûr d'avoir *l'autre.* »

Afin que la charge traverse l'épaisse voûte de granit de la cave, il faut, selon les calculs de Chiriaïev et de Kibaltchitch, au moins huit *poud* de dynamite. Khaltourine continue donc d'apporter des munitions au palais.

« Chaque matin, raconte-t-il, après mon travail, je sortais [rencontrer Kviatkovski, E. R.] et revenais avec une petite quantité de dynamite que je cachais sous mon oreiller. Je craignais d'en prendre plus et d'attirer l'attention. Les fouilles étaient assez fréquentes, mais si superficielles que, par bonheur pour moi, jamais il ne vint à l'idée de quiconque de soulever mon oreiller, ce qui m'eût été fatal. Il est vrai que j'avais su, par ma conduite, inspirer une absolue confiance. »

Mais on ne dort pas impunément sur de la dynamite. La nitro-glycérine est très toxique et volatile, son inhalation empoisonne le sang. Les vapeurs entraînent chez Khaltourine une inflammation des yeux : ceux-ci lui sortent littéralement des orbites. Notre homme a, à présent, le teint terreux et souffre d'effroyables maux de tête. Une idée lui vient : il fait l'acquisition d'un énorme coffre qui lui est livré dans la cave. À ses collègues et voisins médusés, il explique qu'il a décidé de se marier. Il veut offrir un trousseau à sa promise et, par chance, la qualité de son ouvrage lui a valu une prime. Ce trousseau, il a l'intention de le ranger dans son coffre. Il garde désormais toute la dynamite sous des robes de femme et d'autres chiffons achetés par ses soins. Le coffre est voué, par la suite, bourré d'explosifs, à jouer le rôle de machine infernale.

C'est alors que survient un imprévu. Le 24 novembre, Kviatkovski n'apporte pas sa quantité quotidienne de dynamite, il ne vient même pas au rendez-vous et n'apparaît pas non plus le lendemain...

Autre question à la police

Khaltourine ne sait pas que, le 24 novembre, Kviatkovski se trouve déjà à la Maison de détention provisoire. Il a été arrêté et son appartement perquisitionné. Il apparaît que la sœur de Vera Figner, un peu naïve, a prié une amie de garder de la littérature interdite. Celle-ci l'a montrée à son amant qui a aussitôt informé les autorités compétentes. Et la police est arrivée...

Un autre fait très étrange se produit. La police découvre un bocal de couleur verte, contenant un mélange de nitroglycérine et de magnésie, deux composantes de base de la dynamite. On trouve aussi des récipients de fulminate de mercure, utilisé dans la fabrication des détonateurs. Autant de pièces d'engins explosifs d'une grande puissance destructrice...

On commence à entrevoir ce que complotaient ces gens. La police saisit un papier que Kviatkovski, pris par surprise, s'efforçait en vain de brûler. On y trouve *le plan d'un édifice, dont une partie est marquée d'une croix...* Les policiers établissent qu'il s'agit du palais d'Hiver. La croix correspond à la salle à manger impériale.

La police a donc tout lieu de penser qu'un attentat se prépare au palais. Il faut, de toute urgence, fouiller les lieux, contrôler tous les employés, surtout les nouveaux venus, car tout laisse croire que l'un d'eux a fourni aux terroristes le plan du bâtiment.

Or, comme pour la voie ferrée, rien de cela n'est fait. On se contente de contrôler les pièces attenantes à la salle à manger. Certes, on fouille les ouvriers de retour après une absence, mais c'est une simple formalité. Khaltourine n'est pas inquiété, lui qui a réussi à apporter au palais six *poud* de dynamite...

Très vite, il peut continuer de compléter sa réserve infernale. L'explosif lui est, à présent, fourni par Andreï Jeliabov.

Il ressort de tout cela que les deux grandes opérations du CE auraient pu ou, plutôt, auraient dû être évitées. Mais il n'en est rien et la faute en revient à l'étrange inaction de la police.

Et la question se pose à nouveau : comment l'expliquer ?

Ça y est !

Revenons au palais d'Hiver. L'année 1881 commence.

Il y a, dans le coffre, près de sept *poud* de dynamite, et Khaltourine propose de passer à l'action. La Commission de coordination se réunit tout spécialement, invitant pour l'occasion le génie de la dynamite, Kibaltchitch. Le membre de la « Volonté du Peuple » Serpokryl raconte :

« Quel effet produira l'explosion d'une telle charge ? lui demande-t-on.

– Le tsar aura très peur, mais il en sortira indemne, répond sans hésiter le spécialiste. Je ne reviens pas sur mes calculs : il faut huit *poud*, et dix seraient l'idéal. »

Khaltourine, toutefois, devient nerveux. Au palais, les entrées et sorties sont plus contrôlées qu'avant. Désormais, tous les résidents doivent être constamment munis d'un insigne, une plaque de cuivre. Notre homme apporte la dynamite par toutes petites quantités, « imaginant divers subterfuges, afin d'éviter les fouilles ou de tromper la vigilance de ceux qui y procèdent ».

On notera que, même après l'arrestation de Kviatkovski, il n'y a toujours pas de fouilles *obligatoires* pour *tous*, et qu'en rusant, on peut aisément échapper aux contrôles.

Khaltourine est las, toutefois, et veut précipiter les choses. L'impatient Jeliabov est également pressé d'envoyer la dynamite. Finalement, la Commission de coordination passe outre l'avis de Kibaltchitch.

Chaque soir, Jeliabov guette à présent Khaltourine sur la place du Palais. Mais ce dernier passe devant lui sans s'arrêter, se contentant d'un bref : « Non. » L'opération est sans cesse repoussée.

Le menuisier veut être sûr de faire sauter toute la famille. Sa patience porte ses fruits. Il apprend que, le 5 février, doit arriver au palais le prince Alexandre de Hesse, frère préféré de la tsarine. Un dîner familial est prévu à six heures précises (au palais, tout est rigoureusement organisé). Y prendront part le tsar et ses fils Alexandre et Vladimir. L'impératrice n'y sera pas, affirme-t-on à la Cour, car elle ne quitte plus la chambre.

Khaltourine a là une occasion unique d'expédier, d'un coup, dans l'autre monde l'empereur et ses deux aînés.

L'assassinat d'A. Jarkov, typographe d'une imprimerie clandestine « retourné » par la police secrète, semble à la « Volonté du Peuple » un bon prélude pour le 5 février. Le 3, des agents du Comité exécutif attirent Jarkov sur la glace de la Malaïa Nevka. Assommé, l'homme est achevé de quelques coups de poignard par Presniakov.

Et vient le 5 février. Aux environs de six heures, Khaltourine doit trouver un moyen de faire sortir ses collègues menuisiers de la cave. La tâche est aisée. Il les invite à fêter ses fiançailles dans un restaurant proche du palais d'Hiver. Juste avant six heures, il leur annonce qu'il veut leur présenter sa promise et, les laissant à attendre dans le restaurant, regagne rapidement le palais. À l'agitation qui y règne, il comprend que le prince est arrivé. Notre homme descend dans sa cave et commence à relier les fils.

Le détonateur est prévu pour lui laisser quinze minutes de battement, afin de quitter les lieux...

La tempête de neige fait rage à Saint-Pétersbourg depuis plus de quarante-huit heures. La neige tombe à gros flocons, recouvrant ponts et maisons. Les réverbères éclairent à peine. Tout est, à la fois, beau et inquiétant. Les sphinx sur la Neva sont recouverts de mantilles blanches. Les feux du palais transpercent à peine la neige drue.

Sur la place, Jeliabov attend Khaltourine, qui apparaît soudain. « D'un calme parfait, rapporte L. Tikhomirov, il salua Jeliabov et, comme s'il s'agissait d'une conversation ordinaire, dit : "Ça y est !" »

Deux secondes plus tard exactement, un terrible fracas retentit sur la place. Le palais semble pris de convulsions. La lumière s'éteint aux fenêtres. Et l'édifice sombre s'évanouit dans la tempête blanche.

Ce 5 février qui ébranle la Russie

Ce 5 février, l'empereur attend le prince Alexandre de Hesse au palais d'Hiver. La neige a recouvert les routes. Le tsar envoie ses fils Alexandre et Vladimir accueillir le prince à la gare. Le train a du retard, à cause des intempéries. Il est un peu plus de six heures, lorsque le souverain, ses fils et leur hôte s'avancent vers la salle à manger jaune.

C'est alors que le plancher se soulève nettement sous leurs pieds, tandis qu'au-dessous retentit un terrible, un monstrueux fracas. Le prince de Hesse raconte : « Le sol se souleva, comme sous l'effet d'un tremblement de terre, le gaz fut coupé dans la galerie, nous nous trouvâmes dans une complète obscurité, et dans l'air se répandit une insoutenable odeur de poudre ou de dynamite. »

« Nous nous précipitâmes tous dans la salle à manger jaune d'où parvenait le bruit et découvrîmes que toutes les fenêtres étaient éventrées ; des fissures étaient apparues sur les murs à plusieurs endroits, les lustres étaient presque tous éteints, tout était couvert d'une épaisse couche de poussière et de plâtre. »

La salle est pleine de fumée. Une fenêtre a été soufflée par l'onde de choc, mais le vent glacial qui s'engouffre ne parvient pas à dissiper ce nuage ni la puanteur de soufre. Seul un lustre est resté allumé. Près de la table sont encore postés, presque au garde-à-vous, deux laquais recouverts de plâtre, à peine visibles dans la fumée... Du plâtre sur la vaisselle d'apparat, des gravats d'où pointent des candélabres, du plâtre sur les palmes ornant la table. Tout cet espace d'un blanc-gris, avec les laquais immobiles, spectraux, et l'odeur diabolique du soufre est une vision d'apocalypse.

L'enfer

« Dans la grande cour, écrit l'héritier dans son Journal, régnait l'obscurité la plus absolue, des cris terribles retentissaient, on s'agitait. Nous nous précipitâmes aussitôt, Vladimir et moi, au poste de garde principal [au corps de garde, E. R.], ce qui n'était pas simple, car tout était éteint, et il y avait partout une fumée si épaisse que l'on avait du mal à respirer... »

Des serviteurs apeurés émergent, çà et là, des ténèbres, munis de chandelles. Le palais cède à la panique. Impossible, nulle part, de trouver le commandant, il est, à ce moment-là, entre deux étages. En raison de sa jambe abîmée, le commandant Delsalle recourt généralement à l'ascenseur. Ce jour-là, il entre dans la cabine et commence à monter, quand l'explosion se produit. La lumière s'éteint et l'ascenseur bloque à mi-chemin. « Le malheureux général, se souvient la dame d'honneur A. Tolstaïa, ne comprenant rien à ce qui lui arrivait, demeura ainsi, suspendu en l'air, une vingtaine de minutes, ce qui dut lui paraître une éternité. L'obscurité profonde le cernait de toutes parts. »

Sur la place sonne la cloche d'incendie, des voitures de pompiers foncent vers le palais.

Gravissant les degrés de marbre, les pompiers font irruption dans le corps de garde. « C'était l'enfer !... rapporte un journal de Saint-Pétersbourg. Une odeur âcre de brûlé, de la fumée partout, c'était irrespirable... Dans la fumée, les torches jetaient une lumière trouble… les casques des pompiers étincelaient… On apporta d'autres torches. Le lieu du sinistre fut éclairé. Le sol de granit, fait de dalles dont chacune pesait plusieurs *poud*, avait été projeté en l'air, telle une pitoyable balle, par la force effroyable de l'explosion. Un tas de dalles brisées, de pierres, de plâtre… Sous les décombres, on entendait des gémissements… Entre les tas de gravats, dans la fumée, des silhouettes gisaient, armées de pied en cap. Il était impossible de se déplacer : partout, on butait sur des bras, des jambes, des bouts de corps humains… À la lueur des torches, on décelait des taches brunes sur les murs… Les malheureux gardes avaient été littéralement soufflés. Des blessés, des mourants, des plaintes, des appels à une aide que l'on ne pouvait apporter, les pompiers rendus fous par l'horreur et l'obscurité. L'unique médecin de la Garde en service, ce soir-là, au palais et son infirmière se démenaient au milieu des blessés. »

C'est à ce moment-là que l'héritier et Vladimir accourent au corps de garde : « Là, nous découvrîmes une scène effroyable. Toute la grande pièce où se tenaient les hommes avait sauté, il y avait un cratère de plus d'une sajène[1] de profondeur et, dans cet amas de briques, de plâtre, de dalles, d'énormes morceaux de voûtes et de murs, plus de cinquante soldats étaient jetés pêle-mêle…, couverts de poussière et de sang. Un tableau qui vous déchirait le cœur, de ma vie je n'oublierai cette épouvante ! » note Sacha.

Sans ce dallage de granit, il ne fût rien resté de la salle à manger. Quant à la famille impériale, elle fut sauvée par la mort des gardes.

Tandis que les fils de l'empereur courent au corps de garde et qu'un laquais brusquement surgi des ténèbres emmène le prince de Hesse terrifié, Alexandre se précipite à l'étage. Toutes les lanternes à gaz qui éclairent les couloirs sont éteintes, tout est plongé dans l'obscurité… Et s'ils étaient déjà dans le palais ? L'empereur court dans le noir complet et dans la fumée… Un visage apparaît soudain : c'est un laquais, muni d'un candélabre. Alexandre le lui

---

1. Ancienne mesure de longueur équivalant à 2,13 m.

arrache, s'élance dans l'escalier, grimpe au deuxième étage. Au loin, près des pièces réservées aux gentilshommes de la chambre, il aperçoit un faible rai de lumière. Elle est là, qui l'attend à la porte, une chandelle à la main...

L'impératrice est la seule, dans tout Saint-Pétersbourg, à ne rien savoir. Elle dort, comme presque toujours. Le souverain interdit qu'on lui raconte ce qui s'est passé.

Plus tard, dans la soirée, les cloches sonnent dans les églises. C'est l'annonce *habituelle* d'un *nouveau* miracle : le tsar est indemne. C'est, toutefois, le *cinquième* attentat contre lui. Si la prédiction de la Tsigane est vraie, nul doute que l'empereur doit faire le calcul...

L'horreur du 5 février

Et voilà : *ils* ont commencé par l'empêcher de se promener dans sa capitale, puis lui ont interdit les déplacements en train dans son pays ; à présent, ils lui rendent la vie impossible dans sa propre maison !

Au lendemain de ce nouvel attentat, Alexandre reçoit, comme chaque fois, son ministre D. Milioutine. Il s'efforce de rester calme. Là encore, comme *d'habitude*.

Le ministre témoigne dans son Journal : « Le souverain me convoqua dans son cabinet. De même que dans les cas précédents, il conservait toute sa présence d'esprit, voyant dans les circonstances présentes une nouvelle manifestation du Doigt de Dieu qui, pour la cinquième fois, l'avait sauvé. »

L'explication est parfaite. Cependant, le ministre, à l'instar de l'ensemble de la Russie, ne peut se défaire d'une autre pensée. « Dans le cas présent, il est une chose particulièrement frappante. Chacun se pose, malgré lui, la question : où trouver le repos et la sécurité, si, au sein même du palais impérial, des criminels sont susceptibles de poser des mines ? »

Un vent de panique souffle sur la capitale. « De la dynamite au palais d'Hiver ! s'écrie le journal pétersbourgeois *La Voix*. On attente à la vie du tsar de Russie dans sa maison même ! Cela a tout d'un cauchemar. Où donc est la limite et quand ces monstruosités cesseront-elles ? »

Le grand-duc Constantin Nikolaïevitch écrit dans son Journal : « L'on a les nerfs si tendus que l'on s'attend, à chaque instant, à sauter. Nous vivons le temps de la Terreur [à la française, E. R.], à ceci près que les Parisiens d'alors pouvaient regarder leurs ennemis dans les yeux, tandis que, non seulement nous ne les voyons ni ne les connaissons, mais nous n'avons pas la moindre idée de leur nombre. »

Le grand-duc Alexandre Mikhaïlovitch tiendra de semblables propos un peu plus tard : « Dire que nous vivions tous dans une forteresse assiégée serait une piètre comparaison. À la guerre, on connaît ses amis et ses ennemis. Ici, nous ne les connaissions pas... Le valet de chambre qui vous apportait le café le matin, pouvait être au service des nihilistes... le moindre poêlier venant, dans vos appartements, nettoyer la cheminée, vous semblait à présent porteur d'une machine infernale. »

C'est, manifestement, l'état d'esprit de toute la famille Romanov et de toute la capitale.

On trouve ainsi dans une lettre adressée à la Troisième Section : « Méfiez-vous de vos ramoneurs, ils ont ordre de jeter de la poudre dans les cheminées des grandes maisons. Évitez les spectacles, les bals masqués, car il y aura, dans les jours à venir, des explosions dans les théâtres, au palais d'Hiver, dans les casernes. »

« On a raconté, note la générale Bogdanovitch dans son Journal, que plusieurs *poud* de dynamite avaient été découverts sous la petite église du palais d'Hiver... À présent, on inspecte quotidiennement le sous-sol de la cathédrale Saint-Isaac : par les temps qui courent, de la dynamite pourrait y être jetée, c'est incroyable comme ces choses-là sont aisées à réaliser, aujourd'hui !... On menace de faire sauter tout Saint-Pétersbourg, le 19 février... Les uns affirment que, si les canalisations sont détériorées dans la capitale, nous nous retrouverons sans eau ; d'autres, que des feuillets imprimés ont été lancés dans les casernes du régiment Preobrajenski, de la garde à cheval et du huitième équipage de la flotte, annonçant qu'elles allaient sauter. On prétend qu'un second malheur a frappé le palais et que l'on continue à y découvrir de la dynamite. »

A. Kireïev écrit, quant à lui : « En ce moment, des bruits abominables courent par la ville, selon lesquels tout le centre serait miné... On assure que des ballons aériens vont être envoyés sur la capitale, avec de la dynamite. Une peur panique s'est propagée, telle la peste, dans tout Saint-Pétersbourg. »

« Ceux qui ont vécu ces jours peuvent témoigner, écrit le diplomate et marquis Eugène-Melchior de Voguë, que les mots manquaient pour décrire l'épouvante et le désarroi de toutes les couches de la société. On affirmait que, le 19 février, date anniversaire de l'abolition du servage, des explosions auraient lieu en divers points de la ville. On indiquait même les endroits où elles se produiraient. De nombreuses familles déménageaient, certaines quittaient la capitale. La police, consciente de son impuissance, perdait la tête. L'appareil d'État ne fonctionnait plus que par inertie. La société le sentait, elle aspirait à une nouvelle organisation du pouvoir, attendait un sauveur. »

Les échos de l'explosion du 5 février au palais des tsars se répercutent dans toute la Russie et jusque dans les capitales européennes.

Cependant, dans l'appartement clandestin, les membres de la « Volonté du Peuple » discutent, eux aussi, des événements. Khaltourine a sombré dans une dépression effroyable, non parce qu'il a tué et mutilé plus de cinquante personnes, mais parce qu'il ne peut se pardonner de n'être pas parvenu à assassiner le tsar.

« La nouvelle que le tsar était indemne eut sur Khaltourine l'effet le plus accablant, rapporte L. Tikhomirov. Il en tomba littéralement malade et seul le récit de l'immense impression produite par le 5 février dans toute la Russie le consolait quelque peu, bien qu'il ne pût se résigner à son échec. »

Le « Grand CE » exprime, bien sûr, ses regrets de la mort des gardes de l'empereur, dans une proclamation datée du 7 février 1880 : « C'est avec une profonde douleur que nous apprenons la disparition des malheureux soldats de la Garde impériale, qui assuraient, malgré eux, la protection du gredin couronné. Mais, tant que l'armée sera le rempart de l'arbitraire tsariste, tant qu'elle ne comprendra pas que son devoir sacré est, dans l'intérêt de la Patrie, de soutenir le peuple contre le souverain, de tels tragiques conflits sont inévitables. »

Bref, qu'ils ne s'en prennent qu'à eux-mêmes ! Quant aux autres, cela leur servira de leçon.

La proclamation se conclut par une nouvelle menace : « Nous déclarons encore une fois à Alexandre II que nous poursuivrons cette lutte jusqu'à ce qu'il renonce à son pouvoir au profit du peuple et confie à une Assemblée constituante la réorganisation de la société. »

Ce même jour, 7 février, ont lieu les funérailles des gardes tués par l'explosion. Le tsar est à l'église tout le temps du service funèbre et de l'enterrement. Il y a là dix cercueils. En les voyant ainsi alignés, Alexandre dit : « On se croirait encore à la guerre, là-bas, dans les tranchées de Plewna ! »

Les prophéties de Dostoïevski

De retour en Russie et après la parution du roman *Les Démons* laminé par la critique « progressiste », Dostoïevski fait, un temps, œuvre de publiciste. Il commence à publier son *Journal d'un écrivain*. Il s'agit bien, comme annoncé dans le titre, d'un Journal. Avec une sorte de sincérité frénétique, l'écrivain entretient son lecteur de tout ce qui préoccupe la Russie du moment... Il aspire à une extrême franchise, rejette tout discours « politiquement correct », et ses pensées, mordantes, sont souvent dirigées contre tous à la fois. Ce *Journal* sur les thèmes les plus actuels est avidement lu, même par ceux qui ne sont pas d'accord avec l'auteur. Il est toutefois interrompu par l'écriture de ce qui sera le dernier roman de Dostoïevski : *Les Frères Karamazov*.

Depuis quelques années, les hommes les plus proches de cet écrivain éternellement solitaire sont Konstantin Pobedonostsev, le journaliste Alexis Souvorine et d'autres figures du parti rétrograde. Il appartient à leur cercle, mais ils doivent s'en méfier :

aussi conservateur soit-il, jamais il n'adoptera le discours officiel. Et s'il est contre les « nihilistes », il est tout aussi opposé aux répressions sauvages et aux condamnations à mort. « Je ne puis tenir pour un homme moral, écrit-il au professeur K. Kaveline, celui qui brûle les hérétiques... Je n'ai qu'un modèle moral et un idéal : le Christ. Je vous le demande : aurait-il envoyé les hérétiques au bûcher ? Non ! Donc, brûler les hérétiques est immoral. »

Cela *explique* que l'écrivain soit favorable à la relaxe de Vera Zassoulitch. La *fidélité au Christ* compte plus, pour lui, que la *fidélité à ses propres convictions*. Et si, un jour, il est le pire des rétrogrades, il peut, le lendemain, se montrer plus libéral que les plus libéraux. Il note dans ses *Carnets* : « La partie conservatrice de notre société n'est pas moins minable que n'importe quelle autre. Combien de crapules s'y rattachent ! » Il ira même, dans une conversation, jusqu'à se déclarer « socialiste russe » ! Il ne cesse de débattre avec lui-même. Une bataille entre ce « Oui » et ce « Non » qui, parfois, résonnent *simultanément* et douloureusement dans son âme. *Les Frères Karamazov*, au demeurant, sont une fresque gigantesque, représentant le combat de Dieu et du diable dans le cœur des hommes. C'est un roman testament, empreint du pressentiment de l'apocalypse qui se rapproche dangereusement de la Russie.

Le roman paraît dans les années 1879-1880, au son des coups de feu et des explosions terroristes. Il connaît un succès inouï auprès des lecteurs.

Il va de soi que l'écrivain russe le plus préoccupé par l'actualité est en état de choc, après le 5 février. Dans les semaines qui suivent, Dostoïevski a une conversation des plus curieuses.

Le 20 février, il reçoit la visite d'Alexis Souvorine, que toute la Russie cultivée connaît. Il est le propriétaire et le rédacteur de *Temps nouveau*, journal officiel des plus influents. Souvorine arrive, tout gaillard en dépit du froid de la rue, grand, maigre, vêtu, comme toujours, d'une pelisse de castor qu'il laisse largement ouverte, et muni d'une canne. Son visage a la malice du renard, quelque chose de démoniaque. Il pourrait être un héros de Dostoïevski. Il a réussi à se sortir d'une pauvreté extrême, est devenu une vedette du journalisme, toute la Russie lit ses articles satiriques. Il a vécu un drame qui a failli lui faire perdre la raison : sa femme a été tuée par son amant dans une chambre d'hôtel. Averti, il s'est aussitôt rendu sur les lieux et elle est morte dans ses bras. On imagine à quel point les journaux se sont délectés de l'affaire. Souvorine, néanmoins, est parvenu à surmonter ce choc en se consacrant entièrement à son travail. Il a racheté *Temps nouveau*, alors une feuille de chou, et l'a rendu rapidement célèbre. Toutefois, la ligne du journal est, désormais, le patriotisme du parti nationaliste, la haine des libéraux et l'antisémitisme. « La devise du *Temps nouveau* de Souvorine, écrit méchamment le grand écrivain satirique Saltykov-Chtchedrine, est d'aller imperturbablement de l'avant, mais en passant par la porte de derrière. »

Cependant, cet homme brillant et effrayant à la fois a su être l'ami de deux immenses écrivains : Dostoïevski et Tchekhov.

Souvorine décrit en détail, dans son Journal, sa conversation avec l'auteur des *Frères Karamazov*. Cet étonnant entretien est essentiel pour comprendre ce qui se passe, alors, en Russie.

« Dostoïevski occupait un petit appartement indigent. Je le trouvai à la table ronde du salon, occupé à préparer des cigarettes. »

L'écrivain se remet à peine d'une crise d'épilepsie. « Son visage rougi évoquait celui d'un homme au sortir d'une étuve. »

Ils parlent, bien sûr, de ce qui est au centre des conversations : le « 5 février », l'attentat au palais d'Hiver. Et Dostoïevski propose à son visiteur un jeu terrible : « Imaginez, Alexis Sergueïevitch, que nous nous trouvions tous les deux devant la vitrine de Dazziaro [un magasin de tableaux sur la Nevski, E. R.], à contempler des peintures. À côté de nous, un homme feint de les regarder aussi. Il attend manifestement quelque chose, ne cesse de jeter des coups d'œil alentour. Survient un autre personnage, qui dit au premier : "Le palais d'Hiver va sauter d'un instant à l'autre. J'ai enclenché la machine." Et nous l'entendons le dire. Que ferions-nous, dans ce cas ? Irions-nous prévenir le palais, nous adresserions-nous à la police, à un sergent de ville pour qu'il arrête ces hommes ? Iriez-vous ? »

En d'autres termes, Dostoïevski demande à Souvorine : si nous avions su ce qui allait se passer le 5 février, en aurions-nous informé qui de droit ? La réponse semble évidente : oui, et de toute urgence ! Or, la réponse de Souvorine, rédacteur d'un journal très officiel, est bien différente et assez effrayante : « Non, je n'y serais pas allé ! » Dostoïevski, l'auteur des *Démons*, approuve : « Moi non plus ! Pourquoi ?... Après tout, c'est épouvantable ! C'est un crime ! » En effet, cela veut dire encore des tués, des mutilés ! Et un possible assassinat du tsar. « Nous aurions peut-être pu l'empêcher ! »

L'auteur des *Démons* se refuse donc à prévenir un crime monstrueux, un probable régicide ! Il explique ensuite pourquoi : « J'étais là, à préparer mes cigarettes et à passer en revue les raisons pour lesquelles il fallait le faire, des raisons sérieuses, telles que l'importance de l'État et le devoir chrétien.

Quant aux autres motifs, ceux qui nous interdiraient d'agir, ils sont tout bonnement insignifiants : la simple crainte de passer pour un délateur... Je me vois me présentant à la police, j'imagine comment on me regarde, comment on se met à me bombarder de questions, à organiser des confrontations. Il se peut que l'on me récompense, ou que l'on me soupçonne d'être complice. Les journaux écriront : Dostoïevski a dénoncé des criminels. Est-ce mon affaire ? C'est celle de la police. Elle est là pour cela, elle est payée pour cela. Jamais les libéraux ne me le pardonneraient. Ils me mettraient à la torture, me pousseraient au désespoir. Est-ce normal ? Chez nous, rien n'est normal. »

« Dostoïevski [...] s'étendit longuement sur le sujet, note Souvorine dans son *Journal*. Il était très inspiré. »

Le pire est arrivé : la partie libérale de la société russe a de la sympathie pour les terroristes ! Ils sont à présent des héros, des « vaches sacrées », intouchables. Ces assassins sont, aux yeux de l'intelligentsia russe progressiste, les grands champions de la lutte contre la fange du pouvoir. Un pouvoir qui a pourtant su, naguère, séduire le pays par ses réformes et qui, aujourd'hui, y a renoncé, leur substituant une répression impitoyable. Comment s'étonner, dès lors, que des hommes de lettres, journalistes, avocats connus fréquentent des terroristes ? Nous n'en voulons pour exemple que l'écrivain Gleb Ouspenski, qui connaît bien la membre du CE de la « Volonté du Peuple », Vera Figner ; ou prenons le terroriste

Nikolaï Morozov, également membre du Comité exécutif, se cachant, en 1879, dans l'appartement d'un homme de lettres influent, Vladimir Zotov. Vera Figner écrit, d'ailleurs, à cette époque : « Nous bénéficions de la sympathie de la majeure partie de la société. »

Comme pour le confirmer, Dostoïevski conclut sa conversation avec Souvorine par cet aveu incroyable : il « va écrire un roman dont le héros sera Aliocha Karamazov. Il le fera passer par le monastère, pour le changer ensuite en révolutionnaire. Celui-ci commettra alors un assassinat politique et sera exécuté. Il recherchera la vérité et, dans cette quête, deviendra forcément un révolutionnaire », note Souvorine dans son Journal.

Ainsi Dostoïevski, qui condamnait le « nihilisme russe » dans les *Démons*, annonce-t-il qu'il transformera son héros préféré, Aliocha Karamazov, presque un saint, en terroriste révolutionnaire, autrement dit en « démon ».

Le grand-duc Alexandre Mikhaïlovitch écrira, en outre, dans ses Mémoires que l'écrivain aurait dit, ce jour-là, à Souvorine des choses bien plus terribles, prophétiques : « Attendez la suite ! [des *Frères Karamazov*, E. R.] Aliocha y quittera le monastère et deviendra anarchiste. Mon Aliocha si pur assassinera le Tsar. »

Inimaginable ! Et pourtant, cet invraisemblable projet est publié, trois mois plus tard, dans un journal d'Odessa, le *Télégraphe de Novorossiisk*. Le 26 mai 1880, paraît une note évoquant des rumeurs « qui courent dans les cercles littéraires de Saint-Pétersbourg... sur une suite » du roman *Les Frères Karamazov*. « Au terme de tout un processus psychique, Aliocha Karamazov en vient... à l'idée du régicide » !

Telle est donc la nouvelle réalité que Dostoïevski ne peut ignorer : les Aliocha Karamazov – les meilleurs des jeunes gens, en quête de vérité – se font, désormais, terroristes, « démons », régicides. Tel est le tragique bilan de la dernière décennie du règne d'Alexandre II, la vengeance de la société séduite par les réformes qu'il a lui-même initiées. On en arrive à cet effrayant paradoxe : le souverain de toutes les Russies est aussi, dans une certaine mesure, le père de la terreur russe !

Mais qu'elles se révèlent dangereuses, les fantaisies littéraires de l'écrivain prophète ! Elles ne tardent pas, en effet, à interférer dans sa propre vie. Quelques mois passent et, en novembre de la même année 1880, en face de l'appartement de Dostoïevski, sur le même palier, s'installe un étonnant jeune homme. Il emprunte le même étroit escalier que l'auteur des *Frères Karamazov*, s'arrête au *même étage*. Dostoïevski occupe l'appartement n° 10, le jeune homme le n° 11. Ils ne sont séparés que *par une cloison*. L'écrivain ne peut ignorer ce voisin, beau jeune homme au maintien d'un officier de la Garde, au teint mat et aux cheveux d'un noir presque bleu. C'est Alexandre Barannikov, que nous connaissons bien, le complice de l'assassinat du chef des gendarmes Mezentsev, membre du Comité exécutif de la « Volonté du Peuple » ; il a, nous le savons, participé au dynamitage du train impérial et il est surnommé « l'Ange de la Mort ».

Là, juste à côté de chez Dostoïevski, se réunissent tous les « chercheurs de vérité », les Aliocha Karamazov devenus terroristes ; ceux que l'on traque à travers la Russie, les membres et leaders du « Grand CE ». Ils se réunissent pour préparer le régicide, le dernier attentat, décisif cette fois, contre Alexandre II. Et ils connaîtront le destin réservé par Dostoïevski aux héros du roman qu'il n'écrira pas : l'assassinat du tsar, puis la mort sur l'échafaud ou dans une cellule de prison.

L'homme de glace

Mais tout cela est encore à venir. En attendant, retournons à la palpitante conversation de Dostoïevski et de Souvorine.

Donc, l'écrivain n'irait pas dénoncer l'attentat en préparation au palais, parce que les libéraux le mettraient « à la torture ». Toutefois, comment expliquer que le rétrograde Souvorine ne tenterait rien, lui non plus, pour sauver le tsar ? Il n'a pas à craindre que les libéraux lui mènent la vie dure ! C'est lui qui les tourmente, au contraire.

Il apparaît, toutefois, qu'il a des problèmes avec... les conservateurs !

En 1880, de fort intéressantes lettres sont adressées de Saint-Pétersbourg à Moscou, à l'ancienne dame d'honneur de l'impératrice, Ekaterina Tioutcheva, sœur d'Anna. On peut y lire ceci :

« Les Voies du Seigneur nous *l'*ont envoyé pour le malheur de la Russie. *En lui* a tari jusqu'à l'instinct de conservation, ne laissant que les instincts malsains de l'amour du pouvoir et de la sensualité... »

« Un homme pitoyable et malheureux !... »

« J'ai mal, j'ai honte, *il* me dégoûte. »

« Manifestement, toute volonté a disparu *en lui* ; il ne veut ni voir ni entendre. Il ne veut vivre que par le vouloir insensé de ses entrailles... »

Qui est donc celui que les lettres mettent plus bas que terre ? Alexandre II, tsar de toutes les Russies !

Et qui le voue ainsi aux gémonies ? Ce n'est ni un libéral ni un révolutionnaire, mais tout le contraire. C'est l'un des dignitaires russes les plus influents, Konstantin Pobedonostsev, précepteur de l'héritier, appelé à prendre la tête du Saint-Synode. Il est le véritable chef du parti rétrograde.

Dans son cabinet de travail, une table de fantastiques dimensions, avec des lions de bronze ; elle est toujours encombrée de montagnes de papiers, et entourée d'énormes bibliothèques. Au-dessus du bureau, sur le fond des reliures, le visage maigre de cet homme, qui évoque celui, desséché par le jeûne et les prières, du Grand Inquisiteur[1]. Un front haut, un crâne chauve, des oreilles décollées, un nez pareil à un bec, et ce regard constamment, impitoyablement ironique qui déconcerte tant ses interlocuteurs.

On attribue à Pobedonostsev nombre de sentences : « En Russie, il faut tout faire sans se presser. Je dis toujours aux fiacres : "Je paie pour qu'on me transporte lentement." Je sais donc que la voiture ne versera point sur nos routes épouvantables... Une de nos légendes veut que l'esprit du bandit Stepan Razine soit prisonnier d'une falaise. Seules l'autocratie et des lois sévères maintiennent dans la falaise l'esprit de révolte du peuple russe. Vous voulez des

---

1. Dans *Les Frères Karamazov* de Dostoïevski.

réformes ? Une Constitution ? Aussitôt, la falaise s'ouvrira et "l'homme sauvage" ira, armé d'un casse-tête, à travers la plaine russe infinie. Libéré, notre sauvage qui n'a jamais connu la liberté, est effrayant... Il détruira le monde entier alentour..., puis fera sa propre perte... Tout se voit sur le visage d'un Européen. L'Européen est simple... Sa haine est également visible. Notre moujik, lui, vous saluera et, avec la même figure empreinte de bonté, vous saisira à la gorge et vous étranglera ; après quoi, il n'omettra pas de se signer ! »

Pobedonostsev rêve de « geler » la Russie pour faire son salut. Or, cela n'est pas possible sans un guide. Et il le trouve.

Quand, après la mort de Nicks, le souverain lui confie l'éducation de l'héritier, Alexandre, Pobedonostsev dit : « Je le mènerai au pôle opposé. » Ce qu'il fait.

Le nouveau tsarévitch

Le palais Anitchkov, où vit l'héritier... Là, rien n'a changé depuis l'époque de Catherine la Grande. C'est l'hiver. Un soleil bas et froid éclaire le jardin couvert. Le marbre des antiques statues, une petite fontaine italienne, avec son jet d'eau, des arbres toujours verts, le tout sur fond de neige derrière les vitres... Ici ont vécu le grand-père et le père de Sacha, avant de monter sur le trône. Son frère, Nicks, aurait dû y résider. Mais Nicks repose dans la cathédrale Saint-Pierre-et-Saint-Paul ; sans doute les eaux de la Neva se sont-elles infiltrées dans son cercueil. Et l'on trouve, à présent, à la place du beau Nicks, Son Altesse impériale le tsarévitch Alexandre Alexandrovitch. Il a trente-six ans, l'âge qu'avait son père lorsqu'il ceignit la couronne.

Depuis les événements du 5 février, Pobedonostsev lui rend presque quotidiennement visite, au point que D. Milioutine le surnomme ironiquement « la nymphe Égérie du palais Anitchkov ».

Pobedonostsev et l'héritier... L'un, incroyablement maigre, grand squelette au crâne nu, l'autre, géant au ventre si gros qu'il lui cache ses bottes.

Un portrait intellectuel du futur empereur de Russie nous a été laissé par le plus illustre de ses futurs ministres, le comte Witte :

« Une intelligence absolument ordinaire, sans doute inférieure à la moyenne, des facultés inférieures à la moyenne, un niveau d'instruction inférieur à la moyenne. »

L'intelligent Pobedonostsev n'a donc aucun mal à mener l'héritier au « pôle opposé », à faire du tsarévitch l'incarnation de l'idée nationale, l'inébranlable colosse de l'autocratie.

L'héritier, au demeurant, est parfait pour le rôle. Ce descendant direct d'un prince de Holstein (l'empereur Pierre III) et d'une princesse d'Anhalt-Zerbst (Catherine II), qui a 99 % de sang allemand dans les veines, a l'air étonnamment russe : « Physiquement, poursuit Witte, il ressemblait à un grand moujik... Ce qu'il eût porté le mieux, en fait de vêtements, eût été une courte pelisse, une *poddiovka*[1], et des chaussons de tille. Il y avait de l'ours dans ses manières (il ressemblait tout entier à un ours). »

Le tsarévitch ne l'ignore pas et adore tout ce qui est russe. Ses habitudes sont celles d'un propriétaire terrien de « moyenne volée », pour reprendre une formule de Gogol. Il aime boire un bon coup et tient l'alcool, est un antisémite convaincu, comme nombre de hobereaux. Esprit médiocre, il est lucide sur ses capacités et respecte les gens intelligents ; il écoute Pobedonostsev.

Son vrai camarade, toutefois, est le général aide de camp P. Tchrevine, alors adjoint au chef de la Troisième Section. Ce général de petite taille, sans cou, au visage de limier, est un serviteur dans l'âme, un soldat-serviteur. Il adore Alexandre, l'authentique tsar à venir, bien qu'il doive sa carrière au « faux » tsar, au tsar « occidentaliste » Alexandre II. Le monde, au demeurant, se divise en deux camps pour Tchrevine : d'une part l'héritier et lui, son serviteur, de l'autre le reste de l'humanité, un « ramas d'ordures ». Il partage donc volontiers les joies simples de hobereau russe qu'affectionne Sacha : pêche, chasse et beuveries. Cette dernière distraction n'a pas l'heur de plaire à l'épouse de l'héritier, qui ne se

---

1. Surtout traditionnel, plissé à la taille.

lasse pas de la combattre. L'aide de camp est rusé : il leur a cousu à tous deux des bottes dotées de hautes tiges. Une flasque plate de cognac, qui contient une bouteille entière, s'y loge facilement.

« Marie Fiodorovna est à nos côtés, raconte Tchrevine, et nous nous tenons sages comme des images. À peine s'écarte-t-elle que nous échangeons un coup d'œil et, en deux temps trois mouvements, sortons nos flasques, lichons un coup et rectifions la position, comme si de rien n'était. Nous appelions cela : "À malin, malin et demi !" » Ce jeu se poursuivra après l'accession de l'héritier au trône.

En famille, le tsarévitch est agréable, simple, bon, facile à vivre, très moral et religieux. Il a « un cœur magnifique, de l'indulgence, le sens de la justice », écrit Witte. Excellent père de famille et homme d'un seul amour, il a la débauche en horreur et la combat, parfois de façon infantile. Il ne manque jamais, par exemple, de tirer les pans du costume semi-masculin qu'aime à porter sa tante Macha, la princesse de Lichtenberg, parce qu'elle est secrètement mariée avec Stroganov... Puis, ravi, il lui présente des excuses, là encore, comme si de rien n'était.

Il ne supporte pas, en revanche, l'histoire d'amour de son père avec la princesse Dolgoroukova.

Le chef des rétrogrades

Le trait le plus dangereux de l'héritier réside dans ses attachements. Il a été, nous l'avons vu, sous l'influence de son frère Nicks qu'il adorait, puis sous celle de son épouse. Le voici, à présent, sous la coupe de Pobedonostsev – un lien que la princesse soutient. La présence, au palais d'Hiver, de la favorite et de ses bâtards, l'impératrice agonisante, le risque d'un remariage du tsar avec la Dolgoroukova après le décès de la souveraine, tout cela pèse sur le destin de l'héritier et de sa femme. La princesse se réjouit donc, lorsque Pobedonostsev entreprend de réunir autour de l'héritier ce parti que le grand-duc Constantin qualifie de « rétrograde » et qu'il conviendrait d'appeler « l'opposition nationaliste ».

Voici quelques extraits des écrits de Pobedonostsev. Ce sont autant de principes qu'il tente d'inculquer à l'héritier et que prône ladite opposition. Ils ont, d'ailleurs, toujours cours en Russie.

« La Constitution et le Parlement sont le grand mensonge de notre temps... La grande vérité est l'autocratie des tsars. »

« Les vieilles institutions, les vieilles croyances, les vieilles habitudes sont de grandes choses... Le peuple y est attaché, comme à une sorte de testament de ses ancêtres. »

« Les élections ne sont qu'un art, avec sa stratégie et sa tactique, à l'instar de l'art militaire. La foule écoute celui qui crie le plus fort et se coule le plus habilement, par une flatterie des plus vulgaires, dans les notions et les tendances de la masse. En théorie, l'électeur donne sa voix à un candidat, parce qu'il le connaît et lui fait confiance... En réalité, il ne le connaît absolument pas ; simplement, le parti concerné lui martèle, à grand renfort de discours et de braillements, ce qu'il doit en savoir... L'élu, en règle générale, est le favori d'une minorité bien organisée. Cependant, la majorité est vouée à l'impuissance... »

Le parti du palais Anitchkov

Ainsi naît ce parti qui doit défendre les droits du futur véritable tsar russe, le tsarévitch Alexandre Alexandrovitch. Y entrent tous les adversaires des réformes. À la fin des années 1870, deux membres de cette « opposition de grands seigneurs », le général P. Fadeïev et le général aide de camp I. Vorontsov-Dachkov, rédigent une sorte de manifeste de la contre-réforme, un ouvrage intitulé : *Lettres sur l'état actuel de la Russie*. Aux Constitutions occidentales ils opposent « l'autocratie populaire vivante » : « Le tsar doit être un souverain autocrate, non le chef de l'exécutif. » Ils dénoncent la « machine bureaucratique démesurée, contaminée par le nihilisme », et appellent à la restauration « des formes étatiques antépétroviennes ».

L'héritier en apporte le manuscrit à son père qui décide de le publier... mais à l'étranger.

Les rangs de l'opposition grossissent, cependant. Prennent part aux conseils qui se tiennent constamment au palais Anitchkov des hommes passionnés, aux convictions solides, des idéologues du nationalisme ; il y a ainsi le prince Mechtcherski et le champion de l'idée d'un grand Empire slave, le publiciste Katkov.

Ainsi se forme cette union des éléments les plus conservateurs de la société, avec, à sa tête, l'héritier lui-même. Le chef d'orchestre, toutefois, en est la « nymphe Égérie », Konstantin Pobedonostsev. Le parti se veut le défenseur des fondements du pays, le parti de l'ordre. Et les hommes les plus influents de Russie sont de plus en plus nombreux à y entrer.

Le palais Anitchkov engage donc, contre le palais d'Hiver, une bataille dont tous les fonctionnaires de Saint-Pétersbourg sont informés. Cela explique pourquoi Souvorine ne serait pas allé dénoncer l'attentat en préparation au palais d'Hiver : son journal, en effet, est le porte-voix des rétrogrades, la voix de la camarilla... Jamais il n'eût entrepris de sauver un tsar dont le chef des rétrogrades avait dit si clairement : « Les Voies du Seigneur nous l'ont envoyé pour le malheur de la Russie. »

« Suspendue au-dessus de l'abîme »

Les libéraux s'opposent donc à l'empereur parce que les réformes ont été interrompues, tandis que les rétrogrades lui en veulent de les avoir commencées. Mais tout cela ne concerne que les politiques, les leaders de l'opinion. De quel côté les gens ordinaires sont-ils, que dit le « peuple » ? Il apparaît que celui-ci est également mécontent.

« Ce qui sous-tendait ce mécontentement était évident, écrit l'historien Klioutchevski, contemporain des événements : c'était la dégradation générale des conditions de vie, avec quelques exceptions parfaitement artificielles. »

Les réformes hybrides, en particulier la réforme agraire inaboutie, ajoutées au capitalisme russe pillard, ont fait leur œuvre. On constate un « appauvrissement considérable des masses et un mécontentement général », éternel compagnon des réformes en Russie. Et sur le fond de cet appauvrissement, écrit encore Klioutchevski, « l'*ancien* creusait obstinément son sillon ».

Le parti rétrograde instille dans l'opinion que tous les malheurs viennent des réformes ; que la seule solution est d'en revenir à la Russie moscovite, au règne de Nicolas, à l'autocratie. On explique, non sans succès, à la société la théorie favorite de la Russie : aller de l'avant signifie « En arrière, toute ! ».

« Le résultat, conclut Klioutchevski, fut que l'apathie du temps de Nicolas Ier fit place à un murmure général » ; à « la molle soumission au destin succéda un rejet hargneux de l'ordre en vigueur ».

Le ministre de la Guerre Milioutine note dans son Journal : « Le gouvernement n'a plus aucun soutien. » Et Dostoïevski d'ajouter que la Russie est « suspendue au-dessus de l'abîme ».

L'*outsider*

Aussitôt après l'explosion au palais d'Hiver, l'empereur convoque les responsables de ce que l'on appellerait aujourd'hui les « ministères de force ». Il attend d'eux des propositions, mais ils restent muets, complètement désemparés.

« J'ai vu les généraux Drenteln et Gourko, note P. Valouïev dans son Journal du 6 février. Tous deux semblent spectateurs des événements. Cependant, l'un est le chef des gendarmes, et l'autre est général-gouverneur, commandant des troupes. Des demi-cervelles ! »

Le grand-duc Constantin Nikolaïevitch se remet à fréquenter assidûment le palais. Or, la camarilla sait combien son influence est dangereuse... Aussitôt, la rumeur se répand parmi les courtisans que le grand-duc est derrière les terroristes ! Cela n'explique-t-il pas son absence de la capitale au moment de l'explosion ? La générale Bogdanovitch note : « Un étrange destin éloigne Constantin Nikolaïevitch de Saint-Pétersbourg, chaque fois qu'il s'y produit quelque chose de ce genre... »

« Protégez le tsar des manigances de Constantin, lit-on dans un rapport à la Troisième Section. Les émeutiers sont, entre ses mains, une arme et un paravent pour ses visées personnelles. »

Tout cela, bien entendu, est transmis au tsar.

Au palais Anitchkov, cependant, le rituel se répète : une voiture arrive, dont le passager, le squelettique Pobedonostsev, grimpe les degrés de marbre pour s'enfermer avec l'héritier. Ensuite, le tsarévitch se rend au palais d'Hiver. « Je vois *papa*[1] tous les jours », note Sacha dans son Journal.

Le palais Anitchkov passe à l'action.

Le 8 février, le tsar convoque un premier grand conseil. De nouveau, les ministres « demi-cervelles » demeurent muets. L'héritier, en revanche, parle haut et clair. Il parle en maître, et Alexandre perçoit dans son discours la voix de Pobednostsev.

L'héritier raille les projets de Constitution « que quelqu'un [Constantin, bien sûr ! E. R.] risque de proposer ici ». « Dans les États occidentaux aussi, les Constitutions sont sources de malheur. J'ai interrogé les ministres au Danemark : tous se plaignent que, par les vertus des babillards parlementaires, il est impossible de mettre en pratique la moindre mesure réellement utile. J'estime que nous devons nous occuper, non d'on ne sait quels projets constitutionnels, mais de tout autre chose. »

Et l'héritier de déclarer : « Mon idée est fort simple. Je considère que nous nous trouvons aujourd'hui dans une situation à peu près intenable. Il n'y aucune unité dans la direction du pays... Chacun agit de son côté, sans songer à relier l'ensemble. »

Le tsarévitch évoque également la guerre en cours contre les « barbares ». Or, « à la guerre comme à la guerre » ! Il faut un commandant suprême, susceptible de concentrer le pouvoir entre ses mains. Il faut un dictateur, à même d'en finir avec les ennemis de la patrie. Et de rappeler qu'après le premier attentat contre l'empereur, en 1866, le général Mouraviev (« Mouraviev la

---

1. En français dans le texte.

Potence »), doté de pouvoirs exceptionnels, avait impitoyablement réglé leur compte aux nihilistes.

Ainsi la question est-elle, de fait, posée du remplacement du « vieux » tsar, incapable de mettre un terme au chaos. La question, aussi, d'une répression sans merci qui, seule, permettra de sortir de l'impasse.

Les ministres continuent de ne rien dire. Alors, le tsar prend la parole. Il n'est pas d'accord avec la proposition. Il convient, estime-t-il, de réfléchir encore. Les membres du Conseil se séparent, tout aussi désorientés.

« Ce matin, commente P. Valouïev dans son Journal du 8 février, conseil prolongé, mais à peu près sans résultat, chez le souverain... Il y avait le tsarévitch, les ministres de la Guerre, de la Cour, de l'Intérieur, le chef des gendarmes et moi. »

Le soir, pourtant, on apporte au palais d'Hiver une lettre de l'héritier. Se répandant en remerciements filiaux à l'adresse de son père qui a bien voulu l'écouter, Sacha propose obstinément de créer une commission punitive. Il est aisé de deviner qui lui a dicté cette lettre.

Vient la nuit décisive, durant laquelle l'empereur ne doit guère dormir ; le genre de nuit funeste, dans la vie des gouvernants, où ils sont forcés de s'avouer ce qu'ils ne veulent surtout pas reconnaître. Les répressions n'ont pas porté leurs fruits. Quatorze exécutions, des procès, des relégations n'ont rien donné. La liberté pour la base et l'autocratie au sommet ont échoué, conduisant à l'abîme. Il ne reste qu'une solution : créer l'harmonie, en instaurant la liberté en bas et *en haut.* Il faut une réforme des instances dirigeantes, une réforme du pouvoir. Ce qui implique de s'orienter vers... une Constitution ! Pas moyen de faire autrement. Constantin a raison de lui répéter les mots du comte Heyden, bureaucrate libéral qui écrit : « L'autocratie mène, aujourd'hui, à la révolution. Le seul moyen de *sauvegarder la monarchie est de la restreindre.* »

Alexandre doit prendre une décision... Il lui est pénible de trahir les préceptes de son père, mais il doit rejeter cette poigne qui tient fermement la Russie. Il devra, pour cela, vaincre la puissante opposition des « demi-cervelles », qui réunit la Cour, les ministres, son fils, tous ceux qui veulent la poursuite des répressions, tous les partisans de cette « poigne » qu'avait imposée son père. Au XVIᵉ siècle, le publiciste Possochkov écrivait à juste titre : « Chez nous, le tsar tire une dizaine d'hommes vers le haut. Mais au pied de la montagne, ils sont des millions. »

Et Alexandre trouve une voie, orientale, pleine de tours et de détours. Il lui faut toutefois un exécutant, un homme rusé, roué, qui ne soit pas lié à la Cour. Or, il n'y a, alentour, que des « demi-cervelles » désorientées. C'est sans compter avec la force de l'histoire ! Quand un dirigeant en entend la voix, un exécutant apparaît aussitôt. L'homme qui convient, à la place qui convient. Cette nuit-là, Alexandre le trouve, en fouillant dans sa mémoire.

Dès le matin, tous les ministres sont à nouveau convoqués au palais d'Hiver. Et l'on recommence à discuter : que faire ? Le tsar écoute attentivement, une fois encore, des interventions bien peu claires, puis il annonce la création de ce qu'il refusait hier : une « Commission suprême de coordination pour lutter contre la sédition ». Elle disposera de pouvoirs exceptionnels. Son président jouira d'un pouvoir que seuls détiennent en Russie les autocrates. Toutes les instances supérieures de l'État lui seront soumises, y compris la Troisième Section et le corps des gendarmes.

Autrement dit, un dictateur est nommé. Tous le comprennent : Alexandre capitule et la proposition de l'héritier est acceptée ! Les membres du Conseil retiennent leur souffle, attendant le nom du dictateur.

Alors, à leur immense stupéfaction, le tsar nomme le général comte Loris-Melikov. Il est arménien et l'un des plus brillants généraux de la guerre des Balkans. Mais il a accompli ses exploits sur le front périphérique du Caucase ; il est un parfait inconnu à Saint-Pétersbourg.

Extrait du Journal de Valouïev : « 9 février. Ce matin, ordre de se présenter au palais. Revirement du souverain (suite, soupçonne le comte Adlerberg, à une lettre reçue, hier, du tsarévitch) ; une Commission suprême est instaurée, avec à sa tête le comte Loris-Melikov. La volonté de l'empereur a pris tout le monde de court. *La stupéfaction était peinte sur tous les visages.* »

Entrent dans la composition de la Commission des sénateurs, des généraux et de hauts fonctionnaires qui ont, dans leurs obligations de service, le maintien de l'ordre. Parmi eux, deux proches de l'héritier : le sénateur, membre du Conseil d'Empire, K. Pobedonostsev, et l'adjoint au chef de la Troisième Section, le général-major Tchrevine.

Tous les membres du Conseil sont alors persuadés que ce général Loris-Melikov n'est qu'un prête-nom et que l'héritier dirigera tout. C'est d'ailleurs ce que pense le naïf Sacha. Le 14 février, il note plaisamment dans son Journal : « Aujourd'hui, le comte Loris-Melikov a pris ses nouvelles fonctions ! Accorde-lui de réussir, Seigneur, affermis-le et fais-le bénéficier de Tes enseignements ! »

Tout Saint-Pétersbourg s'intéresse désormais à cet Arménien qui ne dispose pas même d'une maison dans la capitale. Il lui faut, à son arrivée, louer un appartement dans la très aristocratique rue Grande-Maritime.

Le comte Mikhaïl Loris-Melikov a cinquante-six ans. Il est issu d'une famille arménienne de haute lignée. En d'autres termes, il n'appartient aucunement à l'élite pétersbourgeoise, il est un *outsider*. Il a servi pendant trente ans au Caucase, a pris part à cent quatre-vingts batailles contre les montagnards et les Turcs. Comme il sied à un guerrier oriental, il est brave, roué, il s'y entend à diriger les soldats, se montrant à la fois ferme et chaleureux. On le surnomme alors « Queue de renard et Gueule de loup ». Toutefois, Loris-Melikov a une qualité qui le distingue des autres généraux : c'est un excellent administrateur. Il sait gouverner non seulement les soldats, mais aussi les civils.

Le tsar se rappelle que, pendant la guerre, Loris-Melikov a pris d'assaut les forteresses inexpugnables d'Ardagan et de Kars, puis qu'il a réussi l'impossible : pendant les opérations militaires, il est parvenu à convaincre la population locale d'accepter des billets russes, au lieu de roubles-or. Il a ainsi pu économiser quantité de précieux métal, ce qui lui a permis de mener la guerre.

La paix conclue, il reçoit le titre de comte et continue ses dangereux exploits. Il se montre très efficace lors d'une épidémie de peste dans la province d'Astrakhan. Plus stupéfiant encore : il rend au Trésor l'argent qu'il n'a pas dépensé – un geste absolument inconcevable en Russie !

Au cours de la lutte contre la terreur, Loris-Melikov est nommé général-gouverneur de Kharkov. Il dirige la province en employant la manière forte, sans pourtant s'autoriser le moindre excès. Il ne recourt pas à la seule répression, il fait parfois des concessions à l'opinion. Il est, finalement, l'unique général-gouverneur à éradiquer la terreur sur son territoire.

QUATRIÈME PARTIE

Le retour du tsar libérateur

14

« QUEUE DE RENARD ET GUEULE DE LOUP »

Une Garde aveugle

Notre Janus ne regarde plus, à présent, que vers l'avant. De nouveau, le tsar Alexandre II est grand, il a retrouvé son visage de naguère, celui du temps où il abolissait le servage. Il lui faut simplement, aujourd'hui, manœuvrer beaucoup plus qu'autrefois : rassurer l'héritier – et duper l'opposition dont celui-ci est le leader –, ainsi que la Cour, qui, tous, attendent du nouveau dictateur une répression sans pitié.

Les premiers temps, le « dictateur » agite avec zèle sa « queue de renard ». En ces jours bienheureux, l'héritier, qui hait la bureaucratie libérale pétersbourgeoise, est enchanté par ce général venu de sa province et prêt à appliquer toutes ses prescriptions (ou plutôt celles de Pobedonostsev).

Loris ne se lasse pas de l'en assurer : « Dès le premier jour de ma nomination à cette fonction de chef de la Commission suprême de coordination, écrit-il flatteusement au tsarévitch, je me suis fait le serment de n'agir que selon les directives de Votre Altesse, considérant que le succès de la mission qui m'était confiée et l'apaisement de la Patrie en dépendaient. »

D'autres que l'héritier, notamment les jeunes « nihilistes », croient en la parfaite docilité de Loris-Melikov. Et l'un d'eux s'empresse d'agir.

Cela se passe aussitôt après la nomination, le 20 février, jour où Dostoïevski s'entretient avec Souvorine.

Il est un peu plus de deux heures de l'après-midi... Deux gendarmes sont postés aux portes de la maison du comte ; un sergent de ville fait les cent pas à proximité. La rue est presque déserte. Toutefois, malgré les récents actes terroristes, aucun des gardes ne prête attention à un « jeune homme » suspect, « aux vêtements malpropres » (c'est ainsi que le décrira *Temps nouveau*), qui traîne dans les parages. La voiture de Loris-Melikov arrive, accompagnée de cosaques à cheval. Le comte en descend. Aussitôt, le jeune homme se précipite sur lui. Il tire un pistolet de son manteau et fait feu, à bout portant.

La balle ricoche sur la capote du comte, trouant néanmoins son manteau et son uniforme. S'attendant à un nouveau tir, le comte se jette hardiment à terre, puis, vif comme l'éclair, bondit à nouveau sur ses pieds. Et, devant les cosaques médusés, il fonce sur le malfaiteur qu'il plaque au sol. Les cosaques reprennent leurs esprits et s'élancent à la rescousse. Le vaillant comte leur remet le criminel.

Pour la première fois depuis bien longtemps, Saint-Pétersbourg applaudit un représentant du pouvoir. L'audace du général plaît à l'opinion. Celui-ci, néanmoins, n'a pas pu ne pas remarquer l'étonnant aveuglement de la Garde, incapable de repérer le terroriste : « Ils saluaient le général, écrit *Temps nouveau*, le 22 février, alors qu'il eût fallu s'emparer du criminel et *prêter attention aux gens qui se trouvaient dans les parages.* »

Le tireur est un Juif, Hippolyte Mlodetski, venu de la petite ville de Sloutsk, province de Minsk. Il apparaîtra par la suite qu'il a agi de sa propre initiative, sans la sanction de la « Volonté du Peuple ». Il n'en demeure pas moins que tous portent au compte du puissant « CE » cette « suite du 5 février ». Les journaux étrangers prédisent la chute prochaine de la dynastie.

Loris enjoint de pendre sur-le-champ Mlodetski, sans jugement, comme en temps de guerre. Mais l'empereur ordonne de s'en tenir strictement à la loi. Celle-ci, toute militaire, prévoit de clore le dossier en vingt-quatre heures. L'instruction est terminée dans la

440

soirée, le tribunal siège au matin et, dans l'après-midi, on mène le condamné à la potence.

Aussitôt après l'attentat, un écrivain connu, Vsevolod Garchine, ancien volontaire des Balkans, rend visite à Loris. À la stupeur du général, l'homme de lettres le supplie de pardonner à Mlodetski, affirmant que ce pardon « sauvera tout » ! Le général ne comprend pas...

Le condamné est exécuté sur la place d'armes du Semionovski. C'est une journée humide de février, on patauge dans la neige fondue. Fiodor Dostoïevski assiste à l'exécution : ayant formé le projet d'un roman consacré à un jeune terroriste qui meurt sur l'échafaud, il ne peut s'y soustraire.

En regardant Mlodetski qui attend la mort, Dostoïevski se rappelle un autre jeune condamné, sur cette même place ; un jeune homme qui aimait tout autant la vie et tentait de consoler l'un de ses camarades par ces mots : « Nous allons rejoindre le Christ... »

Le fils cadet de Constantin, le grand-duc Constantin Konstantinovitch (qui écrit des poèmes sous le pseudonyme de C.R.) s'entretiendra ensuite avec l'écrivain et notera dans son Journal : « Dostoïevski a assisté à l'exécution de Mlodetski... Peut-être voulait-il revivre ses propres impressions. Le condamné regardait de tous côtés et semblait indifférent. Fiodor Mikhaïlovitch l'explique par le fait qu'en de tels instants, l'homme s'efforce de repousser la pensée de la mort et que des scènes plutôt joyeuses lui reviennent en mémoire ; il est comme transporté dans une sorte de jardin de la vie, plein de soleil et de printemps. Cependant, plus la fin est proche, plus l'image de la mort inéluctable se fait obsédante et pénible. La douleur imminente, les souffrances de l'agonie ne sont pas le plus effrayant ; le plus horrible est le passage à une forme différente, inconnue. »

Il y a, malgré tout, une nuance : le jeune Dostoïevski sera finalement gracié. Il en va tout autrement, cette fois : roulements de tambour, on couvre Mlodetski du capuchon, et le bourreau, le saisissant presque amicalement par les épaules, le conduit vers la corde qui se balance au vent de février...

L'empereur note dans ses Carnets : « Mlodetski a été exécuté. Tout est en ordre. » L'ordre, en l'occurrence, est incarné par la potence. C'est aussi le résultat de la guerre contre la terreur.

La dictature de la conscience

Le 19 février approche, cependant, date anniversaire de l'abolition du servage. Les rumeurs repartent bon train. Nombreux sont ceux qui, effrayés, quittent la ville.

Pourtant, tout se passe bien...

Mais ensuite, se produit une chose inouïe. Loris-Melikov adresse une proclamation aux habitants de la capitale. Le gouvernement engage ainsi une polémique avec les révolutionnaires : « Prônant la liberté, ils veulent, par leurs menaces et leurs lettres anonymes, écraser la liberté de ceux qui remplissent leurs obligations... Défendant le principe de l'immunité pour eux-mêmes, ils ne dédaignent pas de recourir traîtreusement au meurtre. » Et le gouvernement d'appeler « à l'aide l'ensemble du peuple russe, l'invitant à collaborer avec lui, à le soutenir unanimement dans ses efforts pour éradiquer le mal »...

Pour la première fois, le pouvoir se tourne vers la société, que les autocrates ont coutume d'oublier, et lui demande son aide. Le comte, dès lors, explique inlassablement : la Commission suprême est une dictature, mais une dictature du bien, de la raison et de la loi. « Une dictature du cœur », répliquent, non sans ironie, ceux que les idées de Loris laissent sceptiques.

Durant les deux premiers mois d'existence de la Commission, le comte rencontre l'héritier plusieurs fois par semaine. Ils entretiennent des relations parfaitement cordiales, ont de constants échanges de correspondance. Le 21 février 1880, l'héritier écrit à Loris : « Mon cher comte, si vous n'êtes point trop occupé et si cela vous est possible, je vous prie instamment de passer me voir aujourd'hui, à huit heures et demie du soir. J'aimerais bavarder un peu avec vous. »

Leur rencontre est des plus fructueuses et, ce même 21 février, le tsarévitch note avec joie dans son Journal qu'ils ont « discuté plus d'une heure de la situation actuelle et de ce qu'il convient d'entreprendre ».

Des billets dans lesquels le tsarévitch prie le comte de venir le voir sont conservés dans les archives de Loris-Melikov. Avec le temps, ces messages se multiplient, car le comte se fait *de plus en plus rare*, et l'héritier est contraint de se rappeler de plus en plus souvent à son bon souvenir.

27 février. L'héritier à Loris : « Il y a *longtemps* que je ne vous ai vu ni ne vous ai parlé. Si vous êtes occupé, si vous n'avez pas le temps, ne soyez point embarrassé, je vous en prie, je puis fixer une autre date... »

Or, ils doivent se rencontrer d'urgence, car le comte travaille à un rapport au souverain, comportant le programme des actions prochaines.

En avril 1880, ce rapport – « Plan des mesures gouvernementales devant mettre fin aux troubles et contribuer à instaurer l'ordre dans l'État russe » – est prêt.

Pour la plus grande joie de l'héritier, Loris qualifie de « néfastes » et d'« intempestives » les « propositions visant à instituer une représentation populaire sur le modèle occidental » (autrement dit, une Constitution).

Sacha écrit alors à Loris-Melikov, le 12 avril 1880 : « L'on peut, désormais, aller audacieusement et tranquillement de l'avant [...] appliquer votre programme pour le bonheur de notre chère Patrie et le malheur de MM. les ministres que ce programme doit fortement choquer... Bah, ils s'en remettront ! »

Le programme ne choque pas seulement les ministres. À la stupéfaction de l'héritier, il déplaît souverainement à Pobedonostsev ! La « nymphe Égérie » relève, en effet, nombre de points des plus inquiétants dans le rapport de Loris. Ainsi le comte propose-t-il de liquider purement et simplement la Troisième Section, toute dévouée à l'héritier et dont l'un des principaux responsables, Tchrevine, est fanatiquement attaché au tsarévitch. (Les dossiers de la Troisième

Section seraient alors transférés au ministère de l'Intérieur, à un département de la police à part.)

Pobedonostsev le sait bien : la Troisième Section n'est pas seulement une institution, elle est le symbole de l'époque de Nicolas, époque d'autocratie véritable qui suscitait dans le peuple une crainte respectueuse... Grisé par les flatteries du comte, le naïf Sacha ne l'a pas compris. « Queue de renard » a fait son œuvre.

De nombreux autres points des plans de Loris éveillent la méfiance. Il est notamment question d'une certaine « nouvelle orientation de la presse périodique, laquelle a, en Russie, une influence particulière, sans rien de commun avec celle de l'Europe occidentale où elle n'est que l'expression de l'opinion publique, alors que, chez nous, elle la forge ».

Il est en outre proposé d'accorder des droits aux schismatiques, de revoir le système des passeports, de faciliter les migrations des paysans, et bien d'autres choses encore.

Pobedonostsev y voit un début des plus inquiétants.

La Russie apaisée

La politique de Loris porte aussitôt ses fruits.

Février s'achève tranquillement, mars passe, puis vient avril, sans qu'on assiste à la moindre attaque de la « Volonté du Peuple ». Et, surtout, l'intelligentsia libérale semble considérer d'un autre œil les terroristes et le pouvoir. Bref, c'est un succès !

Néanmoins, plus la réussite de Loris est évidente, plus celui-ci a tendance à oublier ses premières intentions qui réjouissaient tant le tsarévitch.

Avant de fermer la Troisième Section, le comte entreprend une inspection de cette institution honnie des libéraux. Au terme de ce contrôle général, toute une série de victimes de la police secrète sont libérées de la surveillance constante qui leur était imposée, et beaucoup rentrent de relégation, voire d'émigration.

Étrangement, le tsar continue de soutenir l'action de Loris, sans oublier, pourtant, de ménager les rétrogrades. Il enjoint ainsi au comte de nommer Pobedonostsev haut-procureur du Saint-Synode.

Le tsar sent, depuis quelque temps, que l'influence de l'Église orthodoxe chute brutalement. La récente venue à Saint-Pétersbourg du prédicateur protestant Radstock l'a amplement montré. Cet Anglais de haute taille, plus tout jeune, vêtu d'une triste redingote grise, arborant un grand front, des touffes de cheveux clairs autour de sa calvitie et de courts favoris roux, a fait fureur dans la capitale, suscitant une véritable épidémie de foi... Après ses sermons, les plus riches se mettaient à distribuer leurs propriétés et dépensaient des milliers de roubles pour des œuvres de charité. Les salons les plus influents se l'arrachaient. Une quarantaine de maisons, parmi les plus aristocratiques, lui ouvraient leurs portes. Le comte Alexis Bobrinski, ministre des Voies de communication, homme de l'entourage proche du tsar, et le prince Vassili Pachkov, connu pour sa fortune, s'étaient convertis au protestantisme.

« J'ai trouvé ma voie ! » avait lancé Bobrinski au souverain qui avait alors mesuré la gravité du symptôme.

Convaincu que l'orthodoxie est le premier rempart des tsars russes, l'empereur décide de renforcer l'Église, grâce à Pobedonostsev qui compte parmi les casuistes et les conservateurs les plus intelligents. Il estime, en outre, que les affaires de l'Église détourneront Pobedonostsev de sa résistance active aux réformes.

Les conservateurs ont pourtant de quoi résister. Après son geste en leur faveur, le souverain leur porte un coup assez dur. À la fin d'avril 1880, Loris-Melikov expédie à la retraite le symbole du courant rétrograde, membre actif du parti du palais Anitchkov, le ministre de l'Instruction publique Dmitri Tolstoï.

Il est le type même du dignitaire russe servile. Il a en horreur les réformes initiées par le tsar, mais il est le seul ministre à lui baiser la main. Adversaire acharné de l'abolition du servage, soumettant lui-même aux verges ses gens dans ses domaines, mariant de force de jeunes serves, voire les mettant dans son lit, Dmitri Tolstoï n'en exprime pas moins, en présence de l'empereur, les idées les plus libérales. Après le premier attentat, il est nommé à la tête du ministère de l'Instruction publique et censé détourner la jeunesse des dangereuses idées modernes. C'est le triomphe de l'enseignement le plus classique : les élèves doivent étudier consciencieusement les langues mortes (latin et grec), apprendre par cœur des extraits d'œuvres des auteurs antiques...

Et voici que ce petit homme rond et court sur pattes, cupide et impitoyable, tombe enfin ! Les libéraux sont aux anges et parlent d'une « troisième abolition du servage » : le tsar a d'abord libéré les paysans des propriétaires, puis les Bulgares des Turcs, il libère à présent l'enseignement de Tolstoï. Plus incroyable encore : le bulletin clandestin de la « Volonté du Peuple » approuve cette mise à l'écart !

Durant toute cette période, Loris travaille habilement avec la presse. Une commission spéciale est créée pour trancher la question de la suppression de la censure. Les journaux, toutefois, continuent de se livrer à l'activité la plus populaire en Russie : critiquer le pouvoir. Le comte est accusé de fausses promesses et d'hypocrisie. Quand les attaques deviennent intolérables, celui-ci fait la démonstration de sa bonne connaissance du caractère russe. Il ne ferme pas les journaux, ne les met pas à l'amende, il convoque les rédacteurs de tous les grands périodiques. Et d'agiter sa « queue de renard », de prononcer un discours sur l'importance et la puissance de la presse russe, maître à penser du pays. Il dit son rêve d'œuvrer en union avec les journaux. Puis il demande de ne pas presser le pouvoir, de ne pas exciter la société qui l'est suffisamment sans cela... Il expose aux journalistes des plans à long terme, écoute leurs avis. Pour la première fois, le pouvoir prend conseil auprès de la presse au lieu de la persécuter. Le tout-puissant ministre de l'autocrate demande de l'aide et se montre d'une extrême franchise. Il a même cet aveu des plus amers : à l'heure actuelle, il ne saurait, hélas, y avoir en Russie quoi que ce soit de semblable aux parlements européens !

Malgré ces restrictions, il séduit les rédacteurs. La raison en est qu'il a eu le geste le plus important pour les Russes : il leur a « témoigné du respect ».

Le ton de la presse, impitoyable la veille encore, change. Les journaux montrent plus de retenue. L'opposition s'apaise : il n'y aura pas de Constitution.

Mais, suscitant l'indignation du palais Anitchkov, Loris engage un flirt avec la partie la plus dangereuse de la société : les jeunes. Les étudiants obtiennent tout ce qu'ils réclamaient au moment des troubles : droit de créer des caisses d'entraide, des cercles littéraires et scientifiques, des salles de lecture, d'organiser des rassemblements et bien d'autres choses encore.

Les étudiants, toutefois, ont très envie de s'agiter. Ils s'ennuient sans révolte, ils y sont habitués. Et quand le nouveau ministre de l'Instruction publique, Sabourov, qui effectue toutes ces réformes, se montre à l'université de Saint-Pétersbourg, il a droit, dans la salle des actes, à un discours antigouvernemental enflammé, dans lequel il est traité de « menteur » et de « lâche ». Il reçoit ensuite sur la tête, depuis les galeries, une pluie de tracts. Puis, mettant à profit la confusion générale, un étudiant bondit vers l'infortuné ministre et lui donne un soufflet.

Dès le lendemain, pourtant, les étudiants reviennent à de meilleurs sentiments et ont honte de leur conduite. Une bruyante assemblée est organisée, au cours de laquelle ils choisissent des invités pour le bal de l'université. En tête de liste, ils placent le ministre Sabourov, le comte Loris-Melikov, lesquels voisinent avec Vera Zassoulitch, le membre de la « Volonté du Peuple » Hartman, qui a attenté à la vie du tsar, le Polonais Berezowski, le relégué Tchernychevski... Et nul ne cherche noise aux étudiants pour cela.

Dans une lettre découverte par la police, le terroriste Ryssakov écrit : « Le comte Loris-Melikov nous accorde toutes les libertés possibles. C'est mardi gras tous les jours ! »

Ainsi Alexandre et le comte réussissent-ils à apaiser la Russie. Les attentats ont cessé. Pour la première fois depuis bien long-temps, le calme règne.

Pour notre malheur !

Évoquant l'état d'esprit de l'opposition, Pobedonostsev écrit à Ekaterina Tioutcheva, à Moscou : « Avec lui, tout s'est apaisé, mais nous verrons si cela va durer... Il soulève et libère des forces qu'il sera difficile de contrôler. Sa recette est simple : les étudiants se soulèvent-ils ? On leur donne la liberté et l'autogestion ! La presse perd-elle la raison ? On lui laisse la bride sur le cou ! »

Et de prédire : « Ces tours de passe-passe coûteront cher à la Russie... pour notre malheur ! »

Puis de menacer : « Le temps vient où les champions des principes solides et sains de la vérité et de la vie populaires seront des adversaires du gouvernement. Je crains d'être bientôt du nombre. Je m'attends, de ce fait, à de grandes épreuves. Mais je ne puis me taire. »

Pobedonostsev ne le peut, en effet. Il ne peut que lancer des imprécations. Or, cela suffit-il ? L'heure n'est-elle pas venue pour lui d'agir ?

Un secret de polichinelle

Le « roman » du souverain, ou plutôt sa double vie familiale reste officiellement un secret ! Que tout le monde connaît, bien sûr ! Mais ce secret de polichinelle tient toujours, et tout cela est très romantique. Où que se trouve l'empereur, Katia s'installe à proximité, avec les enfants.

Voici que le tsar arrive dans l'un de ses palais aux environs de la capitale, à Peterhof ou à Tsarskoïe Selo. Dans la journée, il part en voiture pour une promenade en compagnie de ses enfants, sa fille et ses fils. L'équipage, toutefois, s'arrête dans le parc. L'empereur salue les siens et descend « faire quelques pas ». Dans le parc l'attend, à un endroit convenu, son ordonnance, avec un cheval.

« Et l'empereur, écrit la dame d'honneur A. Tolstaïa, prend une direction *que tous connaissent*... La seconde partie de sa promenade s'achève dans la société de son amie secrète... *Cette manœuvre se répète chaque jour.* »

C'est une « manœuvre » des plus risquées, après tous les attentats. Mais, l'amour... !

De plus en plus souvent, à heure fixe, un amusant cortège fait son apparition dans le parc du palais : une dame et des enfants, en compagnie d'un laquais. On les introduit par une porte dérobée.

Alexandre, c'est clair, ne peut vivre sans elle et les enfants. Et l'on comprend cette prière d'une dame d'honneur de l'impératrice : « Préserve, Seigneur, notre souveraine, car dès qu'on lui aura fermé les yeux, le souverain épousera son odalisque ! »

L'impératrice se meurt

« Transparente, aérienne, on eût dit qu'elle n'avait plus rien de terrestre, écrit la dame d'honneur Alexandra Tolstaïa. Nul ne pouvait la regarder sans verser des larmes. »

Alexandre souffre aussi de voir ces yeux « qui absolvent tout » (et accusent en même temps). « Pour l'amour de Dieu, n'évoque pas l'impératrice en ma présence, cela me fait mal ! » dit-il à son frère Constantin.

Elle ne quitte plus sa couche, ne sort plus de ses appartements, sa cage dorée. Tandis qu'elle repose, elle tire le bilan de son existence, dicte à ses dames d'honneur des lettres et son testament.

Avant de mourir, elle se remémore une Anglaise pauvre qu'elle a aidée de nombreuses années durant, et lui envoie « de l'argent dans une enveloppe, rédigeant elle-même l'adresse d'une main tremblante : "À l'attention de Miss Londy de la part d'une malade" », rapporte A. Tolstaïa.

Dans ses dernières volontés, la souveraine demande à être enterrée, vêtue d'une simple robe blanche, sans la couronne impériale. « Je souhaite également, si cela est possible, qu'il ne soit pas pratiqué d'autopsie. »

Mais, la plupart du temps, elle est plongée dans une somnolence à laquelle s'ajoutent, à présent, des hallucinations. Elle voit autour d'elle des visages aimés, s'entretient avec eux. Puis elle recouvre sa lucidité.

Vient la nuit du 21 au 22 mai. Dans la soirée, le tsar souhaite partir pour Tsarskoïe Selo, où Katia se trouve avec les enfants.

Toutefois, l'état de l'impératrice l'inquiète. Il prend conseil auprès du docteur Botkine : ne conviendrait-il pas qu'il demeure dans la capitale ? « Botkine, explique A. Tolstaïa, avec toute l'assurance propre aux docteurs, déclara que la souveraine passerait la nuit, il s'en portait garant... Néanmoins, dès que la nuit fut écoulée, l'ange de la mort vint doucement la chercher dans le palais endormi. Cette mort solitaire... fut le point d'orgue de son existence si étrangère au bruit et à la gloire terrestres. »

Personne n'est auprès d'elle, à l'instant où elle rend l'âme. Sa fidèle femme de chambre Makouchina la trouve inerte, peu après huit heures du matin. L'empereur est informé que la souveraine a fini paisiblement sa vie, sans agonie, comme si elle s'endormait.

Au matin, le ministre de la Guerre, Milioutine, vient faire son rapport quotidien au tsar, à Tsarskoïe Selo. Il y apprend que celui-ci reçoit à l'instant la nouvelle du décès de l'impératrice et qu'il est reparti pour Saint-Pétersbourg par train spécial.

« Je rentrai aussitôt en ville, où il me fut ordonné de me rendre au palais d'Hiver. Il était plus de onze heures, quand je me présentai chez le souverain. Il était triste, nerveux, mais il eut la patience d'écouter jusqu'au bout mon rapport quotidien... »

Makouchina les interrompt à plusieurs reprises, apportant à l'empereur des bagues et colliers que la souveraine avait coutume de porter. « Le tsar indiqua lui-même ceux qu'il convenait de laisser à l'impératrice et ceux qu'il souhaitait garder en souvenir. »

La tsarine laisse derrière elle, outre son testament, une unique lettre adressée au souverain, écrite il y a bien longtemps. Elle y remercie Alexandre, de façon touchante, pour la vie heureuse passée à ses côtés.

À présent, tous attendent la suite des événements.

Le légendaire « grand discours »

Tandis que la capitale est en deuil et que les membres de la famille Romanov se demandent, avec un pincement au cœur, ce qui va se passer, Moscou est le théâtre d'une grande agitation.

L'antique capitale se prépare, en effet, aux célébrations prévues pour l'inauguration tant attendue de la statue de Pouchkine. Les organisateurs sont dans l'angoisse : le deuil ne va-t-il pas les obliger à annuler les solennités ? Mais le souverain ne se montre pas trop strict (il a ses raisons pour cela, comme on le verra par la suite) et les fêtes moscovites sont autorisées.

Le printemps politique qui commence après la nomination de Loris-Melikov fait revivre la société, et les cérémonies en l'honneur de Pouchkine en sont un signe. « Outre des hommes de lettres, des professeurs et des représentants de la presse, des délégués de presque toutes les organisations sociales du pays, jusques et y compris une association de choristes, affluent à Moscou. Il y a là quantité de députations diverses, arborant couronnes et bannières, et les admirateurs des écrivains les plus illustres sont venus en foule, emplissant les salles. »

Les cérémonies durent trois jours. Le discours de clôture est prononcé par Fiodor Dostoïevski. Ce discours célèbre constitue une des plus belles légendes de l'histoire de la littérature russe.

Sa lecture, aujourd'hui, ne peut donner ne fût-ce qu'une petite idée de ce qui se produisit, alors, dans la salle. « Lorsque Fiodor Mikhaïlovitch se tut, il y eut un instant de silence, puis, flot tumultueux, un enthousiasme extraordinaire, inouï, se déchaîna. Applaudissements, cris, bruits de chaises, tout se fondit en un même vacarme... Beaucoup pleuraient, se tournaient vers leurs voisins inconnus, avec des exclamations et des salutations. Nombreux furent ceux qui se précipitèrent vers l'estrade, au pied de laquelle un jeune homme, submergé par l'émotion, perdit connaissance. Tous, ou presque, étaient dans un tel état qu'ils eussent suivi l'orateur n'importe où, semblait-il, pour peu qu'il les y invitât. Ainsi, sans doute, aux temps lointains, Savonarole agissait-il sur les foules rassemblées. »

Tous les souvenirs des témoins concordent :

« Lorsqu'il eut terminé, une chose incroyable se produisit... Pas un homme qui n'applaudît, frénétique, ne trépignât, ne criât "bravo !"... Les femmes, en pleine hystérie, agitaient leurs mouchoirs. Les gens faisaient des bonds, sautaient sur les chaises pour crier et agiter des mouchoirs... Chapeaux claques et hauts-de-forme volaient dans les airs... On s'embrassait en une sorte de fraternisa-tion générale. Un jeune homme en extase se rua vers Dostoïevski sur l'estrade, et s'effondra dans une crise nerveuse... Puis, quelques charmantes étudiantes accoururent sur la scène, portant une énorme couronne de lauriers... Dieu sait où elles l'avaient dénichée...

Après Dostoïevski, il était prévu que le chef de file des slavophiles de Moscou, Ivan Aksakov, prendrait la parole. Mais il... déclara qu'il n'était pas en état de parler après Fiodor Mikhaïlovitch... »

Comment expliquer ce triomphe inouï ?

Pour commencer, Dostoïevski est un « homme hypnotique ». Il arrive sur la scène, voûté, pas très grand, la tête légèrement baissée ; ses yeux sont las, ses gestes indécis, sa voix faible. Un visage un peu ingrat, d'une pâleur maladive (on le dirait de cire), une petite barbe d'un blond tirant sur le roux, des cheveux châtain clair, vaguement roux eux aussi, doux, fins, soigneusement pommadés et lissés.

Il commence sèchement, comme fermé en lui-même : pas de mouvements, pas le moindre geste. Seules ses lèvres minces, exsangues, tressautent nerveusement lorsqu'il parle. Peu à peu, toutefois, il devient méconnaissable. Ses petits yeux marron clair s'agrandissent incroyablement et brillent. Son bras esquisse un geste impérieux. La salle, subjuguée par la force hypnotique de sa foi, ne peut plus s'arracher à ces yeux, à ce bras tendu de prophète...

Le grand moment d'émotion suscité par ce discours n'est pas le seul à s'être perdu dans le temps. Une autre composante de ce fantastique succès a disparu, elle aussi : la brûlante actualité des propos de l'écrivain. Celui-ci prononce un discours nécessaire à la société, alors scindée par l'hostilité, un de ces *discours d'union* si rarement populaires en Russie. En parlant de Pouchkine, Dostoïevski parle, bien sûr, de ce qui se passe dans le moment. Il s'adresse à une Russie qui a perdu la raison et se trouve suspendue au-dessus de l'abîme. Il évoque la tragédie d'Aleko, héros du poème de Pouchkine *Les Tsiganes*, orgueilleux assassin qui rêve de liberté, qui (comme l'écrit Dostoïevski dans son *Journal d'un écrivain*) « a absolument besoin... du bonheur universel... et ne se résignera pas à moins ». La salle comprend, naturellement, qu'il s'adresse à d'autres assassins, persuadés, eux aussi, de tuer pour la liberté et aspirant également au bonheur universel. C'est à ceux-là qu'il dédie cette prière : « Soumets-toi, homme fier, alors seulement tu seras libre !... » « Mets-toi au labeur, homme vain ! » lance-t-il à ces malheureux qui ont oublié ce qu'est le travail utile et consacrent leur talent, leur jeunesse, à la vengeance et au meurtre.

« Ces jeunes oisifs, écrit méchamment un contemporain, qui mangent quotidiennement le pain fabriqué par le labeur d'autrui, ont-ils le droit de montrer le moindre orgueil ? Car si l'on prend n'importe lequel de ces petits démons pour lui demander quels sont, finalement, ses mérites devant la société, quels sont les efforts tangibles qui lui permettent de mener cette existence, il apparaîtra qu'il n'y en a aucun. Ces gens sont, dans leur écrasante majorité, des parasites ou de semi-parasites. »

Le discours de Dostoïevski, lui, ne recèle pas de hargne. Ni, au demeurant, de reproche. Il n'est qu'amour pour ces âmes four-voyées, il n'est qu'invite désespérée au repentir, à l'union et à l'amour du prochain.

Avec le même amour, il s'adresse à deux camps que tout oppose – slavophiles et occidentalistes –, chacun estimant que sa guerre est « sainte ». Il affirme qu'ils n'ont pas de raison de se combattre, car leurs opinions ne sont pas contraires. « Il nous faut être russes et en être fiers », invitent les slavophiles. « Mais un vrai Russe doit être le frère de tous les hommes... La vocation de l'homme russe est, en effet, indubitablement européenne, universelle, ce dont rêvent les occidentalistes. » « Ô, peuples d'Europe, vous ne savez pas combien vous nous êtes chers ! »

L'union de tous dans l'amour, le pardon et l'humilité devant Dieu, voilà ce que l'écrivain implore la Russie de réaliser. Pour l'auditoire accoutumé à des polémiques, des disputes sans fin, et plus encore à une haine hargneuse, c'est un choc.

Le discours sur Pouchkine apporte à Dostoïevski la consécra-tion. Il devient, aux yeux de l'opinion, un écrivain prophétique. Rien d'étonnant, donc, à ce que Pobedonostsev tente, à la fin de l'année, de le rallier au parti du palais Anitchkov où il lui organise une rencontre avec l'héritier et son épouse.

Elle a lieu le 16 décembre 1880. Elle dure longtemps, mais Dostoïevski y enfreint obstinément toutes les règles de l'étiquette. Il se lève chaque fois que l'envie lui en vient, parle le premier et, à la fin de l'entretien, s'en va, tournant tranquillement le dos au tsarévitch, au lieu de partir, comme il sied, à reculons. « Ce fut sans doute la seule fois dans la vie du futur Alexandre III, où il fut traité comme un simple mortel », notera la fille de l'écrivain.

Cette « liberté intérieure » ne peut guère réjouir l'héritier. Il est, en outre, vraisemblable que Dostoïevski n'en a pas conscience. L'auteur des *Frères Karamazov*, en revanche, se remémore les paroles de son poète préféré, Pouchkine : « Que nous soient épargnés, plus que tous autres maux, la colère des seigneurs, ainsi que leur amour ! » Un cheval sauvage ne peut décidément vivre dans l'enclos politique. La chose est inconciliable avec la liberté de pensée. Elle est d'autant plus inacceptable pour celui qui écrit : « Je n'ai qu'un modèle moral – le Christ. »

« Il n'est de volonté que celle du tsar »

Cependant, à Saint-Pétersbourg, le dénouement est plus rapide que prévu. Le tsar laisse passer le minimum de quarante jours de deuil obligatoire, puis fait appeler Adlerberg. Et le ministre de la Cour entend ce qu'il redoutait : le souverain a décidé d'épouser la princesse Dolgoroukova. Le petit jeu entre le tsar et son ministre (le secret de polichinelle) est terminé.

Adlerberg tente de l'en dissuader. Le deuil officiel d'un an ne fait que commencer, c'est une provocation pour la famille Romanov, un défi à la religion, aux us et coutumes. On lui fait cette réponse : « Je suis souverain et seul juge de mes actes. »

Puis vient le plus désagréable pour le ministre. Son ami d'enfance lui enjoint de tout organiser et l'invite à la cérémonie.

Le tsar a hâte de se remarier. Il prise, à présent, chaque jour passé sans attentat. Si on le tuait ou qu'il vînt à mourir de sa belle mort ? Katia et les enfants seraient alors privés de moyens de subsistance. Il ordonne toutefois de taire le mariage jusqu'à la fin du deuil. L'histoire romantique se poursuit donc : le mariage est secret.

Le 6 juillet 1880, à trois heures de l'après-midi, la cérémonie a lieu, en grand secret, bien sûr, à Tsarskoïe Selo. L'empereur conduit lui-même la fiancée dans la pièce où a été installé un autel de campagne. L'archiprêtre de l'église du palais d'Hiver, Xénophon Nikolski, officie. Quelques personnes seulement sont là, l'entourage le plus proche du tsar : le ministre de la Cour Alexandre Adlerberg et deux généraux aides de camp, E. Baranov et A. Ryleïev, qui servent de témoins. Ils sont, manifestement, mal à l'aise. Le souverain, lui, se sent parfaitement bien, il est très gai, radieux, il plaisante. Il porte l'uniforme bleu des hussards ; la fiancée a revêtu une robe somptueuse. La cérémonie s'achève sur la signature de « l'acte » par tous les témoins : « Le 6 juillet de l'an mille huit cent quatre-vingts, à trois heures de l'après-midi, dans l'église de campagne du palais de Tsarskoïe Selo, Sa Majesté l'empereur de toutes les Russies, Alexandre Nikolaïevitch, a daigné épouser en secondes noces la princesse dame d'honneur Ekaterina Dolgoroukova.

Nous, soussignés, témoins de cette union, avons rédigé le présent acte, que nous confirmons de nos paraphes, le 6 juillet 1880. »

Suivent les signatures du général aide de camp comte Alexandre Adlerberg, du général aide de camp Édouard Baranov, du général aide de camp Alexandre Ryleïev.

Quand tout est terminé, le tsar propose à son épouse de faire une promenade en calèche. Le temps est magnifique. L'empereur se sent bien ; il est enfin tranquille pour l'avenir.

Cependant en Russie, on le sait, « tout est mystère, mais il n'y a pas de secret » ! Dès le lendemain matin, toute la Cour est informée. Les dames d'honneur de la défunte impératrice sont sous le choc et s'indignent. Les témoins du mariage sont contraints de se justifier en alléguant la volonté souveraine. La nouvelle s'est aussitôt répandue de Tsarskoïe à Saint-Pétersbourg. Déjà, la générale Bogdanovitch évoque dans son Journal sa « profonde indignation ».

Le mot est à la mode. « Le vieil empereur, oubliant aussitôt sa malheureuse épouse, a convolé avec une jeune débauchée », tel est l'effet produit sur la société.

Une fois de plus, notre Janus ne comprend pas. Le despote Pierre le Grand avait pu épouser une cuisinière et en faire une impératrice. Mais il était, précisément, un despote. Alexandre, lui, a décidé de gouverner à l'européenne. Il doit donc, hélas ! tenir constamment compte de l'opinion. Cependant, élevé comme il l'a été par son père, il ne s'y habituera jamais.

Le soir, *elle* dort au palais, dans le lit impérial, tandis qu'il est à son bureau, à régler des formalités. Il signe notamment un indispensable oukaze :

« À l'attention du Sénat dirigeant,

Ayant épousé en secondes noces la princesse Ekaterina Dolgoroukova, Nous ordonnons de lui conférer le titre de Princesse Iourievskaïa et d'Altesse sérénissime. Nous ordonnons de le conférer également à Nos enfants : Notre fils Georges, Nos filles Olga et Catherine, ainsi qu'à ceux qui pourront naître par la suite. Nous leur accordons tous les droits revenant à Nos enfants légitimes, conformément à l'art. 14 des Lois fondamentales de l'empire et à l'art. 147 des règlements en vigueur dans la famille impériale.

Alexandre.

Tsarskoïe Selo, 6 juillet 1880. »

Leurs enfants sont donc « Altesses sérénissimes ». Néanmoins, toujours selon l'article 14, « les enfants issus des noces d'un membre de la famille impériale avec une personne sans dignité correspondante, en d'autres termes n'appartenant à aucune Maison régnante, ne peuvent prétendre au trône ».

Voilà qui devrait rassurer la Cour et l'héritier.

Mais tous savent bien que l'État est autocratique et que les lois y sont modifiées par les souverains. « Il n'est de volonté que celle du tsar », aime à répéter l'ami de l'héritier, le général P. Tchrevine.

Le lendemain, Loris-Melikov est convoqué à Tsarskoïe Selo. Alexandre lui fait part de son remariage qui, pour l'instant, doit demeurer secret. Et d'ajouter : « Je sais combien tu m'es dévoué. Désormais, tu dois l'être tout autant à mon épouse et mes enfants. » Puis il passe aux dossiers en cours.

Mais, dorénavant, la princesse Iourievskaïa assiste souvent aux rendez-vous et discussions du tsar et de Loris. Le comte comprend : le tsar lui montre qu'il a devant lui une future impératrice. Le titre d'Altesse sérénissime n'est qu'une première étape. Et l'intelligent ministre ne manque pas, à l'occasion, de prendre conseil auprès d'elle ! Il sait que cela plaît au souverain.

Cependant, l'héritier, en cure à Haapsalu, rentre à Saint-Pétersbourg. Les courtisans le mettent aussitôt dans le « secret ». Le tsarévitch est profondément choqué. Lui, l'homme d'un seul amour, n'a jamais compris la vie pécheresse de son père. Et voici que, sans attendre la fin du deuil, ce même père s'empresse de se remarier !

L'empereur attend trois jours pour convoquer son fils à Tsarskoïe. Il lui fait part de la nouvelle, puis lui expose les raisons de ce remariage, lesquelles paraissent honteuses à l'héritier : l'autocrate de toutes les Russies craint d'être tué par une poignée de scélérats dont il est incapable de venir à bout. Ce sont *eux* qui ont contraint l'oint du Seigneur à enfreindre les lois de l'Église, *eux* qui gouvernent ses actes !

L'héritier est informé que ce mariage restera secret jusqu'à la fin officielle du deuil ; que la princesse Iourievskaïa et ses enfants n'ont, bien sûr, aucun droit au trône, et que la nouvelle épouse s'en tiendra strictement à son modeste rôle.

À sa première rencontre avec Marie Fiodorovna, épouse du tsarévitch, la femme de l'empereur lui baise la main, ainsi qu'il sied à une épouse morganatique.

Le premier Raspoutine

L'été 1880 se passe paisiblement. C'est un bonheur parfait, pas le moindre attentat.

Mais les plus grandes secousses affectent à présent la famille Romanov et la Cour... Les grandes-duchesses, épouses des frères du tsar, devenues vieilles, ne cessent de s'indigner de ce remariage ; sans doute y voient-elles un mauvais exemple pour leurs maris. Leurs dames d'honneur, ainsi que celles de feue l'impératrice, répandent les pires calomnies sur « l'Odalisque ». Elles la trouvent, tout soudain… fort laide ! Pour ne rien dire de sa mauvaise éducation !…

Cela ne fait que croître et embellir… Le ministre de la Cour Adlerberg rapporte qu'elle a l'audace de s'entretenir des affaires de l'État avec Loris-Melikov. Alors naît une rumeur que les dames de Cour reproduiront dans leurs Mémoires et que nombre d'historiens reprendront après elles : l'empereur n'est plus qu'un pitoyable vieillard, que régentent sa jeune femme stupide et un général arménien madré… Cette rumeur enfle au fur et à mesure que la camarilla comprend vers quoi le tsar mène le pays. La princesse Iourievskaïa devient ainsi… la préfiguration de Raspoutine ! Comme lui, elle va diviser la famille Romanov, et l'opposition saura habilement s'en servir pour anéantir le prestige du tsar.

Alexandre peut, toutefois, ignorer cette fronde familiale. L'essentiel est accompli : il a retenu le pays au bord de l'abîme ; il a eu raison de miser sur le retour des réformes. Cela fait bientôt un an qu'il n'y a pas eu d'attentat. Et Loris-Melikov lui annonce la bonne nouvelle : l'heure est venue de supprimer la Commission suprême.

Le 6 août, la chose est rendue publique : la vie de la Russie reprend un cours normal, le comte Loris-Melikov renonce à ses pouvoirs dictatoriaux. Simultanément disparaît le grand symbole des pressions exercées sur la société : la Troisième Section de la Chancellerie personnelle de Sa Majesté.

Elle est remplacée par un tout-puissant ministère de l'Intérieur, au sein duquel se trouve un Département de la police qui se voit transférer les fonctions et les cadres de la Troisième Section.

Le ministre de l'Intérieur sera, bien entendu, le comte Loris-Melikov, qui devient donc également le chef des gendarmes.

À la veille du grand œuvre

Vient la seconde quinzaine d'août. Le tsar se prépare à quitter Saint-Pétersbourg pour passer, comme chaque année, l'arrière-saison en Crimée, au palais de Livadia. Avant de partir, il accomplit une tâche d'une extrême importance : il enlève son fils à l'opposition.

La veille de son départ, le tsar, accompagné de Loris-Melikov, rencontre l'héritier. L'empereur sait bien que, si son fils est têtu, il manque de caractère et que l'on peut aisément le « retourner ». Le ministre y va d'un discours dans lequel il tente de démontrer au tsarévitch que les répressions ont eu pour seul effet de renforcer l'influence des révolutionnaires, alors que la nouvelle politique a réussi l'essentiel : pour la première fois depuis de longues années, la société se tourne vers le pouvoir.

« Queue de renard » a l'art d'exprimer les choses simplement, à la différence de Pobedonostsev et de ses discours alambiqués, hermétiques. L'empereur, cependant, garde un silence menaçant et plein de sous-entendus. Dans la soirée, Loris écrit à la grande amie de la Dolgoroukova, Mme Chebeko : « Pour autant que j'en puisse juger de l'extérieur, ma péroraison d'aujourd'hui n'a pas produit sur l'héritier un trop mauvais effet. Et c'est tant mieux ! »

Loris est trop modeste. Le tsarévitch est à nouveau aussi docile que le furent, dans sa situation, son père, son grand-père et son arrière-grand-père. Il ne se soucie plus que d'exécuter la volonté de son père.

Alexandre peut donc lui confier Saint-Pétersbourg. Il emmène, en revanche, son ministre. À Livadia, ils prépareront ensemble le grand bouleversement pour lequel tout a commencé. Sous le ciel béni de Crimée, loin de la dangereuse capitale, le tsar veut réfléchir à ce projet risqué, ne rien laisser au hasard. La phrase du comte Heyden : « Le seul moyen de sauvegarder la monarchie est de la restreindre », doit devenir réalité. Constantin et les bureaucrates libéraux en rêvent.

Au matin du 17 août, l'empereur quitte Tsarskoïe Selo pour Saint-Pétersbourg. Il partira pour Livadia le soir même. Dans la capitale, un équipage l'attend à la gare. Entouré d'une escorte de cosaques, il gagne le palais d'Hiver.

Le cortège impérial doit, comme toujours, franchir le pont de Pierre.

Une surprise sous le pont

Sous le pont, des jeunes gens qui ne nous sont pas inconnus canotent souvent, depuis quelques jours, sur le fleuve. Ce sont *eux* : Alexandre Mikhaïlov, avec son visage rond (depuis l'arrestation de Kviatkovski, il est le seul dirigeant de la « Volonté du Peuple »), le grand et beau barbu Jeliabov, chef des opérations de combat, et le plaisant intellectuel à pince-nez, grand dynamiteur devant l'Éternel, Kibaltchitch.

L'opération qu'ils préparent a été conçue par Mikhaïlov. Le temps presse, en effet : le rusé Loris entraîne manifestement l'opinion sous l'aile du pouvoir. La terreur a perdu de sa popularité.

Cette fois, Kibaltchitch a fait lui-même les calculs, au gramme près : les sept *poud* de dynamite placés sous le pont doivent faire sauter celui-ci, ainsi que l'équipage du tsar.

Dans des coussins imperméables en gutta-percha, la dynamite a été soigneusement descendue au fond du fleuve. Les membres de la « Volonté du Peuple » ont amené les fils jusqu'à un ponton, près de la rive, où les blanchisseuses lavent le linge. C'est là qu'ils les relieront pour ce nouveau cadeau au tsar.

Donc, le 17 août, de bon matin, la calèche de l'empereur s'approche du pont, étroitement protégée par son escorte de cosaques. Les chevaux filent, impétueux. L'équipage et les cosaques volent littéralement sur le pont de Pierre, le franchissent et... rien ne se produit !

L'explication, cette fois, est des plus prosaïques : l'un des principaux membres du commando, Teterka, a manqué l'heure. Il faut dire, à sa décharge, qu'il n'a pas de montre. Quand il accourt, la voiture est déjà passée. Dieu a donc, une nouvelle fois, sauvé le souverain. L'attentat n'a pas eu lieu et, si l'on en croit les prédictions de la Tsigane, deux tentatives séparent encore Alexandre de la mort.

Dernier automne à Livadia

Tard, au soir du 17 août, le train impérial part pour Livadia. On conduit à la gare la princesse Iourievskaïa et les enfants... Depuis qu'elle a épousé le tsar, elle va partout avec lui, à Tsarskoïe Selo, à Peterhof... Elle lui a déclaré qu'après *l'incident* du chemin de fer, elle se refusait à le laisser seul. Quitte à mourir, mourons ensemble !

Naguère, on le sait, la princesse voyageait dans un wagon à part, et les dignitaires accompagnant le tsar feignaient de ne pas connaître cette dame. Une petite révolution se produit donc : on mène la princesse et les enfants dans le wagon impérial, où elle occupe le compartiment de la défunte impératrice. La suite n'en revient pas : n'avait-il pas été décidé que le mariage resterait secret tout au long de l'année de deuil ?

Une surprise plus grande encore attend la suite à Livadia : la princesse ne se rend point, comme de coutume, à la petite villa de Biouk-Saraï, elle se présente au palais en compagnie de l'empereur, qui enjoint de la loger dans les appartements de feue son épouse.

Et la suite comprend, après Loris, que le secret est levé. Il y aura bientôt une nouvelle souveraine.

À Livadia, l'empereur et sa belle ne se quittent pas. Ils voyagent ensemble dans la calèche d'Alexandre, font du cheval ensemble ; ensemble, ils jouent avec les enfants dans le parc et, le soir, demeurent en tête à tête dans la véranda de l'étage. Enlacés, ils contemplent muettement la mer.

Ils sont encore ensemble, quand Loris vient évoquer le grand séisme à venir : l'instauration d'une Constitution et la fin de l'autocratie !

Le 30 août, le principal responsable de la réforme – il en est l'incarnation –, le général de cavalerie, général aide de camp, ministre de l'Intérieur, comte Loris-Melikov, se voit décerner la plus grande décoration de l'empire : l'ordre de Saint-André-le Premier-Appelé.

Ainsi le tsar confirme-t-il dans ses fonctions son fidèle compagnon… avant que ne s'abatte sur lui l'indignation de la Cour et des puissants rétrogrades.

Le grand projet

On y travaille chaque jour. Des ministres sont spécialement convoqués à Livadia. Il s'agit de faire participer des représentants élus des villes et des zemstvos à l'activité législatrice du Conseil d'Empire ; bref, ce qu'Alexandre, naguère, avait demandé au ministre Valouïev, ce dont il parlait, avant l'explosion au palais d'Hiver, avec le grand-duc Constantin et qu'il ne s'était pas, à l'époque, résolu à accomplir.

Résolu, il l'est, à présent.

Cette réforme, modeste pour l'Europe, est une véritable révolution pour la Russie. Il s'agit d'adopter un principe européen fondamental (que le père d'Alexandre vouait aux gémonies) : celui de la représentation populaire. Pour la première fois, des représentants élus débattront des lois.

Il est ainsi porté atteinte au saint des saints de l'autocratie ou, plus exactement, celui-ci est anéanti par les élections. Le Conseil d'Empire, même transfiguré, ne peut, certes, passer pour un parlement, mais il est susceptible d'en être l'embryon. L'histoire russe retiendra la réforme sous l'appellation de « Constitution de Loris-Melikov ». Certes, ce n'est pas encore une Constitution, toutefois, ainsi que le dira bientôt l'empereur : « Nous y allons tout droit. » De cette façon se prépare le deuxième coup – après l'abolition du servage – porté au passé « asiate ». La Russie s'engage sur la voie de l'Europe.

Il va de soi qu'une fois décidé, le souverain recommence son petit jeu préféré. Il est pris de doutes. Il pleure, à son habitude. Il se tourmente et tourmente les autres. Loris, néanmoins, a eu le temps

462

de l'observer. Le tsar veut, bien sûr, que tous insistent alentour, tandis qu'il continuera de douter. Le comte, secondé par Katia, ne ménage pas sa peine.

Cependant, l'héritier et sa famille viennent rejoindre le tsar à Livadia... Sacha découvre que les usages ont changé au palais et qu'*elle* occupe les appartements de sa mère, alors que la période de deuil n'est pas achevée ! Il en est offensé et son intelligente épouse comprend qu'il se trame quelque chose de grave. La princesse honnie fait ses premiers pas vers le trône. Et l'épouse de l'héritier « monte » encore un peu plus son mari. Sacha se révolte, il dit son fait à son père. La situation devient intenable. Le tsarévitch et sa famille décident de partir pour le Danemark, chez les beaux-parents. La réplique de l'autocrate ne tarde pas : « Alors, tu cesseras d'être l'héritier du trône ! »

La révolte est matée. Bien plus, le tsarévitch, serrant les dents, se voit contraint de se montrer bien disposé envers la princesse ! Le tsar, néanmoins, fait un geste. Chaque dimanche, il prie à déjeuner les ministres convoqués à Livadia. Un beau jour, l'héritier et son épouse se retrouvent à la table, aux côtés du souverain. Mais, le dimanche suivant, on leur suggère une longue promenade, une visite, par exemple, aux grands-ducs qui ont aussi leurs palais dans cette région bénie de Crimée. Alors, à la table, aux côtés du tsar, se tient la princesse Iourievskaïa. L'empereur lui présente ses ministres. Elle se change de plus en plus en impératrice.

L'héritier et sa famille regagnent Saint-Pétersbourg.

Le testament

Tout se déroule magnifiquement. Des pressentiments, pourtant, tourmentent le tsar. Malgré tous les succès de Loris, il y a dans cette accalmie comme une menace. Et, plus se rapproche le retour dans la capitale, plus la pensée de la mort se fait nette et obsédante dans l'esprit du souverain.

Le 11 septembre, des instructions parviennent de Livadia : l'empereur demande le transfert à la Banque impériale de trois millions trois cent deux mille neuf cents roubles au nom d'Ekaterina Dolgoroukova. Il écrit : « À elle seule j'accorde le droit de disposer de ce capital, de mon vivant et après ma mort. »

Au début de novembre, il écrit à son fils qui a regagné Saint-Pétersbourg : « Cher Sacha, pour le cas où je rendrais l'âme, je te confie ma femme et mes enfants. Les amicales dispositions dont tu as fait montre à leur endroit depuis le jour où tu les as rencontrés me laissent penser que tu ne les abandonneras pas, que tu seras pour eux un protecteur et un conseiller plein de bonté. Tant que mon épouse vivra, les enfants devront demeurer sous sa seule tutelle. Et si le Dieu tout-puissant la rappelait à Lui avant qu'ils n'aient atteint leur majorité, je souhaite que leur soit donné pour tuteur le général Ryleïev ou toute autre personne de son choix, avec ton accord. Mon épouse n'a rien hérité de sa famille. Tous les biens qui lui appartiennent aujourd'hui, mobiliers et immobiliers, elle les a acquis, et ses parents n'ont aucun droit à y prétendre. Tant que notre mariage ne sera pas rendu public, le capital par moi déposé à la Banque impériale, appartient à ma femme, en vertu d'un document que j'ai rédigé à cet effet.

Telle est ma dernière volonté et je suis sûr que tu la respecteras scrupuleusement. Que Dieu te bénisse ! Ne m'oublie pas. Prie pour ton père qui t'aime tendrement... »

Alexandre le sait : son fils est bon. Après une telle lettre, il prendra soin d'*elle* et des enfants.

Le 19 novembre, l'empereur décide de rentrer à Saint-Pétersbourg.

Les services de Loris-Melikov sont sur les dents : du côté de la gare de Lozovaïa, la police découvre une machine infernale, placée sous la voie ferrée. Ainsi les membres de la « Volonté du Peuple » se rappellent-ils au bon souvenir du pouvoir, tandis que Loris fait la démonstration de sa force.

Le tsar ne reverra jamais Livadia, mais il ne le sait pas.

Comme toujours, il s'arrête à Moscou. *Elle* séjourne avec lui dans ce palais Nicolas qui l'a vu naître.

Le 21 novembre, vers midi, le train impérial arrive à Saint-Pétersbourg. D'ordinaire, la famille Romanov au complet accueille le tsar à la gare Nicolas. Or, le cérémonial veut qu'en cas de semblable rencontre solennelle, sa femme (en tant qu'épouse morganatique) prenne place dans le cortège après toutes les grandes-duchesses. Le souverain se refuse à lui faire subir cette humiliation. L'accueil officiel à la gare Nicolas est annulé. Alexandre ordonne que le train s'arrête dans une petite gare aux environs de la capitale. C'est là, dans son wagon, qu'il va recevoir la famille.

À Saint-Pétersbourg, l'empereur, la princesse et les enfants descendent du train et, entourés de cosaques, prennent des équipages pour gagner le palais d'Hiver. Là, un nouveau cadeau attend la princesse Iourievskaïa. Au lieu des trois petites pièces qu'elle occupait jusqu'alors, on lui a préparé de somptueux appartements, vraiment dignes d'une impératrice.

La tension monte

L'élaboration du projet avance rapidement. Dès le début de 1881, le tsar reçoit le « Rapport » : la « Constitution de Loris-Melikov » est prête. Le tsar n'y trouve rien à redire. Cela signifie que l'affaire est pratiquement réglée. Pour affiner encore une fois le texte, Alexandre ordonne de réunir une commission secrète : le « Conseil spécial ».

« Bien chère Ekaterina Fiodorovna, écrit, désespéré, Pobedonostsev à la Tioutcheva, voici l'année passée, dure, atroce, laissant un nouvel amas de ruines... Loris n'a pas son pareil pour les beaux discours, il s'y entend à séduire... Il s'est assuré, à une vitesse étonnante, tous les appuis, tant au palais d'Hiver qu'au palais Anitchkov. Il est devenu indispensable au souverain, sorte de paravent protecteur. Quant à l'héritier, le comte a des réponses toutes prêtes pour chacun de ses doutes, un fil d'Ariane pour le moindre labyrinthe. Depuis la mort de l'impératrice, Loris a encore renforcé ses positions, dénouant un nœud des plus compliqués dans l'embrouillamini de la famille ; en outre, par la force des circonstances, il s'est assuré un troisième point d'appui en la personne de certaine femme... Ce règne fatal nous entraîne, décidément, vers une chute plus fatale encore, une chute dans l'abîme. Pardonne, mon Dieu, à cet homme, il ne sait pas ce qu'il fait, et aujourd'hui moins que jamais ! Impossible, à présent, de voir en lui autre chose qu'un Sardanapale... J'ai mal et honte, je ne puis le contempler sans dégoût, je sens qu'il ne m'aime point et n'a point confiance en moi. Je me hâte de finir cette lettre, une *occasion se présente de vous la faire parvenir...* Que le Seigneur vous ait en Sa Sainte Garde ! »

Il est dangereux, alors, d'envoyer pareil courrier par la poste. Loris a habilement imposé une surveillance totale. La police caviarde les lettres avec zèle. Un tournoi d'échecs par correspondance est ainsi interrompu : la police intercepte les lettres des joueurs, prenant leurs coups pour un code secret. De telles missives ne peuvent donc être confiées qu'à un homme sûr. Et Pobedonostsev n'en manque pas.

L'empereur continue, cependant, de présenter à son épouse les plus hauts dignitaires. En homme amoureux, il ne doute pas un instant que tous partagent son engouement. Et il convoque... Pobedonostsev.

Un portrait de la princesse est aussitôt expédié à Moscou, à la dame d'honneur Ekaterina Tioutcheva : « Elle portait une robe de soie noire, très légèrement échancrée ; elle avait à son cou, suspendue à un ruban de velours, une petite étoile en diamants... Le souverain avait l'air gai et content, il se montra disert. Elle prit place à la droite de l'empereur, et moi à sa gauche. Près d'elle se trouvait Loris-Melikov, avec lequel elle ne cessait de parler à mi-voix... Je l'ai trouvée déplaisante et fort vulgaire. Je *ne lui vois aucune beauté...* Elle a, il est vrai, un très joli teint. Ses yeux, pris séparément, ne seraient pas vilains, mais son regard est sans profondeur aucune, le genre où la transparence et la naïveté le disputent à l'inertie et à la sottise... Il faut la voir à la place de notre charmante, notre intelligente et élégante impératrice. »

Il réussit, à l'instar des vieilles dames d'honneur de la défunte impératrice, le tour de force de juger vulgaire et laide cette beauté...

Sa comparaison avec la souveraine devient le grand refrain de la Cour vieillissante. Mais l'empereur, amoureux, continue de « réjouir » la famille Romanov en lui imposant des rencontres avec la princesse.

À une réunion de famille est invité le frère du tsar, le grand-duc Michel Nikolaïevitch, vice-roi du Caucase. Son fils, le grand-duc Alexandre Mikhaïlovitch, se souvient : « Dimanche soir, les membres de la famille impériale furent priés à déjeuner au palais d'Hiver, afin de rencontrer la princesse Iourievskaïa. La voix du maître de cérémonies était mal assurée, tandis que, frappant trois coups sur le sol de son bâton à poignée d'ivoire, il annonçait :

« Sa Majesté et Son Altesse sérénissime, la princesse Iourievskaïa ! »

Les grandes-duchesses réservent aux tourtereaux un accueil en rapport :

« Ma mère regarda ailleurs, Marie Fiodorovna, l'épouse du tsarévitch, baissa les yeux. L'empereur entra d'un pas vif, donnant le bras à une *jeune et jolie femme*. Il adressa un salut joyeux à mon père et enveloppa d'un regard inquisiteur la puissante silhouette de l'héritier. S'il comptait pleinement sur la complète loyauté de son frère (notre père), il n'avait aucune illusion quant à la façon dont le tsarévitch considérait son remariage.

La princesse Iourievskaïa répondit aimablement aux saluts polis des grandes-duchesses et des grands-ducs, puis elle prit place aux côtés de l'empereur dans le fauteuil de la défunte impératrice.

Leur longue vie commune n'avait aucunement amoindri leur adoration mutuelle. À soixante-quatre ans, l'empereur Alexandre II *se comportait avec elle comme un gamin de dix-huit ans* : il glissait dans sa fine et charmante oreille des paroles d'approbation, lui demandait si les vins lui plaisaient. Il s'accordait au moindre de ses propos. Il nous regardait tous, un sourire amical aux lèvres, on eût dit qu'il nous conviait à nous réjouir de son bonheur. Il plaisanta avec mes frères et moi...

Brûlant de curiosité, je ne quittais pas la princesse des yeux. Je fus séduit par l'expression de son visage triste et par le rayonnement de ses cheveux blonds. Il était clair qu'elle n'était pas à son aise. Elle se tournait fréquemment vers le souverain et il lui caressait la main pour l'apaiser. *Elle fût, bien sûr, parvenue* à subjuguer tous les hommes, mais les femmes veillaient au grain, et chaque fois qu'elle tentait de prendre part à la conversation générale, elle avait pour toute réponse un silence froid et poli. Je la plaignais et ne pouvais comprendre pourquoi on lui vouait un tel mépris *d'aimer un homme bon, gai et beau,* qui, pour son malheur, était l'empereur de toutes les Russies.

À la fin du déjeuner, une gouvernante amena leurs trois enfants.

"Et voici mon Goga[1] ! s'écria fièrement l'empereur, soulevant le joyeux petit garçon et l'asseyant sur son épaule. Dis-nous, Goga, comment t'appelles-tu ?

– Je suis Georges Alexandrovitch, prince Iourievski, répondit l'enfant, qui se mit à tirailler de ses menottes les favoris du tsar.

– Enchanté de faire votre connaissance, prince Iourievski ! plaisanta le souverain. Et ne souhaitez-vous point, jeune homme, être fait grand-duc ?

– Cesse donc, Sacha, pour l'amour de Dieu !" lança nerveusement la princesse.

Par ce petit jeu, Alexandre II sondait assez grossièrement sa famille sur la question de la reconnaissance officielle de ses enfants morganatiques. La princesse Iourievskaïa en fut si gênée que, pour la première fois, elle en oublia l'étiquette de la Cour et appela publiquement l'empereur par le diminutif de son prénom.

Tandis que nous rentrions du palais d'Hiver, nous fûmes témoins d'une nouvelle querelle entre nos parents :

"Quoi que tu en dises, déclara ma mère, jamais je ne reconnaîtrai cette aventurière ! Je la hais ! Elle ne mérite que le mépris. Comment ose-t-elle, en présence de toute la famille impériale, appeler ton frère Sacha ?"

Mon père soupira et secoua désespérément la tête :

"Tu refuses toujours de comprendre, ma chère, répondit-il doucement, que, bien ou non, elle est mariée au souverain. Depuis quand est-il interdit aux épouses d'appeler leurs époux légitimes

---

1. Diminutif de Gueorgui (Georges).

par leurs petits noms devant témoins ? M'appelles-tu : Votre Altesse impériale ?

– Comment peut-on faire d'aussi sottes comparaisons ? reprit ma mère, les larmes aux yeux. Je n'ai brisé aucune famille ! Je t'ai épousé avec l'accord de tes parents et des miens ! Et je ne travaille pas à la mort de l'empire !" »

Plus tard, on dira la même chose de Raspoutine.

La famille Romanov apprécie, à sa juste valeur, la phrase de l'empereur : « Et ne souhaitez-vous point, jeune homme, être fait grand-duc ? » Elle connaît le caractère d'Alexandre : il ne tolérera pas longtemps la situation présente, qui contraint l'épouse du souverain à passer après les grands-ducs et les grandes-duchesses, à demeurer, orpheline, au bout de la table, lors des repas familiaux du dimanche, entre le prince d'Oldenbourg et le duc Nicolas de Lichtenberg. Or, la seule façon d'y remédier est de la couronner impératrice. Alors, son fils deviendra grand-duc héritier ! Et si le tsar se résout au premier pas, ne franchira-t-il pas le suivant ? Ne souhaitera-t-il pas offrir à la Russie un autre tsarévitch, en place de l'héritier qu'il n'aime guère ?

Le danger se précise. La grande-duchesse Catherine Mikhaïlovna, fille de la défunte « savante de la famille », la grande-duchesse Hélène Pavlovna, raconte bientôt à qui veut l'entendre que, plaisantant avec le petit Goga, le tsar aurait dit : « Celui-ci, au moins, est un vrai Russe ! Il n'a, en tout cas, que du sang russe dans les veines. »

Les nouvelles se font de plus en plus inquiétantes. On prétend que le tsar aurait déclaré : « Il y aura enfin, sur le trône russe, un souverain avec du sang russe ! » On colporte, en outre, ces paroles de Loris-Melikov : « Quand le peuple russe connaîtra le fils de Votre Majesté, il s'écriera d'une même voix : "Celui-ci est nôtre !" »

La famille Romanov, la Cour et l'opposition le comprennent donc : le danger ne réside pas seulement dans le couronnement de la princesse Iourievskaïa, mais également dans l'apparition d'un nouvel héritier.

Mesurant le risque encouru, le tsarévitch se montre de plus en plus accommodant. Au cours des discussions autour du projet de

Loris-Melikov, entériné par son père, l'héritier dit son plein accord avec la volonté souveraine.

C'est ainsi que, le 17 janvier, rentrant du palais Anitchkov après un entretien avec le tsarévitch, Loris déclare à la princesse Iourievskaïa : « L'héritier est, à présent, complètement avec nous ! » Alors, d'un cœur léger, le tsar nomme son fils à la tête du « Conseil spécial » secret qui doit œuvrer à l'élaboration définitive du projet.

Comme aux jours de l'abolition du servage, le grand-duc Constantin Nikolaïevitch, devenu président du Conseil d'Empire par lequel doit s'effectuer la réforme, y prend la part la plus active.

Alexandre, néanmoins, est, comme toujours, effrayé par l'enthousiasme de son frère, surtout allié à l'énergie de Loris-Melikov. Il redoute leur dangereuse impatience et se prépare à suivre attentivement l'élection des représentants des villes et des zemstvos au Conseil d'Empire, car, dit-il, « tous les malheurs de Louis XVI ont commencé le jour où il a convoqué les notables. Ces derniers se sont révélés des émeutiers ».

En dépit de ses doutes, Alexandre II approuve, le 17 février, le compte rendu du « Conseil spécial » et écrit : « Mise en application immédiate » sur la résolution afférente. La nouvelle réforme prend vie.

Le 19 février, on célèbre l'anniversaire de sa grande réforme précédente : le servage est aboli depuis un quart de siècle.

De nouveau, le bruit court que les terroristes s'apprêtent à passer à l'action. De nouveau, beaucoup de gens aisés quittent Saint-Pétersbourg. Mais les célébrations se déroulent dans le plus grand calme. Le souverain apparaît au balcon, avec les enfants. L'orchestre joue *Dieu, protège le tsar*, puis retentissent, comme il se doit, des salves d'artillerie. Vient ensuite la sortie solennelle de l'empereur, attendu par une suite d'un demi-millier de personnes. Alexandre peut alors constater combien sa Cour a vieilli : vieilles et grasses épaules poudrées des dames d'honneur, couvertes de perles et de diamants ; grosses joues tremblotantes des dignitaires, tombant sur leurs épaulettes dorées ; dames desséchées et comiquement longues, contrastant avec leurs cavaliers courbés par le poids des ans. Il va de soi que tous ces vieillards et vieillardes ne peuvent pardonner... à *elle* sa jeunesse, à *lui* son jeune bonheur.

Enfin, dans la Salle blanche a lieu la parade de la Garde jadis séditieuse, mais à jamais domptée par le père d'Alexandre. Et un somptueux feu d'artifice, orgueil des festivités impériales, clôt les célébrations.

La situation paraît sans issue

La préparation du grand tournant dynastique va bon train. Les choses, toutefois, ne sont pas simples. Jusqu'alors, le couronnement des impératrices coïncidait avec celui de leurs époux, à une exception près : celui de la seconde femme de Pierre le Grand, Catherine, ex-cuisinière du pasteur Gluck. Les enfants que celle-ci avait eu avant le mariage avaient été reconnus et dotés de tous les droits des héritiers légitimes du tsar, ce qui avait ensuite permis à Élisabeth de ceindre la couronne. Alexandre II ordonne donc d'étudier soigneusement ce précédent et tout le cérémonial l'accompagnant.

Pour ce faire, on envoie à Moscou un fin connaisseur de l'histoire ecclésiastique, T. Filippov. Il entreprend de rechercher dans les archives les documents concernant le couronnement de la seconde épouse de Pierre. Il n'a guère de temps devant lui : la Cour chuchote que le couronnement de la princesse Iourievskaïa est prévu pour le mois d'août de l'année 1881, ce qui suscite l'affolement et une condamnation unanime.

La dame d'honneur Alexandra Tolstaïa écrit alors : « Alexandre II avait passé les quatorze dernières années de sa vie en dehors des lois morales et divines. L'on *savait avec certitude que le souverain avait conçu le couronnement de la princesse Iourievskaïa* selon le précédent et sur le modèle de celui de Catherine ! Les archives avaient été fouillées, en quête de documents autorisant les espoirs les plus insensés... Chacun gardait le silence mais tous, au fond de leur cœur, se posaient à peu près la même question : qu'en serait-il de l'héritier et de son épouse, dont la situation était déjà intolérable ? Pouvaient-ils se résigner au rôle humiliant qui leur était dévolu, alors que nous-mêmes, moi, en particulier, faisions tout pour l'éviter, *elle*, impuissants mais résolus à ne pas supporter ces nouveaux usages offensants. La situation était plus que tragique. *Elle semblait sans issue*, l'avenir ne promettait ni solution ni salut. »

Pobedonostsev, cependant, de même que le parti rétrograde abandonné par l'héritier, suit désespérément l'évolution des événements. Qui sait ? Le tsarévitch, aujourd'hui « retourné », peut revenir demain. Il est, quoi qu'il en soit, de tout cœur avec les réactionnaires. Tous comprennent, néanmoins, qu'il risque très bientôt de ne plus être l'héritier.

Mais le pire est le coup terrifiant que ce tsar insensé s'apprête à porter, avec le soutien du comte arménien, aux principes ancestraux. La grande autocratie byzantine va rejoindre l'histoire. Et si les adversaires de cette évolution veulent continuer d'exister, ils doivent agir vite.

Une mystérieuse perspicacité

La fameuse phrase : « La princesse travaille à la mort de l'empire ! » résonne de plus en plus souvent dans l'opinion et les salons de Saint-Pétersbourg. Avec son aide, le comte arménien inspire à l'empereur des projets destructeurs. En échange, Loris soutient l'épouvantable idée de la couronner, *elle*. Tout cela est appuyé par l'inévitable récit de l'impuissance du souverain, sujet à des crises de larmes séniles ; ses mains tremblent, il est constamment triste, on le *mène par le bout du nez*...

Allons donc ! Notre réformateur est plus capable que jamais ! Si la guerre l'a vieilli, l'amour lui a rendu sa jeunesse ! C'est ainsi, en tout cas, que l'a vu le grand-duc Alexandre Mikhaïlovitch, lors du déjeuner familial au palais d'Hiver ; ainsi, également, qu'il est apparu à Pobedonostsev.

Mais les rumeurs sont dangereuses, car elles induisent cette conclusion : il faut changer de tsar, et le plus tôt sera le mieux.

C'est alors que les vieilles dames d'honneur se mettent à quitter démonstrativement la Cour pour ne pas avoir à servir «l'Odalisque». C'est notamment le cas de la troisième fille du poète Tioutchev, la dame d'honneur Daria Tioutcheva. Elle déclare qu'elle part «pour ne pas cracher à la face de la princesse Iourievskaïa» qui a osé porter la débauche dans les appartements de la défunte et «sainte» impératrice. Avant son départ, elle s'entretient avec la dame d'honneur Alexandra Tolstaïa, qui souffre, elle aussi, de cette situation sans issue. Et Daria Tioutcheva, sœur d'Ekaterina, la correspondante privilégiée de Pobedonostsev, a ces paroles surprenantes : «*Retenez, Alexandrine, ce que je vais vous dire.* J'ai un pressentiment qui ne trompe pas : *tout cela va changer. J'ignore ce qui se passera, mais vous verrez que dans trois ou quatre mois, toute l'ordure sera balayée du palais.*»

Et c'est ce qui se produira. Reste la question : était-ce, de la part de la dame d'honneur, une fulgurante illumination ou une connaissance précise des événements à venir ? Une connaissance des plus vraisemblables chez la sœur d'une femme à laquelle Pobedonostsev adressait des lettres si confiantes !

Encore une énigme : la mort de Dostoïevski

La mort subite de Dostoïevski symbolise, en quelque sorte, la fin prochaine d'une grande époque.

L'écrivain voit arriver avec bonheur l'année 1881. Il se sent parfaitement bien durant la première quinzaine de janvier, il n'a pas la moindre crise, et son épouse, Anna Grigorievna, est sûre que l'hiver se passera bien.

Anna Grigorievna, cette «excellente et rarissime femme d'écrivain», ainsi que la désigne un contemporain !... Encore jeune, elle a tout supporté : la mort de ses deux premiers-nés, la situation matérielle désespérée dans laquelle se trouve constamment Dostoïevski. Elle est sa secrétaire et sa sténographe, s'occupe de ses créanciers. «Elle était avec lui comme une aimable nounou, écrit une contemporaine, comme la mère la plus attentive. Ils se vouaient une adoration mutuelle.»

Et vient, enfin, une éclaircie. La parution des *Frères Karamazov* apporte à l'écrivain une gloire nationale, qui atteint à son apogée avec le discours sur Pouchkine. Désormais, chaque apparition publique de l'écrivain – soirées de charité ou lectures – s'accompagne d'interminables ovations. Le couple peut donc espérer atteindre à un certain bien-être matériel. Quand soudain...

Dans la nuit du 25 au 26 janvier, se souviendra Anna Grigorievna, survient un incident : le porte-plume de l'écrivain tombe sur le sol et va rouler sous une étagère. « Ce porte-plume lui était très cher, non seulement parce qu'il s'en servait pour écrire, mais parce qu'il s'en aidait pour tasser le tabac de ses cigarettes... Désireux de récupérer l'objet, Fiodor Mikhaïlovitch déplaça l'étagère... qui était lourde. Il lui fallut faire un effort et cela entraîna la rupture de l'artère pulmonaire. Le sang lui monta à la gorge... »

Tout sera fini en trois jours.

Le lendemain, 26 janvier, on fait venir le médecin. Après sa visite, l'état du malade paraît s'améliorer. Mais soudain, vers quatre heures de l'après-midi, une grosse hémorragie se déclare et Dostoïevski perd une première fois conscience. En revenant à lui, il dit à sa femme : « Ania, je t'en prie, appelle tout de suite un prêtre, je veux me confesser et communier. »

Là encore, après la communion, il semble se sentir mieux. Il passe une nuit paisible et la journée du 27 s'écoule sans hémorragie. Le 28, en revanche, il réveille sa femme à l'aube : « Tu sais, Ania... Cela fait trois heures que je réfléchis, sans pouvoir dormir, et je viens seulement de prendre clairement conscience que je mourrai aujourd'hui. » La malheureuse Anna Grigorievna tente de le rassurer. Il l'interrompt sans ménagement : « Non, je le sais, je dois mourir aujourd'hui. Allume la chandelle, Ania, et passe-moi les Évangiles. » C'est un volume que lui ont offert, autrefois, des épouses de décembristes en relégation. L'ouvrant au hasard, il s'en sert souvent pour deviner ce qui l'attend dans la vie.

Dans l'aube sombre de ce matin d'hiver, Anna Grigorievna donne de la lumière et il ouvre le livre saint. Il tombe sur ce passage de l'Évangile selon saint Matthieu : « ... Et il vint à Jean pour se faire baptiser par lui. Jean voulait l'en empêcher et disait : "C'est moi qui ai besoin de me faire baptiser par toi, et c'est toi qui viens à moi !" Mais Jésus lui répondit : "Ne me retiens pas de le faire, car nous devons accomplir tout ce qui est juste." »

Et Dostoïevski dit tranquillement à sa femme : « Tu entends ? *"Ne me retiens pas"* – c'est donc que je vais mourir. »

À onze heures du matin, l'hémorragie reprend, l'écrivain est au plus mal. Sa fille se rappelle que, vers six heures du soir, il la fit venir à lui, ainsi que son fils Fedia. Il leur tendit l'Évangile et leur demanda de lui lire à voix haute la parabole du Fils prodigue. Puis il leur dit : « Enfants, n'oubliez jamais ce que vous venez d'entendre. Gardez une foi sans mélange dans le Seigneur, ne désespérez jamais de Son pardon. Je vous aime beaucoup, mais mon amour n'est rien en comparaison de celui, infini, du Seigneur pour tous les hommes qu'Il a créés... Et rappelez-vous cela : s'il vous arrivait même, au cours de votre vie, de commettre un crime, ne perdez pas, malgré tout, espoir dans le Seigneur. Vous êtes Ses enfants, inclinez-vous devant Lui comme devant votre père, implorez-Le de vous accorder Son pardon et Il se réjouira de votre repentir, comme Il s'est réjoui du retour du Fils prodigue. »

Après huit heures du soir, commence l'agonie. L'écrivain est étendu sur le divan de son cabinet de travail, petite pièce sombre, qui ne paie pas de mine. Par la fenêtre, il voit l'église de Saint-Vladimir, dont il est paroissien. L'écrivain Markevitch, qui assiste à ses derniers instants, dira : « Il était couché tout habillé, la tête renversée sur l'oreiller. La lumière de la lampe... placée sur une petite table à côté du divan, tombait juste sur son front et ses joues, blancs comme le papier, et sur la tache brun-rouge de sang séché sur son menton... Un souffle s'échappait de sa gorge, avec un léger sifflement, par ses lèvres convulsivement entrouvertes. Ses paupières étaient mi-closes. Il était complètement inconscient. Le docteur... se pencha soudain sur lui, il l'écouta, puis défit la chemise du mourant, y glissa la main et me regarda en secouant la tête... Tout était fini... Je tirai ma montre : elle indiquait huit heures trente-six. »

La nouvelle de la mort de Dostoïevski fait rapidement le tour de Saint-Pétersbourg. Aussitôt commence un véritable pèlerinage à son appartement.

Le juriste le plus célèbre de Russie, Koni, président du tribunal au procès de Vera Zassoulitch, vient lui rendre un dernier hommage : « Dans l'escalier obscur et bien peu accueillant de la maison située à l'angle de la rue des Cochers et de celle des Forgerons, où, au deuxième étage, reposait le défunt, de nombreuses personnes se dirigeaient vers la porte capitonnée d'une toile cirée usagée. Fiodor Mikhaïlovitch reposait sur un catafalque assez bas, de sorte que chacun pouvait voir son visage. Et quel visage ! Inoubliable... Ce n'était pas le sceau de la mort qui y était imprimé, mais l'aube d'une autre vie, meilleure... Longtemps, je ne pus m'arracher à sa contemplation. Par toute son expression, ce visage semblait dire : "Hé oui ! C'est ainsi. J'ai toujours affirmé qu'il devait en être ainsi ; à présent, je le sais !" »

Les funérailles de l'écrivain sont un événement inouï dans l'histoire russe. Une véritable marée humaine – trente mille personnes – accompagne l'écrivain à sa dernière demeure, soixante-dix délégations portent des couronnes mortuaires, quinze chœurs sont du cortège. L'épouse de Dostoïevski et les témoins de sa mort en feront un récit détaillé. Ils tairont, en revanche, les mystérieuses circonstances de ce décès.

Si, à la suite du juriste Koni, nous avions emprunté, jusqu'au deuxième étage, l'escalier de la maison de l'écrivain, plongé dans une pénombre plutôt sinistre, et si, au lieu d'entrer dans son appartement, nous étions allés dans celui d'en face, le n° 11, nous aurions eu connaissance d'étonnants événements, se déroulant précisément en ces jours où mourait Dostoïevski.

L'appartement maléfique

Au tout début du mois de novembre 1880, alors que Dostoïevski réfléchit à la suite des *Frères Karamazov*, dans l'appartement n° 11 apparaît, nous l'avons dit, un beau jeune homme brun, au teint mat. Il loue une chambre dans ce logement de sept pièces, juste derrière celui de l'écrivain. En d'autres termes, à côté de Dostoïevski, vit, à présent, l'un des plus dangereux terroristes russes, Alexandre Barannikov, « l'Ange de la Mort ».

Les membres de la « Volonté du Peuple » n'ont pas choisi cet appartement par hasard. L'écrivain ne cesse de recevoir des visites, on lui apporte les épreuves de ses livres à corriger, les imprimeurs viennent chercher les manuscrits de ses articles. Les visiteurs de Barannikov se perdent donc dans la masse de ceux de l'auteur des *Démons*, qui, en l'occurrence, sert de « couverture » aux vrais « démons », ou plutôt aux héros de son prochain livre. Il est clair que les gens qui fréquentent son voisin lui seraient une parfaite source d'inspiration.

Il y a d'abord l'hôte le plus régulier, Alexandre Mikhaïlov, chef de la « Volonté du Peuple », chargé de l'organisation de tous les attentats. Vient également l'une des beautés les plus prisées du mouvement, grande brune en manteau de soie doublée de renard, coiffée d'un foulard blanc en laine duveteuse, Alexandra Korba, celle qui, avant de partir pour les Balkans, avait envoyé une lettre à Dostoïevski. En dépit de l'engagement pris par les terroristes (aucune liaison amoureuse avant le triomphe de la révolution), après l'histoire tumultueuse de Perovskaïa et Jeliabov, commence celle du gros Mikhaïlov et de la belle Korba.

Enfin, on voit souvent, dans l'étroit escalier, celui que les membres de la « Volonté du Peuple » appellent « l'Ange gardien », l'homme le plus mystérieux de l'organisation, *Nikolaï Kletotchnikov*. Maigrelet, les joues creuses, ce petit bout d'homme a un nez en bec de canard, des cheveux rares, lissés, une voix douce et grave. Il est, en un mot, le type même du « rond-de-cuir ».

Kletotchnikov, se souvient Alexandra Korba, « arriva à Saint-Pétersbourg, à la fin de 1878. Il venait de Simferopol où il occupait un poste de second ordre au tribunal civil. Avant son départ, il avait vécu un drame personnel. Il ne dit à personne en quoi il consistait, mais ses souffrances avaient été si fortes qu'il s'était résolu au suicide. Les événements politiques de 1878, dans la capitale, le coup de feu de Vera Zassoulitch, sa relaxe par le jury, l'assassinat du chef des gendarmes Mezentsev l'avaient pourtant ému au point qu'il avait décidé, plutôt que de mettre lui-même fin à ses jours, d'offrir ses services aux révolutionnaires et d'accomplir un acte terroriste ».

Ainsi, après le pauvre Mirski, Kletotchnikov est-il attiré par la gloire des terroristes. Le gratte-papier d'hier veut changer radicalement de mode de vie. En place de « la province perdue et du milieu des fonctionnaires ne s'occupant que de commérages et de beuveries », il rêve d'une « existence » dangereuse et « palpitante ». Or, qu'est-il de plus excitant que de traquer des hommes, surtout au nom de la grande idée du bonheur du peuple ?

À cette fin, Kletotchnikov gagne Saint-Pétersbourg, où il retrouve deux connaissances de sa ville, étudiantes aux cours supérieurs pour jeunes filles. Grâce à elles, il rencontre Alexandre Mikhaïlov et Alexandre Barannikov.

« Il les voyait, poursuit Alexandra Korba, à des hauteurs inaccessibles, les admirait, désirant, au fond de lui-même, qu'ils fussent des modèles de vie et de conduite pour le reste de l'humanité... A. Mikhaïlov et A. Barannikov lui apparaissaient comme des géants devant lesquels on ne pouvait que s'incliner, et il se soumettait inconditionnellement à leur influence. »

Un imprévu va, alors, forcer le destin de Kletotchnikov. Il apprend qu'un proche parent de sa logeuse travaille à la Troisième Section. « L'inaccessible géant » Mikhaïlov a aussitôt un plan. Mais à la grande horreur de son admirateur, il ne lui propose pas un exploit, il lui enjoint d'essayer d'obtenir une place de gratte-papier au sein de la Troisième Section honnie...

C'est ainsi qu'une « taupe » réussit, pour la première fois, à infiltrer la police du tsar.

Deux années durant (1879 et 1880), Kletotchnikov travaille à la Troisième Section, et plus exactement au très important Troisième Bureau, chargé de la sûreté politique. Quand les fonctions de la Troisième Section seront transférées au Département de la police, notre homme deviendra, à compter de décembre 1880, secrétaire adjoint pour l'ensemble de la structure.

Kletotchnikov a une écriture proche de la calligraphie. On lui confie donc la copie des documents secrets ; c'est lui qui est en charge des armoires où sont conservés les papiers ultraconfidentiels. Ses collègues raillent son zèle qui le conduit à rester, en dehors des heures de bureau, pour effectuer le travail de ses camarades. Ainsi, durant de longues soirées, seul dans le bâtiment désert, Kletotchnikov prend-il connaissance des dossiers conservés dans les armoires ou traités par ses collègues. Ce modeste employé de bureau est finalement « au courant de toutes les affaires politiques en cours d'instruction à Saint-Pétersbourg et par toute la Russie ».

Son zèle est remarqué. Le 20 avril 1880, on lui remet l'ordre de Saint-Stanislas. Cependant, notre nouveau chevalier informe la « Volonté du Peuple » des provocateurs infiltrés dans ses rangs. Grâce à lui, Presniakov pourra égorger Alexandre Jarkov, « retourné » par la Troisième Section. Il préviendra les membres de l'organisation de l'énorme trahison de Grigori Goldenberg, leur laissant le temps de prendre des mesures, afin que la police ne puisse pas utiliser la « liste Goldenberg ».

Kletotchnikov ne note jamais rien au Département. Il n'en a pas besoin. Chaque soir, il emporte chez lui, dans sa mémoire phénoménale, des dizaines de noms, de chiffres, d'adresses qu'il communique aux membres de la « Volonté du Peuple », lors de leurs rencontres.

À ces rendez-vous, il rédige des comptes rendus, aussitôt recopiés par Alexandre Mikhaïkov. Les originaux sont détruits. Kletotchnikov fréquente assez souvent l'appartement de Barannikov. Il dit lui-même qu'il s'y « repose l'âme » de toutes ses heures de service.

Tels sont les intéressants personnages qui prennent le thé, pendant des heures, à côté de Dostoïevski. Et, en décembre, les « héros » de son futur roman s'attaquent à la préparation du dernier acte de ce drame russe du XIXe siècle : l'assassinat d'Alexandre II.

Durant tout le mois, le voisin de l'écrivain, Barannikov, part de chez lui de bon matin, pour flâner, dandy désœuvré, dans le centre de la capitale. Il cherche...

Enfin, dans la petite rue des Jardins, il trouve ce qu'il lui faut : un sous-sol est à louer dans la maison de la comtesse Megden. Or, le souverain emprunte cette rue, chaque dimanche, lorsqu'il rentre du manège Michel.

« Nous en finirons avec lui ! »

Dès l'automne, le bruit court dans la société qu'une « Constitution » est en préparation. L'assassin de Mezentsev, S. Stepniak-Kravtchinski, qui se trouve alors à l'étranger, écrira par la suite que les membres de la « Volonté du Peuple » ignoraient tout des nouvelles réformes. Il tentera ainsi de justifier ses camarades aux yeux de l'Europe.

Sans doute est-il le seul, lui qui vit en émigration, à ne pas être au courant. À Saint-Pétersbourg, ses compagnons de lutte sont parfaitement informés. Bien plus, ils redoutent fort les changements à venir. On en arrive ainsi à un incroyable paradoxe : deux forces contraires ont également peur des réformes. Les rétrogrades nationalistes, parce qu'elles mettront un terme à l'autocratie ; les révolutionnaires parce qu'elles risquent d'éloigner définitivement le pays de la révolution. Les intérêts de deux partis qui se haïssent coïncident. Et tous deux doivent agir vite...

En octobre 1880, a lieu le « procès des Seize », tous membres de la « Volonté du Peuple ». Cinq sont condamnés à mort. À ce moment-là, les attentats ont cessé, la société semble pacifiée. Le tsar devrait donc gracier les cinq hommes, mais il n'accorde son pardon qu'à trois d'entre eux. Les deux autres seront pendus. Il s'agit de Kviatkovski, impliqué dans l'explosion au palais d'Hiver qui a emporté tant de vies humaines, et du jeune A. Presniakov, convaincu d'avoir assassiné l'agent Jarkov. Celui-ci, en outre, a résisté au moment de son arrestation et tué, malencontreusement, un innocent portier.

Ce sont les premières exécutions depuis celle de Mlodetski. Mais, dans ce dernier cas, on châtiait un homme qui avait tiré, devant témoins, au pistolet, et cela se passait juste après la monstrueuse explosion au palais. Là, les attentats ont cessé, la fureur de ceux qui réclamaient du sang s'est calmée. La société a perdu l'habitude des agressions et des exécutions. On lui rafraîchit la mémoire.

Kviatkovski et Presniakov sont pendus publiquement, toujours sur la place d'armes du Semionovski. Quelques années auparavant, le premier a participé à une opération pour libérer le second de prison. Ils ne se sont pas vus depuis. Et les voici qui se retrouvent sur l'échafaud.

« Ils communièrent, lit-on dans le Journal de la générale Bogdanovitch, serrèrent d'abord le prêtre dans leurs bras, puis, les mains liées, se donnèrent l'accolade et saluèrent les troupes. Quand Kviatkovski se balança au bout de la corde, Presniakov versa quelques larmes. Le même sort l'attendait, une minute plus tard... C'est une impression effroyable !... Je n'ai aucune sympathie pour les nihilistes, mais pareil châtiment est atroce. »

L'initiatrice d'un autre salon de Saint-Pétersbourg (littéraire, cette fois, dont Dostoïevski fut maintes fois l'invité), Elena Stackenschneider, lui fait écho :

« Cette exécution produit une mauvaise et pénible impression, même sur les non-libéraux. »

Ce châtiment public est le signal que les membres de la « Volonté du Peuple » attendaient. Le tsar ne veut pas jouer selon des règles nouvelles, ils ont donc moralement le droit de passer à l'action. Le sang appelle le sang !

« Cette fois, semble-t-il, nous en finirons avec lui », déclare Alexandre Mikhaïkov. Le « Grand CE » déclare la guerre.

Malgré l'échec du pont de Pierre, Mikhaïlov décide de conserver le même principe d'action : faire sauter le tsar sur l'un de ses trajets habituels. Les militants se fondent sur un schéma éprouvé : en novembre, ils créent un détachement d'observation, qui entreprend de surveiller constamment les déplacements du souverain. Il se compose de Sofia Perovskaïa et de deux tout jeunes étudiants : Grinevitski et Ryssakov. « Notre équipe devait déterminer à quels moments et par quelles rues [...] le tsar effectuait ses sorties et déplacements dans la ville », explique Perovskaïa.

Ils apprennent que l'empereur se déplace en carrosse, constamment entouré de six cavaliers de l'escorte cosaque de Sa Majesté. L'équipage et les cavaliers, qui montent de magnifiques chevaux, filent comme le vent... Quant aux itinéraires, ils changent très souvent dans la journée. *Celui du dimanche, en revanche, est immuable.* À midi, ce jour-là, le tsar se rend à la relève de la garde. L'horaire est respecté à la seconde près. Alexandre regagne ensuite le palais d'Hiver. Là, deux variantes sont possibles : il prend ou bien par la petite rue des Jardins, ou bien par le canal Catherine.

Fin novembre, les observateurs tiennent conseil et font le bilan. Il ressort qu'il est parfaitement possible de tuer le souverain un dimanche, à son retour du manège Michel.

Sofia Perovskaïa note que, les jours où l'équipage impérial passe par le canal Catherine, au moment de bifurquer vers le canal, le cocher est obligé de retenir ses chevaux, et la voiture va presque au pas. « L'endroit est commode, conclut-elle. On peut, à cet instant, bien viser en lançant la bombe... Pour ce qui est de l'itinéraire de la petite rue des Jardins (que le tsar emprunte le plus souvent), il se situe en plein cœur de la ville et les agents de police y pullulent. Mieux vaut, dans ce cas de figure, miner la cave d'un immeuble de cette rue et, de là, déclencher l'explosion. » Voilà pourquoi Barannikov cherche et trouve un local en sous-sol dans la petite rue des Jardins.

On décide d'y installer officiellement une boutique de fromages. Et, sous cette enseigne, on commence à creuser une tranchée. Le rôle du couple de boutiquiers est tenu par deux membres de la « Volonté du Peuple », le noble Bogdanovitch (un homonyme de la générale), ex-propriétaire terrien de la région de Pskov, et la camarade Iakimova.

Bogdanovitch a tout, physiquement, du marchand russe : barbe rousse en éventail, large visage rougeaud. Sous le nom d'Evdokim Kobozev, il s'installe, avec son « épouse », dans la cave de la petite rue des Jardins et y ouvre son commerce.

Le démon ressuscité

À la fin de janvier, bien installés dans leur boutique, les membres de la « Volonté du Peuple » commencent donc à creuser une tranchée... Au même moment, survient un événement dont Dostoïevski ne sera pas témoin mais qui eût, sans doute, beaucoup ému l'auteur des *Démons* : les héros du roman qu'il n'écrira pas reçoivent une lettre du héros de son roman publié. Le « démon » Netchaïev écrit aux membres de la « Volonté du Peuple » ! Et cette missive, qui les ébranle tous, suscite un vif débat.

« Enterré », quelques années plus tôt, à l'isolement dans une casemate, le héros des *Démons* ressurgit du néant. Cet homme inouï a réussi à faire avaler sa propagande à ses gardiens, et pas n'importe lesquels : ceux du ravelin Alexis de la forteresse Pierre-et-Paul !

Par le judas de sa cellule, il engage la conversation avec eux, qui, désœuvrés, prêtent l'oreille. L'ancien professeur de Loi divine sait parler aux simples soldats. Il leur explique qu'il est un saint martyr, qu'il s'est sacrifié pour le peuple et n'a fait que suivre le précepte du Christ : servir les pauvres. Il n'oublie pas, au passage, de les convaincre de sa secrète puissance, qu'il leur démontre, nous l'avons vu, en souffletant le chef des gendarmes.

Dès lors, Netchaïev peut tranquillement parler à ses geôliers de ses protecteurs haut placés, leur raconter que l'héritier en personne le soutient et que lui, Netchaïev, s'est rallié à son parti, d'où ses ennuis. Il ajoute, bien sûr, que cela ne durera pas : le parti de l'authentique tsarévitch orthodoxe ne tardera pas à l'emporter sur l'Antéchrist Alexandre II. Les gardiens n'appellent plus, dorénavant, leur puissant prisonnier que « Notre Aigle ».

Netchaïev envoie donc des soldats, munis d'une lettre de sa main, chez les représentants de la « Volonté du Peuple ». Les soldats, de leur côté, sont persuadés qu'ils portent un message aux membres du puissant parti de l'héritier du trône.

La lettre arrive dans le dernier mois de la vie de Dostoïevski, par « un soir de grand gel », se souvient Vera Figner. On la lit dans l'appartement clandestin. L'expéditeur s'adresse à ses destinataires comme « un révolutionnaire hors de combat à des camarades restés en liberté ». Son message a un caractère purement pragmatique, il est simple et direct. Netchaïev y pose la question de son évasion.

« Il faut l'aider ! » s'écrie l'assistance avec un « enthousiasme inhabituel ».

On envisage les moyens les plus fantastiques : le faire partir par une canalisation pendant la promenade des détenus, prendre en otage la famille du tsar, avec l'aide des gardes dévoués à Netchaïev, lors d'un service religieux à la cathédrale Saint-Pierre-et-Saint-Paul, etc.

On répond au prisonnier, on lui soumet des propositions. Ainsi commence toute une correspondance entre nos « Aliocha Karamazov » et le « démon ».

Toutefois, apprenant que la « Volonté du Peuple » prépare un attentat contre le tsar, Netchaïev écrit : « Oubliez-moi *pour l'instant* et occupez-vous de votre affaire que je suivrai de loin avec un immense intérêt. » À l'instar de ses camarades terroristes, il est convaincu qu'après la mort du tsar, le peuple se soulèvera.

« Cette lettre produisait une impression étrange, rapporte Vera Figner ; on oubliait tout ce qui entachait la figure de Netchaïev, [...] tout le mensonge qui voilait son image révolutionnaire... [Le « mensonge », ce sont le sang de l'étudiant Ivanov, la provocation des proclamations expédiant en prison quantité de jeunes gens, l'obtention de documents compromettants par le biais du chantage, et tant d'autres choses encore, E. R.] Seule demeurait l'intelligence que les longues années dans la solitude d'une geôle n'avaient pas obscurcie, seules demeuraient la volonté que tout le poids du châtiment n'avait pas fait plier et l'énergie que tous les échecs de la vie n'avaient pas brisée. »

Figner dit vrai : les terroristes voient maintenant en lui un héros. Éloignés de lui jusqu'à présent, ils s'en rapprochent. Il y a beau temps, d'ailleurs, qu'ils appliquent le programme du *Catéchisme.* Ils ont créé, ainsi qu'il en rêvait, une organisation de la terreur, fondée sur l'obéissance absolue. Ils ont appris, comme il appelait à le faire, à tuer impitoyablement des innocents en même temps que les coupables, et à convaincre, au moyen de la dynamite, les ennemis de la révolution. Ils pénètrent enfin, ainsi qu'il l'enseignait, toutes les institutions, jusqu'au palais d'Hiver.

Par la suite, après l'assassinat du tsar, lorsque, au procès des terroristes, le procureur évoquera le sang du souverain et de toutes les victimes de l'explosion, Jeliabov éclatera d'un rire très étudié, assourdissant.

Le procureur aura alors cette phrase qui fera le tour de la Russie : « Quand les gens pleurent, les Jeliabov rient. »

Les terroristes ont adopté depuis longtemps la morale netchaïevienne : « Pire est la vie du peuple, mieux elle sert la cause révolutionnaire. » Il n'y a donc rien d'étonnant à ce que les transformations effectuées par Loris-Melikov les effraient et qu'ils se hâtent de commettre leur régicide.

Ainsi, à la veille de la mort de l'auteur des *Démons*, le héros du roman se gausse de son créateur. Et l'exergue des « démons entrant dans des pourceaux et sombrant dans l'abîme » ne suscite plus, de leur part, que quolibets.

Les démons se sont emparés des jeunes gens. Au loin se profile la révolution bolchevique...

Les « démons » orchestrent la mort de leur créateur

Au matin du 25 janvier, une icône de saint Georges le Triomphateur est placée, munie de sa veilleuse, dans la vitrine du magasin de fromages de la petite rue des Jardins ; mais les rideaux du logement des propriétaires restent obstinément fermés. Les membres de la « Volonté du Peuple » ont décidé de creuser leur galerie à partir de l'habitation des « fromagers ».

Ils retirent le placage en bois d'un des murs et découvrent de la brique et du ciment qu'il faut percer. Ils s'arment de barres à mine. Les premiers coups sont portés par les plus costauds : Andreï Jeliabov, Semion Bogdanovitch, sans oublier Alexandre Barannikov, venu à la rescousse.

Un peu plus tard, Barannikov rend visite à un autre membre de l'organisation, Fridenson. Il ne sait pas que ce sera sa perte.

La veille, celui-ci a été arrêté et une embuscade est tendue dans son appartement. Barannikov tombe dans le piège. La police l'identifie et, après minuit, perquisitionne dans sa chambre, où elle tend une nouvelle embuscade.

Dostoïevski est un « oiseau de nuit ». Dans cet immeuble modeste, on entend tout et l'écrivain ne peut pas ne pas prêter attention au remue-ménage chez son voisin. *Or, c'est précisément pendant cette perquisition que se produit la rupture de son artère pulmonaire, suivie de sa première hémorragie.* Le lendemain matin, il se sent mieux. Mais une première victime est prise dans les filets de la police : le terroriste Kolodkievitch, venu rendre visite à Barannikov. Il est appréhendé à grand bruit, ce dont témoigne le procès-verbal d'arrestation, qui précise également l'heure.

Procès verbal n° 89, 26 janvier. « Dans l'immeuble 5/2, à l'angle de la rue des Cochers et de celle des Forgerons, dans l'appartement n° 11, un inconnu s'est présenté, ce jour, à un peu plus de trois heures de l'après-midi. L'inspecteur de quartier l'a invité à le suivre au commissariat [...] suite de quoi l'inconnu a demandé qu'on le relâche, proposant même de l'argent. Une fois au commissariat, il a refusé de décliner son identité, ainsi que son adresse. »

Par la fenêtre de son cabinet de travail, Dostoïevski peut voir le malheureux Kolodkievitch emmené dans la voiture de police... *Aussitôt après, à quatre heures, se déclare l'hémorragie qui sera fatale à l'écrivain.*

Nous avons là, pour le moins, deux coïncidences troublantes, qui laissent le champ libre à plusieurs interprétations.

La perquisition et l'arrestation du jeune homme rappellent vivement à Dostoïevski sa propre arrestation au temps de sa jeunesse. L'écrivain n'est pas en très bonne santé, il est impressionnable, et ces événements ne peuvent que contribuer à aggraver son état.

Mais il est une autre version, assez sinistre et proprement fantastique.

Explication (possible) de la mort de Dostoïevski

L'écrivain, qui a formé le projet d'écrire un roman consacré à un terroriste, connaît parfaitement son voisin. Il a quelques contacts avec la « Volonté du Peuple », avant même l'arrivée de Barannikov dans son immeuble.

Les archives de l'organisation ont conservé une autorisation de résidence, délivrée par la police à un autre membre du « Grand CE », Alexandra Korba. Il y est indiqué que la jeune femme *fut inscrite, en novembre 1879...,* un an avant Barannikov, *dans la maison 5/2,* rue des Forgerons, donc celle de Dostoïevski ! C'est peut-être par elle et sa lettre adressée à l'écrivain que celui-ci fait la connaissance, dès 1879, de membres de la « Volonté du Peuple ».

Il n'y a là rien d'extraordinaire. Le mouvement entretient, nous l'avons dit, des relations amicales avec certains hommes de lettres libéraux. Cependant, imagine-t-on de jeunes radicaux en liaison avec l'auteur des *Démons* ? Bien que détestant ce roman, la jeunesse révolutionnaire nourrit une grande confiance envers son auteur. L'écrivain E. Letkova-Soultanova, ralliée aux populistes révolutionnaires, explique que, malgré *Les Démons*, les jeunes radicaux tiennent Dostoïevski pour un « ancien révolutionnaire et bagnard, un créateur de génie, un humaniste, le défenseur des humiliés et des offensés ». On lui reconnaît le droit de s'ériger en maître, de s'adresser à l'opinion sur le ton du juge. Cela explique que la populiste et future terroriste Korba adresse des lettres à l'écrivain.

Ce n'est pas un hasard, non plus, si, lors des funérailles de Dostoïevski, les jeunes radicaux tentent de porter, derrière son cercueil, des fers pris à la police.

Mais l'auteur des *Démons* pouvait-il, quant à lui, entretenir des liens avec ces jeunes insensés ?

Ayant failli payer ses convictions de sa vie, l'écrivain comprend tout le tragique de ces nobles âmes. « Se sacrifier, tout sacrifier pour la vérité, voilà le trait national de cette génération. Que Dieu la bénisse et lui accorde de comprendre ce qu'est la VÉRITÉ ! Car toute la question est de savoir ce qu'il faut considérer comme tel. »

Et l'écrivain les combat pour leur bien, afin qu'ils aient « une juste compréhension de la vérité ». Il écrit ainsi ces *Démons* qu'ils haïssent, projette d'écrire une suite aux *Frères Karamazov*, dans laquelle le destin d'Aliocha, héros qu'ils aiment, doit leur ouvrir les yeux. Il a alors grand besoin de connaître personnellement les héros du livre à venir ! Des contacts de l'écrivain avec les jeunes radicaux sont donc parfaitement vraisemblables. Il se peut aussi que Barannikov ait loué tout exprès une chambre dans l'immeuble de Dostoïevski. Combien le bel idéaliste devenu terroriste, volontaire dans le combat du Monténégro contre les Turcs (une lutte sacrée pour l'écrivain), doit intéresser l'auteur des *Frères Karamazov* ! Ayant fait la connaissance de membres de la « Volonté du Peuple », Dostoïevski aurait-il vent de l'attentat en préparation au palais d'Hiver ?... Si tel était le cas, cela éclairerait d'un jour nouveau sa conversation avec Souvorine.

Il convient d'y revenir un instant :

« Imaginez [...] que nous nous trouvions tous les deux devant la vitrine de Dazziaro, à contempler des peintures. À côté de nous, un homme feint de les regarder aussi. [...] Survient un autre personnage, qui dit au premier : "Le palais d'Hiver va sauter d'un instant à l'autre. J'ai enclenché la machine." [...] Que ferions-nous, dans ce cas ? Irions-nous prévenir le palais [...] ? » Et de répondre : « Quant à moi, je n'irais pas !... » Puis d'expliquer : « Jamais les libéraux ne me le pardonneraient. Ils me mettraient à la torture, me pousseraient au désespoir. »

Quel motif pitoyable, anecdotique, tiré par les cheveux pour le rebelle Dostoïevski, qui passe sa vie à contre-courant, ne se lasse pas de guerroyer contre les libéraux et ne sert « que le Christ ». Manifestement, il est une autre raison qu'il n'ose avouer. Il ne peut, lui qui a attendu la mort sur l'échafaud, y envoyer à son tour des jeunes gens qui lui ont fait confiance...

Et cela le tourmente, tandis qu'il devise avec Souvorine, auquel il s'empresse d'annoncer qu'il a décidé d'écrire un roman sur Aliocha Karamazov, terroriste.

On peut imaginer aussi que Dostoïevski conserve dans son cabinet de travail des écrits de membres de la « Volonté du Peuple », en vue de les utiliser pour son roman. La perquisition nocturne dans la chambre de Barannikov l'oblige à tout anéantir en catastrophe. D'où la nécessité, pour lui, de transporter des choses lourdes, et... l'artère pulmonaire se rompt. L'arrestation de Kolodkievitch plonge en état de choc l'ancien détenu, ex-membre du cercle de Petrachevski. Que ses liens avec les terroristes soient révélés, et c'est un nouveau et définitif naufrage de son existence ! Le sentiment de danger est encore renforcé par son imagination excitée, malade. Commence alors l'hémorragie « fatale ».

Sont-ce là pures spéculations de notre part ?

Au demeurant, les événements qui nous sont réellement connus sont déjà suffisamment irrationnels : derrière la cloison, les « démons » orchestrent la mort de leur créateur. Et le décès de l'écrivain est le prologue d'un tournant fatidique dans l'histoire russe...

Encore un secret : celui de la police

Alors que l'action du Comité exécutif remporte d'effrayants succès, les contemporains ne cessent de se demander pourquoi on ne capture pas les terroristes. Vera Figner rappelle que le CE compte vingt-quatre membres et dispose de cinq cents militants permanents du parti... Ils ont contre eux la fameuse Troisième Section et ses innombrables agents, l'armée, les prisons.

L'explication la plus courante est que la police du tsar avait affaire, jusque-là, à de minables étudiants ; pour la première fois, elle est confrontée à des professionnels de la révolution qui prouvent la force et l'invulnérabilité de la terreur.

Le piège de Loris

Le général Loris-Melikov voit toutefois, semble-t-il, une autre explication au succès des terroristes. Analysant les deux actions les plus sensationnelles du mystérieux Comité exécutif – l'attentat de la voie ferrée et celui du palais d'Hiver –, il a une juste appréciation de l'incurie suspecte de la Troisième Section.

D'emblée, Loris ne fait pas confiance à la Troisième Section. Aussi s'empresse-t-il de la réformer, de créer une structure, afin de la doubler. À compter de 1880, le droit de perquisitionner et d'arrêter les gens pour des crimes politiques à Saint-Pétersbourg revient, à égalité avec la Section, au gouverneur de ville. Désormais, la Troisième Section (puis, après sa suppression, le Département de la police) est informée des arrestations et perquisitions *post factum*.

Aussitôt, les « grands conspirateurs » d'hier se voient mis en échec avec une facilité surprenante.

Le 24 juillet 1880, l'insaisissable A. Presniakov est pris. Vient ensuite le tour du « poète de la conspiration », comme l'appellent ses camarades de la « Volonté du Peuple », Alexandre Mikhaïlov. Et il se fait « avoir », pour tout dire, comme un débutant.

Chef du parti, Mikhaïlov en est aussi l'historien. Voici comment sa bien-aimée Alexandra Korba relate l'échec du « général de la conspiration » : « Il recherchait scrupuleusement les portraits des hommes morts pour la liberté et le bonheur du peuple... Il rassemblait des renseignements sur eux, ne voulait pas qu'ils restassent inconnus dans l'histoire du mouvement révolutionnaire en Russie... Il fut appréhendé, alors qu'il allait chez un photographe chercher une commande de portraits de Kviatkovski et Presniakov qui avaient été arrêtés. Le magasin se trouvait sur la perspective Nevski. Son propriétaire se révéla un agent de la police secrète. Lorsque, la veille, Alexandre Mikhaïlov s'était rendu à la boutique pour régler cette affaire, la femme du photographe espion, debout derrière la chaise de son mari et regardant son client avec angoisse, avait passé sa main sur son cou, lui laissant entendre qu'il risquait la potence. Le même jour, la Commission de coordination siégeait ; ses membres s'indignèrent et firent promettre à Mikhaïlov de ne plus retourner chez ce douteux photographe. Il donna sa parole, mais... »

Mais il y retourna. « Sans doute, conclut Alexandra Korba qui le connaissait bien, eût-il jugé pusillanime de ne pas prendre livraison de ces photographies. Et on l'avait arrêté ! »

Stupéfiante et infantile négligence du « génie de la conspiration » ! Courir un tel risque au moment où l'on travaille à la principale opération : l'assassinat de l'empereur !

490

La même négligence caractérise d'autres «professionnels». Voici comment se comporte le grand «dynamiteur» de l'organisation, Kibaltchitch : «Tandis qu'on préparait l'explosion du train impérial, il transportait des substances explosives dans une valise qui ne payait pas de mine. Il tombait de sommeil. En attendant son train, il s'endormit le plus tranquillement du monde sur un banc de la salle d'attente... L'état d'urgence était alors instauré et, le tsar devant prochainement rentrer de Yalta, les gradés pullulaient dans les gares, les espions furetaient, [...] dévisageant tout le monde. Kibaltchitch était clandestin, il avait fait de la prison à plusieurs reprises ; il était aisé de l'identifier, la police avait sa photographie.

Comme si de rien n'était, il était couché sur le dos, attirant le regard par sa pose et sa valise qui lui servait d'oreiller... Cette fois-là, par bonheur, il s'en sortit sans encombre...», rapporte Lev Deitch, membre de la «Volonté du Peuple».

On s'étonne d'un tel manque de professionnalisme chez des «professionnels» d'une organisation secrète ! Et, dès que Loris-Melikov s'en mêle, la chance tourne pour les révolutionnaires, qui tombent les uns après les autres.

Après l'arrestation de Fridenson, la police tend une embuscade dans son appartement. Nos grands conspirateurs n'ont pas même prévu de *signe d'avertissement en cas de danger* ! C'est ainsi que Barannikov, insaisissable membre du «Grand CE» se présente tranquillement chez son camarade... On utilise ensuite son appartement pour un nouveau piège. Là encore, aucun signal ! Et Kolodkievitch, également membre du Comité exécutif, se fait prendre à son tour. Il apparaît, en outre, qu'il a sur lui quantité de documents secrets de la «Volonté du Peuple». La police récupère ainsi le règlement archisecret de l'organisation, le programme du Comité exécutif et, pire, un carnet contenant des adresses et diverses notes (sur la fabrication d'explosifs).

Embuscade, à présent, dans l'appartement de Kolodkievitch. Toujours pas de signal «danger» !

«Nos camarades, écrit fort justement A. Korba, oublièrent peu à peu la nécessité de recourir à des codes pour avertir d'un danger...»

Pas de signal clairement défini, non plus, à la disposition de Barannikov et de Kolodkievitch, circonstance qui entraîne la perte de Kletotchnikov. Une menace pèse, en effet, sur le légendaire « Ange gardien » de la « Volonté du Peuple » : Kolodkievitch est son « contact », c'est à lui que Klietotchnikov ne cesse de transmettre des informations du Département de la police. Or, Kolodkievitch est arrêté par les services du gouverneur de ville et, au Département, ce sont des choses que l'on n'apprend plus que *post factum*.

Les membres de la « Volonté du Peuple » comprennent avec horreur que Kletotchnikov se rendra, comme toujours, chez leur camarade et qu'il sera piégé. Il faut l'avertir d'urgence ! Il faut courir au Département de la police et attendre qu'il sorte ! Il faut foncer à son appartement ! L'attraper au vol, lorsqu'il ira chez Kolodkievitch ! Poster des gens sur tous les itinéraires possibles de « l'Ange gardien » si précieux !...

Mais rien de tout cela n'est fait. On se contente de demander à Alexandra Korba de passer chez lui. Elle y va : « Ses gens me dirent qu'il n'était pas encore rentré. » La jeune femme tente sa chance une seconde fois, en vain. Elle laisse un billet à Kletotchnikov, c'est tout (peut-être a-t-elle d'autres soucis ; peut-être est-elle bouleversée par l'arrestation de son amant, Mikhaïlov). Kletotchnikov, cependant, est en route vers l'appartement de Kolodkievitch, où on lui met la main au collet !

Le 27 février, « tombe » également, dans l'appartement du membre de la « Volonté du Peuple » Trigoni, le chef des commandos, Andreï Jeliabov.

C'est la débandade ! Comment l'expliquer ? Faut-il penser que, jusque-là, tous, terroristes et police, ont rivalisé de nullité ? Ou bien une force haïssant le tsar a-t-elle décidé d'en finir avec lui, en recourant à une autre force qui le hait tout autant ? Nous l'avons évoqué maintes fois : dans un pays de longue tradition autocratique, dès que le régime est menacé, une alliance se forme entre les forces les plus conservatrices et la police secrète. Et l'idée de la « Volonté du Peuple » consistant à concentrer tous les efforts sur l'assassinat du tsar convient parfaitement à cette alliance.

Après la création, toutefois, d'une police parallèle par Loris-Melikov, les forces de l'ordre, brusquement, ne sont plus impuissantes. Il n'en est pas de même pour les terroristes.

Les choses se sont-elles passées ainsi ? L'honnêteté de l'historien nous oblige à reconnaître que nous n'en savons rien. Tout ce que nous pouvons affirmer, c'est que l'étrange comportement de la police ne s'arrête pas là.

Un étonnant général inspecteur

Donc, à l'approche du mois de mars, la « Volonté du Peuple » est littéralement décapitée par Loris-Melikov, et le comte se rapproche du lieu stratégique des terroristes : l'appartement de la petite rue des Jardins.

Nos « fromagers » reçoivent ainsi la visite d'un monsieur en pelisse doublée de rouge, coiffé d'une casquette de général. C'est l'inspecteur du Département de la police, le général Mrovinski, spécialiste des explosifs. Il est accompagné d'un commissaire et du concierge. Tout laisse penser qu'il y a eu dénonciation, pour qu'on envoie un personnage aussi important, avec rang de général.

Le membre de la « Volonté du Peuple » Bogdanovitch comprend : l'opération est fichue ! Dans le magasin, en effet, il y a un tonneau empli de la terre retirée de la tranchée. Elle est à peine masquée par quelques fromages.

Mrovinski s'y dirige tout droit et demande ce que contient le tonneau. On lui répond qu'il y a du fromage, et il s'en contente. L'inspecteur se dirige alors vers le logement des fromagers, d'où part le tunnel. Certes, les terroristes ont remis le placage de bois, mais le général s'en approche, il suffit qu'il frappe dessus et le pot aux roses sera découvert. Notre inspecteur, qui connaît son affaire, donne en effet quelques coups... mais si maladroitement (ou si adroitement, au contraire ?) qu'aucun son creux ne se fait entendre. Il examine l'arrière-boutique, où il voit de gros tas de terre, vaguement recouverts d'une natte. Là encore, le général s'arrange pour ne rien remarquer !

493

Il semble que l'histoire du train impérial et de l'explosion au palais d'Hiver se répète. La Troisième Section, devenue le Département de la police, résiste. La camarilla se révèle plus forte que Loris-Melikov. Le tsar est condamné.

Daria Tioutcheva avait donc ses raisons de prédire que « dans trois ou quatre mois, toute l'ordure [serait] balayée du palais ». Quant au plus proche ami du tsarévitch, ex-adjoint du chef de la Troisième Section, aujourd'hui adjoint du ministre de l'Intérieur, le général aide de camp P. Tchrevine, il reconnaîtra par la suite : « Je dois toute ma carrière à Alexandre II, et pourtant je dis que l'on a eu raison de le *liquider*. Sinon, avec son libéralisme, Dieu sait où il eût conduit la Russie ! »

« Liquider un tsar qui ne convient pas », voilà une tradition qui remonte au temps des coups fomentés par la Garde contre le palais. Et, d'ordinaire, participaient aux complots les hommes les plus proches des autocrates visés.

« Mon fidèle Iago » ?

Chez les Adlerberg, nous l'avons dit, on est ministre de la Cour de père en fils. Le père d'Alexandre, Vladimir, l'est sous Nicolas Ier et continue de l'être au moment où Alexandre II monte sur le trône. Lui succède son fils, Alexandre, ami d'enfance du tsar, comme nous le savons. Cette enfance commune, les leçons de Joukovski, combien il leur est agréable de se les remémorer !

La politique et l'amour du souverain vont pourtant les séparer. Adlerberg participe ardemment, avec Piotr Chouvalov, à la « contre-réforme », et l'incapacité du tsar à écraser la sédition d'une main ferme l'irrite. La venue de Loris-Melikov, les réformes en préparation et la princesse Dolgoroukova sont fatales à l'amitié des deux hommes. Adlerberg a désormais partie liée avec la camarilla et se montre opposé au remariage du tsar, ce que ce dernier ne lui pardonnera jamais. La carrière du ministre de la Cour est compromise.

« Le comte Adlerberg, écrira plus tard le ministre de la Guerre Milioutine dans son Journal, me confia : "Même sans la catastrophe du 1er mars, je ne serais plus, aujourd'hui, ministre de la Cour. Le défunt empereur était entièrement sous la coupe de la princesse Iourievskaïa, qui le poussa aux plus extrêmes folies, à l'ignominie." »

Depuis quelque temps, les manières du comte deviennent des plus étranges. Selon l'historien Vassili Bilbassov, après l'attentat perpétré par Soloviev, la générale Bogdanovitch note dans son Journal : « Cinq jours avant les faits, des agents allemands envoyèrent des télégrammes chiffrés [avertissant de ce qui se tramait, E. R.]... Ces messages se trouvèrent sur le bureau d'Adlerberg qui ne se donna pas la peine de les décacheter. »

Et l'attentat a lieu.

Avant l'explosion au palais d'Hiver, le général-gouverneur Gourko, parfaitement informé du relâchement qui règne dans la résidence impériale, décide d'en retirer le contrôle au même Adlerberg. Ce dernier informe le tsar que le général veut instaurer l'état d'urgence au palais. Il sait pertinemment que le souverain songera aussitôt à certaines « délicates circonstances » (la présence de la princesse Dolgoroukova) et qu'il ne le permettra pas. Le palais reste donc sous la responsabilité d'Adlerberg et, malgré l'arrestation du terroriste Kviatkovski qui détient un plan de la résidence, aucune mesure sérieuse n'est prise. L'explosion a donc lieu.

La veille du 1er mars, le comportement du ministre de la Cour est littéralement sidérant. A. Dmitriev-Mamonov (qui sera par la suite général-gouverneur d'Omsk) répond alors de la sécurité du tsar et de sa famille ; il ne dépend pas du ministère de l'Intérieur, mais directement du comte Adlerberg. Dmitriev-Mamonov et lui sont les seuls à connaître les déplacements de l'empereur. Le premier racontera plus tard à son parent, Spasski-Odinets : « On ne manquait pas de rapports sur l'attentat en préparation, mais tous étaient anonymes. Toutefois, au moment du fatidique 1er mars, il en arriva un signé, dans lequel étaient indiqués le lieu et les circonstances de l'opération. Il apparut par la suite que tout était rigoureusement exact. » Dmitriev-Mamonov, à l'en croire, porte le document à Adlerberg, l'informant de la nécessité d'annuler le déplacement habituellement prévu ce jour-là. À quoi le ministre de la Guerre répond : « Pas plus tard qu'hier, après le souper, en présence de l'héritier, le souverain m'a hurlé de son ton le plus sévère : "Écoute,

Adlerberg ! Je t'ai déjà dit maintes fois, et te l'ordonne une fois encore : ne t'avise pas de me faire rapport sur les attentats ourdis contre moi, laisse-moi en paix ! Prenez, Dvorjitski et toi, les mesures que vous jugerez nécessaires, mais je veux passer tranquillement les jours que Dieu m'accordera !" Comment eussé-je pu, après cet ordre catégorique, faire rapport à Sa Majesté et insister pour annuler ce déplacement ? »

Ce récit nous est parvenu par une note de Spasski-Odinets. Bien que la considérant non sans méfiance, nous devions la porter à la connaissance du lecteur.

La mystérieuse LIS

La camarilla n'est cependant pas entièrement convaincue qu'il faille « liquider l'empereur ». Des divergences très fortes existent manifestement en son sein.

Les Archives d'État de la Fédération de Russie (GARF) conservent d'étranges lettres adressées à la princesse Iourievskaïa à partir de mai 1880.

La première l'informe qu'une organisation secrète des défenseurs de la monarchie est née à Saint-Pétersbourg pour lutter contre les organisations révolutionnaires clandestines. Elle s'intitule « Ligue antisocialiste secrète » (LIS). Elle est dirigée par l'auteur de la lettre, le « Grand Maître ». Il ne révèle pas son vrai nom ni ceux des membres du mouvement. Il précise même : « Nous nous sommes juré que nul ne les connaîtrait. »

En revanche, le Grand Maître décrit en détail le cérémonial de la LIS, qui rappelle comiquement celui des francs-maçons. Après un service religieux, les membres de la Ligue, vêtus de noir, arborant sur la poitrine les insignes d'argent de leur organisation, le visage masqué par un capuchon, se réunissent dans une salle...

Tout cela ressemblerait fort à une mystification, n'étaient les stupéfiantes informations dont dispose l'auteur de la lettre sur les activités de la « Volonté du Peuple ». L'un des articles du règlement de l'organisation terroriste proclame : « Le Comité doit être invisible et inaccessible. » Le respect de cette prescription est le gage de sa réussite. Or, le Grand Maître décrit la structure du parti, indique à peu près exactement le nombre des membres de l'archisecret Comité exécutif, ainsi que celui des militants qui participent aux opérations. Bref, il dispose de renseignements connus de la seule Commission de coordination.

Ce qui suit est proprement extraordinaire. Dès le mois de mai 1880, le Grand Maître demande instamment à la princesse Iourievskaïa de persuader le tsar de *ne pas* aller, le dimanche, à la revue de la Garde au manège Michel, ajoutant que, « vraisemblablement, une bombe sera jetée sur la route de l'empereur ou la voie sera minée »...

C'est précisément à ce moment-là que, comme l'écrit Vera Figner, le Comité exécutif de la « Volonté du Peuple » « conçut le projet de louer un magasin ou une boutique dans cette partie de Saint-Pétersbourg où le tsar se déplaçait le plus souvent et de miner la voie ».

Qui est l'auteur de ces lettres ? Et quelle est cette organisation si secrètement apparue pour disparaître ensuite aussi mystérieusement (la princesse Iourievskaïa reçoit la dernière lettre en décembre 1880) ?

L'explication la plus vraisemblable est que la LIS n'a jamais existé, qu'elle a été inventée de toutes pièces par l'auteur des lettres, vraisemblablement un homme de la Troisième Section. Il y a gros à parier, si l'on s'en tient à notre version des faits, qu'il compte parmi ceux qui ont conçu de « liquider le tsar » par le biais de la « Volonté du Peuple ». Cela permettrait de comprendre d'où lui vient sa fantastique connaissance de la Russie clandestine.

Brusquement, notre homme a décidé de trahir les conjurés et de sauver le souverain. Que lui est-il donc arrivé ? Pourquoi n'a-t-il pas parlé haut et clair ? Nous ne pouvons, en l'occurrence, que nous perdre en conjectures.

Il est resté, toutefois, un cahier du chef de l'escorte impériale, K. Koch, dans lequel sont consignés tous les déplacements d'Alexandre II. Il prouve que l'itinéraire n'a pas été changé après l'avertissement du Grand Maître, en mai. Manifestement, Alexandre n'a pas pris ces lettres au sérieux.

15

LA MORT DE L'EMPEREUR

Un mois avant les ides de mars

Nous sommes à la fin de février. Selon une tradition héritée de son arrière-grand-père Paul Iᵉʳ, Alexandre se rend, chaque dimanche, à la relève de la Garde dans l'immense manège Michel qui peut accueillir plusieurs escadrons de cavalerie. Y assistent également les grands-ducs, les généraux aides de camp de la suite et les ambassadeurs (à condition qu'ils aient un grade militaire).

Ce jour-là, tout le long du trajet emprunté par le carrosse impérial, sont postés des policiers chargés de la sécurité du tsar, ainsi que des... observateurs de la « Volonté du Peuple » !

Presque tous ceux appelés à participer à l'assassinat imminent vont être arrêtés peu auparavant et faire des dépositions. Ils y évoqueront l'opération en préparation qui, malgré tout, demeure mystérieuse aujourd'hui encore. Quant à nous, nous considérerons l'assassinat par les yeux des assassins.

Chronique d'un assassinat

Vers la fin de février, la tranchée de la « fromagerie », dans la petite rue des Jardins, est terminée. Ne reste qu'à y placer les mines.

Quatre volontaires se proposent en qualité de lanceurs de bombes, pour le cas où le tsar emprunterait l'autre itinéraire, par le canal Catherine. Il s'agit de l'étudiant des Mines Nikolaï Ryssakov (il n'a pas encore dix-neuf ans, ce qui signifie, en vertu des lois en vigueur, qu'il n'a pas atteint la majorité), de l'étudiant de l'Institut de technologie Ignati Grinevitski, noble d'origine polonaise, et des jeunes ouvriers Timofeï Mikhaïlov et Ivan Emelianov.

Les quatre hommes sont à présent réunis dans l'appartement clandestin où le « technicien » Kibaltchitch leur explique le mécanisme des explosifs. « En partant, rapporte Ryssakov, Kibaltchitch nous demanda... de ne pas fréquenter des lieux où nous pourrions être arrêtés... D'ordinaire, en ces instants, précisa-t-il, les risques sont multipliés. »

Déjà, à la fin de janvier, Alexandre Mikhaïlov, Barannikov et Kolodkievitch ont été expédiés derrière les barreaux. Désormais, Andreï Jeliabov dirige la « Volonté du Peuple » et il sent venir le danger.

« Je notai, relate Ryssakov, certaine fébrilité dans les actions de mes camarades ; elle venait du fait que les arrestations s'étaient multipliées. Et Jeliabov nous dit : "Nous devons nous hâter." »

À la fin de février, Jeliabov déclare aux lanceurs, toujours d'après Ryssakov : « Rendez-vous, dimanche 1er mars, à l'appartement clandestin pour y prendre livraison des bombes et recevoir les instructions. »

Les lanceurs comprennent aussitôt : l'assassinat du souverain est fixé au 1er mars et ce jour sera vraisemblablement le dernier de leur vie. Toutefois, ils ne reverront plus Jeliabov. Le 27 février, lendemain de cette rencontre, la police débarque dans la chambre louée par le membre de la « Volonté du Peuple » Trigoni sur la perspective Nevski, et l'arrête, ainsi que Jeliabov qui se trouvait là. Le géant n'a pas même le temps de faire usage de son revolver.

En prison, Jeliabov prononcera sa fameuse phrase : « S'ils nous tuent, d'autres viendront... ils sont de plus en plus nombreux, par les temps qui courent. »

Il reste deux jours avant l'attentat.

Palais d'Hiver, matin du 28 février

Audience chez le tsar pour Loris-Melikov et le ministre de la Guerre Milioutine (le souverain les reçoit tous les jours), ainsi que pour le responsable du département « Asie » N. Giers (on le destine à devenir ministre des Affaires étrangères en remplacement du vieux Gortchakov). Loris annonce solennellement à l'empereur la capture de Jeliabov et Trigoni. Le tsar dit ensuite à Milioutine : « Félicitez-moi doublement ! Loris m'a informé que les derniers des conjurés étaient sous les verrous et qu'ils ne me persécute-raient plus ! »

Le soir, Alexandre note, comme toujours brièvement, dans ses Carnets :

« 28 février : à onze heures, rapports de Milioutine, Giers, Loris. Trois arrestations importantes, dont celle de Jeliabov. »

Tel est l'heureux bilan de l'avant-dernier jour de son existence.

Ce même 28 février, se réunissent, dans un appartement clan-destin près du pont de l'Assomption, les membres du Comité exécutif encore en liberté. Il ne reste plus personne de l'ancienne direction de la « Volonté du Peuple », dont les principaux héros sont enfermés à la forteresse Pierre-et-Paul. L'organisation est en plein désarroi. « Pour couronner le tout, écrit Vera Figner, nous apprîmes avec horreur qu'aucune des quatre bombes n'était prête. Or, le lendemain était le 1er mars, un dimanche, et le tsar pouvait fort bien passer par la rue des Jardins où les mines n'étaient pas encore posées dans la tranchée. »

La séance est menée par Sofia Perovskaïa. Cette petite jeune femme prend sur elle de commander les hommes désemparés, membres de ce qui, la veille, était le presque omnipotent Comité exécutif. Elle en est persuadée : il suffit de tuer le tsar pour que commence le soulèvement populaire. Alors, tout s'accomplira : Jeliabov, aujourd'hui en prison, sera sauvé. Mais imaginer qu'elle ne songe, en cet instant, qu'à sauver son amant serait ne rien comprendre aux gens de cette trempe. Elle veut, avant toute autre chose, réaliser le grand dessein du parti, réaliser leur rêve qui a viré à l'obsession : tuer le tsar, pour que commence la révolution.

Perovskaïa insuffle sa foi indomptable et sa diabolique énergie à ces hommes découragés. Force est de constater qu'à cette séance (comme, d'ailleurs, souvent dans l'histoire), les plus « viriles » sont les femmes : Vera Figner, qui aspire à libérer la Russie et Alexandra Korba qui rêve, en même temps, de délivrer Alexandre Mikhaïlov...

Après le discours inspiré de Perovskaïa, les hommes reprennent courage. « Émus, raconte Vera Figner, nous étions animés d'un même sentiment, nous partagions le même état d'esprit... Et tous les participants déclarèrent, unanimes : "Agir ! Demain, coûte que coûte, il faut agir !" Les mines devaient être posées. Les bombes devaient être prêtes le lendemain, à l'aube. »

Nous sommes samedi, vers trois heures de l'après-midi. Il reste, avant l'attentat, moins de vingt-quatre heures.

À partir de cinq heures, il n'y a plus, à l'appartement, que les « travailleurs », à savoir trois dynamiteurs de la « Volonté du Peuple » dirigés par Kibaltchitch, et Vera Figner. Ils triment jusqu'au lendemain, à préparer les bombes. Une tâche des plus dangereuses, surtout lorsqu'elle est effectuée dans la précipitation.

Figner témoigne : « Étant parvenue à persuader Sofia Lvovna [Perovskaïa, E. R.], éreintée, de s'étendre, afin de reprendre des forces pour le lendemain, j'entrepris d'aider les travailleurs là où ils avaient besoin d'une petite main, fût-elle inexpérimentée... Je découpai les bidons de pétrole dont j'avais fait l'acquisition et qui devaient servir de réceptacles pour les explosifs. Toute la nuit, les lampes brûlèrent dans l'appartement et la cheminée resta allumée. À deux heures, je quittai les camarades : ils n'avaient plus besoin de mes services. »

Durant cette même nuit, un des lanceurs, l'étudiant Ignati Grinevitski (surnommé : « Chaton ») écrit une ultime lettre pour les générations futures : « Alexandre II doit mourir. Ses jours sont comptés... Il mourra, et nous, ses ennemis, ses assassins, avec lui... L'histoire montre que *l'arbre magnifique de la liberté* exige des sacrifices humains... Le sort m'a voué à une mort précoce. Je ne verrai pas la victoire, je ne vivrai ni un jour ni une heure *à l'ère radieuse du triomphe...* Mais je considère qu'en mourant, j'aurai accompli tout ce que je devais accomplir, et personne, personne au monde ne peut exiger plus de moi. »

Pendant ce temps, Figner et Perovskaïa se reposent. « Lorsque je me levai à huit heures du matin, écrit la première, les hommes continuaient à travailler. Deux bombes, toutefois, étaient déjà prêtes, que Perovskaïa emporta » dans un autre appartement clandestin où devaient passer les lanceurs. Vera Figner aide à emplir de fulminate de mercure les deux bombes restantes que Kibaltchitch va aussitôt livrer.

Ainsi voient-ils se lever le jour, en ce 1ᵉʳ mars.

1ᵉʳ mars. Appartement de l'étudiant lanceur Ryssakov. De bon matin

« Il se leva à un peu plus de sept heures, raconte la logeuse de Ryssakov. Ayant entendu du bruit dans sa chambre, je me levai à mon tour. Il vint à la cuisine et me dit : "Voyez, je suis debout tôt, aujourd'hui ! Que ne puis-je en faire autant les autres jours ?..." Il était si touchant, il se mit à bavarder avec moi, comme jamais auparavant, ou presque. »

Ryssakov est petit, voûté, un léger duvet blond borde à peine sa lèvre supérieure... Il a un air de gamin, de collégien.

« Vers neuf heures, se souvient-il, j'arrivai à l'appartement clandestin, afin d'y prendre la bombe et qu'on nous expliquât le plan de l'attentat. "Chaton" [I. Grinevitski, E. R.], Ivan Emelianov et Timofeï Mikhaïlov vinrent à peu près en même temps. Puis nous eûmes la visite d'une blonde [Sofia Perovskaïa, E. R.], munie d'un assez gros baluchon... Il contenait les bombes. Elle se mit à les distribuer et à exposer le *plan d'action*, en dessinant approximativement l'endroit sur une enveloppe. Elle précisa également qui devait se trouver où. »

Le plan d'action a deux variantes :

N° 1. Le tsar rentre du manège par la petite rue des Jardins. Alors, au passage du carrosse impérial, une puissante explosion doit se déclencher depuis la galerie creusée sous le magasin de fromages. Cette partie de l'opération est baptisée « Frappe centrale ».

Pendant ce temps, les quatre lanceurs se tiennent aux deux bouts de la rue. Si l'explosion des mines ne donne pas de résultat, autrement dit si l'équipage du souverain passe avant ou après, ils enverront leurs bombes.

Tant que Jeliabov était en liberté, il ne dirigeait pas seulement les opérations, il était censé donner un coup de pouce au moment décisif. Si les bombes n'atteignaient pas leur but, ce géant, armé d'un poignard, se précipiterait sur le carrosse et égorgerait l'empereur. Jeliabov étant à présent hors jeu, la direction des opérations est confiée à Sofia Perovskaïa, et force est de renoncer au poignard.

N° 2. Le tsar regagne le palais par le second itinéraire, le canal Catherine. Dans ce cas, tout repose sur les seuls lanceurs. Les quatre hommes ont pour consigne de quitter aussitôt la petite rue des Jardins pour filer jusqu'au canal. Sofia Perovskaïa leur en donnera le signal.

« Elle devait pour ce faire, relatera poétiquement par la suite Vera Figner, agiter légèrement un petit mouchoir de dame en dentelles. » Ce mouchoir se retrouve dans de nombreux travaux d'historiens et dans des œuvres de poètes. En réalité, comme en témoignera à l'instruction le lanceur Ryssakov, ce « signal historique » est beaucoup plus prosaïque : « La blonde tirerait son mouchoir et se moucherait, nous indiquant ainsi que nous devions nous rendre au canal. »

Le souverain a coutume, quand il rentre par ce chemin, de faire halte chez sa cousine, au palais Michel. Les lanceurs mettront ce répit à profit pour prendre leurs places.

1ᵉʳ mars. Chancellerie du gouverneur de ville. De bon matin

Témoignage d'A. Dvorjitski, chef de police accompagnant le tsar au manège Michel :

« À neuf heures du matin, en cet effroyable 1ᵉʳ mars 1881, le général Fiodorov, gouverneur de ville, réunit chez lui tous les chefs de police des commissariats de quartiers. Il nous annonça que les principaux activistes anarchistes, Trigoni et Jeliabov, étaient arrêtés ; il restait à capturer deux ou trois hommes pour que la lutte contre la sédition fût achevée. Il ajouta que l'empereur souverain et le ministre de l'Intérieur étaient extrêmement satisfaits de l'action de la police. La conviction du gouverneur de ville que l'anarchie était écrasée *laissa nombre d'entre nous fort perplexes*. Ne partageant pas, quant à moi, les certitudes du général et me fondant pour cela sur des circonstances dont il *lui était constamment fait rapport*, j'estimai de mon devoir, aussitôt après son discours, de me rendre chez le comte Perovski, gentilhomme de la chambre, qui était proche de Leurs Altesses impériales les grands-ducs Vladimir et Alexandre Alexandrovitch. »

Ainsi Dvorjitski est-il très ennuyé de ce qu'il considère comme de la naïveté chez le gouverneur Fiodorov. À l'instar de nombreux gradés de la police, Dvorjitski dispose d'informations inquiétantes, que reçoit régulièrement le général mais qu'il choisit curieusement d'ignorer. (Donc, le gouverneur qui, hier encore, soutenait Loris-Melikov, n'est plus du côté du tsar, parce qu'il redoute les réformes à venir.) Néanmoins, ces renseignements sont si effrayants que le chef de police accepte de risquer sa carrière et, passant par-dessus ses chefs, de s'adresser directement au comte Perovski : « Ayant informé le comte de la situation alarmante de la capitale, je le priai de rapporter au grand-duc Vladimir Alexandrovitch [pas à l'héritier, notons-le, E. R.] que *nous n'étions pas en mesure*, me semblait-il, compte tenu de ces circonstances, *de garantir la sécurité du souverain*. Le comte me promit d'y procéder dans la journée... »

Le comte Perovski s'engage à faire rapport au fils du tsar. Cependant, sa nièce, Sofia Perovskaïa, a déjà remis les bombes aux lanceurs.

Dvorjitski, quant à lui, se rend au palais d'Hiver pour accompagner l'empereur au manège Michel.

Palais d'Hiver. Matin du 1ᵉʳ mars

Le tsar, on le sait, a dû renoncer à ses promenades matinales. Après l'office à la Petite Église, il prend le café à la salle à manger salade, avec la princesse Iourievskaïa, et gagne son cabinet de travail. Il y reçoit Loris-Melikov qui lui a préparé le texte officiel de la réforme. L'empereur le prie de convoquer les ministres pour le 4 mars, car le projet doit être publié au nom du gouvernement.

Alexandre est irrité à l'idée que l'opposition s'exprime à nouveau par la voix de Pobedonostsev.

Néanmoins, le principal est fait : l'empereur a approuvé le projet. Ce 1er mars sera un jour historique. Il le sera, en effet, mais pour une tout autre raison.

Le souverain porte l'uniforme du bataillon de sapeurs, celui-là même qui avait sauvé son père et le palais au moment de la révolte des décembristes et auquel il avait alors été présenté, vêtu de son uniforme d'enfant.

Le voici donc parti pour son dernier voyage.

Il passe saluer son épouse qui, de façon insensée – elle pleure –, le supplie de ne pas quitter le palais. Et ce n'est pas parce qu'elle se rappelle la prédiction de la Tsigane et qu'elle a lu les lettres de la mystérieuse LIS. Simplement, elle l'aime et elle a un mauvais pressentiment.

Il réussit à vaincre sa nervosité. Comme l'écrira plus tard, dans son Journal, A. Souvorine qui est au courant de tout et qui tient la chose du médecin de la Garde Botkine : « S'apprêtant, le 1er mars, à passer en revue les troupes, le tsar renversa la princesse et la prit sur la table. Elle le raconta elle-même à Botkine. » Ainsi les puissants et ardents Romanov ont-ils coutume d'apaiser les femmes.

Ni lui ni elle, toutefois, ne savent qu'il s'agit d'un adieu.

Palais du grand-duc Michel Nikolaïevitch. Midi et demi

Ce matin-là, les supplications ne résonnent pas seulement au palais d'Hiver. Une scène similaire se déroule au palais du grand-duc Michel Nikolaïevitch que les siens voient partir au manège comme à la guerre.

« Que mon père dût obligatoirement accompagner le souverain à ces revues du dimanche, se souvient Alexandre Mikhaïlovitch, plongeait ma mère dans un incroyable effroi. "Je ne crains ni les officiers ni les soldats, disait-elle, mais je ne fais pas confiance à la police. Le chemin est long jusqu'au Champ-de-Mars et tous les nihilistes de la ville peuvent vous voir passer dans les rues." »

Le grand-duc part pourtant au manège.

Palais d'Hiver. Une heure moins le quart

Le chef de police Dvorjitski arrive en traîneau au palais d'Hiver : « À une heure moins le quart, j'étais près du palais, lorsque le comte Loris-Melikov en sortit. Je m'engageai dans le passage et y croisai le ministre comte Adlerberg qui se plaignit à moi de la dureté des temps que nous vivions en raison des menées anarchistes. Tandis que nous devisions, résonna le joyeux "Heureux de faire de notre mieux !" des gardes, en réponse au salut de Sa Majesté. Puis le souverain emprunta le passage couvert, souhaitant le bonjour, à son habitude, à tous ceux qui se trouvaient là ; il monta dans sa voiture et lança à Frol Sergueïev, le cocher : "Au manège, par le Pont-aux-Chantres !" »

Cela signifie que l'empereur passe par le *canal Catherine.*

Alexandre II se déplace dans un carrosse fermé. Il est accompagné de six cosaques du Terek ; un septième est assis à l'avant, à gauche du cocher. Deux traîneaux suivent l'équipage impérial, transportant le chef de police, le colonel Adrian Dvorjitski, et le chef de la garde du tsar, le capitaine Koch, avec des policiers.

En arrivant au manège, le tsar est, là encore, accueilli par les « hourra ! » de la Garde. Le bataillon d'infanterie de réserve et celui des Sapeurs sont prêts pour la revue. Y assistent le tsarévitch et le grand-duc Michel Nikolaïevitch.

La « fromagerie » de la petite rue des Jardins.
Une heure de l'après-midi

Conformément au plan mis au point par le Comité exécutif, Bogdanovitch et son « épouse » Iakimova doivent quitter la boutique où ils seront remplacés par le dynamiteur Frolenko. Il est là pour relier les fils. Il sait qu'il a toutes les chances de mourir quand la maison s'effondrera sous l'impact de l'explosion. « Lorsqu'il arriva à la boutique, se souvient Iakimova, j'eus la surprise de le voir tirer d'un paquet qu'il avait apporté un saucisson et une bouteille de vin rouge. Il les posa sur la table, dans l'intention de casser une petite croûte... "Que faites-vous ?" demandai-je, épouvantée par le matérialisme de cet homme voué à une mort certaine. "Je dois être fort", répondit-il et, imperturbable, il entreprit de se restaurer. »

Frolenko et les autres lanceurs ont déjà dit adieu à la vie.

Par la fenêtre, Frolenko voit qu'aux deux extrémités de la petite rue des Jardins, des gendarmes à cheval sont déjà postés, attendant le retour du tsar. Aux deux bouts de la rue également, se tiennent les quatre lanceurs de bombes de la « Volonté du Peuple ».

Iakimova quitte le magasin. Frolenko reste seul, attablé. C'est l'image qu'elle emporte de lui. Sur la table, se trouve un récipient contenant la solution qui produit le courant. Il n'y a plus qu'à relier à l'autre pôle, et...

La parade, cependant, s'achève au manège Michel.

« Ce fut une très belle revue, se souvient D. Milioutine. L'empereur souverain était très satisfait et se trouvait, manifestement, dans une excellente disposition d'esprit... Il s'entretint quelques instants avec des personnalités de son entourage proche et quitta le manège. »

Alexandre remonte dans son carrosse, toujours entouré de l'escorte, et ordonne :

« Au palais d'Hiver, par le même chemin ! »

Autrement dit, *par le canal Catherine.*

Dans la boutique de fromages, Frolenko voit, par la fenêtre, les gendarmes partir. Il comprend que le tsar a choisi l'autre itinéraire. La tension retombe en lui : il vivra ! Et il quitte rapidement le magasin.

Pendant ce temps, les lanceurs de bombes abandonnent leurs postes de la petite rue des Jardins et, à la suite du carrosse impérial, empruntent la rue Michel en direction du canal.

Sofia Perovskaïa les y attend déjà. Elle leur adresse le signal convenu.

Sur le chemin du retour, le souverain, comme il le fait souvent depuis quelque temps, s'arrête au palais Michel, chez sa cousine, la grande-duchesse Catherine Mikhaïlovna. Mais la fille d'Hélène Pavlovna et du grand-duc – et soudard – Michel Pavlovitch, tient de son père : elle n'approuve pas les réformes du tsar, et encore moins son remariage.

Le carrosse de l'empereur est suivi par celui de son frère, le grand-duc Michel Nikolaïevitch. Les deux hommes tentent, en vain jusqu'à présent, de réconcilier la grande-duchesse et la nouvelle épouse de l'empereur.

Le thé est servi dans le salon d'honneur. Le dernier thé dans la vie du souverain.

Canal Catherine. *Deux heures de l'après-midi*

Les lanceurs de bombes sont déjà presque à leurs postes près du canal. Perovskaïa racontera par la suite que l'étudiant Grinevitski, passant devant elle pour « gagner l'endroit fatal », lui adressa « un sourire à peine perceptible. Il ne montra pas l'ombre d'une peur ou d'une émotion, marcha à la mort, l'âme absolument tranquille ». Comme Frolenko s'y était préparé avant lui... Une mort joyeuse... les bras tendus, envoûtants, de la terreur. « Ne pas considérer le sacrifice comme tel, écrivait le décembriste P. Iakoubovitch. Ne vivre que pour le sacrifice. »

Trois des lanceurs, seulement, sont prêts. Celui qui devait agir le premier, l'ouvrier Timoféï Mikhaïlov, s'est évaporé : il « sentit qu'il ne pourrait lancer la bombe et rentra chez lui ». Ryssakov le remplacera. Il témoigne : « Vers deux heures, je me trouvai à l'angle de la Nevski et du canal. J'avais, jusqu'alors, arpenté la Nevski ou les rues adjacentes, afin de ne pas attirer inutilement l'attention de la police. »

Perovskaïa, cependant, a franchi le pont de Kazan et se retrouve de l'autre côté de l'étroit canal, où « elle demeura durant les deux explosions ». Elle y attend le dénouement, heureuse, par avance, du sang qui sera versé.

Palais Michel. *Deux heures dix*

Le souverain quitte la grande-duchesse Catherine Mikhaïlovna. Comme à l'accoutumée, il a passé près d'une demi-heure chez sa cousine. Le dialogue, manifestement, ne s'est pas noué. Le grand-duc Michel Nikolaïevitch reste, lui, pour tenter de convaincre son hôtesse.

Deux heures un quart

Alexandre II rejoint son carrosse. Il lance au cocher : « Au palais, par le même chemin ! »

La voiture tourne en direction du canal Catherine, suivie par les traîneaux de Dvorjitski, du capitaine Koch et des policiers.

Le cocher fouette ses chevaux, l'équipage file sur la chaussée. À gauche, le canal, la grille qui le longe et un étroit trottoir ; à droite, le mur du jardin du palais Michel et, là aussi, un trottoir.

Il y a peu de monde. Un gamin porte un grand panier de viande ; deux tout jeunes apprentis transportent un petit divan ; une jeune femme est là également...

À cet instant, venant du pont des Écuries, un petit jeune homme blond en manteau noir se porte d'un pas rapide à la rencontre du carrosse. Il tient un paquet blanc contenant une boîte de bonbons Landrin : la bombe, enveloppée d'un mouchoir blanc. Il prend son élan...

« Après un instant d'hésitation, raconte Ryssakov, je lançai la bombe, visant les sabots des chevaux, me figurant qu'elle exploserait juste sous la voiture. L'explosion me projeta contre la grille. »

Le bruit est assourdissant. Le carrosse disparaît sous un nuage de fumée blanche. Le temps qu'elle se dissipe... il apparaît que la voiture du tsar a réussi à passer. La bombe n'a explosé qu'ensuite, ne détériorant que l'arrière de l'équipage. Le convoi – le carrosse et les deux traîneaux – s'arrête. L'un des cosaques du Terek gît, un peu en arrière, mort. Un autre, celui qui se trouvait à côté du cocher, est commotionné, il se penche, cherchant convulsivement de l'air. Sur le trottoir, le gamin au panier de viande gémit, à l'agonie. À quelques pas de lui, effondré contre la grille, souffrant atrocement, un passant blessé. Sur le sol, essayant de se relever, se contorsionne un sergent de ville, blessé lui aussi.

Un spectacle inconnu jusqu'alors dans les rues de Saint-Pétersbourg.

Ryssakov se met alors à courir en hurlant : « Arrêtez-le ! Arrêtez-le ! », comme s'il poursuivait le criminel. Il espère ainsi s'échapper. Mais, déjà, on est à ses trousses. Un ouvrier, occupé à des travaux, lui jette une barre à mine dans les jambes. Ryssakov trébuche, tombe, on se précipite sur lui.

On le maintient solidement, on lui fait courber la tête. Le voici accroupi, plaqué au sol. Apercevant, dans la foule assemblée, un visage connu, il a le temps de crier : « Dis à mon père qu'on m'a pris ! » On retire de son manteau un pistolet et un poignard.

Le carrosse à peine arrêté, l'empereur ouvre la portière et descend, aidé d'un cosaque. Le colonel Dvorjitski bondit de son traîneau pour s'élancer vers lui. Il témoigne : « Le souverain se signa ; il vacillait un peu, saisi d'une émotion bien compréhensible. À ma question sur l'état de sa santé, il répondit : "Grâce à Dieu, je ne suis pas blessé !" Voyant que le carrosse était endommagé, j'osai proposer à Sa Majesté de regagner le palais dans mon traîneau. »

Dvorjitski entend le cri de Ryssakov et comprend qu'il y a, dans les parages, un autre terroriste, avec une bombe, bien sûr ! Il entreprend de supplier le tsar de s'éloigner sur-le-champ du canal. Le cocher a aussi compris et insiste à son tour. « Le cocher Frol, rapporte Dvorjitski, implorait également le souverain de remonter dans le carrosse [qui pouvait encore rouler, E. R.] et de partir au plus vite. » L'empereur en est bien conscient, mais...

« ... Mais Sa Majesté, poursuit Dvorjitski, sans répondre aux prières du cocher, tourna les talons et se dirigea vers le trottoir longeant le canal Catherine... Je me trouvais à la gauche de l'empereur, derrière il y avait un cosaque, celui qui était, auparavant, à côté du cocher, ainsi que quatre cosaques de l'escorte, qui se hâtaient à notre suite, menant leur cheval par la bride. Ils entouraient le tsar. Sa Majesté fit quelques pas, glissa, mais je parvins à la retenir. »

Le souverain se dirige vers Ryssakov. Celui-ci se trouve à une vingtaine de pas du lieu de l'explosion, il est tenu par quatre soldats et, juste à côté, on voit le chef de la garde du tsar, le capitaine Koch.

Un lieutenant posté sur le trottoir ne reconnaît pas tout de suite l'empereur puis demande : « Le tsar est-il blessé ? », à quoi ce dernier, s'approchant de Ryssakov, répond : « Grâce à Dieu, je suis sain et sauf, mais voyez... » Et d'indiquer le cosaque tué et le gamin qui agonise. Ryssakov réplique aussitôt : « Dieu y est-il encore pour quelque chose ? »

Le tsar est, à présent, devant Ryssakov. Apprenant que celui-ci appartient à la petite bourgeoisie, l'empereur a un soupir de soulagement : du moins n'est-il pas de la noblesse ! Et, menaçant le jeune homme du doigt, il repart sur le trottoir, vers son carrosse.

Le colonel Dvorjitski intervient à nouveau :

« Je me permis, une seconde fois, de prier le souverain de profiter de mon traîneau. Il s'immobilisa, réfléchit un instant et dit : "Bon ! Mais montre-moi d'abord le lieu de l'explosion." »

C'est alors qu'arrive un peloton du 8e équipage de la flotte, s'en revenant de la revue. Et le tsar, serré de près par ces hommes et les cosaques de l'escorte, se dirige vers un cratère qui s'est formé sur la chaussée.

« Exécutant la volonté du souverain, je pris de biais vers le lieu de l'explosion, raconte Dvorjitski. Je n'eus pas le temps de faire trois pas... »

Le jeune homme posté près de la grille du canal attend que le tsar se rapproche. Puis il pivote soudain, lève les bras et lance quelque chose aux pieds de l'empereur. Ce jeune homme n'est autre qu'Ignati Grinevitski.

Une explosion effroyable retentit. Le tsar, les officiers et cosaques qui l'entourent, ainsi que le jeune homme et les badauds les plus proches, s'effondrent, comme fauchés d'un coup. Un gros ballon de fumée blanchâtre se forme à hauteur d'homme et, tourbillonnant, commence à descendre et à se dissiper...

« Alors, raconte un témoin, je vis que le souverain était tombé en avant, sur le côté droit, et que, derrière lui, un peu à sa droite... gisait un officier aux épaulettes blanches. Ce dernier se hâtait de se relever, mais il n'attendit pas d'être debout pour se traîner vers l'empereur et, passant par-dessus son dos, aller regarder son visage. »

L'officier aux épaulettes blanches est, bien sûr, Dvorjitski : « Je fus assourdi par une nouvelle explosion, je fus brûlé, blessé et plaqué au sol. Soudain, dans la fumée et la brume de neige, je perçus la voix faible de Sa Majesté : "Au secours !" Rassemblant ce qui me restait de forces, je bondis sur mes pieds et m'élançai vers l'empereur. Sa Majesté était mi-assise mi-couchée, appuyée sur son coude droit. Supposant que le tsar n'était que sérieusement blessé, je le soulevai, mais ses jambes étaient fracassées et le sang en jaillissait à flots.

Vingt personnes, plus ou moins grièvement blessées, étaient étendues au bord du trottoir et sur la chaussée. Certaines avaient réussi à se relever, d'autres rampaient, d'autres encore faisaient des efforts extrêmes pour repousser les corps effondrés sur elles. Dans la neige, les ordures et le sang, on apercevait des lambeaux de vêtements, d'épaulettes, de sabres déchiquetés et des morceaux de chair humaine sanguinolente. »

La casquette du tsar est tombée, sa capote est en lambeaux et glisse de ses épaules, ses jambes déchiquetées sont nues, le sang continue de jaillir ; sur sa face blême, des traînées de sang et de larmes. Le souverain ne cesse de répéter faiblement : « J'ai froid... J'ai froid ! » D'innombrables plaies couvrent son visage et sa tête. Un de ses yeux est fermé, l'autre regarde droit devant, dénué de toute expression.

Non loin de lui agonise, dans une mare de sang, le lanceur de la bombe, Grinevitski. « L'explosion fut si forte, rapporte un témoin, que tout le verre d'un réverbère fut brisé et que le pied lui-même en fut tordu. » Autour de l'autocrate qui se meurt sur la chaussée ensanglantée, au milieu de la neige sale et des bouts de vêtements, une foule s'est massée : des élèves officiers de l'École Paul Ier, des passants, des policiers, des cosaques sains et saufs. Vacillante, la silhouette du colonel Dvorjitski les domine...

À cet instant, arrive à vive allure le carrosse du grand-duc Michel Nikolaïevitch. L'explosion a été entendue depuis le palais Michel. Le grand-duc tombe aussitôt à genoux sur le pavé... et entend la voix de son frère : « À la maison ! Vite ! »

En même temps que son sang, le tsar perd peu à peu conscience. Si on l'avait transporté à l'hôpital militaire, juste à côté, on eût peut-être réussi à stopper l'hémorragie et – qui sait ? – à le sauver. Mais, dans l'affolement, sans même garroter ses plaies, on le transporte au palais. Il est impossible de le porter dans le carrosse, et des dizaines de bras le déposent, ensanglanté, sur le traîneau de Dvorjitski. Parmi ceux qui prêtent main-forte, on trouve le troisième lanceur de bombe, Ivan Emelianov. Sous son aisselle, un « porte-documents » : il contient la bombe qui aurait dû tuer le tsar, au cas où ses deux camarades auraient manqué leur coup...

Un cheval maléfique

Et le traîneau s'ébranle en direction du palais. Il est tiré par un cheval illustre, répondant au nom de « Barbare », celui-là même qui, longtemps, a servi les membres de la « Volonté du Peuple ». Confisqué par la police, il la sert, à présent. Jadis, il sauvait de l'arrestation Stepniak-Kravtchinski et Barannikov, après l'assassinat de Mezentsev ; aujourd'hui, il conduit le tsar mourant au palais. Debout dans le traîneau, les cosaques retiennent le corps inanimé d'Alexandre dont le sang imprègne leurs manteaux. On pénètre au palais d'Hiver par le passage Saltykov. Mais les portes sont trop étroites pour que les nombreuses personnes qui portent le souverain puissent passer. Et il n'y a pas de brancard dans le palais. Alors, on casse la porte, puis on monte tous ensemble l'escalier de marbre jusqu'au cabinet de l'empereur, celui où, vingt-cinq ans plus tôt, il a signé l'acte de libération des paysans et où, ce matin même, on traçait la voie de la Constitution russe.

Les degrés de marbre et le couloir qui mène au cabinet de travail sont couverts de sang.

Ainsi s'achève le septième attentat contre la personne du tsar.

« J'accourus dans le cabinet de travail, écrit le médecin F. Markus, et trouvai le tsar à demi étendu sur le lit qui avait été retiré de l'alcôve et placé presque à côté du bureau, de telle sorte que le visage de l'empereur fût tourné vers la fenêtre. Le souverain était en chemise, sans cravate, il avait autour du cou une décoration russe... Sa main droite était gantée de daim blanc, maculé de sang. Il y avait à son chevet, en grand uniforme de parade, le grand-duc Michel Nikolaïevitch, en larmes. Quand je me précipitai vers le lit, la première chose qui me sauta aux yeux fut que les membres inférieurs du tsar étaient atrocement mutilés, surtout la jambe gauche qui, à partir du genou, n'était plus qu'un hachis sanglant ; la droite était aussi abîmée, mais moins. Au toucher, les deux membres étaient froids.

[...] Je compressai, autant que faire se pouvait, les deux artères fémorales où le battement du sang n'était plus qu'à peine perceptible, pensant, de la sorte, stopper un peu l'hémorragie... Le souverain était *complètement inconscient...* Tous les efforts des médecins qui me succédèrent demeurèrent vains : l'empereur s'éteignait... »

Le dernier secret

Ce secret, le tsar mourra sans nous le révéler : pourquoi, alors qu'il est parfaitement conscient du danger, ne quitte-t-il pas aussitôt les abords du canal ? Pourquoi arpente-t-il aussi longtemps, aussi étrangement, les lieux, comme s'il attendait quelqu'un ? Mais qui ? Ou quoi ?

Las de guerroyer contre la camarilla, contre son fils, contre ces jeunes insensés qui lui donnent la chasse comme à une bête sauvage, n'a-t-il plus le goût de vivre ?... Ou est-ce l'absolue certitude que Dieu lui accordera toujours Sa protection et qu'il est invulnérable ? Souhaite-t-il, une fois encore, se le prouver, ainsi qu'à son entourage ? Une chose est sûre : il ne veut pas *leur* permettre *de lui inspirer de la peur.*

Alexandre III

Le bruit de la première explosion se répercute au loin, très semblable au coup de canon tiré, à midi, depuis la forteresse Pierre-et-Paul. Mais il est plus de deux heures de l'après-midi et, après la seconde explosion, « une nervosité inhabituelle saisit la ville ». Peu après, des gens inquiets se rassemblent sur la place du Palais et près du canal Catherine. Contenue par la Garde armée de fusils, une foule gigantesque inonde bientôt l'espace exigu du quai, formant un embouteillage. La chaussée n'est plus qu'une masse de neige sale, mêlée de débris et de sang.

Pendant ce temps, un officier parcourt la Nevski en traîneau découvert, envoyé au palais Anitchkov par le grand-duc Michel Nikolaïevitch. Après la revue au manège, l'héritier est rentré directement chez lui où son épouse et lui viennent de terminer leur collation. Sacha est à son bureau, dans son cabinet de travail, sa femme contemple la Nevski par la fenêtre, lorsqu'un fracas lointain leur parvient... suivi d'un autre. Ils se demandent, effrayés, de quoi il s'agit, quand Marie Fiodorovna aperçoit l'officier dans le traîneau. Elle et le tsarévitch se précipitent pour l'accueillir.

Le messager ne peut que dire : « Le souverain est blessé, c'est épouvantable ! »

L'imposant héritier, dans sa capote de général, et sa frêle épouse partent aussitôt en direction du palais d'Hiver, dans leur traîneau à deux places. Ils sont très vite freinés dans leur élan : toute la Nevski, à proximité de la place du Palais, et la place elle-même sont encombrées par la foule au milieu de laquelle le traîneau se fraie péniblement un passage.

Cependant, au palais du grand-duc Michel Nikolaïevitch, les jeunes fils de celui-ci projettent d'aller patiner en compagnie du fils de l'héritier, Nicky (c'est ainsi que, dans la famille Romanov, on a coutume d'appeler le futur Nicolas II), âgé de treize ans.

« Nous nous apprêtions à l'aller chercher, relate le grand-duc Alexandre Mikhaïlovitch dans ses Souvenirs, lorsque retentit le bruit d'une terrible explosion... puis d'une autre. Bientôt, un laquais faisait irruption dans la pièce, hors d'haleine : "Le tsar a été assassiné ! cria-t-il. Et le grand-duc Michel Nikolaïevitch aussi ! Leurs corps ont été transportés au palais d'Hiver." À ce cri, Mère sortit de sa chambre... Nous prîmes aussitôt un carrosse qui se trouvait devant la porte et nous élançâmes vers le palais d'Hiver...

Nous fûmes doublés en chemin par un bataillon de la Garde du Preobrajenski, dont les hommes, fusils pointés, couraient dans la même direction.

De grosses taches de sang noirci sur les degrés de marbre, puis le long du couloir, nous indiquèrent la voie : celle du cabinet de travail du souverain. Père se tenait sur le seuil, donnant des ordres aux serviteurs. Mère, ébahie de le voir sain et sauf, perdit connaissance...

L'empereur Alexandre II était étendu sur un divan, près de sa table de travail. Il était inconscient..., effrayant à voir... Un de ses yeux était clos, l'autre fixait le vide devant lui, sans rien exprimer...

À chaque instant, arrivaient des membres de la famille impériale. La pièce était emplie de monde. À peine entré, l'héritier se mit à pleurer et dit : "Voilà à quoi on en est arrivé !" Puis il étreignit les grands-ducs : son frère Vladimir Alexandrovitch et son oncle Michel Nikolaïevitch.

La princesse Iourievskaïa fit irruption, à demi vêtue... On disait qu'un garde trop zélé avait tenté de lui interdire le passage... Elle se laissa tomber sur le corps du tsar, couvrant ses mains de baisers en criant : "Sacha ! Sacha !" C'était insoutenable... Les grandes-duchesses éclatèrent en sanglots. Le médecin de la Garde S. Botkine examina le mourant... À la question de l'héritier : "Le souverain vivra-t-il encore longtemps ?", il répondit : "Cela peut durer un quart d'heure." »

À ce moment, on conduit, le long de l'escalier de marbre, un enfant en costume marin. C'est le nouvel héritier : Nicky. Il s'efforce de contourner les taches de sang, mais c'est difficile : il y en a tant ! C'est dans le sang que Nicky devient tsarévitch. C'est dans le sang qu'il cessera d'être tsar.

Le confesseur de Leurs Altesses, l'archiprêtre Bajenov... donna la communion au souverain et lut la prière des agonisants. L'agonie commença. Peu après, prenant le pouls du tsar, le médecin hocha la tête et laissa retomber le bras ensanglanté :

« L'empereur souverain a rendu l'âme. »

« La princesse Iourievskaïa, écrit encore le grand-duc Alexandre Mikhaïlovitch, poussa un cri et, comme fauchée, s'effondra sur le sol. Son peignoir rose à motifs blancs était imprégné de sang. »

À trois heures et demie, l'étendard d'Alexandre II est retiré du toit du palais.

Toute la famille Romanov est agenouillée autour de la dépouille du tsar. « À ma gauche, se souvient le grand-duc Alexandre Mikhaïlovitch, se tenait le nouvel empereur. En un clin d'œil, un étrange changement s'était opéré en lui. Ce n'était plus le tsarévitch Alexandre Alexandrovitch, qui aimait à amuser les petits amis de son fils Nicky en déroulant tout un jeu de cartes entre ses mains ou en faisant un nœud à une barre de fer. En l'espace de cinq minutes, il s'était transfiguré. Quelque chose d'incomparablement plus grand que la simple conscience des obligations d'un monarque illuminait sa silhouette massive. Un feu... s'était allumé dans son regard tranquille. »

En effet, c'est le fameux « regard du tsar », le regard pesant, impitoyable de Nicolas Ier. Avec quelle impatience, ils l'attendent tous ! Combien ils sont sûrs que le nouvel empereur saura rendre au pays la paix et une grande, une puissante autocratie !

« Il adressa un geste de la main à Marie Fiodorovna, et tous deux sortirent. La minuscule silhouette de l'épouse soulignait encore l'impressionnante constitution physique du nouvel empereur. »

Avec quel espoir les grands-ducs les observent alors par la fenêtre du cabinet de feu Alexandre II !... Cependant, le tsar Alexandre III se dirige, fendant la foule, vers son traîneau. Il marche à grandes enjambées et la tsarine a bien du mal à le suivre.

La foule crie « hourra ! », mais le nouveau tsar répond à peine, maussade, aux vivats. Il *est un tsar terrible* !

Aucun Romanov n'aura autant correspondu aux représentations populaires du tsar que ce géant à la barbe blond-roux et au regard menaçant.

Le traîneau impérial s'ébranle, entouré, cette fois, d'une *sotnia*[1] de cosaques du Don. Les lances cosaques brûlent d'une flamme rouge dans les rayons du soleil couchant de mars.

---

1. Escadron de cosaques.

On transporte la princesse Iourievskaïa sans connaissance, du cabinet de l'empereur défunt dans ses appartements.

Et quand tous sont partis, on amène au palais le célèbre peintre Konstantin Makovski, le préféré d'Alexandre II.

Dans le jour finissant, il se met à l'ouvrage. Il fixe le visage du souverain, constellé de petites plaies...

«À travers mes larmes, je fis son ultime portrait», dira le peintre.

«La main de Dieu»

La Cour s'attriste... et fouille discrètement dans ses souvenirs. On se remémore quantité de mauvais présages qui ont accompagné le règne d'Alexandre II : le globe tombant des mains de Gortchakov, lors du couronnement ; la couronne, tombant également de la tête de l'impératrice. On se rappelle que, quelque deux semaines avant sa mort, Alexandre avait commencé à trouver, chaque jour, sur l'appui de la fenêtre de sa chambre, des pigeons déchiquetés. Il était apparu que c'était l'œuvre d'un milan installé sur le toit du palais. On l'avait abattu : il était d'une taille si impressionnante qu'on l'avait mis, empaillé, au cabinet des curiosités.

On s'étonne de mystérieuses coïncidences, survenues au dernier jour de la vie du souverain. Après la revue au manège *Michel*, le tsar a pris le thé chez la grande-duchesse *Catherine* Mikhaïlovna[1], il a été tué près du canal *Catherine*, après s'être remarié avec *Ekaterina*[2] Mikhaïlovna.

Sa liaison avec elle remonte à 1866 et correspond au début des attentats. «La liaison illicite de l'empereur parut inaugurer une ère d'attentats contre sa personne, constate la dame d'honneur A. Tolstaïa. Il y a là un vaste champ pour des réflexions à caractère, certes, un peu mystique ; elles s'insinuent néanmoins, qu'on le veuille ou non, dans les esprits. »

---

1. Mikhaïl est l'équivalent de Michel.
2. Ekaterina = Catherine.

Le remariage du souverain avec la princesse Dolgoroukova avait eu lieu à *trois heures et demie* de l'après-midi. Il rendit son dernier soupir à *trois heures trente-trois*.

Pour la Cour, tout est clair : la mort du tsar est un châtiment pour ses péchés et ses réformes insensées. Et A. Tolstaïa de conclure : tout fut sauvé par «la main de Dieu qui trancha à temps le nœud gordien». Bref, exactement ce qu'annonçait, avec une étonnante précision, la sœur de l'amie de Pobedonostsev, la dame d'honneur Daria Tioutcheva...

ÉPILOGUE

« Le peuple montra une parfaite indifférence à l'assassinat du tsar, écrit, désespérée, Dmitrieva, membre de la "Volonté du Peuple". Il ne se passa rien de plus, ni barricades ni révolution. Une sourde mélancolie pour ce qui n'avait pas eu lieu s'insinua, sombre nuée, dans mon cœur. »

Après la mort d'Alexandre II, la police secrète redevient, en un clin d'œil, intelligente et puissante. L'histoire du « Grand CE » prend fin à une vitesse phénoménale. Sofia Perovskaïa et presque tous les membres du Comité sont arrêtés, les uns après les autres.

Cinq membres de la « Volonté du Peuple » sont condamnés à la potence. Durant l'instruction, l'un des futurs condamnés, Nikolaï Kibaltchitch aura le temps d'achever le travail qui lui tenait le plus à cœur, mais auquel il n'avait pu se consacrer pleinement en liberté, trop occupé par les explosifs et la chasse au tsar.

« Quand je me présentai devant Kibaltchitch, écrit son avocat, je fus surtout frappé par le fait qu'il travaillait à tout autre chose que son procès. Il était plongé dans des recherches sur je ne sais quel engin aérostatique. Il espérait avoir le temps de rédiger ses démonstrations mathématiques concernant cette invention. Il y parvint et présenta l'ouvrage aux autorités. »

Le « je ne sais quel engin aérostatique » est, en réalité, une extra-ordinaire invention : juste avant de mourir, Nikolaï Kibaltchitch met en effet au point un projet de machine volante à réaction.

Le chef du Département de la police note, toutefois, dans une résolution qu'il « serait sans doute inopportun de soumettre cela à l'examen des savants » ; cela « risquerait de susciter des propos déplacés ».

Le projet de Kibaltchitch, l'une des idées les plus audacieuses du siècle, restera longtemps inconnu du monde, dans la poussière des archives. Et l'illustre savant K. Tsiolkovski, auteur de la même invention, mais plus tard, sera stupéfié lorsqu'on lui montrera le projet du terroriste. Juste avant d'être pendu, Kibaltchitch a ouvert la voie de l'ère cosmique. Voilà quels talents la terreur a fait perdre.

Nikolaï Kibaltchitch, Alexandre Mikhaïlov, Sofia Perovskaïa, Timofeï Mikhaïlov et Nikolaï Ryssakov sont pendus. On assiste, au moment de l'exécution, à la même scène que pour les décembristes. Le bourreau Frolov « rate son coup ». La corde cède pour Mikhaïlov, et l'on est obligé de recommencer. La même histoire se reproduit, le condamné tombe de tout son long. Il faut s'y reprendre à trois fois ! Là encore, sentant que la corde va lâcher, Frolov, pour plus de sûreté, en passe une seconde au cou du condamné, celle de la potence voisine. Et, afin de parer à toute éventualité, il pèse de tout son poids sur les jambes du malheureux.

Les choses ne s'arrangent pas pour les autres. Mikhaïlov et Ryssakov connaîtront de pénibles instants. Le bourreau place mal la corde, trop près du menton des condamnés, ce qui ralentit la mort.

Barannikov, Kletotchnikov et les autres membres de la « Volonté du Peuple », condamnés à des peines de détention à perpétuité, à l'isolement, ne tarderont pas à mourir dans les geôles de la forteresse Pierre-et-Paul. Le régime imposé aux détenus de la forteresse change du tout au tout sous Alexandre III.

Netchaïev y meurt aussi, gonflé par l'hydropisie, en 1882, survivant de peu à Alexandre II.

Stepan Khaltourine ne reste guère en liberté. La même année 1882, il est pendu pour complicité dans l'assassinat du procureur des armées d'Odessa. Il est exécuté sous un autre nom, de sorte qu'on ignore que celui qui se balance au bout d'une corde est l'auteur de l'attentat du palais d'Hiver.

L'écrivain terroriste Stepniak-Kravtchinski n'échappe pas à une mort violente, même en Angleterre. La sienne est atroce : il tombe sous un train.

De toutes les grandes figures de la terreur, seules quelques-unes survivront. Ainsi, Vera Figner, condamnée au bagne à perpétuité (elle passera vingt ans à la forteresse Pierre-et-Paul) et Nikolaï Morozov qui fera vingt-trois ans de détention.

Leur châtiment sera d'une autre sorte : ils vivront jusqu'aux années quarante du XXe siècle et verront donc « l'arbre magnifique de la liberté », le « temps radieux » du triomphe de la révolution en Russie dont parlait l'assassin du tsar, Grinevitski, en allant à la mort. Ils verront, sous l'arbre merveilleux, tout le parti des socialistes révolutionnaires, héritiers chéris de la « Volonté du Peuple », périr dans les camps staliniens et les révolutionnaires illustres collés au mur. Ils verront, enfin, la paysannerie russe crever dans l'enfer de la collectivisation stalinienne.

Staline, toutefois, ne touchera pas à ce « charmant couple ». Tous deux tiendront simplement le rôle de pièces de musée.

Alexandra Korba vivra, elle aussi, jusqu'à l'approche des années quarante. Elle s'éteindra en 1939, à l'âge de quatre-vingt-dix ans, condamnée, là encore, par le sort à vivre les plaisirs de la guerre civile et de la terreur stalinienne.

Alexandre III (suite)

Une fois sur le trône, le nouvel empereur ne déçoit pas les espoirs du parti du palais Anitchkov. La première discussion sur le projet de réforme signé, le 1er mars, par son père, consacre le triomphe des rétrogrades.

Konstantin Pobedonostsev y prononce un discours fracassant : « Majesté, mon serment et ma conscience m'obligent à Vous dire tout ce que j'ai sur le cœur. Je ne suis pas seulement troublé, je suis désespéré. De même que, jadis, on déclarait, avant la chute de la

Pologne : *"Finis Poloniae"*, de même en venons-nous presque à admettre : *"Finis Russiae."* En considérant le projet soumis à Votre approbation, on a le cœur qui se serre : il sent tellement le "faux", que dis-je ? Il le respire !... On *veut, sinon instaurer tout de suite une Constitution* en Russie, du moins effectuer le premier pas sur la voie qui y mène [notre homme ne s'est pas trompé sur les intentions du défunt empereur ! E. R.]. Or, qu'est-ce qu'une Constitution ? La réponse à cette question nous est donnée par l'Europe occidentale. Les Constitutions qui y sont en vigueur sont l'arme de tous les mensonges, l'instrument de toutes les intrigues. »

Autrefois, Joukovski enseignait au petit Alexandre II : « La révolution est une funeste tentative de sauter directement de lundi à mercredi. Tenter de sauter de lundi à dimanche est tout aussi funeste. »

Alexandre III va pourtant faire un bond en arrière. Le souverain s'apprête, pour reprendre son expression, à « en finir avec les libéraux pouilleux ». Dans le même temps, le comte Loris-Melikov est mis d'office à la retraite. Le grand-duc Constantin Nikolaïevitch perd ses fonctions de président du Conseil d'Empire et d'autres postes qu'il occupait. Désormais, le grand libéral de la famille ne sera plus, jusqu'à sa mort, qu'une « personne privée ». La grande réforme d'Alexandre II, qui devait mener à l'instauration d'une Constitution, a vécu.

« Une Constitution ? s'écrie Alexandre III. Ils veulent que l'empereur de toutes les Russies prête serment à Dieu sait quels bestiaux ? »

À un nouveau tournant de l'histoire, la Russie, pour la énième fois, choisit la mauvaise voie.

Et « l'homme de glace » Konstantin Pobedonostsev commence, s'abritant derrière le large dos de l'empereur, à gouverner la Russie. À eux deux, ils vont geler le pays pour des dizaines d'années ; des années de plomb, durant lesquelles triomphe le parti nationaliste, avec tout ce qui en découle, depuis une censure sévère jusqu'à l'antisémitisme d'État. C'est l'apothéose de l'autocratie en majesté.

Lorsque Alexandre III est occupé à pêcher – son activité favorite – et qu'on lui demande de signer d'urgence des documents importants concernant les affaires européennes, il répond fièrement :

« Le tsar russe est à la pêche, l'Europe peut attendre. » Encore un aphorisme qui fera le tour du monde. L'Europe attendra, sans doute, mais pas l'histoire.

À la fin de son règne, Alexandre III pressent les résultats de ce retour aux « préceptes des ancêtres ». Quelque temps avant sa mort, il s'entretient avec l'un de ses hommes de confiance, le général aide de camp O. Richter. « Je sens, dit le tsar, que les choses, en Russie, ne vont pas comme il faudrait. » Et il demande l'avis de Richter.

« J'y ai beaucoup pensé, répond celui-ci, et je me représente le pays sous la forme d'un gigantesque chaudron en effervescence, autour duquel des gens s'agitent avec des marteaux. Dès qu'une fissure apparaît, ils la bouchent. Mais un jour, les gaz ouvriront une brèche telle qu'il sera impossible de la combler. Alors, nous serons asphyxiés ! »

Et le tsar, se souvient Richter, gémit, comme s'il avait mal.

Cette époque-là, le petit Nicky la verra. Il sera alors l'empereur Nicolas II. Il y périra, comme la plupart des membres de la famille qui avaient mis tant d'espoir en Alexandre III. Et le grand-duc Alexandre Mikhaïlovitch, en émigration, écrira fièrement : « De tous ceux d'entre nous qui se trouvaient réunis au chevet du souverain, moi seul ai survécu. »

La roue sanglante

Y avait-il une autre issue ? Peu avant sa mort, Dostoïevski, observant le cours des événements, notait : « Les plus solides ne sont pas ceux qui vont verser le sang, mais ceux dont on le fera couler. Telle est la loi du sang sur la Terre. » Pouvoir et terroristes ont largement versé le sang. Aucun d'eux, donc, n'était « solide ».

Déjà, le premier à avoir attenté à la vie du tsar, Karakozov, condamné à mort, écrivait une lettre à Alexandre II. Enfermé à la forteresse, il ne cessait de prier, ayant compris bien des choses. Dans sa lettre, il implorait le tsar de lui pardonner, « d'homme à homme, de chrétien à chrétien ». Il fut exécuté.

Après l'attentat manqué de Mlodetski contre Loris-Melikov, l'écrivain Garchine suppliait le comte de punir le criminel... par son pardon ! Il soulignait l'impact qu'aurait cette absolution, maintenant que Loris avait instauré la « dictature de la conscience » ! Mlodetski fut exécuté et Alexandre II, apprenant la nouvelle, notait : « Tout est en ordre. »

Puis on assassine Alexandre II, et le grand philosophe Vladimir Soloviev (Dostoïevski en était proche dans les dernières années de sa vie ; on affirme qu'il s'en était inspiré pour créer le personnage d'Aliocha Karamazov) déclare au cours d'une lecture publique : « En tant que représentant du peuple orthodoxe qui ne saurait accepter le châtiment suprême, le tsar doit gracier l'assassin de son père. » Et d'envoyer, à son tour, une lettre au nouveau souverain. La réaction d'Alexandre III est brève : « Un psychopathe ! »

Ryssakov, pourtant, n'a que dix-neuf ans, et les événements du canal sont pour lui une révélation. Il voit de ses propres yeux sa bombe tuer des innocents. Il voit la deuxième bombe, celle de Grinevitski, recouvrir la neige de restes humains sanglants. Il assiste à la mort atroce de son camarade, son ami, l'amusant « Chaton ». Et il en est transformé ! Désormais, ainsi qu'il l'écrit, il veut « tout faire contre la terreur ». Il s'adresse au tsar : « Implorant Votre mansuétude, je prends à témoin ce Dieu auquel j'ai toujours plus ou moins cru et en qui j'ai foi aujourd'hui... Je ne songe pas, ici, à la souffrance fugace qui accompagne l'exécution, je me suis fait à cette idée durant le mois de ma détention ; je crains seulement de devoir comparaître aussitôt devant Dieu et de subir son Terrible Jugement, sans avoir purifié mon âme par un long repentir. C'est pourquoi je supplie qu'on m'accorde, non la vie, mais un délai avant ma mort. »

L'exécution a lieu.

En 1905, Kaliaïev assassinera l'un des fils d'Alexandre II, le grand-duc Serge Alexandrovitch. Et la plus intelligente de la famille Romanov, sœur de la dernière tsarine de Russie, *l'épouse de la victime*, la grande-duchesse Élisabeth Fiodorovna, viendra trouver Nicolas II pour l'implorer de pardonner à Kaliaïev !

Celui-ci sera exécuté.

Cette «loi du sang» est, en Russie, une sorte de cercle vicieux que nul ne semble en mesure de rompre. Et la roue sanglante de l'histoire russe se rapproche de plus en plus vite de la révolution de 1917.

Je me dis bien souvent : «Et si...» (ce «et si» qui n'a pas sa place dans l'histoire, mais qui l'a dans le cœur des hommes). Si, une seule fois, on avait pardonné à un assassin repenti ? Si, une seule fois, on s'était inspiré de la parabole du Fils prodigue que Dostoïevski demandait à ses enfants, comme dernière volonté, de ne jamais oublier ?...

Qui sait ? Peut-être, alors, la triste histoire russe s'en fût-elle trouvée changée...

INDEX DES PERSONNAGES

A

Abaza, A. : 339

Adlerberg, Alexandre (comte) : 75, 76, 158, 222, 369, 372, 373, 397, 403, 433, 454, 455, 458, 494-496, 507

Adlerberg, Vladimir (comte) : 158, 232, 233, 235, 494

Aksakov, Ivan : 64, 143, 332, 333, 452

Alembert (d') : 28

Alexandra Alexandrovna (grande-duchesse, fille d'Alexandre II) : 126, 159

Alexandra Fiodorovna (épouse de Nicolas Ier) : 17, 71, 72, 80, 370

Alexandra Fiodorovna (épouse de Nicolas II) : 71

Alexandra Iossifovna (épouse du grand-duc Constantin Nikolaïevitch) : 157

Alexandre Ier : 17, 33, 35-44, 48, 50, 57, 62, 83, 84, 93, 102, 107, 109, 130, 142, 143, 146, 153, 229, 232, 240, 302, 318, 319, 364, 369, 375, 387

Alexandre III (Sacha ; Alexandre Alexandrovitch ; l'héritier ; le tsarévitch) : 134, 171, 201-206, 209, 217, 243, 245, 283, 288, 317, 318, 320, 329, 330, 357, 363, 365, 366, 371, 372, 387, 398, 402, 411-414, 424-429, 431-434, 439, 442-444, 454, 456, 457, 459, 463-465, 467, 469-472, 483, 494, 495, 505, 507, 515-518, 522-526

Alexandre Alexandrovitch (fils d'Alexandre II) : *voir* Alexandre III

Alexandre Alexandrovitch (fils d'Alexandre III) : 207

Alexandre Mikhaïlovitch, grand-duc (neveu d'Alexandre II, fils du grand-duc Michel Nikolaïevitch) : 24, 320, 399, 405, 416, 422, 467, 472, 506, 516, 518, 525

Alexandrov, Piotr : 313, 339, 340

Alexis Alexandrovitch (fils d'Alexandre II) : 134

Alexis Petrovitch (fils de Pierre le Grand) : 119

Androssov : 303

Androssova, Natalia : 302, 303

Anna Ioannovna : 157

Anna Leopoldovna : 20

Annenkov, Pavel : 142

Apraxine, A. (comte) : 176

Augustin (saint) : 159

B

Bajenov : 285, 517

Bakhmetiev : 271

Bakounine, Mikhaïl : 254-256, 258, 266-271, 273-275, 278, 279, 307

Barannikov, Alexandre : 338, 345-347, 354, 355, 378, 383, 392, 423, 477-479, 482, 485-489, 491, 492, 500, 514, 522

Baranov, Édouard : 455

Baranov, Pavel : 75

Baranova, Ioulia : 131
Barantsov, A. (comte) : 339, 341
Bariatinski, A. (prince) : 149, 150
Bartenev : 154
Batychkov : *voir* Khaltourine
Baudelaire : 284
Beauharnais, Joséphine (de) : 215
Beethoven : 104
Beketov : 224, 225
Benkendorf, Alexandre Khristoforovitch
    (comte) : 39, 62-67, 101, 103, 110, 123,
    144, 145
Bennigsen : 34, 35
Berdiaev : 306
Berezowski, Anton : 243, 244, 447
Bibikov : 33
Bielinski, Vissarion : 124
Bilbassov, Vassili : 361, 495
Biron, Ernst : 157
Bismarck : 59, 84, 229-231, 242, 281, 286,
    331, 332
Blanqui : 263
Bobrinski, Alexis (comte) : 84, 445
Bogdanovitch, Alexandra : 348, 349, 359,
    361, 364, 416, 430, 455, 481, 495
Bogdanovitch, Semion (Evdokim
    Kobozev) (membre de la « Volonté
    du Peuple ») : 482, 485, 493, 507
Bogolioubov (Emelianov) : 315, 334, 335,
    337, 338, 340
Bonaparte : *voir* Napoléon Ier
Botkine, S. : 155, 203, 208, 283, 403, 450,
    506, 517
Boukharine, Nikolaï : 278
Boulgakov (chevalier-garde) : 103
Boutachevitch-Petrachevski, Mikhaïl :
    122, 123, 125, 127, 183, 223, 273, 489
Brunswick : 20, 23
Brutus : 107

C

Cagliostro : 292
Camus, Albert : 270
Casanova : 292
Catherine Ire : 18, 19, 20, 471
Catherine II : 22-31, 33, 34, 36, 37, 59,
    64, 77, 83, 84, 102, 104, 120, 143, 152,
    154, 160, 173, 176, 225, 232, 245, 295,
    317, 318, 361, 386, 425, 426

Catherine Alexandrovna (fille
    d'Alexandre II et d'Ekaterina
    Dolgoroukova) : 456
Catherine Mikhaïlovna (fille de la grande-
    duchesse Hélène Pavlovna) : 469, 509,
    519
César, Jules : 11, 93
Chamil : 117, 118, 148-151, 326
Charles Ier d'Angleterre : 230
Charles XII de Suède : 234
Chebeko, Vera : 237, 238, 240, 241, 285,
    459
Chechkovski : 64, 65, 125
Cheremetiev (comte) : 18
Cheremetiev, Sergueï (comte) : 206, 208,
    371
Chiriaïev, Stepan : 377, 378, 383, 388,
    392, 395, 408
Chopin, Frédéric : 255
Chouvalov (frères) : 75
Chouvalov, Piotr (comte) (Pierre IV) :
    181, 224-226, 232-234, 241, 245, 282-
    285, 289, 298-301, 307, 360, 387, 494
Cicéron : 277, 333
Constantin Konstantinovitch (Ésope)
    (grand-duc, fils de Constantin
    Nikolaïevitch, neveu d'Alexandre II) :
    441
Constantin Nikolaïevitch (grand-duc,
    frère d'Alexandre II) : 7, 10, 38, 100-
    102, 105, 116, 133, 137, 138, 140, 148,
    155-158, 164-166, 168-172, 175-177,
    179-181, 184, 188, 189, 192, 201, 209,
    219, 220, 225, 226, 229, 284, 285,
    289, 291, 292, 295, 297-299, 301, 320,
    401, 402, 416, 427, 430-432, 449, 459,
    462, 470, 524
Constantin Pavlovitch (grand-duc, oncle
    d'Alexandre II) : 36-38, 40, 45, 46, 48,
    50, 53, 54, 102, 317
Copernic : 277
Corneille, Pierre : 212
Custine (marquis de) : 81, 106, 110-114,
    130, 234

D

Dagmar (princesse) : *voir* Marie
    Fiodorovna, épouse d'Alexandre III
Danton : 212
Davydov, Denis : 153

Dazziaro : 420, 488
Deitch, Lev : 491
Delsalle : 369, 406, 413
Demut, Helen : 258
Despot-Zenovitch, A. : 342
Disraeli : 317, 332
Djougachvili : *voir* Staline
Dmitri (*dit* Donskoï) (prince) : 140
Dmitriev-Mamonov, A. : 495
Dmitrieva : 521
Dobrolioubov, Nikolaï : 81, 185
Dolgoroukov (prince, chef de la
  Troisième Section) : 181, 192, 216, 220
Dolgoroukov, Mikhaïl (prince) : 235
Dolgoroukov, Vassili (prince) : 156, 157,
  169
Dolgoroukova, Alexandra Sergueïevna
  (princesse) : 158, 209, 210, 236
Dolgoroukova, Ekaterina (Katia,
  Katienka) (princesse Iourievskaïa) :
  235-241, 283-285, 289, 291, 369, 372,
  373, 405, 427, 448, 449, 454-457, 459,
  461, 463-473, 494-497, 505, 517-520
Dolgoroukova, Maria : 241
Dolgoroukova, Vera (princesse) : 235,
  237, 240
Dostoïevskaïa, Anna Grigorievna : 260,
  261, 273, 473-476
Dostoïevski, Fiodor Fiodorovitch (Fedia)
  (fils de l'écrivain et d'Anna
  Grigorievna) : 475
Dostoïevski, Fiodor Mikhaïlovitch : 123-
  127, 152, 183, 186, 197, 199, 212, 213,
  219, 249, 260-262, 273, 276-278, 316,
  319, 328, 339, 340, 342, 354, 365, 418-
  423, 430, 440, 441, 451-454, 473-477,
  479, 481, 483, 486-488, 525-527
Dragomirov : 324
Drenteln : 348, 349, 351, 361, 366, 368,
  400, 430
Dreyer (von), Nadejda : 301
Dürer, Albrecht : 94
Dvorjitski, Adrian : 496, 504, 505, 507,
  510-514

E

Édimbourg (duchesse d') : *voir* Marie
  Alexandrovna
Élisabeth Ire Petrovna : 19-23, 30, 55, 57,
  83, 224, 225, 272, 318, 471

Élisabeth Fiodorovna (grande-duchesse,
  belle-sœur de Nicolas II) : 526
Emelianov, A. : *voir* Bogolioubov
Emelianov, Ivan : 500, 503, 514
Engels, Friedrich : 254, 257, 258
Ésope : *voir* Constantin Konstantinovitch
Eugénie (impératrice) : 243, 244
Evtouchenko, Evgueni : 303

F

Fadeïev, P. : 428
Fedia : *voir* Dostoïevski, Fiodor
  Fiodorovitch
Figner, Vera : 311, 312, 315, 345, 379,
  381, 384, 389, 394, 407, 409, 421, 422,
  483, 484, 489, 497, 501-504, 523
Filippov, T. : 471
Filipson, G. : 177, 178
Fiodor Kouzmitch : 41, 42
Fiodorov (général-gouverneur) : 504, 505
Fiodorov, M. : 343
Fitsum von Ecksted, A. : 177
Fourier, Charles : 122, 213
François-Joseph : 121
Frédéric II le Grand : 22, 23, 25, 28
Frédéric-Guillaume (de Prusse) : 93
Freedericksz, Cecilia : 91, 365
Freedericksz, Maria : 79, 82, 148, 365
Fridenson : 485, 491
Frolenko, Mikhaïl : 338, 377-380, 383,
  389, 507-509
Frolov : 364, 522

G

Galitch, Alexandre : 303
Garchine, Vsevolod : 441, 526
Garibaldi, Giuseppe : 114, 260
Gautier, Théophile : 146
Georges Alexandrovitch
  (fils d'Alexandre III) : 207
Georges Alexandrovitch (Goga)
  (fils d'Alexandre II et d'Ekaterina
  Dolgoroukova) : 283, 456, 468, 469
Georges de Grèce : 207
Giers, N. : 501
Glinka, Mikhaïl : 218
Gluck, Wilhelm F. : 18, 471
Godounov, Boris : 87
Goga : *voir* Georges Alexandrovitch
Gogol, Nicolas : 121, 152, 198, 426

531

Goldenberg, Grigori : 355, 356, 377, 382, 383, 394, 395, 400, 479
Golovnine, Alexandre : 180, 220
Gorbatchev, Mikhaïl : 139, 152, 156
Gortchakov, Alexandre (prince) : 144, 145, 159, 169, 191, 232, 281, 286, 316, 328, 329, 331, 332, 339, 402, 501, 519
Gortchakov, Mikhaïl : 161
Gourko : 321, 322, 325, 367, 430, 495
Gradovski, G. : 342
Grancy (baron de) : 94
Granovski (Pr) : 122
Gretch, N. : 35
Grévy, Jules : 403
Griboïedov, Alexandre : 107, 174, 177
Grigoriev : 127
Grigorovitch, D. : 124
Grinevitski, Ignati : 481, 500, 502, 503, 509, 512, 513, 523, 526
Grimm, Friedrich M. (baron von) : 225
Guédimine : 56
Guillaume (oncle Willy) (roi de Prusse, empereur d'Allemagne) : 168, 191, 203, 229-231, 242, 281, 285-287
Guillaume III de Prusse : 17

H

Hartman (Dr) : 204
Hartman, Lev (Soukhoroukov) : 392, 396, 402, 403, 447
Hassan (prince) : 327
Heine, Heinrich : 256
Hélène Pavlovna (grande-duchesse) : 102, 104, 105, 129, 154-158, 166, 188, 192, 205, 289, 354, 469, 509
Hendrikova (comtesse) : 285
Henri de Hollande (prince) : 95
Herberstein, Sigismond (de) : 112
Herzen, Alexandre : 63, 67, 69, 108, 113-115, 120, 154, 155, 173, 191, 211, 250, 251, 262, 266, 267, 271, 278, 307
Hesse, Alexandre (de) : 411, 412, 414
Heyden (comte) : 432, 459
Heyking (baron) : 344
Hohenzollern (famille) : 286
Hugo, Victor : 114, 285, 402
Hume, David : 158

I

Iablotchkov : 377
Iakimova : 482, 507, 508

Iakoubovitch, P. : 509
Ichoutine, N. : 212-214, 218, 223, 224, 263
Ignatiev, P. : 172, 178
Iourievskaïa (princesse) : *voir* Dolgoroukova, Ekaterina
Ipatiev : 89
Ivan : *voir* Johann Antonovitch
Ivan IV le Terrible : 11, 113, 152, 161, 163
Ivanov, Ivan Ivanovitch : 272-274, 484

J

Jarkov, Alexandre : 411, 479, 480
Jeliabov, Andreï : 7, 376, 380, 383-385, 390, 391, 395, 410-412, 460, 477, 485, 492, 500, 501, 504
Jeliakhovski, V. : 314, 337
Jewel : 299
Johann Antonovitch (Ivan VI) : 20
Joséphine : *voir* Beauharnais
Joukovski, Vassili Andreïevitch : 17, 72-74, 76-79, 86-93, 96, 114, 168, 198, 494, 524

K

Kaliaïev : 526
Karabtchevski, N. : 313
Karakozov, Dmitri : 214, 217, 218, 223, 224, 354, 355, 358, 525
Karamzine, Nikolaï : 52, 102, 123, 235, 305
Karol Ier de Roumanie : 322
Katia, Katienka : *voir* Dolgoroukova (Ekaterina)
Katkov, M. : 350, 429
Kaveline, K. : 139, 419
Kerenski, Alexandre : 89, 195
Kessel, K. : 339
Khaltourine, Stepan (Batchykov) : 404-412, 417, 522
Kibaltchitch, Nikolaï : 377, 388, 389, 393, 408, 410, 411, 460, 491, 500, 502, 503, 521, 522
Kichiev, Kunta-Hadji : 148
Kireïev, A. : 365, 417
Kletotchnikov, Nikolaï : 477-479, 492, 522
Klioutchevski, Vassili : 147, 308, 429, 430
Kobozev, Evdokim : *voir* Bogdanovitch (membre de la « Volonté du Peuple »)
Koch, K. : 359, 360, 497, 507, 510, 511
Kochelev : 190

Kolenkina, Maria : 337

Kolia : *voir* Lichtenberg (Nicolas)

Kolodkievitch, Nikolaï : 377, 383, 486, 489, 491, 492, 500

Komissarov, Ossip : 216-219, 358

Koni, Anatoli : 336, 338, 339, 341, 342, 476

Korba, Alexandra : 319, 477, 487, 490-492, 502, 523

Kossuth, Lajos : 114

Kotliarevski : 343

Kourakine (prince) : 105

Kouzmine, P. A. : 125

Kouzmitch, Fiodor : 41, 42

Kouznetsov : 272

Kouznetsova : 291

Kovalski, Ivan : 344, 347

Kozlinina, E. : 214

Kozlov : 343

Kravtchinski, Sergueï (Stepniak) : 307, 308, 314, 315, 344, 346-349, 354, 362, 388, 391, 392, 401, 403, 404, 480, 514, 523

Kropotkine, Piotr (prince) : 173

Kropotkine (général-gouverneur) : 344, 355

Kviatkovski, Alexandre : 356, 358, 376, 379, 381, 383, 407-409, 411, 460, 480, 481, 490, 495

L

Landrin : 12, 510

Lanskoï : 156, 174

Laurent le Magnifique : 85

Lavrov, Piotr : 274, 278, 403

Lear, Fanny : 292-294, 297-300

Lénine, Vladimir Ilitch : 89, 106, 186, 263, 267, 274, 383, 385

Léon XIII : 285

Lermontov, Mikhaïl : 199

Letkova-Soultanova, E. : 487

Lichtenberg (duc de) : 215

Lichtenberg, Eugène (de) : 320

Lichtenberg, Marie (de) : *voir* Marie Nikolaïevna

Lichtenberg, Marie (de) (Macha) (nièce d'Alexandre II) : 214, 215, 217, 225

Lichtenberg, Nicolas (duc de) (Kolia) (neveu d'Alexandre II) : 100, 202, 214, 215, 217, 320, 469

Liebknecht, Karl : 258

Ligne (prince de) : 145

Liszt, Franz : 104

Litvinov, N. : 204

Londy : 449

Loris-Melikov, Mikhaïl (comte) : 326, 367, 433-435, 439-447, 451, 456-459, 461-466, 469, 470, 472, 485, 489-491, 493, 494, 501, 505, 507, 524, 526

Louis XV : 240

Louis XVI : 230, 294, 470

Louise (reine de Prusse) : 93

Ludwig de Hesse-Darmstadt (duc) : 94

M

Mabel : 293

Machiavel : 263

Maïkov : 219, 277

Maistre, Joseph (de) : 153

Makouchina : 450

Makov : 359, 360

Makovski, Konstantin : 519

Mandt (Dr) : 130-132

Marat, Jean-Paul : 267

Marie Alexandrovna (Macha) (épouse d'Alexandre II) : 94, 97, 99, 100, 131, 137, 157, 208, 232, 287, 288, 293, 318, 360, 366, 369-372, 397, 403, 415, 424, 449, 450, 461, 465-467, 473, 519

Marie Alexandrovna (duchesse d'Édimbourg) (fille d'Alexandre II) : 134, 317

Marie Fiodorovna (épouse de Paul Ier) : 36, 72

Marie Fiodorovna (princesse Dagmar) (épouse d'Alexandre III) : 202-208, 288, 426, 427, 454, 457, 458, 463, 467, 471, 516, 518

Marie Nikolaïevna (Macha) (princesse de Lichtenberg, grande-duchesse, sœur d'Alexandre II) : 76, 170, 171, 202, 214, 215, 225, 291, 427

Markevitch : 475

Markus, F. : 514

Marmont (maréchal Auguste de) : 78

Martha : *voir* Catherine Ire

Marx, Karl : 181, 252-259, 266, 267, 274, 279

Masson : 92

533

Maximilienne Wilhelmine Augusta
Sophie de Hesse-Darmstadt :
voir Marie Alexandrovna (Macha)
(épouse d'Alexandre II)
Mechtcherskaïa (princesse) : 205
Mechtcherski (prince) : 333, 429
Megden (comtesse) : 480
Melgounov, N. : 139
Menchikov (prince) : 18
Metternich (prince de) : 93
Mezentsev, N. (général) : 315, 344-349,
351, 352, 378, 388, 423, 478, 480, 514
Michel Alexandrovitch
(fils d'Alexandre III) : 207
Michel Nikolaïevitch (oncle Micha)
(grand-duc, frère d'Alexandre II) :
202, 241, 320, 322, 326, 361, 467, 506,
507, 509, 510, 513, 515-517
Michel Pavlovitch (grand-duc) : 36, 51,
53, 63, 86, 101-104, 125, 126, 168, 509
Mikhaïlov, Alexandre : 354-358, 360,
379, 381, 383, 388, 392, 404, 460, 477-
479, 481, 490, 492, 500, 502, 522
Mikhaïlov, Timofeï : 500, 503, 509, 522
Mikhaïlovski, Nikolaï : 276
Milioutine, Dmitri (comte) : 157, 169,
174, 179, 183, 226, 231, 264, 289, 299,
317, 325, 339, 367, 369, 372, 373, 396-
398, 415, 425, 430, 450, 494, 501, 508
Milioutine, Nikolaï : 157, 165, 169, 174,
282
Mill, John Stuart : 186
Miloradovitch (comte) : 44, 46, 51
Mirabeau : 153, 212
Mirski, Léon : 349, 350, 478
Mlodetski, Hippolyte : 440-442, 480, 526
Moerder, Karl : 50, 55, 76-78
Moltke, Helmuth (von) : 285
Monomaque : *voir* Vladimir Monomaque
Morny, Charles (de) : 146
Morozov, Nikolaï : 310, 315, 338, 349,
350, 378, 379, 383, 384, 392, 393, 395,
422, 523
Mouraviev, Mikhaïl : 175, 189-192, 220-
224, 245, 329, 431
Mouraviev-Apostol : 58
Mrovinski : 493
Munich (feld-maréchal) : 27
Mychkine, Hyppolite : 313, 387, 388

N

Nadejdine : 68
Naguibine, Iouri : 302
Napoléon Ier : 33, 35, 37-41, 44, 51, 53,
56-59, 72, 78, 80, 93, 107, 109, 110,
128, 143, 144, 146, 151, 154, 190, 196,
212, 215, 229, 232, 319, 328
Napoléon III : 128, 142, 143, 146, 203,
232, 242-244, 250, 281, 344
Narychkina (comtesse) : 84
Neidhart (général-major) : 48
Nekrassov, Nikolaï : 124, 176, 185, 197,
199, 211, 222, 223, 305
Nelidova, Varienka : 81, 82, 84, 131, 132,
370
Nesselrode, Karl : 110, 144
Netchaïev, Sergueï : 214, 261-278, 313,
314, 337, 383-385, 483, 484, 522
Nicks : *voir* Nicolas Alexandrovitch
Nicky : *voir* Nicolas II
Nicolas Ier (Nicolas Pavlovitch) : 17, 30,
31, 36, 38, 40, 44-54, 56-59, 61, 63, 66-
69, 71-75, 77-80, 82, 83, 85-87, 89-92,
94, 96-103, 105-107, 109-111, 113-117,
119-121, 128-134, 138-140, 142-145,
147, 148, 151, 153, 155, 156, 158, 159,
164-167, 175-178, 181, 184, 186, 195,
196, 198, 211, 214, 221, 227, 240, 255,
302, 303, 305, 334, 335, 364, 365,
370, 399, 406, 430, 444, 494, 518
Nicolas II (Nicky) (Nicolas
Alexandrovitch) : 9, 11, 36, 42, 71, 113,
153, 207, 292, 516-518, 525, 526
Nicolas Alexandrovitch (Nicks ; l'héritier)
(grand-duc, fils d'Alexandre II) :
100, 134, 170, 171, 201-206, 208,
215, 292, 293, 425, 427
Nicolas Konstantinovitch (grand-duc,
fils de Constantin Nikolaïevitch,
neveu d'Alexandre II) : 100, 170, 289,
292-295, 297-303
Nicolas Mikhaïlovitch (grand-duc) : 42
Nicolas Nikolaïevitch (grand-duc, frère
d'Alexandre II) : 291, 320, 322-326, 328
Nicolas Pavlovitch : *voir* Nicolas Ier
Nikitenko, A. : 66, 173, 282, 329
Nikolski, Xénophon : 455
Nikonov : 344
Nobel, Alfred : 382

O

Obrénovitch, Milan (prince) : 316, 331
Ochanina, Maria : 346, 378, 383
Ogarev, Nikolaï : 115
Oguinski (comte) : 86
Oldenbourg (prince d') : 469
Olga Alexandrovna (fille d'Alexandre II
  et d'Ekaterina Dolgoroukova) : 456
Olga Alexandrovna (sœur de Nicolas II,
  fille d'Alexandre III) : 36
Olga Nikolaïevna (sœur d'Alexandre II,
  reine du Wurtemberg) : 284
Orlov (prince ; ambassadeur) : 403
Orlov, Alexis : 26, 28, 31, 32, 142
Orlov, Grigori : 25, 83
Osman Pacha : 322, 323, 326
Ostrovski, Alexandre : 121
Ouchinski : 239
Oulianov, Vladimir Ilitch : *voir* Lénine
Ouspenski, Gleb : 421
Ouvarov, Sergueï : 66, 68
Owen, Robert : 114

P

Pachkov, Vassili (prince) : 445
Pahlen (comte) : 34, 282, 335, 338,
  339
Palmerston (lord) : 96
Panine, Nikita : 166
Panine, Piotr : 79
Panov : 49
Paskevitch (feld-maréchal) : 110, 121
Patkoul, Alexandre (Sacha) : 74, 82, 172,
  178, 184
Patkoul, Maria : 82, 103, 172, 202
Paul (saint) : 159
Paul Ier : 11, 29-37, 41, 47, 55, 61, 72, 77,
  83, 84, 104, 105, 123, 236, 294, 318,
  369, 499
Périclès : 107
Perovskaïa, Sofia (Sonia) : 221, 384-388,
  392, 393, 395, 396, 477, 481, 482, 501-
  505, 508, 509, 521, 522
Perovski, Lev : 221, 387
Perovski (oncle de S. Perovskaïa) : 505
Pestel (colonel) : 39
Petrachevski : *voir* Boutachevitch-
  Petrachevski, Mikhaïl
Petrov, Anton · 175, 176

Pierre Ier le Grand : 18-20, 26, 48, 52, 77,
  83, 119, 121, 152, 161, 234, 380, 456, 471
Pierre III (Pierre Fiodorovitch) : 22, 24-27,
  29-33, 35, 41, 61, 77, 83, 105, 294, 426
Pierre Fiodorovitch : *voir* Pierre III
Pirogov (Dr) : 129
Plekhanov, Gueorgui : 312, 357, 358, 403
Pobedonostsev, Konstantin : 329, 330,
  418, 424-429, 431, 434, 439, 443-445,
  447, 448, 453, 459, 465, 466, 472, 473,
  506, 520, 523, 524
Pogodine, M. : 139
Popov : 357, 358, 376
Possochkov : 433
Potapov, Alexandre : 262, 307, 313, 315
Potemkine, Grigori (prince) : 77, 295
Pouchkine, Alexandre : 40, 64, 65, 85,
  88, 107, 122, 123, 144, 153, 191, 197-
  199, 451-454, 474
Pougatchev, Emelian : 176, 256, 318
Poutiatine (comte) : 177, 178, 180
Presniakov, A. : 390, 393, 411, 479-481,
  490
Proudhon, Pierre Joseph : 114, 122

R

Radetski (général) : 324
Radstock : 445
Raspoutine, Grigori : 9, 197, 262, 457,
  458, 468
Rastrelli : 24
Razine, Stepan : 256, 424
Razoumovski (neveu du suivant) : 272
Razoumovski, Alexis (Rozoum) : 20, 386
Razoumovski, Alexis (fils du précédent) :
  387
Razoumovski, Kirill : 386
Richter, O. : 525
Robespierre, Maximilien : 40, 212, 354
Romanov, Michel : 88, 217
Rostoptchina (comtesse) : 59
Rostovtsev (comte) : 46, 156, 164-166
Rousseau, Jean-Jacques : 29, 153
Rozoum : *voir* Razoumovski
Rubinstein, Anton : 104
Rurik : 56
Ryleïev, Alexandre : 455, 464
Ryssakov, Nikolaï : 447, 481, 500, 503,
  504, 509-512, 522, 526

S

Sabloukov : 37
Sabourov, Andreï A. : 447
Sacha : *voir* Alexandre Alexandrovitch
Sade (marquis de) : 209
Saltykov-Chtchedrine, Mikhaïl : 121, 221, 420
Savonarole : 451
Schiller, Friedrich (von) : 72, 77, 80
Seliverstov, N. : 350
Sénèque : 74
Senkovski, Ossip : 64
Serge Alexandrovitch (grand-duc, fils d'Alexandre II) : 526
Serge de Radonège (saint) : 140
Sergueïev, Frol : 507, 511
Serno-Solovievitch, Alexandre : 211, 277
Serpokryl : 410
Seward, William H. : 229
Shakespeare, William : 249, 277
Sidoratski, Grigori : 342
Skariatine : 34, 35, 84
Skobelev (général) : 323, 327
Soloviev, Alexandre : 354-357, 360, 362-364, 367, 376, 495
Soloviev, Vladimir : 526
Solski, D. (comte) : 339
Sophie Frédérique Augusta :
   voir Catherine II
Soukhoroukov : *voir* Hartman, Lev
Souleïman Pacha : 322-324
Soumarokov (général) : 126
Soussanine, Ivan : 216, 218, 219
Souvorine, Alexis : 418-423, 429, 440, 488, 506
Souvorov, A. (prince) : 156, 192, 220, 339
Spasski-Odinets : 495, 496
Spassovitch, V. : 313
Spechniev, Nikolaï : 125, 273
Speranski (comte) : 57, 75
Stackenschneider, Elena : 481
Staël, Germaine (de) : 35
Staline, Joseph : 9, 11, 69, 267, 523
Stepniak : *voir* Kravtchinski
Stroganov, Grigori (comte) : 215, 291, 427
Stroganov, Serguei (comte) : 202
Stuart, Marie : 157
Svedentsov, I. : 401

T

Tamerlan : 296
Tchaadaïev, Piotr : 107-109, 111, 138, 223
Tchaïkovski, Piotr : 104
Tchekhov, Anton : 420
Tcherniaïev, Mikhaïl : 296, 297, 318, 319
Tchernov, V. : 346
Tchernychevski, Nikolaï : 153, 185-187, 198, 211, 254, 263, 274, 278, 314, 447
Tchrevine, P. : 426, 427, 434, 443, 456, 494
Thiesenhausen, Ekaterina : 131
Tchitcherine, Boris : 205
Teterka : 460
Tikhomirov, Lev (« l'Ancêtre ») : 378, 379, 382-384, 404, 412, 417
Tikhomirov, M. : 308, 315
Tioutchev, Fiodor : 64, 139, 163, 208, 472
Tioutcheva, Anna : 69, 80, 82, 83, 98, 130, 132, 133, 137, 139, 140, 143, 147, 148, 158-160, 162, 163, 209, 215, 239, 332, 424
Tioutcheva, Daria : 472, 494, 520
Tioutcheva, Ekaterina : 424, 447, 465, 466, 473
Tkatchev : 263, 264
Tolstaïa, Alexandra : 84, 232, 325, 413, 448-450, 471, 473, 519, 520
Tolstoï, Dmitri : 220, 264, 445, 446
Tolstoï, Léon (comte) : 84, 119, 120, 138, 141, 186, 251, 318, 355, 407
Tolstoï, Piotr : 119
Totleben (comte) : 325, 367, 389
Tourgueniev, Alexandre : 114
Tourgueniev, Ivan : 121
Trepov, Fiodor : 298, 299, 334-338, 343, 352
Trigoni : 492, 500, 501, 504
Tsiolkovski, K. : 522

U

Ungern-Sternberg (baron) : 389

V

Valouïev, Piotr A. : 174, 175, 184, 188, 192, 216, 285, 326, 367, 368, 430, 432, 433, 462

Vassili III : 112
Vassiltchikov (général) : 53
Vernovski : 298, 299
Victoria (reine) : 95-97, 289, 317, 328
Viliegorski, Iossif : 74
Vladimir Alexandrovitch (grand-duc, fils d'Alexandre II) : 134, 205, 243, 320, 411-414, 505, 517
Vladimir Monomaque : 88, 131
Voguë, Eugène-Melchior (marquis de) : 417
Volkonski (prince) : 41
Voltaire : 28, 64, 153, 177, 212, 225, 250
Vorontsov-Dachkov, I. : 428
Vorontsova : 83
Voznessenski, Andreï : 303
Vyroubova, Anna : 84

W

Washington, George : 227
Weitling, Wilhelm : 251, 252
Willy (oncle) : *voir* Guillaume
Witte, Serguei I. (comte) : 426, 427
Wurtemberg, prince de : 46, 158
Wurtemberg, princesse de : *voir* Marie Fiodorovna, épouse de Paul Ier
Wurtemberg, princesse de : *voir* Hélène Pavlovna
Wurtemberg, roi de : 146

Z

Zaïtchnevski, Piotr : 180-182, 212
Zassoulitch, Vera : 265, 336-339, 341-343, 419, 447, 476, 477
Zotov, Vladimir : 422
Zoubov, Nikolaï (comte) : 34
Zoubov, Platon (prince) : 34, 37, 83

TABLE

Avant-propos – Souvenir du futur 9

Introduction – « César, garde-toi des ides de mars » 11

Première partie : Grand-duc

Chapitre 1 : Généalogie du héros 17
« L'implacable destin » 17
Quand la Garde marche sur le palais. La cuisinière
    impératrice 18
La Garde marche sur le palais une deuxième fois.
    La nymphe impératrice 20
Une découverte de l'arrière-grand-mère de notre héros 21
La Garde marche sur le palais une troisième fois...
    dans le style galant 24
Une dynastie qui reste un mystère pour elle-même 29
Fait et cause pour la victime 31
La Garde marche sur le palais pour la quatrième fois 32
Un spectre familial 36
Ce trône dont personne ne veut 36
Encore un secret de la dynastie ? 41

Chapitre 2 : Héritier du trône 43

La grande révolte des eaux 43

On se repasse la couronne comme un ballon 44

Le spectre du père de Hamlet 46

La Garde marche sur le palais pour la dernière fois 47

L'aube d'un nouveau règne 55

Une découverte du nouveau souverain 56

Chapitre 3 : L'empire du père 61

Création d'une police secrète 61

L'ami du souverain 64

Le précurseur des bolcheviques 67

Chapitre 4 : L'éducation de César 71

Nicolas et Alexandra 71

Un précepteur romantique 72

Début de « l'itinéraire » 73

Tout... se faisait de façon si discrète, si convenable... 80

Légendes de Tsarskoïe Selo 85

Rendez-vous avec le passé et l'avenir 86

Leurs Majestés sinistrées 89

Une fiancée l'attend en Allemagne 92

Le tsarévitch et la tsarévna 97

Des libéraux dans la famille Romanov.

« Ésope » 101

La savante de la famille 102

Le soudard plein d'esprit 103

« Je n'ai pas besoin de petits malins,

mais de fidèles sujets » 105

Les mauvais Juifs 106

Malheur à l'esprit ! 107

« Ce gredin de marquis » 109

« J'en appelle aux vivants » 114

La guerre de Babel 116

Le gendarme de l'Europe 120

Rencontre sur l'échafaud 123

La faillite de l'empire 128
Révélation 130
« Tiens tout ! Tiens tout comme cela ! » 131

Deuxième partie : Empereur

Chapitre 5 : La grande époque 137
Le dégel 137
La paix honteuse 140
Un dignitaire européen 144
Contre qui serons-nous amis ? 146
Affaires islamiques : la fin d'un grand Caucasien 148
Le temps de demain 151
Janus aux deux visages 152
Le tsar libérateur 152
Nos bureaucrates libéraux 156
Apparition de l'empereur défunt 157
D'inquiétants présages 160
« Je l'ordonne parce que je le veux ! » 164
« En ce jour... une ère nouvelle commence... » 167
Fin de la lune de miel 173
Une fois encore : du « malheur d'avoir trop d'esprit » 174
Survient alors une chose inouïe 176
Naissance des démons 180
« Voulu » par qui ? 184
Le parti rétrograde 184
L'ange déchu 186
Brusque revirement 188
Un « preux russe » 188
« Syphilis patriotique » 190
Le millénaire de la Russie 193
Janus doit regarder vers l'avenir 194
« Dès que la Parole divine... » 197
L'oblomovisme au palais 197

Chapitre 6 : Les années terribles 201

La fin de « l'espoir de la Russie » 201

Course à la fiancée 205

Le martyrologe 207

Il a, à présent, une maîtresse en titre... 209

« Beaucoup d'ambition, mais peu de munitions » 211

L'enfer 212

Karakozov : le premier sang 214

Dans le mille ! 219

La répression 219

La chute d'un grand citoyen 221

La première potence du nouveau tsar 223

Pierre IV 224

Chapitre 7 : L'amour 227

« Le drapeau russe refusa de s'abaisser » 227

La grande Allemagne du grand Bismarck 229

Les Affaires étrangères 231

L'empereur part dans la nuit 232

ELLE (l'amour platonique d'un don Juan) 234

Pas comme les autres 239

La prédiction de la Tsigane 241

La vengeance des Polonais 242

Troisième partie : La Russie souterraine

Chapitre 8 : Naissance de la terreur 249

Voyage chez les maîtres à penser 249

En visite chez Karl Marx 252

L'année 1867 dans l'arche de Noé 259

Les aventures et la véridique histoire du diable russe 262

Trouver de l'argent 266

Provocation et révolution 268

Un manuel de destruction de la société 269

Comment conquérir l'empire 270

La « Vindicte du Peuple » 271
L'erreur de Dostoïevski 276
L'entrée dans la terreur : « aller au peuple » 278

Chapitre 9 : La falaise solitaire du palais 281
Palais d'Hiver – Affaires étrangères 281
Pierre IV : la fin d'une petite illusion 282
De nouveau les Affaires étrangères 285
Une invitée d'honneur au bal de la Cour 287

Chapitre 10 : Une histoire hollywoodienne 291
Scandales au sein d'une noble famille 291
La « danseuse américaine » 292
Un peu de politique 295
Le voleur 297
Le guet-apens 300
Règlement de comptes 301
Épilogue de l'histoire d'un vol 301
Encore un épilogue :
  « Un visage d'une surhumaine beauté » 302

Chapitre 11 : La Russie souterraine 305
Du jamais vu dans l'histoire 305
Naissance d'un terroriste 308
« Terre et Liberté » 314
L'épopée des Balkans 315
Le précepteur de l'héritier 329
« L'on t'arrache sans vergogne les lauriers de la victoire » 330
Début de la terreur 334
Elles furent les premières ! 337
La Russie se fait elle-même justice 338
Le compte à rebours de la révolution a commencé 339
Le compte à rebours de la révolution (suite) 343
Stepniak-Kravtchinski 344
« L'Ange de la Vengeance » 345
Le poignard de Stepniak 346

« Sous l'influence des femmes et des littérateurs » 348
« Bientôt, les honnêtes gens ne pourront plus sortir
dans la rue ! » 350

Chapitre 12 : La guerre contre la terreur 353
Conférence de régicides 353
Naissance des candidats au suicide 356
Bagarre au sein de « Terre et Liberté » 357
« Traqué comme un lapin » 358
Voilà à quoi on en est arrivé ! 362
La voix de la Cour 365
La guerre contre la terreur 366
La peur 368
L'impératrice 370
L'adieu 371
Idylle à Livadia 372

Chapitre 13 : Le grand et mystérieux « CE » 375
« Ils » arrivent de partout 375
Revenons à la préhistoire 376
La parade des curistes terroristes 376
Conversations à l'étang de l'Antéchrist 379
La terreur est la force des faibles 381
Les terroristes : un parti d'un type nouveau 383
La « Volonté du Peuple » 384
La petite Sonia 385
La grande lignée d'une grande révolutionnaire 386
Le train impérial n'avait aucune chance 388
Odessa 389
Alexandrovsk 390
Moscou 391
La dynamite meurtrière 394
Un wagon en marmelade 395
Ils ignoraient l'essentiel 396
Ils connaissaient son wagon ! 397
Question à la police impériale 400

« Est-il possible, dans ces conditions, de combattre
les nouveaux barbares ? » 401
« Une femme de chambre malade est mieux traitée » 403
Le tsar doit mourir de la main d'un ouvrier 404
Le trousseau infernal 407
Autre question à la police 409
Ça y est ! 410
Ce 5 février qui ébranle la Russie 412
L'enfer 413
L'horreur du 5 février 415
Les prophéties de Dostoïevski 418
L'homme de glace 423
Le nouveau tsarévitch 425
Le chef des rétrogrades 427
Le parti du palais Anitchkov 428
« Suspendue au-dessus de l'abîme » 429
L'*outsider* 430

Quatrième partie : Le retour du tsar libérateur

Chapitre 14 : « Queue de renard et Gueule de loup » 439
Une Garde aveugle 439
La dictature de la conscience 442
La Russie apaisée 444
Pour notre malheur ! 447
Un secret de polichinelle 448
L'impératrice se meurt 449
Le légendaire « grand discours » 450
« Il n'est de volonté que celle du tsar » 454
Le premier Raspoutine 457
À la veille du grand œuvre 459
Une surprise sous le pont 460
Dernier automne à Livadia 461
Le grand projet 462
Le testament 463

La tension monte 465
La situation paraît sans issue 471
Une mystérieuse perspicacité 472
Encore une énigme : la mort de Dostoïevski 473
L'appartement maléfique 476
«Nous en finirons avec lui !» 480
Le démon ressuscité 483
Les «démons» orchestrent la mort de leur créateur 485
Explication (possible) de la mort de Dostoïevski 487
Encore un secret : celui de la police 489
Le piège de Loris 489
Un étonnant général inspecteur 493
«Mon fidèle Iago» ? 494
La mystérieuse LIS 496

Chapitre 15 : La mort de l'empereur 499
Un mois avant les ides de mars 499
Chronique d'un assassinat 499
Un cheval maléfique 514
Le dernier secret 515
Alexandre III 515
«La main de Dieu» 519

Épilogue 521
Alexandre III (suite) 523
La roue sanglante 525

Index des personnages 529

DANS LA COLLECTION « DOCUMENTS »
au cherche midi

GWENN-AËL BOLLORÉ
J'ai débarqué le 6 juin 1944

MARIE-GEORGE BUFFET
Un peu de courage !

HENRI CAILLAVET
Un esprit libre
Entretiens avec Paul Marcus

BARTHÉLÉMY COURMONT
Terrorisme et contre-terrorisme

JEAN-LUC EINAUDI
Un Algérien, Maurice Laban

Viêt-nam
La guerre d'Indochine (1945-1954)

CLAUDE ESTIER
Un combat centenaire
1905-2005

J'en ai tant vu

FLORIAN HOLLARD
Michel Hollard
Le Français qui a sauvé Londres

JEAN JAURÈS
Laïcité et République sociale

ELENA JOLY
Vaincre à tout prix
Des combattants soviétiques témoignent
(1941-1945)

PATRICK LESTROHAN
L'Edgar
Biographie d'Edgar Faure (1908-1988)

Sous la direction
de ROLAND LEROY
Un siècle d'Humanité

PAUL MARCUS
Soixante ans d'amours contrariées
Les relations franco-israéliennes
de 1948 à aujourd'hui

ANTOINE MERCIER et
l'association MÉMOIRES
DU CONVOI N° 6
Convoi n° 6
17 juillet 1942 :
destination Auschwitz

LOUIS MEXANDEAU
Nous, nous ne verrons pas la fin
Un enfant dans la guerre (1939-1945)

François Mitterrand, le militant

KEIJI NAKAZAWA
J'avais six ans à Hiroshima,
le 6 août 1945, 8 h 15

CHRISTIANE RIMBAUD
Pierre Sudreau
Un homme libre

JACQUES ROSSI
Manuel du goulag

Qu'elle était belle, cette utopie
Chroniques du goulag

Jacques le Français,
Pour mémoire du goulag
en collaboration
avec Michèle Sarde

SERGE WOLIKOW
Les Combats de la mémoire
La FNDRIP de 1945 à nos jours

Pierre Semard

STANISLAV ZÁMECNÍK
C'était ça, Dachau
1933-1945

Mis en pages par DV Arts Graphiques à La Rochelle.
Imprimé en France par CPI Bussière
à Saint-Amand-Montrond (Cher)
N° d'édition : 0592. — N° d'impression : 092629/1.
Dépôt légal : septembre 2009.
ISBN 978-2-7491-0592-5